兰州大学"双一流"建设资金人文社科类图书出版经费资助

国家社科基金滚动资助重大项目"中国边境口岸志资料收集与整理研究"（17ZDA157）阶段性成果

甘肃省文联民间文艺家协会作品

中国口岸协会作品

中国陆地边境口岸行

（一）中朝边境口岸行

徐黎丽 主编

徐黎丽 杨秦文 刘琰 等 著

人民出版社

责任编辑：宫　共
封面设计：源　源
责任校对：徐林香

图书在版编目（CIP）数据

中国陆地边境口岸行 . 一，中朝边境口岸行 / 徐黎丽主编；徐黎丽等著 . —北京：
　人民出版社，2020.12
ISBN 978－7－01－022915－7

I.①中…　II.①徐…　III.①边境贸易－通商口岸－研究－中国、朝鲜
　IV.① F752.8

中国版本图书馆 CIP 数据核字（2020）第 269850 号

中国陆地边境口岸行

ZHONGGUO LUDI BIANJING KOUAN XING

（一）中朝边境口岸行

徐黎丽　主编

徐黎丽　杨秦文　刘　琰　等著

人民出版社 出版发行
（100706　北京市东城区隆福寺街 99 号）

北京盛通印刷股份有限公司　新华书店经销

2020 年 12 月第 1 版　2020 年 12 月北京第 1 次印刷
开本：710 毫米 ×1000 毫米 1/16　印张：82.5
字数：922 千字

ISBN 978－7－01－022915－7　定价：420.00 元（全 6 册）

邮购地址 100706　北京市东城区隆福寺街 99 号
人民东方图书销售中心　电话（010）65250042　65289539

人，在写作风格和写作内容上侧重不同，但万事开头难，相信第一部口岸行将会成为以后口岸行的参照和抛砖引玉之作。

感谢人民出版社的王萍老师，长期以来对我们团队研究与出版的支持与帮助。尤其本丛书是图片与文字相结合的著作，校对工作可谓杂、细，但王萍老师一遍又一遍为我们耐心解读，使得校对工作顺利完成。因此亦师亦友的王萍老师，是我们的"知心姐们"。

徐黎丽

2020 年 9 月 16 日于兰州大学一分部和协楼

CONTENTS

目 录

丹东口岸行

杨秦文

丹东，隶属于辽宁省，原名"安东"，源于唐代设置的安东都护府。1907 年，清政府开放安东为贸易港，开港后迅速崛起。经过一百多年的发展，丹东已是我国最大的边境城市和最北的沿海城市，与朝鲜民主主义人民共和国仅隔一江鸭绿水。作为陆上边防以及万里海疆的起始点，这座城市历经战争和风雨，有着得天独厚的自然条件和珍贵的历史文化，同时也是丹东口岸的所在地。

一、初见丹东

2018 年 7 月及 2019 年 7 月，笔者两次至丹东进行田野调查，近距离感受丹东口岸的独特风情。从兰州乘坐高铁至北京换乘，终于在 12 个小时后抵达丹东。一出车站首先映入眼帘的，是站前广场上屹然矗立着的毛主席雕像。在与当地人交谈的过程中知晓，毛主席的手指向西方，是丹东城区内最准确的方位坐标。7 月的丹东正是旅游旺季，来来往往的游客都会驻足感叹这座雕像的高大雄伟。仰望之时，笔者仿佛感受到这座英雄城市经过一场国门亮剑的战争之后，人们世代铭记毛主席守护人民的恩情，而这座雕像也成为人们心中对和平、美好以及幸福生活向往的象征。

丹东火车站

　　早在 1992 年，在丹东便设立了国家级边境贸易区。2011年，经国务院正式批准，在辽宁省丹东市设立对外开放一类口岸 5 个，其中铁路口岸 1 个（分为客运与货运两部分）；公路口岸 1 个（通过鸭绿江桥）；水运口岸 2 个（大东港与浪头港）；

中朝输油管道口岸1个（中国石油管道丹东输油气分公司担负对朝鲜输送原油的任务）。丹东铁路口岸的地点就在此火车站。该口岸位于丹东市振兴区，分为客运和货运两部分。1954年中朝两国签订了铁路联运协定，客运开通北京至平壤、平壤至莫斯科往返直通国际联运旅客列车，经停丹东站。现经中朝两国协商，每天都有丹东铁路口岸至朝鲜新义州口岸的旅客列车，以及国际联运货物列车，货运列车每天往返四对。丹东铁路口岸通过鸭绿江大桥，向北与沈阳——丹东铁路接轨，向南与新义州——平壤相连，构成了一条纵贯中国东北与朝鲜的铁路运输线。进入丹东火车站候车室，便可看到二楼为国际联运候车室，出入境通道就在此地。

走出站前广场，令初次到达丹东的笔者感到新奇的是，丹东各类商店的招牌都使用汉文与朝鲜文，似乎在提醒每一位到此游览的旅客，丹东作为边境城市的与众不同。从丹东铁路口岸步行至公路口岸，途经高丽街，又称中朝一

丹东火车站二楼国际联运候车室

条街，主要经营丹东当地小吃、特产以及朝鲜风味的餐点。让笔者略感失望的是，高丽街是一条在饮食上具有朝韩特色的美食街，房屋建筑除门口牌坊以及一家朝鲜族医院之外，其余没有让人感受到独具"高丽"的风情与魅力。或许为了让高丽街

高丽街

丹东口岸

更加名副其实，还需更多的规划建设吧。

从丹东火车站至公路口岸步行大约只需十多分钟，虽然禁止入内参观，但从大门望去还是能看到里面的景象——人们正在进行有序的卸货流程，七八辆大巴车整齐停放在院中。不一会儿，身着朝鲜制服，胸戴徽章的朝鲜人三三两两，行色匆匆地走出口岸办公室大门。在大门附近，开设了多家朝鲜特产专卖店、旅行社。正值旅游旺季，这些门店内的游客也来来往往，络绎不绝。

继续沿着十纬路行走几十米，便来到被誉为"江水绿如蓝"的鸭绿江畔。7月的丹东烟雨蒙蒙，鸭绿江上也笼罩着一团雾气，整个城市显得湿漉漉的。阴雨天气也没有影响游客们的兴致。人们或在驻足眺望朝鲜新义州，对鸭绿江两岸发展速度迥异的两座城市发出感叹；或是女人和孩子们租赁一身朝鲜样式的衣裙在江边留影，拎起的裙摆随着微风轻轻拂动；又或是沉浸在朝韩食品、日用品、服饰等商品的购买之中。总之，鸭绿江畔的丹东显得热闹非凡。

鸭绿江断桥

在著名景点鸭绿江断桥的附近，游客总是源源不断。这座始建于1909年，连接中朝两国的大桥，在抗美援朝期间被美军炸毁，中方一侧现残存四孔，成为抗美援朝战争永远的历史见证。登上断桥，最引人注意的是一座炮楼，据导游介绍，这座五层

断桥附近游客

中朝友谊桥上行驶的车辆

炮楼

炮楼不仅是我国目前现存最为完整、条件最好的巩固防御炮楼，也是日本侵华战争的铁证。断桥左侧不到100米左右，便是著名的鸭绿江中朝友谊桥，不到十米宽的桥面一半为铁路，一半为公路。站在断桥上，可以清楚看到对面友谊桥上来往的车辆。有载着游客的巴士，也有运输货物的货车。现如今，这座历经战火的桥梁，是连接中朝公路、铁路的纽带，是进入朝鲜最为便捷的陆地枢纽，也是目前我国对朝边贸的主要通道。在这条通道上，丹东与朝鲜的口岸贸易进出口货物种类以资源类商品为主，高附加值的商品较少。中国主要的出口商品有农产品、机电设备、纺织品、日用品等；朝鲜对中国出口的产品主要是水产品，油籽、药材，矿产品、金属材料、煤炭、干菜、坚果、木材及毛皮等。随着我国经济的发展，在朝鲜急需赚取外汇的情况下，越来越多的朝鲜劳动力输送到丹东，其中以女性居多，主要从事艺术表演、饭店服务等工作。

到了晚餐时间，鸭绿江畔的每一个朝鲜餐厅门口，都站着一两位身着朝鲜服饰，面容姣好、身姿妙曼的朝鲜美女，于是笔者选择了一家远近闻名的朝鲜餐厅。进门发现大厅里只有寥寥几桌客人。看着十几位朝鲜女服务员在大厅来去穿梭，以为在小舞台上即将上演歌舞表演，便兴致勃勃地询问服务员，却被告知今天演出暂停，明天正常演出。不禁诧异今天有什么不同。原本语气轻快，面带笑容的女服务员突然压低声音，表情略带悲痛地告诉笔者：因为今天是 7 月 8 日呀。虽然连连应声，却还是让人丈二和尚摸不到头脑。百度后才得知，金日成于1994 年 7 月 8 日逝世。

在品尝了正宗朝鲜风味泡菜和冷面之后，买单时又顺便称赞朝鲜女服务员们光滑紧致的皮肤。一听到这，前台的漂亮女收银立即抬起头开始热情推销起来自朝鲜的护肤品，嘴里不断重复着："比你们中国的化妆品便宜，才 300

朝鲜餐馆

一套，里面有人参的成分，不会乱添加东西的，买一套试试吧！"我只好十分抱歉地告诉她们并不需要。出了餐厅大门，望着鸭绿江畔华灯初上的街道，不禁感叹这些具有朝鲜风情的餐厅，或许更增添了丹东这座城市的魅力吧。

因丹东接连几天暴雨天气，笔者只好先暂作休息。两场大雨之后，笔者又来到中朝友谊桥附近，发现鸭绿江水上涨了不少，原先江畔供游客观赏的栈道也拉起了警戒线。看着年轻的战士们在江畔不停歇地紧张巡逻执勤，还不断示意正在拍照的游客不要靠近江边，不由让人敬佩这些保卫祖国边疆的边防战士，正是他们的付出，才使人民得以安宁生活。在断桥对面道路的两侧，分别是丹东海关和丹东边防检查站。虽然边防检查站的战士向笔者说明，因部队纪律而不方便接待任何人员，也不接受任何访问或交谈，但还是向笔者提供了"边防 e 家"微信公众号，希望能够在自己最大能力范围内帮助笔者。

丹东边防检查站

正在拉警戒线的边防战士

二、赴朝旅行

　　丹东作为我国最大的边境城市，赴朝跨国旅游是其旅游业发展的最大优势。据资料显示，丹东自跨国旅游开通以来，截止到 2016 年 8 月，已累计接待游客逾 58 万人次，占全国赴朝游客的 85% 以上，每年有来自 40 多个国家和地区的游客经丹东口岸前往朝鲜旅游。今年 7 月，笔者在丹东乐途国际青年旅社老板的帮助下，顺利报名丹东——新义州——东林两日游。在前往朝鲜的前一天早晨，旅行社专门负责帮助游客办理边境旅游通行证的职员，会带领游客们在丹东市公安局出入境管理局边境旅游办证大厅填写表格和拍摄照片，一再强调游客切勿携带手机、长焦距照相机、录像机、U 盘、录音笔等产品，如

在朝鲜边境旅游综合服务大厅内填写赴朝申请表格

有需要，可在口岸附近租赁数码照相机。此外，还会特意提醒游客提前准备铅笔、橡皮等小礼品，以便在观看朝鲜幼儿园小朋友的表演后作为礼物送给他们。

次日早晨7点50分，从各个旅行社报名前往朝鲜的游客在丹东口岸（中朝友谊桥附近）集合，排队等候办理出境手续。与之前在口岸外所见的景象不同，口岸大厅内几乎站满了游客，虽然每位导游竭尽全力呼喊自己负责的游客姓名，以便让游客集中在自己身边，听清赴朝旅游的各种注意事项，但纷扰吵闹的气氛以及不远处朝鲜姑娘排队回国的景象，几乎调动起所有人好奇、兴奋的情绪。排队等待的游客里，主要以中年人为主，或以家庭为单位出行，年轻人数量很少，只有零星几位一目了然。排队等待了近一小时后，笔者终于站在了进出入境检查大厅。在大厅门外，赫然张贴着关于赴朝"单双月出境"规定时间段的通知：单月早8∶30—10∶00，双月早10∶30—12∶00，一日游、二日游及半日游均在早9∶00—10∶00。长时间的排队等候，不免让游客们心生怨怼，经常往返于丹东与朝鲜之间、负责笔者所在旅行团的王导游连忙解释："咱们的排队时间长，主要是出入境规定的时间太短了，这么多人都要在这个时间段过去，肯定慢啊！"

经过一个多小时的排队等待，在顺利办理入境手续后，终于登上了朝方为游客准备的大巴车。在王导游的要求之下，游客们将随身携带的相机全部上交登记检查，并提醒游客们在观光期间的注意事项。完成这一系列程序后，大巴车终于在中朝友

正在过检的车辆

谊桥上缓缓前进。有趣的是，因中朝友谊桥两国共管，在进入到朝方桥面之后，路面突然变得坑坑洼洼，大巴也随之颠簸不止，王导游笑称："这是朝鲜有名的'按摩路'，这几天要走的路都是这样，大家做好心理准备啊！到新义州后，会上来两位朝鲜导游，这两天主要由他们为大家提供讲解服务，我会一直跟随大家，有任何问题都可以反映给我。"

在朝方旅行社准备的这辆大巴上，司机、两位导游均是朝鲜人，而为什么会有两位朝鲜导游？从新义州随车的其中一位崔姓男导游解释说："她（另一金姓导游）刚刚从旅游大学毕业，我来带带她。"两位导游的中文水平很高。30多岁、皮肤黝黑的崔导游甚至有着一口流利的英语，在车上他表情略带自豪地对游客说："我曾经去过西班牙的旅游博览会，外国人来朝鲜旅游我也负责接待他们"，崔导游脸上淡淡一笑，继续向大家说："不过说来……小朋友们在路上看到我和外国人走在一起，会冲我扔石子。"另一20多岁、面容姣好的金导游，笑容羞涩地

向大家介绍："我们朝鲜空气好，山水风景好，还有朝鲜美食，希望和大家一起度过愉快的两天！"因已临近午餐时间，一大早就开始排队等候的游客们早已饥肠辘辘，更是期待品尝正宗的朝餐。在下车准备用餐时，崔导游特意提醒大家："行李可以不用带了，就放在车上，我们朝鲜是没有小偷的。"

朝鲜午餐

　　午餐后，两位导游开始带领大家参观新义州中心广场。夏日午后的阳光直射在空旷的广场之上，炎热得甚至让人睁不开眼睛，一位身着朝鲜传统服饰的景点女讲解员，正在车外等待游客一同瞻仰朝鲜人民的伟大领袖金日成主席和金正日将军铜像，并指了指手中的花束，"一束花20元人民币，大家可以在这里买。自愿的！"不少游客纷纷解囊。

随后我们继续乘车前往新义州历史博物馆。新义州历史博物馆位于平安北道新义州市新元洞，建于1947年11月，共有5个馆，大部分陈列着在平安北道一带出土的历史文物和资料，如新石器时代和青铜器时代的房址和陶器以及宁边的天柱寺、义州的统军亭、昌城的乡校、香山的普贤寺和上元庵、碧潼的玩月楼等具有国宝价值的160多个主要遗迹中的部分模型和图片。解说员与翻译为游

统军亭

朝鲜导游与讲解员

客讲解馆内藏品，但因观光游客较多，游览进度一再加快，直至到达历史博物馆商店购物。朝鲜的每个景点几乎都设有购物商店，主要经营朝鲜特色工艺品、纪念品、化妆品等，所有商品皆收取人民币。

参观完毕后，在导游的指引下，继续车游"三大伟人马赛克壁画"、金日成主席"太阳像"以及新义州"永生塔"。一路上导游们向游客介绍了朝鲜先行的各种政策制度以及风俗趣闻，例如为朝鲜培养出科学家、教授、医生的母亲会被授予

"英雄母亲"称号；为国家做出贡献的顶尖精英人才，国家会为其配备豪华轿车等等。导游们甚至带领游客齐唱《南泥湾》等怀旧歌曲，一路上欢歌笑语，热闹不断。

　　结束了一天的参观行程，到达东林景区酒店顺利入住后，会发现房间内的摆设、卫浴用品以及电视机等物品与国内酒店并无二致，电视机上除了朝鲜节目之外，中国电视剧和歌舞也在其中播放。晚餐东林酒店为大家准备了精致的朝鲜美食，而不久还在传菜的服务员们摇身一变成为舞台上的歌舞演员。整场演出大约40多分钟，有富有浓郁朝鲜民族特色的歌舞《阿里郎》，联唱中国歌曲《一路平安》，还有身着中式衣物表演的"转手帕"等节目，表演到最后，是歌舞《最炫民族风》。

《阿里郎》歌舞

中朝舞蹈汇编

　　休息一晚后，在朝鲜导游的带领下，步行前往酒店附近的东林山景区。虽然空气清新，沿途景色秀美，但在未被完全开发的东林山上行走，还是为游客们带来很大困扰。尤其在行至一小时后却被告知不能继续前往"东林瀑布"，让大家十分失望，只好从东林返回新义州平安北道，继续参观美术博物馆。馆内多为朝鲜领导人各个时期的画像，还有色彩鲜艳的油画、山水画等。相对于欣赏画作的兴致，美术馆内为游客素描的工作人员的出现更引起了大家的围观。

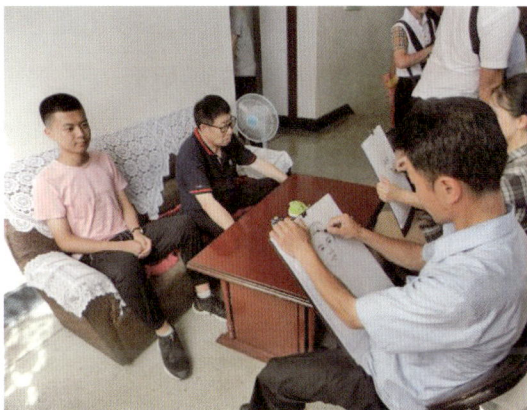

美术馆内朝鲜画师正在为中国游客素描画像

美术馆参观完毕，紧接着继续前往平安北道本部幼儿园。与想象中不同，本部幼儿园的教室、展厅、楼道装饰色彩明艳，走廊张贴着孩子们优秀的画作。更令人惊异的是，小朋友在老师的指导下演奏钢琴或小提琴，其演奏水平直让游客们感叹"比自家孩子水平可高多了"。金导游自豪地说："在这里的小朋友都是很优秀的，我也在这里毕业！"而随后在礼

练钢琴的朝鲜小朋友

本部幼儿园精彩文艺演出

堂内的演出，不管是乐器还是歌舞、杂技等节目，小朋友们的精彩演出，为在场所有人带来了视听盛宴，令人十分难忘。演出结束后，游客们赠送早已准备好的小礼物，并争相与可爱的孩子们拍照留念。看着那些稚嫩的面庞，不少游客慷慨解囊。

三、继续行走

在行走了丹东的铁路、公路口岸，并体验了朝鲜旅游后，笔者继续前往丹东的两个水运口岸——大东港和浪头港。在查阅相关资料得知，浪头港位于辽宁省丹东市振兴区浪头镇，是兼具河港与海港功能的港口。于是，笔者首先从站前广场乘坐丹港城际公交888沿江线，在大概行驶12公里后到达浪头港站。下车后发现，马路上车辆稀疏，竟也看不到几个路人，抬眼只见不远处的江边正在进行的采砂作业，似乎与浪头港作为北方重要港口的地位并不相称。在港口附近遇到的熟知浪头港事务的李大爷说：

浪头港景象

"近年因为水位问题，大船无法停靠浪头港，所以现在只能成为采砂和转运码头，而且听闻这里要配合丹东的城市规划，慢慢准备废弃了。"看着这些基本废旧的厂房、杂草丛生的场地和到处锈迹斑斑的栏杆，只能感叹一声"世间兴废不由人"。

　　为了方便乘车，笔者只好返回丹东市区准备第二日前往大东港。从丹东客运站至东港客运站，大约需要 40 公里的路程。大巴行驶在笔直的公路上，只见道路两旁的树木郁郁葱葱，路边草丛间或点缀几朵黄色的小花煞是可爱，透过绿荫可以看到平原上生长着的茂密庄稼。大东港是中国海岸线最北端的不冻良港，自古以来便是军事交通要道。清朝光绪年间，这里便已是繁华的港口。九一八事变后日本侵占东北，为了更好地对东北地区进行资源的掠夺，从而计划在此兴建港口。1945 年，大东港终于回到中国人民的怀抱，为解放战争担负起各种运输任务。经过 1950 年朝鲜战争爆发闭港直至 1954 年恢复航运后，大东港便呈现出大发展的局面。虽然由于一些原因不能随便进入港口参观，但站在港口大门，依然可以清晰地看到远处堆放的集装箱。

大东港

笔者在丹东停留许久，对这座沿边、沿海、沿江城市的了解也更深了一步。丹东不仅是中国最大的边境城市，也是亚洲唯一一个同时拥有边境口岸、机场、高铁、河港、海港、高速公路的城市，与朝鲜有 300 公里的边境线，丹东港距韩国仁川港仅 245 海里，是连接韩国、日本十分便利的海上通道，其重要战略与经济地位可见一斑。改革开放以来，丹东因有着沿海、沿江、沿边的巨大优势，经济发展一度较快，也曾充满勃勃生机，出现过异常活跃的局面。而据在丹东对笔者帮助很大的赵大哥介绍：到 2019 年，丹东港吞吐量已不到 5000 万吨。面对这样低迷的发展状态，作为"国家物流枢纽承载城市"，不能不让人忧心。

此外，由于地理环境以及国家政策的支持，丹东市启动了多个国际经济合作开发项目，例如国门湾的中朝边民互市贸易区。中朝边民互市贸易区位于鸭绿江边，与朝鲜新义州隔江相望。根据相关政策，在互市贸易区，丹东市距陆路边境 20 公里以内的边民，持边民证可在互市贸易区内与朝鲜边民进行商品交换活动，还能享受到每人每日价值在人民币 8000 元以下商品免征进口关税和进口环节税的优惠政策。但当笔者进入互市区参观时发现，互市贸易似乎只是一纸空谈，现存只有生意惨淡的建材市场以及美食街。为何互市贸易区没有实现它的功能性作用？也许归根到底还是因为国际局势变幻莫测，导致互市贸易区发展停滞。沿边、沿海、沿江是丹东发展旅游业和边贸的优势，却也使这片土地的发展始终与朝鲜半岛局势息息相关。2018 年 5 月 7 日至 8 日，中共中央总书记、国家主席习近平与朝鲜劳动党委员长、国务委员会委员长金正恩在大连会晤。感受到即将迎来发展契机的丹东，甚至经历了狂热的"炒房团"，大批"炒房客"们远赴丹东，一时房价暴涨。互市贸易区门口一家经营小超市的老板说："虽然现在这里生意和市区相比显得冷清，可以后说不定呢？说不定俺们和深圳一样呢。"言语中流露出对丹东未来发展的期许。

丹东国门湾互市贸易区

丹东口岸之行至此结束。在离开丹东的最后一天，笔者漫步在鸭绿江畔，想到这座原名"安东"的城市，早在名字上就寄托着人们希望永远平安的意蕴。丹东口岸见证了国境线上的岁月沧桑，相信未来终有一天会显现出更加强劲的发展势头，而只有坚定和平稳定、加强合作才能促发展的信念，才会从根本上激发出丹东作为历史悠久、地位独特的口岸的活力，从而阔步迈向口岸城市发展的新时代。

大台子口岸行

杨秦文

　　走过丹东口岸，在 2019 年 7 月，笔者继续前往位于丹东市振兴区的大台子口岸。大台子原隶属于辽宁省东港市前阳镇，2007 年 2 月 6 日，经辽宁省政府批准，前阳镇所属大台子划归丹东市振兴区管辖。从丹东市区前往大台子口岸，可在丹东火车站的站前终点站乘坐沿江 888 路公交车，车费 5 元，用时 1 小时 20 分钟左右便可到达。从丹东老城区出发，沿着鸭绿江水直至经过丹东新区，这一路上既可以看到江边与对岸朝鲜的风光，也可以感受到丹东新区的发展速度，例如横跨在鸭绿江上的中朝鸭绿江界河公路大桥，建设崭新的新区国门湾建筑群以及道路旁绿油油的农田。据了解，新鸭绿江大桥于 2011 年正式开工，由中方承担全部费用，连接丹东市新开发区浪头与朝鲜新义州南侧龙川，总长 20.4 公里，宽 33 米，是具有往返四车道的一座吊桥。不少游客在乘车游览时都会路过观光，但由于各方面原因，大桥建成后一直未正式开通。

到达大台子口岸时，笔者稍显失望。不同于其他口岸大门的严肃整洁，口岸大门上方"大台子口岸"五个字，在烈阳之下显得摇摇欲坠，其中"大"字已经残缺不全。笔者第一次到达大台子口岸时，附近只有一家零配件店正在营业。店内有一位近70岁的爷爷，听说笔者从遥远的西北而来，热情招待笔者在店内坐下休息片刻。在聊天中得知，爷爷平时空闲时间较多所以帮助家人看店，目睹了大台子发展的起起落落。据爷爷回忆，前几年大台子一度发展得非常火热，来往车辆络绎不绝，因此自家经营的零配件店也相应地生意不错。但是近年来因为多方面原因，大台子口岸逐渐开始走下坡路，店内生意也慢慢惨淡起来，目前只能做到保本经营。的确，笔者在店内休息期间，仅有一辆外地轿车来询问车辆零部件。

大台子口岸大门

到达大台子口岸之前，幸而在丹东结识的赵智大哥对港口事务较

口岸附近的零配件商店

为熟悉，所以与笔者一同前往大台子口岸，在此万分感谢赵大哥对笔者口岸之行的帮助。进入口岸大门后，首先映入眼帘的是一栋三层高、大门面向河道的长型楼。楼内房间的布置似是职工宿舍，可以看到各类日常生活用品。这栋楼的出现，使得第一次进入口岸的笔者，就要面临该向左走还是向右走的选择题。左端可以看到几艘渔船停泊在岸边，向右沿

口岸内景象

作业区的对岸便是朝鲜

大台子渔政站

大台子边防检查站分站

着宿舍楼径直向前走可以看到丹东市渔政管理处下设的大台子渔政站、丹东港出入境边防检查站大台子分站、办公楼、餐厅以及不远处的岸边几个正在忙碌的工人。赵大哥介绍，"这里算是河港和海港之间的港口，说它是河港也对，说它是海港也确实离海不远。但这里存在很多问题，河道非常容易淤堵，时常需要航道管理处的工作人员来维护。"话虽如此，但毋庸置疑的是，大台子口岸的区位优势十分明显。站在大台子口岸的作业区，清晰可见对岸朝鲜的景象。

在赵大哥的帮助下，笔者顺利见到了口岸负责人。在口岸负责人的耐心介绍和提供大量资料的协助之下，笔者了解到大台子口岸在日伪时期建造，这座渔港见证了历史的风雨沧桑。大台子位于中朝界河鸭绿江西水道西侧，属于中朝边境水运口岸，与朝鲜平安北道薪岛郡隔江相望，北距丹东市区 20 公里，南距东港市 10 公里，西侧紧靠鸭绿江大道，交通较为便利。地理位置在北纬 39°43′55.77″，东经 124°13′23.23″。1993 年经辽宁省政府批准，大台子口岸成为国家二类口岸，于 1996 年 8 月 15 日经辽宁省政府、口岸查验部门验收正式对外开放。后经辽宁省边防局、丹东边防支队、丹东市口岸办、前阳开发局管委会与朝鲜签署协议，确定大台子与腊岛互开口岸，并于 1997 年正式运营。"大台子是几十年形成的中朝民间贸易真正的窗口"，口岸负责人如是介绍。据统计，2011 年，大台子对朝易货交易量达 65 万吨，而大台子口岸的运营同时也带动了周边地区日用品、轻工产品、建筑材料、纺织、服装、食品、蔬菜等的大量出口。

对于大台子口岸的经营特色及目前状况，笔者与口岸负责人访谈时了解到，在中朝两国签订协议后，确定了大台子与朝方的腊岛成为贸易口岸，口岸主要针对的是朝鲜边境贸易及海上贸易。2017年，（负责人）在大台子投资扩建，通过填海扩建，逐渐发展为现在的60多亩地。大台子口岸的特色是进口朝鲜的水产品，比如鱼、虾、蟹等，进口的水产品为本地区近百家水产品加工企业提供充足货源，加工后再出口日本、韩国及欧洲等国。其次是进口朝鲜的矿产品，例如铁矿粉、铜粉、无烟煤、石墨粉等。而在进口矿产品这一点上，负责人一再强调，在丹东只有大东港和大台子才有资质从事这类边贸活动。

　　在口岸内参观时，笔者发现一个令人费解的现象：口岸内每隔一段距离，便会有板子和塑料布将此区域分隔开来。这样的布局既不美观整洁，也没有防风固边的作用。为什么会出现此类情况呢？据赵大哥介绍："从'大台子口岸'大门进来后，整个地段会分为六个部分，也就是说有六个业主，所以才会用这些材料分隔区域，其中产权没有争议的地方是大台子港口贸易有限公司，也就是旁边有边检海关的这一段，那里算是真正的口岸了。另一段没有争议的地方，就是刚进大门左端有许多渔船停放的区域。为了让鱼类有充足的时间生长繁殖，从春天开始直至10月份属于休渔期，渔船也就停泊于此。旁边那一整栋从外表看像办公楼和宿舍的建筑，实际是由政府建造的，现在港口职员们暂时居住在这里。"

　　在口岸上走访得知，口岸内部主要是港口各个业主的雇工，雇工多是来自外地，有凤城、宽甸甚至还有南方人。雇工除了在口岸内居住，一部分人还会在附近村子内租房居住。而距口岸最近的一个村子便是胜利村。从口岸大门对面的乡道步行进入，便可看到村内的各家院落。令笔者感到非常暖心的是，村内遇到的十多位正在大树下闲聊的爷爷奶奶，十分热情地邀请笔者同他们坐下一起乘凉。当问起为何在村内没有见到年轻人时，几位爷爷奶奶愁容满面，长叹道："年纪

村内景象

小的有点文化的都出门了，外面挣钱容易！"这时有两位奶奶又带着孙子出来，和大家一同聚在大树下话家常。"俺们就在家带带孙子，人家家里有出息的孩子，都把老人接走了……"抱着小男孩的奶奶说。笔者在与村民的交谈中总结得出，村子因为可耕地面积太少以及在附近岗位紧缺工作，大多数年轻人都会选择外出打工，现在留在村内的村民，主要是五六十岁以上的老人与儿童，该村面临极其严重的空巢化问题。

据了解村务的村民介绍，目前村子分有三组，人数分别有120人、140人、130人左右，因为外出打工的人数较多，

村内道路

具体数字现在也不清楚。当问起口岸的运营对村民有什么影响时，当地村民认为在就业方面并没有太多帮助，反倒是口岸附近开设的鱼粉厂严重影响到了村民的日常生活。鱼粉的加工需要经过煮、压、干燥、磨碎等几个工序，因此鱼粉厂是"未到其地，先闻其味"，导致周围空气污浊腥臭，令人难以忍受。其次，村内道路问题严重影响村民的出行。村内道路连接口岸至619县道，时常可以看到各类车辆于此"抄近道"，但一到雨天道路泥泞，导致出行十分不便，村民们虽然对此习以为常，但也向笔者不断抱怨。由此可见，口岸的发展除了注重口岸内部建设，连接口岸周边的道路工程也尤为重要，而道路的畅通平整对农村民生工程的发展和促进口岸的基础设施建设皆是百利无害的。

笔者离开大台子口岸之前得知，为充分发挥对日本、朝鲜、韩国地缘优势和口岸优势，促进地方经济快速发展，东港市政府已经向丹东市政府上报了关于将大台子口岸并入丹东水运口岸，申报成为国家一类口岸的请示，拟将大台子建设成为以进口再生资源为主，兼对朝贸易的平台。虽然升级口岸的请示还在等待，但笔者还是希望大台子口岸的未来发展更为广阔，在对朝贸易得到恢复后，能够继续建设和完善口岸内部基础设施，重现往日一辆辆满载进出口货物的货车来来往往、井然有序的景象，使口岸的经济辐射作用为边境人民带来更多实惠。

太平湾口岸行

杨秦文

  太平湾口岸，于1982年开通，位于丹东市振安区太平湾街道，现为国家二类口岸。地理坐标东经124°43′，北纬40°16′。东与朝鲜民主主义人民共和国平安北道朔州郡方山里一坝相连，隔水相望。南、西南与古楼子乡接壤，北、西北与长甸乡为邻，距下游丹东市和新义州市（朝鲜）约40公里。

  笔者于2018年7月以及2019年7月，两次前往太平湾进行口岸调查。从丹东客运总站乘坐大巴，不到一小时便可到达太平湾街道。第一次来太平湾之时，给笔者印象最为深刻的是整个街道似乎已被废弃——基本停业的商铺、破旧的体育馆、正在等待拆除的楼房，只有设立在这里的振安区高级中学，年轻学子们的面庞提醒笔者太平湾还没有被时光遗弃。为什么会出现这种情况？原来，太平湾因水电站而繁荣，其建设者是中国电建集团六分局（简称水电六局），因此太平湾居住人口主要为水电六局职工。从街道上看到的这些建筑当中仍可看到太平湾曾经作为大型国有企业职工聚居区的影子。

太平湾街道景象

废弃的楼房

据太平湾办事处年轻的工作人员小李介绍，她的父母都是太平湾水电六局的职工，她从小就在太平湾长大，"太平湾周围都是农村，条件不好，只有我们这里有楼房、电影院、体育馆，那时候很气派。"2005 年后是太平湾发展的转折点，随着水电六局机关搬迁至沈阳，新家属楼建在丹东市内，以及后来的单位转制等，太平湾自此沉寂下来。据了解，现在居住在太平湾的主要是第一代和第二代退休职工，在家属楼区还可看到不少老人都住在私人开办的敬老院里。

太平湾发电厂

笔者沿着太平湾街道径直向前走，便可看到太平湾发电厂，在电厂右侧就是由中朝两国共同投资兴建的太平湾水电站。太平湾水电站，于 1982 年开工，1990 年底竣工，为河床式水电站，坝顶总长 1185 米，安装 4 台机组，总装机容量在 19 万千瓦。

太平湾水电站大坝

电站大坝经过多年运行发挥了良好的效能。特别是在 1995 年 8 月，太平湾水电站经受住了鸭绿江特大洪水的严峻考验。而在如此安静、空旷的太平湾，笔者在发电厂附近遇到了几位来自北京的观光游客。原来，太平湾在东北边境线上气候适宜，风景秀丽，横跨中朝两国的太平湾发电厂拦江大坝也成为独一无二的特色景观，很多游客选择在这里休闲度假。据当地人说："也有河北、北京人来太平湾买房，夏天太热的时候来这里避暑，我们这里房价很便宜，2000 多元 1 平方米吧。"

笔者在参观了雄伟壮观的太平湾水电站后返回太平湾街道办，与了解口岸历史的工作人员交谈时得知，太平湾设立于 1981 年，1982 年正式开放，原属于宽甸满族自治县，后来划至丹东市振安区。在 1995 年 8 月，因鸭绿江流域发生特大洪水，太平湾码头被冲毁，曾经借用太平湾电厂码头作为太平湾口岸船只停靠码头。这给中朝两国边民及经贸往来造成了极大不便。当笔者问起在太平湾是否有赴朝旅游项目之时，工作人员小李很遗憾地告诉笔者，"在 2014 年，曾经有一个清水旅游开发项目，预备从太平湾出发到达朝鲜方山里境内，可以参观清水革命史迹地和浅滩沟革命史迹地、朝鲜战争时期使用过的清城桥和方山里首府等，包括欣赏朝鲜歌舞和品尝朝餐等活动，以半日游和一日游为主，计划日接待旅游 1000 人，年接待旅客 30 万人。除了中朝边境旅游，还计划有水电工业游和农业观光游，所以我们准备在太平湾进行绿化工作和修建停车场、钓鱼场、桃园等配套旅游娱乐设施，还鼓励村民开办农家乐，但是困难太多了……"。

而在访谈中，目前所知太平湾海关、渡口管理处以及太平湾边境检查站设立在太平湾唯一下辖的行政村——望江村。据介绍，望江村全村面积 15.4 平方公里，共 12 个村民组，815 户，总人口 2600 多人。在工作人员的指引之下，笔者继续前往太平湾边境检查站。从街道办的左侧乡道进入，便可看到望江村的农户房屋。令笔者失望的是，村内垃圾成堆，道路崎岖不平，

望江村内

很多房屋内并没有人，与笔者一同前往的三轮车司机说："很多人都出去打工了，外面挣钱总会容易点。"经过七八分钟的颠簸，终于来到太平湾边境检查站，而在不远处就是太平湾海关所在地。站在边境检查站和海关门口向里观望，

还是可以直接感受到太平湾口岸的基础设施建设较为滞后，边检和海关楼办公区域简陋，其周边交通的不便也显而易见。在去过太平湾海关和边境检查站后，司机大叔载着笔者沿着望江村的临江道路前行，望着鸭绿江与对岸朝鲜的风光，想到作为国家二类口岸太平湾的衰落景象还是让笔者感慨万千。

太平湾边境检查站　　　　　　　　　　　　　　太平湾海关

在 2019 年 7 月，笔者再次来到太平湾。但令笔者异常惊喜的是，不到一年的时间，竟发现整个太平湾有了十分惊人的变化。据了解，在太平湾电厂、六局"三供一业"交付地方的契机，城建部门的施工队伍已进入太平湾，陆续进行公共绿化、楼宇保温改造等工程，其主街区 2.1 公里、16 米宽的望江中路道路已全部改造完成。在太平湾街道办不远处，是已建设改造完成的水电六局"职工之家"，不少退休人员聚集在这里下棋、打乒乓球、打牌和聊天。曾经闲置废弃的办公楼被改造成为水电六局展览馆，笔者有幸在得到管理部门的允许后进入参观。馆内陈列着太平湾水电六局的历史、获奖证书、奖状，每一展

览室都记录着工人们转战南北所获得的荣誉。

太平湾建筑结构具有 20 世纪 50 年代至 80 年代的特征，非常适宜开发影视城这一优势，振安区政府提出了"自然——养老——休闲——娱乐——观光旅游——影视拍摄"的新思路。虽然第二次来到太平湾时游客的数量依然不多，但是街道上开设的餐馆、售卖泳衣等店铺的数量明显多于 2018 年时。除此之外，整个太平湾街道的基础设施也逐渐完善，并计划修建停车场以及文化娱乐广场。

为了让太平湾提高知名度和更加富有特色，相关部门聘请鲁迅美术学院的专业团队为太平湾做室外景观设计，不仅规划设计了瀑布式大型雕塑，在望江村村民房屋围墙上，也绘制了创意与美观并存的大型画廊。据村民介绍："学生们刚刚画好的时候，很多人开车来看，还上了电视！"对于栩栩如生的卡通人物形象，村民们也是赞不绝口。针对村内曾经垃圾成堆的现象，太平湾街道推出了"五指"垃圾分类法（"五指"分类法指垃圾收集、分拣清运、回收利用、生物堆肥和无公害化处理

水电六局职工之家

水电六局展览馆内景象

等五个方面），使村内景象焕然一新，生机勃勃。望江村气候湿润、温度适宜，为燕红桃和板栗的生产提供了得天独厚的条件。据街道办小李介绍："刚刚举办完燕红桃桃王争霸赛，这次比赛可给我们增加了知名度啊！"

望江村内壁画

两次太平湾之行，使笔者受到很大触动，在不断发展的时代洪流面前，太平湾街道和望江村在努力转型，没有沉寂下去，反而使这片土地变得充满希望与挑战，在此笔者真心祝福太平湾的未来"柳暗花明又一村"。

长甸河口口岸行

杨秦文

笔者于2018年7月和2019年7月两次前往曾经的口岸——长甸河口（现为过货点）。长甸河口，位于辽宁省丹东市宽甸满族自治县长甸镇河口村，与朝鲜青城郡隔江而望。"长甸"一名源于"长甸子"，始于渤海国时期，因地势平坦、土壤肥沃易于耕种和狩猎而得名。这里属于温带湿润性季风气候，年平均降雨量1100毫升，四季分明，光照充足。河口村作为丹东最美的乡村之一，也是鸭绿江国家名胜风景区河口景区的所在地，这不禁让笔者想要一睹芳容。

因独自一人出行稍显无趣，笔者搭乘一辆去往河口村的旅游中巴，与来自北京、天津的游客一路同行。沿着鸭绿江边一路向东，车窗外那随处可见的葱茏树木，和在阳光照耀下泛着碧绿的鸭绿江水，无时无刻不在吸引着人去观赏，这让原本枯燥的乘车旅途也变得愉悦起来。大约行驶了18公里之后，笔者来到了著名的国家级鸭绿江风景名胜区景点——虎山长城。虎山长城是鸭绿江国家级风景名胜区的核心景区、国家 AAAA 级景区、国家级重点文物保护单位，与素有"朝鲜八景"之一闻名的统军亭隔江相望。很多人印象中的长城是东起山海关，西至嘉峪关，但其实虎山长城才是我国长城的最东端。当笔者登上峰顶，站在烽火台上瞭望，除了有一览祖国大好河山的爽快，还可以看到对面朝鲜新义州城的景象。而虎山景区中的"一步跨"景点，是最为接近朝鲜的地方。因河道常年淤积，人们仅仅只需要"一步"，便可跨越到朝鲜的领土上，不少游客感到十分惊奇，纷纷在这里拍照留念。

虎山长城景区门口

离开虎山长城，继续乘车大约 30 分钟后，终于来到了长甸河口所在地——被誉为"最美乡村"的河口村，这里也是国家

河口村门口宣传栏

垂钓的人们

AAAA级旅游区鸭绿江景区的核心景区。临近下午两点，气温已达36度，但炎热的夏日还是抵挡不住游客们对河口村的喜爱。只见那河畔，居然有三五成群的游客正在垂钓！在道路左侧，整齐排放着几百张皮划艇，带领笔者进入村子的李大爷自豪地告诉我："那广东福建的运动员，可是在俺们这训练（划艇）呢！那河口的鲤鱼、鲫鱼特别好吃哩！"

笔者跟随李大爷进入河口村内，一路上道路平坦、处处风景如画，"最美乡村"的称号果真名副其实。村内几乎家家户户都经营着农家乐，门口招牌用中文和朝鲜语双语书写，甚至连式样都一模一样。一家经营农家乐的店主告诉笔者，这里的招牌都是政府统一规定的式样，这样不会让游客感到杂乱。问起农家乐的生意如何，店主一边笑一边指着屋内正在用餐的客人说："也就那样，现在是旺季，还行！"因天气炎热太过疲惫，笔者与李大爷约定第二天一早一起出发。

皮划艇存放处

第二天，李大爷便开着自己的三轮车，带领笔者前往"国门"。沿着江畔一直开往上游方向，河口村的空气中弥漫着淡淡花草的清香。经李大爷介绍，河口村每一个景点的距离大约都在 2 公里左右，很快我们便来到了鸭绿江边境观景台。鸭绿江边境观景台上的栈道是河口景区第一个"唯一"——边境玻璃栈道。此景观为大型观景平台，由沈阳铁路局于 2016 年在凤上线铁路 K150 + 26 段建立，为探江式木栈道，总长 500 米，探江玻璃栈道 40 米，是唯一一个探江式玻璃栈道。站在玻璃栈道上，仿佛置身于"江水绿如蓝"的鸭绿江中，

村内景象

一时人在江中，江在人心头中。管理鸭绿江边境观景台的景区工作人员说："以后我们这里肯定发展得更好，据说还要建个蹦极，还有什么跳楼机，吃的喝的，玩的乐的，都有！"

玻璃栈道　　　　　　眺望美景

走过玻璃栈道，继续向前出发。不一会儿，映入眼帘的是满目葱茏，而上河口火车站正静静屹立在这葱茏之中。上河口火车站是我国在抗美援朝战争时建成的火车站，它见证了战火纷飞，也成为历史永远的丰碑。据工作人员介绍，在重建上河口火车站之前，这座木板房、旧站台，是日本掠夺我国资源和抗美援朝战争的双重见证。从这里运往朝鲜的金砂、粮食、军需、弹药、药材等物品数量十分庞大，特别在抗美援朝期间，是志愿军战略物资和军需弹药的主要补给线。现在的上河口火车站，有着区间运行的观光小火车，将起点的鸭绿江边境观景台以及终点的上河口国门全部贯通起来。不仅如此，眼前这座新建的上河口火车站内，还修建了专门表演朝鲜特色歌舞的演艺大厅。大厅在靠近鸭绿江一侧，名为"三生三世桃园"成就了人们对"世外桃源"的向往。这片桃花园还是著名歌唱家蒋大为演唱的《在那桃花盛开的地方》创作所在地。每年的 5 月上旬，桃园便成了粉色的花海，一年一度的"鸭绿江之春"丹东宽甸河口桃花节便在这时拉开帷幕。那美如粉霞的桃花与绿茵婆娑的绿叶相互映衬，慕名而来的游客数不胜数。然而，笔者在 7 月份无法亲眼所见工作人员口中的美景，不禁觉得有些遗憾。

上河口

离开上河口火车站，紧接着便是铁路抗美援朝博物馆。该馆系 2016 年为了纪念所有入朝参战的中国人民志愿军铁道兵团、铁路工程总队指挥员以及铁路职工，由沈阳铁路局投资1500万元修建。进入馆内，庄严、肃穆的气氛感染了所有人，游客们无不感叹这群"最可爱的人"英勇无畏的精神。而在博物馆大门周围，几位四五十岁的大叔和大妈正在卖雪糕、河口特产的鸭蛋以及小鱼干等小商品。一位略上年纪的大妈乐呵呵告诉笔者，她家里经营了一家不算很大的农家乐，主要由儿子和儿媳妇经营，趁着现在腿脚还利索，出来摆摊也乐得开心。不禁让笔者感到，初次来到这座环境优美的河口村所遇到的人们——健谈的店主、乐于助人的李大爷、好客又贴心的房东，还有面前这位十分爱笑的大妈，他们都是如此善良，对待生活乐观积极向上，也许他们热情的笑脸，就是"最美乡村"长甸河口的精神面貌的最大体现吧。

铁路抗美援朝博物馆内

参观完博物馆后，李大爷告诉笔者，大概还有1公里就能到达国门，这让从未涉足过祖国边境大门的笔者激动非常。终于，巍峨挺立的国门映入笔者眼帘。那红色鲜明的国徽以及"中国丹东"这四个庄严、简洁的大字悬挂在国门之上，国门下

铁路

端一条铁路一直通往国门之外。在李大爷的带领下，沿着曲折的楼梯登上国门顶层，透过玻璃墙便可看到一条钢筋铁骨般的长龙。据资料介绍，1953年10月朝鲜停战后，这座名为"上河口铁路桥"随即停运，1977年3月20日，中朝两国商定该桥分别由两国管理。1979年，沈阳铁路局对大桥（中国一侧）实施大修。如今，这座见证了历史风雨的大桥已成为国家重点文物保护单位。而在国门侧方，就是长甸河口口岸的边防哨所。就算在如此高温的天气下，哨所上依然笔直站立着一名战士，守护着祖国的大门。

在笔者与李大爷交谈当中，李大爷十分骄傲地说道："俺倒是觉得，这里可玩的比较多！"原来曾经热播的电视连续剧《刘

国门

国门观景台上瞭望对岸

朝鲜景象

老根》的龙泉山庄，就在这里取景。不仅如此，游客购买一张80元的船票，便可在游船上饱览鸭绿江两岸风景。如果入住河口村老郎家酒店，凭房卡可购买到20元一张的优惠船票。站在游船甲板上，可清晰看到对岸朝鲜的"炮楼"、女兵、监狱、河边正在洗衣的妇女，甚至可以望见那骑着自行车的人们在乡间小路匆匆而过。正当大家聚精会神观赏风景时，一位东北口音的大叔摆动着双手向对岸大喊了一声"哎！"而对岸的朝鲜人竟也挥了挥手表示友好。行船至途中，还可近距离参观另一鸭绿江断桥——河口断桥。这座河口断桥，原名清城桥，全桥总长709.12 米，桥面宽 6 米，22 座桥墩，21 孔，始建于 1941 年，次 年 12 月竣工。它是日本帝国主义出于军事侵略和经济掠夺的需要，指令伪满傀儡和朝鲜当局建造的桥梁。1951 年 3 月 29 日，以美国为首的联合国军出动战机 30 余架次，在轮番轰炸后清城桥被拦腰炸断，变成了今日的

断桥

河口作业区景象

河口断桥。尽管已经过去了几十年，但那被弹药炮火摧残过的桥墩依然诉说着当时战争的残酷，提醒着人们和平的来之不易。

　　在笔者第二次前往长甸河口时，有幸被允许进入李氏港参观。因现在港口停止运营，笔者在港口内只见到一位留守工作人员。据工作人员李影大姐介绍，"现在港口船都没有了，看

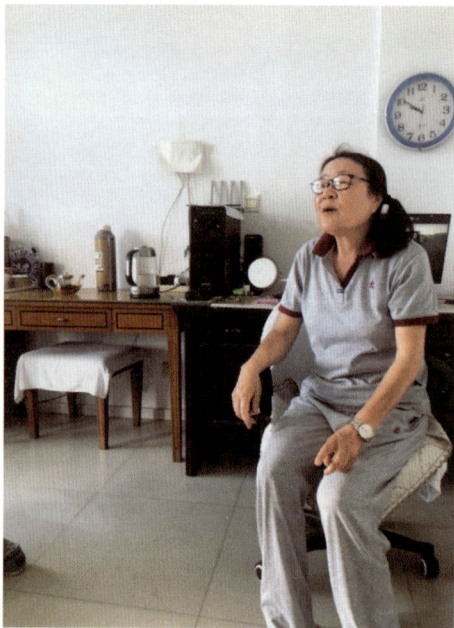

与李影大姐交谈

到的这些楼房基本都是1998年建造，都有些旧了。以前对朝鲜主要出口有铁、煤、水泥，出口量不是很大，因为我们的船太少了，这些都是我亲眼见到的。现在一直都在说这里要从过货点升级为二类口岸，有很多领导都来参观考察，如果能升级当然好啊，这里肯定都要重新修建。"

偌大的工作区，只有李影大姐独自生活，当问起一个人在这里生活有什么困难时，大姐说："我今年65岁，以前是做园艺工作的，从1998年来这里上班，一个人在这里过了21个春节。单位领导对我特别好，还给我配备电脑、路由器，我妹妹每10天就来给我送一次吃的，我就喜欢这种安稳平静的日子。假如有一天我干不动了，我自己会走。"说到这里，李大姐心情有些激动，笔者也感动于李大姐甘于平凡、默默付出的精神。

在返回的途中，透过车窗，道路两旁的板栗树和桃树肆意地闯入笔者眼帘。绿意盎然的山林和那清澈的江水赋予了长甸河口无穷的魅力。从丹东一路走来，凭借着优质的地理区位和深厚的历史积淀，旅游业俨然成为鸭绿江畔的口岸赖以发展的

"名片"，长甸河口也不例外。写到此处，笔者不由想起独自坚守在港口的李影大姐，如果长甸河口顺利升级为二类口岸，是不是情况会有所不同？口岸的发展涉及外交、文化、经贸、旅游等多方面因素，笔者认为，长甸河口乃至鸭绿江畔所有口岸人共同期待着更加光明的未来。

老虎哨口岸行

刘　琰

从临江市向集安市行进，一路向南，天气也变得温暖迷人起来，集安不愧有"东北小江南"之称。10月底，道路左右两侧的次生林依旧郁郁葱葱，茂然耸立着。沿途我们路过了森林覆盖律达95%的五女峰国家森林公园，其间大面积的林区和流水相伴，野生动物踪迹密集，让人真真切切感受到自然与生命的蓬勃力量。此行的目的是探访集安市所辖的三个边境口岸，临近集安，休息站里开始提供集安市旅游介绍图，各项服务设施也严格遵循景区标准。终于，经过一个上午的长途跋涉，我们到达了集安市区。

道路两侧的次生林

一、集安：风景秀丽的 "东北小江南"

集安给人的第一感觉是温和清爽的，如果说长白县处处透露着崭新与整齐，那么集安市则更像一个毓秀于内的大家闺秀。市内的街道不见一片垃圾，木质拱桥与潺潺流水随街绕巷，绿化面积多到令人惊讶，建筑风格既包含现代的简洁又不失文化底蕴。市政府位于城市的中心，巍峨高大的行政楼对面就是集安市最大的公园，公园里锻炼身体的老人，嬉戏的孩童很有内地城市的生活气息。除了城市景观靓丽外，集安以古高句丽王朝遗址闻名，境内有高句丽王城、好太王碑、洞沟古墓群、将军坟等文物古迹，整个城市的建设以旅游城市的标准来打造，基础设施完善，国内国外的游客络绎不绝。集安的美好不仅在建筑和环境，更体现在集安人的热情好客上，我们有很多次不认识路的情况，当地人不但会耐心指路，还会介绍哪里的景点值得一去，哪些特色美食值得一尝，诚恳又详细的讲解总是让人顿生好感。

集安市市容

集安市西面有通沟河流经城市，南面有鸭绿江水环绕。漫步在鸭绿江畔，江水逶迤流淌，对面就是朝鲜满浦郡，我们能清晰地看到对岸骑着自行车来来往往的行人，坐在木盆里钓鱼的小伙子，河边取水浣衣的妇女。细细想来，这座城市被青山绿水包围，四季分明，秋霜晚至。从有人类开始繁衍，到培育出一片深厚的文化土壤，共历时两千余年，也正是这种悠长的历史浸润，才成就了如今细腻灵动的"东北小江南"。

二、老虎哨：九曲山路漫漫

到达集安的那天下午，在当地边防部队 Z 参谋的带领下，我们驱车前往老虎哨口岸，老虎哨口岸坐落在吉林省集安市榆林镇内，是集安市唯一的双边客货水运口岸。众所周知，水运成本较低，尤其此处鸭绿江河段两岸距离较短，运输更是非常便捷，因此，这一口岸的重要性不言而喻。

从市区到老虎哨口岸大概有一个多小时的路程。2013 年，因为这段公路现有指标太低，不利于老虎哨口岸的客货运输，集安市提出重修老虎哨口岸至榆林段的公路，并与本溪、丹东等国道相连。但今天我们行驶在这条路上，唯一的乘车感受还是颠簸和晃动，这是一段非常难走的公路，有的路段落满了沙砾，有的则非常狭窄，走着走着还动不动就是一个九曲的弯道。据 Z 参谋讲："因为修建的大坝较多，集安这边的边境线出现了干江段情况，很多地方的江水干涸，直接裸露出了土地和浅滩，有的口岸就是依托这些大坝建设而成的。我们今天去的老虎哨，所在地是一个半山腰，较为偏僻和闭塞，周边几里都没有人烟。因为地形太过复杂险峻，道路经常遭遇雨水冲刷和山石滚落，所以总是坑坑洼洼的非常难走。"沿途我们经过了很多村落，都竖着"爱民固边模范村"的牌匾。据了解，当地村落的人基本以种地为生，每个村的村干部会经常走访各个边民家庭，给他们发放边民补贴，普及边境地区的注意事项，这些情况是在之前几个口岸周围不曾见过的。笔者感觉，虽然口岸周边建设跟当地边境线周围的生态环境和人口分布有关，但似乎在从鸭绿江上游向南不断行进的过程中，边防设施和边民政策的确更加完善和齐全。

说到老虎哨口岸，就不得不提到老虎哨水电站，口岸的发展历程与老虎哨（亦称渭源）水电站息息相关。渭源发电厂（朝方称）是中朝两国合建的一个梯级电站，1976年始建，1987年才开始发电，整个老虎哨坝体为重力式混凝土坝，坝高55米，宽约8米，坝顶长627米。库区面积39平方公里。电站为中朝两国共有，但主要由朝方负责维修管理和施工运行。

颠簸的道路和守边模范村牌匾

老虎哨大坝

　　因为大坝的中方一侧是陡峭的山壁，1975 年，为了便于管理大坝和边境一线，就在这里开凿了穿山的隧道。几年前，要想登临老虎哨，需要先爬上一个近 35 度的斜坡山路，然后穿过这条 220 米长的隧道。我们到的时间，恰巧山底到隧道的一座公路桥刚刚完工，这座公路桥是水泥混凝面的，桥面大概六七米宽，前后承接在两端较为平缓的山路上。据说，"曾经每逢下雨这条斜坡山路就会被冲毁，官兵们全靠爬山上来，平时的粮食物资等也都是人力背运，这次新修的公路桥为了避免这种情况的出现，还专门做了防水。"我们乘坐汽车直接开过大桥，驶入隧道。我望着窗外被铁丝网紧紧包裹的山壁，不禁感慨想象在没有这座公路桥的时候，哨所官兵们每天在这段山路上要花费多少时间和精力呢？

三、老虎哨哨所："山顶洞人"的守边日常

　　穿过隧道，来到大坝上的中方一侧，我惊讶地发现老虎哨哨所营房就建在大坝坝体上，与朝方的营房仅仅相隔 4 米。据悉，老虎哨哨所是中朝边境唯一一个双方同时设立哨位的哨所，也是最近的哨所。我方哨所是一栋两层的黄色小楼，小楼旁有两个朝鲜的工人正围着一个老式的钻机工作，隆隆声不绝于耳。我仔细看了一下这台机器上的文字，竟然是中国杭州的某个品牌。

　　在 L 排长的邀请下，我们进哨所进行了参观。哨所虽小，五脏俱全，一楼是官兵吃饭的饭堂，二楼是住宿的房间、作战

朝鲜工人使用的老式钻机

山洞篮球

指挥室等，房间分割细致，功能齐全，环境整洁。哨所外，两国的界限主要以立起的一道栏杆和地上的一条红色国界线来分割，红线一侧是我方国界，有中文的"中国"字样；另一侧则是朝语的"조선"字样。据 L 排长讲述，因为距离很近，相邻的两国官兵接岗的时候会互相打招呼问好，经过上级同意，过年过节也可以进行一些唱歌弹琴的娱乐活动。放眼望去，大山江水之中，屹立在屋顶的两国国旗相对而立，迎风飘扬。

老虎哨哨所所有官兵的日常生活都紧紧围绕着隧道，这是这里唯一条通往外界的道路，也被大家戏称为"是个 200 百多米长的原始山洞"。在隧道里侧部分，官兵们在所谓"山洞"内壁的一侧，悬挂了一个简单的篮球板和球筐，平时休息时间，大家会用篮球作为娱乐手段，这种打法被视为当之无愧的"山洞篮球"。

走过山洞篮球，隧道之外的山路上，屹立着中朝边境 22 号界碑，同样是一碑双立，我方的界碑上方是中国国徽，书写着"中国""22（1）""2009"等字样。据

22 号界碑

了解，界碑是由边防委统一所立并且维修的，哨所官兵们主要负责日常看管和维护。

边防工作的光荣总是与艰苦相伴的，在老虎哨哨所营房二楼的陈列室里，我们见证了这支部队从战争时期的英勇奋战到戍边时代的默默坚守。直面艰苦不言苦，燃烧生命为使命，一张官兵们冒着风雪背着粮食爬山的照片成为老虎哨哨所留给我感触最深的记忆。

四、老虎哨口岸：一条来回走货的"大铁船"

从哨所出来，我们一行人乘车前往老虎哨口岸，L 排长简单讲述了老虎哨口岸的一些情况："老虎哨口岸的历史可以追

溯到朝鲜战争之后，具体的建设时间几乎和大坝同步。其实现在所有的中朝边境口岸建设的都不是很成熟，只有几个小的口岸在运转，老虎哨就是其中之一。而作为吉林省鸭绿江下游唯一一个水运出入境口岸，老虎哨口岸是国家二类口岸，对应的是朝鲜慈江道渭原郡渭原邑，平时担负着口岸出入境人员、车辆及货物检查、监护的任务。"

下车向前走，我们来到一片凸出的浅滩，浅滩用水泥抹成了一个下坡面，坡面前方则立着"中国海关"字样的铁栅栏，越过栅栏远远看去，江对面停泊着一艘大铁船。在 L 排长的讲述下，我们才知道，老虎哨口岸的河运方式十分简易原始。原来所谓的双边客货水运，其实主要的载体就是这艘来回走货的大铁船。大铁船上有两道平行凸起的轨道，我们可以顺着轨道把汽车开到大铁船上，然后再用船运到对面，其他货物也是如此，只有木材运输是通过砍伐之后略加捆扎，直接借助水力漂浮到对面的。而船上往来乘坐的人有大车司机，两国办公的干部，企业老板等等。

中国海关与来回走货的大铁船

事实上，老虎哨口岸就是依托一片鸭绿江凸出的浅滩而设立的，相当于一个简陋的码头，承担着来回客货运输的艰巨任务，浅滩附近立的是 21 号界碑，界碑同样是中国国徽和"中国""21（1）""2009"的字样组成。据悉，中朝界碑一般立在比较有纪念意义的地方，老虎哨口岸方圆一百多公里也只有 21 号和 22 号两块界碑。浅滩后方坐落着老虎哨口岸的海关和边检站，回程的路上，我们透过车窗拍到了边检站的全貌。

在了解了老虎哨口岸的运行和管理情况后，我不免为口岸的工作人员和哨所的官兵们深深地捏了把汗，坐落在大坝上的哨所和地处浅滩的口岸，在面对极端天气或水位上涨等问题时是非常脆弱的。官兵们回忆守边过程中的困难，唯一感慨的也就是自然环境的恶劣。"过去只要一连续降雨，再加上朝鲜渭源电站放水发电，口岸的上岸码头就会被水淹没，路也会被冲毁，官兵们巡逻和运输物资全靠爬和背。"如今，2018 年修好的公路桥虽然解决了由山底到隧道的交通问题，但口岸的日常运转仍然是依靠最开始的大铁船。笔者认为，在之后的口岸发

21 号界碑

老虎哨口岸边检站

展过程中，和朝方良好沟通，升级口岸的基础设施将会是口岸建设的重中之重。

五、爱家太极湾：三山环一水

听 L 排长说老虎哨哨所后面新开发了爱家太极湾景点，由鸭绿江游船和太极湾景区组成。机会难得，我们决定去参观一下，由于在旅游淡季，景区并没有完全开放，只有一个妇人看守着景区的售票处。进入景区的第一眼看到的是由彩色小风车装饰的一条石板小道，小道两旁的草丛里点缀着一些小粉花，煞是喜人。小道尽头是一个渐缓的水泥台面，下方连接着湛蓝的鸭绿江水，平时游客就是从这里乘游艇出发，去欣赏沿途鸭绿江两岸的异国风情。举目远眺，江面上几座山峰交错而立，裹挟在鸭绿江曲折的江水和大片浓雾之中，朦胧又诗意。此处自然形成的"三山环一水"宛若

太极湾景区的风车小路和道旁的小花

太极形状的地形地貌，是鸭绿江全长 795 公里流域内绝无仅有的自然景观，因此，随着集安市旅游文化的不断发展，爱家太极湾景点逐渐成为游客们的必经之地。

老虎哨是孤独的，这里鲜有人烟，夏天蚊虫肆虐，冬天大雪封山。我们无法想象哨所官兵们日日坚守在两层小楼上的生活，也无法想象风雨肆虐水位上涨时他们内心的恐惧，我们所看到的永远是他们的坚持，是每天不断地轮岗换哨，是路毁时背着物资爬山的坚韧，是他们洞壁旁打篮球那苦中作乐的样子。

集安口岸行

秦泊良

　　集安口岸包括集安铁路口岸和集安公路口岸，位于中国吉林省东南部鸭绿江畔的集安市，与朝鲜民主主义人民共和国慈江道满浦口岸隔江相对，是我国对朝开放的最大陆路口岸之一。集安是我国对朝贸易三大口岸之一，是我国赴朝旅游的重要通道，也是通化市唯一的口岸城市。集安市东与白山市接壤；东南隔鸭绿江与朝鲜民主主义人民共和国慈城郡、楚山郡、渭源郡、满浦市相望；西南与辽宁省的宽甸、桓仁两县毗邻；西北与通化市、通化县以浑江为界，边境线长 203.5 公里。"集安"原名"辑安"，清光绪二十八年（1902）建县时取"和安"之意，语出《史记·司马相如传》："陛下即位，臣服天下，辑安中国。"是世界文化遗产地、中国历史文化名城、国家级生态示范区、中国优秀旅游城市、全国休闲农业与乡村旅游示范县、中国书法之乡、国家园林城市、中国十大边疆重镇。集安市是吉林省对外开放的前沿，也是我国东北亚经济圈的优势据

集安铁路口岸国门与集安公路口岸国门

点之一，发展边境旅游和边境贸易的区位优势十分明显。

　　2018 年 11 月 10 日，笔者一行人离开风景秀丽、民族风情浓厚的长白朝鲜族自治县，经过 7 个多小时的长途汽车颠簸到达通化。由于吉林在 11 月初连降大雪，长白至通化的这段道路路面积雪比较严重，因此车速并不快，而我们也得以沿路欣赏长白山冬季的雪景。望着车窗外的皑皑白雪、晶莹雕翠的树林，我的脑海中想象着被称作"吉林小江南"的集安会是怎样一幅图景。到达通化已是中午 1 点，我们在通化火车站稍事休息又乘坐当天下午 4 点 53 分的 4361 次列车赶赴集安。秋季的吉林太阳落山的十分早，上车时窗外已夜幕深沉，还好通化到集安的火车车程不到 3 个小时，因此这趟火车全是硬座车厢，加上现在不是旅游旺季、也并非工作假期，车厢内人并不多，能载 98 人的硬座车厢其 3/4 都是空空荡荡。火车在呜呜声中驶向黑夜的远方，这条铁轨引领着火车向鸭绿江边开去。

通化开往集安的 4361 次列车以及车厢内的景象

　　大概 19 点半左右，车窗外的景象光芒璀璨，车厢内的人们也热闹了起来，邻座的两个小孩喊着"集安到了！到家了！"望着窗外高楼林立、灯彩灼目的景象，我的心里想到了故乡西安，从小就生活在那样一种人烟灯火的城市环境之中，此刻我的心里真是五味杂陈。"集安"和"西安"两个词的音念起来还有些相像，在长白时有人问我是哪里人时就被对方误听为"集安"，难道冥冥中我和集安这座城市还有某些缘分？当然这都是胡思乱想，不一会儿火车进站了。一下火车候车室顶上的"集安口岸"四个大字就映入眼帘，原来中朝旅客如打算通过铁路口岸出入境就需要在集安火车站过检上车再前往境外。匆匆一瞥，我们带着行李出了火车站前往住宿地。

　　第二天一早，集安口岸行之旅正式开启。首先我们要对整个集安市的总体情况进行一个初步的了解，我们选择火车站前集安最长的一条街——鸭江路为起始基点，准备边实地走访边

绘制集安城区平面图。以
自西北向东南流去的通沟
河为分界线，西边的部分
城区面积较小，建筑设施
也比较新，应该是新建城
区；东边的部分城区面积
大得多，建筑群比西部明
显要多，是集安主城区所
在。迎宾路、胜利路两条
马路通过架桥的方式连接
着两个部分。通沟河河面
较为宽广，约有 220 米左
右，在这一段河道建有两
个拦水大坝，河水也较为

集安夜景（集安最美，因为有你）

清澈，约有 7 米深。在主城区所在部分，一条条小街道将集安
市切割成一小块一小块面包似的楼群，集安客运总站、集安市
第一中学、火车站、莲花公园、鸭绿江游船码头、滨江休闲广
场、集安博物馆、集安清真寺、集安新港码头、集安市政务大
厅及政府广场等主要建筑用地集中于此块区域。迎宾路、河东
街、沿江路，从北、西、南三个方向成为环集安市主城区的公
路要线，向东北方向延伸的鸭江路一直通向集安市郊。自西北
向东南横向的站东街、站西街、粮丰街、莲东街、新建街、建
设街、黎明街、东盛街、朝阳南街、朝阳北街、西盛街、西城
街与自东北向西南的文化路、育才路、镇江路、团结路、胜利
路、锦江路、云水路以及其他小街道共同组成集安市主城区的

交通动脉。主城区面积较大，功能区繁杂多样，新城区则略显狭小，集安市全民健身中心、水景江南小区、雷锋纪念馆旧址等建筑错落于此。迎宾路过河后缩小与鸭绿江河道方向的夹角向西南在集安东隆通用机械厂西侧与胜利路汇合，新城区的马路明显比老城区更加宽阔，道路环境也更加平稳，建筑之间的间距也较老城区更大，但是由于这片区域的建设还在进行之中，总体上还处于开发建设的初期阶段，新城区未来的发展潜力巨大。集安铁路口岸位于集安市东北方向鸭绿江国境大桥北侧，距离市区 15 公里；集安公路口岸位于集安市东北方向的太王镇下解放村南侧，距离市区 7 公里。

　　对集安市区的情况有了大致了解后我们先前往集安铁路口岸，集安铁路口岸国门位于集安市区东北 15 公里处鸭绿江国境大桥的北侧。铁路桥不远处我国领土一方建有一座竖立蓝、橙色矩形国门，国门正上方最上面是一个横着的透明的空中步道，步道下方是国徽，国徽下书有"CHINA、集安口岸"字样，集安铁路口岸区域现已被集安市政府规划建设为国门旅游景区，是很多游客来集安旅游体验边境风情的重要旅游景点之一。国门东侧是我国武警官兵的岗哨，国门西侧立有 2009 年设立的 23 号界碑及一块大石，大石上正面写有"鸭绿江大桥"字样，背面则是鸭绿江国境大桥的历史简介，大石再往西 20 米处是一座坚固、破旧、明显带有历史沧桑感的碉楼建筑。铁路线西侧分别是驻防集安铁路口岸的武警官兵和边防连队的驻地，外人不得轻易进入，再往北就是集安铁路口岸国门景区入口。从景区入口到铁路线之间的通道两侧是集安历史、抗战历史、口岸国门等相关情况介绍的展板。由于通过铁路口岸出入境的火车在集安火车站进行安检等出入境手续检验工作，因此在这里并没有相应的检验检疫区域。

在与口岸工作人员、驻防武警官兵表明来意后，我们获准通过集安铁路口岸国门，沿铁路线一旁检查铁轨的步行通道向桥的那头走去。上桥前我们在界碑、大桥前进行拍摄，我们一行人也分别与23号界碑合影，之后走上大桥向鸭绿江江心方向走去。走上这座铁路桥，厚厚的铁轨枕木立刻吸引了我们的注意。我从小就对火车感兴趣，上大学后前前后后坐了多次火车出行，但是如此厚的铁轨枕木还是第一次见到。工作人员告诉我们这座铁路桥是日伪时期日本人修建的，日本人修建铁路非常认真和仔细，当时他们的各项技术也是世界上领先的，这些枕木用到现在几乎没有太大的损坏，质量非常好，这座铁路大桥也是如此，建成运行这么多年来桥梁非常坚固，一直屹立

集安铁路口岸 23（1）号界碑、国门以及国门远眺

在鸭绿江宽广的江面上。铁轨枕木两侧是用一块块水泥板搭建的简易人行步道，水泥板间的空隙比较大，站在十几米高的桥梁之上看着空隙下方流动的江水，让人不禁有些眩晕。桥两边的护栏也并不算高，在桥的中心有三个连续的钢铁架构固定桥梁。我们走到靠近钢铁架构的地方时，对面的朝鲜哨方向出现了几个人，旁边的武警官兵告诉我们到这里就回去吧，中间那里也就是在桥面上有一条红色的线作为国界线，于是我们就转身往回走。之前我们在长白口岸曾听说中朝两国对鸭绿江界河规定江面为两国共有使用，只要不登上对方领土即不算越界，但是为了不影响国界边防安全及其他不必要的麻烦，我们必须听从驻防官兵和工作人员的安排。幸运的是，我们回来的时候正巧有一趟从集安火车站方向开来的火车驶向朝鲜方向，武警官兵立刻提醒我们靠边注意安全，这趟火车的车头是我国产的东风式柴油动力火车头，后面挂有两节客车车厢，车头上挂着我国国徽，车厢与国内其他客运车厢并无太大差别，火车速度也不快。

回到我国国门一侧后，我们向当地驻防武警和工作人员处询问到了一些有关口岸的情况，得知这座口岸自建成起始终向朝鲜一侧开放，1932年6月日军侵占集安，出于扩大侵略和掠夺资源的需要，日军于1937年始建集安鸭绿江国境铁路大桥，1939年7月31日竣工，当年9月1日正式通车运行。1950年10月11日中国人民志愿军一部分从集安鸭绿江国境大桥最先秘密入朝，接着一军、十六军等42万志愿军从集安口岸入朝作战，为抗美援朝的伟大胜利做出了重大贡献，是我国对外开放的一类口岸。连接集安至朝鲜满浦的鸭绿江国境铁路大桥全长589.23米，宽5米，高16米，这座铁路大桥共20桥孔，以第11座桥墩中心接轨处划为中朝两方各自维修的界线，也就是分界线，中方一侧桥长324.23米，朝方一侧桥长265米，铁路口岸国门于2004年7月开建，当年10月竣工。1954年经国务院批准正式设立的国家级口岸，对岸是朝鲜慈江道满浦市，

一列从国门下通过开往朝鲜满浦方向的国际列车

集安铁路口岸是集安市对朝贸易、旅游和友好往来的主要通道之一，年过货能力达30万吨，过客能力达5万人次。在国门旁边屹立的那座碉楼就是日本侵略者为了守卫这座铁路大桥而建的。离开集安铁路口岸时再望了一眼鸭绿江国境大桥，不禁感慨"山川险阻到此止，远望群山已他国"。今日的边境和过去的历史，那是一段中朝革命友谊的激情岁月，这座日本人意图运输掠夺自中国的物资通道如今已是中朝间经济贸易、人员交流的重要通道。

离开集安铁路口岸，我们沿鸭绿江前往离此不远的集安公路口岸。集安公路口岸在鸭绿江边原下解放村旧址，现在的下解放村新址就在原址北侧靠近公路口岸大门的地方，已经搬迁

笔者在集安鸭绿江国境铁路大桥上留影

完成。我们在和当地工作人员和武警沟通后获准进入集安公路口岸。这里很明显是新建成的样子，整个口岸区空空荡荡，只有身穿军装的人员进进出出，我们一行直接登上了集安公路口岸国门的 5 楼。在这里，我们可以看到整个公路国境大桥的全景，以桥的正中向双方国门延伸有三道铁栅栏，这三道铁栅栏将整个公路大桥桥面拦得严严实实。公路口岸是朝方 2011 年开始建设的公路大桥，在不到一年的时间里就建设完成，是鸭绿江上唯一一座由朝方出资出力修建的公路桥。大桥建成后，我国开始着手建设与之配套的口岸设施，集安公路口岸 2014 年 12 月 4 日经国务院正式批准对外开放，口岸占地总面积 10.28 万平方米。在此远望朝鲜，满浦风光尽收眼底，边境风情饱满浓郁。目前集安公路口岸相关设施尚未完全建成，建成后主要还是以临时通道的形式运送人员过关，目前集安公路口岸处于建设中阶段，还未正式办理过相关口岸业务。

之后我们前往集安政务大厅向政府部门了解相关情况。集安市商务粮食局口岸管理办公室的韩副局长接待了我们，在表明来意后韩局长向我们介绍说集安市总共有四个国家级口岸，铁路、公路、水运各种运输方式俱全，是吉林省口岸城市中拥有口岸类型、数量最多的城市，分别有集安公路口岸、集安铁路口岸、老虎哨水运口岸、青石公路口岸。说到这里，韩局长

集安公路口岸远眺及公路大桥桥面

表示这其中青石口岸更应该说是一个公务过货通道，目前集安正在申请国务院将其提升为正式的公路口岸，因此青石口岸目前还在关闭待调整的状态，这也就证实了我们之前发现青石口岸自2016年以来一直关闭的原因。随后韩局长简要向我们介绍了集安铁路口岸和集安公路口岸的运行情况，我们询问集安公路口岸是否在运营中？因为我们之前在集安各街巷走访时发现很多旅游团的信息都显示旅行团会带领游客经集安公路口岸出入境，韩局长表示那些都是旅行团的营销宣传，集安公路口岸还在建设之中现在还不对外开放。另外铁路口岸客运列车的时间其实并不适宜于一日游，因为一日游最合适的是当天早上去满浦晚上回集安，但是现在中朝国际列车是中午开往朝鲜那边，所以在公路口岸还没有正式开放的情况下赴朝一日游项目现在比较冷清。另外集安这边其实五日游的项目目前比较热，主要是可以从这里去朝鲜著名的妙香山旅游。另外，我还提问关于集安新港码头和集安港码头是否可以为普通民众办理客运航运业务，韩局长表示这些港口都不办理客运线路，这些码头仅供游客在鸭绿江观光旅游使用，凉水乡海关村的码头可以有船带人去辽宁那边，但是那就属于私营了。而至于更多的信息，韩局长表示他也是来到这个岗位时间不长，现在各地政府官方网站都在开展信息公开，建议我们去官网上面了解更多信息，但凡是政府能公开的信息都是我们可以参考的。之后我们又去了集安市档案局借阅市志、年鉴等地方志材料，和工作人员了解了一些有关集安历史、社会、风土民情的信息。

随后我们又前往集安火车站，通过集安铁路口岸的中朝国际列车就是从这里安检出发的。集安火车站分为两个部分，一个是国内候车室，一个是集安口岸联检候车室，我们来的非常巧，此时的集安口岸联检候车室正在维修，大厅里空空荡荡

集安铁路口岸联检区、候车楼及铁轨

没有工作人员。这个联检候车室非常小，但是麻雀虽小五脏俱全，海关、检验检疫、边检等分别占据不同的区域，从西向东排列。联检候车室最东边的墙壁上用中朝文字写着注意事项和禁止携带物品名单，最西边的墙壁上是一幅巨大的长城油画。绕过联检候车室，旁边的小道向下横穿过铁路形成岔口，此时铁路工作人员正在指引民众不要穿过铁路，看来一辆火车即将通过这个岔口。火车通过后，我们走上铁路岔口，集安火车站方向延伸过来四条铁轨，原来这个地方离集安火车站如此的近，顺着铁轨甚至可以直接爬上集安火车站的月台，一辆客运列车静静地停在月台边，几个工作人员正在向火车上搬运货物。一旁的工作人员告诉我们，集安向满浦的国际列车是中国最短的一趟国际列车，全程共 11.1 公里，根据中朝铁路相关协议，集安—满浦的国际联运列车每周的周一、周三、周五为旅客列车，发车时间为 13 点 40 分；周二、周四、周六为货物列车，每日上午 8 点 23 分发车，周末停运，是一日双向对开的国际列车。集安火车站虽然离市区不远，但是位置已经很偏了，准确地说集安火车站已经属于集安市下辖的太王镇所在的区域了。

穿过铁路线到达集安城北，这里我们看到了禹山贵族墓葬群及太王碑景区。集安是一座历史悠久的文化古城，在汉唐时期存续 705 年的高句丽民族在集安繁衍生息并建都长达 425 年之久，传 19 代王，留下了大量的文物古迹。后来我们又在绘地图时发现了坐落于集安市区中心的高句丽王城遗址公园、丸都山城等古高句丽时代的遗址，这些遗迹距今已有 2000 多年历史。这其中好太王碑是现存最早、文字最多的高句丽考古史料，被

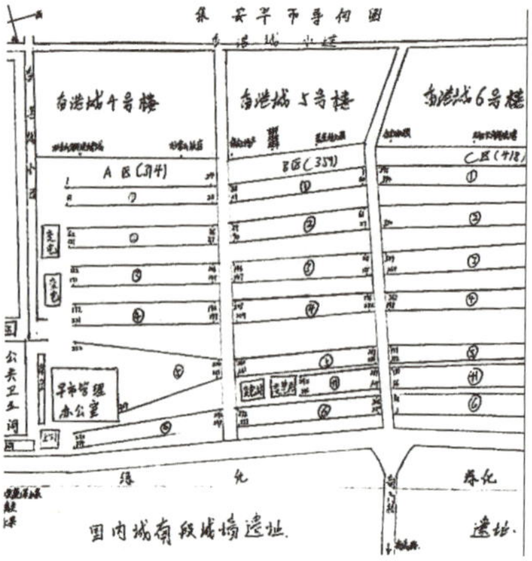

集安早市景象及笔者调查期间所绘制的集安早市平面示意图

笔者在集安早市与商贩访谈以及绘制早市地图

誉为"海东第一古碑"；将军坟是现已确认的高句丽王陵中保存最完好的一座，有"东方金字塔"之称。高句丽王城、王陵及贵族墓葬群2004年被联合国教科文组织列为《世界遗产名录》，吸引着众多国内外游客来到集安探寻古高句丽文化的神秘面纱。

　　每天早上我们都会去早市上转一转，集安早市位于锦江路香港城假日大酒店西侧，占地面积约有600多平方米。集安早市在东北地区的名气很大，在早市旁开小商店的金阿姨告诉我们集安早市还曾上过中央电视台，每年5—10月是集安早市最热闹的时候，商贩、游客人挤着人，吆喝声、叫卖声、欢笑声不绝于耳。集安早市有专门的早市管理部门，隶属于集安城市管理大队。集安早市地上划有相关摊位线，整个早市井然有序，分为三个大的区域，每个区域都售卖不同种类的商品，活生生一副集安市井乡土风情图，集安早市一直热闹到早上9点方才结束。金阿姨告诉我们在夏季的时候早上3点多早市就开始了，一直要经营到10点多才会结束。早市北侧的妙香山饭店也是很多来集安游客的必选，这座饭店最大的特色是正宗的朝鲜风味美食和朝鲜服务员歌舞表演。

集安清真寺

此外，我们还发现在集安市西北部团结街道育才社区通沟河旁有一座面积不大的清真寺，身为大西北人在东北地区见到清真寺令人很是激动也倍感亲切，不巧的是清真寺的管理人员和阿訇等人这段时间在长春开会，仅有的一位工作人员接待了我们，向我们简单介绍了这座清真寺的建成史和集安回族的相关情况，我们得知集安的回族主要是清末民初河北、山东一带的回族移民而来，经过三代人的艰苦奋斗才在集安立足，目前集安的回民主要集中在黎明街道和团结街道，每周五主麻日的那天会集中到清真寺来做礼拜。

最后，我还想再和大家分享一下集安的美食。集安最有特色的美食当属火盆。作为一个从小长期生活在西北地区的人，对东北美食的认识还停留在兰大榆中校区后门的东北菜馆、东北饺子馆等，也许是为了适应西北大众口味，这些打着"东北"旗号的饭馆没给我们留下什么太深刻的印象。直到在本次行程中刚到长春时吃了铁锅炖，这个美食类似干锅或重庆鸡公煲，铁锅炖给人最大的感受是坐在炕边从腿部热起。而集安火盆则给人一种热在胸部的感觉，像是铁锅炖结合朝鲜风格的中间产品。在口味方面偏清淡，可以加入朝鲜米肠、豆腐、粉带等辅料，然后静听菜品

集安火盆与集安火盆街雕塑

与油的滋滋碰响。但是随着时间的推移火盆最后会和铁锅炖一样，出现菜粘锅和油腻的感觉。对于西北人而言，这种口味确实略偏淡，但是这确实很符合东北的气候环境需求，也许这正是东北一家人围着炕头其乐融融的温暖感吧！

集安口岸所在的集安市充满着现代城市的气息，同时又不失文化的历史积淀色彩。高句丽民族遗存的历史文化符号被集安市充分利用，大到政府广场前的三足乌雕塑，小到道边的路灯之上的三足乌造型，高句丽的文化元素充斥着整个集安市区。走在集安市鸭绿江边的健身步道上远眺鸭绿江国境大桥，历史的沧桑印记镌刻在这座大桥之上，桥柱下的鸭绿江水依旧缓缓东去。雄伟的两国国门矗立在江面两侧，一列火车鸣着汽笛向江的对岸驶去，想象的历史与现实的场景变换着浮现在我的脑海之中。口岸是两边社会交流、联系的窗口，中朝两国有着深厚久远的历史友谊，当前的国际形势虽然一定程度上影响着两国社会，但是交流与联系的需求，一定会深刻影响仅一水之隔的两个城市社会。集安现在发展的程度在我之前所去过的口岸城市中算得上是发展最好、建设最好的一个，这离不开世界文化遗产等资源被集安市合理地开发利用。相信勤劳、勇敢、富有创新精神和开拓眼光的集安人会更好地发掘和利用口岸城市的区位优势，依托口岸特色资源让集安明日的发展更加繁荣多彩！

青石口岸行

刘　琰

　　2018 年 10 月 22 日中午 11 点，在参观完集安公路和铁路口岸后，H 参谋带领我们前往青石口岸所在的青石镇，青石镇境内建有云峰大坝，因江水截流而形成了著名的云峰湖景区，湖光山色间风景十分秀丽。行至大坝附近，当地哨所的指导员热情邀请我们和哨所官兵一起吃了中饭，还贴心地为我们准备了午休的场所，人民军队的热情洗去了我们长途跋涉的心酸和劳累，激动之余心里也暖暖的。

一、云峰大坝：中朝友谊通道

　　云峰大坝是中朝合资在鸭绿江上筑坝截流修建的跨国水电站，也就此形成了一条连接中朝的友谊通道。据悉，这座大坝修建于伪满时期，由占领东北的日本人设计、伪满洲国和当

云峰大坝隧道口与附近的纪念品商店

时的朝鲜当局共同出钱，朝鲜负责建设大坝主体，伪满洲国负责建设电厂。一直以来，大坝都沿袭着以往的管理方式，由朝鲜管理，中国负责发电。通往云峰大坝的隧道是一片军事管理区，也是游客密集的云峰湖景区，隧道顶部是四个金色繁体大字"雲峰大壩"，旁边则是处于关闭状态的一家中朝俄纪念品商店。在H参谋的带领下，我们得以穿过隧道，上坝参观。大坝起始处屹立着我们的第30号界碑，上面依然是中国国徽搭配"中国""301（1）""2009"的字样。

从界碑处继续向前，登上大坝，大坝宽约10米，左侧是平坦的水泥

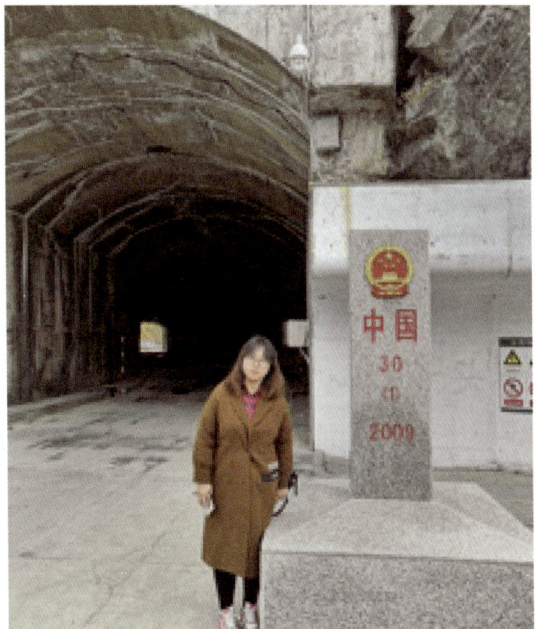

笔者和30号界碑的合影

抹面高台，右侧则是装饰精美的栏杆，上端镂空，中间刻着类似兰花的凸起造型。行至大坝前段，最显眼的就是大坝左侧并排的几台橘色门式起重机。据了解，起重量最大达 350 吨的起重机是由中国太原生产的，起重量 180 吨的则是由朝鲜生产的。

左右侧栏杆及坝下景色

止步标语

行至大坝中段，再向后似乎是朝方的作业区，竖着"止步"的中朝双语标识。此时大坝四周上下的劳动风光迥异，站在此处向下看，右侧是旧桥墩遗址，其上方架设着编号为 1、2、3 的三台重型机器；左侧是云峰发电厂和大坝截流形成的云峰湖，湖面上漂浮着成片的木排。众所周知，朝鲜对中方出口货物以木材为主，工人们只需用绳索略加捆扎，借助水力让木材漂浮到中下游的交货点即可完成运输。

在刚刚经过的中方作业区，身穿橘色工作服的我国云峰电厂的技术员在检修坝体。与此同时，朝方还在木排上搭建了很多蓝色彩钢顶的小平房，方便穿着绿色长袖秋衣的朝鲜工人们运货。大坝上，一个朝鲜妇女在负责两国工人的联络和沟通，只见她急匆匆地跑去向中方作业区的工人询问一些问题，然后折返到朝方大声向大坝下的朝鲜工人们发布指令，一切工作在她的联络下有条不紊地进行着。

走到大坝中后段，此时我们垂直的下方已

1、2、3 号机器

湖面成片的木排

朝鲜工人和负责中朝翻译的朝鲜妇女

经是朝鲜的国土了。朝鲜村落民居错落有致地分布着，正是中午时分，有的家里升起了袅袅炊烟，我甚至看到了一个身穿红色小袄的小姑娘从自家院里跑了出来。这是我们第一次如此近距离地观看朝鲜人的日常生活，内心深处，对于朝鲜这个国家我似乎有了新的认识。

二、云峰国境哨：两国哨兵面对面站岗

大坝尽头就是驻守在鸭绿江畔云峰大坝上的云峰国境哨，这里与邻国朝鲜仅有一步之遥，群山绿水之间两国的哨所毗邻而立，两国哨兵每天都在相隔不到 10 米的距离间面对面地站岗执勤。云峰大坝地处库区，作为鸭绿江集安段最上游，汛期来临时要担负起防汛触角的作用。哨所人员少、哨位多、岗勤任务重，驻地环境相对艰苦，这里的冬季漫长寒冷，夏天又蚊虫肆虐。由于哨所位于云峰旅游景区内，年接待来自全国各地的游客数万人，哨所对官兵的执勤要求也非常高。

朝鲜村落日常生活场景

哨兵执勤中经常会遇到
游客有意或者无意中对
邻国敏感位置拍照的问
题。面对这种情况，官
兵们要文明地进行劝阻，
以最好的精神状态来维
护国家形象、维护军队
形象。与此同时，官兵
们还要学习朝鲜语，实
现与朝鲜哨兵的日常
交流。

云峰国境哨

三、青石口岸：繁华过后的孤寂

　　从云峰大坝出来后，H 参谋带领我们前往已经停止使用的青石口岸，青石口岸是吉林省口岸办批准成立的临时过货口岸，其位于青石镇辖区东南端，与朝鲜民主主义人民共和国云峰里毗邻。青石口岸的边检站是一个拥有几排蓝色建筑的小院落，在此地坚守了 15 年的守边战士 Z 班长向我们讲："曾经，青石口岸是一条繁荣的公路口岸，进出口贸易主要是以易货贸易方式（货换货）交易，进境货物以木材为主，出口货物以轻工、建材、汽柴油、食品类为主。2006 年青石口岸将新的检疫

青石边检站

装备进行升级之后，这里就停止了使用。"

我们首先来到院落外侧，只见两排石块遮挡在一扇大铁门前，铁门后是一座已经废弃的大坝，这座大坝在云峰拦江大坝建成后就被废弃，鸭绿江水被上游的云峰大坝拦住，改道从侧面山洞进入发电厂进行发电，滞留的江水逐渐干涸，形成了一片袒露的平地，运输工具可以直接进入，青石口岸就这样拥有了公路运输的条件。

干涸的河道和废弃的铁路桥

进入边检站的院落，正前方是一个长形的蓝色边检房，上方写着"中国边检"四个大字。边检房左侧是边检员们的办公室，从窗户向内望，桌子、凳子等办公用品还摆放在原位，窗

边检人员的办公室

青石口岸国门与过货通道

台上的植物正在花期，开了满满一簇小粉花。边检房的正后方有一条水泥小道，小道旁堆积着黄色的落叶，靠内侧的路灯上挂满了红红的灯笼，顺着小道向前看，有一扇低矮的栅栏门，这就是青石口岸的所谓"国门"了。货车经过边检后就由此门驶出，开过长满杂草的江底，向右横穿大坝的底部桥洞，径直去往朝鲜。据 Z 班长回忆，曾经从这里出入境的大货车络绎不绝，繁荣时期的年过货数量可以达到 100 万吨。

青石口岸见证了两国很多具有历史意义的重要时刻。边检站西墙边有一条平坦的黄色土路，据 Z 班长讲述，这条土路是当年日本控制东北和朝鲜时，为朝鲜国内修的铁路线，因为朝鲜一侧是悬崖峭壁，于是不得已从我国借道，之后中朝两国划分边境线，朝鲜也修建了自己的铁路。2003 年时，这条铁路的铁轨被扒走，运回了朝鲜。而今，这条铁路道被立了一些训练桩和高板，用来帮助哨所官兵们进行日常训练。

从青石口岸边检站出来，路旁有一户老妇人经营的商店，之前这里从事的就是为那些过往的货车司机提供饭食、休息等服务，但是现在，我们看到的只有老奶奶一个人孤独的背影，无论是路边小商店曾经的火爆，还是遗留建筑和崭新的设备，我们都可以依稀看出当年青石口岸的繁华。

铁道上的训练场

在集安市口岸办公室工作人员那里，我们询问了青石口岸废弃的原因，究其根本，还是基础设施没有达到标准。在 2018 年 11 月 5 日集安市人社局公布的关于《集安公路口岸辅助监管人员招聘公告》中，我发

老妇人和她的小店

现青石口岸和老虎哨口岸，集安公路口岸共同招聘对应的辅助岗位，定期轮换在这几个口岸协助海关办理通关业务。可见，青石口岸未来是否能够恢复使用，关键还是在于其能否完成整体的升级改造工作。

跟随老师几天的口岸行，是我第一次真正接触边疆，接触口岸，接触边防。这一过程中，我无数次感悟于边防战士们的忠诚与英勇、勤奋与敬业，无数次为他们身上发生的动人故事而落泪。"一个哨所就是一道国门，一个哨兵就是一座界碑。"他们挥洒着青春和热血，用对国家的无限忠诚，对党和人民的热爱，托举起神圣的卫国戍边使命。

临江口岸行

秦泊良

　　临江公路口岸是国家级一类公路口岸，位于吉林省白山市所属临江市，与朝鲜慈江道中江口岸隔鸭绿江相望，双方间有国境公路桥相连。口岸所在的临江市地处鸭绿江中上游，是吉林省对外开放的前沿，也是我国东北亚经济圈的优势据点，发展边境贸易的区位优势十分明显。

　　2018 年 10 月 20 日，笔者一行人离开风景秀丽、民族风情浓厚的长白朝鲜族自治县，绕过城北塔山，沿 303 省道逐鸭绿江西向而去。长白至临江

临江口岸国门

S303 隔鸭绿江对岸看到的朝鲜村庄

前往临江路上看到鸭绿江对岸的建筑以及行驶的
朝鲜火车

的这段公路全长约有 217 公里，由于限速，导航提示我们大约需要 4 个小时方可到达临江城区。303 省道并不是一条宽阔的公路，它的南边是蜿蜒蛇行的鸭绿江，北边景象则时而悬崖峭壁、时而村舍林立、时而进入幽深的隧道。

由于地处鸭绿江上游，江面并不宽阔，最宽处约有 19—22 米，江水也很清澈。从车窗内向左望去，朝鲜一边的景象清晰地展现在我们面前。在未来到中朝边境以前，对这个神秘国度存在着太多的未知，它到底拥有怎样的社会文化积淀？我想起 2010 年南非世界杯上朝鲜对阵巴西时一名叫郑大世的球员在奏唱朝鲜国歌时激动的泪洒满面，他的泪也许是为这个政治上不被国际社会大多数国家待见而愤怒、为这个国家此刻能够参与到世界足球最高舞台而骄傲、还是说为展示这个民族不屈的精神斗志而自豪。我的脑海中浮现出许多想象中的画面，而现在，它的一切是那么的真实、清晰、平静地展现在江面的那一侧。错落有致鳞次栉比的村庄房屋、像补丁一样连缀在一起的山腰耕地、车厢不多且行进缓慢的非电气火车、密集而又低矮的朝鲜的边哨亭……车子在鸭绿江冲出的山间谷地中呼啸而去，我们的相机也在为捕捉代表性景象而咔嚓作响。我们注意到，当朝鲜一侧是村庄时我国一侧则尽是悬崖峭壁，反之当我国境内的景象是村庄时朝鲜一侧则为陡峭山壁，这大概就是为什么在长白至临江的这段边界上我国与朝鲜再没有开辟口岸。

从长白到临江经过十八道沟，离开第二道沟后就是临江市。所谓"沟"，即两山梁间所夹之平坦谷地，类似甘肃东部山陇间所挟之平地。东北地名多取自清末关内移民垦荒东北时的所经之过程，如"头道河""二道河""三道河"之类；或依山川地形类物之名号，如"鸡冠砬子""孤山子"等；或依地方所产特色而名之，如"下二股流""蛤蟆川"等；或沿袭旧有特色地标进而呼之为名，如"金场""望江楼"等。鸭绿江之名由何而来呢？我求助于网络，网络上显示"据唐朝著名史学家杜佑撰写的《通典》记载，由于鸭绿江发源处水像公鸭子头上羽毛的绿色，所以叫鸭绿江。"而司机孙师傅告诉我们他知道鸭绿江中有一种当地人称之为"鸭绿"的鱼，不知道这之间有没有某种联系。一路上我们看着两边的风景，听着司机师傅和我们讲述他对这些村镇的了解情况，孙师傅长期在外拉客跑长途，曾经也在吉林地方地矿方面工作过，因此我们从他那里收获了许多关于东北地区的地理知识。

前往临江路上的六道沟、小蛤蟆川路牌

　　翻过滚马岭，我们沿滨江路进入临江大街，这里就正式进入临江市主城区了。以自北向南流去的头道沟河为分界线，西边的部分为新城，东边的部分为老城。临江大街、南围子街、鸭绿江大街三条马路通过架桥的方式连接着两个部分。头道沟河河面并不宽广，约有 160 米左右，河水也较为清澈，约有 5、6 米深。在老城所在部分，一条条小街道将临江市切割成一小块一小块绿豆糕似的民居，临江口岸客运站、体育场、解放小学、光华中学、江心岛公园、妇幼保健院、友谊医院、临江市政府及政府广场等主要建筑、用地集中于此块区域。卧虎山大街、迎宾路、鸭绿江大街和世纪大街从北、西、南、东四个方向成为环临江市老城区的公路要线。自北向南的新华街、临江大街、民主街、南围子街与自东向西的兴隆街、民主北路、东市路、交通路、新民路、市府路、光明路、和兴路以及其他小街道共同组成临江市老城区的交通动脉。老城区面积较大，功能区繁杂多样，新城区则略显狭

小，临江市医院、火车站、第一中学、四保临江战役纪念馆
等建筑错落于此。临江大街过河后缩小夹角向西南在临江公
路口岸大楼西侧与沿江的鸭绿江大街汇合，南围子街则在过
河后与南北向的新村路垂直交叉，自东北向西南新城路和站
前路连接着鸭绿江大街与临江大街，新城区的马路明显比老
城区更加宽阔，道路环境也更加平稳，建筑之间的间距也较
老城区更大，新城区未来的发展潜力巨大。

　　对临江市区情况有了大致了解后我们前往临江公路口岸。
临江公路口岸位于临江市新城区西南部，鸭绿江大街最西端。
临江口岸区整体依公路大桥呈西北—东南向布局，最西北处为
临江市经济技术合作局，临江口岸办等机构就在这座大楼办
公，口岸区与大楼间跨临江大街建有一空中通道沟通两座建
筑。口岸区占地面积并不大，主要分为联检大楼和边防军事管

临江市政府大楼及广场

理区两个部分。从临江大街有大门方便过关车辆进入口岸区，联检大楼上写有"中华人民共和国临江口岸"11个大字。货检区位于联检大楼北侧，客检区则位于联检大楼内，联检大楼中下部有公路通过连接国界大桥，桥头到联检大楼下的这个区域即为军事管理区。

　　临江口岸虽然位于城市边缘，但是并未像长白口岸、集安口岸等口岸城市建设国门景区，因此普通游客、市民并不能轻易地上到临江口岸中朝国界大桥。在与口岸工作人员、武警官兵表明来意后，我们获准进入临江口岸。出于保密及国防安全的考虑，我们不能拍摄国门建筑及口岸管理区内部，但是我们被允许在界碑、大桥上进行拍摄，我们一行人分别与31号界碑合影。我们拍过界碑后，走上大桥向鸭绿江江心方向走去。走上这座界桥，地面是鹅卵石混水泥砌成的，桥边的护栏则用水泥和石头混合砌成。护栏并不高，我们可以明显地看出这座桥梁已经历过多年的风雨沧桑，桥面坑坑洼洼并不平整，在桥的中心有三个连续的钢铁架构固定桥梁，对面的朝鲜哨所始终有人密切关注这边的动向。之前我们在长白口岸曾听说中朝两国对鸭绿江界河规定江面为两国共有使用，只要不登上对方领土即不算越界，但是为了不影响国界边防安全

笔者在临江中朝国境大桥上留影

及其他不必要的麻烦，我们走到国界线处拍照后便返回了。这是一条黄色的约有 20 厘米宽的国界线地标，在我国一侧写有"国界线"三个大字。我们在桥上向当地驻防武警询问到了一些有关口岸的情况，得知这座口岸是始终向朝鲜一侧开放的，从解放战争时起便向朝鲜一方开放。从大桥上向南看去，朝鲜一侧的慈江道中江口岸大楼矗立在桥梁那端，大约有三四层高，旁边的朝鲜哨所并不高，位于大桥东侧。由于朝鲜中江郡城区位于临江口岸西南方向，因此在国界大桥上并不能看到中江郡的市貌。从大桥上向鸭绿江江面望去，我国一侧正在忙碌地修建沿江防洪大堤，而朝鲜一侧则显得很安静，江面上有不少朝鲜人在钓鱼和游泳，我们所在的这一时间段里并没有货车或人员通行，这里比起长白口岸也显得冷清许多。

临江口岸 31（1）号界碑、国境大桥以及桥面上的国界线

　　我们从口岸工作人员处了解到，临江口岸自 20 世纪 40 年代初建立，与朝鲜慈江道中江郡相对应，中朝国际大桥则建于 1939 年。临江市人民政府口岸办公室对该口岸实施管理，临江海关、临江边防检查站、吉林出入境检验检疫局临江办事处担负口岸的查验工作。现有建筑规模形成于"十二五"期间，临江市口岸重点建设项目共 7 项（9 小项），总投资 21676 万元，新建临江口岸人行天桥、国门、检验场地、临江中朝国境鸭绿江大桥、口岸现场封闭隔离设施建设、查验通道和标识建设、口岸绿化美化建设及其他配套设施。目前大体情况如下：一是截至 2018 年，共投资 8000 余万元完成口岸联检综合楼（9605 平方米）、国门（933 平方米）、人行天桥（518 平方米）等工程建设项目，并已竣工验收投入使用。二是加大了配套设施的完善工程，先后投资了 259 万元修建了出入境货物通道路面硬覆盖（水泥混凝土路面 1182.846 平方米）和 334.76 米长的口岸周边砌砖石头挡墙。三是投资 300 余万元完善了出入境旅货检通道、口岸基础设施等建设，使临江口岸达到口岸核心能力建设要求，并于 2013 年 11 月以 95.51 分全省最高分的成绩通过国家核心能力建设验收。2017 年，临江口岸全年外贸进出口总额达到 2289 万美元，其中进口额 559 万美元，出口额 1730 万美元。口岸过货品种中主要进口货物包括盐渍刺嫩芽、盐渍山芹菜、木制雪条棒、硫酸、铜精矿、铁矿粉、其他矿产品、板材（杨木、落叶松、桦木）；主要出口货物包括日用百货、水泥，小麦细粉、精米、建筑材料、钢铁及钢铁制品、矿产机械设备、采矿设备、机电设备及其零部件等。

　　从桥上走下抬头再望我国国门，这是我国国家主权的象征啊！很多人总想着走出去、到境外去，仿佛国外的月亮就是比国内的圆。一步步地走回国门，一种归属感油然而生，国家国家，国即是家！

离开临江口岸，我们沿鸭绿江大街往老城区方向驶去。突然，一座江边造型类似俄罗斯圆顶教堂的两层建筑从车窗外闪过，这吸引了我的注意力。我们随即就近停车，打算一探究

站在临江中朝国境大桥上看到桥下的景象

竟。原来，这是临江市水文站，在它的旁边还矗立着一座约8米高的铁塔。在水文站附近，我们遇到了三位老人，经过交流我们得知他们都是临江本地人，但是祖上都是清末闯关东时从山东来到了这里，临江市虽然与朝鲜仅一水之隔，但市区里朝鲜族人数却很少。当被问及是否去过朝鲜那边、对朝鲜的印象时，他们表示从没有去过朝鲜那边，也没有想过去的想法。之后我们还聊到口岸大桥他们是否上去过的话题，老人们表示没上去过，上去需要办手续，如果不过去也就没有必要去办手续。从交流中我们感觉到这个城市的百姓似乎对口岸交流没有什么关心与大量的接触，只是知道临江市一个边境城市，临江口岸可以过到朝鲜一边，但是对朝鲜的认识和边境的理解似乎与普通人的生活没有什么太多的关系。

在水文站附近有一个岔路可以下到河边，这里有一位妇女正在用江水洗衣服，岸边的一块矩形石条成为完美的搓衣板。

鸭绿江边的临江水文站以及江边景象

我们也将手伸到了江水之中，虽然已是10月下旬，但是江水还不是很凉，手在水中还感到有些黏稠，不知是不是离那位妇女洗衣服的地点比较近的缘故。江的对岸朝鲜那侧的人也和我们进行着同样的活动，洗衣服的、钓鱼的、下河网鱼的，如果不是知道鸭绿江是中朝两国的界河，我甚至有种在黄河岸边看

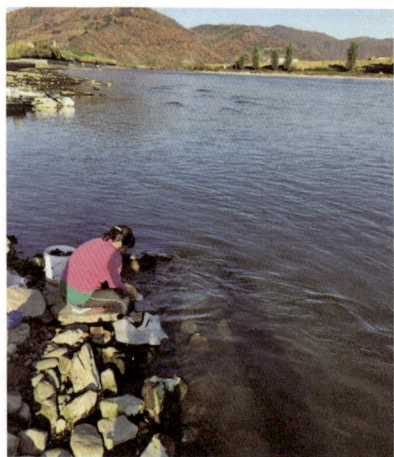

临江段鸭绿江边洗衣服的妇女以及江边小舟

那边的感觉。其实界河也是一条河，只不过是人为地将自然本来的联系给隔断了，生活的对象，一个是人，一个是大自然的给予。

离开水文站再向东去，江心岛上矗立着一座巨幅雕像，很快关于这座雕像到底是谁的讨论充斥着车厢。孙师傅表示"看着像是陈云"，待停车后走近一看，果然这里矗立着的是陈云同志的雕像，原来这座江心岛公园也叫作"陈云公园"。看过公园介绍牌后我们得知："临江江心岛陈云公园是以纪念陈云

陈云公园、鸭绿江石、临江鸭绿江水利风景区以及晚间跳广场舞的人们

和四保临江为主题的开放公园，园内自然景观和人文景观融为一体，滚滚江水沿岸流过，是了解伟人生平、历史战役、观赏风景的好地方。陈云公园内陈云铜像、四保临江战役指挥部旧址、毛泽东题词石碑为主要参观景点，公园内绿化甚优，广场上鲜花、绿树围绕，鸭绿江穿流而过，站在江边还可眺望远处的朝鲜村落和山峰，景色非常优美。"诚如所言，在夕阳的照射下陈云同志的塑像显得熠熠生辉，绿植和公园建筑的搭配也显得愈发柔美。公园南面临近鸭绿江的部分修建有游船码头，岸上一块橙色大石头上刻着"鸭绿江·中国临江"七个字，大石的对面是一个大屏幕，屏幕下方有一红一绿两个牌子，红色的牌子上写着"中国梦永远跟党走"，绿色的牌子上写着"不忘初心，牢记使命"，下方还有天安门、人民英雄纪念碑的图样。大屏幕上时而播放入院须知，时而播放吉林省边境地区管理条例等相关内容。不一会儿，天色已晚，公园内的灯光纷纷亮起，灯影借着江景，整个江心岛公园光芒璀璨，城区里的老百姓也源源不断地涌入公园，广场舞的歌声交织着健身广场上的舞姿，是如此地充满生机活力。

第二天清晨，我们赶大早便向前台打听临江早市的位置，前台工作人员告诉我们可以去鸭江路与南围子街十字去看看。我们到了后才发现这并不是一个固定的早市点，更类似于一个真正的民间市场，在这里卖衣袜棉被、小吃卤品、油条豆腐脑、包子煎饺、人参蓝莓、糕点榨菜、鸡鱼菜肉的摊铺比比皆是，小摊成背靠背两排横于路中间，店铺则分布在马路边，摊铺的类型分布并没有规划的格局，显得有些杂乱，集市上的人也很多，大多是赶早市买菜的大妈们。在临江，这里的生活方式与内地普通城市差异并不大，我们询问了菜品物价情况，由于正值深秋，市场上的菜品种类并不丰富，主要是萝卜、大葱、豆角、土豆一类的，水果则多为白桃、橘子、苹果等，价格与长白差不多，一个菜贩告诉我们下一场雪这里物价就都会涨上去了。

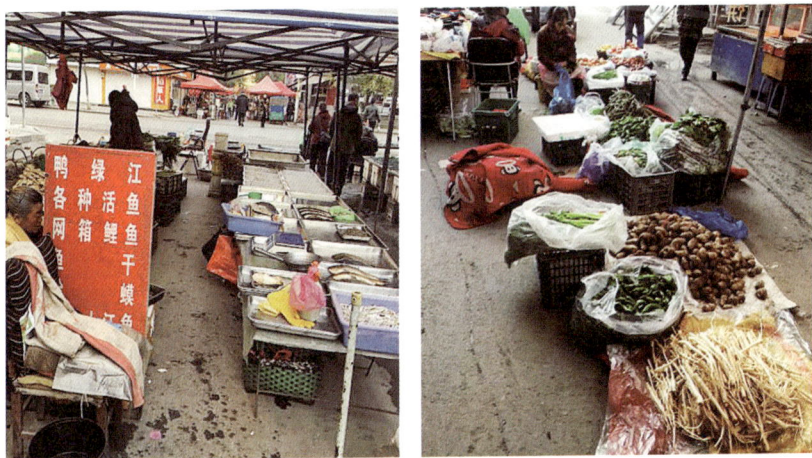

临江早市景象

　　在离开临江前，我们有幸与此行中向我们提供很大帮助的马政委碰面。马政委已经在临江生活了很长时间，我们又向他了解到一些有关临江社会生活、城市建设、与外界联系等方面的问题，在本文最后我们再次感谢马政委对我们联系和协调各口岸活动所提供的帮助。

　　临江口岸所在的临江市充满着现代城市的气息，而历史的沧桑印记则镌刻在这座口岸公路大桥之上，桥柱下的鸭绿江水依旧缓缓东去，雄伟的两国国门矗立在江面两侧，两国国旗迎风招展。与长白县不同，由于临江市内汉族人口和文化符号对临江社会环境的影响占绝对优势，导致临江与对岸的中江郡几乎处在一种除正常经贸联系之外的"隔离"状态，如何打破这一层隔离将是临江口岸未来发展必须解决的重要课题。

长白口岸行

刘　琰

　　结束双目峰口岸的调查后，我们沿着山路下行，下一站是国家一类口岸——长白口岸。长白口岸所在的长白朝鲜族自治县，位于长白山南麓，鸭绿江上游右岸，拥有十五道沟望天鹅景区、灵光寺、塔山公园等丰富的旅游资源。据悉，长白朝鲜族自治县的旅游氛围相当浓厚，因为刚刚度过了建县 60 周年的大庆，县城的面貌也焕然一新。因此，我对这座边陲小城不禁充满了好奇。

一、长白县城：依山傍水的边陲小城

　　沿省道进入长白朝鲜族自治县境内，道路两侧的标语、店铺名牌的文字戛然变成了中朝双语，仿佛在昭示着这座小城的不同之处。乘车行驶到县城东侧，一眼望去，极具民族特色的木质城门映入眼帘，走过城门就是长白县的标志性建筑——放排广场，广场口的石墩上坐满了闲聊的老人，石墩旁鸭绿江湛蓝的江水绕城而过。整座小城沿江而建，江对面就是朝鲜，只见秋末初冬，仍然有朝鲜的妇女在河边浣衣。举目望去，错落有致的民居、风格统一的小楼、紧密穿插的小道、富有年代感的黑白电线杆，异国的风光清晰可见。

中朝双语的标识

长白朝鲜族自治县放排广场

江对面朝鲜的风土人情

　　从城门继续向前，短短几分钟车程，所见的景观皆是整洁明亮的。长白县城以东西贯穿的长白大街为主干道，南北方向分有诸多街道，县城大部分的政府机构和事业单位就散落在主干道两侧，而南北交织的每个十字路口又相当于一个较为繁华的商业区，整个城区的规划纵横分明，座座楼房错落有致。据笔者访谈得知："在国家和当地政府的支持下，长白县城几乎家家户户都住上了回迁楼，为了迎接今年的县庆，全县翻修一新，新增了很多公共建筑和基础设施。"就拿我们调查期间常去的鸭绿江沿江一带来说，在县城南端翻新的长白广场里我们看到了足球场、门球场等各种健身设施，公共卫生间、共享单车也配备得十分齐全。沿江路上每隔几米就修建一座观赏亭，对于县里人而言，约着"到江边儿锻炼"是他们日常生活中非常重要的一部分，尤其是那些退休的老人。每天早上七八点钟，江边的观赏亭和公厕外的休息间就坐满了闲聊的老人，他们三五成群地闲话家常，然后在长白广场溜达几圈，或者到门球场打打门球，到了饭点儿就回家，午休和晚饭后又出来继续活动。一位大娘说，这是去年新建好的这座广场给大家带来的"福利"。

　　长白县这座小城的精致和美丽同样也体现在夜晚。每当夜幕降临，缠绕在每一座商店、每一棵树、每一栋建筑之上的彩灯就会逐一亮起，霓虹灯耀眼的斑斓在勾勒出朝鲜族特色风情的同时，也会将长白县映照成一座不夜城。

长白县城街景

长白广场略景、笔者和亭里闲坐的老人聊天

长白朝鲜族自治县夜景

二、长白口岸：咫尺之间的异国风光

沿广场旁的鸭绿江大道向西行驶，县城的西南端就是长白口岸。长白县与朝鲜民主主义人民共和国两江道首府惠山市隔江相望，惠山市作为朝鲜第三大城市，是两江道（相当于我国的省）政治、经济、文化和交通的中心，城区建设相对完善，近几年拔地而起了很多新的楼房。同时，惠山市也是集朝鲜伟大领袖金日成革命圣地、第二代领导人金正日将军出生地于一身，是朝鲜极具政治代表意义的城市。因此，在所有中朝边境口岸中，长白口岸无论是进出口贸易还是跨境旅游其基础设施都较为完善。

进入长白口岸前，口岸大门旁边的售票厅字样非常显眼，一块大广告牌上写着"中国·长白口岸景区欢迎您"的字样。据了解，长白口岸景区的门票是 30 元，包括进入口岸参观国门，在长惠大桥国界线上一脚踏两国，近距离地观看两国风光等几项内容。

长白口岸的边检工作是由武警来进行负责的，当地边防连

惠山市市容和从我国远望的普天堡战斗纪念碑一角

队的 W 参谋和边防检查站的 X 排长一起带领我们参观了长白
口岸。长白口岸的我方一侧是一个用中间带五星的黑色栅栏围
起来的院落，进入这里的第一眼，我就被不远处宏伟的口岸大

桥所吸引，院落里侧是我国一方的界碑，界碑上方是中国国徽，下方是"中国""32（1）""2009"的字样，界碑周围用铁链围住，悬挂"界碑神圣禁止入内"的吊牌。

再向前走，就是占地7000平方米的口岸联检楼。联检楼分东西两侧，东侧为入境边检，用中文"入境"和朝语"입국"进行标示，西侧为出境边检，两侧出入境边检又各分客检、货检两个通道。远远看去，联检楼的前方是名为中国长白口岸国际商贸城的建筑，因为管理严格我们没能进里面参观。恰巧此时，从出境边检处驶出一辆绿色围布遮挡着的大货车，它向东行驶，通过国门和大桥驶入朝鲜。

口岸景区标识

我与徐老师和32号界碑的合影

W参谋和X排长带我们通过威武高大的国门，来到中朝

中国长白口岸国际商贸城和行驶过的大货车

中国长白口岸商贸城附近商店与所售的朝鲜特产

长惠大桥上。资料显示，长白口岸是吉林省的一个重要对朝通商口岸，长白县于 1952 年设立长白口岸，原为国家二类口岸，2007 年经国务院批复同意升格为国家一类口岸。长白口岸是中朝两国重要的国家贸易和地方贸易通道之一，口岸总占地面积66600 平方米，建筑面积 14750 平方米，内设海关、边检 2 个部门开展现场办公。

X 排长为我们详细地讲述了口岸的建设和发展情况："我们刚刚经过的国门是 2006 年建成的，采用的是唐朝造门手法与现代技术相结合，十分巍峨高大。脚下的中朝长惠国际大桥是中朝边界鸭绿江上游第一桥，1985 年 5 月 1 日开始修建的，属钢筋混凝土桥，大桥全长 148 米，宽 9 米，一共有 5 个桥墩，中朝双方各自承担一半的设计修建任务。两国的协议是以河为界，只要不上岸就不算越界。"漫步在口岸大桥上，向前看可以望到朝鲜的椭圆形联检楼，向下则是两国的民居和街道，一条鸭绿江隔开的距离就在咫尺之间，两国的风景却迥然不同。

中国长白口岸院门、口岸国门

走至桥的中间位置，脚下是用红线标注的国界线，一边是中朝双语的"中国·长白"字样，一边是朝中双语的"조선·혜산朝鲜·惠山"字样。从这条国界线回望，中华人民共和国长白口岸的国门更显高大，五星红旗迎风招展，向全世界宣示着我们中国的主权。

三、口岸发展：边贸文旅小镇

近年来，长白口岸建设不断完善，通关环境不断改善，从长白县口岸办公室的工作人员了解到，长白口岸的进出口贸易量和跨境旅游都做得非常好，在中朝边境口岸中名列前茅。

边境旅游方面，1992 年长白正式开通了对朝跨国"一日游"，1993 年过境客运正式开通，1996 年 2 月又开通了跨国"三日游"。除此之外，近几年借着全域旅游勃兴的东风，长白县在吉林乃至全国创出了多个精品品牌活动：高山草原露营节户外休闲之旅、果园民俗村民俗文化之旅、望天鹅凉夏冰瀑自然之旅等等。如今的长白县，旅游市场十分活跃，笔者向多家当地的旅行社询问得知，"朝鲜惠山一日游"必须要 10 人才能成团，现在冬季果园村的游客都很少，旅行社的工作人员推荐我到望天鹅景区参观一下，因为"那里冬天也比较热闹"。长白口岸依托长白县旅游发展定位，结合自身区位优势、旅游资源及开发边境旅游的机遇，将长白口岸打造成了独具魅力的观光旅游目的地。

服务水平和口岸建设方面，根据笔者收集的相关文件，长白口岸 2008 年通过省级预验收，于 2016 年获批为进境食用水生动物指定口岸。2017 年被评为吉林省文明口岸。口岸部门不断创新服务模式，全面推进关检合作"一次申报、一次查验、一次放行"（简称"三个一"）改革，提高口岸通关效率。2017 年 11 月长白口岸检疫查验设施建设通过国家质监总局预审组检查预审。2018 年 10 月 18 日，长白口岸顺利通过对外开放国家级验收。

依托于长白口岸的区位优势，当地政府大力扶持边贸企业发展，边境贸易实现了较高幅度的增长。对朝贸易方式也从单一的易货贸易向补偿贸易、转口贸易、加工贸易和合资、合营、合作等方式转变。目前，全县进出口企业近百，累计投资额 10 亿多元。笔者在口岸周围访谈了几个店铺的商家，大家说法都比较一致。总体上来说，在所有中朝口岸中，长白口岸的发展状况是相当可观的，其所取得的成绩与国家政策，与当地政府的大力投入，与固边守边的军人们的付出密不可分。

四、口岸边民：多样的生计转型

从地图上看，中朝边界线从丹东鸭绿江口向东蜿蜒 600 余公里，过了长白县陡然折向北方。尤其是在临江到长白县这段 200 多公里的路程更是鸭绿江最曲折的一段，很多村镇都是以"数字＋道沟"来命名，比如前边提到的"十五道沟望天鹅景区"。由于地形复杂，交通不便，长白县城内没有很大的企业或工厂，就业空间狭小。据了解，长白县的中青年一般都选择外出打工，其中汉族一般去往北京、天津、长春等大城市，朝鲜族则漂洋过海去往韩国务工，人口流失大，县城老龄化也比较严重。笔者访谈时发现，每到下雪天，长白县城的路上几乎没有人在走动，仿佛一座空城，反而是对面惠山市的街道人流量很大。

县城情况和地理位置的特殊性使长白县人民面临着更加迫切的生计转型，从整体上看，他们似乎比内地人更加珍惜机遇，敢闯敢拼。伴随着口岸边贸的发展，长白县人曾经选择从事跨国的矿产事业，但近几年受国际环境影响，仅仅剩一些木材、日用品生意可以做了。也有的人从事边境游相关工作，成

立旅行社与朝鲜惠山合作，提供跨境一日游、三日游等边境游服务。近几年，人们将跨境游与部分县内品牌旅游活动结合起

果园村一览

来，打造全域旅游的套餐服务，新颖的模式吸引了大批游客，长白县的旅游氛围逐渐浓厚起来。

旅游业的发展一定程度上解决了部分青壮年劳力就业和老年人的社会适应问题。就笔者在果园村的调查发现，果园村作为一个传统朝鲜族村落，10 年前大多数村民都居住在低矮、破旧的泥草房内，依靠种地、打短工、采山菜维持生活。期间大量青壮年劳动力选择跨国务工。直到 2005 年，长白县委、县政府出于加强民族团结，改善少数民族农民的生产生活条件，传承朝鲜族文化的目的，依托果园村独特的山水资源和优美村落环境大力开发民俗旅游项目，对果园村进行全面规划与开发，使其成为带动地方农村经济发展的长白朝鲜族小康示范村。村里的留守老人们以经营民宿为生，间或去参与民俗文化项目，为游客们教习朝鲜族的打糕、辣白菜等技术，生活充裕的同时也为家中增加了收入。旅游业的兴旺在给长白县带来经济增长的同时，也增加了人口流动的拉力。我们相信，人口的回流和迁入必将会促进这个边陲小城的长久发展。

作为全国唯一的朝鲜族自治县，也是吉林省唯一不通铁路和高速公路的边境县，长白朝鲜族自治县虽交通不便，但县城的建设和发展却从未掉队，长白县人民幸福安逸的生活就是最好的佐证。如今国际背景下进出口贸易遇冷，如何依托原有的自然景色和民俗特色，打造特色口岸边境旅游目的地，或将成为长白口岸未来主抓的发展方向。

古城里口岸行

徐黎丽

从南坪到崇信的路牌

古城里口岸是早在1929年就设立的口岸。20世纪80年代为二类公路口岸，2009年升为一类公路口岸。由于古城里口岸与南坪口岸均在和龙市境内的边境线上，并且有公路沿边境到古城里口岸所在的崇善镇，因此我们考察完南坪口岸后，就沿着边境公路向古城里口岸驶去。

由于管理和安全的需要，边境公路临近朝鲜的一方，均有铁丝网保护。

过了南坪不久，中国一方的边境区域变为高山，现已成为旅游景点——虎岩；朝鲜一方却变为环绕图们江流过的坪坝，因此从虎岩就可以清楚地看到朝鲜的茂山郡市。这里有亚洲最大的露天铁矿——茂山铁矿。

因为我国的边境公路沿图们江修建，因此我们一直在边境行驶，原来只有在边境口岸看到的中朝两国民众沿江而居的村庄时时可以看到，因此可谓时时刻刻体会、感受边境的场景和意境。

在我们的主观意识里，边境总是和安全、稳定等字眼联系在一起。但当我们看到居住在边境上的我国朝鲜族村民把自己的家园装扮得与自然如此和谐时，立刻意识到边民也和内地民众一样，幸福生活也是

护有铁丝网的边境公路

俯瞰朝鲜茂山郡市及其山上的露天铁矿

从沿边公路上可以望见的正在拐弯的图们江两边的中朝村庄

被花丛环绕的朝鲜族民居

崇信镇外景和街景

渐行渐近的古城里口岸

他们的目标。

行驶 42 公里后，我们来到了崇善镇。从外围看，它坐落在山坳里，因为图们江流经的地方肯定是地势的最低点。道路宽阔，地面平整，红蓝房屋与绿山相互映衬，又一个美丽的边陲小镇。走进街道，电灯柱上装饰的红色金达莱花与周围的青山、附近的粉顶房共同组成了一幅美丽的画卷。

渐渐地、渐渐地，写着古城里口岸红色大字的边检中心大门在我们眼前清晰起来。

终于，古城里口岸完全呈现在我们面前。它的边检中心大楼完全是朝鲜族传统建筑的模样，青瓦翘檐，古朴宏伟。边检外围的设施正在兴建。

具有朝鲜族建筑风格的古城里口岸边检中心　　图们江对岸的朝鲜二江道三长口岸边检机构

　　边检中心的后面，隔图们江就是朝鲜二江道的三长口岸。

　　虽然沿边境公路延伸到古城里口岸的道路已经建设完毕，但与其交叉且是镇上居民必经的主要街道正在重建当中，镇内居民区内部的通道已经硬化。

　　我们顺着正在重修的主街道走过，走进一家家庭旅店，其家临街一排房屋为饭馆，中间为花园和菜园，后排房屋则是旅

镇里街道

店，一个人一宿只需要 30 元。愿意睡床则有床，愿意睡炕则有炕。干净整洁、窗明几净。

　　与其他几个口岸相比，这个口岸处处洋溢着生活的气息。因为家庭旅店的经营者都是青壮年，在街道里玩耍嬉戏的是孩子。

长满西红柿的菜园和摆放整齐的柴火

镇里居民生活图

就在靠近图们江边的小道上，居民们也种上了花，有只胖胖的小狗静静地躺在花丛旁入睡。游客们的车辆排放在江边。江边的小饭馆则充满了外地和本地的游客，他们一边吃着边境美食，一边欣赏江边美景，可谓和平与安居是边民和游客们生活的真实写照。

在江边花丛边熟睡的小狗

返回的途中，我们一行又来到了没有设立口岸的白金镇。在白金镇的路卡处，两位边防战士拦住了我们。但当他们得知我们是从千里迢迢的西北来到这里观看边陲小镇时，嘱咐我们在不拍照的情况下进去观看 10 分钟。我们心存感激地进入白金镇。从

백금
白金

白金路标

闲坐在镇上十字路口的居民来看，大多为老年人，镇上空房很多，与边防战士所说镇上没有多少人的真实相符。虽然我们不

能说空巢化是中朝边境所有村镇的普遍化现象，但从我们走过的这几个设立口岸的村镇或没有设立口岸的白金来说，空巢的比例要大一些。

我们相信空巢是暂时的现象，随着边境各种产业的兴盛和口岸城镇化，包括口岸在内的边境乡镇会根据自身独特的自然资源和人文资源逐步发展起来。最终边境口岸和边境小镇不仅会成为相邻国家的边民交流合作的平台，也会成为边疆行的旅游观光者必然的去处，更会成为军民融合发展的依托和平台。

南坪口岸行

徐黎丽

按原计划，我们一行在考察完开山屯后前往三合口岸，这也是由龙井市管理的另一个一类公路口岸。但无论我们从开山屯直接前住三合口岸或折回龙井再前往三合口岸所在镇时，均被边防士兵劝返，原因

三合的松茸之乡石碑

是正在执行禁令。虽然我们因为边防禁令没有去成三合，但三合附近的松茸之乡却给我们留下了深刻的记忆。

由于天气已晚，我们只好去和龙市夜宿，以便第二天能够尽快到达和龙市境内的南坪口岸。与图们、珲春、龙井等边境县级市相比，和龙的户籍人口超过 30 万以上，且朝鲜族的人口

和龙的早市小巷

和龙室内农贸市场中的蔬菜摊位和调料摊位

和龙室内农贸市场中的大肉海鲜摊位和水果摊位

比例超过 50％以上。因此看看这里居民的生活，再与口岸居民对比，也是不错的选择。于是早晨起来后，趁着同行的人还在休息，便漫步到铺面较多的小巷。这条小巷的前半段是日杂百货，后半段则主要为水果摊。小巷一直通向这个城市的主干道。因为比较早，来早市购物的人比较少。

在这个小巷的中间，则有一个二层楼高的室内早市，本人便随着拉货的人走了进去。进去以后才发现这是一个超大的农贸市场。从蔬菜到海鲜，从调料品到大肉，无所不有。

由于早市刚开，室内农贸市场中的摊主们正在忙于摆货。摊主之间都用东北普通话交流，衣饰也与内地其他县城的人没有多少区别，货物也与内地没有多大差异。

等同行者在规定的时间内起床后，便一起找了一家早餐店吃早饭。早餐店的家当及摆放的地方却着实让我这个西北人有些吃惊。好大的蒸笼摆在店中间，吃饭的桌椅却摆在墙边。

早餐店的蒸笼

　　吃过早饭，我们一行踏上了去南坪的路程。出城以后，仍旧与去开山屯和三合沿路一样，一路与小溪、山林相伴。沿途经过的村庄，只要看房屋造型就可以断定是朝鲜族或汉族房屋，因为汉族房屋的房梁直接与屋墙对接，而朝鲜族的房屋在房梁和屋墙之间有一个过渡的小三角台面。（下图青瓦翘沿的朝鲜房屋为例）

　　快到南坪口岸时，迎面扑来的是正在建设的和龙边境经济

去南坪镇路过的小溪和朝鲜族村庄

合作区和净水工程区，它们的建成，将给中朝两国的经贸合作奠定更好的基础。

终于到达南坪口岸，边防战士看到我们从遥远的西北来到东北边陲小镇，就让我们去口岸看看。

南坪口岸坐落在和龙市的南坪镇南坪村，与朝鲜咸镜北道首府茂山隔图们江相望。从中方南坪口岸的正门看，口岸背后

边境新建的经济合作区和净水工程区

南坪口岸正门

是山。其实后面是图们江，江后才是山。相比而言，朝鲜一方的茂山有铁矿支撑，因此这是一个生活着 3 万多人的城市；中方南坪口岸所在南坪镇因地势比较平坦而

多次被图们图洪水侵袭，因此镇上的居民均搬迁到政府新盖的过渡房中。过渡房离口岸还有一些距离，因此镇子显得比较冷清，沿街均有废弃的房屋。但口岸本身的建设却在飞速发展，2015 年 11 月，南坪口岸实现了 30 秒通关的"一站式"智能系统。

　　好不容易看到了一个小卖部，便走进去了解镇上的情况。店主是一个 60 多岁的朝鲜族老人。从和他的谈话中得知，他和老伴经营这个店铺，两个孩子一个去了韩国，一个在延吉工

被废弃的房屋

作。他经营的小店干净整洁、日常用品齐全，在小店的里屋，就是他的夫人生活的地方，同样一尘不染。

　　由于镇上 300 多户家庭中绝大多数家庭都

南坪村小卖部

南坪村村委会

是老人在家、年轻人外出的情况，因此虽然户籍人口不少，实际生活人数却较少。即使在政府新盖的过渡房区域，情况也一样。南坪村村委会也和整个村庄一样冷清。

重建的家园

　　当然这种情况会得到改善，因为南坪村民们正在重建他们的家园。有些新建的房子基本完工，还有一些老房子仍然有村民居住。

　　当我们离开南坪村时，在村庄后的图们江江边遇见了两位坐在江边的老人。他们坐在江边聊天，见到我们后便热情地为我们介绍对面朝鲜的地望、物产、民居等情况。

村庄后有通往江边的路，从地形上来说，朝鲜一方为山，中国一方为坪，因此洪水容易淹掉中方的村庄。同时坪也是极好的庄稼地，洪水带来的各种有机物质使土壤更加肥沃，村民的生活更加有保障，村民也可以与边防、口岸一起为国戍边和通边。

坐在江边聊天的朝鲜族老人

与朝鲜一江之隔的南坪村后景

当我们结束行程时，却在南坪镇的信用社中发现这样一则信息（见图），看了以后异常温暖。是啊，有我们伟大的中国人民解放军守卫边疆，我们的边民才有幸福生活的保障。

三合口岸行

徐黎丽

2017年8月前往中朝图们江流域口岸调研时，曾从三个不同的方向进入三合口岸所在区域，但因中朝若干口岸暂时关闭的缘故，我们一行只能带着深深的遗憾离开了这个口岸。

2018年10月中旬，参加完由延边大学举办的跨界民族学术会议后，在朴今海院长和李梅花、崔敏浩两位副院长的帮助下，再次前往这个名为"三合"却"三进不入"的三合口岸。但考虑前几次已经在图们江流域的其他口岸调研过，此次就从图们江的支流松江沿线调研，以便更好地认识图们江流域的社会文化特色。于是在崔敏浩副院长的带领下，我们从延边出发，前往延边州安图县的松江镇。当太阳慢慢爬上山顶后，沿路的自然风景可以用"天蓝、云白、山黄、谷绿"来形容。

虽然从延吉经和龙到松江有200公里的路程，但由于崔副院长熟悉当地路状，所以我们走了一条捷径，仅用了1个半小时就到达了松江镇。深秋早晨的松江镇有些寒意，街上有些店

去松江镇的沿途风景

铺正在开门，但行人很少。偶遇一位刚从长白山回来的游客看到我们一行衣衫单薄，直截了当地告诉我们："这身衣裳不行，上面可冷了，得租棉大衣。"所谓上面，就是指长白山景区。

　　崔副院长带领我们进入一家朝鲜族大姐开的饭馆就餐，她家浓郁的朝鲜族风格的炕立刻引起了我的注意。与小时候跟随父母在陕甘宁边区插队时住过的炕相比，这里的炕更宽大，更敞亮，不由地坐上去体验一下，暖暖的，身上的寒气慢慢地散去。经与开饭馆的大姐聊天中得知，儿子和女儿两家都住在县

松江镇晨景

城，饭馆主要由她和老伴经营。她的老家在林场的沟内，但由于在镇上开饭馆，只能将原来的家撂空。从她的语气中，能感受到割舍不下的无奈。

从松江返回后，我们便在李梅花副院长的带领下沿龙井市去三合口岸。由于前几次调研多次途径龙井市区，对其地标建筑"龙飞"记忆深刻。但让我们一行仍然感到吃惊的是，这里的变化太快了，用日新月异都来不及表达。如龙井市特意为旅游文化产业设计布置的展览园，里面有独具匠心摆放的山珍、香甜的苹果梨和鲜艳与淡清相配的服饰等，充分体现了当地的物产和朝鲜族文化的特色。

随后我们便在李梅花教授的博士生、在三合口岸工作多年的龙井工业集中区管委会于耀程主任的带领下前往三合口岸。一路上于主任细心地为我们讲述三合口岸近年来的发展以及今

朝鲜族大姐经营的饭馆

后的规划，让我们对三合口岸充满期待。

　　又经过半个小时的行程，我们终于来到了期盼已久的三合镇。镇子不大，但朝鲜民居处处可以看到，只是空闲的房屋很多。与于主任交谈后得知，这里户籍上的人口有 4000 多，但实际居住在这里的民众只有 1000 多户，迁出的人主要去国内龙井或延边，

龙井市的地标与展示园

或前往韩国。回来以后，我们查阅了三合镇包括人口在内的资料，得知三合镇隶属吉林省龙井市，位于龙井市南部，图们江

金达莱民俗村和沿途风景

北岸，距市区 41 公里。全镇辖区面积 329 平方公里，辖区边境线长 66.8 公里，辖 1 个社区、4 个行政村，总人口为 4791 人。因此用"了如指掌"来形容于主任对三合镇的熟悉程度一点也不为过。

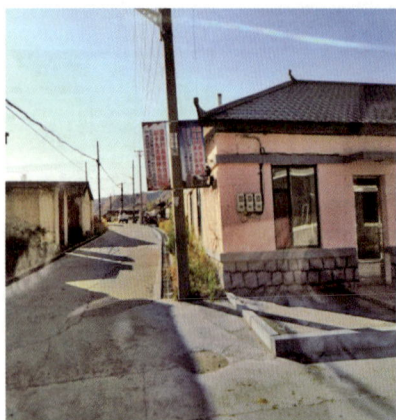

显得有些冷清的三合镇

虽然三合镇因为人少而显得有些冷清，但与西北的边境小镇相比，发展仍然有目共睹。比如边防派出所、卫生医疗设施

三合镇街道掠影

三合镇民居

等保证边境民众人身健康与安全；如火如荼的精准扶贫工作正在根据贫困户的特点因地制宜地推进；逐渐兴起的电商也将这里的农产品通过快递送往全国甚至国外。

　　仅从朝鲜族民众居住的房屋来看，无论是有二层台阁的传统民居，还是现代平顶小楼，内部宽敞明亮，外部有五彩缤纷的秋林护佑，说明贫困与他们的生活渐行渐远。听于主任说，这里的松茸质量非常好，一些老百姓仅靠松茸就脱贫致富了。

望江亭

中朝三合口岸对面的朝鲜会宁口岸边检中心

走到镇子的尽头，看到一座高塔挡住了去路。这个塔就是三合镇著名的旅游景点——望江亭。从亭上可以望见的江就是图们江，对面就是朝鲜辖境。

登上望江亭，向左望去，看见图们江上有连接两国的公路桥梁，对面就是朝鲜咸镜北道的会宁口岸。白墙蓝顶的边检房屋安静地坐落在绿树丛中，褐色的山峦则环绕着包括边检中心在内的河谷地带。

向正前方望去，对面有一条被修有河道的小河注入图们江，小河的右侧就是历史悠久的会宁市，它是图们江沿岸古代六镇之一。市中心的小丘，设有朝鲜抗日女英雄金正淑女士的铜像及事迹碑，市里还建有早在 1974 年 10 月就开馆的金正淑同志革命事迹馆。这里出产闻名全朝鲜的特产——白杏，有"咸北名胜"的美誉。

再向右前方望去，又见一条河从朝鲜会宁市的右侧流入图们江。也就是说，会宁市坐落在左、右两条从朝鲜方的山谷中流出的两条河的中间陆地位置上，两条河流都汇入图们江，于是三条河流汇合就形成了"三合"这个古镇。现在中国口岸继承了这个古地名，仍叫三合。

三合口岸为双边客货公路运输口岸，它和会宁口岸间有永久性国境公路大桥相通。早在日伪时期三合口岸就已经建立，中华人民共和国成立后就成为延边朝鲜族自治州与朝鲜咸境北道进行人员交往和边境贸易的重要通道。1992 年中国延边朝鲜族自治州为适应不断增长的边贸需要，改造、完善口岸设施。

朝鲜会宁市全景

从中方右前方望去的江河汇合图片

目前口岸年平均过货 15 万吨左右，年平均过客 15 万人次左右。

　　近些年来，随着我国一方跨国旅游业的发展，三合口岸每年都向朝鲜输送大量的赴朝会宁、清津、七宝山等地游客，货运量也不断增加。如 2014 年三合口岸客运量为 2.6 万人次，出境货运量为 27.6 万吨；2015 年货运量同比增长 15％，运送物品

三合口岸界碑与国境线

边防标语

主要有矿粉、生活日用品、海产品、工业设备等。

　　尽管人员往来活跃，边贸兴旺，但边防和公安为了保障中朝边境区域在安全中求发展，加强管理和协调。（下图的标语就是他们加强边境管理、保障边境在安全中通达的表现）

　　在三合口岸联检楼的门外，我们也看到了正在入关的货车。根据于主任的介绍，目前又在升级改造。这表明三合口岸因明

正在改造和扩建的联检中心

显的地理优势比其他口岸的通关能力更强。不久的将来，它将
与其下游的开山屯口岸联手，成为中朝之间进行政治、经济与
文化交流与合作的重要通道。

　　走出三合口岸，我们又沿江向下游的开山屯口岸方向前进。
一路上，筑路工人正在江边拓宽边境公路的劳动场景及在铁丝

铁丝网隔开的中朝边境及扩宽边境公路的工人们

中朝两国三合口岸段的深秋景色

网护卫下的边界历历在目。因此安全与发展，同等重要。

　　山水相连，国各有界。因长白山东西两侧流出的图们江和鸭绿江成为中朝两国的东西界河，两国人民就沿这两条江的河谷地带居住，形成一衣带水、唇齿相依的关系。但愿包括三合口岸在内的古镇口岸能够发挥更多的民心相通的作用。

开山屯口岸行

徐黎丽

  开山屯口岸坐落于吉林省延边朝鲜族自治州龙井市开山屯镇。距离延吉市只有 36 公里。2017 年暑期在延边大学开完第三

前往开山屯路途中的绿山

开山屯镇路标

届跨国民族论坛会议后，本文作者与李梅花教授的硕士生殷方舟一起租车从延吉经过龙井市到开山屯。一路青山绿水，可谓天然氧吧。

到了开山屯镇，看见天然绿色葡萄产业的红色横幅，横幅下面便是开山屯镇的路标。由于口岸就坐落在镇里，我们便顺着路标前的大道直奔口岸。

人货均能通过的边检中心正好坐落在开山屯镇唯一的街道尽头，街道尽头有桥梁与边检中心相连。宽阔的街道与桥梁，足够人与货物畅行。

但无论在街道或在口岸边检门口，却很少有人或货车。正因如此，倍感口岸边检中心的肃穆。后经与口岸边民聊天中得

开山屯镇街道

开山屯口岸边检中心

知，因为最近中朝边境口岸管理需要，通关率下降。往年这个时候，总能在开山屯镇的小店中见到来往的司机。因为开山屯口岸设计人员年通过能力为 2 万人次，货物年通过能力为 2 万吨，车辆年通过能力为 5000 辆次，因此以后禁令取消后，人车较少的现状就会改观。

来到口岸边检中心附近，我们顺着边防检查站士兵的引导，来到限定的区域观看对面的朝鲜咸镜北道三峰口岸。清清的图们江水静静地冲刷着连接中朝两国的桥墩，对面起伏的山峦、绿色的庄稼尽收眼底。

在中方图们江边，尽管有铁丝网阻拦，但在铁丝网与堤坝之间，零散地长着一些花朵，映衬着青山绿水，格外鲜艳。

隔着铁丝网看到的朝鲜咸镜北道三峰口岸

中方图们江边盛开的花朵

开山屯口岸海关宿舍

　　驻守在这里的边防战士虽然条件不如内地，但他们自力更生，修建池塘，养鸭鹅，种蔬菜，保证有健康的身体和充足的精力为国戍边。看到这些情景，不由得肃然起敬。正是因为这些年轻战士为国戍边，我们普通民众的工作和生活才可能如此安心。

　　除了边防战士，海关人员也是戍边的组成部分，他们的宿舍也修建得具有俄罗斯风格，在蓝天白云青山的映衬下非常醒目。

　　观赏完沿江的口岸及自然风景后，我们便走进街道背后的民居，一探这里如此安静的原因。但走进民居区却吃惊地发现到处都是残垣断墙，废屋荒院。

　　于是我们向正在小道散步的一位当地退伍军人了解情况。

荒废的房屋

遗留下来的高高的烟囱

原来这是一个早在 20 世纪 30 年代就兴起的边陲小镇，兴起的原因是伪满政府为了供应日本侵略者的纸张需求而在这里建立了造纸厂，主要招收朝鲜族民众为工人。日本投降后，这个纸厂就归中国所有。新中国成立后至改革开放前，纸厂的经济效益和社会效益不断攀升，大批汉族工人和服务人员也被招收到厂里。到 70 年代末，纸厂的人口高达 8 万余人。我们仅从遗留下来的高高的烟囱中可以想象纸厂昔日的繁荣。

改革开放后，随着内地纸业不断增多，纸厂本身也出现经营不善等问题，于是纸卖不出去，下岗工人不断增多，纸厂的规模也随之缩小，最终在 80 年代后期倒闭。倒闭后的厂房因停产而无人维修，年久日深，便变成我们看到的残墙破屋。

返回街道后，我们在唯一一家开张的小卖部中遇见了店主。

破败的厂房

她是一位 75 岁的老妇人，20 世纪 70 年代被招工进厂后一直生活在这个镇里。下岗后买了一间 20 多平方米的门面房，开起了小卖部。平时的生意是给等待出关进关的司机煮方便面或馄饨，或供给海关边防人员需要的日常用品。她有四个子女，两个外出打工，两个随镇上其他住户迁到南山居住。因为这里临近图们江边，洪水多次进镇，加上工厂倒闭后无生计可言，于是留下来的 3000 多人都迁到南山，只有她和其余几户仍坚守在小镇上。

店主每天早晨 4 点钟就起床，步行去南山早市采购蔬菜及其他，来回 12 里路仅用两小时，然后就开门等待生意。生意好时，她就忙一些；没生意时，她就静静地坐在炕上看电视。

接受我们采访的店主

当问及是否感到孤单时，她笑着说：一点也不。

听完她的讲述，亲近之情由然而生。在我的要求下，店主同意与我合影。这位开朗、豁达、乐观的店主，虽然生意会受到边境各种主客观因素的影响，但她却坚守在这里。虽然她可以随儿女搬迁，但她却选择留在这里。她不孤单，是因为这里就是她的家。在家待着，怎么可能孤单呢。

店主的小卖部

走出小镇，虽然仍然穿行在青山绿水、蓝天白云之中，但我却久久不能忘怀这位令人尊敬的店主。正是因为有千千万万个从事各种货物运输和服务的边境民众，中国的口岸才得以维系和运行。

一年多后，即 2018 年 10 月下旬，我们一行又在延边大学李梅花教授和她的博士生龙井工业集中区管委会于耀程主任的带领下从三合口岸方向进入开山屯口岸。在于主任的协调下，我们跟随边防官兵进入口岸边检大厅。宽敞明亮、设施齐全、区块明显是我们参观边检大厅后最直观的感受。由于我们进入时已接近傍晚，工作人员已经下班，因此除了看到打扫卫生的服务人员外，不可能看到办理通关手续的人员，但边检中心为通关者提供的优质的硬件服务尽收眼底。

随后，我们一行又跟随边防官兵参观了在图们江中方沿边的界碑。边防某领导平静地告诉我们："这个界碑是中朝边境第76号界碑，我是1976年出生，所以我在这里守边是缘分。"当我们问及他在这里工作多久时，他回答说："尽管也在其他边境口岸待过，但主要还是在开山屯口岸，加起来近20年了，马上也要离开这里了。"我们再问他舍不舍得离开时，他笑着说："军人以服从为天职。但从感情上说，人生中一半时间都在这里度过，舍不得离开，但肯定得离开。"这就是作家魏巍笔下"最可爱的人"，也是让我们油然起敬的中国边防军人。

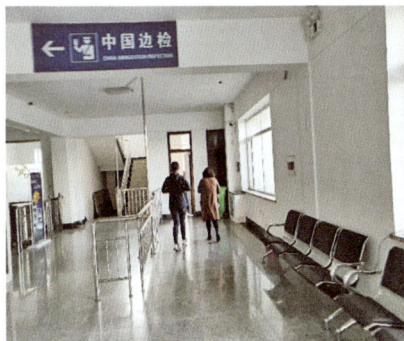

开山屯口岸边检大厅

中朝开山屯口岸界碑

随后我们默默地跟随他来到了中朝通关大桥上，他为我们细心地讲述了开山屯大桥的历史。开山屯口岸在日伪时期由日本人建造，用来运送日本的战备物资和运回中国资源。现在我们在上面步行的大桥在那时是辅桥，用来维修主桥或人行使用。主桥则是右侧的钢结构桥，为火车铁轨。日本战败撤离时，就将桥面的铁轨拆走。现在左侧的辅桥成为主桥，为公路桥，右侧被拆除了铁轨的残桥就成为日本侵华的历史见证。但是从桥梁本身的建筑质量来说，无论主桥或辅桥，除了辅桥的路面维修过外，其余一直沿用到现在。当我们走到桥中间嵌入钢板的桥面时，他就请我们停止前行。他说，虽然中朝双方约定以各不上对方岸为不越界，但桥中间就是两国的边界所在，就请大家遵守边境规定，不要越界。我们在钢板的中国方观察对面朝鲜方的边检中心，除了门口有几位军人在执勤外，非常安静。

站在国界线附近，向右望去，是图们江的上游，中方的岸边是起伏的山脉，朝方一边是因河流转变时自然形成的三角洲地带；从中方的山脉地带凝望朝鲜一方的三角洲地带，房屋整齐的村庄坐落在江边，勤劳的朝鲜民众正在享受着秋天收获的幸福。

开山屯口岸通关公路大桥及桥面上的中朝界线

　　再从桥面的左侧望去，是图们江的下游，桥下因深秋水流减少形成了岛。在岛的前面是图们江的主流，主流的前方就是中方的开山屯镇。蓝顶的房屋布满江边。与 2017 年夏天来时

从中朝通关大桥上和从中方山间道路上观察的自然人文景观

的空巢相比，已经有一些改观。因为于主任告诉我们，吉林省龙井市已经启动了将中朝边境连片打造的规划。相信不久的将来，开山屯口岸会重现辉煌。

深秋中的开山屯口岸界河——图们江

图们口岸行

徐黎丽

  虽然走过不少边境口岸，但坐落于城市中的口岸却不多，图们就是这样一个坐落在吉林省延边朝鲜族自治州图们市中的口岸。更让人好奇的是，图们江自长白山以东流入日本海，途经很多地方，但只有这个口岸与图们江的名字一致。它与图们江相隔与朝鲜为邻，口岸就设立在江边，并与城市相连。

  图们口岸也是中国边境为数不多的铁路与公路两栖口岸之一，这一方面源于图们市在中朝边境的地理位置，另一方面也源于城市交通基础建设起步早。如今的

图们口岸中国门

图们大桥及对方国朝鲜南阳口岸

图们码头纪念石

隔江而居的中朝村庄

图们市，向东乘坐半个小时高铁到另一个边境城市珲春，向西乘坐十余分钟高铁到达延吉市，并与长春—白城—乌兰浩特高铁相连。架在图们江上的桥梁，则是通向朝鲜的铁路和公路。隔河相望可以看见对面的朝鲜南阳口岸。

口岸所在地，也是历史上图们码头所在地。根据记载，图们江码头原名"于口坪码头"，从19世纪中期开始一直是中朝边民往来互市贸易、原木集散、捕鱼者云集的重要渡口，直到20世纪30—40年代中朝公铁大桥开通后，该渡口才逐渐废止。但图们口岸及其所在城市图们市却逐渐发展壮大。

图们是一个自然景色与人文景观相互融合

的边境城市。站在它周围的日光山上，就能清晰地看到隔江而居的中朝村庄。清澈的江水、绿色的山川、宁静的村庄构成了一幅人与自然和谐相处的图画。

图们是一个户籍人口超过 12 万的县级市，有户籍的居民民族身份多

市中心的早市

为朝鲜族和汉族，近年来也有一些回族商人出入。但随着前往内地、沿海城市及去韩国的朝鲜族青壮年人数增多，人口呈下降趋势。尽管如此，我们仍可以从坐落在市中心的早市看到其欣欣向荣的一面。

这里因处于中国版图的东端，因此每天早晨 4 点天就亮了。年纪大的老人或上班族们就匆忙来到早市买菜或其他必需品。这里的货物应有尽有，特别是朝鲜族的炸糕、做泡菜用的辣椒摊位很有特色。如果摊拉主人和顾客都是朝鲜族人，就用朝语交流，否则就用汉语交流。人们的日常服饰也

早市中做朝鲜泡菜用的辣椒摊

正在跳阿里郎舞曲的大叔大妈们

与中国其他城市并无二致。

人民公园则是展示图们人夜生活的地方。其中广场舞是主角，与其他地方的广场舞相比，舞曲增加了朝鲜族曲目，如阿里郎，舞姿也融入朝鲜舞的成分。另外男性市民跳舞的人数要多一些。观看或散步的人三三两两地在舞场周围或坐或走，悠闲自得。

夜市也是其中必不可少的内容。与早市相比，这里的货物无论品种、规模都要小很多，主要以儿童玩具、食品及时令水果为主，看的人比买的人多。

早罢市散后，市民陆续沿不同街道回家，宽阔的街道就逐

顾客稀少的夜市摊位

主街楼房侧面的朝鲜传统文化符号

华严寺外景及寺门

渐冷清下来，但高楼侧面的朝鲜族传统文化的霓虹符号仍在闪亮。

图们不仅仅有朝鲜族传统文化，而且是多元文化的汇聚地。在图们市的日光山上，就有信徒修建了一座华严寺，依山而建，俯瞰全城，善男信女，不在少数。

在市内，我们也看到了基督教堂。教堂共有四层，其中地下一层为汉族礼拜堂，地上三楼为朝鲜族礼拜堂，其余则为不同的办公区域。

基督教堂汉族礼拜堂

走进礼拜堂，肃穆、静谧气氛扑面而来。因为恰逢礼拜天汉族人礼拜前夕，就随手拍下了这张珍贵的照片。

基督教堂朝鲜族礼拜堂

天主教堂外观及做弥撒的教徒

朝鲜族礼拜堂有二层楼高，容纳的教徒更多，在顶楼有牧师正在训练唱诗班的人唱圣歌。从声音上分辩，均是女声，柔和圆润，余音弥漫在整个教堂。因不是朝鲜族礼拜时间，因此礼拜堂比较空旷。

除了基督教堂，还有天主教堂。我们有幸见到了天主教徒正在弥撒。牧师用朝鲜语布道，教徒则用朝鲜语念经。从人数上来看，有50人左右。教徒女多男少，女教徒中以中老年女性为主。女教徒头上均带有白色绣花纱巾，随音乐坐下站起，口中念念有词。

总体来说，虽然图们是边境口岸城市，但恰恰是国与国的边境，

图们的花海

才能孕育海纳百川的多元文化。也正是因为多样多元的文化，才造就了边疆的安宁与泰平。愿图们就像它新建的花海一样，永远安宁、美丽、和谐。

沙坨子口岸行

徐黎丽

坐落在吉林省延边朝鲜族自治州最东部的县级市珲春有三个口岸,沙坨子口岸则是其中之一。它原来属于二类公路口岸,2009年上升为一类公路口岸。"沙坨子"这一名称来源于沙坨子村,因为这个口岸坐落在沙坨子村。根据村民的介绍,"沙坨子"这个村名来源于这个地方到处都是沙子,故名沙坨子。但即使都是沙子的土地上也长满了绿色植物,不能不说老天眷顾这片神奇的土地。

虽然沙坨子口岸距离珲春市只有6公里左右,

古城村

但路行一半就遇上了两处古城，它们坐落于珲春市三家子满族乡的古城村。

其中之一是温特赫部城，它距离沙坨子口岸和珲春市各3公里，这个古城早在汉代时是高丽王国庆州高原县治所所在；辽代时为女真"温特赫部"城，"温特赫"为神板或神龛之意，即为女真部祭祀祖先的地方。但今天仅留下一座石碑，被国务院列为第七批全国重点文物保护单位。

另一个古城址则是裴优城，位于吉林省珲春市三家子乡古城村北缘，其历史年代为东夏。古城具有辽金古城常见的特征，也有可能是元朝奚关总管府治所，也被国务院列为第七批全国重点文物保护单位。

经过古城址不久，就在一片民居中发现了沙坨子口岸。它

温特赫部城遗址

裴优城简介

坐落在沙坨子村边上。由于口岸边检楼房高于民房，所以很容易找到。口岸边检大楼大门紧闭，院内只有边防人员活动。

沙坨子口岸边检大楼

沙坨子口岸所在的沙坨子村村民过着悠闲的生活。我们有幸采访到一位曾在口岸工作30年的老人，他对口岸开放时货车一辆接着一辆过的情景历历在目，现在因口岸关闭回到村里种田。村里大约有380多户人家，每家基本都有2垧土地，土地主要靠机械化种稻米和玉米，收成很好。但种田人均为老年夫妻，因为年轻人均出国或去城市谋生。幸亏这里的土地平坦宽敞，适合机械化作业，对老龄化的村民来说还能应对。村里有通往珲春的公交车，方便村民出行。

曾在口岸工作的村民坐在公交车站聊天

公交车站的对面就是村委会和卫生室。这里因为既方便乘车，又方便办事，成为村民们拉家常、听新闻的地方。

村里也有养牛专业户，牛棚里至少有20头牛。我们也在路边遇到一位大妈，她正在放牛，家里3个女儿都去城里打工了，只有她和丈夫在家种地和养牛。

村里家家户户均有一个大炕。吃饭、睡觉、看电视、聊天都上炕，尤其冬天如此。但随着年轻人离开村庄，家家户户的大炕显得有些冷清。我们有幸遇见一位老人，他已经60多岁了，两个儿子均在珲春打工，

沙坨子村委会和卫生室

养牛大棚和放牛人

老伴已去世，他自己除了经营一个小卖部外，家里的田地主要靠他打理，只有农忙时节孩子们才回来帮一把。

经营小卖部的村民和他家中的大炕

村民的旧房与新房

　　虽然因为沙坨子口岸关闭了，沙坨子村多多少少也受一些影响，但影响不大，因为口岸建立前这里就有沙坨子村，沙坨子村民和边防军人仍在军民互助中守卫边疆，村庄也仍然在传统与现代的融合与挑战中继续前行。

圈河口岸行

徐黎丽

    若干年前，本文作者曾随旅游团去朝鲜旅游，但因相隔时间太长而忘记当年从哪个口岸进入朝鲜。2017 年有幸再来延边，

朝鲜传统小院及朝鲜姑娘

请教当年一起去的朋友，才知道当年我们就是从圈河口岸进入朝鲜。尽管忘记了进入朝鲜的口岸，但被鲜花包围的传统朝鲜小院、身穿传统服饰的朝鲜姑娘及其罗津港的朝鲜人集体活动的场景至今都没有忘记。

　　由于圈河口岸在珲春市管辖范围内，因此从延吉乘坐高铁到珲春是去圈河口岸的第一步。也许是清晨，也许珲春是终点站，乘客并不多，整个车厢只有 3 个人。从延吉到珲春，时间只有 40 分钟左右。到了珲春，出站的人也是三三两两，感觉有些冷清。

空空的车厢和稀少的出站客

　　出乎意料的是，站外的珲春却生机盎然，不仅有公交车通往市区，出租车司机也热情礼貌地招呼游客。确定行程后，我便第二次踏上圈河口岸的路程。从路牌上得知，圈河口岸距离珲春市只有 38 公里。但对来这里的游客来说，他们的目标不仅仅是圈河，而且也是防川。防川之所以吸引游客，就是因为从

圈河口岸路标和敬信镇石头图上的防川"一眼望三国"地图

那里可以"一眼望三国"。这三国分别是俄罗斯、朝鲜、日本。但对我来说，口岸则是主要目标。

游客之所以能够"一眼望三国"，还得感谢清代钦差大臣吴大澂。如果没有他在 1886 年订立《中俄珲春东界约》和《中俄查勘两国交界道路记》后补立"土字牌"、添立"啦""萨""玛"字界碑和一至十八记号、收复失地南北 7 公里及黑顶子、争得图们江的通航权等，今天游客们就可能止步于圈河口岸一带了。

圈河口岸是中朝一类公路口岸，由于客货均能通过，因此这里也是中国游客与朝鲜打工者出入较多的地方。对面的朝鲜口岸为元汀口岸，连接两个口岸的公路大桥早在 1936 年就已建成。从这里到朝鲜的罗津港，只有 51 公里。再次见到坐落在图们江边的圈河口岸，与多年前见到的圈河口岸相比，不仅建筑

吴大澂事迹栏和雕像

更多，人货多，管理也更加完备。

　　口岸附近则是熙熙攘攘的车流和商店。商店里陈列着皮货、蜜蜡、紫金、镜子、海鲜、香烟等各类商品。因为价格比内地要便宜很多，游客们也就多少买一些。

圈河口岸远景与近景

　　虽然口岸不能进去参观，但再向前走1公里左右的路程，便到了既有货摊也可眺望图们江对岸的朝鲜元汀口岸的观望点。这里有卖朝鲜传统的打糕、山上的榛子，也有朝鲜服装、玩具及日常用品。隔着铁丝网，就可以看到图们江对岸的朝鲜山脉。

圈河口岸的商店和车流

　　圈河口岸附近的村庄九沙坪给我们留下了深刻的记忆。这个村庄有 400 余户人，但也只有 800 余口人，每户基本上只有 50 岁以上的老年夫妇或更老的长辈，绝大多数年轻人不是出国就是进城。有幸访谈到的一位同龄朝鲜族女性热情地让座于家中，使我有机会一睹朝鲜族村庄传统家庭。她家有一双儿女，都结婚了，在珲春买了房，只有周末才回家看望父母。她们夫妻俩种了两坰地，又在旧房子左侧盖起了新房，准备年前搬进去。

中朝边境临时观望点

九沙坪村民新居与旧家

　　虽然圈河口岸附近的村庄不如中越边境口岸那样密集，但却比中蒙西部边境口岸或中哈边境口岸的村庄要多一些。村庄的朝鲜族民众不仅是中朝两国互通有无的民间使者，也和边防官兵、口岸边检人员一起戍守边境。正如习近平总书记在中

坐落在口岸背后的村庄

央军民融合发展委员会第一次全体会议上所说，军民融合是国家战略，也是应对复杂安全威胁、赢得国家战略优势的重大举措。圈河口岸就是军民融合的代表案例。

后　记

用"读万卷书，行万里路"的至理名言形容边境口岸行十分妥帖。在行走的途中，虽面临众多困难，但收获了只有亲身经历才能得到的珍贵田野调查资料。因此，感谢中朝边境口岸的每一位热心帮助过我们的朋友，正因他（她）们的善良、好客、支持和帮助，才让中朝边境口岸行得以顺利完成。在本书中，徐黎丽教授调查、编写古城里口岸行、南坪口岸行、三合口岸行、开山屯口岸行、图们口岸行、沙坨子口岸行、圈河口岸行；杨秦文同学调查、编写丹东口岸行、大台子口岸行、太平湾口岸行与长甸河口口岸行；刘琰同学调查、编写老虎哨口岸行、青石口岸行、长白口岸行；秦泊良同学调查、编写集安口岸行和临江口岸行。中朝边境口岸作为两国边境的通道，虽然基础建设良莠不齐，规模大小不一，但每一口岸都体现出独特的自然风光、人文景观和传统文化。只是作者的理解力、观察力和写作能力有限，遗漏之处，敬请各位读者批评指正。

中国陆地边境口岸行

（二）中俄边境口岸行

徐黎丽　主编

杨田　吴丹丹　乌日丽格　等　著

人民出版社

责任编辑：宫　共
封面设计：源　源
责任校对：徐林香

图书在版编目（CIP）数据

中国陆地边境口岸行. 二，中俄边境口岸行 / 徐黎丽主编；杨田等著 . — 北京：
人民出版社，2020.12
ISBN 978 - 7 - 01 - 022915 - 7

I.①中… II.①徐…②杨… III.①边境贸易 - 通商口岸 - 研究 - 中国、俄罗斯
IV.① F752.8

中国版本图书馆 CIP 数据核字（2020）第 269855 号

中国陆地边境口岸行
ZHONGGUO LUDI BIANJING KOUAN XING
（二）中俄边境口岸行

徐黎丽　主编

杨　田　吴丹丹　乌日丽格　等 著

人民出版社 出版发行
（100706　北京市东城区隆福寺街 99 号）

北京盛通印刷股份有限公司　新华书店经销

2020 年 12 月第 1 版　2020 年 12 月北京第 1 次印刷
开本：710 毫米 ×1000 毫米 1/16　印张：82.5
字数：922 千字

ISBN 978 - 7 - 01 - 022915 - 7　定价：420.00 元（全 6 册）

邮购地址 100706　北京市东城区隆福寺街 99 号
人民东方图书销售中心　电话（010）65250042　65289539

CONTENTS

目　录

珲春口岸行

徐黎丽

在吉林省延边朝鲜族自治州珲春市的三个口岸中，有一个是铁路公路两栖口岸，也是吉林两个通俄口岸之一，它就是珲

从珲春高铁出站口眺望的珲春市区

离珲春（又名长岭子）口岸 5 公里左右的指示路牌及太阳村

从正在修建的公路处望见的一列火车

春口岸。

对于不熟悉珲春地理的外地人来说，很难将珲春口岸与文献资料记载的长岭子口岸联系在一起。但实际上珲春口岸就坐落在离珲春市 14 公里的一条长长的山岭上，因此长岭子口岸就是指珲春口岸，我们离开市区前往珲春口岸的路牌上就清晰地写着"长岭子口岸"。

从道路状况来说，下高速之前路况很好。下高速后，大多数路面平整宽阔，只有一段路正在修建。当我们正在穿行一小段比较颠簸的公路时，就看见一列火车缓缓地从公路不远处穿过。根据资料记载，珲春铁路口岸通往俄罗斯卡梅绍娃亚口岸。

穿过这一段正在修筑的公路段后，口岸公路便变得空阔平整，于是我们快速向口岸奔驰而去。快到口岸边检楼群时，一栋具有俄罗斯风格的大楼映入眼帘。

竖立在口岸边检门口的俄罗斯风格大楼

竖立在边检大门外的中俄跨境贸易互市建筑群

  再走近一些，才看见这个俄罗斯风格的建筑不是一栋楼，而是沿公路左侧建成的楼群。这里便是中俄跨境贸易互市，因此便是行商、坐商或电商经常光顾的地方。因中俄外交关系良好，相互交流合作日益增多，这个互市显得生机盎然。

  走进边检大门，哨兵就会提醒不能逾越白色实线。我们就

珲春口岸边检大楼

在白色实线的后面拍下了这张写着"中华人民共和国珲春口岸"11个红色大字的边险大楼的照片。这里随时可以看到通过边检的客车和货车。

在边检大楼的左侧，分布着几栋俄罗斯建筑，均为出售俄罗斯各式各样商品的商店。这里的店员均为吉林人，店里的商品主要有各式皮货、巧克力、紫金、蜜蜡、套娃、酒、衣服、镜子等等。

边检大楼左侧的商贸中心及出售的商品

在边检大楼的右侧是等待边检货车和客车排队的广场。整个边检中心和各式商贸中心共同构成了一个四四方方的院落。

由于中俄珲春口岸附近没有村庄，于是我们就返回珲春市，看看这个被称为东北亚明珠、又是口岸依托的城市。从珲春各个街道店铺的俄罗斯文、朝鲜文、中文名称上来说，就能看出多元文化并存的端倪；随处可见的俄罗斯人、朝鲜族人和内地游客及其他们的语言交流更是多元文化的体现。

等待出境的俄罗斯货车

俄文牌匾的商店及随处可见的俄罗斯人

下午的菜市场

　　午后沿街的菜市聚集着时令果蔬和各类商品，街道两旁的店铺上则有朝文与中文合写的店名。市民们下班后就可以到这里买上晚饭需要的蔬菜水果回家做饭。

　　更具特色的是，在珲春还建有俄罗斯文化一条街。虽然建成不久，但已有一些店铺入住，店铺从饭店到各种行业均有。走在这条大街上，感觉就像行走在俄罗斯的某个小镇上。

　　不仅如此，我们还在这座拥有 22 万人的边境城市中感受到了不同信仰的存在。在整座城市的北山，修建了一座富丽堂皇的佛教寺院，名曰灵宝寺，号称神州第一缕佛光。从远处看，一座睡佛躺在寺院最高处俯瞰整座城市，寺院由三进三出的院

独具匠心的俄罗斯街道

灵宝寺的外观与大殿

落和由大雄宝殿为中心组成的大殿群，气势非凡。

　　在市区也有基督教会，名叫珲春新安基督教会。教堂就坐落在教会所在的大楼中，除一般信众外，还有青年会、儿童室、祈祷室等等，内部干净整洁，安静肃穆。虽然因不在礼拜时间，没有和信众交流，但仅从教会内部墙壁上张贴的许多管理规范和宣传画上来看，这是一个历史悠久、管理完善的教会。

　　看过珲春外在的建筑后，我们又在具有特色的珲春饭店中体验了它的美食和人情。这里的人好客、实在、质朴和大方。也许这是多元文化长期融合的结果，也许是珲春人本真个性所在。

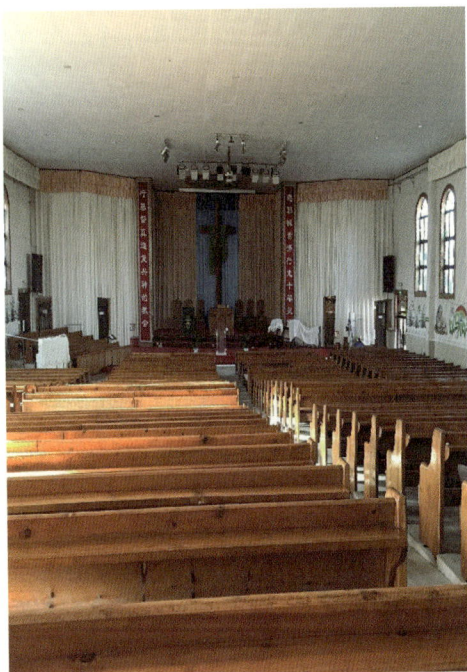

珲春新安教会的外观与教堂

人与自然相得益彰的珲春（左图为珲春周边自然景色，右图为珲春国际客运站）

　　如果有人问我，中国的陆地边境城镇中，哪里比较宜居？
　　我的回答是：珲春是一个山川秀美、多元包容的宜居之地。

东宁口岸行

吴丹丹

结束了学校的学习任务，我们满怀期待地再一次从兰州出发，途径北京、牡丹江，辗转来到祖国的北疆——东宁，探访黑龙江最南边的口岸——东宁口岸。

初到东宁，第一感受是朦胧，这是一个笼罩在雾里的城市，空气中弥漫着厚厚的水汽，清凉而湿润。淅淅沥沥一直不停的

蜗牛、公交站

小雨丝毫不影响东北人大街上撸串喝酒的兴致。东宁的小吃一条街种类丰富多样，内蒙古的焖面、东北的烤冷面、武汉的周黑鸭，应有尽有。走在东宁的大街上，细细观察店家的牌匾，终于嗅到了边境口岸城市的味道，俄罗斯的海鲜市场、德国啤酒、韩国百货店、进口汽车超市，多国风情在此地汇集。与黑龙江其他口岸不同，东宁当地最多的俄货是海鲜。据当地人介绍这是深海里捕捞的海产品，经过低温冷冻后从东宁口岸进入国内市场。除了海鲜商场有大量的供货需求以外，在俄罗斯有特殊渠道的百姓们也会携带海产品入关，在东宁的大街上将其销售一空，既省了开店的费用又轻松地赚到了钱。此外，东宁

热闹的小吃街

的韩国店也不少，主要经营日常小百货，最受欢迎的是韩国化妆品，大多由当地的朝鲜族经营。韩国货品并不从东宁口岸过关入境，而是从毗邻东宁的珲春口岸转运至此。签证时间长、费用少，加之有边民的免税补贴，韩国货价格实惠，颇受当地人和游客的喜爱。

外国货

　　来了东宁才知道，绥芬河市曾经是东宁县下辖的小村镇，因靠近绥芬河而得名。真正的绥芬河在东宁，并不在绥芬河市。好奇驱使我在夜幕下匆匆寻找绥芬河，从客运站步行 1.3 公里后我到达了东宁绥芬河大桥。夜幕下的绥芬河更显神秘，灯光照耀下的河水，湍急且浑浊，与黄河的混沌不相上下。绥芬河大桥桥头矗立着两座俄式灯塔，灯火辉煌，静静地守护着绥芬河。绥芬河东宁大桥全长约 1000 米，双向四车道的设置缓解了当地的交通压力，中间的分割线并不是生硬的栅栏而是一排生机盎然的花草，花草下面安装了电子灯，不停变换色彩的颜色为这座城市增添了一丝温暖。大桥的每个路灯下都有一幅以圣经为主题的雕刻，插着翅膀的小天使出现频率最高。站在

夜幕下的绥芬河

　　东宁绥芬河大桥上，回望东宁，它像所有口岸城镇一样，灯火辉煌，霓虹闪耀。

　　东宁口岸于 1990 年 4 月 26 日正式对外开放，属于国家一类口岸。东宁口岸地理位置优越，从符拉迪沃斯托克取道朝鲜海峡至大连一共 900 海里，至上海、南通才 1500 海里，距香港 1900 海里，而且车船往返货源充足，谓之"一通百通"。历史上这里曾是中、俄、朝、日等国客商云集的地方。改革开放以后，与俄罗斯、哈萨克、乌克兰及其他独联体国家的 30 多个州、区，900 多家公司建立贸易往来，还同秘鲁、日本、韩国、意大利、我国的港澳地区等建立经济贸易关系。1990 年口岸开通以来，东宁市充分发挥口岸、资源优势，大力发展口岸经济，兴建对俄进出口工业园区、绥阳进口锯材加工园区和华宇工业园区，形成以轻工产品、木材、食品加工和能源、生物制药、矿产开发为主导的外向型工业体系；建成全国最大的黑木耳生产基地和黑龙江省最大的出口果菜生产集散基地，绥阳黑木耳山野菜批发大市场，实现"买东北，卖全国"；培育华宇、吉信工贸集团等一批知名外经贸骨干企业，启动建设中俄

三岔口镇的镇门

东宁—波尔塔夫卡互市贸易区商品交易中心，发育亨源商城、天府商厦等对俄专营市场，辟建东宁地方铁路，构建了全方位开放格局，经济社会持续快速发展。累计完成进出口总值29亿美元，口岸货运量285万吨；上缴地方税费3亿元、海关税费6.4亿元。累计接待出入境人员260万人次。经过

三岔口镇镇标

不断的发展，东宁已成为黑龙江省对俄贸易的龙头口岸和中国沿边开放带上一颗璀璨的明珠。

东宁口岸坐落于黑龙江省牡丹江市东宁市三岔口朝鲜族自治镇东北侧。东宁市区到东宁口岸大约20公里，乘车需要20分钟。在当地人的指点下，我们一大早就搭上了去往口岸的八号线公交车。东宁口岸门口有边检官兵把守。经过沟通，我们在工作人员的带领下进入口岸内部，口岸分为货检通道和旅检通道，海关、检验检疫、边防等部门齐全，设施完善。院内还有宝玉石市场，每年定期举办宝玉石节，能够吸引大批国内外玉石爱好者，在一定程度上拉动经济增长，增加了三岔口镇居民的收入。在我们停留的半天时间里，共有两辆旅游大巴、四辆私家车出境，约有100人，从其穿衣风格和携带物品可以看出，出境人员多为游客，有少量外出务工和做生意的人。据

东宁口岸

东宁口岸里的宝玉石基地

工作人员介绍，2002—2008 年口岸最红火，每天进出的货物车辆能达到 100 多台，出入境人数能达到 1000 人以上。最忙的时候，5 点开关，直到 24 点才闭关。现在每天过货的车辆最多 20 台，过境人数最多 300 人。齐全、豪华的基础设施建设与日益萧条的经济形成鲜明对比，令人心痛不已。

中午我们无意走进了一家托老所，看到了几位 70 多岁的朝鲜族奶奶。他们一看我们是汉族人，连忙说自己不太能听懂汉语，让我们找老板娘，边说边比画，非常生动形象。仔细观察，朝鲜族确实十分爱美，70 岁的老奶奶也兴文眉。政府工作人员表示，朝鲜族素质普遍较高，爱干净，吃苦耐劳，也十分喜欢运动，与我们最大的不同是消费观，朝鲜族人不存钱，提倡及时行乐。去往东宁要塞的路上，司机师傅也印证了这一

漂亮的涂鸦

热爱体育的朝鲜族

东宁要塞展览馆

点。他的朝鲜族朋友非常大方，愿意吃喝玩乐，常常在韩国赚钱，在中国消费，而且消费观念比较超前。

中午，吃过饭后我们便在村里闲逛。这里十分整洁干净，随处可见的涂鸦和双语招牌让人目不暇接。午后时分，我们就坐上了去往东宁要塞的小巴。

东宁是抗日战争中东北最后沦陷的城市，东宁要塞是东宁的著名景点之一，现在已经成为国家文物保护单位，著名的爱国主义教育基地。要塞主要由兵器园、英雄园、博物馆组成。二战时期遗留的坦克、飞机早已生锈，零件内部驻扎的蜂巢提醒着我们时代的久远，但英雄永垂不朽的誓言却

二战的飞机和大炮

点燃了我们对这片国土的热爱。被残害的劳工、被欺凌的妇女张张照片无声地控诉战争的残暴。参观完毕，心中仍觉不忿。

东宁之行即将结束，东宁口岸一如既往地低调，默默矗立在祖国的边疆，为国家的经济增长贡献绵薄之力。东宁口岸即使没有了往日的辉煌，也依旧值得骄傲。

绥芬河口岸行

杨　田

　　绥芬河口岸位于黑龙江省东南部边境城市绥芬河市，是闻名全国的百年口岸。自 1903 年中东铁路建成通车后，绥芬河市作为中俄边境城市逐步发展起来，绥芬河口岸也在百年间一直承担着中俄贸易进出口运输和分拨任务，期间虽经历了战乱、见证了两国关系的变化，但口岸的职能从未停止。如今的绥芬河市经济发展状况较好，城市面貌发生了较大变化，口岸建设日新月异。这也是笔者在此次口岸行中体会最深的一点——与黑龙江其他口岸相比，不论是口岸建设还是城市面貌，均彰显着国际大口岸的气质，就连身处其中的人民，也有着对口岸的强烈自豪感。

　　绥芬河市是滨绥铁路和俄罗斯远东铁路的连接点，距俄对应口岸波格拉尼奇内 21 公里，距俄远东最大的港口城市符拉迪沃斯托克 230 公里，有公路和铁路两个国家一类口岸，是中国通向日本海的主要陆海联运通道，也是东北亚地区经贸合作的重要国际通道。20 世纪 20—30 年代，曾有美国、英国、日本、韩国等 18 个国家和地区的商贾云集于此，时称"国境商业都市"。如今，绥芬河市的国际化元素更是随处可见。从东宁坐客车刚进入绥芬河市区时，便经过一个有多国国旗迎风飘扬的小广场，远远望去甚是壮观。进入市区内也能看到许多俄式建筑，还能见到俄罗斯牌照的货车行驶在市区内，纯俄文招牌也比比皆是，多到不用仔细去数。

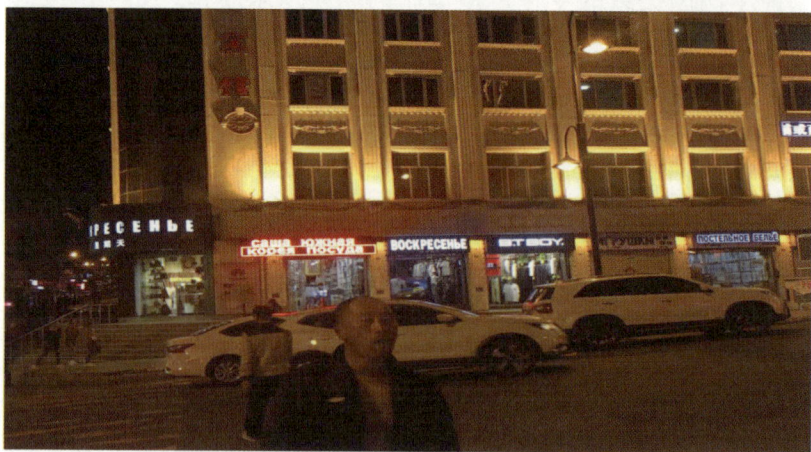

迎风飘扬的各国国旗及绥芬河市区内的纯俄文招牌

　　从市区前往口岸区域的途中，我们经过了不少上下起伏的街道，不断地上坡下坡，上坡下坡。像这样具有一定坡度的路在绥芬河并不少见。原来，绥芬河市地处长白山老爷岭余脉，也是个"山城"，当我们外地人觉得这样的路考验司机的技术时，身处山城其中的本地人却说，"嗨，毕竟也算在山区，这路走得多了就习惯了，也是我们绥芬河的一大特色！"

　　再向南走便是位于绥芬河公路口岸与俄滨海边疆区波格拉尼奇内边境线两侧的贸易综合体，与黑河的中俄贸易城相似，该贸易综合体是一个整合中俄物流、信息交流、会展功能的综合型专业市场集群，也是我国最大的对俄产品批发展示交易平台。园区建设得颇具规模，内有东方风情街、物流加工产业区、大型商务酒店、中俄商品互市交易中心等。但与颇具规模的园区建设形成鲜明对比的是，园区内人很少，互贸区内的商店、超市也鲜有顾客，仅有老板在守着。极为气派的世贸世御酒店看起来也鲜有人入住的样子。在与园区内相关人员询问过后我们得知，一方面，受卢布贬值等影响，该园区确实不如刚建成时红火；另一方面，人多的时候还没到，一般来说每年的8、9月份园区内人流量会增多，到那时也是较为红火的。

　　此时的园区虽然少了往来各地进行批发商品的商人，但却有很多绥芬河本地人在园区公园内怡然自得地散步、游玩。站在公园内的湖边向远望去，目之所及皆是一片翠色，湖畔的绿树在阳光的照射下将树荫投射到草坪上，人们在这一片片明暗斑驳中乘凉休憩。

　　在园区内有一个大门可以通往老国门景区，买一张15元

绥波贸易体园区内的俄货店

的票即可进入参观。老国门始建于 1990 年，当年建成时有很多"寓意"，国门形似火箭发射架，象征祖国经济腾飞，日新月异；侧面看为四个塔尖矗立向上，寓意坚持四项基本原则等。

绥波贸易体园区内的公园

这些寓意放在今天也并未过时，反而意义更为深远，虽然与隔壁雄伟大气的新国门相比，老国门确实显得没那么气派，国门上镶着的瓷砖也失去了往日的光彩，变得暗淡无光了，但作为国门这个天然给人以庄重之感的建筑，它仍然像一位长者一

绥芬河老国门，其右便是新国门

般，见证了绥芬河口岸的发展，如同人们对它的称呼——老国门而非旧国门，庄重又值得尊敬。

穿过老国门便可看到界碑和用铁丝网隔开的正在建设中的过货区域。这也是老国门作为一个景点的尽头所在，有不少游客在界碑的旁边排队拍照。当我们与同在排队的一位大爷闲聊时，他笑着说道："像你们这样想来看看国门、看看口岸的年轻人现在可不多了，大多数人觉得来看国门没什么意思，不像我们，专门来绥芬河和两个国门拍照，心情非常激动！"确实，现在的大多数人可能并不会把国门当成一个专门的景点、一个此生必去的地方，但无论谁站在国门前，激动与自豪之情都会油然而生吧，尤其是在绥芬河口岸，这个可以看到新老国门同时矗立的地方，再思及百年口岸的沧桑变化，祖国发展的日新月异，如此情愫我想不必多言。

与老国门相隔一个铁丝网的便是新国门，也是绥芬河公路口岸区域。绥芬河公路口岸位于绥芬河市东部，是301国道的起点，与俄罗斯滨海边疆区毗邻，距俄对应口岸城市波格拉尼奇内区16公里。1987年国务院批准公路口岸为

绥芬河口岸的界碑

临时过货运输口岸，开始过客过货。1994 年 1 月经中俄两国外长签订协议，确定为国家客货运输一类口岸。2000 年 9 月国务院批准公路口岸正式对外开放。口岸区域内建有国门、客运联检大楼以及正在翻新建设中的货运联检区。该口岸进口主要以木材、水泥、废旧钢材、海产品为主；出口主要以果蔬、建材、服装、日用百货为主。

　　口岸区域内的新国门是 2012 年 8 月开始进行的绥芬河公路口岸整体改造工程的成果之一，在口岸委工作人员的带领下，我们进入了绥芬河公路口岸并登上了还未完工的新国门。新国门设计高 51.8 米，跨度 54.1 米，双向 8 车道通行，国门立柱内设有两部电梯，可到达国门中间的长廊，该长廊将进行爱国主义教育展示，但此时还未布展；此外，站在长廊上还可以观光眺望，一睹异国风貌。当我们向远望去时，排成队的俄罗斯货运车辆正在有序排队等待过关，还可看到仍在不断扩建以求提高通关速度的货检区域。

登上新国门后便可远眺观光

　　穿过新国门便可看到另一块界碑以及绥芬河公路口岸的最后一道过货闸门，还有作为界线的铁丝网，一界一门一网，将两个国度分隔开来。此时回头看到国门上的"中华人民共和国"7个大字，让人觉得既敬畏又自豪。新、老国门巍巍矗立在绥芬河公路口岸上，既是祖国尊严的彰显，也是绥芬河口岸不断发展的体现，写满沧桑也"容光焕发"。

　　从公路口岸回来后，我们来到了市区内百年老火车站旁边的绥芬河铁路口岸。绥芬河铁路口岸至中俄边境线 5.9 公里，是黑龙江省唯一的对俄铁路口岸，也是我国对俄贸易的重点口岸之一。该铁路口岸进口主要以木材、煤炭、铁精矿、化肥为主，出口主要以建材、设备、箱包为主。铁路口岸似乎不那么"戒备森严"，可以随意进入。进入后便可看到满载着木材或者

新国门面向俄方的一面

原木的火车和在铁轨间穿梭的中俄两国工人。仰头望去可看到大型吊装设备在远处作业，主要任务是将俄罗斯火车上的木材吊送到中国货运列车上。这些木材或者近半米粗的原木将从绥芬河再次出发，运输到国内的木材加工厂，进行深加工后，变成桌面、柜子等家具进入千家万户。

傍晚时分，我们来到了绥芬河市广场。不大的广场上有好几拨人在进行不同的活动，最热闹的要数颇具东北特色的二人转了。市民们里三层外三层把两位二人转演员围起来，兴致盎然地向里张望，观看二人转表演，叫好喝彩声不绝于耳。还有扭秧歌的、跳鬼步舞的，这些活动其实与其他城市大同小异，但独具"绥芬河特点"的便是在这些活动的观众中有不少俄罗斯人，他们有的只是静静地观看，有的直接跟着锣鼓音乐学着扭起了秧歌。在广场的长凳上我们不时还能看到绥芬河市民与俄罗斯人兴高采烈地交谈，正如一位卖烤玉米的大爷所说，"绥

绥芬河铁路口岸

芬河市的人谁还不会说几句俄语啊！"尽管作为边贸发展情况较好、口岸建设日新月异的口岸城市来说，绥芬河的节奏是要比其他口岸城市略快的，但此时慢下来的绥芬河市是和谐的、宜

广场上有不少俄罗斯人在观看广场舞及二人转表演

居的，中俄两国人民也能在傍晚饭后消遣、休闲娱乐的活动中
享受着边境小城独有的一份闲适与愉悦。

　　在短短几天的粗略了解后，笔者对于绥芬河口岸的感悟已

1930 年绥芬河全景与如今的绥芬河市

不全是初见时的惊叹，作为黑龙江数一数二的口岸，绥芬河口岸当然蕴藏着巨大的潜力，但在面对卢布贬值、过货量减少等发展困境时也不得不肩负希望、迎难而上。如今，绥芬河市还在不断地对口岸进行规划建设：新建扩大的货运通道、职能更加完备的查验区以及关于中俄自驾游项目的设想等等，均体现着这座典型的口岸城市对于口岸和边贸发展的依赖和重视。正如一位绥芬河市民说的那样，"绥芬河市原本只是东宁县的一个小屯子，她本就是'火车拉来的城市'，（绥芬河市）位于山区也没法儿靠着种地过活，只能期望口岸发展、城市发展，那么生活在其中的我们便也能有所受益。"百年口岸的历史积淀、赖以生存的边境贸易和第三产业，以及来自政府的规划、民间的期许，都将作为绥芬河口岸日后发展的动力，持续彰显着黑龙江省一流口岸的活力与魅力。

密山口岸行

吴丹丹

　　兜兜转转我们出来已经半月有余。细细想来，我们乘坐过的最多的交通工具就是 11 座白色依维柯汽车，它外形小巧，内部空间大，减震性能好，完全适应了东北边区部分颠簸的路况。就在这白色依维柯的带领下，我们来到了密山，寻找蜂蜜石涧流的传说和世界最小的界河桥——白棱河桥。

　　密山地处兴凯湖冲积平原上，北倚完达山，东傍兴凯湖，因境内蜂蜜山而得名。它地形平坦，属于三江平原第二区。它历史悠久，文化底蕴深厚，早在 6000 多年前的新石器时代就有人类在此繁衍生息。1885

白色依维柯

密山市区—东北民主联军第九后方医院

年清政府设治放荒，清光绪年间增设"密山府"，一直延续至今。1939年日伪在密山设立东安省，1946年三五九旅解放密山，设立东安地委、东安市政府，1988年撤县建市。这里曾是我国军事工业的重要基地，是解放军第一所航空学校和第一支装甲兵部队的诞生地，也是王震将军率师开发北大荒的第一站。密山口岸所在地8510农场就是铁道兵解散的时候建设的。8510农场所在地原名为当璧镇，曾经是中俄贸易的重要通道，而后当璧镇改为8510农场。1989年4月，为促进中俄边境贸易，带动口岸所在地经济发展，经国务院批准开通了密山对俄口岸。作为国家一类客货两通陆路口岸，密山年过货能力能够达到50万吨，出入境旅客人次能达到30万以上。俄罗斯对应口岸为卡缅雷博洛夫，其内部有公路、铁路与内地相连，其中铁路连接西伯利亚干线，辐射四市七区，经纳霍德卡、海参崴可开展国际联运，是黑龙江省理想的出海通道，为两国贸易作出了巨大贡献。

去密山口岸之前，我们提前去了黑龙江省密山市口岸办事处了解相关情况。据工作人员介绍，密山口岸地处8510农场境内，但它直接隶属于密山市商务局管辖；它地理位置险要，东、南两面与俄罗斯隔水相望，国境线长265公里，其中水界235公里，陆界30公里。抱着好奇的心态，我们兴致勃勃地赶往

8510 农场。一路上山清水秀，路边的庄稼被侍弄得整整齐齐，看来"三山、两水、五分田"的美誉真是名不虚传。一进 8510 农场，一股现代化的气息扑面而来，整齐的楼房，干净的门市

现代化的 8510 农场

密山口岸

商店，以及街上停放的大大小小的私家车，让人有种置身城里的错觉，只有大街上正在认真拉练的边防战士提醒着我们这里是祖国的边陲。

在一位阿姨的指引下我们找到了密山口岸。与绥芬河口岸相比，密山口岸更加精巧、朴素，只有"中华人民共和国密山口岸"高悬在过检通道的上方，庄严大气。口岸附近装修豪华的俄罗斯商品店游客寥寥无几，简易的鱼棚却门庭若市，形成鲜明对比。

据商品店老板介绍，密山口岸的客流量主要靠兴凯湖的旅游业带动，大多数人都是专门去兴凯湖游玩，回城途中顺便来密山口岸转转。

老板提到的兴凯湖是我国与俄罗斯水水相连的第一大淡水湖，由大、小两湖组成，中间隔着一条沙岗，沙岗中间建有泄洪闸连接两湖。大兴凯湖面积 4380 平方公里，以白棱河入口和

装修豪华的俄货精品行

简易的鱼棚

松阿察河出口（龙王庙处）的连线为界，以北为中国水域，水面面积1080平方公里。水位变化平缓，湖床有平缓的斜坡，形成大片的湖岸浅滩区，成为观光旅游者的天然浴场。兴凯湖不仅是黑龙江省重要旅游景区，也是国家级自然保护区，因其独特的边界位置和丰富的物产资源而享有盛名。当地人告诉我们兴凯湖的大白鱼曾经作为国菜款待外宾，深受欢迎。不同季节的兴凯湖向人们展示着不同的风采。春天开湖时，候鸟回归，夏天百里湖岗杏花摇曳，到处充满了勃勃生机。

　　密山集肃慎文化、军垦文化、知青文化、渔猎文化和鹿文化为一体，而作为密山名片的兴凯湖则成为宣传密山文化的前沿阵地。密山连续举办两届"北大荒·兴凯湖开湖祭祀文化节"活动，展现密山丰富的民风民俗文艺表演、开展牧鹿观赏活动、举行祭湖纳福仪式，期盼国泰民安，丰衣足食。在文化节上，人潮如海，既能观赏美景，又能参与文化展演，还能买到新鲜的兴凯湖农副产品。

　　来到密山口岸，不去白棱河桥实属一大憾事。白棱河滋养着一方水土，在密山百姓的心中有着重要的地位。位于白棱河上的白棱河桥，不仅见证了密山的发展也见证了中俄长久的友谊，具有非常重要的历史意义。白棱河原名吐尔必拉河，属于

中俄友谊桥及白棱河桥旧址

奎屯必拉河支流。白棱河上本无桥，新中国成立后中俄双方边防部队为方便会晤，在各自一方架起了简易的木桥——白棱河桥。密山口岸开通后，建造了永久性公路界桥，至此白棱河桥退出"现役"。后经世界吉尼斯认定，白棱河桥被列为"世界上最小界河桥"。如今白棱河桥又恢复了往日的繁荣，不同的是，它的功用从政治会晤变成了旅游观光。小小的界河桥再次成为增进两国人民友谊，提高经济发展的重要纽带。不过很遗憾，我们到达密山口岸的时候，界河桥观光项目已经暂停运行，我们没能如愿看到这神秘的白棱河桥。据店铺老板介绍，自从密山口岸不再对外开放界河桥游览项目后，来看密山口岸的人越来越少，他们的生意也受到了很大影响。可见，在密山口岸人民的生活中，白棱河桥占据了很重要的位置。

行人寥寥无几的街道

下午街上的行人十分稀少，我们只能走进小卖铺寻找访谈者。在商店购买小商品的人见到我们侃侃而谈，虽然他们是农垦人，主要任务是开荒种地，跟密山口岸的联系不多，但这丝毫不影响他们对密山口岸的归属感。在他们看来，靠近兴凯湖旅游区的密山口岸有着天然优越的资源条件，虽然目前受到经济危机的影响，发展日益萧条，但是若能实行复合型发展战略，将经济与生态、文化相结合，其前景还是非常乐观的。据他们回忆，刚开始密山口岸是黑龙江省的一大重要口岸，我国从俄罗斯进口的主要军用物资和粮食物资都要从此经过。百姓们在岸边就能进行交易，生意如火如荼。后来部分贸易项目划归到绥芬河，密山口岸受到了很大影响，经济日益下滑，加之经济危机的影响，更是雪上加霜。目前密山口岸主要以手拎包旅游贸易和粮食作物进口为主。密山口岸对面是个小城镇，因为语言交流不通，饮食习惯不同等原因，大多数居民表示并没有去俄罗斯旅游的计划。相反，密山口岸的人流物流主要以俄罗斯人、货过境为主。那些从事手拎包旅游贸易

夕阳映照下的田地

和运送进口物资的俄罗斯人每逢周三、周五必来店里买东西，为商店带来了很多客源。

密山到 8510 农场每天只发一班车，当日并无返程车。我们只能在路边搭乘顺风车返回市区。回城途中，阳光透过车窗照过来，明亮而温暖。夕阳映照下的白棱河波光粼粼，水稻在风的吹拂下轻轻摇曳，让人不禁想起"风吹稻花香两岸"的歌词。作为北大荒开疆拓土第一线的密山，虽然在经济发展中遇到很多困难，但从未掉队。密山口岸人民幸福的生活就是最好的例证。如今密山口岸在"年过货 5 万吨、过人 5 万次"发展目标下，如何突破瓶颈，实现新的飞跃，是密山口岸亟待解决的重大问题。或许以兴凯湖为据点，发展大型生态文化旅游圈，将密山口岸发展与生态旅游、文化旅游相结合，开发复合型发展模式值得考虑。

虎林口岸行

杨　田

　　结束了密山口岸行之后我们来到了国家一类陆路口岸虎林口岸的所在地——黑龙江省鸡西市虎林市。虎林市位于黑龙江省东部完达山南麓，以乌苏里江为界与俄罗斯隔水相望。与绥芬河等较大的口岸城市不同，初见的虎林市并不热闹繁华。正午时分，烈日高悬，大街上甚至没什么人，用当地一个大爷的话说是"虎林市靠边境，各个旅游景点也都不在市区内，外地人不过来，本地人热得够呛，谁出来晒太阳啊？都在家里猫着呢。"当时让这位大爷"热得够呛"的气温其实是 29 度，虽然与南方城市相比，夏季的 29 度可能是"小巫见大巫"了，但这个温度确实是当地夏季最热时节的温度。也诚如这位大爷所言，我们后续又询问了若干人，他们都给出了"太热，不想上街溜达"的答案。虽然气温确实会限制人们的活动，但初见的虎林市仅有作为边境小城宁静的氛围而不见口岸城镇热闹的景象，确实与众不同。

　　在虎林市客运站的街口，我们见到了几个拎着大包小包满载而归的俄罗斯人，虽然目前虎林市开通了虎林至俄罗斯列索扎沃茨克市区的国际班车，促进了虎林市旅游业的发展，还推进了"手拎包"业务的开展，但仅从她们的样子我们无从分辨其来意，是专门拎包带货的"手拎包者"？又或是来虎林市旅游带纪念品的游客？语言不通带来的不便甚至让我们无法开展一次短暂的访谈，而且当时她们一行人均行色匆匆，我们也没时间去求助周边会说俄语的商铺老板，实属遗憾。

　　傍晚时分，在家猫着的人和已经结束了一天工作的人终于有时间也有心情上街溜达溜达，我们也要"伺机出动"了。一冬一夏两次口岸行，我们沿着黑龙江、乌苏里江一路走来，发现几乎每个城市不论大小、不论严寒酷暑，总有小吃街的存在，虎林市亦如是。要说别的城市的美味是在某条拥挤狭窄的

虎林市客运站街口遇到的俄罗斯人

小巷子里藏着等待人们去探寻，虎林市的小吃街可就显得非常大方了，"东北"豪爽的气质体现无遗。还未走到虎林市区的小吃街，热闹便早已伴随傍晚凉爽的风传入耳中，划拳声、谈笑声、吆喝叫卖声不绝于耳；炭火炙烤食物的独特香味儿也远远便刺激着人们的嗅觉，连空气都变得"可口"许多。等走到了小吃街，才可谓热闹非凡，街边汇聚了各式各样、各地的美味小吃。烧烤摊上的大腰子、蚕蛹、烤鱼和海蚬子是格外受欢迎的，啤酒加海鲜更是虎林市撸串必备。据了解，当地的水产、海鲜一部分来自于百年间蜿蜒流淌的乌苏里江，一部分是经虎林口岸进口到我国的俄罗斯海鲜。原来，虎林口岸是黑龙江省进口冰鲜水产品指定口岸之一，按照国家出入境检验检疫局要求，进口水产品、肉类品、生鲜产品等需建设进口冰鲜水产品指定口岸，虎林口岸的冰鲜水产品口岸建设项目于 2016 年 4 月开工，9 月完工，两年多的时间内取得了较好的成绩。2018 年，全年进口冰鲜水产品近 400 吨，占全省冰鲜水产品进口总量的

虎林口岸冰鲜水产品口岸

三分之一。

　　虽说虎林口岸的冰鲜水产品口岸发展状况良好，威名远扬，但虎林市内的各个商铺招牌又让我对虎林口岸的实际发展状况感到疑惑。一路走来，我们经过的每个口岸城镇不论大小如何、繁华与否、中俄贸易往来状况怎样，市内的招牌基本上都有中俄双语，可到了虎林市，却鲜少能见到中俄双语招牌。就连提到虎林口岸，当地人都是一副不熟悉的样子，也不知道怎么坐车前往。许是虎林口岸实际位于距虎林市区东南 58 公里处的 858 农场，与市区相距较远的缘故吧？带着这种疑惑我们在虎林市客运站坐上了由虎林市区前往 858 农场的线车（公交车），经过 45 分钟的车程，到达了 858 农场。

　　858 农场是黑龙江农垦总局系统的国有农场，位于虎林市东南部，乌苏里江西岸，与俄罗斯隔江相望，是国家一类陆路口岸虎林口岸所在地。农场始建于 1956 年 4 月，原为铁道兵农垦局 850 部队农场第四（河南）大队，辖区总面积 724 平方公

858 农场场区标识

858 农场办公楼大厅内标识

里，耕地51.6万亩，总人口2万人。是黑龙江农垦区集农、工、商、贸于一体的大型水稻专业化国有农场，也是国家级生态示范区，更是较富盛名的"鱼米之乡"。

一下车我们便看到了与其他口岸村镇不同的景象：宽敞的街道格外整洁、成排的树木青翠欲滴，就连路边花池中的花都似乎要艳丽许多。广场、活动室、公园、医院、学校一应俱全，更不用说一栋栋整齐矗立且有统一供暖的居民楼了。显然，同在边境，直接受黑龙江农垦局管辖的各农场的建设、发展等方方面面的情况自然与受各个市、县管辖的村镇有所不同，但其中的差异之大还是令我们感到惊讶。

了解了858农场的一些基本情况后我们便找了个饭馆吃饭，期间通过与老板娘攀谈得知，在858农场居住的人都是"农垦人"，很大一部分人是要种地的，但在农闲时大多数人都在农场有兼职，如开饭店、跑出租等。至于口岸，老板娘说没什么特殊的感觉，因为口岸离农场还有一段距离，她也从没去过口岸，唯一的联系就是偶尔有从口岸运输货物的司机在她这儿吃饭，但这种情况也极少发生，基本上司机们会选择在虎林市或鸡西市休憩……直至目前，虎林口岸算是在口岸城镇或是口岸旁的农场人心里存在感比较低的口岸了。

858 农场街道

　　接着我们便继续前往虎林口岸，几年前 858 农场还有到虎林口岸的线车，但因为实在没什么人坐，这条线路存在的意义不大，所以现在要想去口岸只有打车这一种方式，无奈之下我们只能包车前往。

　　在去向口岸的路途中，目光所及皆是一片绿意盎然之景，被"三河一江"环抱的 858 农场，犹如一颗绿色明珠，富饶美丽。农场的田地与普通农户的不同，每一亩地都格外规整，每一畦庄稼都不见杂草的踪影，这都有赖于农场人的辛勤打理和农场的严格要求。优越的生态环境、丰富的自然资源，得天独厚的口岸地缘优势，为 858 农场发展绿色、有机、无公害种植、养殖和生态旅游业提供了广阔的空间，近年来还探索发展了"鸭稻""蟹稻"等有机水稻示范项目。

858 农场的"鸭稻"有机水稻示范项目

　　曾经的北大荒在经过 60 多年前的开垦、半个多世纪的经营之后成功变为北大仓，肥沃的黑土地上长出的粮食养育了万千家庭，在黑土地上辛勤耕耘的农垦人也世代"驻守"在边境，

规整的 858 农场农田

充实着边疆，是实实在在的边疆人、口岸人。

　　终于，在经过 20 分钟的车程后，我们来到了虎林口岸。虎林口岸位于虎林市区东南 58 公里处，与俄罗斯马尔科沃口岸对应，于 1989 年经国务院函〔1989〕25 号文件批准开设，1993 年 5 月正式开通。口岸建有目前中俄边界上最大的永久性公路桥梁——松阿察界河大桥，不受流冰期干扰，可全天候均衡过货，年过货能力达 260 万吨，过客能力 100 万人次。但显然，受俄方经济发展状况等多方面因素的影响，虎林口岸达不到如此多的过货量和过客量。口岸周边也没有村庄和居民，我们去的时候也没有看到客、货车通关，仅看到了口岸内日夜履行职责的边检人员，口岸前一条笔直的公路仿佛把口岸推得距离农场和市里更远。

　　此外，虽然在虎林口岸前方有冰鲜水产品口岸和虎林口岸互贸区等建筑，但前者因为最近没有过货任务所以大门紧闭，

虎林口岸门前的公路

而后者也因为互贸区功能待完善等原因关停了一段时间了，只有口岸前锈迹斑斑的停车标识证明着虎林口岸 20 多年来的人来车往及起伏发展。

　　从表面上看，虎林口岸在虎林市居民和 858 农场人心里的存在感很低，口岸状似"遗世独立"的样子也让人无从分辨其发展状况。但实则不然，虎林口岸有着较大的区位优势，地处黑龙江省东部南起绥芬河口岸、北到抚远口岸 600 公里扇状沿边开放带的中点位置，具有一岸对两区、辐射半径大的特点。对应的俄罗斯口岸城市——列索扎沃茨克市区距虎林口岸仅 8 公里，距俄滨海边疆区首府符拉迪沃斯托克 352 公里，距哈巴边区首府哈巴罗夫斯克 401 公里，著名的西伯利亚复线铁路和远东干线公路从北向南贯穿列索扎沃茨克市中心，通过列市向北延伸可深入俄罗斯腹地，辐射独联体及东欧各国；向南通过符拉迪沃斯托克和纳霍得卡港出海，可达日本、韩国和东南亚。与虎林市境内的乌苏里江、松阿察河相邻的俄达里涅列钦斯克、列索扎沃茨克两市木材资源、海洋生物资源、铁矿石及石油等矿产资源十分丰富。此外，虎林口岸紧抓"一带一

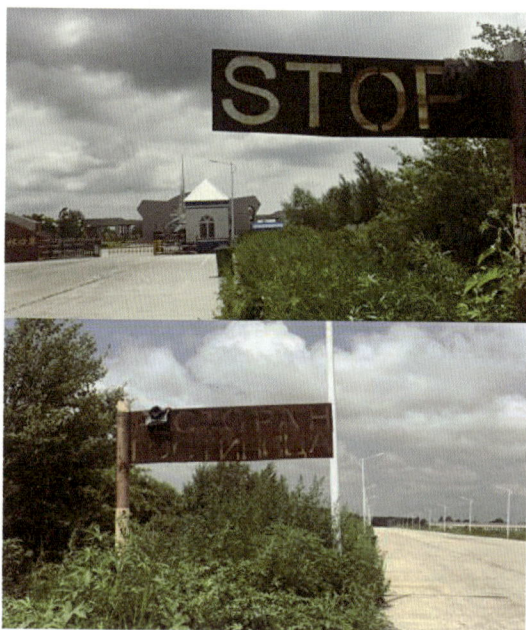

虎林口岸前的停车标识

路"和中蒙俄经济走廊建设的新机遇，全面优化口岸营商环境，积极开展对俄贸易，先后获批了全国进境粮食指定口岸、全国冰鲜产品进口指定口岸、中国首家进口俄罗斯牧草试验口岸等专业资质，且与黑龙江大部分口岸过货量、过客量下降不同，虎林口岸在20多年间饱经沧桑、遍经考验，依然能够保持稳定的发展态势。近两年来，虎林口岸出口大米4500吨，占中国北疆黑龙江省大米出口总量的三分之二；进口冰鲜水产品近400吨，占黑龙江省冰鲜水产品进口总量的三分之一；进口牧草1000吨，为中国畜牧养殖企业采购优质牧草提供了重要渠道。2018年上半年，虎林口岸进出口货物2.9万吨，出入境人员1.43万人次，实现进出口总值2.1亿元人民币，创造五年来过货量新高。

写至此，我不由得想起了某口岸办工作人员的抱怨："当年申请开通口岸的时候，黑龙江省内凡是沿着边境的各个市县一窝蜂地上报，都想在自己的地界上设立口岸，但各方面条件以及对面俄罗斯的情况又与东南沿海的各大开放口岸不能比，因此想着那咱们就以数量制胜，多弄几个口岸一起干！可口岸多了也未必是好事，现在好多口岸一年不如一年，都在'垂死坚持'，没用的口岸、徒劳地坚持，有什么用呢？"这样的论断显然略显片面，口岸发展是涉及经贸、外交、科技、文化、旅游交往等多方面的重要论题，我们不能如此简单地凭借部分口岸有所下降的过货量、过人量就认为口岸无用，进而质疑口岸存在的意义。但从另一个角度来看，日益下降的过货、过人量和逐年降低的存在感也确实该为部分口岸敲响警钟，也希望那些发展态势不尽如人意的口岸能像虎林口岸一样积极探索，大胆

创新，坚持把加强口岸管理、优化口岸通关环境放在首位，着
力完善口岸功能，提升口岸竞争力和吸引力，积极应对外贸下
行的严峻态势，低调又稳健地走好口岸发展的每一步！

虎林口岸正门

饶河口岸行

吴丹丹

　　饶河口岸地处黑龙江省双鸭山市饶河县东南方，与俄罗斯的波克洛夫卡口岸隔江相望，因其紧邻大楞半岛，亦称"大楞口岸"。经国务院批准，饶河口岸于 1993 年 9 月 21 日正式对外

饶河大街

开放。去饶河口岸之前，我们就从其他口岸办公室了解了一些相关情况，波克洛夫卡口岸是俄远东地区唯一由俄联邦政府官方投资建设的口岸，也是俄罗斯对华四大口岸之一。与俄罗斯其他私营口岸相比，该口岸政策稳定，设施较为完备，通货、通客能力较强。对面口岸稳定的发展情况带动了饶河口岸的发展，目前饶河口岸已经取得了落地签证权和边境旅游异地办证权，方便了口岸人民的生活，提高了饶河口岸的知名度。

初到饶河，已是艳阳高照的正午，明晃晃的阳光让万物蒙上了一层光边。我们安顿好后，就急匆匆地去寻找饶河口岸了。太阳依旧十分毒辣，我们不得不顶着烈日摸索前行。大街上的阴凉处挤满了正在打牌的大爷大叔，一拨人打牌，一拨人看牌，还有一拨做场外指导，好不热闹。趁着休息的空闲，我们抓住一些大爷就开始闲聊。问起饶河口岸，他们都赞不绝口，"饶河口岸是这里的标志性建筑，给我们带来了很多便利，现在出国也方便啦！不用绕道黑河那边，你们可以去看看新国门，修得特别大。"只言片语中透露着强烈的自豪感，看来饶河口岸在边民心

街头打牌的人们

中的地位很重要。

在他们的热情指引下，我们搭乘出租车前往距离县城 8 公里左右的饶河口岸。去往饶河口岸的路旁，水稻被侍弄得整整齐齐，没有一丝杂草，地里只有零零星星的几个人在弯腰劳作。快到饶河口岸的时候，我注意到路旁有些飞舞的虫子，成群结队，声势浩大地奔向花丛。司机大哥看懂了我的疑惑，忙解释道："这是东北黑蜂呀！咱饶河啥最出名？除了这口岸就是这喝两国蜜的东北黑蜂！"我们似懂非懂地点点头，敢情这黑蜂还是明星！到了口岸，我们在观光区下了车，径直奔向国门。国门附近聚集了几个游客，对着刚刚落成的新国门拍照。国门在原址上重修，已看不出原来的样子。货检通道附近堆放的建筑废料和阳光下闪闪发光的国门镜面仿佛提示着我们饶河口岸新时代的到来。饶河口岸每周开关六天，休一天。我们到的时候恰逢休班，整个口岸只剩下打更的大爷。大爷表示他在这里

饶河口岸

饶河边检

黑蜂集团

待了好多年，"这个口岸一直在建设，好像就没停过工，但勤劳的中国人从来没有因为施工而耽误进出口贸易，为当地的经济做了很大的贡献。饶河口岸的变化直接就能反映出饶河县经济的发展状况。在这生活还是满赚钱的，靠着口岸，不愁吃喝。"饶河口岸欣欣向荣的状况确实令我们为之一振。为了更明确它的发展历程，我们改道前往县政府史志办和口岸办查找历史资料。

正如资料所言，饶河是个富饶美丽的地方。凭借五山四水两分田的自然优势，曾有中国十大宜居城市的美誉。作为边关的重要通道，饶河地区与俄罗斯边民贸易由来已久。早在民国初期，就有俄国边民携带各类山产品（人参、鹿茸、貂皮等）及羊皮大衣、毡靴之类的商品来到饶河换取布匹、日用百货及白酒等物资。还有少数不法商民自俄境向中国贩运鸦片、金条及枪支等。后来两国乡民之间贸易不断，进一步加强了经济往来。但饶河口岸的发展并非一帆风顺，饶河建县后，中苏因为贸易摩擦逐渐停止了木材贸易。中东铁路事件后，我国与俄苏一切贸易往来完全停止。中华人民共和国成立后，随着中苏友谊的不断加深，商业往来恢复并逐渐频繁。1953 年至 1958 年间，经中央人民政府农业部与苏联签订商贸合同，饶河县每年 12 月在东安镇向苏联交付冻鲤、鲫、鲇、狗鱼 40—50 万斤。当地贸易的发展状况就是两国政治关系的晴雨表。1965 年后，由于中苏关系恶化，地方小额贸易再次停止。直到 1989 年 4 月 8 日，国务院下发《关于同意开放黑龙江省六个对苏边贸口岸的批复》，正式批准饶河县建立对苏边贸口岸。据市志、年鉴等资料显示，1993 年 5 月饶河口岸、俄波克洛夫卡口岸基础设施建设基本完成，同年 9 月正式开关，结束了俄方使用临时口岸过货的局面，中俄双方边境贸易趋于正常。正如大爷所言，饶河口岸建成开通后，一直处于边通关边建设的状态。通关之初，饶河口岸预计年过货量 25 万吨，日过客 400 人，远远不能满足其口岸的实际客货运量，因此饶河口岸一直在不断地建设。2010 年 12 月，中国饶河至俄罗斯波克洛夫卡口岸的浮箱固冰通道建成通车。这是乌苏里江上第一条口岸浮箱固冰通道，年通关时间延长了 60—70 天，基本实现四季通关。经过不断努力，饶河口岸迅速发展。现代化口岸建设程度、通关能力及效能的大幅提升，让饶河口岸成为对俄远东边境贸易最直接、最便捷的前沿通道。

目前饶河口岸不仅取得了落地签证、异地办证办理权、冰鲜水产品、粮食进口指定口岸资质，还获得了对俄肉类进出口

中俄互市贸易区

的资质，成为全黑龙江省仅有的两家对俄肉类出口指定口岸之一，并于 2015 年 6 月首次对俄出口猪肉。口岸办工作人员表示不断拓宽的口岸准入资质将极大地发挥饶河运距短、环境优、功能完善的优势，促进果蔬、肉类出口和蜂蜜出口、粮食回购、铁精粉、深海鱼加工等实体项目的发展，加快构建对俄开放、开发新格局。其中值得一提的是蜂蜜出口贸易，饶河的蜂蜜主要是黑蜂生产的，口岸附近就有专门做蜂蜜出口的黑蜂集团。他们在口岸边境建设了养蜂场，专门饲养东北黑蜂，中国的花蜜少，到了花开的季节黑蜂就飞越乌苏里江到达俄罗斯的原始森林去采集蜂蜜，再飞回中国来产蜜。当地人都戏称勤劳的黑蜂是中俄的友好使者。

　　每个口岸都有一个边民互贸区，饶河也不例外。为了方便边民，饶河口岸的互贸区并不在口岸附近，而建在了县城，大

宽阔的乌苏里江

大缩短了居民买俄货的路程，广受好评。互贸区内部装修十分讲究，产品类型多种多样，从购买的人群来看，消费主力是中国人，俄罗斯人特别少。每当节假日，这里常常爆满，俄罗斯的糖果和啤酒最受国人欢迎。问及俄罗斯人为何如此少，售货员表示，他们虽然有钱，但消费观念过于超前，主要都买酒了，到中国时，钱就不多了，买东西都到县里便宜的小店去。在我们逗留的一个小时里，大概有三四十人进入互贸区购物，其中游客占三分之二左右，看来饶河互贸区确实在人们的生活中发挥了很大作用。

　　傍晚按捺不住想要听听乌苏里船歌的好奇心，我循着百度地图找到了滨江广场。虽然没有听到船歌，但宽阔的水面，轻拂的微风，热闹的人群，让人瞬间卸下盔甲，心情开阔起来。

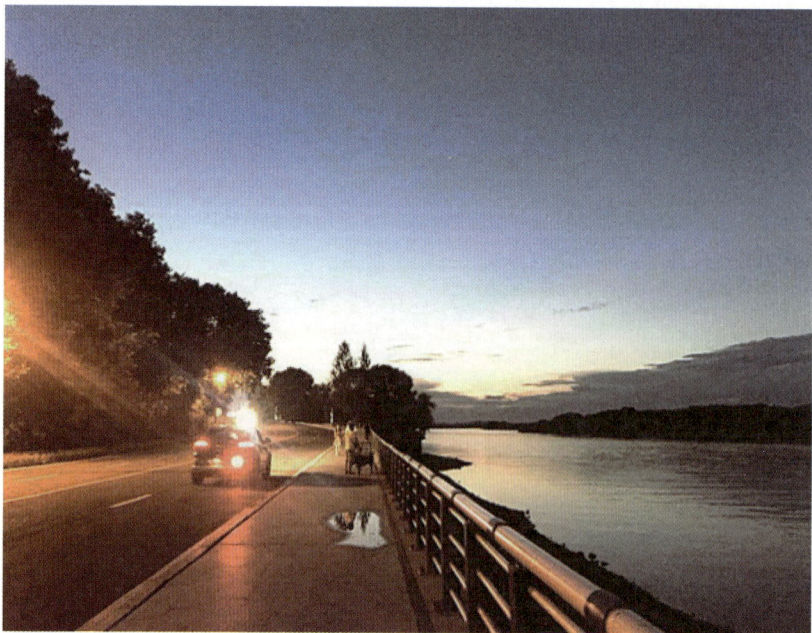

沿江慢跑道

沿着乌苏里江走一走，清风就带走了疲倦，看来饶河之所以宜居乌苏里江功不可没。夜幕在灯光的映衬下显得更加黑暗，但这并不影响人们运动的情绪。江边慢跑道上，人们都在享受着沿江奔跑的快感。我边走边想着，饶河确实是个富庶之地，勤劳的人们在这里创造了幸福生活。饶河口岸即使历经波折，仍然能够焕发出强大的生命力，这与勤劳的边民、辛苦的工作人员密不可分。据悉黑龙江省为提高各个口岸的利用率，调动口岸发展积极性定下了双五（年过人5万次，过货5万吨）指标，饶河口岸一直在为之努力。在大家的支持下，口岸一定会越来越好。

抚远口岸行

杨　田

2018 年 7 月 17 日，我们来到了拥有"华夏东极""淡水渔都"美称的抚远市。抚远市地处黑龙江、乌苏里江交汇的三角地带，东、北两面与俄罗斯隔两江相望，是我国最东部的县级

凌晨 5 点多时抚远市人民便已开始了新一天的忙碌

行政单位，也是抚远口岸所在地。

因其地处我国陆地最东端，是我国广阔领土上最早见到太阳的地方，夏至日时深夜两点多抚远市便可迎接到真正意义上的第一缕晨光。我们去时深夜 3 点 10 分左右便已破晓，两小时后，提早获得阳光青睐的抚远市人民便开始了身处口岸城市亦是旅游城市独有的忙碌。

谈到繁忙，就不得不提起抚远市的交通。抚远市是全黑龙江省唯一同时拥有铁路、深水港、机场、高速公路的县级市，便捷和顺畅的交通给抚远市带来了旅游生机。抚远市是名副其实的旅游大市，夏季时游客络绎不绝。乌苏镇观日出、东方第一哨升国旗、界江游、湿地游、黑瞎子岛旅游等特色旅游均吸引着祖国各地的游客来此游玩，一方面是来此处避暑，另一方面是为了体验祖国陆地最东端的独特风情。

虽说抚远市是我国大陆上最先迎接日出的地方，但在抚远

"华夏东极"——抚远的地理位置图

市哨所未东移之前，真正意义上把第一缕晨光迎进祖国的是著名的"东方第一哨"——乌苏镇哨所。在每一个寒来暑往、月落日升的日子里，在我国大部分地区还是繁星点点的深夜时，金色的朝阳总会率先洒向乌苏里江江面，映照出一片朝气蓬勃的红，江畔上的哨所中传出嘹亮的口号声，一面鲜艳的五星红旗也与太阳同步升起，这里就是著名的"东方第一哨"——乌苏镇哨所。

乌苏镇哨所始建于1962年，初代哨所官兵肩负使命来到祖国冬极这一片神圣的土地上，克服艰苦的条件完成对祖国东段边界的巡逻执勤任务，严密监控界江情况。此后，一代又一代的哨所官兵迎寒送暑，披星戴月地守护祖国的东大门。且随着黑瞎子岛领土归属问题的解决，我国的国土边界也继续向东延

"东方第一哨"原哨所内的二层船型建筑

伸，原本的"东方第一哨"官兵继续向东挺进，在黑瞎子岛上继续迎接阳光，保卫祖国。也因为哨所的东移，原来的乌苏镇哨所便成为爱国主义教育基地，成为抚远旅游必去的一个热门景点。除极高的岗哨台之外，哨所内还有一二层船型建筑及一面镀金浮雕，刻着"我把太阳迎进祖国"的场景。

与边防官兵共同迎接第一缕晨光的还有蜿蜒流淌的乌苏里江。乌苏里江是鱼儿们的畅游之地，也滋养着在其流域内生存的人们，既是肃慎人的发祥地之一，也孕育了古老的赫哲民族。古老的赫哲族人临江而居，以渔猎为生，在赫哲语中，抚远市原名"伊力嘎"，意为"金色的鱼滩"，这片"金色的鱼滩"中有鲟鱼、鳇鱼、大马哈鱼、"三花五罗"等特色鱼类，就连赫哲族早年穿的衣服大多是用鱼皮缝制而成的，这种用鱼皮制作各种服饰已有上千年历史，鱼皮手工制作技艺代表了赫哲族传统文化，因此赫哲族也被称为"鱼皮部落"。如今的赫哲族除继续使用机械驱动船捕鱼外，还受益于抚远市政府大力发展民俗

"东方第一哨"原哨所内《我把太阳迎进祖国》的浮雕

文化旅游的政策，积极转产上岸，进行鱼皮手工艺品的制作，学习民族舞蹈，发展旅游业，既能传承赫哲文化又能获得额外收入。

随着"华夏东极""淡水渔都"等旅游名片的推出，抚远市

抚远市"鱼博馆"中呈现的赫哲族传统生活场景

被誉为"东方第一港"的抚远口岸港口

旅游的热潮逐年升温，通过口岸出入境的中国游客也在不断增加，也使得抚远口岸的客运水平不断提高。打破了过去单一俄罗斯人入境倒包的传统模式，出入境人员均以休闲度假为主，每天平均从抚远口岸出入境的旅客在1200人左右，特别是自2017年5月俄罗斯100客位豪华型客船上线首航以来，抚远口岸的客运能力和水平得到大幅度提高。

不同于从虎林市到虎林口岸的辗转，抚远口岸就在抚远市内的沿江公园旁边，前往非常方便。当我们到达口岸时远远便可以看到伴随着汽笛声驶进港口的客船，船上的人大多都大包小裹地带着很多东西，有拎包带货的，也有自己购物所得的。

抚远口岸正门

　　正如抚远市的另一名片"两国一城"所概括的，不论是拎包带货还是休闲旅游，人们往来于抚远市和俄罗斯哈巴罗夫斯克市非常方便，一是因为抚远口岸的对应口岸城市为俄远东最大城市，是俄远东地区商品集散中心，也是政治、经济、军事、文化中心，对中国人来说有旅游的吸引力，对俄罗斯人来说也有到中国旅游购物的消费能力；二是因为二者航道距离仅65公里，乘船一个多小时便可到达，一天之内往返便是最为常见的行程。于是我们便可以在抚远市的大街上见到很多俄罗斯人，抚远市的商铺也都挂着中文和俄文的双语招牌，甚至有很大一部分的商铺挂着纯俄文的招牌，专门面向对岸来的俄罗斯人。这其中，俄罗斯人最喜爱逛的商铺是卖皮毛大衣的服装店和家居日用百货商店。

　　当我走进一家家居日用百货商店时，看到商店老板在与几

抚远市最受俄罗斯人欢迎的家居日用百货商店

名俄罗斯人用俄语交谈，虽然我不懂俄语，但还是很明显地听出商店老板所说的俄语略带东北口音但确实比较流利，基本能与俄罗斯人沟通。像该商店老板一样会说俄语的商家在抚远市不算少数，"最不济的也能

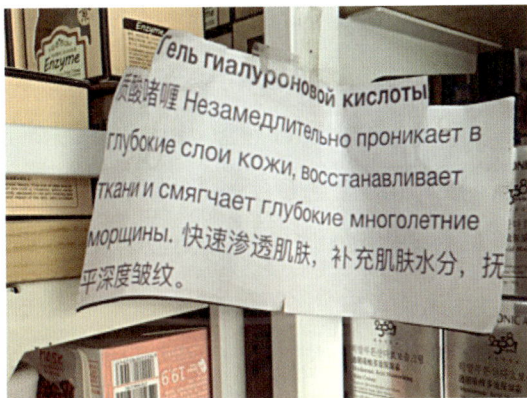

商店中中俄双语的化妆品功效说明书

会说两句能够应对俄罗斯人讨价还价的俄语，有时候着急了还夹杂着东北话'提利咕噜'往外冒。没办法啊，俄罗斯人就是乐意买这些小商品，有的人一下船直奔我家店，拎个行李箱就过来买！"听着商店老板忙着卖货时神采飞扬的描述，看着悄然爬上他眼角的得意神色，置身于抚远这个口岸城市中，我仿佛也体会到了这份独有的幸福感。

　　除了位于抚远市内的客运码头之外，距离抚远市中心30公里处的乌苏镇客运通道也在紧锣密鼓地建设中。在过去，由于抚远和俄罗斯只是水陆相接，仅在明水期进行运输，等到了冬天江面结冰之时，抚远口岸就进入了大半年的"休息"状态。但自从2008年黑瞎子岛西侧回归中国以后，中俄两国分别修建了通岛大桥，抚远市便拥有了中俄两国间一条真正的陆路通道，为抚远口岸的全年运作提供了条件。

　　抚远口岸不但客运码头人来人往，货运码头也非常繁忙。抚远口岸的莽吉塔深水港距抚远市市政府所在地抚远镇约5公里，是黑龙江对俄货运最繁忙的港口之一。抚远市原本有一始

建于 1981 年的口岸货运码头，但因抚远市对俄贸易的快速发展，口岸货运量持续稳步增长，原有的口岸货运码头因吞吐量小、设施陈旧等原因，已无法满足口岸发展的需要，特别是2013 年遭遇百年一遇的洪水，使得货运码头无法正常使用，最终与 2010 年兴建、2012 年试运营的莽吉塔深水港完成了抚远口岸货运任务的交接班。莽吉塔港的地理位置得天独厚，船舶经此可抵达黑龙江水系的所有港站，经俄罗斯庙街港出海后，北上是广阔的太平洋，可直达美国、加拿大，南下经鞑靼海峡可达日本海，辐射东亚各国、国内沿海城市及美国西海岸地区，是黑龙江江海联运的始发港，是我国通往俄罗斯和北美最便捷、最经济、最重要的江海联运大通道。站在莽吉塔港码头

黑瞎子岛自然景观

上，又可见繁忙又有序的货运场景，移动式门座起重机和港区内设的铁路装卸线均时刻运转、作业不停；杂件堆场和木材堆场的货物整齐堆放，颇为壮观；货物旁负责装车的工人也大多来自抚远当地，他们分工协作，在口岸码头上挥洒汗水，获得收入。

作为口岸城市，抚远市的节奏是较快的，轮船的汽笛声、人来人往的喧闹声一大早便打破这座城市的宁静，但作为旅游资源大多为自然资源的旅游城市，抚远市又是能够让人们的脚步慢下来的宜居城市，宽阔雄浑的界江黑龙江、乌苏里江在抚远交汇，全鱼宴和各种与鱼有关的美食都吸引游客前来，夜晚的抚远市与白天相比是更为热闹的，各个烧烤摊上的烤鱼和各类海鲜让人垂涎欲滴，不用老板吆喝便能吸引游客前来品尝。

口岸的运行以及旅游业的发展给抚远市这座宜居的边境小城增添了许多繁忙热闹的气息，迎接着祖国陆疆的第一缕晨光，抚远市的人们又开始了新一天的忙碌。

在抚远市国际客运站前打太极的人

同江口岸行

吴丹丹

　　同江隶属于黑龙江佳木斯市，原名"临江"，赫哲语称为"拉哈苏苏"，意为古老的祖屋。同江是个令人难忘的城市。凌晨四点半，被晨曦唤醒的我，脑子里不由得想起一句歌词："迎

同江国际客运站

来日出，送走晚霞，踏平大道。"我想这首歌来形容同江实在非常贴切。作为中国纬度最高的地区之一，同江也是中国日出最早的城市之一。随着冉冉升起的太阳，人们逐渐开始一天的运转。凌晨5点的街道，早餐的摊子不知何时支了起来，行人寥寥无几，只有匆匆赶去上课的学生和忙着做早餐的店主，微凉的空气中散发着浓郁的牛奶香气，腾腾的热气彰显着这个城市年轻的活力。

稍作休息后，我们坐上了去往同江口岸的短途汽车。说是去同江口岸，但汽车票面上却写的是哈鱼岛，这让我十分忐忑，再三确认后，才知道原来同江口岸在哈鱼岛上。参照其他口岸的经营现状，我们判定同江口岸应该也不乐观，但这车座无虚席，着实让我们大吃一惊。经过询问才知，原来这车上大部分人是前往同江口岸过境务工的，其他人则是在距离哈鱼岛大概5公里处的一个村子居住的。邻座的阿姨说，这里每隔一段时间就会有这么多人集中出去，再集中回来。在同江，出国务工早已成为发家致富的重要门路，有些人苦熬了几年成为老板，还是会继续出国务工，只是身份和工作性质有所变化，他们摇身一变成为招工的人，收入也直线上升。因此从事这行的人越来越多，口岸也越来越繁荣。汽车行驶了30分钟左右，我们到达了同江口岸。偌大的空地上停了好多辆大巴车，准备过境的人们有序地排队下车取行李。进入口岸出入境大厅，大屏幕显示，俄方来船由于机械故障晚点，时间不确定。大厅排队等候的人大约有30人，大家并没有因为晚点而着急，反而自顾自地玩着游戏，消磨时间。一位打算出境去俄罗斯盖房子的大叔表示，这是常有的事，大家都见怪不怪了。但不得不说，中国船还是很守时的，这个（他们）没法比。言语中透露着自豪。在大厅停留的时间里，我们访谈了建筑工人、农民、煤老板等不同职业的人，他们大多数表示，在俄罗斯生活很安全，只是吃饭不太习惯。加上工作地点常常远离市区，平日里有些孤独。问及同江口岸的变化，他们都不约而同地说，变化很大，同江口岸的硬件设施都是最新的高科技产品，大大提高了过关的速度，不用像以前一样排队一小时过关才七八个人。口岸工作人员的服务态度越来越好，这点让他们特别高兴。在他们看来，这小小的国门就是中国的脸面，无论是中国工作的口岸办公人员还是在俄罗斯工作的务工人员，在这小小的国门只有一个共同的身份——中国人，大家都愿意严于律己，为国争光，这种精神令我感动不已。

与其他口岸不同的是，同江口岸的货检通道与人检通道相互分离。在当地人的指引下，我们在出入境大厅 10 点钟方向找到了货检通道。通道的正门是去年刚刚建成的新国门，从外形

同江口岸（客检通道）

口岸等待过关的人们

同江口岸货检通道

上看酷似上海世博会上的中国馆，简洁、大方、气势磅礴。因为对方暂时没有货物，所以货检通道今天临时关闭。院子里停满了准备去俄罗斯"接货"的卡车。口岸工作人员热情地接待了我们，还带领我们近距离参观了整个货检通道。据口岸办工作人员介绍，同江市作为通商口岸历史悠久，曾三度开放。最

水利局旧址

蜂箱

早可追溯到 1904 年，当时就有商号与俄国商人进行贸易活动。1909 年 7 月 1 日，哈尔滨税务局发表通告，自即日起于拉哈苏苏（现在同江市区）设立关卡，稽查关税。八国联军侵华，清政府以海关关税为抵押，偿还《辛丑条约》赔款。1910 年，根据规定，俄国在同江设立海关分局（时称拉哈苏苏分卡），查验黑、松两江过往船只，收取关税。这是我国在丧失主权情况下，同江作为国家贸易口岸对外国第一次开

放，历时 21 年。新中国成立后，在中苏友好的大气候下，1958 年 5 月 12 日，中苏两国外贸部换文达成广泛开展边境贸易的协定。同年 8 月合江行署牵头组织抚远县政府参加在同江、伯力两地与苏方会谈签约，开展边境贸易，这是同江口岸第二次开放。改革开放后，1986 年国务院再度批准恢复同江为国家一类口岸对外开放，这是第三次开放。经过多年发展逐渐壮大，同江口岸分为东西两个作业区，东作业区包括哈鱼岛的客检与

货检通道。西作业区位于同江市内，部分大宗货物也由西作业区接送。同江口岸单独设立货检通道是为了人货分离，方便管理，这样既减轻了口岸工作人员的压力又提高了工作效率。货检通道与其称之为通道，我更愿意把它当作一个货场。这里占地面积大概 10000 平方米，道路硬化面积达 98％以上。检验检疫部门建有专业的工作间，还有边防战士驻扎在港口内，军犬镇楼，其安全程度可想而知。口岸工作人员表示，近年来同江市越来越重视同江口岸的发展，不光建设了货检通道，还建设

同江口岸西作业区（横江口）

正在作业的龙门吊

了连接同江市与哈鱼岛的铁路，未来将会大大节省哈鱼岛同江口岸到同江市的距离，增加客货接运能力，为百姓带来更多的商机。

货检通道大门往东100米处，是旧水利局遗址。破败的标识和锈迹

互贸区

斑斑的铁门，静静伫立在那里，阔气的楼门仿佛诉说着往日的繁荣。我们正沉浸在历史的回忆中无法自拔时，几只前来采蜜的东北黑蜂打破了平静。我们循着黑蜂望去，发现新国门附近多了几排蜂箱，一对青年夫妇正在仔细地观察周围地形，仿佛在寻找什么。我们前去打招呼，年轻的姐姐笑着问我们是不是本地人，他们刚到这里，想给黑蜂找个花蜜集中的地方安家落户。无奈我们对这里并不熟悉，于是匆匆聊了几句，就坐上了回城的汽车。

趁着天色还早，我们回到客运站后就匆忙赶往同江口岸的西作业区。西作业区位于横江口。远处江面上伫立着正在作业的龙门吊，湍急的江水猛烈地拍打着岸边的礁石，哗哗作响。远处几艘满载货物的船舶渐渐驶向龙门吊。看来同江口岸的贸易确实很繁荣。与繁忙的口岸相比，同江的边民互贸区略显冷清。它位于当地华鸿家具城二楼，装修豪华，内部空间大，货品以糖果、酒品、饼干为主，与其他口岸商品价格持平，但购物的人很少。通过这几天的了解，这个互贸区是新建成的，知名度不高。老互贸区时期，大家出国不方便，俄罗斯食品曾倍受欢迎。随着务工潮的兴起，大家对俄罗斯商品的需求渐渐减少，新互贸区的生意就不太好做了。

东北亚广场

中俄文化节目

　　街上点点灯光闪烁，我们漫步在同江的大街小巷，一路上看到了很多关于建设魅力边城的标语，也看到了这质朴标语下的奋力追求幸福新生活的心。同江边城虽然规模不大，但也有夜生活。晚上的东北亚广场，人群熙熙攘攘。由各个单位精心准备的中俄文化节目，异彩纷呈，博来大家的阵阵笑声。走过来这么多口岸，见过了那么多人，站在东北亚广场中心被热闹包围的我，突然深刻地认识到，中国的边境不安全是多么不明智的看法！我想中国东北边境地区应该是世界上为数不多的能够做到夜不闭户的地方，这一刻我为我的祖国自豪，为这边境上默默守护的人自豪，他们是最勇敢、最可爱的人。

萝北口岸行

杨　田

　　萝北口岸是 1988 年经国务院批准对外开放的国家一类口岸，位于黑龙江省伊春市萝北县名山镇。名山镇地处黑龙江省东北部，三江平原北部边缘，北邻小兴安岭，与俄罗斯犹太自治州阿穆尔捷特隔江相望。在结束同江口岸行之后，我们坐上了开往名山镇的班车。

　　前往名山镇的这一路上都很有黑龙江沿江城镇的特色，因黑龙江盛产大马哈、鲟鳇鱼、鳜鱼、细鳞、雅罗等名贵鱼类，沿江居住的村民多以打鱼为生，我们所乘的班车过道上都堆满了渔网，所以班车上的旅客不得不踩着渔网到达自己的座位，再由一位位热心人把自己的行李箱传递到座位旁放在座位底下——因为班车底部的行李仓也被一箱箱鱼和打鱼工具占满了。

　　班车行驶 5 分钟后我们便换乘渡轮，渡轮虽行驶在江面上，但我们没感受到一丝在江中行驶的凉爽之意，天气格外闷热，没有一缕风，仿佛空气都不再流动了；江面也格外平静，许是酝酿着一场暴雨，同车的旅人一个个皆是无精打采，有人不断用手扇着风企图获得些许凉意，有人长舒一口气来缓解闷热。此时我们看到了在人群中格外醒目的几个人，他们穿着长袖迷彩服在渡轮的栏杆旁站得笔直，袖口的扣子也扣得很紧，仿佛并不置身于这个闷热的环境中。其实，这么热的天又穿着长袖长裤哪有人会不热，优良的作风让他们并不像普通人一样选择把袖口随意撸起来或外套拉链大喇喇地敞开。也许这比常人更甚的忍耐力和慎独能力并不算什么格外值得称颂的品质，但却也反映了边防官兵的优良作风，虽然无须面对烽火硝烟，但号角声却时刻吹响。尤其是在东北边境的边防官兵们，冬天动辄零下四五十度的气温是一般人无法想象、无法克服的彻骨寒冷，在 3 月份的口岸行中，我们走在黑龙江的冰面上切实体会到了东北冬天的威力，冷风像是某种固态物体一样钻进眼眶里，冻得眼睛生疼。普通人只是迎着风走一走便如此狼狈，更别说还得肩负边境巡逻、作业等任务的边防官兵，他们是如何坚强有力地克服这样艰苦的条件来守卫边疆的啊！

在与他们交谈时我们得知，他们就是驻守在萝北县的边防战士，前往同江出差返回。我们从名山镇村民打鱼的情况说起，提到了十几年来在黑龙江边境沿线鲜有发生但却仍未杜绝的越境打鱼的事，他们提到了日常对渔民的监督、教育及边境维护的工作。此时，旁边的司机师傅说了一句能够概括大部分越境打鱼渔民心里的话："渔民大多世代生活在边疆，比谁都清楚非法越境的麻烦所在和处罚如何，但利益驱使下，总是有人抱有侥幸心理，铤而走险。开江时节去打一网江鱼，轻轻松松

便可卖到上万。"确实，整体上我们的边疆是安全的，边境地区
也是稳定的，但总有个别边境、口岸地区会有类似非法越境打
鱼的"小插曲"出现，要杜绝该类行为不仅要靠政府部门、边
防部队、武警官兵的监督、教育及维护，更要让边疆民众端正
态度、转变思想，从心底正视非法跨境打鱼的严重性，正视黑
龙江作为界江所承担的限定国家主权和领土范围边界的重要作
用，切不可因为贪图利益而跨越国界，作出违法犯罪的事。

　　从渡轮上下来后又经过 3 个小时的车程，我们到达了全国
特色小镇名山镇。但因为班车只在名山镇镇口经停，我们无法
直接到达还有一段距离的镇子，所以那几位边防战士又热心地
帮我们联系了镇子上的出租车。

　　名山镇虽不大，但却是全国特色小镇之一，被建设得美丽
又整洁。从几条宽阔的主街拐进去便能看到大多数居民门前都
有一小片菜园，种些西红柿、青椒等蔬菜，这一方天地虽小，

名山镇镇口

村民门前的小菜园

但却被村民们打理得很好，菜畦旁没有杂草，熟透的西红柿沉甸甸的。

听村民说萝北口岸的边民互贸区刚建成不久，非常红火热闹，我们便先前往了位于镇子中心位置的互贸区。

萝北口岸中俄互市贸易区

　　与其他口岸相似，萝北口岸互贸区内品类十分丰富，尤以俄罗斯面粉、食用油、蜂蜜、饮料及日化品等为主要特色。互贸区内的收银、理货、导购等工作人员大多是名山本地人。在十多年前，名山镇居民除打鱼、种地外，还有很大一部分人在名山镇药厂工作，后来药厂倒闭，失业后的名山镇村民部分选择外出务工，部分就留在镇中另谋出路。除在互贸区上班外，还有人在萝北口岸码头负责木材装卸等工作。

　　与互贸区间隔一条马路的便是萝北口岸正门，进入院内可以看到口岸建立初期修建的老楼，经过岁月的洗礼和多次翻修后，这些建筑看起来不见破旧，内部设施也在不断维修更新。如今，黑龙江大部分开通的口岸都在扩建、改造，唯有萝北口岸只能不断地原地改造，无法扩建，这与口岸和口岸城镇的地理位置关系有关。在我们所走过的所有中俄口岸中，萝北口岸与口岸城镇名山镇的地理位置关系是最为紧密的——口岸直接嵌入在口岸城镇中，位

边民互贸区建成后村民们又有了新的工作

萝北口岸正门

于名山镇新老镇区的中间位置，这样紧密的地理位置关系使得口岸的扩建改造和名山镇的城镇建设在地理位置上起了"冲突"，因此想要改造、扩建口岸，只得另寻他法。

我们在口岸停留的几小时内，进出口岸的人并不多。据口岸工作人员说，萝北口岸的地理位置决定了萝北口岸不适合搞旅游，从口岸进入俄罗斯后，还要坐车行驶240多公里左右才能到达比罗比詹市，因此作为可供行人通过的客运口岸，萝北口岸几乎没有游客通过。一般来说，只有到俄土地开发和"手拎包"的群众才会选择从萝北口岸进出俄罗斯。但随着俄罗斯打击灰色清关的力度不断加大，"手拎包"业务基本停滞，俄方入境旅客大幅减少。而到俄罗斯种地的群众也因为隔壁同江口岸更为便捷、快速和便宜，所以也很少会选择从萝北口岸通过，因此萝北口岸的客运量也随之下降。虽然过客数较少，有较大可能达不到黑龙江省商务厅对于黑龙江省各口岸的"双五"指标要求（即各口岸每年过客5万人，过货5万吨），但萝北

位于名山镇镇中的萝北口岸名山港

口岸的过货量是可以轻松达标甚至远远超出过货要求的。截至
2018 年第一季度结束，萝北口岸进出口货物 26209.16 吨，其
中出口 81.96 吨，进口 26127.2 吨，同比上升 152.2%。这其中，
以木材、粮食、建材、机械、日用百货、农副产品等为主。

　　萝北口岸名山港现有煤炭、木材和轮渡码头三座，俄罗斯
板材、大豆等物产从萝北口岸名山港口源源不断地输入，国内
的大型农机具和大量食品、蔬菜等也由此运往俄罗斯。在口岸
货运区域内我们可看到大量木材被吊装设备放置得整整齐齐，
负责装卸这些木材的工人们大多来自名山本地，还有部分工人
是从伊春市随车而来的。

　　离口岸不远有一片空地，堆放着许多被捂湿发霉的木材，
有两名师傅在搬起木材进行晾晒。搬木材的师傅告诉我们，他们是名山镇本地人，镇子上有两拨固定的人会干口岸上装卸木材之类的重活儿，一般是轮换着干，闲时他们再找一些开车、搬运的散活干，人工晾晒木材虽然累但每天也能赚个百八十的，镇子上的青壮年都愿意干这个活儿。

口岸区域内堆放着的木材和正在装卸木材的工人们

晾晒木材的师傅同样来自名山当地

　　从口岸出来后便听

暴雨来临前的江岸

到街里街外都在讨论一件事——第二天即将来临的特大暴雨。依江而建的名山镇每年都很重视防洪抗汛工作，为了安全度过暴雨期，镇政府还设置了土袋、完善了汛期转移方案，转移了前锋村的部分居民。不一会儿的工夫，乌云便把高悬的烈日遮住，向江面压下来，天色瞬间暗了许多。

也因暴雨将至的缘故，名山镇这个特色旅游小镇的游客寥寥无几，原本很火爆的鱼市也只有摊贩在摊前守着，沿江大街上一整排的俄罗斯特产店也门可罗雀，无人问津，整条街上都见不到几个人，只看到特产店老板与家人在门前打羽毛球。

果然，到了傍晚时分，雨滴落了下来，浇息了连日来的闷热。此时的江面上一片朦胧，对岸的树木影影绰绰，乌云压得更低了。我们只得回到住处，暂停该日的口岸之行。

如上文所说，萝北口岸的正常运行为名山镇的村民们提供了诸多生计策略和谋生手段。除口岸内部的装卸工作，互贸区的理货、导购等工作外，萝北口岸的发展与名山特色小镇的建设在近几年也让村民们

江边上成排的特产店

通过发展商贸、旅游实现了就业和增收，例如开办家庭旅馆、农家乐、俄罗斯特产店以及从事到俄土地开发、交通运输、边贸互市等工作。现如今，口岸型城镇已成为边境地区城镇化的重要途径，在城镇化的同时，也促进了边境乡村人口和其他市（县）人口向口岸城镇的聚集，口岸城镇的"原住民"也更早地

名山镇新建的七层居民住宅楼前立有"重点示范村"的石碑

享受到了口岸带来的隐形福利，对个人就业增收、家庭生活水平的提高、居住环境的改善等方面均有促进作用。从兴边富民到"合"边聚民，这种转变已在萝北县名山镇悄然发生。

嘉荫口岸行

杨　田

　　结束了逊克口岸行之后我们继续沿着黑龙江向南走，来到了位于黑龙江省伊春市的嘉荫县。与其他对俄口岸城镇相似，嘉荫县也有很多俄式风格的建筑，木刻楞式的书报亭及街边的三层小楼顶上都罩着半球形的"洋葱顶"，这也是目前黑龙江各对俄口岸城镇较为多见的俄式建筑类型。且由于政府统一规划的原因，这些建筑都较为集中，具体配色、样式也较为统一，让行走在嘉荫县城街道上的

嘉荫县的俄式建筑

人们感受到了些许的异域风味。

毫不意外地，我们在嘉荫县城街上看到了好多俄货店，这些俄货店内除了销售俄货和具有逊克特色的玛瑙玉石外，还混搭摆放着具有恐龙元素的商品。原来，早在 1902 年，俄罗斯地质学家便在这里发现了恐龙骸骨化石，并把挖掘出的化石组装成一具高 4.5 米、长 8 米的完整恐龙化石骨架，定名为黑龙江满洲龙，陈列在圣彼得堡的原苏联地质博物馆内。这条恐龙是我国出土流落到国外的第一具恐龙化石，人称"神州第一龙"，嘉荫县也被誉为"中国第一龙乡"。距离嘉荫县城 9 公里处还有嘉荫恐龙国家地质公园、神州恐龙博物馆等热门景点。因此外地游客来本地旅游时，具有恐龙元素的纪念品便成为热门商品。

虽然这些成排的俄货店内东西都摆放得满满当当，但事实上据老板所说，"生意已经是一年不如一年了，尤其是自前几年嘉荫口岸关闭后，更是没什么人了，而且嘉荫口岸连货都进

嘉荫县俄货店内摆放着的三大类商品：俄货、逊克玛瑙、恐龙纪念品

不来，只能从绥芬河、黑河进了，也增加了进货的成本。"虽然之前就在逊克听到过关于嘉荫口岸"这些年不景气"的说法，但来到嘉荫县后才发现原来嘉荫口岸也已暂停口岸过货好几年了。但也有当地人对我们说，口岸还没有完全关闭，口岸办还有人上班。于是，我们打算前往嘉荫县口岸办。

嘉荫县城内成排的俄货店

去往口岸办的路上我们先来到了嘉荫县沿江公园。在我们所走过的内蒙古、黑龙江口岸城镇中，均是以江、以河为界线的，因此大多数城镇均建设有沿江公园，这些沿江公园无一不体现着边境小城的静谧与祥和。而被很多恐龙元素点缀其中的嘉荫县沿江公园更是为初春的边境小镇增添了一丝俏皮的气息，长椅上坐着的不同种类、形态各异的恐龙雕塑、小恐龙造型的垃圾桶还有恐龙路灯，都很有"龙乡"特色。

正是初春时节，天气逐渐转暖，阳光和春风让历经了一整个严冬的黑龙江不再静止，江中浮冰也随着江水缓缓漂流，不

嘉荫县沿江公园内的长椅

久之后就是沿江生活的群众的大日子——开江节了。开江节时，人们用开江水净手以祈家人安康、风调雨顺，还要热热闹闹地庆祝一番。沿江广场前的小平台上便有一群人穿着艳丽的衣服在排练扭秧歌。锣鼓声咚咚锵锵响个不停，格外高亢嘹亮，不由让我想起了宋丹丹老师在小品中所描述的"锣鼓

彩排间隙休息的人们

喧天"的场景。在平台上方的台阶上还有很多群众在观看他们
排练，其中一个大姐告诉我们说，"这也不是专门为了开江节排
练的，他们平常都这么扭，待真的到了开江节那天，那才真的
是'锣鼓喧天，鞭炮齐鸣'"。在我们沿江走了很远之后，还能
听到扭秧歌时锣鼓的余音，更衬得江边辽阔、小镇祥和。

　　由于我们去沿江公园耽误了些时间，路上还对着街道上大
大小小的恐龙雕塑拍个不停，等到了口岸办后已经接近下班时
间了。所以当我们发现口岸办的大部分办公室都关着门时，原
以为会无功而返，但找到了相关工作人员了解情况后我们得
知，嘉荫县是全省为数不多的几个口岸办和外事办合并在一起
办公的县，原本人员配备非常齐全，嘉荫口岸也因为其"上连
黑河口岸，下接抚远口岸，近可直抵俄远东大铁路线，远可到
达尼古拉耶夫斯克港进入鞑靼海峡"的区位优势获得了不错的
发展。自 1992 年 7 月嘉荫口岸开始首次临时过货进口 150 吨的
农业机械及配件，开启嘉荫口岸通关大门后，嘉荫口岸运行情
况良好，2005 年冰封期时累计进出口货物近两万吨，木材进口
量在全省各口岸排名第三，2005 年至 2011 年间进出口货物量
也能始终保持在 5—8 万吨。但自从 2012 年 6 月 1 日俄方帕什
科沃口岸因火灾维修单方面闭关至今，5 年多的时间里，嘉荫
口岸进出口货物量急速下降，从 2015 年至今已经连续 3 年多没
有进出口货物。而且不少口岸办的工作人员陆续被抽调到其他
单位，现在口岸办工作人员也只是完成外事、侨务等方面的工
作，与口岸相关的工作几乎没有，只能是做一些促进俄方口岸
恢复通关的工作，但也只是停留在打报告、做规划、提建议的
阶段，对于口岸办工作人员来说，"所做的努力基本上没有切实

的效果，对于口岸，我们也快要无能为力了。"直到今天，俄方闭关迫使我方口岸也关闭的问题始终没有得到解决。之后，在口岸办工作人员的带领下，我们前往了位于嘉荫县永安村，距离县政府所在地朝阳镇9.8公里处的嘉荫口岸。

　　如上文所说，目前的嘉荫口岸处于暂停运行状态，且已持续了5年之久。从车上下来后，我们便看到口岸区域外有一大片空地，零散堆放着一些木头，前几年口岸货运正常的时候，永安村的大部分男性劳动力都在口岸从事装卸工作或在口岸旁边的木材加工厂做工，但自从口岸关闭后，他们只能选择远离宁静的边陲小镇，前往更远的地方务工，或者加入对俄农业开发的大军。俄方地广人稀，耕地土质肥沃但大多撂荒，且俄罗斯境内农产品市场需求旺盛，因此嘉荫县部分村民便会利用双方农业开发的互补性选择走出国门，到俄罗斯种地，开辟境外

嘉荫口岸正门

农产品市场。因此，虽然口岸近年关闭了，嘉荫县的居民们失去了依托口岸获得收入的机会，但总归还能够利用边境地区的优势，进行跨国务工，以求维持生计。

空地旁边便是挂着锁链、大门紧闭的嘉荫口岸，就连口岸大门旁的铁栅栏上都挂着车行卖车的广告，鲜红的条幅与已然沉寂许久的口岸区域不甚搭配。口岸区域内也仅有一名打更的大爷驻守。

口岸内的旅检大厅空荡荡的，免税店内也仅有货架，不见货品，但在大厅门口竟然还有几盆绿植，想来是打更的大爷还在这已经停用的旅检大厅内侍弄它们。看着空无一人的旅检大厅内印有恐龙身影的玻璃隔断，我们不难想象出在口岸还正常运行时大厅内忙碌的景象，或许有俄罗斯和中国出入境的小朋友一边兴奋地指着玻璃隔断上的恐龙一边通关，但如今这画面已不复存在了。

走过旅检大厅后我们便来到了口岸码头前，起重机孤零零地矗立在码头上，无须仔细观望便能看到机身上的斑斑锈迹，或许早在口岸正常运行时它就已经生锈，但此时在这毫无生气的

锈迹斑斑的起重机

码头上，这铁锈却像是口岸关闭后才开始慢慢爬到静止不动的起重机上的一般。

工作人员向我们讲述了 2013 年时黑龙江遭遇的百年不遇的洪水，嘉荫口岸的基础设施和机械设备都受到了不同程度的损坏，包括变压设备进水，货场地面塌陷等，但由于资金和口岸实际运营情况的原因，部分设施至今还没有修复，在码头旁的一堵墙上还标记着当年发大水时一人多高的水位线。

站在码头上，望着一江之隔的俄罗斯，工作人员又与我们聊起口岸暂停运行后的情况，"老百姓们都说，伊春市就这么一个口岸还开关，那时口岸设施完备，效益也好，肯定得恢复通关。我们口岸办还有县委、县政府也都在为口岸恢复通关做准备，但主动权的问题很难说，咱们要会晤，要讨论口岸恢复开关的问题，人家（俄方）也和咱们会晤，可会晤完了呢？没有下文了。总之（他们）意思不大。"看着江中浮冰缓缓漂流，他又说，"这不，江面已经开始解冻了，马上又要开江了，不知今年口

丹丹同学与 2013 年发大水时水位线的直观对比（红色横线即为水位线）

岸能不能开。"在离开口岸码头前，他又提议说，"你俩拍张码头的照片吧，这个题字有些年头了，口岸刚竣工时就有了。"于是我们拍下了年久失修已然裂缝的码头墙壁以及上面的题字，希望待日后口岸重新热闹起来后有更多人能看到这些题字，货运工人也好，通关的旅人也好，只要不像漠河口岸一般沉寂更多的年岁，恢复通关就还有盼头。

嘉荫口岸码头

逊克口岸行

吴丹丹

　　从兰州出发前，有小伙伴问我，东北的路是不是坑坑洼洼不好走？去边境是不是很困难？我在东北的土地上生活了23年，对东北略有了解，但仍然不能给予她肯定的回答。

　　坐在去往逊克的车上，我不禁想起了这个问题，想起了遥远的童年和东北的路。小时候的它总是泥泞又坎坷。我们在这

东北的黑土地与"染黑"的柏油路

坑坑洼洼的路上跑着，颠儿着，高高兴兴地奔向学校。高中时期，我已离家住校，而小路却一直留在记忆中。不知不觉，原来坑坑洼洼的路面早已被水泥磨得平直，公共汽车在路上蹚起阵阵灰烟。现在，我又再次踏上这熟悉的路。忽然听闻旁边的人在议论，这柏油路就是好，平坦又抗压。我才注意到路旁的黑土地一如既往的黑，而路却变了。它被黑土地染黑了，在阳光下，闪着阵阵光芒。

逊克听起来非常有"国际范儿"，而它的镇政府所在地——奇克镇也很奇特。初入逊克，我们就被满街的"玛瑙"吸引了，玛瑙宾馆、玛瑙饰品店、玛瑙饭店应接不暇，让人眼花缭乱又心生疑惑，小小的边境县城怎么会有这么多店铺，还以玛瑙而命名？难道这里产玛瑙？带着这些疑惑，我们先去了县政府和镇政府了解基本情况。

最终我们在逊克县志上找到了答案。逊克县位于黑龙江省北部边陲，小兴安岭中段北麓，135公里长的边境线与黑龙江相伴而生，与俄罗斯阿穆尔州米哈伊洛夫区隔江而望。逊克县

满街的"玛瑙店"

原名为逊河县，因逊河而得名，满语意为"奶浆之河"，奇克县则因山得名。其境内有一山称之为"奇克勒"，后音译为"奇克特"，简称"奇克"。当时两县比邻而居，后因政策更改合并为一县，各取一字组成现在的逊克县。

与其他东北边境一样，逊克县早在新石器晚期就已经得到人类的青睐，金代女真部落一度在此繁盛。直到17世纪沙皇俄国东侵，打破了边境的安逸生活，围精奇里江（今苏境结雅河）而居的鄂伦春族被迫南迁，而后又接纳了"庚子俄难"中遭沙俄洗劫的中国江东六十四屯幸存的部分难民，在此形成村落。先后改建为"奇克特卡伦"、瑷珲县奇克特县佐、逊河稽垦局等，最终于1929年、1932年，经国民政府批准，奇克、逊河等地撤局建县。1931年九一八事变后，当地百姓爱国之情深入骨髓，逊河、奇克两县当仁不让地成为支援马占山部队抗击日本侵略者的后方。1943年，日伪统治者将逊河、奇克两县合并，建"伪逊克县公署"。直至1946年6月东北民主联军进驻逊克，建立人民政府，逊克县的历史才重新开始续写新篇章。

承载着民族苦难记忆的逊克，并没有被历史的仇恨所控制。相反的，正是这苦痛的经历让逊克人民更加热爱和平，珍惜现在的生活。茂密繁盛的森林、形态多样的雾凇、绚丽多彩的玛瑙应有尽有，凭借这些优厚的条件，逊克县积极发展特色旅游，名声大噪，逊克也因此被誉为"全国生态第一县""北国雾凇之都""红玛瑙之乡"。

值得一提的是，逊克以"北红玛瑙"而出名。其主体颜色是红色，兼以黄、白和紫色，俏色丰富，温润绚丽，独具一格。黑龙江省每年都举办"红玛瑙艺术节"大型文艺会演活动，大力宣传和推介红玛瑙品牌。2014 年 3 月，黑龙江省政府成立了中俄玛瑙宝玉石协会，定期举办中国哈尔滨国际珠宝玉石博览会暨"北红玛瑙文化节"，将北红玛瑙推向世界。

北红玛瑙

　　看着这满街的玛瑙，我们忍不住走进了一家小店，想要一睹传说中的"北红"风采。这是一个 10 平方米的普通小店，屋内的玛瑙却让人眼花缭乱，仿佛进了名贵的珠宝店。灯光下玛瑙熠熠生辉，让人心生爱怜。老板娘热情地接待了我们。在闲聊中我们得知逊克玛瑙主要产自嘉荫县与逊克县的交界处，由当地人从山上挖出来，卖给加工场或者收购者，加工成成品后才流入市场进行售卖。玛瑙产业是个高风险高投入的行业，主要靠经营，有时也靠运气。资本强大的店主能把产业做大，实现采挖、打磨、生产、销售一条龙。小本经营的店主，没有资金建工厂，货源主要依靠收购。收购成本高，卖价自然更高，所以常常滞销，由此来看并不是每个人都能赚得钵满盆足。但这并不妨碍大家积极投身玛瑙行业的热情。每年夏天，逊克大街上人潮涌动，除了观赏自然景观的游客就是全国各地的玛瑙爱好者、收购者。炎炎烈日都阻挡不了他们前来逊克看玛瑙、找玛瑙的兴致。这满街的玛瑙店也在无声宣告着玛瑙在逊克人民生活中不可撼动的地位。

望江广场

出了玛瑙店，迎面一股冷风吹来，沁人心脾，我不禁打了个寒战。东北的初春比其他地区要晚些。冬天的雾凇刚消失，夏季的漂流还未开始，逊克大街上行人不多，人们都在家里享受着最后的清闲时光。过了 5 月份，就要开始为生计奔忙了。据说那时很多人都要通过逊克口岸到俄罗斯去耕种庄稼或者建造工程，等到秋季来临农民们再将大豆等作物运回中国销售，以此养家糊口。根据口岸办相关资料显示，逊克口岸于 1989 年被国务院批准为国家一类口岸，目前已经成为黑龙江省最重要的大豆进口基地之一。逊克口岸与米哈伊洛夫区波亚尔科沃口岸水陆相距仅 12 公里，是中俄边境线上除黑河与布拉戈维申斯克以外，规格相等、距离最近的两国互市口岸。

经过逊克的大街小巷，我们终于在一堆即将拆除的民房中间找到了逊克口岸。印有"发展经济，保障供给"标语的废弃燃料厂与现代化的逊克口岸形成鲜明对比。这是我们第一次看见过去的生产标语，透过这斑驳的字迹，我们仿佛感受到了几十年前，逊克人民为了美好生活而不懈奋斗的力量与激情。虽

过去的燃料厂与现代的口岸大楼

然现在生产标语早已退出我们的生活，但这激情永远都不过时。对生命的渴望，对新生活的追求依然让新一代的人热血沸腾。

逊克口岸规模虽小，但庄严肃穆。它在逊克人民的生活中扮演着重要的角色，却在黑龙江畔默默贡献，从不张扬，一如沉稳的逊克人，踏实又肯干。自从 2013 年开通了边境旅游异地办证业务，百姓们在家门口就实现了出国的愿望，大大提高了当地人的生活质量。经过多年的建设，逊克口岸现有滚装码头 1 座、客运码头 1 座、千吨泊位货运码头 2 个，拥有各种船舶 10 余艘、冬季冰上过货车 50 辆，口岸吞吐能力达到 100 万吨。其进出口业务为黑龙江的经济发展作出巨大贡献。目前逊克口岸出口货物主要有服装、鞋帽、纺织、家电、建材、农用机械、工程机械、各型车辆等产品，进口货物以木材、煤炭、大

庄严的中华人民共和国逊克口岸

豆为主。与逊克口岸相比，对面的俄波亚尔科沃口岸优势愈加突出。与其他日益衰落的俄方口岸不同，俄波亚尔科沃口岸显然备受重视，它号称俄罗斯在黑龙江沿岸的第二大河运港口，是俄罗斯远东地区最大的矿产品专业运输港口、最大的煤炭运输港口和远东地区煤炭集散地，也是阿州范围内唯一拥有办理木材出口报关手续的边境口岸。该口岸设施完备，查验部门齐全，绝大多数货物可直接在此报关放行。其港口建有铁路专用线与波亚尔科沃火车站相连，还配备了大型现代化卸载设备，可同时为 2 个千吨泊装煤，日卸载量达 4000 吨，夏季明水期煤炭吞吐量达 60 万吨。由于便捷的交通条件，经逊克口岸出口到俄罗斯的蔬菜、水果、家电、机械、汽车等产品可经公路、铁路向俄罗斯腹地转运，实现了中俄商品长距离互通的目标。虽然经济危机以后，逊克口岸也难逃偶尔临时闭关的命运，但我们相信，凭借优质的地理区位和丰富的资源，其发展前景还是非常乐观的。

　　站在逊克口岸的大门前，我们驻足观望，如此"小巧"的口岸竟有这么大的威力，着实让人刮目相看。同时也让我们深刻体会到口岸工作人员的艰辛与不易，正是他们辛勤的工作才让逊克口岸在经济洪流中不断向前。未来紧紧相依的逊克人民和逊克口岸一定会乘上改革的快车，越来越好。

孙吴口岸行

吴丹丹

在完成了黑河口岸的调研任务后，我们又风尘仆仆地踏上了去往孙吴的客车。此时的东北大地已看不见白雪的踪迹，只剩下清晨冰冻的地面提醒着我们冬天还没完全过去。与大兴安岭的深山老林相比，小兴安岭更显活泼。去往孙吴的路上，矮矮的灌木丛密密麻麻，小草也冲破重重障碍，冒出了嫩绿的新芽。

我们此行的目的地孙吴县地处黑龙江省北部、小兴安岭北麓，隶属黑河市管辖，是黑河市的重要交通枢纽。它的边境线长达35公里，与俄罗斯阿穆尔州的康斯坦丁诺夫卡区隔黑龙江相望，是名副其实的边境县。

孙吴县历史悠久，文化厚重。据史籍记载早在唐朝，孙吴就隶属室韦都护府管辖；元朝初期，属乃颜封地；明朝时期，又为奴儿干都司所辖；清代康熙二十四年至三十八年再次改制，归黑龙江将军所辖下的瑷珲副都统所辖。后来伪满时期在此成立孙吴县公署，归伪黑河地区所辖。直到 1945 年，建立红色政权，孙吴才正式解放，由此掀开发展的新篇章。新中国成立后，孙吴的土地几经变迁，先于 1977 年 4 月，将奋斗公社所辖六连、八连（今靠山村）和十二连（今河西村）、茅栏河以东地域划归逊克县；后于 1979 年 3 月至 4 月，与五大连池市（原德都县）、嫩江县分别明确了边界，至此孙吴县的占地面积基本确定。

抵达孙吴县城的时候已经接近中午了，室外温度也急剧增高。初来乍到的我们因为衣着厚重还被当地人观望了许久。许是天气回暖的原因，街上的人也越来越多了，我们途径的商场也略显拥挤。

初到孙吴我们就感受到了物华天宝、人杰地灵的边境小城的热情，每个人脸上都洋溢着温暖的笑意。麻雀虽小，但五脏俱全。孙吴县占地面积虽然不大，但其境内从不缺少丰富的自然资源和独具特色的文化资源。据当地人介绍，孙吴人民的生活十分惬意，原始森林、石林随处可见。江边散步、河里打鱼，听二人转、唱传统戏都是他们最普通的休闲方式。虽然达不到棒打狍子瓢舀鱼的标准，但只要你想，森林里蘑菇、蓝莓随你采。特别值得一提的是孙吴曾经是二战的重要

熙熙攘攘的街道

去往孙吴口岸的公交线路图

据点。胜山要塞、侵华日军军人会馆、日为发电厂等二战重要遗迹分布孙吴的各个村屯。其中凿山而建的"胜山要塞"始建于1934年，满语称作"霍尔莫津要塞"，分别由胜武屯村上大队本部、胜山主阵地、茅兰屯野战阵地构成，总面积114.4平方公里，是侵华日军在中国东北边境精心构筑的规模最大、也是目前已发现的全亚洲保存最为完整的一个庞大军事工程。这些遗迹提醒着孙吴人民这里发生的一切悲惨事件，也让朴实的孙吴人民更加热爱和平。

被当地人描述的孙吴的种种美景所吸引，我们险些忘了寻找孙吴口岸的任务。几经询问，我们终于在旅店老板的指引下找到了发往孙吴口岸的公交车。据当地人说，孙吴口岸位于四季屯，途径四季屯的公交车每隔1小时发一趟，中间停留20分钟。

鉴于时间紧迫，我们还是决定先去孙吴口岸办公室了解情况。孙吴口岸办公室工作人员热情地接待了我们。根据资料记载，孙吴水运口岸是1993年6月经国务院批准对外开放的国家一类口岸，1994年1月经中俄两国政府确认为国际客货运输口岸。该口岸坐落在黑龙江中游南岸的四季镇（也称四季屯），距孙吴县城54公里，距俄方阿穆尔州对应口岸康斯坦丁诺夫卡27公里。上行可达中国黑河市及俄布拉戈维申斯克港，下行可抵中国逊克及俄波亚尔科沃港。与其他国家一类口岸不同的是，孙吴口岸的性质属于自筹自建。其建设资金由孙吴县政府自行筹办，由于 90 年代经济条件的限制，建设资金缺口较大。虽然县委县政府积极争取各方支持，但口岸工程巨大，不得不中止。虽然口岸建设没有完成，但这并不影响孙吴与阿穆尔州地区的友好往来。依托胜山要塞、日本侵华罪证陈列馆等丰富的二战遗址遗迹资源，孙吴县政府与阿穆尔州地区政府已经联合举办了五届中俄青少年"铭记历史、珍爱和平、携手未来"军事体验营活动。中俄青少年在当年战争发生的地方，以灵活新颖的情景剧方式再现日军侵占孙吴、苏联红军进军东北等历史场景，让中俄青少年真实体验二战胜利来之不易，深切感悟和谐友好永远是人类生活的主旋律。此外两国学生还要模拟展示中俄军营文化，参加军事拓展训练，加强中俄营员的团队意识，在交流中增进友谊；参观胜山要塞、日军侵华罪证陈列馆，了解二战历史；祭扫烈士墓，向二战期间为和平事业付出宝贵生命的革命战士致以崇高的敬意。军事体验营活动向全县的初高中学校全面开放，由各个学校组织选拔优秀的学生参加，同学们热情高涨，名额常常爆满。此活动不仅活化了二战遗迹，树立起孙吴战争遗址旅游的特色文化品牌，也深化了中俄两国青少年的爱国主义情谊，

去往孙吴口岸的公交车

未建成的孙吴口岸办公大楼

让当代学生更加珍惜和平。

　　第二天早上 8 点，我们就坐上了去往四季屯的公交车。司机十分热情好客，一路上相聊甚欢。汽车驶离县城，在乡间小路上飞奔起来。路旁都是绵延数里的黑土地，农民正忙着翻土，准备种植水稻、玉米和中药材，"六山一水一草二分田"的

口岸附近的民居

景象跃然眼前。去往四季屯的路上途径陈列馆，日据时期留下的飞机场和防空洞，这些建筑古朴又老旧，残骸上的斑斑锈迹提醒着过往的人们战争的残酷与和平的美好。

到达四季屯后，我们迫不及待地往江边跑去。刚跑出去几步就看到了一个小型的砖红色建筑群，在低矮的民房间显得如此突出，仿佛一个遗世独立的"超人"，这就是未建成的孙吴口岸旧址。

待完工的码头旧址

从外观上看，孙吴口岸办公大楼内部的基本结构建设已经成型，站在附近我们依旧能清晰地感知到它曾经的壮阔与辉煌。我们在距离口岸不远处，看到了未建成的港口，这是我第一次了解到港口是如何建成的，十分新奇。我本以为口岸一直没有正式开通会对当地居民的生活有很大影响，但事实却证明

冰冻的界江

勤劳的孙吴人并没有被口岸的未运行所牵绊。他们种田养牛，生活过得怡然自得，家家院落干净整洁，有序地停放着代步车和农用拖拉机。

口岸大楼附近堆放着废弃的农机，虽然寒风凛冽，但顽强的小草还是冒出了新芽。口岸的工作人员曾表示，他们一直都在积极争取建设、开通孙吴口岸，未来将更加努力，为建设魅力孙吴贡献力量。虽然孙吴口岸发展历尽磨难，但我们相信就像这顽强的小草一样，勇敢、勤劳的孙吴人民一定会在党的领导下迎来新的发展机遇，孙吴口岸一定会再放异彩！

黑河口岸行

杨　田

　　在连续经历了两个关闭的口岸后，终于，我们来到了黑河市——一座真正意义上的口岸城市。由于正值冬春交替，春寒料峭之际，黑河市的游客并不多，从黑河市国际公路客运站下车后便看到宽敞的街道上车辆寥寥可数，原本道路旁的花池、绿地仅存枯草，一排排规整的苍色松树也并没有给还未从冬季的寒冷寂寥中走出的黑河市增添更多生气。就连与我们一同乘车的安徽游客都不禁说道："黑河市好像有点冷清欸。"但作为北方人的我太熟悉这种初春时节"冷清"的景象了。冬天凛冽的风虽已不见踪影，春天的脚步也渐渐近了，但所谓的春风还是把人吹个透心凉。整个黑河市还未从冬天寒冷的余威中走出，身处北方也没有花花草草来点缀其中，再加上路上的行人大多行色匆匆地走过，这样的景象或许在游客眼中是"冷清"的。但其实，渐渐地游客们就会发现，他们口中所谓的"寥寥可数""无甚生气"是被一开始市区边缘的冷清景象给迷惑了，

当车驶离市区边缘后，我们看到的景象虽谈不上车水马龙，但
也算得上比较热闹繁华了，街上汽车与行人往来不绝，街边各
色俄式建筑林立，连公交车站都颇具特色。

黑河市公交车站

由市区通往大黑河岛的大黑河岛桥

通过与当地人交谈我们得知，黑河口岸就在黑河市区内，只需坐环线公交即可上岛。所谓"上岛"就是指从黑河市区通过大黑河岛桥、九曲桥到达大黑河岛这片口岸区域去。

大黑河岛（简称"大岛"）是黑龙江流经黑河段国岸一侧的船形岛屿，位于黑河市区东侧 1.5 公里处，北距俄罗斯远东第三大城市布拉戈维申斯克市仅 750 米，南以大黑河岛桥、九曲桥与黑河市区相连，是黑河口岸的所在地。

随着社会经济发展和对外开放的不断扩大，岛上除口岸区域外，还

"大黑河岛"标识石

建成了民贸市场、洽谈中心、植物园、游乐园、沿江公园等。岛上的游乐园里还有一个巨大的摩天轮，原本我们打算坐摩天轮上去看看，据说坐在上面可以看到蜿蜒静止的黑龙江界河，看到河对岸的俄罗斯城市，还能将整个黑河市都收入眼底。但遗憾的是，我们去时游乐园不向外开放，于是只好作罢。

坐 1 路环线公交车上岛后，我们便看到了黑龙江省人民政府于 1997 年 3 月正式批准设立的边民互市贸易区，互贸区内最主要的建筑是大黑河岛国际商贸城——一个对俄商品批发配送中心及对内销售集散中心，主要经营家电、五金、鞋帽、玩具、日用小商品、装饰材料、文体文化用品和俄罗斯特色商品。

大黑河岛国际商贸城

　　进入国贸城便可看到目前国贸城中最大的商户——俄品多连锁超市，该超市主营各种俄罗斯食品、日用品，超市内还有专门从俄罗斯雇来的专门制作列巴、香肠和熏鱼的师傅。列巴的醇香弥漫在超市的其他区域，无须吆喝便有人"循味而去"；俄罗斯香肠和熏鱼的柜台前更是聚集着一大片人，每个人看向熏鱼的眼神仿佛大家都化身成了一只猫，一位小朋友攀着柜台边缘眼巴巴地望着柜台中的香肠。除此之外，俄罗斯巧克力、咖啡和红酒等食品也深受顾客欢迎。尤其是俄罗斯爱莲巧克力，只说这种巧克力的学名大家可能不太熟悉，但要一提起"俄

俄品多超市内售卖的各类熏鱼

罗斯大头娃娃巧克力",大家有可能便恍然大悟了。我们在超市还遇到了一位顾客,一边说"这巧克力上的大头娃娃看起来呆得不行",一边却兴致盎然地把巧克力往购物车里放,嘴里还念叨着"但吃起来好吃啊!"画面着实有趣。

除了这些常规食品外,还有一个货架前总是围着三三两两的顾客,仔细看去原来这个货架上摆放着俄罗斯的肉罐头,有一个顾客往自己的购物车里放了十几个肉罐头,当我们与他闲聊时,他说:"这种肉罐头好啊,可以当俄罗斯土特产送给亲戚朋友,让他们也尝一尝这个充满俄罗斯民族气质的食品。"与这位顾客相同,来俄品多超市购物的人大多是通过黑河口岸前往俄罗斯旅游的游客,他们基本上都慕名而来,满载而归。如果想给亲戚朋友带俄罗斯特产的,还可以直接在俄品多超市大厅的快递点办理邮寄服务,非常方便。在俄品多超市的顾客中也有小部分是黑河市当地人。虽然黑河市街里街外随处可见俄罗斯特产店,当地人购买俄罗斯面粉、巧克力等食品也非常方便,但还是因为俄品多超市的品种齐全、保真,因此也得到了当地人的认可。

走出俄品多超市来到国贸城二楼后,便能看到几乎每个经营俄罗斯

俄品多超市内的热闹景象

纪念品的商铺都被俄罗斯套娃给"攻占"了，各式各样的套娃让人大开眼界。一般来说，俄罗斯套娃就是采取大小相套的方法，将多达十几个木制空心玩偶套在一起，套娃表面通常彩绘一些身着俄罗斯民俗服装的小姑娘形象。这本是套娃作为俄罗斯传统纪念品的独特之处，也是提起"俄罗斯"大众最容易想到的文化符号。但因为套娃的形态、材质和功能均略显单一，因此制造商们只能在图案上进行创新。现在，传统的木刻彩绘套娃已不算新鲜，彩绘图案也不仅仅局限于身着俄罗斯民族服装的小姑娘，笔者甚至还看到了"小黄人套娃""小猪佩奇套娃"等拥有原本套娃形态，可图案却变得叫人哭笑不得的"新一代套娃"。可经过"创新"后的套娃究竟是算俄罗斯套娃的创意衍生品呢还是仅仅称得上是个普通的彩绘摆设呢？如果单纯把套娃作为来口岸城市旅游的纪念品而言，绘着"小猪佩奇"的俄

国贸城二楼的商铺货架上摆满了俄罗斯套娃

罗斯套娃，其俄罗斯特色又能保留多少呢？不过对于顾客和商铺老板来说，这一问题实属"庸人自扰"，也许并不需要去深究，"套娃就是俄罗斯的特色物品，画上小猪佩奇的套娃照样是套娃，还因为小孩儿喜欢，特好卖！带回家照样能当俄罗斯旅游纪念品，没毛病！"一位国贸城二楼卖套娃的商铺老板如是说。

走出国贸城便看到国贸城门口的停车场停满了车，不断有人拎着一大包东西或直接推着满满一购物车的东西从国贸城出来，有些还需要费力规划物品摆放位置才能顺利把东西塞进车中。国贸城的保安叔叔对我们说："人来车往是黑河口岸的常态，口岸发展的好，人就多，人多了口岸也发展得好。"言辞中透露着难以掩饰也无须遮掩的自豪感。同这位保安师傅相似，我们遇到的每一个黑河市市民关于口岸都有着较为强烈的感受，一般来说，感到自豪的人占了大半，也有小部分人"怒其不争"，感叹口岸不如"全盛时期"那么红火，但惋惜的同时也怀着巨大的期许。身处其中，我们也被这种情绪所感染，在黑河市的每一天都真切地感受到口岸、口岸城市与城中人三者相互交织的紧密关系。

黑河市互贸区内的国际商贸城是我们所走过的口岸中客流量最多、商品最齐全的贸易城。但在互贸区内还有一栋与国际商贸城的红火热闹形成鲜明对比的建筑——中俄自由贸易城。中俄自由贸易城原本与国际商贸城一样，是集商展、批发和零售为一体的综合贸易大楼，两栋大楼隔街相望，见证了黑河口岸在千禧年前后繁盛的时期。

但彼时繁盛的景象今已不再，受整个口岸贸易状况影响，自由贸易城楼里的商户大部搬走，整栋楼处于闲置状态，只留下两三户底商还在坚持经营。在与仅存的几家商户聊天时，我们对其依然在自由商贸城坚持开店的行为表示不解，认为俄品多连锁超市对他们的俄罗斯特产店造成的冲击很大，并对他们这样小型个体商户的销量和收入表示担忧。哪知我们还是太年轻，以上的担忧实属门外汉看热闹，一点儿门道都看不出。商铺老板兴奋地说："他们（搬走商户）都搬走才好，我就在这儿坚持开，不知道把多少原本属于他们的顾客和他们该赚的钱都让我赚了。'俄品多'有它的优势：大！全！东西多！打着绝对俄罗斯正品货的旗号！但我这边也有很多散客来问价的，我只要把一小部分商品的价格稍微降一些，就依然会有很多游客来我这儿买东西，况且我这商店原先主要面向俄罗斯人，前几年我这儿基本都是中国货，每天都有从布市来旅游的俄罗斯游客

中俄自由贸易城

来我这儿买东西。那时候俄罗斯人有钱啊，俄罗斯人有钱也就是我们的光辉岁月。他们贼爱喝酒，一瓶酒卖他们五六百，二话不说买走了，还有咱们中国的茶叶啊、小家电啊之类的，都是畅销货。"

接下来老板还说了许多口岸发展红火时的景象，主要就是黑河口岸人流量大、做买卖的多，基本上做生意稳赚不赔，用老板自己的一句话概括那就是"火得嗷嗷叫"。中途进来商店的一位黑河市普通市民还颇有主人翁情怀地说："黑河口岸不只是黑河人的，是全国的。黑河人欢迎大家到黑河投资，在黑河发展！"但与黑河口岸整体发展相对应的是，近几年口岸的过货量、过客量都有所下降，他们的生意也受到了影响，加之俄罗斯整体经济状况不容乐观、卢布贬值，俄罗斯人的购买力严重下降，来黑河市旅游的人也少了很多，原本主要面向俄罗斯游客的商铺也开始转型，进了许多俄罗斯货，主要面向中国游客。商铺虽小、老板所言关于自己商店的"光辉岁月"有无

黑河口岸大门

夸大也无从考证，但从这个小商铺老板及其他黑河市民的描述中，我们隐约可以看到彼时红火的黑河口岸。

穿过自由贸易城和国际贸易城再往里走，便来到了口岸大门前，通过大门后可以看到整片开阔的区域停着几辆俄罗斯旅游大巴车，再往前走便是黑河口岸旅检大厅，大厅内又细分为出境通道和入境通道，我们进去时出入境通道均有人正在过关，这其中有不少俄罗斯人。在我们此行所有经过的口岸中，黑河市的俄罗斯人是最多的，这很大程度上得益于黑河口岸与对岸口岸的距离。

黑河口岸与俄罗斯阿穆尔州布拉戈维申斯克口岸隔江相望，客运码头与布拉戈维申斯克市（当地人称"布市"）码头间距仅650米，站在界河边上，河对岸布市的建筑是如此真切，仿佛"触手可及"，视力好一些的人还能清楚地看到对面城市中的车流甚至是行人。较近的距离和规模相差无几的两座"面对面"的城市让黑河口岸成为中俄边境线上过客能力最强的口岸之一。加之1988年9月黑河就首家开通了中

黑河口岸前飘扬的国旗

与黑河市隔江相望的俄罗斯布拉戈维申斯克市

夜色中的布市

　　俄边境一日游项目，从此黑河的旅游业不断发展壮大，到目前为止，已成为黑河经济发展不可缺少的一个重要组成部分。因此在口岸联检大厅经常有俄罗斯人通关，黑河市步行街上也随处可见俄罗斯人。

　　一般来说，俄罗斯人通过黑河口岸进入黑河市区的目的各不相同，有来旅游的、"手拎包"带货的、搞淘宝代购的、在中俄咨询公司上班的、走亲戚的（有部分俄罗斯人在中国买房或与中国人结婚生活在黑河市区）。流动着的人口不仅促进了两地经济的发展，更多的还促成了两地在文化上的频繁、深入交流。界河两岸的民众每年都有很多互动交流的机会：每年夏季黑河市会举行国家级的中俄文化节；每逢三八妇女节、六一儿童节等节日两岸的党政机关、教育机构、民间协会均会组织人员进行交流访问；很多国内的青年学子通过黑河市的留学咨询公司到素有"大学城"美誉的俄罗斯布市的成功留学；俄罗斯的部分大学还经常与黑河学院共同举办篮球友谊赛、芭蕾舞演出等活动；社区的老年人日间照料中心都有简单的俄语培训，就连笔者坐公交车下错站时都有俄罗斯人帮我用"俄式汉语"指路。

见惯了俄罗斯人的黑河市民说："他们（黑龙江省其他的口岸）那口岸不行，有的对面就是个小屯子，有的走几十公里才

黑河市步行街

到一个小镇子。我们这口岸对面就是俄罗斯的大城市布市。我们这街上俄罗斯人老多了，俄罗斯人中午想吃锅包肉喝点儿白酒坐个船儿就过来了，喝完在大街上溜达溜达买点什么卫生纸、窗帘桌布啥的又回家睡大觉去了，非常方便。"有一个比较有意思的画面是，笔者在黑河市步行街上行走时，伴随着耳畔传来的各个商店用俄语和汉语循环播放的叫卖、吆喝声，还看到了与"社会主义核心价值观"雕塑合影的两个俄罗斯人，手里还提着一大袋卫生纸，典型的游客照。

大黑河岛上中俄国际商贸城前象征中俄友好的绿植雕塑

　　如今，黑河口岸发展成为黑龙江流域城市规模最大、规格最高、运输距离最近、过客能力最强的口岸，很大程度上是凭借其与俄罗斯远东第三大城市布市隔江相望的地理位置，这也是黑河口岸与其他黑龙江口岸相比最为独特及突出的优势。结冰静止的黑龙江将两个国家分隔开来，穿梭于冰上的气垫船又沟通了"两国一城"，还有自建设项目提议至今等待了 30 年的中俄黑龙江大桥以及跨江空中索道的建成，势必会更加拉近两个城市的"距离"，为两地对外经贸、边民交流交往注入新的生机和活力。

呼玛口岸行

吴丹丹

2018 年 4 月 2 日中午，我们从漠河口岸出发，伴随着大兴安岭的六级大风前往 170 公里外的塔河县，再由塔河县转去呼玛县。汽车行驶在林区的二级公路上，十分颠簸。车窗外黑白

路边的白桦林

底色的冬日剪影，犹如浮雕、版画的大自然，雄浑，苍凉，威严，静美。随着前行的汽车徐徐展开，绵延不绝。公路两旁是一望无边的白桦林，这个季节的白桦林只剩下稀松的枝丫略显萧条。据司机介绍，这些随风摇曳的白桦树生命力特别强。"五六大火"过后，首先生长出来的就是白桦。它们虽然不是参天大树，却聚积成群，有着一种肃穆而热烈的神采。

为了埋藏地下管道，塔河公路附近两侧 5 米内的树木都被推翻了，露出一片东北特有的黑土地。公路上每隔两千米就有一个临时雇佣的防火期巡护员，负责查验火情。可见防火是林区管理工作的重中之重，丝毫不可大意。经历了 5 个小时的颠簸，我们才进入呼玛地界，路旁的树林近在眼前，仿佛触手可及。修长的白桦林，粗壮挺拔的落叶松，密密麻麻彼此聚堆的连成一片的低矮灌木丛，仿佛列队欢迎远道而来的我们一般。在大风的呼唤下，如此的亲切，似乎闻得到寒冷的空气里弥漫的大山的味道。终于，我们在下午 6 点半到达了呼玛县。

呼玛县位于黑龙江省北部，大兴安岭地区东部，是黑河以北大兴安岭近千公里边境辖区内，坐落在黑龙江边的唯一一个县级城镇。呼玛县境内对俄边境线长达 371 公里，占到大兴安岭地区对俄边境总长的近二分之一，也是黑龙江省对俄边境线最长的县份。呼玛因呼玛河得名，又称"呼玛尔""库玛尔"，系达斡尔语，意为"高山峡谷不见阳光的急流"。呼玛发展历史悠久，汉晋时期归鲜卑所管辖，唐朝时隶属于室韦都督府，元朝时隶属于辽阳行省开元路，明朝归奴儿干都司管辖。清朝在黑龙江上游呼玛尔河口附近，修建呼玛尔木城后设呼玛尔卡伦。历经多年变迁，最终于 1946 年建立呼玛县，成立呼玛县人民政府，沿用至今。

呼玛口岸所在地呼玛镇是一个精致的边陲小镇，街道整洁，窗明几净，人民生活井然有序，不似其他东北城镇的吵吵闹闹，呼玛更显静谧。呼玛地区物产丰富，售卖木耳、蓝莓的特产店随处可见，"棒打狍子，瓢舀鱼"的景象仿佛就在眼前，我们对呼玛口岸之行充满期待。

翌日早上，我们乘坐出租车前往呼玛口岸办公室，据司机师傅回忆，呼玛口岸好像只在 20 世纪 90 年代开通了一次，我们用红砖和白糖换取了对方的化肥，而且货量很少。自此以后，尽管政府多次提出开通呼玛口岸，但从未真正实现，所以大家对呼玛口岸并不熟悉。

整洁的呼玛大街

进入呼玛口岸办公大楼，我们发现这里与其他地区口岸办相比略显清净，有许多闲置的办公室。据口岸办公人员介绍，呼玛口岸为水运口岸，是 1993 年 5 月经国务院批准对外开放的国家一类口岸。与

宽敞的呼玛公园

呼玛口岸办公大楼

呼玛口岸的特色建筑

呼玛口岸隔河相望的是俄罗斯乌沙科沃口岸，于 1994 年 1 月 27 日开通。据资料记载，1994 年 3 月双方开通了呼玛镇至乌沙科沃村冬季过货通道，实现了双方直接过货。这与司机师傅的描述基本吻合。苏联解体之后，俄罗斯国内政局不稳定，出台政策多变，口岸未能继续开通。经过多年协商，原

呼玛口岸的码头

定于 2008 年 5 月 28 日再次开通呼玛—乌沙科沃口岸。但不巧的是 2008 年俄罗斯将私有口岸收回国有，乌沙科沃口岸位列其中。加之美国和西方对俄制裁，俄罗斯经济不景气，无力支付口岸建设费用，因此开通计划搁浅至今。口岸工作较少，工作人员大部分借调到县内其他单位，口岸办才出现了很多闲置的办公室。与乌沙科沃口岸的建设情况相比，呼玛口岸更高一筹，目前已经完成联检楼、商品检验检疫办公楼、货检楼等基础设施建设，立壁式货运码头、客运码头已经立项，正在积极筹备中。

　　呼玛与俄罗斯比邻地区有悠久的交往和通商历史，早在150 年前沿江两岸的百姓携带对方短缺商品，直接到对方市场进行交换。呼玛县与俄罗斯阿穆尔州政府及企业早在 1988 年就建立了贸易伙伴关系，期间政府、企业代表团往来不断。2000

年以后，呼玛县与俄施马诺夫斯克区结为友好城市。县政府与俄阿穆尔州政府以及对应的三区（市）政府实现多次多层面互访，文化、教育、贸易交流 30 余次，并实现人大与议会之间交流，双方经贸代表团就木材采伐、加工、黄金开采、木耳种植、马铃薯种植、温室培育反季节蔬菜达成协议，并逐步落实。呼玛人在俄方成立了独资公司、合资公司，开展土地承包活动。呼玛的个体户还在施玛诺夫斯克市和布拉戈维申斯克市开办中餐馆、塑钢厂、木材加工、饲料加工厂等。走出口岸办大楼我们不禁感慨，黑龙江的口岸开通与否、经营状况如何，与俄罗斯的经济走向、两国的政治政策密切相关。

呼玛县对应俄方有三座城市。俄阿穆尔州北部重要城市均位于此：斯沃博德内市、施玛诺夫斯克市、玛格达加奇区，以及正在建设中的远东"东方航天发射中心"，辐射人口可达 20 万。其中施玛诺夫斯克市拥有丰富的森林资源，樟子松、白桦树、落叶松应有尽有，储量极大。无论从地缘还是资源上考虑，呼玛地区口岸贸易的条件得天独厚，但由于国家政策以及国际经济政治的影响，呼玛口岸迟迟未开，对两国边境地区的发展来讲不得不说是一种遗憾。所幸的是，当地政府因地制宜，依托黑河旅游圈的优势，积极发展当地特色旅游业，在考察当地文化资源的基础上建立了呼玛地情馆、博物馆、呼玛公署等文化设施，吸引了大量外地游客的目光，带动了服务业的发展，进一步提高了居民收入水平，同时弥补了口岸尚未开通的遗憾，减少了经济影响。

回程途中，阳光明媚但寒风凛冽，街上的行人寥寥无几。呼玛大街的主干道上矗立着呼玛县公署旧址的遗迹、青少年

呼玛公署旧址

宫、图书馆等公共文化设施，位置明显，易于寻找。呼玛地情馆前身是知事公署楼，建于 1915 年，上下两层，砖木结构，中西合璧风格。2016 年县政府以地方史志资料为基础，保留呼玛县公署旧址的基础上建设呼玛地情馆。门口的碑文详细地记载了呼玛的自然地理、地域风情，传承了呼玛的厚重历史和多元文化。可惜当天地情馆并未开放，我们没能进入展馆大厅。

呼玛口岸是我们此行遇到的第一个建成后尚未正式开通的口岸。尽管基础设施建设完善，人员配置齐全，但受到诸多因素的影响还是难逃闭关的命运，令人感到惋惜。黑龙江口岸

呼玛地情馆

呼玛地情馆门口的碑文详细记述了呼玛的历史发展轨迹

行已经开始一段时间了，经过细心的观察我们发现，黑龙江的口岸有如下两个特点：第一，口岸数量多；第二，口岸位置较为密集。此外口岸同质化现象较为明显，相近的口岸存在经济竞争现象。这些特点在一定程度上影响了个别小口岸的经济发展。针对这些问题，黑龙江省相关部门表示要加强整改，化劣势为优势，形成口岸发展经济带，先富带后富，使口岸真正发挥连片集群作用，促进经济增长，提高人民生活水平。相信在不久的将来，勤恳的呼玛人一定能够迎来呼玛口岸的新发展，向着新生活前进。

漠河口岸行

杨　田

　　漠河口岸是 1988 年国务院批准的国家一类水运口岸，也是我国最北端的口岸。"中国最北口岸""中国最北边境线"等标签让漠河口岸具备着一种神秘的气质和天然的吸引力。满怀着兴奋，我们从海拉尔出发坐上了前往黑龙江省大兴安岭地区漠河县的火车。

　　火车一路疾驰向北，穿梭在偶有积雪、无边无际的白桦林中，终于，在经过重重山野后，我们抵达了漠河县。刚下火车，我们便向当地人打听怎么去漠河口岸，有几个老乡均露出疑惑的神情反问道："连崟口岸吗?"有的说："漠河没口岸，只有连崟有。"还有的甚至说："连崟也没口岸了，早黄（关闭）了，现在整个漠河县都没口岸。"在带着疑惑与漠河县口岸办及其他当地人确认过后，我们得知，漠河口岸即为老乡们口中的连崟口岸，因为在 1989 年国务院批准建立漠河口岸后，过货通道选址位于漠河县兴安镇连崟乡，所以当地人在很长一段时间内均称口岸为连崟口岸，后该乡整体搬迁，已无人员居住，连崟乡也不复存在，口岸被划归在现漠河县兴安镇的行政区划内。于是我们从漠河县城出发打算前往兴安镇。

兴安镇距离漠河县城 183 公里，漠河县客运站原本设有发往兴安镇的班车，但因路途远、时间长、路况差、乘客少等情况，发往兴安镇的班车现已停运，去往兴安镇只能选择包车，即便距离、路况以及道路上的积雪和冰不容忽视，但包车的价格仍让我们感到吃惊——最低 500 元。于是我们果断放弃了包车的想法，并认为肯定有拼车群的存在，否则难道兴安镇的居民每次往来漠河县城都要花如此多的钱吗？果然，在几经打听后我们获得了往返兴安镇和漠河县城跑黑车的师傅的电话，最终以每人 80 元的价格坐上了前往兴安镇的黑车。虽然是一辆五

漠河县口岸大楼

菱7座车，但车中可坐8人，其中一人在所剩不多的车厢空间内坐着小板凳。在将近4个小时的车程中，车上的其他乘客偶尔你一言我一语地唠嗑，偶尔看着窗外滚到路基下的车唏嘘不已，又或在车上开着的暖风中浅浅睡去。至于那段略让我们感到紧张的旅途，那些因积雪、窄路、急弯会车和没安全带所致的担忧，对深入大兴安岭林区后手机没有一点信号的无奈，还有从车窗漏进来的原本凛冽的北疆林区的凉风，对当地村民来说也只是一段不足为奇、习以为常的车程罢了，也是当地村民日常去县城办事除开私家车外唯一能选择的出行方式。

相比于去黑龙江其他口岸时的顺利或寻常，以上这段前往漠河口岸的漫长过程在《口岸行》中大篇幅出现也许有些累赘，但我还是想将这个过程记录下来。"中国最北口岸"当然有其天然的优势和独特的吸引力在，如减少我国北方边境到俄罗斯外贝加尔边疆区东部的交通运输成本、进口木材缓解国内木材使用压力等，但"最

去往兴安镇途中积雪较少、路况较好的路段

兴安镇主要街道

北"所带来的不便利也不容忽视，似乎不论是去口岸的过程、还是口岸中年久失修的货储仓库一样，处处都在体现着"最北"二字。

作为一名民族学专业的学生，我们又怎能错过在黑车上与当地人接触的机会。通过与同车的村民交谈我们得知，漠河口岸在距离兴安镇 20 公里的地方，与俄罗斯外贝加尔边疆区阿穆尔州隔黑龙江相望，口岸开通时曾通过一些苹果、包菜和废铁渣等物，但现在口岸关闭已有好几年了，据说口岸区域内只有口岸办的工作人员在内值班。由于漠河口岸是我们遇到的第一个关闭的口岸，所以当时我还不能确切地明白"口岸关闭"的状态，直到在我们抵达兴安镇后租车前往口岸时才有了直观的感知——这种关闭状态不仅仅是口岸作为通道停止过货、过人，还有口岸设施建设、维护的暂停，口岸日常工作的停摆等。生锈的口岸大门用锈迹更甚的铁链和铁锁锁着，口岸区域内只有四层综合楼还在使用，内有海关、口岸办的工作人员在值班；其他在1991年初步建设时所建的二层旅检厅、货检厅、全封闭、半封闭仓库等均已停用、废弃，整个口岸区域与北方边境地区冬季静谧深沉的气质融为一体。

　　经过口岸区域后再往里走，便看到了结冰的黑龙江。站在冰面上回头望，如今荒草丛生的漠河口岸仿佛一个"被遗忘的角落"。带我们来的大爷绘声绘色地向我们讲述着1993年9月口岸正式开通时的场景，讲述一艘满载着果蔬的货船成功通过漠河口岸运抵俄方加林达镇，从此漠河口岸连釜通道正式开通，讲述口岸开通那天码头上里三层外三层围观的都是村民。

漠河口岸铁栅栏

从大爷的描述中我们不难感受到村民们因为看到口岸开通而产生的期待和雀跃。漠河口岸也确实在接下来的十多年里不负众望，截至2007年3月，口岸进出口货物71万吨，出入境人员8.4万人次，往来车船6400辆（艘）。由于黑龙江在4—6月是开江跑冰期和春季枯水期，漠河海关在此期间按惯例正常休关，但到同年7月

时，俄方单方面关闭口
岸，漠河口岸也被迫暂
时关闭，加之 2009 年漠
河口岸对面的俄方加林
达口岸发生火灾，口岸
基础设施烧毁，至今没
有恢复重建，因此漠河
口岸关闭已逾 10 年。这
期间，在 2011 年 1 月 1
日国家重点能源安全项
目——中俄原油管道合
作项目漠大线首站开始
运营后，漠河口岸的主

结冰了的黑龙江，江中心的红色小旗将黑龙江分为
两半

要功能转变为首站的石油技术人员和检测设备的出入境提供通
关服务。

　　面对关闭已逾 10 年的漠河口岸，当地政府近几年力促通
过高层政府会谈解决漠河口岸单方闭关的问题，也想抓住中蒙
俄经济走廊及黑龙江省"东部陆海丝绸之路经济带"建设的有
利时机，加强与俄方阿穆尔州政府、俄外贝加尔边疆区的联系
与沟通，争取漠河口岸早日恢复开通。在积极等待口岸恢复开
通的同时也重新开始对口岸进行建设，除对综合办公楼进行维
修改造外，另有 200 平方米的货检大厅和货运码头（即漠河口
岸新址，位于兴安镇镇旁 300 米处）正在建设中，试图为口岸
恢复常态化开通奠定基础。然而据当地村民所说，虽然新的货
检大厅主体工程已完工，但楼里面还没装修，设施设备也没跟

上，目前处于闲置状态，"连毛坯房都算不上"。如此看来，正如当地村民和口岸办的工作人员所说，恢复口岸开通并不是件容易的事情，"咱们这边儿又是建设又是规划的，都是'一头热'，人家对面那边意思不大啊"。俄方口岸开关的不确定性的确严重制约了漠河口岸的发展。

漠河口岸办公楼

　　"漠河口岸所处之处黑龙江水流充沛，有可靠千吨级货轮的自然码头，是黑龙江上游重要的江运码头。"网络上对于漠河口岸江运码头的描述如今已属失实，不过还好，因原油管道的铺设使得"中国最北口岸"的"威名"犹在。在检索资料时，我们看到一篇发表于2014年题为《口岸重开，为时不远》的文章，但如今又已过去4个年头，漠河县的人们依旧在等待口岸恢复开通，所谓"为时不远"，又是何时呢？

室韦口岸行

吴丹丹

蓝天、绿草，白桦林、神秘的玛瑙草原，时缓时急的河水养育着亚洲最美的湿地，也养育着这里的勤劳人民。肥沃的河滩上走出了伟大的蒙古民族，温暖的木刻楞房子现在是华俄后裔的繁衍之地。黄皮肤男人的智慧和蓝眼睛女人的热情造就了室韦。

上述文字描述的正是我国十大魅力名镇之一的室韦，也是我们此次探访的室韦口岸所在地。室韦俄罗斯族民族乡曾是我国唯一一个俄罗斯族民族乡，现更名为蒙兀室韦苏木，俄语称为吉拉林。据史籍记载，额尔古纳河南岸原是蒙兀室韦部生息之地，隋唐称为"蒙兀室韦"，逐渐由部落名称转变为地名。19世纪中叶开始沙皇俄国在西伯利亚和远东地区奉行"边区俄罗斯化"政策，掀起大股移民运动。移民中国的俄罗斯人在此定居，蒙兀室韦由蒙古族聚居区逐渐演变为俄罗斯族聚居区。

2018年3月，呼伦贝尔的雪依旧洋洋洒洒下个不停。我

室韦口岸的路牌

们来到室韦的时候，正值天寒地冻的时节，大街上空无一人。街边俄式饭店、旅店随处可见，但都大门紧闭，只有几家超市开着门。初到室韦，我就被大街小巷里精美、宏伟的俄式木刻楞所震撼。这里街道整洁，交通方便，完全不像一个普通村镇的模样。随处可见的俄式庭院、列巴房、秋千，还有高

三月的室韦小镇

传统的俄罗斯族家庭游

鼻梁蓝眼睛的俄罗斯族，无不彰显着独特而又浓厚的俄罗斯族
文化。

几经周折，我们在当地人的帮助下，找到了位于内蒙古自
治区呼伦贝尔市额尔古纳市室韦苏木室韦村境内的室韦口岸。
它地处中俄界河额尔古纳河中游东端，与俄罗斯奥洛契口岸隔
河相望。

寒冬腊月的室韦口岸显得十分萧肃，只有边防检查人员在
口岸门口值班站岗。目前室韦口岸主要进口赤铁矿，由于货物
不足，已经临时关闭半月有余。口岸北侧正在兴修仿俄式的
联检大楼看起来富丽堂皇，俄罗斯风情浓厚。大门附近没有明
显的室韦口岸标识。边防检查通道上方立着一块中俄双语的牌
子，写着"欢迎再到中华人民共和国"，向过往的人们宣誓着，
中国的边境神圣不可侵犯。

寒冬腊月时的中俄边境

　　据口岸工作人员介绍，室韦口岸的设立、批复开通都与黑
山头口岸同步。1988 年内蒙古自治区批准室韦为临时过货点；
1989 年 4 月国务院以国函〔1989〕26 号文件批准室韦为国家一
类口岸；1991 年 2 月 1 日正式对外开放。口岸开放初期因条件
环境所限，通关管理经验不足，知名度不高，货运量低。随着
中俄合作领域不断拓宽，合作伙伴逐渐增多，室韦口岸的社会
知名度不断提高，贸易发展迅速，货运量大幅度增长，目前过
货量达到 60 万吨／年，交通工具进出境 10 万辆次／年。作为支
撑地方经济的重要口岸，在百姓的生活中却并不被熟知。经过
访谈，我们得知对于村民来讲，口岸开放初期并未带来更多机
遇。由于室韦口岸属于货运口岸，通过口岸进行贸易的公司均

中俄友谊桥

为外地大企业，且进出口货物仅限赤铁矿、林木等矿产资源，所需工作人员较少，无法解决当地劳动力就业。而中国边境口岸实行统一管控，边界沿线安装铁丝网，此举虽然有效控制了越境现象，但也限制了村民打鱼的权利，一定程度上减少了村民的经济收入，进一步减少了口岸与村民的互动。口岸发展陷入困境。

2004年旅游扶贫项目的开展为口岸和人民带来了发展的良机。额尔古纳市以蒙兀室韦苏木为试点，大力扶持俄罗斯族家庭游，促进旅游业的不断发展，

随后界河游艇、界河大舞台等口岸观光项目也逐渐加入旅游大军中，无形之中加强了村民与口岸的联系。此举不仅使室

边境沿线的铁栅栏

　　韦摘掉了"贫困大户"的帽子，还使其成为各地发展边境旅游的范例。但发展是把双刃剑，有利也有弊。与俄罗斯族风情游的兴盛形成鲜明对比的是满、汉、蒙古等其他少数民族文化的弱化。在旅游业的影响下，俄罗斯族文化元素成为城镇商业发展的主色调，忽视了其他少数民族文化的发展。所幸，相关部门已经认识到这个问题，积极开展蒙源文化节、民间文艺表演等活动，在一定程度上丰富了地区的文化生活，也让游客在参与中感受到边境多元的文化氛围。

　　简而言之，这是一座靠旅游撑起来的口岸小镇，虽然挑战很多，但发展潜力巨大。目前室韦人口中48%为俄罗斯族，他们中的大部分人在俄罗斯都有亲属。而且他们在许多方面仍然

本地唯一一家蒙古大营

冬天已经关闭的界河大舞台

保留着俄罗斯族的传统和生活习惯，会讲俄语，会做俄餐，这为发展俄罗斯族家庭游，传承俄罗斯族特色民族文化提供了便利。与其他中俄口岸不同的是室韦口岸的俄罗斯族风情是经过中国化的俄罗斯族民族风情，是本土文化与外来文化相结合的碰撞，而非完全的舶来品。中西结合的俄式餐饮、歌曲以及节日都印证着这一点。

如何更好地突出俄罗斯族特色的同时不忽视其他民族文化的发展，如何将当地的文化资源与自然资源更好地整合，发挥口岸优势，大力促进边境口岸城镇旅游业的发展应该是未来室韦发展所必须正视的重要问题。这些问题也是很多中俄口岸城镇发展的通病，如何在发展中平衡、在平衡中成长，发挥口岸的富余价值值得我们深思。

黑山头口岸行

杨　田

内蒙古自治区额尔古纳市除室韦口岸外还有一个口岸便是黑山头口岸。黑山头口岸是 1989 年经国务院批准正式对外开放的国家一类口岸,与俄罗斯联邦赤塔州普里阿尔贡斯克区旧粗鲁海图口岸隔额尔古纳界河相望,口岸因坐落在黑山头镇而得名,而之所以叫"黑山头镇"是因为在该镇东北 2 公里处有一山,雷雨来临前山头有黑云笼罩,山呈黑色,故名。

在结束室韦口岸行之后,我们本打算直接坐车沿边境线从名声大噪的中俄边境公路直接前往黑山头镇,这条东北—西南向的公路途径室韦、恩河、黑山头等地,一直可以到达满洲里。路的两边一边是额尔古纳界河及俄罗斯村庄,一边是有皑皑白雪覆盖的呼伦贝尔大草原,但因内蒙古边境地区地广人稀、边境线漫长的特点,两口岸城镇之间相距较远且非旅游旺季无直达车辆,所以我们只得先返回额尔古纳市政府所在地拉布大林镇,再坐客车前往黑山头镇。

皑皑白雪覆盖下的呼伦贝尔大草原

　　经过 40 分钟的车程，我们来到了黑山头镇新镇（又被称为梁东村）。虽然全镇仅有一条公路穿镇而过，但因黑山头镇拥有草原、湿地、古城等较为丰富的旅游资源且区位环境优越——既是"海拉尔—额尔古纳—满洲里"黄金旅游线路上的重要驿站，也是中俄边境沿江线的重要边境村镇，加之政策支持等原因，该镇旅游业迅速崛起，并在四年之间一跃而起成为额尔古纳市旅游名镇，所以黑山头镇公路两旁的临街房几乎全是宾馆、饭店和商店，也有很多俄罗斯风格的木刻楞和具有蒙古风情的蒙古包。但因冬季的原因，这些店面均处于歇业状态，大门紧闭，无人居住，整个黑山头新镇大街上也鲜见一人，冬季仍留在镇子中的村民本身就少，再加上冬天大家都在家猫着（当地方言，待着、歇着之意）不出门，所以冬季的黑山头镇乍见宛如一座空城。

穿镇而过的县道公路及黑山头新镇的部分宾馆、饭店

　　值得一提的是，黑山头镇的街上除了俄罗斯、蒙古风情外，还存在着一些格格不入、略显"另类"的景象——超人、蝙蝠侠、绿巨人等 DC 宇宙和漫威宇宙的英雄们以彩色雕塑的形式"伫立"在道路两旁。在谈到这些雕塑时，村民们也感到很费解，"这些雕塑一个个的也不认识，我们就叫它们'超人'，不知道为什么放这些雕塑。不过也算一道风景！"结合该镇的旅游发展情况，摆放这些雕塑也许是为了招徕自驾游路过此地的年轻游客驻足拍照、吃饭住宿的吧。（笔者在 2018 年 8 月又来到黑山头时，这些"超人"雕塑已全被移除。街边的花池中长满了青草、绿树，完全看不出"超人们"存在过的痕迹，仿佛"他们"从未出现在小镇中，从未在冬季凛冽的寒风中接受村民们的调侃）

　　经过新镇后，我们来到了距离新镇 7 公里的老镇（又被称

长满了青草和绿树的花池

老镇道路

为梁西村）。老镇的硬化和绿化情况远没有新镇好，镇内民居也不算新，以平房为主，除穿镇而过的公路外，镇内的水泥路也比较少，大多是因积雪消融所致的泥泞小路。路旁也不似新镇有许多各式各样的旅店、饭店。

但从老镇继续往口岸方向走时，我们才发现在这十多公里的路途上有非常多的马场、蒙古包、家庭游旅馆和特色饭店，但均为歇业状态。临近口岸还有黑山头镇政府新建的村民二层住房，因供暖问题也处于闲置状态，无人入住。

终于，我们来到了黑山头口岸，走过口岸大门后首先进入我们视野的就是一条宽阔平整的柏油马路，这条马路直

去往口岸沿途的马场、蒙古包旅馆和新建居民住宅楼

通黑山头口岸联检大厅和边民互贸中心。

　　根据内蒙古自治区政府下发的《关于同意在额尔古纳市黑山头镇开设边民互市贸易区的批复》，额尔古纳市曾在黑山头镇开设过中俄边民互市贸易区，但受两地市场环境、政策原因等影响，黑山头镇边民互市贸易区多年来一直未运营，直到2016年额尔古纳市重新启动黑山头中俄边民互贸区，并对互贸区投资600余万元进行升级改造后才有了如今处于试营业期的中俄边民互市贸易区。互贸区面积约11200平方米，分上下两

黑山头口岸

"额尔古纳中俄边民互市贸易区"指示牌

层，一楼为俄罗斯商品，现在主要有糖果、饼干、罐头、食用油等食品及洗发水、洗洁精等洗护用品在售，预计 2018 年 9 月会有更多品类的东西进入互贸区，例如纺织品和其他日化用品等。互贸区二楼销售中国产品，但目前还没有商铺实际入驻，仅有文化体育用品等商铺挂牌。

互贸区一楼

从互贸中心出来后再往里走，便看到一些十多年前黑山头口岸边贸生意红火时部分边贸公司的楼，但现在早已停止使用，人去楼空、杂草丛生。

继续沿路向北走，我们终于来到了百年来蜿蜒流淌的额尔古纳河边。自中俄签订《尼布楚条约》后，额尔古纳

口岸内废弃的边贸公司的楼

河便担负起界河的使命，冬天的额尔古纳河虽已结冰静止，不再流淌，但却依然将两个国度分隔开来，界河大桥上也无车辆通过。此时的边境万物仿佛都随着结冰的额尔古纳河静止了，目之所及皆给人一种静谧和谐之感，只有远处天空一缕随风流动的薄云和对面俄罗斯村庄的炊烟将我们拉回现实，站在界河

额尔古纳界河

界碑及远处的俄罗斯村庄

中俄界河大桥

边也能够体验到边境地区独有的"一河分两国、一目览两岸"的特点。

此时我们看到的界河大桥并不是口岸成立之初修建的界河桥。自 1991 年口岸开放以来，根据当时对俄贸易的需要，口岸采取边通边建的办法，过货经历了冰上—木桥—永久性水泥桥的发展过程，当地人所说的中俄界河大桥——黑山头—旧粗鲁海图口岸永久性界河大桥是 2005 年额尔古纳市对口岸重新规划设计后修建的大桥，主要承担铁矿、铜矿、木材等运输任务。但因笔者去的时候俄方木材暂时缺货，所以我们并没有见到货运车辆通关。加之因为季节、双方口岸村镇规模较小及中俄出境游项目并未规划完备等原因，我们亦没有见到客运车辆从口岸进出，联检大厅也仅有工作人员在值班。

除中俄界河大桥外，黑山头口岸内还有码头、界桩、游船等可供游客参观、游玩的景点和项目，加之有中俄边民互贸区可以购买俄罗斯纪念品，黑山头口岸除了承担日常过货过人的

额尔古纳河岸边

任务外，还成为呼伦贝尔地区旅游的必去之地。

　　与其他口岸与口岸城镇村民的联系相比，黑山头口岸与黑山头镇村民的联系较为密切，如黑山头口岸中俄边民互贸区建设项目在重新启动到全部建成完工、投入试运营期间曾为黑山头镇村民提供了一些就业岗位；黑山头镇村民中经营旅店、饭店的村民也能够在口岸游、界河游、边境游等旅游项目中获得收益，且因为目前黑山头镇旅游要素中"吃、住、行"基础较好，"游、购、娱"明显欠缺，旅游购物产品开发不足，缺少可供游客购买的旅游纪念品，黑山头口岸边民互贸区投入使用后，可能吸引游客进入互贸大厅购买俄罗斯产品，这更能够增加黑山头地区的旅游吸引力，增加过往人流量，持续让经营旅店、饭店的村民享受口岸村镇的这种"隐形福利"。

　　此次黑山头口岸行中令笔者印象较为深刻的一句话是："我们这口岸火了一阵，后来就黄了。现在我看着又要火，看看人家隔壁满洲里口岸那个红火，我看我们黑山头口岸也有戏！"20

多年来，黑山头镇的村民们见证着口岸由兴盛到停滞不前甚至到"沉寂"的过程，近几年口岸的建设和发展又让村民们看到了希望。虽然在笔者的整个口岸行过程中所遇到的口岸城镇的人们总是对口岸的发展寄予希望，依托口岸发展也确实是口岸城镇实现经济发展、人民收入增长的重要途径之一，但目前黑山头口岸仅在与口岸相关的旅游业和服务业方面对黑山头镇整体经济发展和人民经济生活起到一定的带动作用，在物流集散、货物加工等方面的带动作用还不明显。要想实现口岸发展带动城镇发展、让口岸城镇的居民切实受益，还需以"边境口岸城镇""旅游小镇"等鲜明的城镇特色和黑山头口岸重视跨境矿产能源合作、俄罗斯食品进口等发展重点为基础继续努力。

满洲里口岸行

乌日丽格

对于笔者，满洲里是一座熟悉的陌生城市。笔者生长在呼伦贝尔市陈巴尔虎旗，距满洲里市不到 200 公里，从小到大多次拜访过满洲里市，但都是匆匆路过，从未有机会停留几天进

路边的打草场

行进一步了解。小时候，总能听见大人们说："满洲里好洋气，但东西太贵，人太少，东西太少。"与满洲里相比，他们总是选择去海拉尔，尽管去往两者的距离都相同。但小孩们更愿意去满洲里，因为能吃到俄罗斯糖块、巧克力，见到类似童话故事里出现的建筑。2019年10月4日笔者再一次踏上了去往满洲里的路，与之前不同的是，这次的满洲里行肩负着向大家介绍我国最大的陆路口岸——满洲里口岸的重任。秋天是牧民打草储蓄的忙碌季节，一路上都是已经打完后捆好的"草捆"景色。一望无际的金色草原和"草捆"景色，是准备结婚的新人取秋色婚照的最佳选择。

经过两个多小时的车程后，眼前出现了巨大的"铁城堡"，上面用中俄双语写着"满洲里"。

满洲里市隶属于内蒙古自治区呼伦贝尔市，西起东经117°12′至117°53′，南起北纬49°19′至49°41′，东临新巴尔虎左旗，南、西与新巴尔虎右旗相邻，北与俄罗斯联邦接壤。其辖区面积730平方公里，人口30万，居住着蒙古、汉、回、俄罗斯等20多个民族。满洲里

铁城堡

原称"霍勒津布拉格"，系蒙古语，意为"旺盛的泉水"。1901
年因东清铁路的修建而得名，俄语为"满洲里亚"，音译成汉
语变成了"满洲里"。满洲里下辖行政区——扎赉诺尔区出土
了中国北方最早的古人类扎赉诺尔人头古化石、全国最完整的
猛犸象化石和最大的鲜卑族古墓群遗址，具有丰厚的历史文化
资源。

　　驶进满洲里市，映入眼帘的是一条干净整洁的细长公路，
道路两旁耸立着俄罗斯风情的高楼大厦，如果暂时忽略布满汉
字的牌匾，仿佛自己出了国一样。满洲里曾连续三次获得"全

满洲里街景

俄式风情建筑

国文明口岸"称号，六次获得"全国双拥模范城"殊荣，是全国文明城市、中国优秀旅游城市、全国科普示范城市、国家级生态示范区和CCTV十佳魅力城市，2010年被党中央国务院确定为国家重点开发开放试验区。

　　由于时间还早，笔者直奔主题，向满洲里公路口岸驶去，也可乘坐10路公交车到国门站下车，全程8.5公里。满洲里口岸是我国沿边口岸通往俄罗斯等独联体国家和欧洲各国的重要国际大通道，处于41号界桩处，素有"东亚之窗"美誉，是全国最大的陆路口岸，承担着中俄贸易65%以上的陆路运输任务。满洲里铁路口岸于1902年开通，是我国规模最大、通过能力最高的铁路口岸，直接与西伯利亚大铁路连接，是通往欧洲的铁路大脉动，现年综合换装能力8000万吨，主要进口品类为木材、铁矿砂、煤炭、化肥、纸浆、化工品等。

满洲里口岸

近两年，俄罗斯进口农产品也逐渐上升，2018 年进口 12 万吨，主要有油菜籽、亚麻籽、小麦、荞麦、燕麦、大麦等；主要出口品类为矿产品、建材、轻工品、金属制品及设备、电子产品、食品等。据有关工作人员介绍，为了进一步推进新疆中俄口岸的发展，近年经满洲里口岸进口木材的量已远不如往年，满洲里也少了几分热闹；满洲里公路口岸于 1998 年建成投入使用，口岸旅检通道实行 24 小时通关制度，是唯一允许俄罗斯自驾车辆进出的公路口岸。大街上随处可见的外牌照车辆是满洲里独到的风景。口岸封闭区分为旅检区和货检区。公路口岸过货能力 1000 万吨、旅客人员通关能力 1000 万人次、车辆通关能力 100 万辆次。公路口岸出口的货物主要是以蔬菜和水果为主，进口的货物主要是以废钢和木材为主；满洲里航空口岸于 2009 年实现对外开放，开通了满洲里至赤塔、乌兰乌德、伊尔库茨克、新西伯利亚、科拉斯诺亚尔斯克等多条国际航线，另外还开通了满洲里至蒙古国乌兰巴托、乔巴山的国际航班。

满洲里公路口岸联检大楼建筑面积为 42000 平方米，开设了 7 进 7 出 14 条人员通道和 3 进 3 出 6 条客车通道。一楼是候检大厅，二楼是出境大厅，三楼是入境大厅。联检大楼里有等待通关检查的满载而归的俄罗斯人和充满期待的旅人，还有就是繁忙的海关工作人员。满洲里海关是全国唯一设在县级城市的直属海关，关区大部处于高纬度、极寒地区，最冷气温零下 50 度，被人们称为边关中的边关。正是因为这些可爱可敬的工作人员，口岸才得以长期有效地运作。

从公路口岸至国门景区步行大约需要 15 分钟，距离市区 9

满洲里公路口岸联检大楼

公里，它是满洲里市标志性景区，也是重要的爱国主义教育基地，景区成人票为 60 元。一进景区便能看到一台黑色的火车头。这是一台 1940 年日本制造的"亚细亚"型蒸汽机车。新中国成立初期，毛泽东就是乘坐这台机车牵引的火车出访苏联的。从 1950 年至 1965 年，这台机车又在我国钢铁运输线上立下了不可磨灭的功勋，因此满洲里人民自豪地称它为"满洲里号"。

接着，最醒目的建筑就是远处威严耸立的国门，出入境火车就是从国门下驶进、驶出。这是满洲里第五代国门。这条通往俄罗斯的铁路

"满洲里号"火车头

曾是红色秘密交通线。当年，张作霖敌视俄国十月革命，为了阻止共产革命力量的扩展，他向呼伦贝尔、满洲里等边境地区派遣军队严管出入境，使往来于中苏之间的革命者陷入随时被

中华人民共和国国门

俄罗斯联邦国门

捕的危险之中。但当时满洲里地区反动力量相对薄弱，交通方
便，距苏联较近等优势，共产国际和中国共产党利用这些优
势，相继在此建立了地下交通站，掩护共产党人从满洲里进出
中苏两国国境。许多早期的中共领导人如李大钊、陈独秀、瞿
秋白、周恩来都是通过秘密交通线的掩护，才得以出入国境。
1931 年至 1934 年，安全迎送 70 多名同志。革命先驱们就是途
径这里，从苏联捧回了革命圣火，成立了共产党。中共六大在
莫斯科召开时，前去参加会议的代表都是从这里通过的。在中
国共产党成立 90 周年之际，满洲里市委市政府决定建设以中共
六大为主要内容的红色旅游展馆，该展览馆是将当年位于莫斯
科近郊的"银色别墅"会址按照 1：1 的比例复制到国门景区内，
并紧紧围绕"中共六大"这一主题，全面展现了中共党史上唯
一的一次在共产国际的帮助下在国外召开的全国代表大会的艰

满洲里红色国际秘密交通线遗址石碑

辛历程。该馆建筑面积 3000 平方米，分三层，主要以中共六大为核心，内容包括还原中共六大会议场景，展出六大文献、照片以及六大人物模型等。这些红色旅游项目已被列入《全国红色旅游发展规划纲要》，成为全国 100 个红色旅游经典景区之一，是开展思想政治教育活动的重要平台和弘扬、培育民族精神的重要载体，已成为国内外游客观光旅游、追溯历史、接受革命熏陶的旅游胜地。

中共六大展览馆

　　参观完国门景区后，笔者向满洲里中俄边境旅游区的另一个重要组成部分——套娃广场驶去。它位于市区西部的中俄互市贸易区内，是全国唯一以俄罗斯传统工艺品——套娃形象为主题的大型综合旅游度假景区。走进套娃广场，仿佛进入了童话世界，巨大的套娃就像巨人一样俯瞰着整个广场，五彩斑斓的视觉冲击感使人豁然开朗、茅塞顿开。装饰华丽的巨大套娃分别有蒙古、汉族、俄罗斯姑娘的三种不同面孔。在巨型套娃周围，分布着 8 个功能性套娃和近 200 个代表全世界不同国家和地区的套娃，象征着人类共生共存的美好愿景。此外，套娃广场里建有游乐场，俄罗斯民俗体验馆、中俄友谊展览馆以及由俄罗斯食品、工艺品现场加工制作直营区，主营紫金、玉石、油画．琥珀等，广受游客们的喜爱。套娃景区成人票价为 148 元，含马戏团表演的成人票价为 198 元。满洲里本市居民

免税区入口

则免费入场，但需录入指纹。由于是"十·一"黄金假期，这里的游客很多，随机询问的几位游客都是周边省市（黑龙江、吉林、辽宁）带着家人自驾游的游客。他们都一致表示，这座边城十分舒适，具有别具一格的独特魅力。

第二天一早，笔者来到了满洲里互市贸易免税区。进入免税区时，需用身份证在大厅免费办理一次性通行卡。排队等候办理通行卡的人非常多。满洲里市户籍人口可持身份证在入口处办理边民卡，边民卡可重复使用。免税交易厅里都是由中国

免税区的俄罗斯商品

人经营的，且主营的商品都是俄罗斯商品，其品种与市里卖俄罗斯商品的店铺大同小异。主要农产品有油菜籽、亚麻籽、小麦、荞麦、燕麦、大麦等；食品有糖果、巧克力、蜂蜜、咖啡、香肠等；日化用品有牙膏、洗发露、化妆品等；工艺品有木质套娃、首饰盒、手工人偶、陶瓷用具等，做工精细技艺精湛。当被问及到这里的商品与市里卖的商品有什么区别时，商家们说："这里是通过官方渠道，手续齐全，保证都是正品，可放心购买。"免税大厅外面，还有青年旅舍和"巴格拉季昂"小广场，

免税区的手工艺品

巴格拉季昂将领的雕像被种满玫瑰的花池围绕在其中。巴格拉季昂是基兹利亚尔城北高加索达吉斯坦境内的格鲁吉亚皇室家族，是著名的军事家。二战中，苏联 4 个方面军对德国中央集团军群的攻势即以"巴格拉季昂"命名，此战中德军一泻千里，标志着德国彻底战败。这也是巴格拉季昂这个名字能流传至今的原因。

　　在满洲里做生意的人，多少都会说点俄语，俄语溜不溜比起教育程度与其从商时间成正比。经了解，笔者发现从商时间

免税大厅外面的巴格拉季昂广场和青年旅舍

越长，越能从容地面对得与失。他们常说的话就是"买卖就是时好时坏，匀一匀就好"。

　　与内蒙古东北地区的其他口岸做横向对比，满洲里口岸实属通关能力最强、最热闹，且对老百姓日常生活最有影响力的一个口岸。但从满洲里口岸的发展历程上来看，今天的满洲里绝不是一蹴而就的。经历了风风雨雨的满洲里利用其文化、地理、资源优势，通过深入挖掘和整合资源，先后推出了城市观光游、草原民俗游、红色记忆游、异域风情游、访古文化游、冬季冰雪游、节庆会展游等旅游产品，打造了中俄蒙古国际旅游节、中俄蒙古国际冰雪节、美丽使者国际大赛、国际文化艺术节、油画家年会等节庆品牌，成功吸引了国内国外广大的游客群体，产生了巨大的经济效益。历史文化历经岁月的沧桑才得以沉淀，历经千辛万苦的"强者"才能心平气和地面对兵荒马乱。相信满洲里在今后的发展道路上定会蒸蒸日上，欣欣向荣。

后　记

　　虽然蜿蜒流淌的乌苏里江、额尔古纳河及黑龙江将中俄两个国家分隔开来，但在桥上和河中穿梭的车辆、船只及跨国民众却沟通着两个友好的国度。这些既写满沧桑又"容光焕发"且数量众多的中俄边境口岸，则为两国经贸交流和边民交往交流交融注入了无限的生机和活力。在中俄口岸行的过程中，我们沿着边境线走过了祖国雄鸡版图的东北部，脚步抵达陆地最北端的漠河县和最东端的抚远市，一路上受到淳朴边民的帮助及多方的支持，也每每敬畏又自豪地看到国门上的"中华人民共和国"七个大字。

　　但口岸行并非游山玩水，田野调查和口岸写作也绝非易事。口岸行中难免有些许不快和艰难，但每一次沮丧和踌躇甚至遭受的打击，对于人类学学生来说都是成长的必经之路。但是，受了多少苦、体会了哪些难，都不是评判口岸行的价值所在。真正有价值的是，通过调查者的探索、记录以及随后写作的《中俄边境口岸行》，记录口岸行走过程，呈现口岸所在城镇、乡村、牧场的发展及边民的生产生活情况，让读者了解中俄边境口岸的风貌与特色。尽管作者们因自身的家庭、教育和社会背景不同对于口岸的认识不同，但每篇《口岸行》均尽量反映该口岸及口岸城镇、乡村全貌及身处其中的民众的特点；尽管各篇行记的水平不一，详略不同，但都以作者们在口岸行时获得的大量第一手田野资料做支撑，浸润着作者的汗水，饱含真诚。具体来说，徐黎丽教授完成了珲春口岸的田野调查及写作工作，杨田同学完成了绥芬河口岸、虎林口岸、抚远口岸、萝北口岸、嘉荫口岸、黑河口岸、漠河口岸及黑山头口岸的田野调查及写作工作，吴丹丹同学完成了东宁口岸、密山口岸、饶河口岸、同江口岸、逊克口岸、孙吴口岸、呼玛口岸及室韦口岸的田野调查与写作工作，乌日丽格同学完成了满洲里口岸的田野调查及写作工作。

感谢在中俄边境口岸行过程中给予我们帮助的边防、边检战士、口岸相关部门工作人员以及广大边疆民众，是他（她）们的热心与信赖让我们的口岸之行能够顺利行进，期望他（她）们能看到我们口岸之行的成果，感受到将口岸行中所见、所闻、所感、所思顺利成书出版的喜悦。

中国陆地边境口岸行

（三）中蒙边境口岸行

徐黎丽　主编

莫日根　乌日丽格　朱璧莹　等　著

人民出版社

责任编辑：宫　共
封面设计：源　源
责任校对：徐林香

图书在版编目（CIP）数据

中国陆地边境口岸行.三，中蒙边境口岸行/徐黎丽主编；莫日根等著.— 北京：
　人民出版社，2020.12
ISBN 978 - 7 - 01 - 022915 - 7

I.①中…　II.①徐…②莫…　III.①边境贸易 - 通商口岸 - 研究 - 中国、蒙古
　IV.① F752.8

中国版本图书馆 CIP 数据核字（2020）第 269837 号

中国陆地边境口岸行
ZHONGGUO LUDI BIANJING KOUAN XING

（三）中蒙边境口岸行

徐黎丽　主编

莫日根　乌日丽格　朱璧莹　等　著

人民出版社 出版发行
（100706　北京市东城区隆福寺街 99 号）

北京盛通印刷股份有限公司　新华书店经销

2020 年 12 月第 1 版　2020 年 12 月北京第 1 次印刷
开本：710 毫米 ×1000 毫米 1/16　印张：82.5
字数：922 千字

ISBN 978 - 7 - 01 - 022915 - 7　定价：420.00 元（全 6 册）

邮购地址 100706　北京市东城区隆福寺街 99 号
人民东方图书销售中心　电话（010）65250042　65289539

CONTENTS

目　录

阿日哈沙特口岸行

乌日丽格

天鹅梳妆在达来湖的岸边
宇尔帖出生在这片草原
野马跨过克鲁伦河
成吉思汗迎亲在这片草原……

阿日哈沙特口岸位于这首"这片草原"描述的呼伦贝尔市新巴尔虎右旗境内的阿日哈沙特镇，处于中蒙边境线 1495 号界碑处，是内蒙古自治区最北端的中蒙口岸，与其对应的是蒙古国东方省克尔伦苏木哈比日嘎口岸，边境线长为 93.13 公里。

一、阿拉坦额莫勒镇

2018 年 5 月 22 日下午，笔者抵达新巴尔虎右旗政治、经济、文化、交通中心——阿拉坦额莫勒镇（意为"金马鞍"）。该镇距离阿日哈沙特口岸82公里，由于到达当地时间已晚，我们决定第二天早上向口岸出发，所以只好先参观了一番小镇街景。新巴尔虎右旗境内流淌着蒙古人起源的母亲河——克鲁伦河，史上称之为"弓卢水""卢朐河""庐朐河""怯绿连河"等。克鲁伦河流域自古以来水草丰茂，古代东胡、匈奴、鲜卑等诸多游牧民族都在此放牧生活。蒙古乞颜部、塔塔儿部、弘吉剌部的原始驻牧地就在克鲁伦河流域。相传，成吉思汗的幼子拖雷在一场战争中骑马过克鲁伦河上游时，不慎坠马，金马鞍被激流冲去。于是，便命令部队沿着克鲁伦河寻找拖雷的马鞍，当走到克鲁伦河下游时，在两座像马鞍形状的山峰之间找到了金马鞍。从此，人们将两座山峰的一个叫作"阿拉坦乌拉"（金山），另一个叫作"额莫勒乌拉"（马鞍山），把方圆百里的地方叫作"阿拉坦额莫勒"。这也是该镇名称的由来。

阿拉坦额莫勒镇是只有2.2万人口的边陲小镇。其街面上的商铺牌匾同新左旗阿木古朗镇一样，也是用三种文字写成（蒙文、汉文、西里尔蒙古文）。我们在路旁看见中俄蒙旅游纪

阿拉坦额莫勒镇街景

念品商店，便进去看了看。店
主是一名年轻的男子，他说开
店已有些年头了，旅游旺季生
意会好一些，但平时还是以当
地和周边地区的蒙古人为主要
客源。店铺内有手工艺品、传
统服饰、进口化妆品、烟酒以
及皮具等。

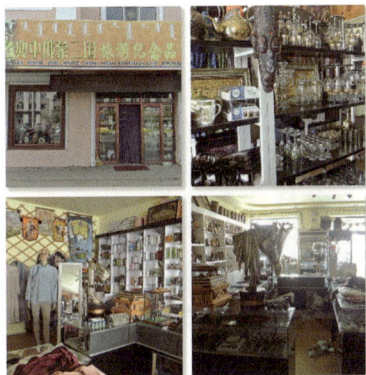

中俄蒙纪念品商店

我们沿着主街继续向东
走，走到了该镇最大的副食品交易市场——金街市场。由于刚
好是下班时间，进进出出的人比较多。卖蔬菜水果的老板告
诉我们除了当地居民以外，蒙古国商贩也会大量地购买水果
蔬菜。

除此之外，值得一提的是处于镇中心的"思歌腾广场"，意
为"知青广场"，建于 2002 年。这是国内唯一以"上山下乡"
知青的名义建的广场。建设"思歌腾广场"具有深远的寓意。
即思念为边疆付出青春和梦想的知青；歌颂知青不畏艰难困苦
的伟大精神；希望草原人民如同奔腾的骏马一般飞驰，实现兴

金街市场

思歌腾广场

边富民的美好蓝图。一到晚上广场就会变得格外热闹，有跳广场舞的，有扭秧歌的，有嬉耍的孩子，也有在一旁边拉家常边看孙子的老人，绝对是收集各类信息的田野宝地。渐渐地，天色暗了下来，我们吃完晚饭便回去休息了。

二、阿日哈沙特镇与口岸概况

第二天清晨，我们在两位朋友的带领下向阿日哈沙特镇出发了。阿日哈沙特镇建于 2006 年，是由原阿敦楚鲁苏木搬迁至口岸地区之后新成立的口岸城镇。全镇总面积 2643 平方公里，总户数 933 户，总人口 2178 人，是以蒙古族为主体，汉、满、达斡尔等多民族聚居的新兴口岸城镇。阿拉坦额莫勒镇至阿日哈沙特镇的二级公路于 2017 年建成。该镇是典型的政策推动型城镇，镇上除了政府机关和加油站外没有学校、医院、餐馆、宾馆等其他配套设施，街上空无一人，镇上除了办公人员以外基本没有人住，牧户们都在各自的草甸子。因此目前还无法满足当地牧民以及游客的基本需求。显然，人口密度低、无带动产业的地方单靠政策和资金的投入很难实现预期的效果，振兴口岸城镇，"口岸活旗"任重而道远。

从阿拉坦额莫勒镇到阿日哈沙特的路牌

阿日哈沙特口岸自
1992年正式开关以来已
有近30年的岁月，在基
础设施和通关能力方面都
取得了巨大的进步。口岸
目前已建有联检大楼、边
检营房楼、海关宿舍楼、
国检宿舍楼，接通10千
伏配电线路、光缆及移动

阿日哈沙特镇

通讯，修通口岸至阿拉坦额莫勒镇82公里二级柏油路，实现口
岸通路、通电、通水、通讯、通暖、通光缆。此外，在通关及
检验环节中不断引入新科技新技术，配备的重衡、验包机、"梅
沙"通关系统、"H2000"报关系统，电子监护、电子监控系统
等设施。我们看见很多进出的蒙古国面包车。口岸主要出口蔬
菜水果、电器、服装等日用百货，水泥、保温板、喷灌机、轮
式拖拉机、水罐消防车、柴油发电机组、免耕机等建筑材料和
机械设备；主要进口民族服饰、手工艺品、食品、地毯挂毯、
饲草、水产品以及铅锌等矿产品和金属产品等。

哈比日嘎口岸

运输货物的蒙古国车辆

阿日哈沙特口岸

刻有"中国阿日哈沙特口岸"字样
的双语石碑

三、旅游景点

　　新右旗以其得天独厚的自然景观，悠久的历史文化，多姿
的民族风情吸引了国内外广大的游客群体。经有关考古队调查

在新右旗境内陆续发现遗址、古墓、古城 100 余处，出土文物 1000 余件，具有较高的考古价值。如阿日哈沙特镇境内克鲁伦河以北，处于中蒙俄交界处的金代界壕遗址、呼伦湖周围的哈乌拉石板墓群、达林础鲁石板墓群、德乌拉石板墓群以及石磨、木化石、铁锅、陶瓷罐、东路蒙古侍卫亲军佰户印、钦察亲军千户所印等文物。其中，石板墓群拥有外贝加尔青铜时代基托托伊文化的重要特征。但由于时间关系，我们只参观了途经的几个景点。

马群石地质公园：阿日哈沙特镇境内有一道独美的自然大奇观。那就是静卧数千年的怪石群，它们的形态如奔驰而行的马群一般壮观，故被称之为马群石。蒙古语为"阿敦楚鲁"。"阿敦"在蒙语中是马群之意，而"楚鲁"是石头之意。阿敦楚鲁花岗岩地貌景区岩石是距今 2.7 亿年的早二叠式地下酸性岩浆沿地壳薄弱处上侵形成的花岗岩侵入体，受距今 6700 万年前的燕山运动影响而隆升，随

马群石遗址

生死恋

着底壳的抬升和来自不同方向的各种应力作用，形成不同方向节理，后期受风化、剥蚀作用形成。在这怪石嶙峋的石群中最引人注目的就是闻名全国的"阿贵洞"，它就像是人为垒上去的巨石房，共有三个洞，其中朝南的洞口可容一人进出，里面的空间较大。每年都有许多慕名前来观赏的游客，每次都能使游客浮想联翩，叹为观止。阿敦楚鲁的老百姓称"阿贵洞"为"孝母洞"，他们会经常带着哈达和鲜奶来到这里，祈福父母健康长寿、五畜平安兴旺。

达西鹏苏格庙：新巴尔虎右旗境内最大的寺庙——达西鹏苏格庙（西庙）建于清咸丰四年（1854年），采用汉藏结合的建筑风格，在"文化大革命"期间遭到破坏后于1985年得以重建。新巴尔虎人与陈巴尔虎人相比，更加崇尚喇嘛教。早在1734年从喀尔喀蒙古车臣汗部迁到呼伦贝尔地区的2984巴尔虎蒙古人（新巴尔虎）中就有157人是喇嘛。为进一步削弱蒙古势力，清政府在呼伦贝尔地区拨银建设了许多庙宇，遗憾的是我们抵达的时候已过了参观的时间，所以未能进去参观。

达西鹏苏格庙

呼伦湖：呼伦湖是众多北方游牧民族赖以生存的生命之源，当地人称之为达赉湖，意为"海一样的湖"。古称大泽、俱伦泊、阔连海子、虎图泽、玄寞池、库楞湖等，总面积2339平方公里，是我国第四大淡水

呼伦湖

湖。这对生长在内陆深处的笔者来说就像见到了大海一般。呼伦湖自然保护区建于 1986 年，于 1992 年晋升为国家级自然保护区，2002 年加入联合国教科文组织世界生物圈保护区网络。据朋友介绍，夏天天气暖和的时候会有很多人到岸边来戏水，是个休闲度假的好地方。但当时我们恰好赶上了气温骤降的几天，再加上风很大，因而岸边并没有人出没。

　　总体而言，本次出行在朋友们的帮助下很顺利。但在往返口岸的路上给人最深体会的是呼伦贝尔大草原已失去了往日的风采。据统计，近年内蒙古草原退化最严重的就是呼伦贝尔草原。呼伦贝尔草原地区的黑土层非常薄，只有小于或等于 30 厘米。再加上新巴尔虎右旗气候干旱风又大，易发生土壤侵蚀。我们可从随手拍的道路两旁的照片中看得见草场退化的严重性。在路上，笔者回想

路边的景色

路边的景色

起小时候常与伙伴们在草丛中玩"捉迷藏"的一幕，那时真的就如歌里唱的那样"风吹草低见牛羊"。然而看到现在的样子，心里真是五味杂陈。

其实，地球上的每一个存在，都是大自然煞费苦心的造化，都要互为环境，互为条件，互为结构。草场资源如同地球的肺脏一样，它的价值是不容置疑的。我们要知道，"父亲的草原，母亲的河"不仅是对家园的情怀，更是维护边疆安全和国家稳定的关键。

额布都格口岸行

乌日丽格

额布都格口岸位于内蒙古呼伦贝尔市新巴尔虎左旗阿木古朗镇西南 22 公里处，中蒙边境线 1423 号界标处，纬度为东经 118°10'27"，北纬 48°2'27"，原属巴音塔拉嘎查，现归阿镇管辖，与其相对应的是蒙古国东方省巴彦呼硕口岸。由于这里的地形是与膝盖相似的丘地，且拥有一条名叫"额布都格"的溪水，故而称其为"额布都格口岸"。"额布都格"，蒙古语本意为"膝盖"。该口岸是国家一类口岸，主要进口商品为石油、饲草、农畜产品，主要出口商品有大庆境外石油勘探、机械设备以及建材、机电、日用品、粮油副食等。

2017 年 12 月 17 日，笔者从陈巴尔虎旗向新左旗出发。今年的雪并不如往年多，从 301 国道上望去，路上的风景除了一片白色的大地以外偶尔也能看到牧羊人和他的羊群。这尽管有些单调，但被大雪覆盖着的草原并不使我悲伤。因为它使我片刻地忘却了之前连续几年夏季干旱缺水导致的草木难生的场

去往新巴尔虎左旗的路上

景。一路以来，我想象着这片草原从古到今孕育的种种，心里暗暗地祈福今后能够风调雨顺、水草丰盛。

由于是周日，笔者到达新巴尔虎左旗阿木古朗镇以后并没有直接到额布都格口岸，而是去了乌布尔宝力格苏木的 PD 家。我坐在他的车里，一路静静地倾听着他的种种苦诉。由于下雪使得路况更加糟糕，普通的小型轿车很难到达目的地，即使是我们乘坐的皮卡车，也用 3 个多小时才走完 60 公里的路程。到达目的地后，尽管我之前并未见过 PD 的家人，但仍受到了牧民人家朴素而又盛情的款待。PD 的妻子煮了一桌手扒肉，还用肉汤做了大米粥，非常可口。我们聊了一晚上他们的过去，现在的处境，面临的问题等等。由于草产量不足，他们把牲畜运往兴安盟突泉县过冬。第二天在我临走的时候，他们像我的家人一样，叮嘱要注意的事情并祝我一切顺利，我的心里格外的温暖。

2017 年 12 月 18 日，在当地司机师傅的带领下，我从新左旗阿镇向西南 22 公里的额布都格口岸出发，路程不到 20 分钟。总体而言，内蒙古自治区东北部的中蒙口岸普遍纬度较

高，人口稀少，自然资
源丰富。守望内蒙古东
北的呼伦贝尔市有两个
中蒙口岸——阿日哈沙
特口岸和额布都格口岸，
而额布都格口岸以运输
石油为主。2013 年，额
布都格口岸被确定为中
蒙能源合作、饲草合作、
粮食加工、旅游开发口
岸。当天路过大兴安岭
的风口，路上的风非常
大，双道公路的左侧都
被大雪覆盖了。正午的
气温达到零下 32 摄氏度，
下车照相不到一两分钟
的工夫，我的手就被冻

PD 的住所

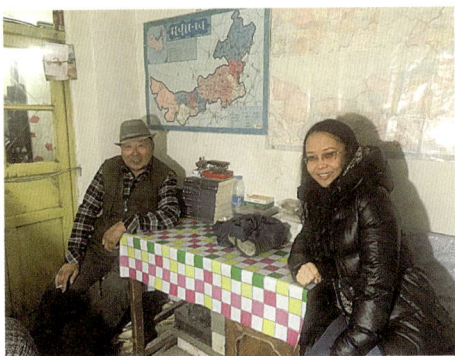

PD 与笔者

僵了。在路上，我看见了一位骑行的牧羊人，不禁被他们顽强
的生存能力折服。据司机师傅介绍，通往额布都格口岸的油漆
路是由大庆石油有限责任公司投资建设，11 月份刚开始正式通
用，之前都是沙石路。到达目的地后，刚好碰见了一连 10 多辆
运输石油的货车。

　　进入边检站时，笔者看见入口处竖立着用蒙汉双语雕刻着
的"中国额布都格口岸"字样的石碑。边检站工作人员向我们
简单介绍了额布都格口岸的基本情况。边检大楼共有三层，一

运输石油的大货车

额布都格口岸边检站

刻有"中国额布都格口岸"字样的双语石碑

楼右侧和左侧分别为出境边检和入境边检，二楼为办公室，三楼为员工宿舍。该关起初是为大庆石油有限责任公司运输石油使用而设，直到 2017 年扩大开放，正式成为常年开放的公路客货运输口岸。

经工作人员告知，我们的活动范围最远只能到界桥上。在那里，我们看到了远处正从蒙古国巴彦呼硕口岸行驶的货车。1939 年震惊世界的"诺门罕战役"，便发生在界桥下的哈拉哈河流域，蒙古国据此将这次战役命名为"哈拉哈河战役"。往日的硝烟已经走远，但这里的各族人民世代居住于此，深知和平的珍贵。今天他们也是守护国家边疆安全和维

护国家稳定发展的重要
力量。总体来说，额布
都格在中国共产党的正
确领导下，其基础设施、
通关能力都取得了巨大
的成绩，通关带来了显
著的经济效益，奠定了
发展边疆地区的文化根
基。但也存在贸易结构
单一，停留于浅层的物
质交流等缺点，在今后
的发展道路上仍有较大
的提升空间。

由于额布都格口岸附
近都是散居的牧户，所
以不熟悉路况的我们返
回到了阿木古朗镇，在
这个只拥有 1.7 万人口
的小镇行走观察了一番。
街面上的各商铺，饭馆
的挂牌上除了蒙汉双语
外还出现了西里尔蒙古

巴彦呼硕口岸

哈拉哈河

文，方便到此旅游或做贸易的蒙古国商客。口岸开关在某种程
度上激发了该边疆地区经济贸易发展的中心作用。但现在天气
寒冷，处于旅游淡季，再加上连续三年干旱影响了当地经济发

三种文字的牌匾

甘珠尔庙

展，居民的消费能力也不乐观，街上少有行人，生意非常冷清。

此外，我们还参观了位于阿木古朗镇西北20公里处的甘珠尔庙。早在1734年，新巴尔虎蒙古人从喀尔喀蒙古车臣汗部迁到呼伦贝尔地区时就有157名喇嘛。为进一步削弱蒙古势力，清政府在呼伦贝尔地区拨银建设了许多庙宇。甘珠尔庙即是在当时的时代背景下于1785年建成。此庙于乾隆五十年建成并由乾隆亲笔撰写"寿宁寺"匾额，因曾收藏过蒙藏文《甘珠尔经》，又得名为甘珠尔庙。由于各种历史原因甘珠尔庙曾一度被毁，于2001年得以重建。此庙建筑风格以中原、蒙古、西藏三种风格为一体，三种文化元素和谐并存。

笔者作为呼伦贝尔市陈巴尔虎人，本以为很了解新巴尔虎的当地情况，然而我惊奇地发现无论是在日常生活上还是在民俗活动中乃至群体性格上都有微妙的差别。这使我更深刻地领悟到"一方水土养一方人"这句话，体会到人文"万象共生"之魅力所在。总体而言，在传统与现代交织中前行的这片草原充满着希望和挑战。真心祝福这片草原风调雨顺，祝愿这里的人幸福安康！

阿尔山口岸行

乌日丽格

一、阿尔山市概况

阿尔山口岸位于内蒙古自治区兴安盟阿尔山市向西 45 公里处，与蒙古国松贝尔口岸相对应，是国家一类季节性开放公路口岸。阿尔山，系蒙古语，意为"圣水"。笔者自小就听说阿尔山自然风光优美，具有"绿海明珠""东方小瑞士"等许多美誉，但一直都没机会去。终于在 2018 年 6 月 12 日，笔者以撰写"阿尔山口岸行"为契机踏上了从海拉尔开往阿尔山市的火车。由于呼伦贝尔地区近几年连续大旱，望着窗外落寞的草原，想起小时候"风吹草低见牛羊"的美景，便不由地悲伤起来。下午 3 点多钟，我们抵达目的地——阿尔山站。阿尔山火车站建于 1937 年，是一座日本宗教与民居相结合的东洋风格的二层日式建筑，目前保存完好且仍在使用。

阿尔山火车站

　　沿着我国东北部的中蒙边界，从北往南，第三个中蒙口岸就是阿尔山口岸，阿尔山市也是自满洲里、二连浩特之后的第三个边境口岸城市。阿尔山市建于1996年，总面积7408.7平方公里，总人口6.8万人，是由蒙古、汉、回、满、朝鲜、达斡尔、苗、壮、锡伯等13个民族组成的多民族聚居地区。笔者已好久没有闻到绿草鲜花的味道了，走在阿尔山的大街上，绿草鲜花的清香迎面扑来，平复了我久久不能释怀的心结。阿尔山市没有城市的喧哗吵闹，反而格外的安静。它四面都被树林环绕着，真是名副其实的"自然氧吧"。

　　阿尔山市因其优越的自然环境、自然资源和独特的民族文化、历史记忆而拥有非常发达的旅游业，每年慕名前来休闲度假的游客数量更是惊人。它拥有一个5A级景区、一个世界地质公园、两个国家森林公园、三个国家湿地保护区和一个国家重点风景名胜区。旅游业是拉动该地区经济发展的主干力量，也是阿尔山口岸最为突出的特点。2017年全年游客突破300万次，全年旅游业收入38.52亿元，"走旅游路、吃旅游饭、发旅游财"正逐渐成为阿尔山人的普遍共识和自觉行动。目前，全市6.8万人口中近4万人口直接或间接从事旅游行业。

被树林环绕的阿尔山市

阿尔山市街景

二、阿尔山旅游景区

　　第二天上午，笔者在朋友的带领下向阿尔山口岸出发。由市区通往口岸的道路是长为 28 公里的三级柏油路，路况非常好，但目前还没有直接通往口岸的公共交通工具，想要到口岸就必须乘坐旅游大巴或者打车或者自驾。到达阿尔山口岸之后我们得知今天内蒙古自治区巡查组正在执行任务，工作人员告诉我们可以在下午 2 点之后再过来，所以我们不得不临时改变计划，先到景区参观。

　　路上，我们途经位于阿尔山以北 25 公里的一座著名的山，

去往阿尔山口岸的路牌

玫瑰峰

　　因山体呈红褐色而得名玫瑰峰，当地又称"红石碰子"。它们的形态各异，雄伟壮观，就好像是保护这片土地的勇士们。距今1.54亿年前，地下深层岩浆运动在地表下形成了这片岩体，后来经过地质运动，花岗岩不断被抬升露出地表，经历了长年累月的风吹日晒形成了今日景观。它们形态各异，犬牙交错，蔚为壮观，就好像是保护这片土地的勇士们。

　　由于目前还处于防火期，因此进入景区之前所有车辆都必

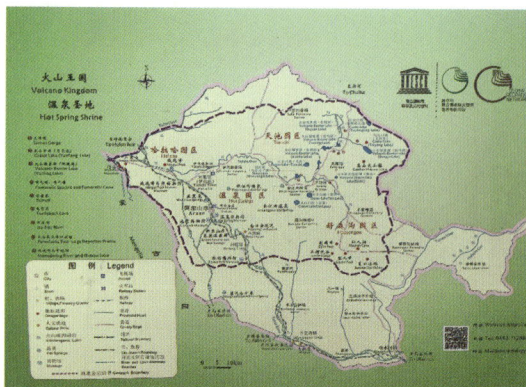

阿尔山各景点分布地图

天池石碑

须办理防火证。我们按照要求办好防火证后向景区奔驰而去。而景区内只能徒步参观且各景点相隔较远，因为时间关系我们选择参观较为著名的两个景点——天池园区和哈拉哈园区。

天池形成于30万年前。当时由于火山喷发时上涌的岩浆与地下水相遇后产生爆炸形成了火山口湖，海拔1332.3米，低于吉林省长白山天池和新疆天山博格达峰天池，位居全国第三。它位于阿尔山市温泉街东北74公里的天池岭上。椭圆形的湖水东西长450米，南北宽300米，面积13.5公顷，但没有人知道它到底有多深。天池就如同阿尔山的眼睛，清澈而圣洁。

哈拉哈河，《蒙古秘史》中记载"合勒合河"，系蒙古语，意为"屏障"，蒙古喀尔喀部也是以此命名。第二次世界大战的亚洲战场上，1939年震惊世界的"诺门罕战役"对日军放弃"北进"具有不可忽视的作用。在蒙古国因其发生在哈拉哈河流域而称之为"哈拉哈河之战"。除此之外，也有许多历史事件发生在哈拉哈河流域。例如，1201年，由于铁木真与王罕联盟其势力逐渐强大，弘吉剌、亦乞列思、豁罗剌思、朵儿边、合答斤、撒勒只兀惕、札答剌等部落联盟并推举札木合为"古尔罕"。双方在今内蒙古呼伦贝尔市境内海拉尔河交战，铁木真击退了联军。次年，铁木真继续向居于今哈

哈拉哈河

哈拉哈河源头

拉哈河上游努尔根河的察罕塔塔儿、按赤塔塔儿部进军并将他们赶至今内蒙古东乌珠穆沁旗乌拉盖河一带。由此可见，从古至今哈拉哈河流域拥有得天独厚的地理优势，具有重要的战略意义。

三、阿尔山口岸

哈拉哈河流域，自古以来是穿越蒙古高原，走北口进北京的必经地区。1947年，内蒙古自治政府鉴于阿尔山的地理、资

源等各方面的优势，设立了负责内蒙古人员赴蒙探亲和从事双边贸易事宜办事处。在地缘、血缘、姻亲和历史传统等多方因素的共同作用下，双边的边贸活动和民间来往十分频繁和密切。1951 年，中国政府由于当时动荡的国际关系和时代的特殊需要，将维护国家稳定和安全放到首要位置，撤销了阿尔山办事处。时隔 40 年后的 1992 年，内蒙古自治区人民政府终于批准阿尔山口岸为季节性对外开放的边境贸易临时过货点并于次年完成首次过货，主要进口货物有羊毛、羊绒、驼毛、皮张、废钢铁等，主要出口面粉、大米、白糖、布匹、胶合板、小四轮、磨面机和电视机等日常用品和轻工产品。2004 年，中蒙两国通过协商将其确定为国际性季节开放口岸。2012 年 12 月阿尔山口岸通过了国家验收并成为国家一类口岸，于 2013 年 7 月 15 日至 10 月 1 日实现临时集中开放。2014 年 6 月 1 日至 9 月 30 日正式开放。自 2018 年起，开放时间为每年 4 月 1 日至 11 月 30 日。

　　如今，阿尔山口岸开关已有近 30 年的光景，其基础设施建设和通关能力都取得了巨大的进步。2007 年至 2018 年，口岸建设累计投资 2.38 亿元，建设了联检大楼、国门、跨境大桥、熏蒸库、会谈会晤站、出入境停车场、出入境货物监管区等各项基础设施。2015 年，通过改造阿尔山机场按国际机场进出港流程实现阿尔山直飞蒙古国首都乌兰巴托临时旅游包机，开放期间共执行了 9 次航班，累计出入境旅客 413 人次。除此之外，"两山"铁路，即"乔巴山—阿尔山"铁路已经纳入国家发改委编制的"一带一路"倡议《中蒙俄经济走廊》规划。"两山"铁路建成后，将构成由珲春经长春、乌兰浩特、阿尔山乔巴山至

路边美景

阿尔山口岸

入境的蒙古国面包车

国门

界桥

努尔根河景色

俄罗斯赤塔，与俄罗斯远东铁路相连接的一条新欧亚大陆桥，
使内蒙古、辽宁、吉林乃至日本、韩国和朝鲜等获得向蒙古、

俄罗斯及欧洲的口岸通道。

　　阿尔山口岸行结束后回程的路上，望着窗外的一草一木，意识到人只有在亲近大自然，听她的声音，看她的景色，嗅她的味道，共处与她创造的万物时，才能意识到自己的渺小。我相信这种对自然的回归和对自然的归属感是强化人们对自然的责任感的源泉！

珠恩嘎达布其口岸行

乌日丽格

  2018 年 6 月，结束阿尔山口岸行之后，笔者怀着激动的心情乘火车前往锡林郭勒盟。下一个调研目的地是位于内蒙古自治区锡林郭勒乌珠穆沁大草原北部的珠恩嘎达布其口岸。乌珠穆沁草原被称作蒙古族搏克之摇篮。草原儿女对乌珠穆沁草原的第一反应无一不是"锡林好汉"与"乌珠穆沁搏克"。巴雅尔巴特尔是国内外搏克爱好者人所共知的大明星，更是锡林郭勒人民的骄傲。

  在路上，笔者向一位老朋友咨询去往口岸的道路情况，不料，被这位"锡林好汉"从"白音花"站"劫走"去往西乌珠穆沁旗，感受了一番"乌珠穆沁式"的接待。同很多老友聚会一样，那天我们也回忆起共同度过的美好时光，增进了彼此之间的友谊。尽管自大学毕业后我们就各奔东西，各自都有各自忙碌的事情。但值得庆幸的是，时隔 5 年后的我们在重逢之际并没有感觉到任何的隔阂或疏远。第二天本打算一早向本次口

乌里雅斯太镇街景

乌珠穆沁广场

岸行所在地——东乌珠穆沁旗（下文简称"东乌旗"）出发，然而或是出于被"乌珠穆沁式"接待的盛情所感染——西乌旗的美酒留远客，笔者不得不用一段时间做身体上的缓冲调适，所以到达东乌旗中心镇乌里雅斯太镇时夜色已深。但小镇街上人来车往，非常热闹。尤其是乌珠穆沁广场，这里是当地休闲娱乐健身中心。

　　第二天早上，笔者在朋友们的带领下向珠恩嘎达布其口岸出发。珠恩嘎达布其口岸位于东乌旗所在地——乌里雅斯太镇以北 68 公里，中蒙边境线 1046 号界碑处，与蒙古国苏赫巴托省毕其格图口岸对应相望。珠恩嘎达布其，系蒙古语，意为"东门槛"，史称"蒙马处"，是历史上北部草原地区友好相处、商贸往来、文化交流的重要通道之一。1988 年 9 月，珠恩嘎达布其口岸被内蒙古自治区政府批准为临时过货点。1992 年经国务院批准，该口岸成为一类季节性开放口岸。2004 年中蒙双方

确定珠恩嘎达布其口岸为全境对外开放口岸后，2006 年国务院
又将其批准为国际性常年开放的边境陆路口岸并于 2008 年正式
实现常年开放，成为继二连浩特之后我国对蒙贸易第二大国际
性常年开放的陆路口岸。现今口岸主要进口大宗货物有原油、
煤炭、萤石、铁精粉等矿产品和饲草、屠宰用马、观赏马、洗
净绒毛、加工皮张等农畜产品；出口货物主要有建材机电、瓜
果蔬菜、日用百货等商品。

　　珠恩嘎达布其口岸处于二连口岸和满洲里口岸的中间地带，
具有显著的地理区位优势：对外辐射蒙古国及俄罗斯，是连接
欧亚大陆桥最便捷的出海口；对内它是环渤海重要经济中心，
又是振兴东北老工业基地的资源接续地。该口岸由起初的边民
生产生活用品的小额贸易口岸逐渐发展成交易矿能产品、畜牧
业产品、建材机电、生活用品的综合性口岸。我们从乌里雅斯
太镇的城市建设和市井民生风貌中明显感觉到这一点。乌里雅
斯太镇与同为边境镇的呼伦贝尔市新巴尔虎左的阿木古朗镇、
新巴尔虎右旗阿拉坦额莫勒镇相比人口更多，经济服务门类也
更为广泛。从表面上来看，它貌似只是多了几条街，规模较大
而已。但实际上，乌里雅斯太镇"五脏俱全"，城镇功能区结构
更为复杂。而阿木古郎镇和阿拉坦额莫勒镇的经济发展程度稍
显落后，城区结构较为简单。究其原因，简单来说一方面是因
为呼伦贝尔边疆地区人口较少，地理位置偏远；另一方面是因
为近年该地区的经济和城镇化发展类型属政策推动型，而非内
需扩大型。

　　遗憾的是我们抵达目的地后才得知口岸正在执行"禁令"，
因此只要在口岸区外围徒步观察以窥其之名状。与呼伦贝尔草

从乌里雅苏太镇到珠恩嘎达布其的路牌

珠恩嘎达布其口岸

国门

边疆草原景色

原的地貌相比，这里则更多地呈现出半山丘陵草场的壮阔景象。虽没有呼伦贝尔草原那般一眼望去的宽广，却别有一番风味，但令人担忧的是草场退化现象仍很严重。

　　在了解到口岸相关情况后，我们离开口岸区朝离此不远的嘎达布其镇驶去。该镇建于2004年，它的情况与阿日哈沙特镇的情况接近，除了办公人员以外基本上没有普通居民在此生活居住，诚可谓之"空城"。显然，口岸城镇的发展不仅要依靠大量资金、基础设施等硬件的投入，更要与口岸现实特征相结合，依靠地方不同文化需求、经济方式的特点，进行有血有肉的"软件"建设，向广大的普通老百姓"开门"，才有望切实摆脱"空城"之状。

　　总体而言，以自然资源为主，缺乏文化交流、脱离普通民众是内蒙古自治区东北部几个中蒙口岸的"通病"。每当笔者询问口岸的开启与关闭对他们生活有什么变化时，受访者总会回答说"其实没有多大变化"。因此，为进一步了解嘎达布其一带的情况，回到乌里雅斯太镇后笔者采访了东乌旗元顿老人。这位老人是东乌旗在新中国成立后历史发展的亲历者，笔者向他请教并了解到更多 1992 年通关之前的相关情况。老人告诉笔者，自古以来，珠恩嘎达布其是运输茶叶、黑马、盐的重要交通枢纽。在清代，旗与旗之间的交流相当封闭，没有自由交

嘎达布其镇街景

口岸超市和口岸音乐烤吧

元顿老人与笔者

流的机会。他幽默地说："当时的交流是通过少数的锡林好汉抢夺来实现的。"元顿老人回忆在1945年左右，当时东乌珠穆沁部分人迁至现蒙古国东方省"斯日古楞苏木""克鲁伦苏木""巴音图门苏木"地区，而西乌珠穆沁部分人迁至现蒙古国苏赫巴特尔省"额尔德尼查干苏木"地区，这些地区都与东乌旗接壤。1949年到60年代，我国通过珠恩嘎达布其引进蒙古国黑马用于农业生产活动，向蒙古国出口锅碗瓢盆等日常生活用品。后来到了"文化大革命"时期，两国之间的交流曾一度中断了，直到1992年珠恩嘎达布其口岸通关后才得以恢复。"1992年通关后我们开始寻亲，老百姓之间的交流逐渐多了起来。"元顿老人说道。

但根据我们之后的采访调查，笔者得知尽管现在两国之间各领域交流逐渐增多，可对满足普通民众的需求方面仍显不足，这一点还需要该口岸继续做出调整。按元顿老人的话说："现在两国之间更多处在浅层的物质交流，并没有上升到文化交流，而实际上普通民众更需要文化上的交流。"他还提到为创建类似"巴尔古津"那达慕和"altargana"节日（两者属跨国民族"巴尔虎""布里亚特"文化交流活动）的文化交流活动做了很多努力，但收效甚微。诚然，目前中蒙两国之间的交流大多数是政策推动型的物质交流，一旦失去国家政策扶持，口岸将很难得到进一步发展，就更不用说口岸城镇的发展了。笔者认为，口岸的发展不仅要依靠政策外力的推动，更要依靠民族文化、民众生活所需二等软实力的内在推动。

二连浩特口岸行

秦泊良

　　二连浩特口岸位于中国的正北方、内蒙古自治区中部，它坐落于内蒙古锡林郭勒盟二连浩特市西北部的中蒙边境线上，是我国对蒙古国开放的最大陆路口岸，也是我国通往蒙古国唯

二连铁路口岸国门

一的铁路口岸。随着二
连浩特主动融入国家"一
带一路"倡议和中蒙俄
经济走廊建设，二连浩
特口岸将会发挥更大更
好的桥梁纽带作用，也
会给口岸所在地的发展
带来契机。

二连站指示牌

　　"二连"一名，来源于今二连浩特市区东北9公里处的二连盐池。二连盐池，蒙古语称"额仁达布散淖尔"，"额仁"有"海市蜃楼"之意，"达布散淖尔"意为盐湖。"二连"系蒙古语"额仁"的讹音转写。"浩特"在蒙古语中意为"城市"，这种以蒙古语对当地的称呼并进而发展成正式地名的现象在我国北部与西北疆域十分常见。

　　时值寒冬，笔者一行由呼和浩特乘坐T4202次列车前往二连浩特。经过一夜的颠簸，伴随着太阳的升起将第一缕阳光洒向塞北广袤的大地，凛冽的寒风与二连站内仍旧照亮的执勤站灯光交织出让人静栗的感觉。这是我第一次来到边境口岸，在

呼和浩特车站以及开往二连方向的 T4202 次列车

来的路上我曾多次想象着作为一个边境口岸城市该是怎样的面貌，而现在，二连浩特这座塞北边境城市的神秘面纱即将被我们揭开。

从二连车站出来，车站门口是一个不大的广场，国际候车室与国内候车室呈西北—东南向顺序分布，整个车站位于二连市区的最东北方向。由于正值大年初五，站前广场上停着稀稀拉拉几辆小轿车，除了从车站中走出的旅客几乎再没有人流。

二连车站站前广场以及站前广场上的二连国门模型

天还未亮的二连街头

车站广场的另一边摆放着内蒙古各口岸国门的木制模型。在这里，我对口岸国门等边境建筑有了进一步的认识。

由于天还未亮再加上正值春节假期，我们在车站边转了很久都没有找到能吃早餐的地方，没有办法，我们只能先找了一家旅馆并在前台买了泡面等食品充饥。旅馆老板娘是吉林人，经在二连做生意的老乡介绍嫁到了这里，现年已经50多岁了。老板娘告诉我们这里很多人都不是本地人，大多数居民都来自邻近的河北、山西以及东北各地。

稍作调整后我们先前往二连浩特铁路口岸。我们下车的地方其实就是二连浩特铁路口岸的联检区域，而二连浩特铁路口岸国门所在的区域则为集（宁）二（连）线我国一侧最北面的区域，这座口岸国门也已被开发为边境旅游景区。由于二连铁路口岸国门距二连市区不到3公里，因此我们决定步行前往。在路上我们顺便游览了二连市容，这座城市里高层建筑不多，且还有很多建筑带有俄式风格。在南北主道路上我们发现

二连市内带有俄式风格的街头建筑

最多的店铺当属旅行社、信息部、修车铺以及饭店，虽然很多店铺并没开门营业，这反映出在二连服务这条"通道"的店铺是这座城市经济的主体形式。而所有店铺的招牌上都同时写有三种文字，即汉字、回鹘式蒙古文以及西里尔蒙古文，这些都真实地反映出二连与其相邻的蒙古国在经济文化交流上的密切联系。

到了城北快要靠近边境线的位置，道路逐渐开阔，建筑间的间距也较城南更为开阔。在这里我们看到了蒙古国驻二连浩特领事馆、二连浩特蒙古族幼儿园等建筑，这些建筑都带着鲜明的东欧俄式风格。而在伊林大道的最北端延伸出的两个方向的道路，如果向西北方向前进可到达二连公路口岸，向正北方向则将到达二连铁路口岸，我们先前往二连铁路口岸国门方向。

蒙古国驻二连领事馆以及二连蒙古族幼儿园

二连浩特铁路口岸国门景区建设得十分气派，通往蒙古一侧的铁路线从国门建筑下穿过，由于春节及气候的原因景区内游客并不多，景区内也仅有执勤的边防武警人员以及景区工作人员仍在坚守岗位。经过与景区工作人员的交流我们得知：铁路口岸的建设既成为二连浩特市区发展的雏形，同时还是带动二连浩特发展对外运输贸易的不竭源泉。在二连火车站，有宽准轨、轮场区 3 座信号楼、6 个行车室。客运站台 3 座，客车换轮库 1 座，国际客运联检楼、国内候车室各 1 座。货物交接换装（装卸）作业区有国内货场、人力换装区、机械换装区、外围作业区、新旧货场换轮库各 1 座、液体化工换装站 1 座，机械区配备门式起重机 22 台，货物仓库 4 座，货物站台 6 座。通过查阅相关数据信息我们得知：2016 年，二连铁路口岸进出境中欧班列 166 列，7734 标箱，总重 86509.8 吨，同比分别增长 115.58 %、136.64 %、181.54%，货值 79566.55 万美元。2016 年，二连浩特铁路口岸进出境货运量 1231.6 万吨，同比增长 14.2 %。进出境客运量 15.1 万人次，同比

一列停靠在二连国门下方的蒙古国火车

二连国际候车室以及一列停靠在二连站内的国际列车

二连口岸 815（1）号界碑以及成"品"字形分布的三块界碑

站在二连国门上远眺蒙古国边境城市扎门乌德

减少 20.5％；进出境列车 8688 列次，同比增长 8.6％。现在的二连浩特铁路口岸承担着对蒙古国贸易 60％的运输任务，开通了自郑州、成都、重庆始发至欧洲的中欧国际货运专列，成为连接欧亚的大动脉。

　　之后，我们绕过国门建筑来到 815（1）号界碑前，在这里我们发现在铁路线中间立着三块相同的界碑，它们呈"品"字形坐落在两国国境线之上。由于是陆地边界，三条铁丝网在广袤的塞北荒漠上延伸向远方。我们进入铁路国门，原来铁路国门建筑里已经被建成了景区博物馆，里面陈列着二连车站的建设发展史以及二连曾经作为塞北茶叶之路驿站的过往史。登上国门建筑顶层，可以清楚地看到蒙古国一侧扎门乌德的大致景象。

　　离开铁路国门景区我们又前往公路口岸，相比铁路口岸公路口岸则略显简单，白色的公路口岸联检大楼坐落在边境我国一侧，上面用汉、回鹘体蒙古、西里尔蒙古、英四种文字标注这里是"中国二连"。由于春节的影响人流车流均不多，这期间笔者仅见到几辆挂着蒙古国牌照的越野车通关进入二连。经过和工作人员的交流，我们得知：二连浩特公路口岸于1992年开通试运行，它是在中蒙两国铁路员工通勤通道的基础上改建的。公路口岸总占地面积为34.3万平方米，最大通过能力为货运240万吨，客运300万人次。新建联检区设有四进四出八通道，实现客货分流。公路口岸新联检区集通关查验、仓储运输、生活服务于一体，可一次性完成报关报检和稽费征缴工作。我们查阅相关资料得知：2016年，二连浩特公路口岸进出境货物204.1万吨，同比下降40%；进出境人员195.5万人次，同比增长19.8%；进出境车辆48万辆次，同比增长9.2%。此外，在公路口岸周围我们还发现口岸区南侧配套建设有公路口岸环宇出口物流园区、汇通进口物流园区、二连浩特市公路口

二连公路口岸国门联检大楼

笔者在二连边界线边与国旗留影

岸边民互市贸易区等对外贸易集散设施，这些都为公路口岸的发展建设提供更广阔的空间。

　　离开二连公路口岸，我们沿伊林大道往城区方向走去。在路边我们发现很多旅行团的宣传信息，在二连中国旅行社我们了解到二连浩特口岸依托边境口岸特色，大力发展国门景区和边境旅游项目，并开通了赴蒙古、俄罗斯的境外旅游线路；1992 年二连口岸开发边境通行证，进一步刺激了边境游项目的蓬勃发展。在二连可以方便

二连浩特中国旅行社及其宣传展板

地兑换到价格实惠的图格里克，用最快的时间办理好蒙古国签证，对更多乐于穷游和火车游的最大吸引之处，在于从内地各城市出发先到二连，经过二连—扎门乌德的短途国际联运列车再买扎门乌德至乌兰巴托的蒙古国内火车票可以大幅降低成本，这也使二连成为国内自由行或普通民众前往蒙古务工的首选口岸城市。

笔者杯子中的水已冻成冰

　　回来的路上，当我想打开水杯喝水时惊奇地发现水杯中的水竟然已经冻成了冰块，在步行丈量二连土地的同时我也深刻地感受到塞北气候环境的艰苦。几年前曾看到有新闻说在黑龙江漠河坚守边关的边防战士皮肤被冻裂的报道，今日一见果然名不虚传，能够在这样艰苦的环境下仍然坚守，我打内心深处向他们表示崇高的敬意！

　　在二连浩特口岸，通关往来次数最频繁、需求最大的是两边社会的商人群体。二连浩特以商贸立市。由于蒙古国自身工业、加工制造业水平比较低，价格便宜、种类多样的中国产品成为蒙古国商人主要贩运的物品，而他们中的大多数也正在经历从"行商"转为"坐商"，甚至定居在二连浩特。而大量中国商人尤其是福建、浙江的商人也非常看重二连的对外贸易商

二连某超市内售卖的奶制商品以及停靠在街头的蒙古籍车辆

机，笔者在二连时曾发现大量二连的商家都以福建、浙江人为主，从事的贸易从服装、家电到牛肉干、奶制品等商品，甚至他们中的一部分选择在二连与当地人结婚定居，这样可以降低语言文化方面对蒙古国贸易的困难。

虽然二连口岸现在仍存在许多问题，如口岸基础建设较简单薄弱、口岸依托城市南北经济面貌差异较大、受国际关系影响波动较大等问题有待于进一步提升，但随着国家"一带一路"倡议的逐步落实和中蒙俄经济走廊建设加快推进的不断深入，二连浩特口岸深入推进重点开发开放试验区、中蒙边民互市贸易区建设，区位优势不断凸显，这不仅对本地发展带来机遇，也能够更好地发挥二连口岸作为国家门户和桥梁、窗口的积极作用。

满都拉口岸行

朱璧莹

　　读研期间的三次口岸行，于我而言不仅见识了边疆的黄云白草，目睹了国门的威严神圣，了解了口岸的风土人情，更是学业的充实和对于生活新的探索和感悟。2017 年 4 月，我第一次随导师和其他三位同门驾车开启为期十天的兰州——满都拉——巴格毛都——甘其毛都——策克——兰州的口岸行，其中巴格毛都口岸因沙化等多种原因我们最终没有找到。2017 年 7 月因毕业论文选题再次前往甘其毛都口岸三个月。2018 年 7 月为参加导师项目及毕业论文资料的补充再次独自乘车开启为期一个月的兰州——策克——乌力吉——甘其毛都——满都拉——兰州的口岸行，其中乌力吉口岸因需乘公共汽车前往，且口岸处于建设阶段，路况不好，交通不便，加之 2018 年雨水充沛抗洪工作的加强最终也没有到达，得到的资料及所见所闻寥寥。所以，在此和大家分享满都拉口岸、甘其毛都口岸、策克口岸状况及沿途所见所闻。

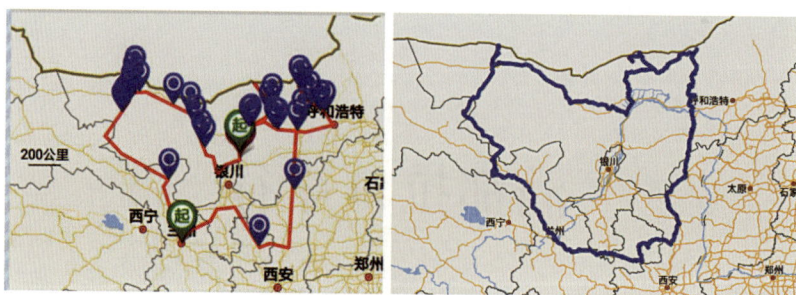

2017 年乘车口岸行路线图及 2018 年驾车口岸行路线图

平坦笔直的公路

满都拉口岸、甘其毛都口岸、策克口岸为内蒙古自治区西部自东向西其中三个中蒙边境口岸。它们在地理位置上，均地处荒漠戈壁地带，自然环境相似；在对外开放对象上，均对应蒙古国口岸；在国内政策上，均依托于国家或内蒙古自治区对外开放政策；在对外环境上，均受蒙古国政策的影响；在进口类别上，主要进口货物均为煤炭；在语言交流上，因各口岸均雇佣蒙古籍司机，因此均面临着蒙语与汉语之间的沟通问题。除了这些相似的情况，又各有特点。

满都拉口岸位于包头市达茂旗满都拉镇中蒙边境 757 界碑处，与蒙古国杭吉口岸相对应。1992 年内蒙古自治区人民政府批准满都拉口岸为季节性对外开放二类口岸；2002 年 12 月 23 日实现首次开放；2009 年 2 月，国务院同意口岸对外开放，性

质为双边季节性开放的
公路客货运输口岸，同
年实现对矿产品、机械
设备和施工人员出入境
临时开放；2011 年，满都
拉口岸基础设施通过自
治区验收；2012 年 3 月，
北京军区批复同意满都
拉口岸常年对外开放，
同年 12 月 7 日，通过对
外季节性开放国家验收；
2013 年 12 月，口岸检验

满都拉口岸界碑

达茂旗风景

检疫核心能力建设通过国家验收；2014 年 2 月 21 日，蒙古国政府第七次会议同意杭吉——满都拉口岸常年开放。

2017 年 4 月，徐黎丽教授带领 4 名学生驾车前往满都拉口

固阳县秦长城遗址

成群的骆驼、牛、驴、马

白云鄂博矿区

岸。我们并没有因为行程的漫长而昏昏欲睡，相反，再见黄土高原，翻过阴山到达蒙古高原一路北上，沿路变化多样的风景倒是让我们饶有兴致，不断遇见成群的骆驼、牛、驴、马令我们激动不已，因国道210线连通白云鄂博和满都拉口岸，我第一次见到了在地理书上学到过的白云鄂博。

路上我们注意到由于从满都拉方向来的大货车都是重车，所以来向路面较去向路面低且不平整，去向路况较好。虽然一路上我们尽量稍作休息就尽快赶路，但直至傍晚我们从"追太阳的人"变为"赶在太阳前面的人"时，意识到我们距离满都拉口岸还很远。

到达满都拉镇时已经是晚上8点，镇子上灯火阑珊不是很热闹的样子。安排好住宿，吃过晚饭后，疲惫的一行5人早早休息，以保证第二天的精力充沛。

2017年4月主要了解了满都拉镇，满都拉口岸因时间短促

满都拉方向来的载重货车

傍晚沿途风景

了解甚少。2018 年 8 月我再次返回满都拉镇时，有幸联系到相关工作人员，才得以进入满都拉口岸，满都拉口岸及满都拉镇的基本状况才得到了更多的了解。

百灵庙——满都拉镇的班车

2018 年 8 月，由于我是乘车出行，在巴彦淖尔市区的时候，找不到去满都拉口岸的车，经过询问才知道，百灵庙是达茂旗旗府所在地，大巴车信息公布的是去往百灵庙的车次。满都拉镇离满都拉口岸还有 20 公里的路程，只有百灵庙到满都拉镇的班车，

班车内捎带的货物比乘客多

一天两趟，没有直达口岸的班车，公共交通较为不便，但路况良好，驾车前往较为方便。由于班车路线经过牧区，司机也乐于答应给别人捎带东西，班车上捎带的货物比乘客还多，虽然拥挤但是这样温暖的氛围也一样让人欢喜。

镇子上主要经营的店铺有饭馆、汽修行业、进口商品商店、蒙古奇石等，其中奇石交易是满都拉口岸的一大特色。2017 年 4 月我们到满都拉时，镇子上经营奇石交易的场所较多，但

满都拉镇街景

2018 年 8 月再次返回时奇石交易已较为萧条，没想到当时吃早饭的百吉纳老板还记得我，很热心地跟我聊了满都拉的状况："口岸批准常开不长时间我就来镇上开店了，已经三年多了，刚开始人还挺多，包括去年生意都很多，这个口岸发展的不快，很多蒙古国的人过来到这边没有什么事情做，慢慢地就不来了，越不来人越少，人越少越难发展，尤其是今年我这个店里生意明显不如往年了。"

　　2018 年 8 月 20 日，几经周折的我终于联系到进入满都拉口岸的工作人员和去口岸的便车。2018 年雨水充沛，达茂旗也不例外，一位当地人告诉我："我长了二十几岁第一次见这么大的雨，这么多的雨，你应该看到旗上的防洪临时帐篷了吧，这

蓝天、白羊、草原、沙地

满都拉口岸欢迎语

段时间好多单位都忙着防洪工作，虽然洪水造成了一定的损失，但整体上今年的牧场也算是格外的绿。"沿路上蓝天、白羊、草原、沙地形成了鲜明的色彩对比，十分养眼。

　　初到满都拉口岸，看不到零散的小商店，只能看见联检大楼、游客中心和口岸工作人员的生活区。根据工作人员介绍，口岸先后建成综合业务楼、联检楼、检验检疫查验场所、边检中队营房、海关监管场所、电子卡口、"一关两检"独立监控系统、红外报警系统，以及"五进五出"货运通道、综合服务大厅、界碑广场、游客服务中心、停车场和游客通道等设施。完成了满都拉镇至口岸20公里10千伏输变电线路工程；建设了口岸供水系统，包括2眼井，1个水塔及净化水系统；满都拉镇至出境点20.8公里疏港黑色路面工程，确保了车辆畅通、高效、快捷通行；此外，中蒙互市贸易区占地0.8平方公里，配套建设跨境电子商务区、展示区、交易区和公共服务区，总投资5.73亿元；保税仓储区、公路物流园区二期等项目进展顺利，口岸基础设施及通关条件逐步完善。同时，为推动边境口岸旅游项目，努力打造以口岸界碑、国门为主要景点和以餐饮、住宿、购物为主的口岸旅游景点，发展边境口岸旅游业。2013年，

进入口岸全貌

投资 348.8 万元建设占地面积 4028 平方米界碑广场、旅游通道等工程。2015 年 8 月开始界碑旅游试运营。

国门及远处的联检大楼

满都拉口岸国门

满都拉口岸的干净的运煤专道

环保型封闭式仓储大棚

　　同样是主要进口煤炭的口岸，满都拉口岸显得格外整洁有序。据工作人员介绍，满都拉口岸为有效避免煤灰漂浮污染，铺设了6公里的煤炭专用通道，且定时给路面洒水，还建立了环保型封闭式仓储大棚，并正在升级卸煤技术以达到提高大棚有效利用空间的目的。满都拉口岸自2009年临时开放至2014年底，口岸累计进出口货物131.4万吨，贸易总额6.4亿元，出入境人员40.4万人次、车辆12.5万辆次。2015年4月17日，国务院批准满都拉口岸为双边性常年开放公路客货运输口岸，8月28日通过国家验收，12月1日实现常年开放。2015年1—11月，进出口货物21.545万吨，贸易总额4027.63万元，出入境人员3.95万人次、车辆1.63万辆次。2016年，口岸进出口货物80.1万吨，贸易总额3.17亿元，均创开关以来历史最高。2017年1月至5月10日，2017年口岸进出口货物98.4万吨，贸易总额5.01亿元，

建设中的满都拉肉类口岸基础设施

出入境人员 2.9 万次、车辆 1.4 万辆次；2018 年 1—8 月，口岸进出口货物 198.2 万吨，贸易总额 9.15 亿元，出入境人员累计 4.7 万人次，车辆 2.1 万辆次。

满都拉进口指定肉类口岸项目位于满都拉口岸的西南侧 6 公里处，总占地面积 89447.17 平方米，主要建设项目有：办公楼、集装箱待检和扣留区、冷链查验和储存一体化设施、检疫处理场所、视频监控、信息化等相关配套设备（喷淋、消毒等设施设备），以及大门、道路、水、电、暖、通风、排污工程及硬化、绿化等室外附属工程，总投资 1.5 亿元，正在积极建设中，未投入使用。

两次满都拉口岸行或许是因为蒙古国的那达慕节日，许多蒙古国人回国过节未返而给我口岸人变少的感觉，但毕竟是年轻的新常年开放口岸，需要时间去完善基础设施，也正因为它年轻才会比老口岸更便于新技术应用，避免走老口岸走过的弯路，更高效高速地发展。满都拉口岸是呼、包两市通往蒙古国最近的陆路口岸，是内蒙古自治区、包头市连接蒙古国、俄罗斯乃至东欧的重要贸易通道和向北开放的前沿阵地。满都拉口岸也编制了"集口岸商贸、商务、文化旅游、现代物流、生态居住为一体的边陲小镇"的规划。此外，白云鄂博——满都拉口岸——蒙古珠恩巴音铁路建设和畜产品加工区也是满都拉口岸的优势。让我们一起期待满都拉口岸在跨国贸易、边疆安全等领域大显身手。

甘其毛都口岸行

朱璧莹

甘其毛都，汉语意为"一棵树"。甘其毛都口岸也称甘其毛道口岸，位于巴彦淖尔市乌拉特中旗甘其毛都镇中蒙边境线703号界标附近，原称"288口岸"，与蒙古国嘎顺苏海图口岸相对应，中蒙边境线长92公里。

1989年12月20日甘其毛都口岸被内蒙古自治区人民政府批准为对蒙边境贸易临时过货点。1990年2月23日，口岸在临时搭建的蒙古包中实现首次过货。1992年6月4日，被国务院批准为国家陆路一类季节性双边口岸，同年7月1日进行了首次季节性开关，2004年4月13日，海关总署批准口岸在非开放期间临时开放，同年5月28日实现原煤正式通关，同年7月5日双边季节性开放提升为双边常年开放口岸。

尽管出发前我们已经对于甘其毛都口岸的基本情况做了初步了解，但"纸上得来终觉浅，绝知此事要躬行"，我们仍期待亲睹一番。2017年4月5日12时左右，我们继续西行，伴

甘其毛都口岸界碑

乌拉特中旗广场

着广袤无垠的苍漠与飞沙，沿省道 211 返回一段来时的路，驶入岔路转至县道 930，途径桑根达来嘎查、巴音乌兰苏木等直至汇入省道 212，沿西北方向途径川井苏木继续赶赴甘其毛都口岸。车子疾驰在笔直的公路上，此地 4 月初还未见草色。每一颗石子，每一粒沙，每一株草在风中凝视着这片沉默的戈壁滩。虽然周围一片灰茫茫的景象，但因为四周没有高山阻挡视线，反而让人感到格外豁达。

途中遇见正在建设中的京新高速，沿线经过北京—张家口—乌兰察布—呼和浩特—包头—巴彦淖尔（临河）—阿拉善（额济纳）—酒泉（马鬃山）—哈密—吐鲁番—乌鲁木齐，它是亚洲投资最大的单体公路建设项目，也是当今世界上最长的沙漠高速公路。在这样艰苦的环境与有限的条件中，克服困难坚持建设的工人们让人不禁肃然起敬。2017 年 7 月 15 日京新高

建设中的京新高速

速实现全线通车。

　　笔直似通往天际的公路偶有调皮小溪流霸道横穿，这可乐坏了我们一行几人，一路上周围环境变化较小，枯燥，为缓解

横穿马路的小溪流

干枯的河道

甘其毛都收费站

疲劳，我们下车亲近这难得的清流。

　　曾经草原上的河流冲刷出的沟壑纵横的河道依稀可见，以这样的方式记录着自己曾经来过。

　　行驶 6 个小时左右，期待中的甘其毛都越来越近。我们打起精神准备一睹这口岸的风采，经过甘其毛都收费站不远处，转过一个大弯，突然，眼前的这个雄伟建筑像是在告诉我们：到了！

　　甘其毛都口岸 1992

甘其毛都入口建筑

口岸指示牌

年货物吞吐量 2100 吨，贸易总额 300 多万元。2004 年口岸出入境人员 6 万人次，与 2003 年相比增加了 31.6％。2005 年口岸互贸区内 200 家旅店、58 处零售摊点、32 顶蒙古包在第一、二季度开关期间，出入境人员共 4.4 万人次，车辆 0.6 万辆次，贸易总额 1500 万元左右。2006 年 1—3 季度，口岸进出口贸易总额 253.9 万美元，较去年同期下降 89.94％。2007 年 9 月 12 日，国务院批准口岸扩大为中蒙双边常年开放的边境公路口岸。2007 年 10 月 4—23 日，口岸出入境人员总计 1.9 万人次，较去年同期增加 91％；进口原煤 16.7 万吨，较去年同期增长 457％。2008 年 10 月 17 日，口岸通过自治区常年开放预验收，在第四次季度开关中，完成贸易总额 4.72 亿元人民币，较去年同期增长 4201.8％，首创口岸开通以来季度开关贸易额突破亿元的历史最高纪录。2009 年 6 月 3 日，通过国家常年开放正式验收，同年 8 月 27 日实现正式常年开放。2009 年口岸进出口量达 320 余万吨，其中煤炭进口量达 311 万吨，口岸年过货量突破历史最高纪录。2010 年 1—11 月，口岸累计完成货物吞吐量 697.5 万吨，较去年同期增长 158.3％。2011 年 1 月至 12 月 1 日，口岸进出口货物总量突破 1000 万吨大关，达到 1005.83 万吨，共完成贸易额 14.4 亿美元，成为我国四个超千万吨进出口量的陆路口岸之一。2012 年 4

月 28 日，口岸过货量单日突破 10 万吨，创下了单日货物进口量历史最高水平。2014 年 1—10 月，口岸进出口量 1011.34 万吨，较去年同期增长 22.22%。2015 年 1—3 月，口岸铜矿砂进口量 16.84 万吨，同比增长 199.11%。2016 年 1—4 月，口岸货物吞吐量 265.59 万吨，同比下降 3.58%。2017 年，进出口量达1821.30 万吨，贸易总额 27.24 亿美元，占内蒙古自治区对蒙贸易总额的 89%，占全国对蒙贸易总额的 41%，再创历史新高，其中煤、铜进口量分别占蒙古国出口的 51.65% 和 54.86%。

甘其毛都口岸联检大楼

排长队等待出关的煤车

待发区大门

坐在车顶向远眺望的排队的司机

排队车辆之间的缝隙图

待发区内的流动餐

排长队出关的第一排煤车

运输铜精粉的车辆

　　在口岸，来自全国各地做生意的人多讲汉语，所以口岸只会讲汉语的"养车"车主和只会讲蒙古语的蒙古籍司机之间存在沟通交流的问题。一位甘其毛都养车车主说："中介是必需

进口小商品商店

图格日格金矿

嘉友国际员工餐厅

宏蓬商业区

的，因为我只会说汉语，司机只会说蒙古语，车出去哪儿坏了，需要什么零件，好多问题我们都没法交流，所以一般都找有中介的司机，中介一般是这附近的蒙古族，他们会说蒙古语也会说汉语，我每趟车给他中介费，他负责在我和我的司机之间翻译传话。"乌拉特中旗出租车司机说："我有个朋友听说口岸没有出租车，决定去口岸跑出租，但是他不懂蒙古语，挣不到钱，不到一个月就回来了。"

　　到达甘其毛都口岸的路线较多，由呼和浩特市、包头市、

进口商店老板娘分别与蒙古国与中国人交易

中介人、修车师傅、蒙古国司机交谈

中介人与蒙古国司机交谈

临河市均可直达，另外由乌拉特中旗至口岸大巴班次较多，新开通的甘临线较原来的省道212使得口岸到临河距离缩短一半，较为方便。三次甘其毛都口岸行，同样也让我看到了它焕发出的新生机：

2017年，第一次踏入甘其毛都口岸漫天煤粉、到处堆放的废弃卡车零件、大量的运煤卡车置于周边的景象还历历在目。

蒙古汉语兼通的派出所工作人员和蒙古国当事人

中介人与蒙古人交谈

我们上前与正在修车的年轻的卡车司机攀谈，他告诉我们："像我们这种地势稍高的集聚区被称为'山上'，大多数人都有亲戚关系，通过彼此介绍来到口岸，口岸有 8900 左右辆车，车主大多数是东北、河北，河南人，我们常年'养

娱乐场所悬挂的中蒙两国国旗

2017 年甘其毛都初印象

改造后的汽修专用场地

2017 年排队等待出关的车辆和乘客

2018 年整齐排队等待出关的车辆及乘客

车'，基本的维修也都是自己做。"

第二次去口岸时了解到，这些废弃的材料会定期回收，可能我们第一次来的时候恰恰堆积了很多还未回收，所以才显得那么凌乱。此外，口岸为整治环境，开辟了汽修行业的专属用地，逐渐将镇区周边的所谓"山上"的汽修行业搬迁过去。

2018年排队出关的车辆和乘客较2017年也更有秩序了。

口岸的环境也有了明显的改善。甘其毛都早期规划生活区与运煤道路、煤场等融为和谐一体。但在发展中，大量的煤粉污染对生活区的人身体健康造成很大的影响。为此，口岸作出了很多卓有成效的改变。一是绕过生活区修成了十几公里的运煤专道，因专道较长，大车有足够的空间有秩序地排队，解决了出关拥堵的情况，同时也很大程度上缓解了生活区的粉尘污

2017年第一次进入待发区半小时

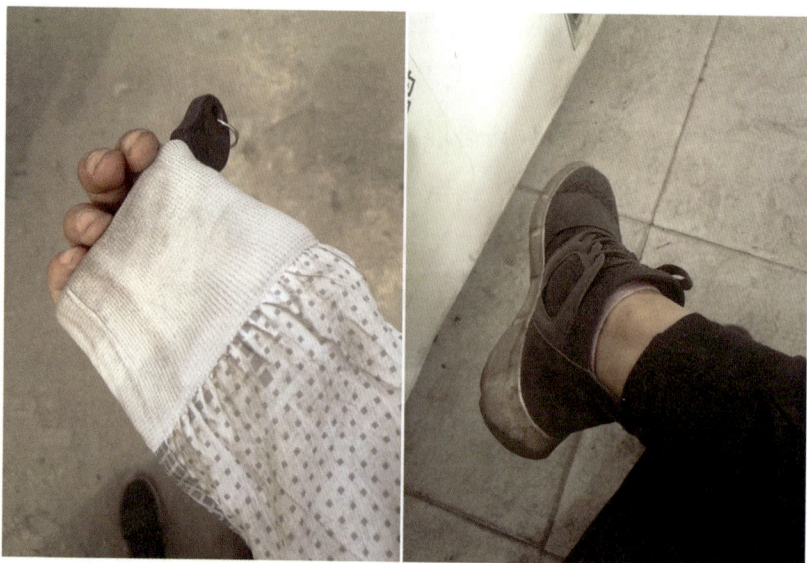

2017 年煤灰飞扬的煤场

染。二是实行晚上 8 点卸煤的规定，保证了白天生活区内居民活动频繁时的空气质量，改善了口岸的生态环境。甘其毛都口岸环卫工人说："这个地方风沙大，每天进的煤车特别多，到处都是黑黑的粉尘，环境很差，这两年环境卫生问题很受重视，我们也就尽力做好自己的工作。"此外，因晚上 8 点蒙古司机集中卸煤，相比之前他们没有太多时间喝酒、娱乐，所以对社会管理工作也有积极作用。甘其毛都边防派出所工作人员也说："我们整天就在处理这种喝醉酒打架的事情，有的人喝醉以后就直接躺在路上睡觉，夏天还好，冬天就冻死在外面了，遇到这种情况我们要把他们安置到宾馆里。晚上 8 点卸煤的规定开始实行以后，蒙古国司机卸完煤已经晚了，第二天还要出车，没有时间像以前那样喝酒，所以他们之间的纠纷也明显减少了大半，对我们的工作大有好处。"

　　甘其毛都基础设施也在不断地完善，累计投入基础设施建设资金 20 多亿元，完成了规划区供水、供电、供热、通信工程以及道路、中心广场等建设。建成联检单位办公生活设施、监管查验设施、物流园区、疏港公路等工程。已入驻乌拉特海关、国家检验检疫局、甘其毛都边防检查站以及甘其毛都镇政府、港务局、交警大队、消防队、边防派出所、法庭、口岸公安分局、市场监督管理所等 20 个行政管理和社会事业机构，加强口岸地区的社会管理。同时，口岸民生金融工程也日渐完善，已建成学校、甘其毛都中蒙国际医院、汽车站、河套农商银行、中国银行、加油站、快递收发点等社会服务管理机构。为整体规划汽修行业，新开发区正在积极筹建中，目前新开发区路灯已安装完毕，部分符合迁入的汽修个体户已经入住。房

甘其毛都琮霖国际学校

甘其毛都国际友好医院

地产开发面积约 120 多万平方米，完成除旧生活区外的新的城市居住区，形成蒙古国居民居住与商业一体的小区——宏蓬商业区。此外，按照适地适树的原则，集镇一期、二期绿化种植完毕。宾馆、商贸、餐饮业等条件大大改善。甘其毛都口岸国际友好蒙医医院工作人员说："医院是 2015 年成立的，我们的工作人员基本上是从乌拉特中旗的蒙医医院调过来的，大部分都已经成家，工作人员比较少，平时轮流休假回家。"

2017 年供水不足、水质不好等问题 2018 年已有明显改善。甘其毛都边防派出所工作人员说："口岸的水质特别不好，我们在这里长期工作不得不克服，一开始买纯净水，后来单位装了净化器，我们才能喝到干净的水。"甘其毛都口岸达尔汗蒙餐老板："去年还好一些，去年口岸每天定点供水，我们饭店的用水量大，只能起早一点蓄水，有时候存不到水，生意都没法做。再就是口岸风沙大，煤粉尘也大，对我们的生活影响挺大，店员洗澡还要在供水的时候轮流替换去，今年已经好多了。"

甘其毛都口岸距蒙古国南戈壁省达兰扎嘎德市 330 公里，距南戈壁省塔本陶勒盖煤矿 190 公里，距蒙古国奥云陶勒盖铜矿 70 公里，是距蒙古国两大矿山最近的陆路口岸，距呼和浩特市 570 公里，与蒙古国首都乌兰巴托市在同一条经线上，距乌兰巴托市 650 公里，是距离蒙古国首都乌兰巴托最近的中国陆路口岸，加之甘临公路的通车大大缩短了口岸至临河的距离，而临河处于黄河流域上中游，河套平原南麓，农业发达。得天独厚的优势，两年来有目共睹的改变与发展，我们有理由相信未来它会越来越好。

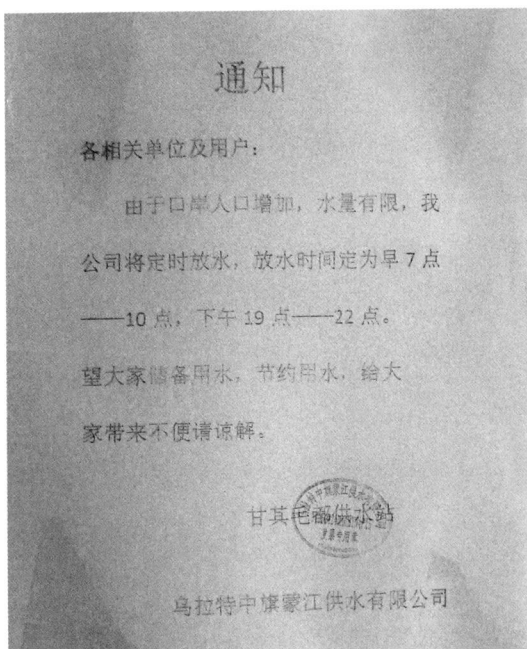

口岸的限时供水通知

乌力吉口岸行

莫日根

2019年1月27日，笔者同家人驾车从阿拉善左旗（阿拉善盟有阿拉善左旗、阿拉善右旗、额济纳三个旗）出发，目的地为乌力吉口岸。

"乌力吉"，汉意为"吉祥"之意。它是一个正在建设中的口岸，还未开放。它坐落于阿拉善左旗乌力吉苏木（乌力吉苏木位于阿拉善左旗北部，是阿拉善左旗的边境苏木），与策克

2004 年	2006 年 7 月	2009 年 10 月	2014 年 2 月	2016 年 1 月	2017 年 5 月	2019 年 6 月
开始申报	国务院正式批准通过《国家"十一五"口岸发展规划》，计划"十一五"期间新开口岸14个，乌力吉公路口岸位列第四。	中蒙双方签署了《中国内蒙古阿拉善盟与蒙古国代表会议纪要》。	蒙古国政府同意中蒙一乌力吉查干德勒乌拉口岸开放，为陆路客运货运常年开放口岸，并照会我国。	国务院下发批复，同意内蒙古乌力吉公路口岸对外开放，口岸性质为双边性常年开放公路客运输口岸。	口岸市政基础设施项目集中全面开工。	乌力吉口岸建设指挥部会同阿左旗住建局质监站相关人员顺利完成了联检楼项目基础验收。

口岸年份图

口岸（位于阿拉善盟额济纳旗）、甘其毛都口岸（位于巴彦淖尔市乌拉特中旗）距离均为 380 公里。对外连接蒙古国南隔壁省。口岸向东可直达内蒙古小金三角；向西通过临哈铁路，可直达新疆霍尔果斯山和阿拉山口口岸；向北可通过蒙古国、俄罗斯，实现丝绸之路经济带与中俄蒙经济走廊互联互通；向南通过各铁路线连接中国南方。

乌力吉口岸自 2004 年开始申报，经过 10 年的不懈努力，2014 年 2 月 21 日，蒙古国政府同意中蒙乌力吉—查干德勒乌拉口岸开放，为陆路客运货运常年开放口岸。2016 年 1 月 31 日，国务院同意内蒙古乌力吉公路口岸对外开放，口岸性质为双边性常年开放公路客货运输口岸。

与乌力吉口岸对应的蒙古国口岸为查干德勒乌拉口岸，"乌拉"汉译为"山"，"查干德勒乌拉"是位于蒙古国境内的一座山名。据了解，现有的蒙古国境内运输道路"查干德勒乌拉口岸—达兰扎德嘎德市"段为 300 多公里的自然土路，运行条件差，碰撞、翻车事故频发，舒适性差，行车速度低，延长了货物周转时间和旅客出行时间，降低了工作效率。在此背景下，中方提出了"乌力吉—塔温陶勒盖"的重载公路项目。目前，蒙古国方面正在修改完善查干德勒乌拉口岸规划，计划 2019 年初可同步开工建设。

出发前对乌力吉口岸的路线有了基本的了解。从阿拉善左旗出发有两条路线。一是"左旗—乌力吉苏木—乌力吉口岸"，从乌力吉苏木到乌力吉口岸有 80 余公里。二是"左旗—吉兰泰—京新高速（G7）—苏宏图—乌力吉口岸"，到达苏宏图之后乘油路达口岸，有 60—70 公里。这两条路线花费的时间差不

乌力吉口岸与达来呼布镇（额旗）岔路口

乌力吉苏木牌匾（刻有蒙汉双语）

乌力吉苏木建筑风格

乌力吉苏木国土资源局

多，均需要 4 个小时左右。笔者所选择的口岸之行路线为阿拉
善左旗—巴彦诺尔公苏木—乌力吉苏木—乌力吉口岸—乌力吉
苏木—阿拉腾敖包镇—曼德拉苏木—雅布赖苏木—巴丹吉林沙
漠—阿拉善右旗，交通手段为自驾。

从早上 8 点钟出发到达乌力吉苏木时已是中午，因为是自

驾前往，所以并没有在乌力吉苏木停留太长的时间。

　　途经一家商店，碰巧一位阿姨正在打酸奶炼制酥油。炼制酥油时，阿姨首先把牛奶放在一个桶里，听阿姨说以前用的都是瓦桶，但是现在越来越多的人为了方便选择塑料桶或木桶之类的，然后过一段时间等牛奶发酵就开始打，打一段时间上面就会聚集白油，然后把白油提炼出来放到锅里热就能提炼出纯酥油。剩下的酸奶可以煮也可以不煮，直接下饭吃或者喝。阿姨说："喝骆酸奶对胃很好，胃不好的人可以每天晚上喝一碗酸奶。"

炼制酥油的过程

　　从苏木赶往口岸的途中经过乌力吉苏木比较有名的寺庙——吉祥法雨寺，蒙古语叫沙尔扎庙。这个庙历史比较悠久，规模也挺大，是阿拉善广宗寺的一个属寺，在2009年乙丑年开光的。但是由于时间紧迫没有进庙内，只是开着车绕了沙尔扎庙的牌匾三圈。

沙尔扎庙牌匾

乌力吉口岸承包商牌匾

已经建好的两栋办公大楼

　　大概走了1个小时左右，终于到达目的地。但映入眼帘的却只是两栋大楼和施工的推土机、挖掘机和几辆轿车。因为正值年关之际，这时的口岸已经人去楼空，工程也已停工，只有几位留守的工作人员。

　　与他们的交谈中也大概了解到当地的基本情况。原来口岸并没有开放，现在只是处于初步的建设施工阶段。目前，只有到苏木政府才可以找到有利于此次口岸行的材料，笔者托朋友，找到了当时正在政府工作的一位职员，他给我提供了一份口岸工作人员编写的《乌力吉口岸汇报材料》（电子版）。这份材料共由 5 个部分组成：1. 乌力吉

均为口岸现状图片

口岸申报历程及对蒙协调工作开展情况；2. 乌力吉—查干德勒乌拉口岸发展优势及产业定位；3. 乌力吉口岸开放的重要意义；4. 与周边口岸的对比分析；5. 乌力吉口岸发展思路。据这份材料：乌力吉口岸建设的初心是实现内蒙古东中西三路并举的对外开放。东部有满洲里口岸，中部有二连浩特口岸，为了进一步完善内蒙古向外开放的格局，拟建了乌力吉口岸为西通道，经蒙古国与俄罗斯通达欧洲，服务国内各地区。此外蒙古国境内属北山成矿带，成矿条件优越，其潜力巨大。乌力吉口岸对外辐射蒙古国巴音洪格尔、南戈壁等 5 个矿产比较丰富的省份，其中煤炭量位居世界前列。乌力吉口岸附近也有几家规模较大的矿产，再加上口岸四通八达的交通优势，乌力吉口岸的规划前景还是挺明确的。

与笔者去过的策克口岸相比较不同的是，乌力吉口岸境外

辐射区不仅拥有丰富的煤炭资源，其稀缺资源储存量也十分丰富，比如盐矿、金矿、油页岩矿等等。同时，乌力吉口岸对内辐射蒙、陕、甘、青等重要的瓜果蔬菜、农副产品、日用百货生产大省，可以经乌力吉口岸运输至外，巨大的消费需求市场为乌力吉口岸贸易多元化发展提供了良好的条件。此外对外运输的成本和距离是乌力吉口岸的明显优势。对此工作人员还专门做了详细的解释，以乌力吉口岸为出口，从重庆—西安—中卫—巴彦浩特—乌力吉—乌兰巴托—莫斯科—鹿特丹（欧洲）的通道，是从俄罗斯乌兰乌德和蒙古乌兰巴托进出口货物最短的通道，运距比重庆—兰州—乌鲁木齐—阿拉山口—俄罗斯卡尔塔雷与俄罗斯远东铁路相连少 2400 多公里，运输成本每吨减少 500 元至 1200 元左右，陆运时间缩短 50 小时左右。以农畜产品出口为例，从甘肃武威出发，经乌力吉口岸出境，途经蒙古国到俄罗斯伊尔库茨克，最终抵达莫斯科，全程 6290 公里（此距离为主要节点直线距离），要比从武威出发，经阿拉山口出境，途经哈萨克斯坦到达俄罗斯莫斯科缩短 200 多公里。这样一算确实省了不少的人力物力。

这份资料最后展示的是有关乌力吉口岸的中国国门和纪念广场的设计理念以及设计图。国门设计引入的是中国拱桥及亭桥的理念，以"拱桥晓日"的模式展现，是连接、沟通以及生活方式改变的象征；同时，融入了蒙古包建筑元素，有鲜明的地域文化特征，有家的亲和感。

广场的设计理念是平等合作与共赢。广场平面的四角由四个大羊圈围合而成，寓意着祖国和邻邦的方方面面都能顺顺利利，象征着吉祥如意。中间是一个中国结将四个羊角衔接在一起，传达了中华民族"协和万邦"的对外民族团结思想；是连接、沟通、平等、合作与共赢的象征；展示了乌力吉口岸将成为文化经济纽扣的设计理念。此外广场的四个出入口平面是四个"瓷瓶"的样式，并将"瓷瓶"和"丝绸"做了有机的结合，寓意了"丝绸之路"与"陶瓷之路"两条大道。

参赛作品

广场的中心是三个马头琴面对面组成的一个雕塑似的纪念塔，寓意"合奏"，富有文明的地域文化特色。

因为在乌力吉有认识的朋友，所以在那里度过了美好又难忘的一天，还有幸目睹了一场具有民族特色的"祭火胸叉和年馍"比评大赛。蒙古人每年祭火时"年馍"与"胸叉"是必不可少的。"年馍"意味着繁荣昌盛、吉祥如意，"羊胸叉"是祭火神的重要食物，同时还有哈达、糖、大红枣等平时吃的食物。此次参加比赛的作品有 15 个，各自具有特色以及自己的文化特点和艺术性，真是让笔者一饱眼福。

在观赛的过程中，遇到了一位在乌力吉苏木做石头生意的夫妇，他们是阿拉善右旗人，5 年前搬到这里做起了石头生意。从他们的谈话中可以了解到，一开始有很多人到这里来做石头生意，但是由于人太多，竞争力太大，以至于这里的石头大多数都被挖光了，现在这里的石头生意光景大不如前了。随着这个话题笔者问道："那叔叔阿姨，如果口岸开放了，你们会把石头生意做到口岸上吗？"叔叔说："这个口岸说开放也有 8 年左右了，谁知道什么时候开呢！如果这两年真的开放了，这倒是一个挺不错的赚钱途径。"就这样，随着结束与他们的谈话我也重新踏上了下一段旅程。

其实每个口岸都是一样的，都需要漫长的建设过程，但其开放后的意义、作用却往往是人们始料未及的，所以也让我们期待它的到来，经过这些年的努力相信它会越来越好。

最后感谢在路途中遇到的所有给予我帮助的人们！

策克口岸行

朱璧莹　莫日根

　　策克，蒙古语意为河湾。策克口岸位于阿拉善盟额济纳旗中蒙 572 号界碑处，与蒙古国西伯库伦口岸相对应。1992 年 3 月，口岸由内蒙古自治区人民政府批准为季节性开放口岸。2005 年 6 月 29 日，经国务院批准成为中蒙双边常年开放的陆路边境口岸，分设公路、铁路通道。2009 年 1 月 12 日，策克口岸正式实现中蒙双边常年通关。2012 年 5 月 14 日，内蒙古自治区人民政府批准成立策克口岸经济开发区。2016 年

策克口岸界碑

7月，国家质检总局批准策克口岸筹建蒙古国肉类进口定点口岸。2016年12月，策克被批准设立自治区重点开发开放试验区。它是目前阿拉善对外开放的唯一口岸，距离额济纳旗旗府所在地达来呼布镇80余公里。

额济纳旗是阿拉善三旗之一，位于内蒙古最西端。最开始隶属于甘肃省，后被规划进巴彦淖尔市，1980年隶属于阿拉善盟。当地大多数人是土尔扈特人。额济纳旗旅游业发达，其中尤以金秋十月的胡杨节为大家熟知。胡杨树具有惊人的抗干旱、御风沙、耐盐碱的能力，能顽强地生存繁衍在沙漠环境中，被人们赞誉是"活着一千年不死，死后一千年不倒，倒后一千年不朽"的"沙漠英雄树"。策克出租车司机说："胡杨林最美的景观恰好和国庆节假日时间重合，所以10月份是旅游旺季，每年只有短暂的半个月的时间，季节性很强，胡杨节期间，宾馆价格能涨到平时的10倍，对我们当地的经济增长贡献非常大。"

因额济纳旗是前往策克口岸的必经之路，笔者几次前往口岸，有幸目睹胡杨林春夏秋冬四个时节的美景，欣赏了除10月份胡杨节旅游旺季外它们鲜为人知

1月份额济纳旗胡杨林（莫日根　摄）

四月份的额济纳胡杨林（朱璧莹　摄）

的美。

"居延城外猎天骄，白草连天野火烧，暮云空碛时驱马，秋日平原好射雕。"这首王维的《出塞作》描写的正是居延海。居延海是由发源于祁连山的黑河水注入形成的天然湖泊，分为东西两个湖泊，水域约300平方公里。居延地区水源丰富，是我国最早的农垦区之一，也是穿越巴丹吉林沙漠和大戈壁通往漠北的重要通道，所以向来是战略要地；西汉的骠骑将军霍云病、"飞将军"李广，进攻匈奴时曾在居延泽饮马；卫青、霍去病出征匈奴，争夺的目标之一就是居延地区；宋代时，居延海是西夏政治、经济、文化中心之一……

七月份额济纳旗夜景（朱璧莹　摄）

十月份额济纳旗胡杨林（莫日根　摄）

额济纳旗离策克口岸还有70公里左右的路程，前往策克口岸的交通相对较方便，公共大巴、火车、飞机、自驾都可以到达额济纳旗，额济纳旗——策克口岸每天有四个对班的班车，且发车时间无论是去额济纳旗往返还是策克口岸往返都十分充裕。策克口岸大巴车司机说："我们这趟班车票价便宜，路线固定，但是不经过各个景区，经过苏泊淖尔镇政府，主要是为方便牧民。"

4 月份的居延海（朱璧莹　摄）

策克国门全景（朱璧莹　摄）

　　初入策克，给人第一感觉就是干净整洁，国门宏伟壮观。

　　策克口岸开放 26 年来，累计过货超过 1 亿吨，贸易额达 56 亿美元，出入境人员 330 多万人次，出入境车辆 280 万辆次。

2018 年干净整洁的口岸形象（朱璧莹摄）

2017 年四月策克口岸（朱璧莹摄）

2017 年，策克口岸进出口货物 1334.38 万吨，贸易额 37.38 亿元，出入境人员 34.10 万人次，出入境车辆 27.82 万辆次。

2018 年本文作者朱璧莹再次返回策克，最直观的感受就是口岸的风貌整体上干净整洁，对绿化工程格外重视，而且效果初显。口岸虽然在国内的地理位置上属于偏远地区，但是对外却是庄严肃穆的国门。口岸镇的环境状况一方面代表着我们国家的形象，一方面也是为生活在口岸的人们提供更舒适的居住、工作环境，因此口岸地区的绿化工作显得尤为重要。

策克口岸管委会工作人员说："口岸从规划发展初期的 48 平方公里到目前已经发展到八十几平方公里了，所以环境卫生的压力很大，环卫工人数量少，垃圾桶数量少，生活垃圾、污水等都是在固定地点集中倾倒，采用填埋式，技术落后，耗资也大。"

策克口岸绿化技术员说："绿化一方面是为了国家形象，一方面因为风沙大，环境差，确实有绿化的必要，但是这个地方首先土壤是深度盐碱地，要种树必须要换土层，而且要换1米深的土层；其次是风沙大，栽的树必须要做加固，否则根扎不稳，成活率不高；再就是缺水，新栽的树必须要定期浇水，口岸的供水难度也大，所以这里搞绿化的难度很大，但又不得不搞。"

策克管委会工作人员说："口岸绿化每年大概投入1个亿，因为绿化公司只负责'一种两养'，移交给我们之后，一些苗木如果不进行及时打理导致死亡，前期投入成本就浪费了，又需要重新招标、外包。虽然投资大，但绿化必须得坚持做。"

策克口岸管委会工作人员也说："随着口岸的发展，配套设施越来越健全，以前的变电箱负荷不够，现在需要重新建变电箱以及满足新的需求，这个地方风沙大，裸土不仅影响口岸形象也会导致环境更差。"

策克绿化技术员表示："这个地方本来就缺水，口岸的供水更是问题，绿化力度这么大，用水量大也势必影响生活用水的供应。这是需要考虑的一个问题。"

策克个体经营户称："这两年策克的绿化做得特别好，尤其是今年已经有了成效，一批苗木已经可以脱离专门技术人员的管理，我们这儿就是缺树少草，绿化对防风固沙只有好处没有坏处。"

口岸的基础设施也在进一步完善，到处是建成使用的、新建的、建设中的和已建成但暂未使用的场馆。

在口岸做生意的人多是来自全国各地讲汉语的人，而蒙古国为增加自己国家的就业率，要求运输业雇用蒙古籍司机，这就造成只会讲汉语的养车车主和只会讲蒙古语的蒙古籍司机无法进行沟通交流的问题，因为口岸贸易在两国人民之间开展，因此口岸的各行各业普遍存在着语言沟通问题。策克口岸管委会工作人员说："在口岸工作，双方的语言沟通尤为重要，但目前我们单位的招考条件中没有明确少数民族身份及语言的要求，涉及两国会晤时单位有专业

策克口岸绿化工程（朱璧莹　摄）

国际幼儿园、已建成未使用的全民健身中心、新建成的海关政务大楼（朱璧莹　摄）

正在建设中的人民法庭、国际蒙医医院、国际检验检疫中心（朱璧莹　摄）

的翻译，日常工作我们单位有 29 个蒙汉兼通的工作人员会互相帮助。"

口岸因地处少数民族地区，且向蒙古国开放，所以十分尊重少数民族情感。策克口岸管委会工作人员说："口岸成吉思汗广场的雕像立了四次，而且需要请喇嘛开光，从民族情感来

成吉思汗广场雕像（朱璧莹　摄）

讲，蒙古族崇拜成吉思汗，他们信仰藏传佛教，所以口岸在建设的过程中，需要考虑进行相应的宗教仪式，避免让少数民族产生不尊重的误会，引起不必要的矛盾。还有一点，口岸在建设发展中，尤其是涉及征用农牧民的土地或草皮时，充分尊重少数民族意愿，避免引起矛盾，尤其在民族地区，容易把简单的矛盾上升为民族矛盾，不利于社会管理。"

2019 年 1 月 12 日，本文作者莫日根乘车第三次前往策克口岸。到达口岸时已是中午，这里的建筑风格大都是蒙古样式：圆顶和蒙古描边的花纹。游客中心还未开门，于是转而走进了几家俄蒙进口商品商店。经过询问，了解到因为正值额济纳旗"中蒙博览会"期间加之临近春节，所以他们的生意显得很冷清。其中一位商家说："一开始口岸上做进口买卖的很吃香，但是最近几年，口岸越来越发达，再加上有很多蒙古国人都到这边来做生意甚至还长期居住了，所以生意都被他们抢走了，生意大不如前了。"

为多了解一些关于商贸方面的讯息，笔者决定前往其中一家老板是笔者妈妈熟人的进口商店。刚进入店里就看到老板海龙正在用流利的蒙古语跟几位蒙古人交谈进货事宜：那位蒙古国的阿姨说："哈气儿（蒙古语名字），把车上的 20 箱牛奶搬到店里来，把剩下的饼干也搬进来吧！"又从海龙叔叔的店里批发了一些香烟、啤酒等。

忙完以后，海龙叔叔和我们边吃饭边回忆道："我来这里的时候已经是季节性开放口岸了，每个季度开放 20 天，在这 20 天当中全国各地的商户都会跑到这儿来，形成一个大的展览市场。那时候口岸的建筑也不像现在这样都是楼房，有很多还是平房，大多数的商家还住在自己的土房或者蒙古包里。从 2009 年开始策克变成了现在的大规模开放口岸，也从旧口岸搬到了现在的位置，建起了楼房，铺好了油路，迅速发展起来，像一座小城市。我的店也就从旧口岸搬过来了，为了方便老顾客找，名字也没有换，现在租的门面房是上下两层，一层做买卖，二层自己住。那时候蒙古国的商人也不像现在这样大批大批地带货，都是自己一箱一箱背进来的。有一个蒙古国妇女，一开始在口岸捡垃圾，后来把蒙古国的糖背到口岸上来卖，再后来慢慢地开始大批进货，还带着自己的几个孩子经商，已经买了好几套楼房，在策克也有自己的商铺，现在在乌兰巴托算是一个大商户了，口岸给他们这样的无业人士或者下岗工人带来了很大的生计空间。平常人不多，店里的生意也不是很热闹，但是到了旅游旺季就热闹了，尤其是胡杨节，有时候人多的都想把门都拆了，哈哈……"

告别海龙叔叔后游客中心也上班了，在工作

游客中心（莫日根　摄）

策克口岸门票（莫日根　摄）

策克口岸（莫日根　摄）

刻有双语的策克口岸入口牌匾（莫日根　摄）

人员的带领下，我们走进了国门。我们一边欣赏一边和其他游客攀谈起来，了解到这里的主要经济方式是从蒙古国进口煤炭的运输业。

因正值年关，很多店铺、公司都未营业，笔者意犹未尽地决定前往商家提到的"中蒙博览会"。据了解，"中蒙博览会"是季节性的博览会，开始时每年举办一次，后来每季举办一次。举办地点除额济纳旗外，还有阿拉善盟的另外两个旗——左旗和右旗，为期一周。除此之外，策克口岸还会每年举办一次更大规模的展览会，那时全国各地的生意人都会赶来参加，商品从吃的到穿的用的应有尽有，火爆程度可想而知。一位游客说："博览会以前还是很好的，人们图个新鲜，而且价格也合适，博览会期间当地的商家们几乎没什么收入。但是近两年来博览会的收入也不是那么稳定了，因

博览会商品（莫日根　摄）

为在价格上其实和当地的商店没有太大差别，甚至有的价格还上涨了，最后卖不出去的商品大多都批发给了当地的商家。"

　　策克口岸是内蒙古、陕西、甘肃、宁夏、青海等五省区共有的陆路口岸，对外辐射蒙古国南戈壁、巴音洪格尔、戈壁阿尔泰、前杭盖、后杭盖5个畜产品、矿产资源较为丰富的省区，对内依托于额济纳旗胡杨林、居延海、神树、口岸界碑、国门等景点，在发展国际贸易的同时也有条件发展旅游业。2017年1月，国家发改委公布的《西部开发十三五规划》已将策克口岸列入西部大开发"五横两纵一环"总体空间格局中的"一环"范围，同时明确将策克镇列入西部百座特色小城镇规划中，建设成为边境口岸型城镇。笔者三年三次的策克口岸行正是对策克口岸成长的见证，希望它在盘点成绩的同时，更加奋进，谱写出更壮丽的凯歌。

马鬃山口岸行

王 悦

2018 年 11 月中旬，我们一行 4 人踏上兰州开往乌鲁木齐的动车，经玉门前往此行目的地马鬃山口岸——甘肃省唯一的陆地边境口岸。列车驶出兰州，穿越乌鞘岭，沿河西走廊一路向西前行。此时车窗外飘起大雪，列车与白雪皑皑的祁连山相伴而行，俨然一幅壮美图景。经过 4 个多小时，列车停靠在玉门车站，我们改乘汽车继续西行，路旁的白杨树很快被一排排风电叶片取而代之。

驶过桥湾，车辆开始沿省道 216 线北行，极目所见尽是戈壁，无数黑色砾石与枯草遍布其间。但一定不要小瞧了这些枯草，尽管正值冬季，但它们依然是最主要的家畜食物及牧民薪柴来源。不仅如此，后来一位曾在县农牧局工作的叔叔告诉我："马鬃山的草有 70 多种呢，我年轻的时候数过，等夏天你再来看，那多的了不得！"过了音凹峡边防检查站，便逐渐深入边境管理区，一道道山形如同马鬃的山峰相继扑入我们的视

动车驶过白雪皑皑的祁连山

省道 216 线近旁的枯草与不远处的马鬃山

野，这就是天山余脉"马鬃山"，俗称"北山"，它由一系列平均海拔约 2000 米的低山残丘断续相接而成，这些山丘呈西北—东南走向自罗布泊东缘绵延至弱水西岸，其中主峰马鬃山海拔高 2583 米。接着，经同昌口穿越马鬃山北行约 30 公里，便看到一片带有蒙古族风情的建筑群，这就是马鬃山口岸所在的马鬃山镇。

一、"十字路口"：马鬃山镇初识

走在马鬃山镇的街道上，迎面而来的风带给我们不小的震撼，微微颔首侧身前行成了大家共同的姿势听同行人讲，这里"早上刮东南风，下午刮西北风"，"一直从年头刮到年尾"仍不曾停歇。街道上行人寥寥，显得些许冷寂。行走间遇见几个张掖来的修路人，之后几天，也是在这条长不过 200 米的街道上，我们陆续遇见两位瓜州来的羊贩和两位陕北来的卖地毯者。街道两旁则零散分布着大大小小数十家店铺，有日用品商店、蔬菜瓜果店、面馆、酒楼、旅馆等等，在当地人所经营的店铺中则不乏产自蒙古国的食品、服饰、装饰品等。

来到几条街道交汇处，我们看见一座高约 5 米的雕塑，名为"三羊城"，它是小镇重要地标之一。雕塑上方刻有三只北山羊，下方分别用蒙汉两种文字记述马鬃山一地的"前世"与"今生"。从文字中我们了解到：马鬃山昔日为通西域的重要驿站，1937 年民国政府鉴于国际国内局势变动等在此首立马鬃山设治局，1960 年中华人民共和国在此设马鬃山乡，并分两次将南山

区域部分蒙古牧民迁移
至此守边卫国。现在此
地是甘肃省酒泉市肃北
蒙古族自治县一块行政
飞地，辖地总面积达 3.8
万平方公里，东临内蒙
古自治区阿拉善盟额济
纳旗，西接新疆维吾尔
自治区哈密地区，南连
甘肃省玉门市、瓜州县、
金塔县，北抵中蒙边界
与蒙古国戈壁阿尔泰省
接壤，边境线长达 65
公里。

　　在镇政府大楼，我
们参观了马鬃山镇沙盘，
对当地两种支柱产业即
牧业和矿业、多个历史
遗迹与文化遗产点以及

马鬃山地标之三羊城

改造中的东街

所设立的自然保护区等相关情形有了直观的了解。在与讲解人
员的交谈中我们得知，马鬃山镇是党政军警民共建的边防小
镇。目前，偌大的镇区仅有户籍人口 675 人，在地人口近 4400
人。其中，镇区下辖的 6 个行政村即马鬃山村、巴音布勒格村、
明水村、饮马峡村、云母头村、金庙沟村等，共有牧民 205 户
485 人，他们多以牧业为生，散点式分布于广阔的戈壁滩上，

沿街店铺，环卫工，拉羊的车，卖地毯的小贩

但近年空巢化问题突出；边防和武警官兵有近 600 人；镇机关和下属站所有 65 人，学校和卫生院各有 8 人；镇区从事宾馆业者有近 20 人、餐饮业者有近 40 人、零售业者有近 40 人；镇区有 5 家正常生产企业即博伦、金山、北东、晟熙、吐鲁等矿企，共有管理人员及工人 3000 余人；另有暂住人口 100 余人。此外，镇政府驻地公婆泉已建成幼儿园、小学、卫生院、影剧院、边贸一条街等公共服务设施，已实施双塔水库引水、人行道绿化硬化亮化改造、棚户区改造、军警民活动中心建设等项目，初步形成了甘肃边境乡镇辖区牧业、矿业及各种职业群体的商贸、文体等管理及服务中心。

值得一提的是，马鬃山镇虽深居黑戈壁腹地，但它很早便是草原丝绸之路的要冲。更有甚者，近年来随着临哈铁路额济

纳至哈密段开通运营，桥湾至马鬃山连接线全面改建为二级公
路，京新高速甘肃白明段公路建成通车，马鬃山口岸至马鬃山
镇公路全线贯通，以马鬃山镇为中心纵横交错的"十"字公铁
路网格局已然形成，马鬃山镇因此成为青藏高原、蒙古高原以
及新疆绿洲沙漠三大区域交流往来的真正意义上的"十字路口"，
区位优势更加明确，发展潜力日益凸显。也正是得益于祖国在
马鬃山又快又好的交通建设，我们的口岸之行才如此顺利。

二、"昙花一现"：马鬃山口岸管窥

自公婆泉驱车至京新高速马鬃山立交处，再沿新修的口岸
公路北行，路过几处矿厂便来到红石山边防部队驻地。这里有
几名哨兵正在执勤，经过仔细核查，我们得以继续北行前往
马鬃山口岸。而此时已接近边境禁区，牧户、矿厂逐渐变得稀
少，偶尔能看见两三只黄羊从不远处匆匆奔驰而过。这段持续
100 多公里的行程快结束时，我们终于来到期待已久的马鬃山
口岸。

只见一座雄伟恢宏的淡黄色建筑稳固地矗立在国境线中方
一侧，整个建筑似"门"字状，呈中空正方体构造，主体由三
部分组成，上部为一横向楼体，两侧均为纵向楼体，顶部则仿
长城垛口建成凹凸相间的墙体，看起来无比坚固。这就是我们
内心十分崇敬的国门。国门中央悬挂着庄严的国徽，镶嵌着
"中华人民共和国"几个金碧辉煌的大字。国门西北方向十几
米处的芦苇丛旁，矗立着中蒙 496 号（原 182 号）花岗岩碑体

双立双面界碑，界碑上刻有"中国、496、2002"几个鲜红色大
字，令人肃然起敬。国门东北方向几十米远处有两栋陈旧的房
屋，其中一栋房屋屋顶已被风刮落，仅余外墙，墙上依稀可见
传统的"寿"字、"回"形图案，后经询问得知，这便是与马鬃
山口岸对应的蒙古国那然色布斯台口岸设施。至于蒙古方口岸
名称，同行的蒙古国留学生告诉我们："蒙古语'那然色布斯台'
的意思可以说是'有细草'，'那然'是'细'，'色布斯'是'羊、
马、骆驼被宰之后肚子里还没有消化的草（即瘪)'，'廷'就是
'有。'"那么，为何蒙古方口岸设施会与中方形成如此鲜明的对
比？这与马鬃山—那然色布斯台口岸仅短暂开通直接相关，也
与两国对此段边境重视程度息息相关。蒙古方口岸设施修建时
间较早，且未能多加修缮；而中方现有国门为第二代国门，系

芦苇丛旁的中蒙第 496 号界碑

气势恢宏的中方国门

隐约可见的蒙古方口岸设施

2007 年在第一代国门基础上新修而成。

　　事实上，作为中蒙两国甘肃段唯一陆地边境口岸，马鬃山口岸于 1992 年 9 月 1 日便正式开通，并分别于 1992 年 11 月、1993 年 3 月、1993 年 6 月进行了第二次、第三次、第四次开关。据记载，马鬃山口岸 4 次开关中蒙双方完成易货贸易总额 443.54 万元人民币，其中进口贸易额 254.29 万元，出口贸易额 189.25 万元。中方出口的产品以面粉、白糖、电视机、收音机、暖瓶、白布等食品和轻工产品为主；进口蒙古方的产品则以羊皮、羊毛、牛皮、木材、钢材等畜产品和建材居多，起到了优势互补的作用。此外，4 次开关蒙古方入境参加互市贸易的人员达 820 人，其中有近百人到敦煌、酒泉、肃北、张掖、兰州等地旅游购物；中方参加互市贸易的人员达 9000 人，双方边民互市贸易额达 93 万元人民币。另据不完全统计，口岸所在地马鬃山镇商店开关期间的营业额比平时增长了 10 倍，旅馆饮食业更是顾客盈门，特别是该镇居民通过参加互市贸易，不仅收入成倍增加，而且加速了观念转变。而据官方统计，4 次开关共接待蒙古方省地级官方团组 9 批 82 人，中方去蒙古国考察团组 4 批 28 人。由此可见，马鬃山口岸的开通有效地促进了边疆、边境地区的经贸发展，同时增进了中蒙两国的文化交流与合作。

在与当地人的交谈中，我们了解到马鬃山口岸的开通有着深刻的历史渊源。清初便有驼商经马鬃山地区去往今蒙古乃至俄罗斯地方开展贸易，特别是乾隆至同治年间，经过马鬃山地区的商路十分兴盛，自今呼和浩特至哈密、自乌兰巴托至塔尔寺、拉萨等线都须经过此地。而在卫东国老人的讲述中，民国初年曾有驼队经马鬃山去今蒙古贸易，"新中国成立前青海柯鲁克部落德都蒙古人曾运送当地畜产品到大库热（乌兰巴托），一

卫东国老人保存的马鬃山口岸首次开关照片

行两人，当年八月出发、第二年四月返回。德都蒙古人把畜产品运到乌兰巴托市场，搞易货贸易，换洋布、茶叶、烟丝、鼻烟袋、洋蜡、餐具（铁锅、铜茶壶）、火柴（洋火）、金银首饰、玛瑙首饰、加工的马皮等。他们还从蒙古国买武器如苏联762布尔德步枪、德国白尔旦步枪等交给柯鲁克王府。每次前去贸易的驼运队由部落头人带领，有40—50人，拉几百峰骆驼，组成10—20个小驼队，每个小驼队有2—3人，拉12峰左右骆驼。部落驼运队在塞尔腾（苏干湖）集中，行走路线为塞尔腾——沙州（敦煌市）——西湖（瓜州）——马鬃山境内、傲布尔布拉格（南大泉）——长流水——夏尔陶哈（牛圈子泉）——查干草乃吉（吐路）——傲布德格布勒格（公婆泉）——阿勒腾乌苏（狼娃山）——那仁色布斯台布拉格——包格德乌勒、巴彦洪果尔——前杭盖——大库热（乌兰巴托）。在行进中，每到有泉水的地方，驼队会休息一至两天，修整工具、休养骆驼。我爷爷就曾经两次随着驼运队到乌兰巴托贸易，但1918年以后就没有再去过。"

　　然而遗憾的是，马鬃山口岸的开放如同昙花一现。1993年8月本应是口岸第五次开关时间，蒙古国方面因故要求中断马鬃山口岸贸易，中方就此被迫关闭口岸。对于这一点，同行的蒙古国留学生也证实："我们蒙古人很敬畏大自然。马鬃山口岸那边是我们国家'戈壁熊自然保护区'，现在那里只有33只戈壁熊了。那边地形和马鬃山一样，都是戈壁，地下有石油、煤、金、铜、铁、钨等自然资源，但现在地下水也变得越来越少了。"

卫东国老人保存的马鬃山口岸边贸见闻剪报

三、"开口岸、聚人气"：马鬃山发展探微

自马鬃山口岸返回时，我们绕道来到位于马鬃山镇巴音布勒格村牧场的高璧音骆驼牧民合作社。这个 2017 年 9 月成立的合作社已初具规模，不仅建成了数间宽敞明亮的骆驼展览馆、游客接待中心等，还拥有自己的蒙古包、敖包，这些共同构成了戈壁滩上一道亮丽的风景线。在与马鬃山镇大学生村干部小吴的交谈中我们得知，在地方政府的大力支持下，截至 2018 年底马鬃山镇已成立了 4 家牧民专业合作社，除高璧音外，还有合邻艾勒、特漠德、查哈图等合作社，它们将成为马鬃山牧业经济产业化发展的先锋。

随后，我们驱车前往位于马鬃山镇明水村牧场的南金山金矿，经过一番颠簸，终于看到了矿厂成堆的矿料和高大的厂房。在与矿厂副厂长的交谈中我们了解到，该矿厂自 20 世纪 90 年代由军事科学院兰州研究所开采经营，后几经转让，于 2008 年由甘肃荣华实业接手，2010 年矿厂"生产黄金 100 公斤，销售收入 1.5 亿元"。矿厂安全环保处处长告诉我们："当年荣华公司收购金矿以后，把公司原在武威的一个车间所有工种都搬到了马鬃山，所以目前矿上基本都是武威人，共有 460 人，多的时候能达到 700—800 人。这些工人大多负责选矿，每月上 20 天班，便可休假回武威老家休息，由公司派专车接送。矿上还开设了自己的职工食堂、宿舍、医院、理发店，以及供工人休闲娱乐的设施如篮球场、乒乓球场、羽毛球场等。"一位矿厂工人则向我们讲述了他的经历："我 2008 年被荣华公司调到

高壁音合作社，敖包，合邻艾勒合作社，"公婆泉"牌骆驼奶

马鬃山搞筹建，那时候马鬃山还很荒凉，来的时候路不好，我都晕车了。那时矿厂只建了一半，我们到后就搭彩钢房、盖食堂，有时风太大连我们住的帐篷都吹走了。现在我已经在这矿上干了 10 年，每月上 20 天班休 10 天，我就回武威处理家里的琐事。现在矿上东西一应俱全，油路也修好了，无线网也有了，我还可以和上大学的儿子视频聊天。"可以说，矿业支撑了肃北县经济的半壁江山，但随着国家发展战略的调整即对生态环境的高度重视，厂矿企业面临转型发展。

出了矿厂，我们翻过几处小山包来到附近的明水军事要塞遗址，这处被誉为"民国时期河西走廊最西端确保兰州至新疆军需物资补给输送的生命线"的历史遗迹吸引了大家的注意。遗址坐落于京新高速甘新界石山之上，占地约 4 平方公里，分南北两部分，居高临下、易守难攻。虽然多处墙体已经破损，但仔细看我们仍能发现碉堡、营房、伙房、瞭望台、战壕等重要功能区。这不禁让我想起了此前曾到过的黑喇嘛城堡遗址，这处遗址位于公婆泉西南的小山包中，民国时期修建，它同样敦厚坚实、设计精巧，令大家叹为观止。而在公婆泉东南部的黑戈壁陈列馆，我们还见到了 800 余件关于马鬃山古生物及恐龙化石、汉代玉矿遗址、明水古城遗址、黑喇嘛城堡遗址、明水军事要塞遗址、马鬃山口岸、蒙古族传统生产生活等方面的遗物、照片、地图和书籍。显然，以上这些历史遗迹、文化遗产等无疑会为马鬃山镇的旅游发展带来巨大推动力。

由上述可知，马鬃山旨在以"工业强镇，畜牧稳镇，旅游活镇，边贸兴镇"推动地方发展的策略，已然提上议程并日益推进。然而，"边贸兴镇"之举却还有很大努力空间，因其主要仰赖马鬃山口岸的复关。在镇上访谈时我们了解到，复通口岸是当地政府、大多数牧民和工商业者的共同期盼。肃北县委一位副书记告诉我们，马鬃山口岸复通实际上已经具备了多方面的条件，比如基础设施建设等物质保障，开展经济合作的资源优势，两国民众交流的情感基础等，因此所谓"开口岸"将指日可待。与此同时，也有部分人认为马鬃山目前当务之急应在于"聚人气"，以改变当地空巢化的发展困境，否则口岸复关也无济于事。正如一位餐馆老板跟我们讲的，"马鬃山这地方就是你把口岸开开也没意思，没人嘛。"在我们一行人看来，"开口岸"与"聚人气"两者是相辅相成的，对马鬃山发展而言均十分重要。

返程时，我们坐上了马鬃山途经玉门发往酒泉的客车，车

明水军事要塞遗址

黑喇嘛城堡遗址和遗址上捡到的旧鞋底（那仁满都呼　摄）

黑戈壁陈列馆及馆内部分藏品（那仁满都呼　摄）

上共坐着二三十人，其中有军人、牧民、矿工，还有生意人和地质测绘人员等，这一刻，我们感受到祖国和人民共同保障边境安全与边疆发展的巨大热忱。回到兰州后，我们得知甘肃省政府已批复了将马鬃山打造成边境特色旅游小镇以推进口岸复通的相关建议报告，虽然具体措施不得而知，但我们仍然替这个已关闭20余年的口岸感到激动，也替每一位默默在祖国边境坚守奋斗的马鬃山人感到由衷高兴。相信随着"一带一路"倡议的深入推进，马鬃山将在边境地区党政军警民各群体的共同努力下焕发新的生机和活力，成为国内外、省区间、群体间至关重要的交往桥梁和合作纽带。

老爷庙口岸行

魏渊博

老爷庙口岸位于新疆维吾尔自治区哈密市巴里坤哈萨克自治县北部，毗邻蒙古国，是新疆对蒙口岸中位置最靠东的一个，口岸设施位于三塘湖镇，有新旧两个口岸设施区域。

老爷庙口岸是我们此次北疆口岸行的最后一站。在提前了解的过程中，我们看到县城离口岸区域和国门分别有约 80 公里和 160 公里的距离时，我们就知道要到达这个地方不会太顺利。

中华人民共和国老爷庙口岸

我们从上一个口岸——乌拉斯台口岸——所在的昌吉州奇台县城乘长途大巴前往巴里坤县城，因没有直达车，故而途中在下涝坝转乘乌鲁木齐至巴里坤的班车最终到达了目的地。而在这历时约 7 个小时的路程中，一路上我们见到了从

路途中的山地

巴里坤县城美食街

巴里坤得胜门遗迹

奇台的炎热干燥到巴里坤的湿润凉爽、奇台的地势平坦到木垒和巴里坤的崎岖山地以及巴里坤湖等各色景象，也惊叹祖国山河的辽阔壮美。我们所走的是省道，由于是交通要道，道路上车辆很多，且大多数为运送货物的半挂车，路上稍显拥挤，而路边是正在修建的京新高速，相信高速建成后能缓解省道的通行压力。

车辆开出木垒县城（属于昌吉州）后，地势逐渐变得崎岖，进入巴里坤境内后更是如此。在邻近巴里坤县城西侧的海子沿乡我们还看到了著名的巴里坤湖，加上旁边的牛羊，也真正有了草原的气息，而一阵雷雨也让初来乍到的我们一下车就感觉到了此地的凉爽。

巴里坤县城规模不大，但却独具特色。在车辆进入的过程

巴里坤县城附近的草原景观

三塘湖盆地的戈壁景观

中我们就发现了保存较为完好的古城墙以及古建筑，县城道路宽敞平坦，高楼大厦并不多，大多数都是四五层的建筑。匆匆入住车站附近的一个宾馆后，我们开始缓和下激动的心情来仔细感受这个期待已久的地方。下雨的巴里坤显得过于清凉，由于它的较高海拔以及处于山脉北麓的地理位置导致这里的气温相比炎热干燥的奇台要很湿润凉爽，甚至还有些冷，晚上睡觉的时候都感觉不到还在夏天。

第二天，我们在县城办理了边境通行证，并趁剩余的时间初步了解了一下县城。之后下一天我们搭乘一天一班的班车前往口岸所在地——三塘湖镇。

县城前往口岸所在地三塘湖镇的班车是每天下午 3 点一班，车辆出了巴里坤县城，经过了十几公里到了大河镇，这是县城外离三塘湖镇最近的镇子了。接下来经过几十公里的无人区，景观基本上是戈壁滩，路况也不好，正在翻修的桥梁只完成了一半，施工也已停止。极其稀疏的植被提醒着我们将要面临的是温带大陆性的干旱气候。而我们也在想象着在戈壁滩深处口岸的景象，那里生活着一些怎样的人，他们在这种自然环境条件下怎样进行着生产活动。

三塘湖村落房屋

经过两个半小时车程，我们到达了三塘湖镇。三塘湖镇主要由四个村子组成，口岸附近有四个村子：上湖村、中湖村、下湖村、岔哈泉村，上湖村、中湖村、下湖村是自南向北依次排列的，其中中湖村、下湖村离口岸新区较近，中湖村南侧为口岸旧址，距新口岸14公里，镇政府位于中

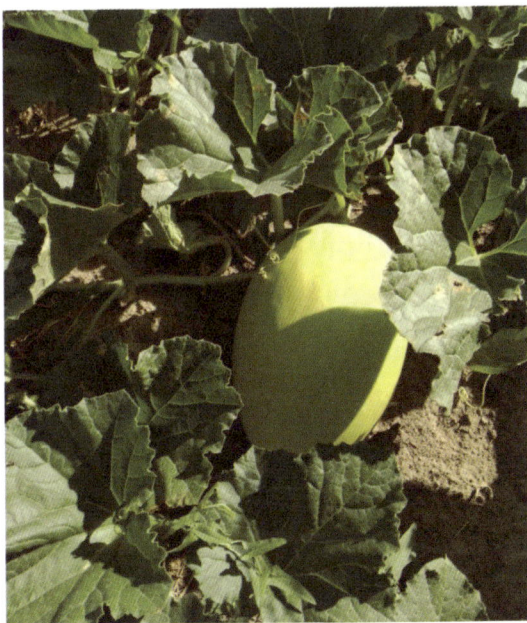

三塘湖晚熟哈密瓜

湖村。我们在中湖村附近的三塘湖派出所下车，在一位托师姐联系的熟人的帮助下来到了上湖村的一户居民家暂时歇息。

在去老乡家的途中，我们在皮卡车上欣赏着这边境小镇的风光。虽说村外是一望无垠的戈壁滩，但在村子中却是绿树成荫，道路两旁有成片的杨树林，还有农田的绿色相伴，顿时感觉凉爽了许多。接我们的武警战士问我们来此地的目的，听说我们是来调研的之后，都说"你们来这里调查个啥"，看来他们还不了解我们的具体调查对象，于是我们又仔细解释了一下。快到老乡家时，我们看到了老乡家的阿姨已经在路边等待了。武警小伙子们帮我们搬下行李后就抓紧时间回所里了。我们跟随阿姨进屋到早已准备好的房间歇息了片刻，之后开始慢慢了解我们所在的地方和环境。

老乡家是一个典型的当地人家，房子为土坯房，因降雨较少房子几乎都是泥土的，院子较大，中间种着茄子、辣椒等蔬菜瓜果，还有羊圈等，据了解他们还种着若干亩晚熟哈密瓜、辣椒。家里的叔叔在口岸的派出所任护边员，定期执勤，阿姨也是村委会的护边员，他们有一个儿子，目前在县城县政府工作。看起来老乡家算是当地中等条件的家庭，夫妻两人都有收入，儿子也在工作而且已经娶妻生子，家中有用于务农的拖拉机，还有小轿车一部。从叔叔那里我们得知他们祖上是一百多年前从甘肃民勤迁徙而来的，而且这附近村子中的人有一大部分人是迁徙自民勤的人的后代，另外还有祖上是山西、陕西的人。据说我们所在的上湖村是周边地区距离蒙古国最近的居民点，再往北都是无人区。

之后几天，因口岸新区距离较远，因此我们二人先了解了镇子的基本情况。我们所在的下湖村地势较低，南北狭长分布于一条沟壑之中，因此受戈壁滩上肆虐的风的影响也较小。村子中的土地大多数种植哈密瓜，其次还有辣椒、玉米等。每一片瓜地的面积基本都在 1 亩以下，且哈密瓜的种植是订单农业，

口岸旧联检厅

口岸旧货检厅

口岸旧商铺

口岸管理委员会

因质量上乘而收购价格也在每亩 4000—5000 元之间，每年 8 月上旬有外地商人来收购。此外当地还有不少养羊的家庭，由于每家数目不多加上还有农活，因此养羊的人家都是将羊由哈萨克牧民代为放养，冬天再回到圈中。中湖村和上湖村的生产生活方式与下湖村大致相似，规模也是每村一百余户。在镇政府所在的中湖村，我们见到了学校、农村信用社、金湖佳苑小区等设施，而此地的饭馆、商店等也要多于另外两个村子。

中湖村南部约 3 公里处就是口岸旧址。在口岸旧址我们发现还保留着原口岸货检厅、口岸管理委员会、海关监管库等设施，从残留的建筑外观上还能看出一些当年的景象。除此之外，旧口岸区上还有约 10 家商店、四五家旅馆以及 5 处修车的店铺。从当地建筑的外观来看，目前存在的店铺约占所有铺面的不到五分之一，其余的都已废弃。从后面的调查中我们得知口岸新区是 2014 年启用的，而旧口岸区我们所看到的衰落也只是经过了 4 年的时间而已。

在下湖村的老乡家住了 3 天之后我又到旧口岸区住了 12 天的时间。在这 12 天的时间里，第一次来到旧口岸区时所感觉到的衰落感更加被强化，也更加向往着口岸新区的景象。在旧口岸区，这里仅剩的十几家商户绝大多数都不是三塘湖本地人，他们大多是以投亲靠友或者为谋生而来到此地，大多数人都是在口岸开始进口铁矿砂之后来到口岸，而且在旧口岸的鼎盛时期享受到了口岸发展带来的红利。在口岸设施搬到新口岸区之后，由于客源的流失加上口岸新区还没有建设好商圈的原因，大多数商户选择了离开，仅剩目前的这些商户依靠过往的车辆和人

口岸附近指向牌

海关保税库内进行装卸作业的货车

老爷庙进口肉类指定口岸仓库

流做一些零售、修理、住宿及餐饮的工作。在我当时所住的住处，是兄弟二人在经营的饭馆加住宿的店铺。他们原本是重庆人，14岁左右就出来闯荡，在新疆各地已经摸爬滚打了十几年，做过铁路工人也开过店铺，目前

记录旧口岸贸易的老照片

都已娶妻生子，而且在克拉玛依购置了房产安了家。现在旧口岸区生意越来越惨淡，他们也仅是在努力维持。附近的商户都表示口岸新区商圈建成的话他们肯定会搬过去，如果生意再不好就考虑离开了（在两个多月后我返程回校时，我看到兄弟二人的店铺已经关门，不知道是暂时离开还是又去其他地方打拼了）。兄弟二人开的店铺正位于原海关监管库的东南侧，一个两层的小楼加一个院子和几间平房，院子里还养了猪、鸡、鸭、狗等，并开了一块地种着蔬菜。

一辆正在洒水的国内运输车辆

在旧口岸区的时间很快过去了，我在向导的带领下来到了口岸新区。奔驰的挂车、防风墙圈起的仓库以及随风刮起的铁矿砂让我见识到了与之前吉木乃口岸等不同的口岸景象。

随着在新口岸待的时间不断延长，我对这个地方的了解也从无到有，逐渐由了解概况到比较细致地调查，而且与当地的工作人员等建立了深厚的友谊。据我的调查，口岸新区目前有三家进口贸易公司，其中两家为私有企业，一家为新疆生产建设兵团下属物流贸易公司，而且目前口岸上的贸易货物基本为铁矿砂，由一家私企与兵团下属贸易公司负责经营（另一家私企无铁矿砂经营权，目前尚无货物交易）。由于建设时间不长，口岸新区的设施还不是特别完善，贸易方面口岸上目前有三个仓库、两个加油站、口岸联检厅，公路为省道，基本能满足运输需求，但生活方面的设施就很不足，口岸新区上目前只有两家商店，两家餐馆，而且没有宾馆，外来的人员只能返回到旧口岸区住宿。挂车驾驶员是贸易运输的核心，而口岸上为他们提供的生活服务还远远不够：除了吃饭只能在仅有的两个餐馆就餐或者在一辆来口岸叫卖的面包车上购买之外，有一部分驾驶员还没有住宿的地点，晚上只能在挂车驾驶室睡觉，生活条件还很欠缺，更不要说在运输的路上还要自己做饭解决吃饭问题。

　　通过进一步的了解和普查，我发现口岸与所在城镇的联系似乎没有想象中的紧密。口岸上的人员主要包括以下几类：海关边检等国家机关工作人员、贸易公司工作人员、挂车驾驶员、商店和餐馆的工作人员，他们中绝大多数都是外来人员，只有个别是三塘湖本地人。随着调查的深入，我也更加了解他们的工作和生活，并与他们成为了很好的朋友，而这也反过来更好地帮助了我的田野工作。比如我在田野中的报道人与我年龄相仿，同为甘肃人，因此我们有许多共同话语，通过一起的交谈、工作，我通过他了解到了更多的有关口岸的知识。

　　在经过初步的调查和了解后，我决定将自己毕业论文田野调查的地点选在老爷庙口岸新区，并就此展开了调查工作。

乌拉斯台口岸行

于洁茹

乌拉斯台口岸位于我国新疆昌吉回族自治州奇台县北塔山马拉斯台地区索尔巴斯套，与蒙古国北塔格口岸对应。从乌拉斯台口岸出发，对内经过 248 公里可到达奇台县，经过 450 公里可到达乌鲁木齐市；对外经过 6.5 公里可到达蒙古国北塔格口岸。笔者家居住于新疆乌昌地区，而乌拉斯台是距离乌昌地区最近的一个一类季节性陆路口岸。于是，笔者决定前往该口岸一探究竟。由于新疆乌鲁木齐疫情刚刚结束，前往口岸的班车尚未恢复。在确认完核酸检测结果以及健康出行码后，笔者一行于 2020 年 9 月 8 日上午 9:30 驱车前

乌鲁木齐至乌拉斯台口岸导航路线

往乌拉斯台口岸。经导航所显示，从乌鲁木齐出发至乌拉斯台口岸需要时间长达 9 小时，且路途较远。经协商后，笔者一行决定分段前往，以奇台县作为中途休息的站点。

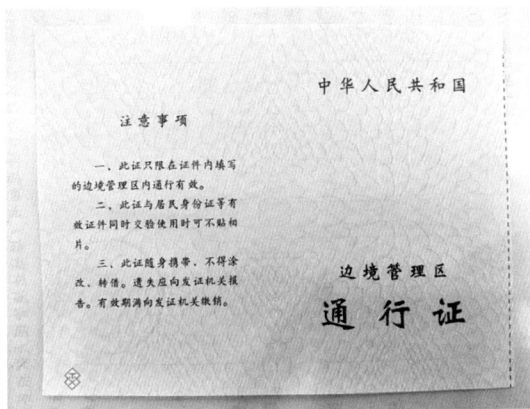

乌拉斯台口岸边境通行证

从乌鲁木齐出发，在京新高速上驱车 3 小时之后，我们达到乌拉斯台口岸所属县镇——奇台县。奇台县位于新疆维吾尔自治区东北部，天山北麓，准噶尔盆地东南缘，县城西距乌鲁木齐市 195 公里，是新疆昌吉州的边境县，有对蒙古国开放的国家级一类口岸—乌拉斯台口岸。 县域总面积 1.93 万平方公里，总人口 24.05 万人（2013 年），辖 9 镇 6 乡，驻有农六师奇台中心团场和北塔山牧场。乌拉斯台口岸位于北塔山牧场，属于边境地区，必须要持有边境通行证才能前往。经打听后，笔者一行在奇台县双创大厦 2 楼 83 窗口办理边境通行证。

办理完证件后已至 14 点，笔者一行就近找了一家较为特色的过油肉拌面馆解决午饭。稍作休息后，为了确保下一段行程能顺利到达口岸所在团场，笔者与一位经师友介绍且居于北塔山牧场的哈萨克族小伙合然取得联系，并约定在客福来宾馆停车场见面。

据合然介绍，之所以选择客福来宾馆这里，是因为这里是前往北塔山牧场的一个线路车站点。从奇台县至北塔山牧场共计205公里，正常情况下驱车前往只需要2小时40分便可到达。但由于鸣沙山至北塔山牧场段正处于道路改建期间，从鸣沙山路段开始车辆只能通过便道前往。为了防止我们走错前往北塔山牧场的路，合然试着找一辆返回北塔山牧场的车辆带领我们前往。与此同时，合然跟北塔山牧场进行沟通，再三确认我们可以持边境通行证进入团场后，驱车带领我们前往一条更为便捷、安全的道路入口。由于合然有事在身，且尚无返回北塔山牧场的车辆，接下来的路仍需要我们自己独自前行。鉴于此，合然向我们详细说明途径路标及行驶方向，在确保我们完全领会行驶路线后，方才离开。有了合然的详细介绍，不仅让迷茫的我们心里有了底，也让外来的我们感受到了来自边境人民的热情好客。

在途中，笔者一行见到了荒漠戈壁地貌，偶遇了骆驼牛群。蓝天映衬下，道路两边的自然风光让驱车疲劳感一下子烟消云散。然而就在感慨祖国边疆大好风光之时，我们开始进入便道路段。

进入便道路段，路况变得非常不明朗。首先

正在维修中的客福来宾馆

当地人所知的便捷道路

沿途的骆驼群

进入黄土路段，会车时滚滚而来的沙土包裹了整个车辆，坐在车里也有了点腾云驾雾的感觉。接着我们经过一段相对较好的

S228—北塔山牧场施工道路

砂石路后，正式下了主道路进入一旁工程车辆压出的便道中。颠簸的路途让我们纷纷感慨"路"的重要性，更加理解"想致富先修路"的意义所在。

在经过长达4个多小时的行驶后，我们终于来到了北塔山牧场边境检查站。经过边境检查站证件检查后，我们继续前行。大约10分钟后，我们的车辆终于驶入北塔山牧场。当车辆踏上团场柏油路上的那一刻，我们不约而同发出了感慨。这其中的原因不仅有"劫"后余生的喜悦，也缘于北塔山牧场整齐规划的道路、哈萨克族毡房、成群的羊羔等景观。凉爽、干净的空气，让我们的心情不由自主地喜悦起来。

北塔山牧场概貌

北塔山牧场始建于 1952 年，原名新疆军区八一牧场，1954 年新疆生产建设兵团成立，更名为北塔山牧场，隶属于新疆生产建设兵团第六师。场部共计 3392 人（2010 年），以哈萨克族为主，是一个以游牧为主的团场。在场部，设有一处农贸市场（内含 1 所五家渠国民村镇银行，11 个饭馆，3 个超市，两个理发店）、一所北塔山大酒店、一个晋北社区、一所双语幼儿园、一所北塔山小学、一家医院、一个加油站兵团石油（只能加 92 号汽油和摩托车需要的汽油，加 95 号需要前往青河县）。同时，还专门为当地职工建设了一处职工文化活动中心，以供当地举办活动需要。

在走访中据团场党政办主任介绍，北塔山牧场是山西晋中援建对象，故而有了晋北社区，寓意晋中 - 北塔山社区。整个

北塔山牧场场部建设

社区干净整齐，一栋两层四户。牧民搬入新房时基本没有花太多钱，主要靠国家各种政策补贴。团场主要以游牧业为主，也有煤、硅化木等矿产资源。但由于地理位置遥远，很少有开发商在这里大规模投资。原本团场想要打造乌拉斯台口岸来带动旅游业，也因为投资太大而停止了。团场生态环境面临的最大问题就是水资源。近年来，由于地下水位的下降，整个北塔山牧场的草都没有长起来，很低矮，没有以往草场的样子。居住在二楼的居民，有时候也会遇到水量小、水上不去的情况。至

北塔山牧场地标

于人员流失问题，主任坦言团场也存在人员流失问题，主要集中于汉族干部以及一些大学生。从 2012 年至今，差不多已经流失 50-60 人了。相对来说，哈萨克族干部、工作人员还是比较能够适应当地的生活环境。如果不是编制有限的话，当地哈萨克族年轻人还是愿意留下来的。但是现在解决不了编制问题，很多年轻人都去周边奇台、青河、吉木萨尔等地方就业了。虽然团场存在一些问题，但与过去相比仍有不少进步，至少生活环境确实改善了。故而在笔者看来，北塔山牧场是一个极具潜力的边境团场，既有能够发展起来的矿产基础，也有独特的牧场风光。

　　入住当地唯一的一所北塔山大酒店后，通过跟前台客服了解，得知乌拉斯台口岸距离北塔山牧场场部还有 40 公里，但整

前往乌拉斯台口岸沿途道路指示牌

前往乌拉斯台口岸的沿途风光

条路都是柏油路，路况
很好。如果要进入口岸，
可能需要提前沟通才行。
鉴于此，笔者通过多方
渠道终于与边防连队取
联系。在获得边防连队
的允许下，笔者一行方
才驱车前往。

北塔山牧场畜牧三连

　　在前往乌拉斯台口岸
沿途中，道路两旁是一望无际的草场。只因已入秋季，草场开
始泛起了麦黄色。然而即便这样，辽阔的草场依然给人以置身
于大自然怀抱之中的体验感。

　　在靠近乌拉斯台口岸处，有一处居民点——畜牧三连。畜
牧三连位于北塔山牧场东北部，距离场部 32 公里，所辖境线长
度为 22 公里（151—166 界碑），地处中蒙边界最前沿。连队现
有 151 户，共计 537 人。其中常住 131 户，427 人，流动户 20
户，65 人。整个居住房统一为红顶黄墙分布于道路两侧。除了
政府办公楼外，还设置有运动广场，方便牧民锻炼身体。2019
年，畜牧三连人均收入 16800 元。顺利通过畜牧三连的联合检
查站后，我们离乌拉斯台口岸就更近了。

　　车辆驶出畜牧三连 10 分钟后，我们终于看到了乌拉斯台
口岸联检楼和乌拉斯台口岸管理委员会办公楼。乌拉斯台口岸
是 1991 年 6 月 24 日经中蒙两国政府批准开放的一类双边季节
性陆路口岸。1992 年 6 月 1 日经首次开关，1992 年—1994 年
每年开关 4 次，开关时间为每年 3、6、9、12 月的 1—20 日。

乌拉斯台口岸

2004 年 9 月 28 日，中蒙两国在北京签署了《中华人民共和国和蒙古国关于口岸开放的协定》，乌拉斯台口岸由原来的 4 次改为 3 次，从 2005 年 1 月 1 日开始，每年 5、7、9 月的 16—30 日开关。由于今年受新冠疫情影响，乌拉斯台口岸仍未开关。

乌拉斯台口岸开放后，1992 年昌吉州人民政府成立了乌拉斯台口岸管理委员会，作为州政府派出机构，对口岸进行综合协调管理。除口岸管委会外，口岸还设有 5 个管理查验单位，即海关、边检、国检、运管以及口岸边防派出所。由于乌拉斯台口岸为季节性开放口岸，所以上述机构除边检站、运管站和派出所为常设机构外，海关、国检均为非常设机构，每次开关由乌鲁木齐临时派员前往口岸工作。在口岸闭关期间，则由当地职员负责。在笔者停车询问前往界碑处之际，恰巧遇到在口岸闭关期间负责口岸管理委员会的职员。据该职员介绍，口岸开关时，由外派人员负责；口岸闭关时，则由他负责。作为公职人员，一个月 5000 块，一年还有 15 天年假，他非常满意这份工作。除此之外，他还有自己的羊群，能够获得一些额外收入。经过这些年的积攒，他在奇台县已经买下一处住房，闲暇之时还可以去奇台县度假，这样的生活让他觉得很满足。

闲聊之后，我们又继续踏上了前往界碑之路。从乌拉斯台

乌拉斯台口岸管理委员会办公楼

中蒙国界指示牌

口岸到中蒙 163 界碑处只有 4 公里，沿途有中蒙边境指示牌。经过边防连队的检查、放行后，边防战士带领我们前往中蒙163 号界碑。

中蒙 163 号界碑与其他中蒙界碑有所不同，是经过中蒙两国商议、合力打造的一处开放性联合界碑。整个界碑骑边境线而立，一面印有中华人民共和国国徽和界碑号码，另一面则印有蒙古国国徽和界碑号码。在界碑围栏之内，允许中蒙两国人民与界碑合影留念，但不能跨出界碑围栏，否则属于非法越界。在边防战士的悉心讲解下，我们得以了解这块界碑的不同之处。

在与中蒙 163 号界碑合影后，受边防连队邀请我们在边防战士带领下前往连队参观。步入军营让我们既激动又紧张，更多的是喜悦。进入中蒙会谈会晤站，由连队军医战士负责带领我们参观连史馆，并为我们详细解说连队的"北塔山精神"与辉煌历史。在参观过程中，我们得知军医战士不仅负责连队战

中蒙 163 号界碑

士的医疗救护，有时还要为周围畜牧连队、团部的牧民进行问诊。医者仁心，令人敬佩。

参观完连使馆后，站长带领我们继续参观中蒙两国会晤室。据站长介绍，每年口岸开通之际或两国会晤都在连队边境会晤室进行。由于东西地理位置相差不大，蒙古国所用的乌兰巴托时间与北京时间相同，因此不存在时差。进入会晤室后，笔者一行被庄严整齐的会晤办公室所震撼，会议桌前方并立着两国国旗，墙上挂有两国时钟，会晤室门上则印有"中蒙友好，友谊长存"字样，象征着中蒙两国之间的深厚情谊。

乌拉斯台边境会谈会晤站及连史馆

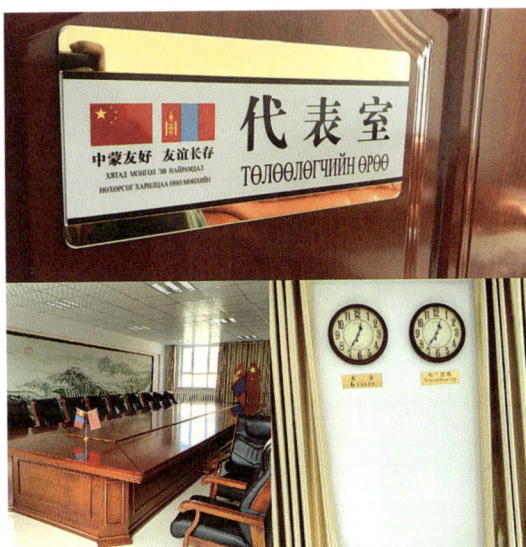

中华人民共和国乌拉斯台边境中蒙会晤室

参观完毕后，笔者一行同边防连队战士一同用餐。闲聊中得知战士们都来自五湖四海，有些战士已入伍第四年。有的战士自己也没想到回来到新

从边防连队返回北塔山牧场途中

疆，而有的战士一开始就选了新疆。无论计划之中还是意料之外，来到新疆边境的他们在经历饮食习惯、作息时间的调整后，便始终守护着这一片土地，享受孤独也享受着军营中简单的快乐。简单作别后，笔者一行又踏上了返回北塔山牧场场部的路上。

在返回途中，笔者不禁将乌拉斯台口岸与附近青河县的塔克什肯口岸做一对比。同为中蒙边境口岸，为何塔克什肯口岸却比乌拉斯台口岸发展得好？究其原因，或是因为距离过较近导致的二者选其一，或是受对方口岸发展程度影响？答案虽然不得而知，但从此次调研情况来看，无论是边防战士、口岸管委会职员或是北塔山牧场牧民，他们对乌拉斯台口岸的开放与建设都满怀期待。如果有一天乌拉斯台口岸能够重返繁荣，笔者希望这种繁荣是基于蓝天白云与广袤草场之上的繁荣，而不是取而代之。希望乌拉斯台口岸发展越来越繁荣，边境战士、牧民的生活越来越美好。

塔克什肯口岸行

陈逸超

  塔克什肯口岸位于阿勒泰地区青河县塔克什肯镇境内，是国家一级公路口岸，于 2011 年正式实现全年开关。口岸与蒙古国科布多省布尔根县接壤，距青河县城 102 公里，距中蒙边界线 15.5 公里，距蒙方布尔根口岸 25 公里，距布尔根县城 65 公里，距科布多省会 265 公里。区域生态环境主要为戈壁荒滩，冬季漫长严寒，夏季短暂炎热，春秋两季有很大的风沙，自然条件比较恶劣。不过，离口岸十几公里的小镇邻近布尔根河，地表水和地下水资源比较丰富，气候似乎比较温和，地势较低的河南岸有大片的田地。2019 年夏天全国普遍高温，而这里的最高气温只有 30 多度，且经常吹风又干爽少雨，可以说是相当舒适了，唯一有点令人难以忍受的是蚊子太多且凶悍异常，但镇子位于河北岸一处比较平坦的坡地，这也是自然现象。听年纪大一些的商户说，镇子的所在地早先都是耕地和沙棘林，沙棘是青河县的一张名片，塔克什肯镇的沙棘面积更是占全县沙棘面

从西向俯瞰塔克什肯镇

积的三分之一，2015 年，塔克什肯镇被农业部正式认定为"全国一村一品示范村（镇）"，镇子上还有沙棘的加工厂，沙棘制品及沙棘鸡在售卖杂货和旅游纪念品的小店里随处可见，河南岸的草原和农田则种着苜蓿和其他的粮食作物。值得一提的是，我国目前唯一一处专门以河狸及其生境为主要保护对象的国家级自然保护区就在镇西不远处。

据《青河县志》介绍，"塔克什肯"系哈萨克语，传说是20 世纪 30 年代在此驻防过的一位哈萨克族军人的名字，直译的话可以是"小马过河"。另一种说法认为"塔克什肯"是蒙古语，有的认为塔克什肯对应蒙语"特克什肯"，意为"非常平的地方"；有的认为蒙语"塔克"意为"野马"，"什肯"的发音应为"伊什根"，意为"山羊羔"，镇上有一家依希根蛋糕店，似乎就是取这一含义；还有的认为"塔克什肯"意为"暴烈的

野马",如果这是比喻布
尔根河水湍流之势的修
辞的话,倒也相当贴切。
布尔根河沿岸地区历史
上就是"阿尔泰草原丝
绸之路"和"戈壁沙漠
丝绸之路"的重要节点,
是中蒙贸易的必经之路。
在草原丝绸之路中,青
吉线从蒙古国科布多省
始,沿布尔根河或查干
河进入今青河县境,再
由此经霍尔茨(今富蕴
县城)向额尔齐斯河顺
流而下,便可旅次布尔
津、吉木乃、哈萨克斯
坦的斋桑、赛米、卡拉

塔克什肯客运站

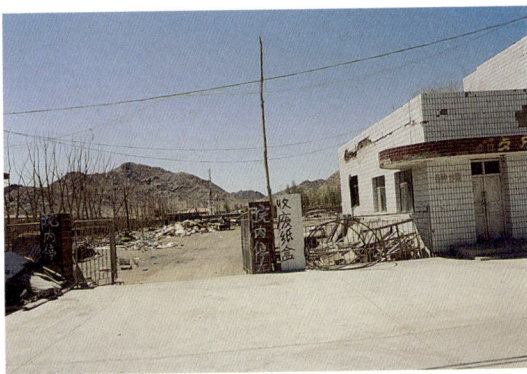

已经成为废品收购站的客运站

干达、终至咸海与里海;青布线亦从蒙古国科布多省始,沿布
尔根河入青河,顺乌伦古河而下布伦托海(乌伦古湖),再由此
进入和布克赛尔、塔城两地,经准噶尔大门(阿拉山口)逾巴
尔喀什湖而到里海。戈壁丝绸之路中途经此地的青河——巴里
坤一线更是阿尔泰古丝绸之路中最为重要的干线,在《西域图
记》中亦有记录。1771 年,土尔扈特部自伊犁河东移,萨尔王
率领的部分移民也曾在布尔根河一带居住。作为历史上的一处
重要交通节点,塔克什肯口岸的交通在我所路过的口岸中也是

荒废的客运站内景

候车厅改成的杂货店

比较方便的，从富蕴县和奇台县两条大路都通向这里，还有不少规划即将实施，比如自治区住建厅于 2017 年 11 月 16 日正式就选址问题进行公示的始于木垒县鸣沙山，经乌拉斯台，终于塔克什肯的 G331 国道。虽然交通线路颇为发达，但是这里的公共交通却呈逐渐萎缩之势，连青河县到这里的固定班车都裁撤掉了，曾经熙熙攘攘的客运站变成了废品的堆放站和廉价旅社，目前两地的客运主要靠几辆 9 座面包车维持，票价 30 元。

据说早在咸丰、同治年间，这里以活畜以及皮张、毛绒等畜产品为主的物物贸易就已相当活跃，但初现雏形的商埠很快便因全国范围内的战乱而胎死腹中。新中国成立后，全国人民迎来了向往已久的和平安宁，中蒙两国关系亦逐渐正常化，这条古老的商路也开始重新发挥它的作用。1958 年，两国在这里进行了建交后第一次大规模的边境贸易活动，当时中国向蒙古出口的主要是农副产品和日用品，进口的则是牲畜、棉布和茶叶等生产生活资料。1964年，双方又在红山嘴、塔克什肯、乌拉斯台和老爷庙的边境区域设立了边防会谈会晤机制，为后来中蒙边境口岸互通奠定了良好的基础。改革开放后，中蒙边界各口岸的开放也随之重新提上了日程，1989年7月21日，中蒙两国同时宣布开放塔克什肯和布尔干口岸，也有资料认为口岸的正式开放是在1992年的7月，镇上的老人们则大都认同后一个时间点，他们对口岸的最初记忆属于一个含混的90年代。口岸在开放后不久，即90年代中期，便臻于极盛，一度号称我国对蒙古国第二大的开放口岸，镇政府所在的中心路以南如今已经泰半废弃的一大片

荒废的镇南房屋和街道

旧边民互市

玩耍的哈萨克孩子们

房屋就是在 90 年代初口岸刚开通的时候建起来的，这些房屋虽然低矮，却有着相当统一的外观，人们用棕色瓷砖勾勒出了房子的外轮廓，又用白色瓷砖贴满了外壁，颇有一些欧式风格。现在，除了一间蔬菜店和几位牧民还住在这里，剩下的商户大都迁到了镇子的北面，在新建的边民互市市场和中蒙路周边形成了一片商圈，镇子上最为雄伟的建筑，镇政府、口岸委、海关、边检、边防的办公楼也在这片区域。值得一提的是，镇子最南面原来也有不错的路面，但后来因为某项改造工程挖掉了，现在改造工程还没落地，不巧这里又是大车的必经之地，于是每天延绵不绝的滚滚黄龙让这里的几位居民夏天都不敢开窗。小镇被镇中间一座小山包明显地分成了两个部分，顺着山包做一条延长线，线西住的多是汉族生意人以及住楼房的哈萨克们，线东则是哈萨克们的平房。

老人们回忆，在口岸最辉煌的时候，口岸一个月开关 10 天，街上到处都是蒙古人，蒙古的苏式卡车和吉普车更是足可从现在的镇政府排到中蒙路上的加油站，差不多能有两公里。即使到了冬天，这里的边贸依然热火朝天，那个时候口岸也没有大的旅社，国内商人都住在帐篷里，地方也不大，于是蒙古国的商人就穿着皮裤和皮衣服在车上过夜。那个时候蒙古人来这里出售羊毛、羊皮和羊绒，在蒙古国内卖价折合几十元钱一公斤的羊绒在口岸能卖到三四倍的价钱，七八元钱一张的羊皮能卖到近百元，而蒙古羊肉的价格只有几元钱一公斤。除了畜产品，废金属也是蒙古商品的大头，现在的镇政府所在地以前就是专门的废金属卸货场，口岸委所在地则是牛羊皮的货场。与蒙古国方面相比，我国出口的则是包括机械、家电、建材、

新边民互市外景

小商品、服装等附加值较高的产品。口岸生意红火了，人们来的自然也多了，老戴就把自己的侄子小戴也带了过来。小戴在口岸生意好的时候从事搬运工作，现在年岁渐长，口岸生意也下滑，于是做了边民互市的安全员，还开着一个修鞋的小摊。至于边民互市里的老板们，这样的情况就更多了，子女、亲戚，"挑担"的（河南方言，指娶了姐妹几个的男人们），一家人生意红火，往往能带来三四家甚至十几家人来这里讨生活。然而时过境迁，现在口岸的生意萧条了许多。大多数商户认为在 2014 年前后小商品的贸易就一年不如一年，2017 年和 2018 年尤甚，特别是服装商人们已经基本没有生意，因为来自巴彦乌列盖省的服装批发商们现在直接取道乌鲁木齐来进口更为新潮的服饰，而小商品批发商和家电的零售商也面临更为激烈的竞争：以二连浩特为代表的各大口岸如今交通方便，通关也更为便利，从蒙古国东部到西部，中间转手的次数也不比这里更多。不过，虽然已经有人选择离开口岸，但大多数商户还坚持在这里，"慢慢吊着"，因为塔克什肯镇和青河县已经是商户中大多数人的第二故乡，他们中不少人在青河县上购置了房产，把户口也迁到了县上或镇上，他们的子女则在这里成长，在县上，甚至就在镇上的学校念书。

虽然口岸的边贸发展陷入了低谷，但随着中蒙矿业合作的不断深入，塔克什肯口岸近年来逐渐向能源通道转型，煤炭进口逐年攀升。早在2008年，蒙古（香港）能源公司为了更好地运输蒙古煤炭，投资20多亿元修建了联通口岸至胡硕图矿区的国际公路。2010年10月，这条全长360多公里的公路竣工，2011年正式投入使用，目前经塔克什肯口岸进入我国的煤炭全部产自蒙古国科布多省胡硕图煤矿。随着运力的提升，更多企业开始关注塔克什肯口岸的进口潜力。2013年9月，新疆蒙科能源科技有限公司年洗选300万吨选煤项目的首期工程，即150万吨煤炭洗选项目正式落户塔克什肯，

在边民互市市场中玩耍的孩子们

并于 2014 年 9 月开始实现常态化进口，11 月建成投产。目前，来自蒙古国的优质焦煤已经成为塔克什肯口岸进口贸易的最大对象，在口岸 2017 年的进口货物总量中，瘦煤和焦煤进口量达到了进口货物总运量的 99％，约 60.04 万吨。此外，运输煤炭的蒙古司机们也逐渐成为服务业的重要客源。

没有建成的一栋商业建筑

运煤干线中蒙路

屈指算去，自从批准设立以来，塔克什肯口岸已经历经了将近 30 年的风风雨雨，但这里的人们始终保持着诚信守法的经营理念，同时满怀热情地为边疆安全付出自己的一分力量。而国家政策层面也对口岸的建设颇为重视，目前，"阿富准"（阿勒泰—富蕴—准东）铁路已开工建设，"阿富准"铁路的延伸线——富蕴至塔克什肯铁路已纳入计划，塔克什肯口岸在各项规划中也被视为中蒙俄邻近省市重要的商品加工集散地。虽然目前的口岸面临一些发展中的问题，但我相信，口岸的明天一定更加美好。

红山嘴口岸行

杨亚雄

2019 年 8 月，有幸同新疆维吾尔自治区发改委下设的"新疆推进丝绸之路经济带核心区建设工作领导小组办公室"组织的新疆口岸经济带规划编制实地调研专家组一道，走访调研了阿勒泰地区的几个口岸，其中就有位于福海县的红山嘴口岸。调研组由来自中国国际工程咨询公司、中南林业大学、天津财经大学、新疆维吾尔自治区发改委、北京林业大学等单位的工程师、教授、干部等 8 人组成。调研组成员的学科背景复杂多样，有经济学、城市规划学、旅游文化学、人类学等。为了方便起见，我以新疆大学老师的名义

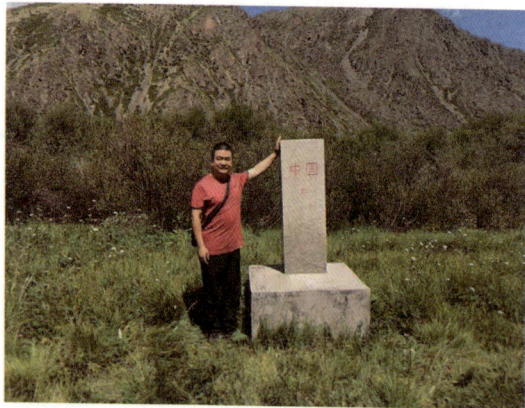

笔者同界碑合影照

加入。

红山嘴，这个名字早在六年前在新疆大学工作时就曾听说过，当时有学生自称来自红山嘴边区，但一直无缘近距离接触。2019年8月8日至9日，终于同其来了个"亲密约会"。

8月8日上午，用过早餐后，我们一行8人在当地政府安排下乘车从酒店出发，一路沿着216国道向东北方向行进，径直前往红山嘴口岸。8月初的阿勒泰，秋高气爽，风景宜人。阿勒泰市城郊地区挂满果实的玉米在微风的吹拂下摇晃着脑袋，好像在欢迎八方的来客。216国道道路两旁的牧民人家显得幽静和谐。此番属于二赴阿山，与六年前来时相比，感觉阿勒泰的基础设施建设有了明显变化。

在同车的吴姓工程师的建议下，引领我们同行的一位福海县干部向大家介绍起了红山嘴口岸。他说："红山嘴，用我们福海人的话说，就是一个有红色山嘴的地方，它是福海县唯一一个对外开放的口岸。我们福海县人当初对它给予厚望，总想着它能拉动我们县的经济社会发展，老百姓能过上更好的日子。但是，这几年红山嘴口岸的发展没什么起色，年过货量增幅很小。"当我们问起口岸发展状况不佳的原因时，这位拥有在交通系统工作经历的发改委干部直言不讳地讲："糟糕的交通状况是制约口岸发展的直接因素。"他指着正在行进中的道路说，"我们脚下的这条路虽然是216国道，但很大程度上还不如一条省道。前年的时候，地区招标要重建从阿勒泰市到红山嘴口岸这条长达190多公里的公路，我们新疆本地的一家建筑公司中标，双方采用的是PPP模式，这个模式具体是什么我也搞不明白，反正去年下半年，已经开工了几个月的工程项目，突然间被叫停，具体什么原因我们暂时无从知晓。"在这位福海县土生土长的青年干部看来，G216 线红山嘴口岸—阿勒泰段公路建设项目的停工，意味着红山嘴口岸失去了一个继续发展的好机会。在交谈间隙，从车窗向外望去，依稀看见有"新疆交通建设集团股份有限公司 G216 线红山嘴口岸—阿勒泰段公路建设项目指挥部"字样的设施凌乱地矗立在已经被平整过的道路两旁。我们几个人对 PPP 模式不是太明白，故向同行的经济学专家咨询，通过介绍才知道，所谓 PPP 是英文"Public–Private Partnership"的缩写，意即公私合作模式。通俗讲，PPP 模式就是政府和社会资本合作，是公共基础设施中的一种项目运作模式。在该模式下，鼓励私营企业、民营资本与政府进行合作，参与公共基础设施的建设。

车子行驶了大约 40 分钟之后，我们来到沙布拉克检查站。这个检查站守卫着阿勒泰市的东大门。先前给我们介绍红山嘴口岸的干部给检查站的同志说明了情况后，我们顺利地过关。过了检查站行走不到 1 公里后，路越来越不好走，全是砂石路，车子颠簸得很厉害，而且还不时有滚落的山石挡住去路，好在越野型汽车刚能过去。汽车在忽上忽下的砂石路上驶过，山峦起伏的盘山公路两旁扬起了沙尘，像一条巨龙，颇为壮观，打破了此处的寂静。穿越了几乎没有植被的山岭之后，我们来到了较为平坦的河谷地带。道路在河谷延伸，路两旁是茂密的松林，路下是清澈的河水，静静地流淌着，像蜿蜒的蜻蜓穿越谷地，这种恬静让人着实享受。司机师傅介绍说，这条河叫喀喇额尔齐斯河，它是额尔齐斯河的北支流，由东向西注入额尔齐斯河。从行政区划上看，喀拉额尔齐斯河是福海县和富裕县的界河。

正在大家陶醉于涓涓流水和高山松柏形成的美景时，有一牧羊人赶着羊群相向而来。从装束来看，是典型的哈萨克族牧民。边境地区的牧民到边界草场放牧，需要到政法委办理边境出入境手续，他们在 9 月初开始从夏季牧场转到秋季牧场。司机大哥继续介绍道："这条路曾经是牧民的牧道，后来走的人多了就成为通道，而且还成为国防公路。由于要保护环境，政府已经对边界地区的放牧进行了一定的限制，所以我们看到羊群不是很多。"

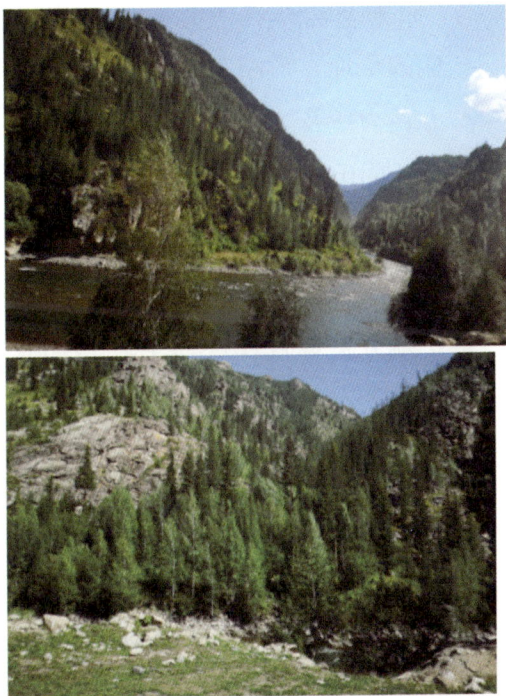

喀拉额尔齐斯河穿越于温泉森林公园

我们沿着喀喇额尔齐斯河一直向北开进，一个小时后，来到了三间房检查站。这个检查站已经废弃，只有几间破败的房屋静静地矗在原地，仿佛在向人们诉说这里的历史变迁。在河谷地带行进了一个小时后，车子沿着松山间的简易道路向上攀升。巨大的石峦悬在路上，路下是陡峭的悬崖，非常险峻。发改委的干部介绍道："这条山道上大货车根本无法行走，即便是小型货车走起来也胆战心惊，这也是影响我们这个口岸过货量不大的客观原因之一。"

　　翻过山梁再向下延伸，来到了一片开阔地，这里是生长旺盛的草地。道路在已经基本上干涸的河谷地带向东蔓延。路左方视力所及之处到处是裸露的砂子山。司机师傅指着路边千疮百孔的山体叹了口气说，"这里原本是植被较好的高山牧场，我们小时候在这个地方经常放牧，牧草长得很旺盛。但是 20 年前在这里发现了金矿后，淘金者一波接一波，接踵而至，就把这个地方搞成现在这个样子。实际上，20 世纪 90 年代时，这个地方就有外地人开始活动，直到 2001 年时还只是零星地勘采。从 2002 年开始，成批成批的人在这里肆无忌惮地开采。一直到 2013 年，政府才开始严格管制。"道路右侧是绿油油的高山草地，左侧是裸露的山体，形成了鲜明的对比。同南疆地区一样，北疆的阿勒泰地区虽然植被好，但生态依然很脆弱。这些已经破坏多年的植被看上去没有任何能够恢复的迹象。看到这一景象，不由得让人思忖：粗放式的开发，除了促进 GDP 一时的增长，留给人类的还有什么？对大自然的创伤，带给人类的可能是无尽的灾难。

崎岖的道路

　　继续颠簸了半个小

时后，我们来到了福海县西岔河边防检查站执勤点。到达此处时，天气骤变，开始下雨，十分钟后又放晴。阵雨过后的牧场，阳光在蔚蓝的天空直射下，令人心旷神怡。

　　大约 20 分钟后，我们来到了离口岸最近的大草滩边防检查站。汽车开始攀爬山道，不一会儿就翻过了山梁，随即涂有"红山卫士欢迎您"的山体进入我们的视野。司机师傅说，我们现在就在红山嘴，下这个坡，马上就到口岸。果不然，一排排建筑离我们越来越近，远远望去已经有人员在向我们招手。一位身着迷彩制服的中年男子同我们一一握手寒暄后，自我介绍说是口岸管委会书记，姓周。周书记招呼大家进入员工生活区进午餐。餐食依然是最为常见的新疆美食：拉条拌面、清水煮羊肉和烤肉。据口岸管理伙食的工作人员介绍，为了迎接调研组的到来，四天前特意从阿勒泰采购回来。因为山上只有牛羊肉，

红山嘴口岸一角

红山嘴口岸一角

没有其他食物。口岸人员的生活用品，一般是十天甚至半个月在两百公里之外的阿勒泰采购一次。由于口岸季节性开关，入冬以后，大部分口岸工作人员会下山，只留部分人员戍守，到那时采购物资的频次会更小。因此，口岸人一年很少吃蔬菜，饮食结构单一。

吃过午饭后，周书记向大家简要介绍了口岸的基本情况：红山嘴口岸位于喀拉额尔齐斯河三级支流吾土布拉格河河谷内，是中蒙之间的陆路边境口岸，是我国通往蒙古国的主要通道之一。1992年2月，经国务院批准对蒙古国开放，定位为双边季节性开放的国家一类口岸。是年7月，红山嘴—大洋口岸正式开通。从6月1日至9月25日期间不间断开放，每年开关100天。

介绍完基本情况后，周书记又带领我们参观口岸各个功能区。同其他口岸一样，红山嘴口岸也包括四大功能区：通关报检区、仓储物资区、行政办公区和生活休息区。首先，我们来到了联检大楼，由于口岸的通关量较小，整个联检大楼也显得较为紧凑，但是高科技的检测设备一点都不少。穿越联检大厅，在大厅出口处10米开外的地方，放置着一些货箱。从箱子上面的文字可以判定是来自蒙古国的商品。不一会儿，有一辆非常简陋的汽车向联检厅方向驶来，从车上下来了 6 男 3 女，他们在这些货箱上面写写画画。我们一行有懂蒙古语的同志，遂上前同其中一个男性攀谈。通过翻译方知晓，这些人来自蒙古国巴彦乌列盖省省会乌列盖市，箱子里装的全是牛羊皮毛制品，他们正在等待通关，准备将这些货物带到阿勒泰市。据商人们讲，他们一般 10—15 天来口岸一次。其中有一个女性商人指着

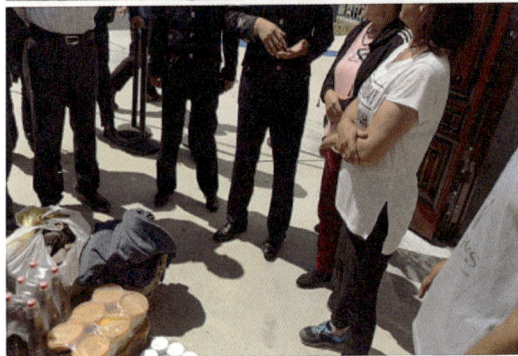

等待通关的蒙古客商和货物

向北的方向说，他们的口岸（指距离红山嘴口岸 12 公里之外的蒙方大洋口岸）检查很松，过关时间快。中国口岸这边通关没他们快，而且检查还很严。据在旁的周书记介绍，货物的入关普遍要比出关时间长，目前各方正在努力协调，尽力将货物通关时间压缩，促进通关的便利化。

从通关区出来，我们一行又来到了边民互市区。这是一个非常简易的边贸场所，由十多家铺面组成。店铺里的商品大多是中国商品，当然也有一些来自蒙古国的东西，如啤酒、皮毛制品、奶疙瘩和巧克力等。在调研组其他成员休息的片刻，我同口岸管委会的一个李姓工作人员一起来到了主干道沿线的第

一家店铺。我用蹩脚的哈萨克语、不太流利的维吾尔语以及夹杂着诸多汉语的多民族语言同老板交流。店面老板是个来自福海县的哈萨克族中年男性，名叫努尔白克·艾克拜尔。努尔是福海县阔克阿尕什乡的牧民，20 年前，口岸开通后，努尔一家迁徙到红山嘴的吾土布拉格达坂。起初，公家给他分了些羊在达坂放牧，后来，因为口岸发展的需要，放牧点迁到了大草滩牧地。由于政府限制过度放牧以保护环境，2012 年，努尔将羊群租给了朋友，自己在互市区开了一家店面。刚开始时，由于有许多外地人在此搞基建，所以生意非常好，基本上一个礼拜就要进城进一次货。所以，当时的努尔生活过得很滋润。自 2016 年下半年开始，建筑工人大多离开，再加上互市区多了好几家店铺，努尔的收入日渐下滑，而且越来越不景气。努尔表示，今年如果能有个 3 万元的纯收入就已经谢天谢地了。在努尔看来，子女们已经成家立业，没什么大的支出，即便生意不好做，他的生活

口岸互市区

互市区内努尔夫妇的商铺

依然能过得去。因为有羊只租赁收入，另外，努尔还是牧民戍边员，每年也有一定的生活补助，所以不会为生活发愁。在我们同努尔交流的时候，努尔的妻子阿尔达克·土列汗正在通过炒羊肉臊子来炼羊油。阿尔达克的国家通用语言说得不错，在丈夫去大洋口岸，或者在边界巡逻时，她就在家里看店。同行的李干部告诉我，由于努尔夫妇诚信经营，口岸上的人都喜欢去他店里购物，夫妇二人在当地树立起了良好的口碑。

在努尔的引荐下，我们来到了隔壁店面。店老板是一个 20 多岁的年轻人，名叫巴图，阿勒泰市人。巴图和他的老婆正在接待我们之前在联检大厅见到的两个蒙古国女客商，从交谈和肢体动作来看，他们应该非常熟悉。我们在巴图的店里选购了一大瓶蒙古国的啤酒，这个啤酒同前几天在阿拉山口口岸免税店见到的来自哈萨克斯坦的啤酒非常相似，至少从包装上看没什么两样。而且商标上的产地都标的是"Россия"（俄罗斯）。不光是啤酒，新疆很多口岸上的商品都印有俄罗斯的标记，即便在那些"哈国专卖"或"乌国专卖"的专营店里，依然能看到俄罗斯标牌的商品。可见，从这点看来，即便苏联解体已经很多年了，但俄罗斯对中亚地区和北亚地区的影响依然不小。离开巴图的店铺后，努尔又对我讲述了巴图的一些事情。原来，巴图是蒙古族，妻子是哈萨克族，他们的婚姻是典型的跨民族组合。而且巴图的妻子松哈儿·艾拜还是努尔妻子的外甥女。2015 年，松哈儿在乌鲁木齐某校中专毕业后，在家里待业一年多，没有合适的工作干，最后投奔她的姑妈也就是努尔的妻子阿尔达克，想在口岸上做事。2016 年下半年，在大家的支持下，松哈儿在其姑母的店旁开了一家店，而且还认识了在口

笔者同可敬的周书记在界碑前

岸管委会食堂帮工的巴图，两个人冲破了一些阻力喜结连理。巴图和松哈儿的跨族婚姻，成为口岸社区民族团结的一段佳话。

在互市区大致有十多家商店，同努尔白克、巴图一样，他们成为口岸经济圈的重要组成部分，也是口岸发展变迁的主要见证者。

参访完互市区后，我们来到了界碑所在地。这里共矗立着三个界碑，分别是第 17、18、19 号界碑。界碑矗立在茂密的草丛中，吾土布拉格河由西向东在草丛下静静流淌，河对面便是蒙古国土。据李干部介绍，界碑附近的铁丝网都是他们用人力拉建而成，蒙古国由于经济原因，没有在边界拉网。包括蒙方一侧的界碑，都是中国帮忙修建的，由于经济实力的不对称性，此处的中蒙贸易一直呈现出顺差状态。

在从界碑处返回的途中，发现了 216 国道的北方起点处。关于这条道路的现状，周书记做了一些说明。他表示，之所以将已经开工的公路项目叫停，原因有二：一是公路重修对温泉森林公园的生态影响太大，项目论证时可能对生态问题估计不足；二是在 PPP 模式下，政府和中标公司对有关资金问题的解决出现分歧，直白地说，就是债务问题影响了项目的推进。包括周书记在内的口岸人员有一个普遍担心的问题：国家对于口岸的管理已经实施退出机制，如果红山嘴口岸不朝前发展，依旧维持在现有的发展状态，那极有可能被国家有关部门勒令退出国家级一类口岸。所以，在谈论此

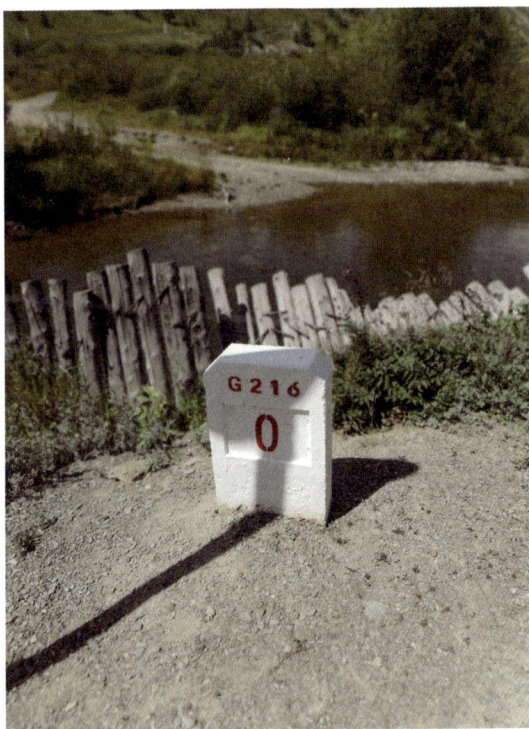

216 国道的起点

问题时，口岸人对公路项目的停建无不表示遗憾和无奈。在发改委的那位干部看来，如果公路修好，那将会把阿勒泰地区的主要景区更好地联通起来，这不仅对红山嘴口岸来说是一次良好的发展机遇，对整个阿勒泰地区的旅游发展也将起到带动作用。

返回联检大厅，周书记以求助的口吻向自治区发改委的领导说道："我在红山嘴口岸多年，一年内绝大部分时间驻守在山上，对这个地方有了深厚的感情。看到疆内其他口岸正在快速发展，我心里无比着急。作为老口岸人，目前我最担心的事莫过于口岸的下一步发展，盼望自治区层面在编制自治区

'十四五'规划以及自治区口岸经济带规划时能关注一下红山嘴口岸。毕竟，我们拥有这么丰富的旅游资源，可以在跨境旅游等方面做一些探索和创新。另外，这个口岸的地理位置还是非常优越的，红山嘴是我国西部距离俄罗斯塔尚塔口岸最近的口岸，两地相距才210公里，因此，它是我国西部地区进入俄罗斯中部最近、最佳的通道。而且，从我们这个口岸到大洋口岸再到查干努尔口岸最后到塔尚塔口岸，可以将中蒙俄三国连成一线，成为建设'丝绸之路经济带'北部通道的重要节点。"

　　参观完口岸的主要设施后，我们挥手告别这些可敬的口岸人。汽车原路返回，在喀拉额尔齐斯河河谷地带行走了一些时间后，我们在一个岔道处转向，来到了温泉沟景区。由于山上的气温较低，景区内几乎没有什么游客。景区负责人带我们到

吾土布格拉河，河对面便是蒙古国

游客们趋之若鹜的山间温泉区参观。从山脚向上望去，有众多蓝色的塔式小房子分布在山腰上。负责人告诉我们，这是温泉的单间疗养房，很多当地人一到仲夏时节就会举家来此泡温泉，这里的温泉对治疗关节炎和脚气具有明显的效果。要到这些小房子，必须攀登数量众多且陡峭的台阶。因为腿脚不便，两个上了年纪的老教授选择在山下的公共

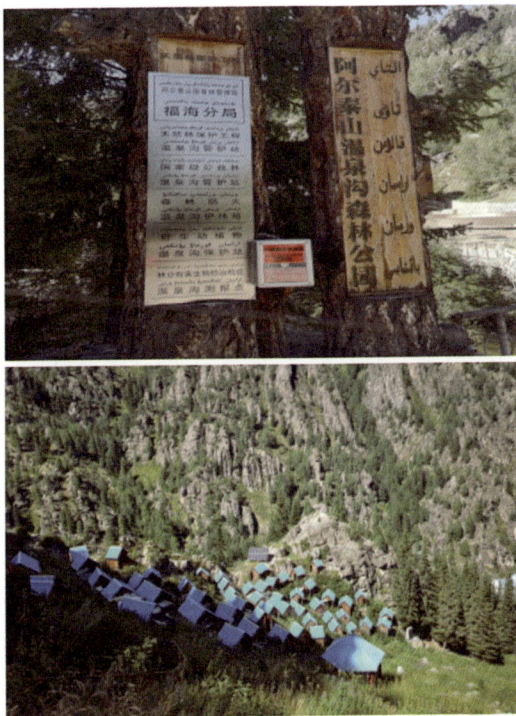

温泉沟森林公园中的单间温泉区

温泉区泡洗。差不多用了40分钟才登到单间区，每个房间里都有相应的泡洗设施，房外还有用于烤肉的设备。再往上攀登，就看见离山顶不远处放着一个大水箱，负责人介绍，水箱是用来储存从山顶流下来的温泉水。我们继续向上攀登，终于在快到山顶的地方，在一个巨大的岩石下方看到了水源。之所以在下方放一个大水箱，是因为从泉眼里流出的水太烫，不能直接用于泡洗，所以就用管道把水接到水箱，把水先储存起来。如此做的好处有二：一则可以给水降温，达到泡洗的标准；二可以统筹分配，节约用水。由于整个单间区都停止营业，负责人将我们带到一个亭子里，亭内有一个八卦图案的温泉水池，在

负责人的建议下，大家纷纷泡脚解乏。不知不觉，时间已到晚上8点，虽然8月的新疆，晚上8点并不太晚，但是考虑到第二天的行程，大家在对泡泉所带来的享受之依依不舍中，起身离开，重返阿勒泰市。

总体来说，因为生态保护等因素的考量，红山嘴口岸的发展面临这样那样的困难。但该口岸位置优越，资源丰富，口岸所在地各族群众团结向上，相信在当地政府和口岸人的共同努力下，一定能走上一条科学、和谐、可持续的发展道路。

后 记

　　早在 2017 年 4 月，徐黎丽教授带领四位同学，亲自驾车前往内蒙古自治区中蒙西部边境口岸进行调研工作。前后用时 10 余天，行走 4900 公里，途径内蒙古鄂尔多斯、包头、巴彦淖尔、阿拉善盟等地。分别对满都拉口岸、甘其毛道口岸、巴格毛都口岸、乌力吉口岸、策克口岸进行了初步调研。此次调研及前期有关边疆研究成果为 2017 年 10 月成功申报国家社科基金重大项目《中国口岸志资料收集及整理研究》（项目编号：17DA157）奠定了基础。项目开题后，中蒙边境口岸团队从 2017 年 7 月至 2020 年 9 月，历时三年两个月，完成了中蒙边境 14 个口岸的普查、资料收集与整理及口岸行的写作，所有中蒙边境口岸行均已在兰州大学"边疆研究"微信公众平台发布。

　　中蒙边境口岸行每一篇口岸行都渗透着课题组成员扎实的脚步和辛勤的汗水。在寻找巴格毛都口岸时，因为走错路误入雨中沙漠，全车人为之担心；在老爷庙口岸，因无法进入拉铁矿石司机的生活而苦恼；在策克口岸，因疫情影响而找不到跨国运煤群体；在乌拉斯台口岸，因边防管控而无法长时间停留调研……但最终，我们克服了种种困难，完成了中蒙边境口岸行的调查与写作，因为以梦为马、以笔戍边、与边民同行是我们追求的目标。

最后，衷心感谢调研中给予帮助的各地边检边防武警战士以及边疆民众。正是因为有这些"可爱的人"帮助调研才得以顺利进行；还要感谢人民出版社的编辑，正是他们的细心校对和修改，才使口岸行得以顺利出版。

中国陆地边境口岸行

（四）中哈、中吉、中塔、中巴、中印边境口岸行

徐黎丽　主编

徐黎丽　于洁茹　韩静茹　等　著

人民出版社

责任编辑：宫 共

封面设计：源 源

责任校对：徐林香

图书在版编目（CIP）数据

中国陆地边境口岸行.四，中哈、中吉、中塔、中巴、中印边境口岸行 /
　徐黎丽主编；徐黎丽等著 . —北京：人民出版社，2020.12
ISBN 978－7－01－022915－7

I.①中…　Ⅱ.①徐…　Ⅲ.①边境贸易－通商口岸－研究－中国　Ⅳ.① F752.8

中国版本图书馆 CIP 数据核字（2020）第 269843 号

中国陆地边境口岸行

ZHONGGUO LUDI BIANJING KOUAN XING

（四）中哈、中吉、中塔、中巴、中印边境口岸行

徐黎丽　主编

徐黎丽　于洁茹　韩静茹　等 著

人民出版社 出版发行

（100706　北京市东城区隆福寺街 99 号）

北京盛通印刷股份有限公司印刷　新华书店经销

2020 年 12 月第 1 版　2020 年 12 月北京第 1 次印刷

开本：710 毫米 ×1000 毫米 1/16　印张：82.5

字数：922 千字

ISBN 978－7－01－022915－7　定价：420.00 元（全 6 册）

邮购地址 100706　北京市东城区隆福寺街 99 号

人民东方图书销售中心　电话（010）65250042　65289539

CONTENTS

目 录

阿黑土别克口岸行

陈逸超

　　阿勒泰地区位于新疆西北部，是我国西北地区重要的旅游地。慕名来到阿勒泰的游客们大都以观览著名的 5A 级景区喀纳斯为目的，对毗邻景区所在地布尔津县的哈巴河县了解不多。哈巴河县号称"山水画卷　桦林绿城"，"祖国雄鸡版图最美丽的尾翎"，县空气质量全年保持优良，天然林面积达 361 万亩，森林覆盖率 24.1%，是国家重点生态功能区——阿尔泰山的重要组成部分和"阿勒泰千里旅游画廊"的重要节点，边境线上的阿黑土别克口岸也正是我此行的目的地。新疆生产建设兵团 185 团一营一连位于三个连队最北端，边境公路的尽头，号称"西北之北""祖国最西北的连队"和"西北第一连"，有边境线 17 公里，目前也被开发为边境旅游的景点，特别是有一条长长的木栈道直直延伸到沙漠深处的西北之北纪念碑，游客从纪念碑脚下就可以眺望到阿连谢夫卡镇，这里的游客很多都来自阿勒泰市和乌鲁木齐。二连位于三个连队最南端，沿途有风景优美的季节性景观红叶林，全国劳动模范、道德模范、戍边英模马军武、张正美夫妇驻守的桑德克龙口"军武"哨所也在二连的边境线上。东哈萨克斯坦州设立于 1932 年 3 月 10 日，面积约 28.3 万平方公里，位列全哈第三，在 1938 年和 1939 年，该州一部分划为塞米巴拉金斯克州，一部分分割给巴甫洛达尔州，东哈州一度成为一个不起眼的小州，直到 1997 年 5 月，面积约 18.6 万平方公里的塞米巴拉金斯克州重新并入东哈州，才让东哈州恢复到了过去的规模。外来人口既与工业开发有关，那么大城市自然是移民的首选，因此东哈州人口分布较不平衡。

新疆维吾尔自治区人民政府官网的资料表明，阿黑土别克陆路公路口岸位于新疆维吾尔自治区阿勒泰地区哈巴河县西部，对面为哈萨克斯坦共和国东哈萨克斯坦州，口岸位置地处

185 团部的宾馆

北纬 48°21'，东经 85°44'，距哈巴河县城 117 公里，距阿勒泰市 284 公里，距乌鲁木齐市 829 公里，自 1994 年 3 月经国务院批准对外开放。目前，口岸区驻有新疆生产建设兵团农十师 185 团一营，还有边防站、人民银行、邮电营业所、车队等单位，虽未开放，但总体规划已完成。然而我在对吉木乃县和口岸所在的 186 团团部，乃至哈巴河县城居民的走访中发现，人们对这个口岸几乎毫无印象，即使是口岸位置这样的基本问题也是如此，对相关文献的检索亦无结果。同样只有过一年开放历史的马鬃山口岸，虽然开关历史短暂，贸易规模也很小，但对其复关的可行性研究多年来仍在进行。

口岸自然位于边境线上，哈巴河县的边境线也是有名的风景名胜，因此从县上到戍边的 185 团团部的交通工具并不难找，和吉木乃县不太一样的是，哈巴河县到口岸所在的 185 团团部的途中居民点很少，揽客的也从商务车变成了小轿车。小轿车从县城到团部约 120 公里路程的费用是每位乘客 30 元，只有坐满四人才会发车，连同揽客的时间在内，单程就要花上三四个小时，于是一位司机一般一天只拉一个来回，若非包车，也不会带着客人继续往边境景区前进，想要继续深入的话，除了自驾游，就只有参团一途。在团部还建有综合性的景区游客服务中心，中心门口还停着不少绿色的巴士，也许未来会开通团部到各景区门口的线路车，但今天服务中心空无一人，我只能选择包车继续前进，包车司机曹师傅也成为我这次口岸之旅的主要报告人。

曹先生是兰州人，父亲是兵团的职工，曹本人 1987 年中学毕业回兵团务农至今，本次包车乘坐的是他的私人 SUV，而

　　且也只是因为他正巧有空闲而已，他并不以此为生。据说兵团人口在极盛时期有 7000 多人，不过，自从"文革"后期允许职工子女回乡后，许多人选择回内地生活，2004 年以降，原有的计划经济体系瓦解，人的流动更加自由，离开的人也就更多了，现在只有 2600—2700 名居民，差不多只有最高峰时的三分之一。这里的主要产业是牧业和油料作物，如油葵和大豆的种植，还有外地老板承包土地种植枸杞，无壳南瓜子和藜麦则是当地的特产，这些在边境线上各旅游景点的小商店中均有售。过去，在这里种地是一件非常艰苦的行当，现在的农业机械化水平很高，一个人可以管三四百亩地的作物，效率大大提高。畜牧业主要是少数民族群众在经营，主要畜种有哈萨克土牛和阿勒泰大尾羊，也有一些小尾寒羊，对草场破坏较大的山羊则几乎无人饲养。野生动物资源同样丰富，并且受到政府的保护，曹先生的田地便时常遭到野猪的拜访，这一路上我也不止一次地目睹了黄褐色的野兔大胆而轻捷地穿过公路。除了破坏农作物，丰富的物种也给边境线上的人们带来了其他的麻烦：近年来，边境旅游颇为流行，位于一营三连的白沙湖景区更是于 2017 年 2 月 25 日获选成为第 32 批国家 5A 级景区，夏季理所当然是旅游的旺季，但也是蚊虫孳生的季节，边境线濒临中哈界河阿拉克别克河，水源丰富，林木蓊郁，蚊虫自然格外多，特别是 6 月到 7 月下旬，小蠓虫多的几乎可以用镜头拍下来，于是乎最适合旅游的时间被压缩到了 7 月中旬到 8 月底的 40 多天。较少的人口似乎也限制了服务业的进一步发展，老曹笑称，按照自治区对 5A 级景区的标准来看，185 团所有的人都应该是白沙湖景区的保安和保洁人员。

185 团部空无一人的游客接待中心

建设中的鸣沙山景区服务大厅

白沙湖景区的入口与白桦林

　　除了有着白沙湖和鸣沙山两个重要景区的三连外，口岸所在的边境线上还有两个连队，三个连队沿着界河阿拉克别克河分布，也都有着不错的景色：二连位于原一营三个连队的最南端，沿途有全国闻名的"桑德克龙口夫妻哨"和优美的红叶林；风景名胜区的三连曾经是农十师185团1营营部，除了5A级景区白沙湖外，三连还有声如雷震的鸣沙山和大片大片的白桦林，但优美的原生环境同样是脆弱的，据说景区曾经试着在白桦林间修建供游客林间漫步的木栈道，然而动工后不久就发现，或许是因为防止木料朽坏的油漆过于猛烈的缘故，木栈道附近的白桦林出现了大片的枯萎现象，于是木栈道和不少其他的设施建设工程停止了，至今仍有一些当初的木料堆积在林中。各个景区的接待设施多是简单的平房，或许也有减少建筑

远眺哈萨克斯坦的阿连谢夫卡镇

景区入口外的停车场

高大挺拔的白桦林

量的环保考虑；三个联队中最北面的一连位于巡边公路的尽头，是祖国最西边的连队，号称"西北之北""中国第一连"，目前这里也被开发为边境旅游的景点，从山脚下可以眺望到山上两片彼此相对的椭圆形爬地松林，仿佛一双翠绿的眼睛，于是这里的荒山也就得名眼睛山，长长的木栈道则延伸到沙漠当中，栈道的终点是一座纪念碑，还可以从这里眺望哈萨克斯坦的阿连谢夫卡镇，也就是规划中阿黑土别克口岸相对的哈方口岸。

与最初的想法不太一样，传闻中的口岸选址至今仍是一处保留着一些规划痕迹的平坦的草原，离边防哨所也有一段距离，完全没有破土动工的迹象。曹先生向我解释道，阿黑土别克口岸在最初的规划中与邻县的吉木乃口岸各有侧重，吉木乃口岸以小商品出口为主，阿黑土别克口岸则主要进行畜产品的进出口，但中哈两国在这一段边境的边贸经营活动规模并未达到预期的高度，开放较早的吉木乃口岸完全可以同时承担两种职责，于是阿黑土别克口岸的开放计划就束之高阁了，除了大约1993年通行了一次牲畜外再无通关记录，短期内也无重开的计划。

西北之北景区的平房商铺

　　边境地区还面临着一些其他的问题，尤其是环境问题。185团的边境线北面有额尔齐斯河主要支流经过，较186团而言相对湿润，也没有活动沙丘，但南面的沙丘已经和吉木乃县的沙丘连片，如公路穿过额尔齐斯河的地方有一处形似月牙的转弯，当地人称月亮湾，月亮湾的两岸全都是黄澄澄的沙丘，完全没有植被覆盖，还有一些土壤出现盐碱化现象，只能种植沙棘等耐旱作物和小规模放牧；对相对湿润的边境地区而言，多发的洪水使界河泛滥成为比较严重的问题。此次调查时，边防方面正在开展新一轮的护坡工作，如果口岸开放，河水泛滥可能也会对人员构成威胁。

吉木乃口岸行

魏渊博

  吉木乃口岸是我们北疆口岸行的第一站。我们首先乘坐一夜的火车从乌鲁木齐市到达了吉木乃口岸所在的地市阿勒泰地区阿勒泰市，逗留两日后我们一行两人乘坐班车前往口岸所在县——吉木乃县。

  从下图中可以看到不同地方的不同景观变化。从阿勒泰市出发，刚出阿勒泰市区时，睡意还未袭来而且新鲜感比较充足，于是我们抓紧领略这从未见过的边塞风光。前面约三分之一的时间是行驶在阿勒泰市的区域上，我们可以看到与阿勒泰市区"一脉相承"的绿色：道路两旁有大量的农田和防护林；到了中间一段——布尔津县的地段在布尔津河的滋润下更是显得气候湿润；进入布尔津县城之前检查站上"欢迎来到美丽的布尔津……"的广播更是让我们更加注意到了这个旅游很发达的县域，著名的喀纳斯国家自然保护区就位于此县北部。在布尔津县城逗留片刻后，我们乘坐的中巴车继续向着吉木乃县前

从阿勒泰前往吉木乃县沿途风景

进。最后这三分之一略长的路途中，我们见识到了从草原到荒漠草原、戈壁的渐变，路旁不时出现湖泊、风电、牲畜及哈萨克牧民的帐篷。吉木乃县荒漠化半荒漠化景观较多，产业中牧业占比较大。

大约傍晚7时，我们到达了口岸所在的吉木乃县县城，仍然高悬的太阳让我们明白了这边与内地的时差。边找住宿边走过县城，发现县城的规模不大，且沿一条主干道两侧分布，几乎没有六层以上的高楼（当然地广人稀也没有建高楼的需要），城区道路崭新、宽阔，市容整洁，环境良好。

下图是拍的街景，我们一路询问打听得知去口岸是在这里坐车，于是先来这里看看。到这里才发现只是一个商贸城，并

吉木乃县城街景

没有去口岸的车辆。好在一位路人正好去过口岸，她为我们详细讲述了去口岸的流程和经历。

第二天一早，哈萨克奶茶和包子给我们带来了温暖的感觉，也品尝到了不一样的味道。之后我们先去了县城里的"吉木乃口岸边民互市贸易市场"，发现市场内商家不多，多数店铺空置，而且"边民互市"也只是徒有虚名，市场内只不过是一些普通的日用小商品出售和照相摄影的店铺，唯一有些特点的就是发白的商店牌子上的俄文店名了。

随后我们前往边防大队办理了边境通行证，但因特殊原因我们只得到了一天的期限，而且仅限当天，因此我们计划立即前往口岸国门。坐上前往口岸的小客车，票价为每人 10 元，经过半个小时的时间就到了口岸国门及贸易区，也是新疆生产建

边民互市贸易市场

设兵团第十师 186 团团部所在地。

　　小客车上乘坐的约 10 位乘客都是口岸附近的居民，有哈萨

吉木乃口岸国门

克族牧民也有团部所在地的居民和商户，只有我们两人是来此地调研的。沿途都有乘客下车，小客车最后的停靠地点在国门前的广场上。下了车，我们就看到了国门。国门为东西走向，以国门向东画一条线来区分，北侧主要是接待游客的一些设施，有商店和口岸景区游客服务中心；南侧是商店、饭馆等与派出所、海关、居民楼等混合的区域。从规模和面积上来看，南侧是口岸的主要区域。

　　北侧的商店约有10家，售卖的商品从巧克力等食品到香水、套娃等生活用品和纪念品应有尽有。商店类型有专门出售单一商品如玉石的，也有混合食品、纪念品、生活用品的小型超市。看商品的来源可以发现，这里不仅有产自哈萨克斯坦的特色饮料等进口自哈方的商品，也有我国内地的砖茶、

衣服等，还有一些产自法国、瑞典等地的香水、手表等，套娃、带有俄文标志的巧克力等更是随处可见。在国门北侧的

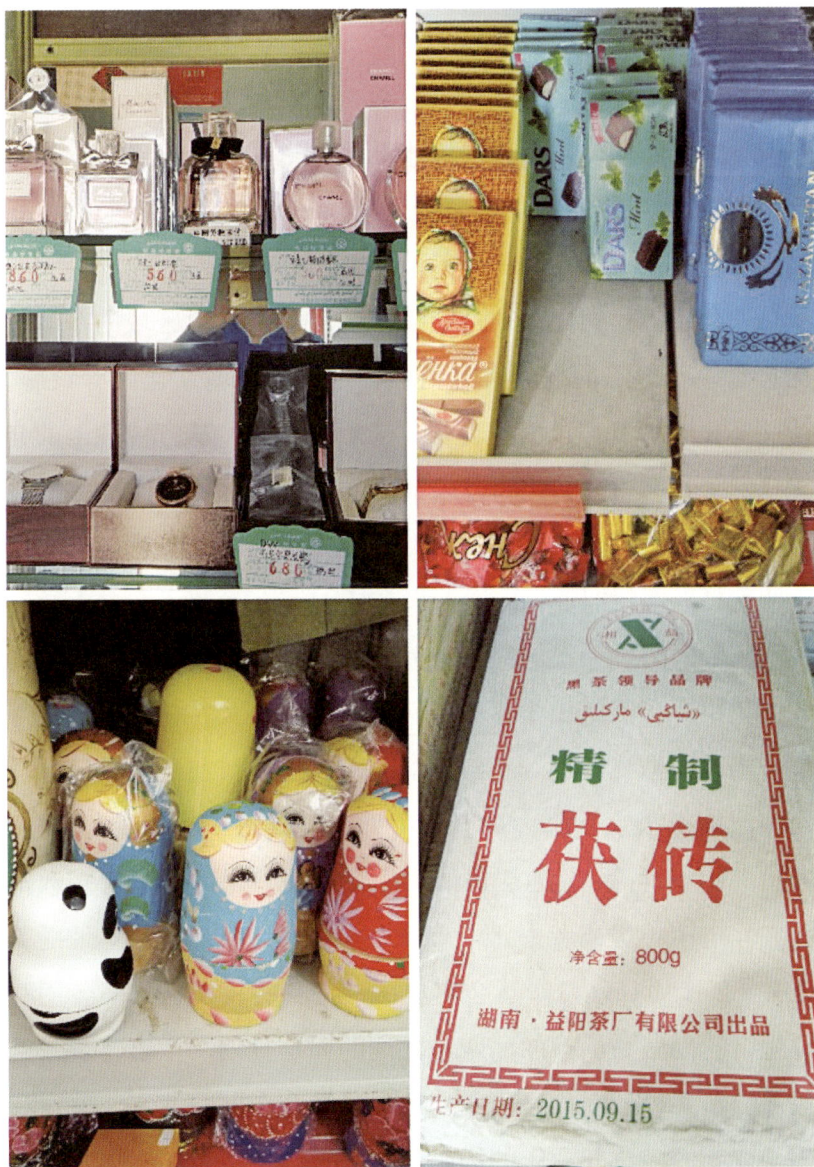

口岸区商店中售卖的一些商品（香水、巧克力、套娃、砖茶）

口岸景区游客服务中心，门口写着"独联体商品区""直销格鲁吉亚红酒""小食品""俄罗斯貂皮帽子""蜂蜜"的字样。进入后我们发现这里已经基本废弃，因为鲜有游客进入，用于安检的扫描机等设施早已停用，大厅中的商家只剩一个卖玉石的店铺。

在国门前的广场上，停着十几辆运送乘客的小巴车，还有一辆对面哈方的大巴车，车上的乘客基本都去商店采购物品了，只有一些乘客在陆续上车，司机正在车下等待。

一开始，我们先是通过走动了解了整个口岸区域的基本情况。紧挨着国门的南侧有海关、派出所、边境文化园等设施。边境文化园中有假山、宣传报栏、瞭望楼等。从宣传栏上的介绍我们得知，边境文化园建成于2013年，这里曾是老吉木乃县城的原址，也是清朝最后一个哈萨克郡王艾琳的府邸。文化园南侧就是老国门旧址。

口岸区的生活设施完备，除了各种商店、饭店等，还有幼儿园、小学、国门中学、兵团医院、公园以及在建的养老院等服务当地。据我们调查了解到的情况，口岸目前的贸易活动较繁盛时期有很大下降，街道上可见约三分之一的商店、饭馆、宾馆关闭或拆除；此地居民的谋生活动在口岸区，但大多数都已在北屯市买房或者去北屯市养老院养老，并不看好本地的养老院；每逢周日，口岸区会有集市，是一些长期在兵团各团驻地进行流动贸易活动的商贩来此地的固定日期，主要售卖日常用品、蔬菜等，因价格便宜当地居民都会在此时购买，就像我们访谈到的一位开商店的奶奶通常会一次性买足够一周左右的蔬菜来吃，等到下次集市再买。

　　从我们到达口岸区开始，我们就受到了蚊虫的困扰（后来才得知附近的哈巴河等区域是世界三大蚊虫聚集地之一，如此多的蚊虫也就不足为奇了）。我们到达的时间在中午时分，天空万里无云，空气炎热干燥而且几乎没有风。这里的炎热与 24 公里外的吉木乃县城的凉爽显得格外不同。毫无准备的我们面对驱赶不净的蚊虫几乎束手无策，只能用帽子或者书本稍作干扰。听当地的商户说今年的蚊虫是近年来最多的一次，而这段时间更是一年中的鼎盛时期，据说今天兵团正在组织用飞机喷洒驱虫药，希望能起到驱赶作用。天气炎热、蚊虫叮咬，再加上几乎没有顾客（街道上走动的人都屈指可数），商户们都待在阴凉的房间内，而店铺的生意也是可想而知地不好。

阿勒泰市某体育场

　　好在当地的炎热持续不久，傍晚时分就降温不少，加上吹起了风让人感觉惬意许多。鉴于通行证的有效时间不长，我们匆忙踏上归程，希望去县城再了解更多。

　　去新疆之前就听说新疆的足球氛围很好，在学校也跟来自新疆的同学踢过球，于是在到了新疆之后就特别注意这方面的现象。在阿勒泰市，我们就感觉到了较为浓厚的足球氛围：市区经常可以见到穿着球衣的小孩，市区东南部有一块场地，上面有许多人在踢球，而且当时也正值足球世界杯赛事期间，足球氛围要比其他地方稍浓厚一些。到了吉木乃县更是这样，一些小孩上学时就穿着各种球衣，傍晚时候还有许多小孩在公园内踢足球。我们所住酒店的一位保安是今年刚刚高考完的毕业生，看到我穿的球衣后便与我交流，原来他也是一位球迷，而且在球场上是一名中后卫，还跟我说这边踢足球的孩子在学校更受同学欢迎等等。我们也在他报考志愿等事情上给予了建议并最终与他成为很好的朋友，至今保持联系。

巴克图口岸行

于洁茹

巴克图口岸位于我国新疆塔城境内（北纬 46° 40′ 57″，东经 82° 46′ 50″），距离塔城市中心 17 公里，是新疆境内历史较为悠久的陆路口岸之一。巴克图口岸海拔 460—480 米，处于冲积扇与冲积平原交界地带。其北为东西走向的塔尔巴哈台山脉，其南是逶迤起伏的巴尔鲁克山脉。而两山之间的巴克图口岸则是从哈萨克草原进出准噶尔盆地以至天山南北的开阔通道口，因此巴克图口岸也被誉为"准噶尔之门"。巴克图口岸气候属于温带大陆性气候，冬冷夏热，昼夜温差大。年平均气温 5.4—6.5℃，无霜期 114 天，年均降水量 230 毫米，平均积雪深度 32 厘米。充沛的地下水资源和相对丰富的降水量使得巴克图口岸的农业发展具备优势。从巴克图口岸出境，至哈萨克斯坦巴克特口岸 800 米，至马坎赤县 60 公里，至乌尔加尔市 110 公里，至阿亚古兹火车编组枢纽站 250 公里。无论在历史上还是当下，巴克图口岸都是新疆北部重要的边境贸易口岸之一。

　　2018 年 7 月，由于塔城仍未开通火车，因此从乌鲁木齐出发到塔城的交通方式只有班车和飞机。选择班车出行大约需要 10—12 小时，选择飞机则需要 2—3 小时。出于调研日程安排考虑，笔者于 2018 年 7 月 13 日 14 点 15 分乘坐飞机前往塔城。

塔城飞机场

　　次年，笔者再次来到塔城进行调研，发现塔城已于 2019 年 5 月 30 日 10 时，正式开通克塔铁路 K9858 次列车。自此，塔城结束了多年来没有火车的出行史，人们的出行也更加方便。据列车时刻表显示，从塔城到乌鲁木齐需要 10 小时。

　　回归笔者第一次调研行程，由乌鲁木齐地窝堡机场出发前往塔城的航班经 3 小时飞行后，顺利抵达塔城民航机场。笔者一下飞机就不由地被塔城民航机场的超小规模震撼。从规模上

塔城火车站

来讲，塔城民航机场的建筑面积不大，并且只有一处。但就是这小小的民航机场恰恰是绝大多数疆外游客进入塔城市的第一站。从机场到塔城市区内有两种选择，或乘坐机场大巴（15元/人），或乘坐出租车（起步价6元）。但是机场大巴坐满才走，所以更多时候还是得选择出租车出行。从塔城民航机场到塔城市区的途中，道路交通状况良好，并经过著名景点——伟人山的最佳观测点。司机师傅得知这是笔者第一次来到塔城，于是特意在伟人山观测点停下来，十分热情地为我们介绍伟人山的历史："这座山之所以叫伟人山，是因为它的形态非常像长眠的毛主席。记得是毛主席去世那年，塔城有个妇女在车上突然看到这座山，简直像极了毛主席的卧像。后来这事就在塔城传开，为了纪念毛主席，这座山也就被命名为伟人山。这座山不在我国境

塔城市伟人山景点

　　内，据哈萨克斯坦的人说，他们也叫这座山为伟人山……"听
完司机师傅的介绍，我们继续启程。大约经过 40 分钟，我们便
正式进入塔城市区。

　　塔城市位于新疆准噶尔盆地西北边缘的额塔盆地，其西北
部与哈萨克斯坦共和国接壤，边境线长 155 公里。从占地面积
来看，塔城市总面积 4356.6 平方公里，全市总人口共计 17 万，
其中包含 4 个全国 10 万人以下人口较少少数民族，即俄罗斯
族、塔塔尔族、塔吉克族、乌孜别克族。由于塔城地处边境，
历史上是中苏两国商贸往来重镇，因此整个城市至今仍有着非
常浓厚的苏俄文化气息。如塔城市公交车站整体设计普遍以俄
罗斯建筑风格为主，由塔尖、红色尖屋顶和起支撑作用的柱子
组成。公交车站既有汉语书写站点名称，还有相对应的俄文名
称，特色鲜明，有趣实用。除了公交车站外，塔城市红楼博物
馆、地区医院、民政局等行政单位的建筑楼也多保留苏联时期

塔城市公交车站

塔城市红楼博物馆

的建筑风格，俨然一座受苏联文化浸染的边陲小镇，不断勾起来往行人心中关于中苏友好交往时期的回忆。

巴克图口岸发展历史悠久，最早可以追溯至清朝，当时中国和沙俄双方边民便开始互市。1851 年，清朝政府与沙俄政府签订的《中俄伊犁塔尔巴哈台通商章程》，标志着塔城对俄（苏）官方贸易的开端。由于历史的原因，巴克图口岸在十月革命胜利初期和 60 年代中苏对峙等时期几经关闭和开放，可谓历经多次沧桑磨难。1989 年，国家批准塔城市为开放城市；1990 年 10 月 20 日，巴克图口岸临时开通，沉寂了 30 年的巴克图口岸开始逐步恢复了生机。1992 年，塔城市被国务院批准为沿边进一步开发城市，巴克图口岸正式对外开放。1994 年 3 月 14 日，又被国家批准为一类口岸；1995 年 7 月 1 日，口岸正式宣布对第三国开放，成为新疆三个向第三国开放的一类口岸（霍尔果斯口岸、阿拉山口口岸、巴克图口岸）之一。

巴克图口岸检票处

　　发展至今，巴克图口岸已成为塔城市最为著名的一个旅游景点。前往国门一览边境风光的游客，必须经过检查站的身份确认后凭票进入（10 元 / 人次），自驾车辆则需要安检后方能进入。随着 2019 年口岸景点改革，已禁止自驾车辆进入，参观人员可购票乘坐摆渡车前往口岸国门。

　　巴克图口岸国门与其他口岸国门景观不同，是一个将国门与观景台相结合的建筑，正面看是一个挂有"巴克图口岸"字样的口岸国门，从侧面看便是一个可以供游客登高望远的观景台。游客登上观景台便可以看到从我国巴克图口岸至哈萨克斯坦巴克特口岸的车辆道路以及远处巴克特口岸。在口岸通关时间上，巴克图口岸每周通关 6 天，北京时间 10—14 点、15—19 点（双方法定节假日除外）。

　　在 7 个中哈边境口岸中，巴克图口岸的 158 号界碑最为独特。1997 年，中哈两国完成边界勘定工作，按照编号顺序需

巴克图口岸国门

巴克图口岸观景台鸟瞰

要在这里竖立 158 号界碑，双方考虑到口岸历史悠久，商定在这片平坦的空地上竖立同一标号的 4 块界碑，立在通关道路两旁，左右各设立 2 处界碑，将实际边境线圈定在界碑之间。哈萨克斯坦界碑黄顶蓝体，中国界碑红底并印有中国国徽。来往的车辆在中哈界碑之间穿行，象征着中哈友谊的经久不衰。在通关期间，由于双方车辆往来频繁，因此游客无法进入界碑处与界碑合影。只有在周末或节假日闭关期间，游客们才可以在管理人员的带领下近距离观看界碑。需要注意的是，双方界碑之间以地砖缝隙为界，严禁靠近。虽然我国界碑与哈萨克斯坦界碑之间没有任何障碍物，但作为参观者一定要做到心中有界限。

巴克图口岸界碑处

巴克图口岸车辆通道

　　巴克图口岸作为国家一类口岸，不仅担负着两国车辆的进出，还担负着两国人民的出入境。凡是从巴克图口岸进入的车辆，都必须前往联检大厅进行车辆检验检疫，从而确保入境车辆的安全。人员无论入境还是出境，都需要持本人护照前往联检大厅经过检查后方能入境或出境。

巴克图口岸人员出入境联检大厅

　　紧邻车辆、人员联检大厅旁边便可以看到一个关于巴克图口岸历史发展的博物馆。该博物馆是由口岸旧联检大厅改造而成，里面陈列内容既包含口岸历史，也保留了旧联检大厅的办公布局。巴克图口岸博物馆开放时间是每周一至周五 10—14点、16—20 点，基本与当地工作作息时间一致，可凭身份证免费参观。2019 年 12 月，当笔者再次前往巴克图口岸博物馆进行参观时，发现巴克图口岸博物馆大门也进行了外观改造，但

巴克图口岸博物馆

博物馆陈列内容依旧未变。

　　巴克图口岸外贸产品主要是格鲁吉亚红酒和巧克力、糖果、皮毛、面粉等。在口岸附近的外贸商店只有两家，虽然店铺数量很少，但商品却比较齐全，既有生活所需的调料、面粉、饮料、饼干，也有皮毛、披肩、皮带和首饰，能够满足来往游客、口岸人员、进出境者的基本需要。据当地出租车司机介绍，来往的哈萨克斯坦人一般都会去边贸互市区购买日用品，口岸附近的外贸店往往是外地游客经常去的地方。

　　巴克图口岸边民互市位于塔城市区西部，从巴克图口岸到互贸集市大约有着 10 多分钟的路程。1996 年 10 月 5 日，自治区人民政府批复在巴克图口岸设立边民互市（新政函 [1996] 162 号文），并同意将塔城市国际边贸商城作为边民互市点，

巴克图口岸处的外贸商店

逐步纳入边境小额贸易管理范围。随着中哈两国间友好关系的
建立，2010 年 12 月 28 日，获准哈公民由"一日免签"延长
至"三日免签"进入互市贸易。从巴克图中哈边民互市功能区
分布来看，一层主要为珠宝、化妆品以及塔城市政府创建的巾
帼创业就业培训中心、红色口岸博物馆等；二层主要是出售日
用百货，如调料、面粉、糖果、饮料、红花籽油等。据二层的
一位外贸商人介绍，今年的生意不如往年，内地游客比较少，
生意也不太好。而且如今出国管控较为严格，进货基本上是由
哈萨克斯坦的商人负责配送，他们也不用过境取货了。虽然生
意不好做，但是该商户依然坚信目前的困境只是暂时的，只要
巴克图口岸附近的铁路一修好，届时口岸贸易一定会再次繁荣
起来。

巴克图中哈边民互市（旧）

2019年6月18日，巴克图口岸丝路文化商品城正式开业，边民互市自此迁至口岸区，口岸边贸发展进入新阶段。丝路文化商品城共计两层楼，一楼主要以食品百货为主，二楼以服装、皮箱、鞋帽为主。从店铺类型来看，店铺分为哈方、中方两种。哈方店铺门牌以蓝色为底色，中方店铺门牌以红色为底色。在商品内容上，运营方要求中方店铺只能销售中国产品，哈方店铺只能销售哈萨克斯坦产品。但由于前往口岸的游客大多是中国人，几乎没有哈萨克斯坦的游客，渐渐地，中方商铺也开始销售哈萨克斯坦食品。

随着边贸互市区的迁移，从事边贸的哈萨克斯坦商人也由旧边贸区迁至新边贸区内。从入境方式来看，哈萨克斯坦边贸商人主要通过巴克图口岸的一日免签政策入境，当日来当日

巴克图中哈边民互市（口岸区）

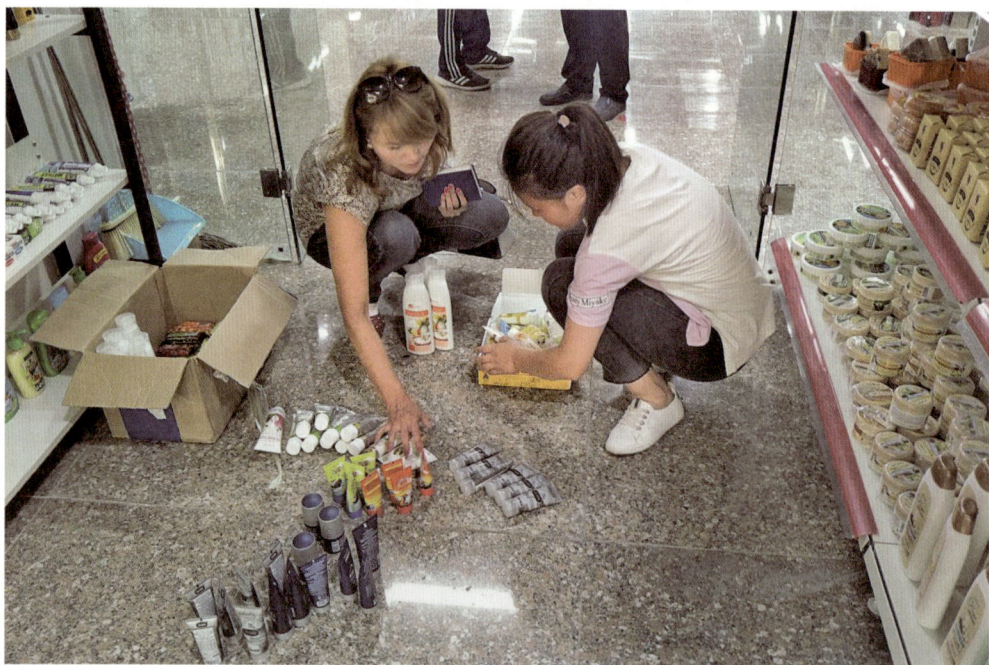

哈萨克斯坦商人与中方商户核对订单

返，不在中国境内过夜停留。巴克图口岸一周六天开关，为10—
14点、15—19点（双方法定节假日除外）。哈萨克斯坦商人的工作时间几乎与口岸开关时间一致，只要口岸正常通关，她们就会乘坐大巴客车进入中哈边民互市丝路文化商品城，然后开始自己的商品买卖。据商户介绍，"哈方巴士每天中午1点多开到商品城区域内，下午4点离开，中间只停留3个小时。而这3个小时仅够哈萨克斯坦商人卖货、买货，有时候情况好一些还能吃个中午饭，大多数情况下时间都不够用，紧巴巴的。"即便这样，每天依然会在商品城里看到哈萨克斯坦商人们匆忙的身影。

与本地边贸互市商人相比，哈萨克斯坦商人们的身份十分有趣。她们既是卖家，也是买家。根据我国口岸免税政策，在维持居民旅客进境物品5000元人民币免税限额不变基础上，允许其在口岸进境免税店增加一定数量的免税购物额，连同境外免税购

哈萨克斯坦背包客

物额总计不超过 8000 元人民币。因此她们入境时会背着包、提着袋子，装满 8000 元的哈萨克斯坦产品，如香皂、洗洁精、化妆品等。由于哈萨克斯坦商人在口岸上多年从事商贸，她们与口岸商户都彼此有较为紧密的联系，每日携带的货品都是商户们提前预订好的，进入商品城后直接批发给商户即可。为了多挣一些钱，她们还会适当多带一些，好在批发完货物后去其他家销售。等自己的商品销售完，她们便转变身份，前往中方商铺购买自己生活所需的衣服、床单等。由于她们总是背着包、提着袋子来，大家也习惯性地称她们为"背包客""手提客"。

　　除了口岸国门、边贸互市外，货场可以说也是一个非常重要的地方。来往的货物运输全凭货场来进行换装拉运。在巴克图口岸，主要有两三个货场供来往车辆放置货物。中方车辆将内地运来的货物卸到货场内，再由入境的哈萨克斯坦车辆装走，反之亦然。货场成为车辆、货物、人员交接工作的重要场所。但由于近两年生意不景气，货场也受到影响。以往停满货车的货场，现在只能实现以往业绩的三分之一。通过货场大

边贸货场

门，依稀可以看见货场内五颜六色的外国车辆，这些多彩的颜色让萧条的货场略显一些趣味。

提到货场，便不能不提到货车司机。塔城所有货场基本都有来自哈萨克斯坦的货车，因此货场常常能够见到来自哈萨克斯坦的货车司机们。与边贸商人不同，货车司机常常会遇到由于人手不够、天气恶劣等因素导致的误工情况。所以，他们往往不能通过"一日游"政策入境，基本是由货车所在公司帮其办理护照、签证。据当地边检人员的介绍，外籍人员入住的宾馆必须具备涉外宾馆的资质，这样便于对外籍人员的管理。在塔城市具备涉外宾馆资质的宾馆主要有西部春宾馆、西部大厦宾馆、旅游宾馆等。其中西部春宾馆、西部大厦宾馆是货车司机常去的地方，由于西部春宾馆价格相对低廉，因此西部春宾馆的入住率更高。

哈萨克斯坦货车司机常住宾馆

从巴克图口岸的总体情况来看，巴克图口岸基础设施完善，规划合理，环境优美，是塔城市最受关注的景点，也是塔城地区政府、塔城市政府的工作重点之一。巴克图口岸对哈国公民的"三日免签"政策，既为双方边民的友好互市提供政策支持，也为塔城市的经济发展作出努力。经过此次巴克图口岸行，饱含历史感、边陲小镇感的巴克图口岸给笔者留下了深刻的印象。虽然地处边境地区，但与游客相比，口岸人似乎更加享受自己身处的这片土地。不仅仅是因为巴克图口岸的好空气、好风景让这里的人们能够在紧张有序的工作中获得一丝闲适感，更是因为他们明白巴克图口岸既是祖国的大门，也是他们自己家的大门。守护好祖国边境口岸，就是守护好自己家。

边疆安全，重于泰山，愿祖国边疆长治久安、繁荣昌盛。

阿拉山口口岸行

韩静茹

　　按照原定路线，在结束了塔城巴克图口岸的调查之后，我们坐上了前往博尔塔拉蒙古自治州首府博乐市的大巴车。这趟行程全程约 350 公里，经停阿拉山口市，这里便是我们中哈边境口岸行的第二站。

一、到达山口之前

　　塔城和阿拉山口虽地处祖国西北边境，但边境公路不对游客和市民开放，往来两地的路线仍需顺省道前行。大致的路线是经省道 221 线到达塔城地区托里县后，转省道 318 线向西南行驶到达阿拉山口市。车辆一路上顺着巴尔鲁克山及其余脉行驶，期间或是广袤草原或是起伏山丘，蓝天白云下一望无际的绿色，以及路边吃草的牛群马匹，风景如画甚是养眼。但是越往南走，绿色的山地逐渐被荒漠植被覆盖的戈壁所替代。路上的风也越来越大，车上没有完全密闭的天窗总发出呜呜的声响。过了铁列克提大桥边境检查站后，在戈壁深处每隔一段距离就会发现一个小型的边防哨所，从地图上看，我们已经顺着边境线前行了。戈壁尽头的山下开始出现连片的建筑，不远处十几排错落有致的风能发电机缓缓转动着。后经询问得知，这片建筑就是与中国接壤的哈萨克斯坦边境小镇多斯特克，距阿拉山口仅 12 公里。也就是说，我们离目的地阿拉山口市越来越近了。

前往阿拉山口的路上

大巴车在阿拉山口市客运站停靠，我们一下车头发就被吹得如"疯子"一般。早在来山口之前，就听说这里风大，"一年一场风，从春刮到冬"是这里的真实写照。据统计，阿拉山口地区 2018 年年平均风速为 6.0m/s（下图），大风多在 8—10 级之间。四季中仅冬季大风日少风力弱；春夏两季风力大持续时间长，6、7 两月山口每天的大风概率可达 67%，且破坏性较大；秋季风力较春夏两季弱些。那么，这常年的大风从何而来呢？山口地处博尔塔拉蒙古自治州东北部，独特的地理位置使其成为中国著名的风口之一，新疆九大风能丰富区之一。该风区位于阿拉套山和巴尔鲁克山所构成的乌郎康乐谷地，谷地呈西北—东南走向，长约 100 公里，宽约 23 公里，地势平坦，近代有"准噶尔山门"的称号。乌郎康乐谷地北连哈萨克斯坦塔尔迪库尔干州的阿拉湖，南抵距阿拉山口市 35 公里的艾比湖，两湖间地势北高南低。谷地两侧山脉呈现出喇叭口状的地形，正好构成了增加风动力的狭管效应，大风

阿拉山口地形图

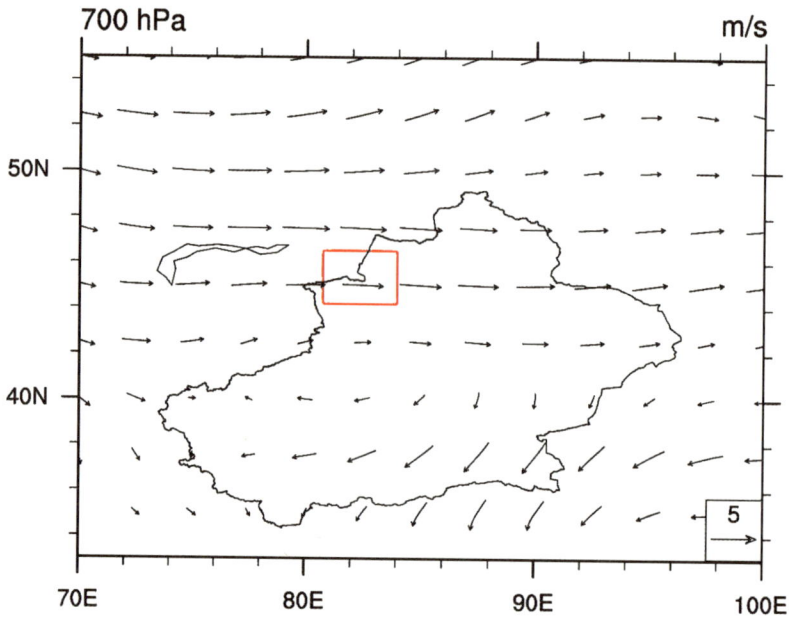

新疆地区 2018 年年均风速风向图，红色区域为阿拉山口所在位置

由此从山间、河谷穿行而过，使得风速在喇叭口处瞬间增强。此外，山口也是冷空气进入新疆的重要通道，由大气环流产生的内陆强风由此狭长谷地进入北疆腹地，并带入我国其他地区。

阿拉山口这个名字，也是因其相邻的阿拉套山得名。阿拉（Ala）一词有"花色、杂色"之意，具体有几种说法：一是蒙古语中，"阿拉"即为"花"。在民间牧民的传说中，阿拉套山是"花牛犊山，是花神牛之山"；二是因阿拉套山为杂色山，其"山脉垂直带明显，有冰雪、森林、草原、荒漠等，因此有'花色山口'之意"；三是从地质学角度看，阿拉套山因岩石种类多变，色彩丰富，也被称为"色彩斑斓的山口"。

二、山口初印象

听宾馆的服务人员说想要快速了解阿拉山口，应当先去山口的城市规划馆。到达规划馆后，我们才发现这是集城市规划展馆、市政办公服务、市民健身娱乐为一体的综合区域。城市规划馆内对山口的地理区位、历史沿革、城市发展历程、口岸

阿拉山口中心为市民开放的篮球场、羽毛球场、电影院，以及一楼铺设的健步道

特色、生态资源、产业发展等做了详细介绍，可让游客和市民系统了解山口的发展情况；市政办公区设有行政服务中心、阿拉套社区居委会、档案馆等机构，能够一站式快捷高效地为市民服务；文体中心是阿拉山口市为满足市民日常健身娱乐的需求而建设的，特别开设了图书馆、篮球馆、羽毛球馆、台球室、电影院等场所。此外，山口中心一楼还铺设了800米长的健身步道，市民散步闲谈也能在室内进行。把健身器械和场地搬进室内的举动并不新鲜，但对于常年受大风天气影响的山口来说，这样的设计足见当地政府和设计者的良苦用心。

在同规划馆讲解员的交谈中得知，阿拉山口市是一座因口岸发展而兴起的城市，市区内的单位多是为满足口岸的日常运转而设置的，因此很多单位都有自己的食堂以解决员工的三餐问题。同时，市政单位的工作人员很大一部分来自博乐市，每周一、五、六有往返博乐的通勤车负责接送回家的员工，其他工作时间则有专门的员工宿舍提供给大家。"我们的待遇还是可以的，食宿都管，交通免费。这地方没有商场或可以玩的地方，所以每个月工资基本都存起来了。"谈到在山口的生活，讲解员小姐姐这样说："但平时生活有些无聊，白天我们要上班出不去，但下班有时间了也无处可去，只好在宿舍看看剧或者跟家人视频什么的打发时间。"

出了规划馆正值山口中心停车场的收费人员下班，便同小岗亭里工作的夫妇两人聊了一会儿。两人很有耐心，听说我们第一次来这里，都很愿意同我们多说几句。从聊天中知道他们二人来自石河子，经熟人介绍来到山口中心做保安，到山口已有三个月的时间。他们在石河子曾是种棉花地的，但是后来阿姨腿疼的病总犯，下不得棉花地了，就想着换个挣钱容易的活干。"做这个比种地轻松嘛，挣的钱也够花，住的地方也管的。但就是太寂寞了，看不到啥人。"问及来这里的适应情况，阿姨说："刚来嘴都吹烂了，干得很。"与这夫妇二人间的谈话可以感受到他们都是极朴实诚恳的人，见询问他们的工作情况，便以为我们是来山口找工作的。叔叔说今天已经下班了，你们明天上班时间来，我带你们跟里面的人说说，给你们找个活儿。最后还跟我们道声抱歉，说因为要赶去食堂吃饭，不能带我们去他们的员工宿舍坐坐。叔叔阿姨不经意间的话语，让初到山口的我们发现即使是由外来人口组成的口岸也充满着人情味儿。

曾经的阿拉山口满是戈壁和干旱植被，而如今的山口却不缺绿色。市区内的绿化工作很是到位，道路两旁挺拔的树木下是翠绿的灌木，灌木下又种着小草，细看土壤表面会发现每一处都做了滴灌处理，这对蒸发量大的山口来说是节省水源的好方法。仔细看会发现树木的树枝都是东南朝向，这是因为山口常年受西北强风侵扰，树木在自然环境的影响下无法笔直生长。在山口的第三天我们遇到一位1991年来口岸当兵的叔叔，在他的讲述中我们才知道，那时的山口除了气象站和边防连就是一望无际的戈壁，如今的满目绿色都是在山口人共同努力下才获得的。山口人都知道，在山口养活一棵树就如同养一个孩子，其中所花的财力物力精力可想而知。有了这些植物做遮挡，近几年山口的风力小了，大风日也变少了。当地人印象最深的就是小时候被风吹得光秃秃的山口，现在也逐渐开始出现蚊虫、鸟和小狐狸等动物。

阿拉山口市道路两旁种植的树木

三、阿拉山口口岸

　　如今的阿拉山口因 1990 年建成连接中哈两国的铁路口岸为

人熟知。但是早在 1956 年，为填补阿拉山口在全国气象数据上的空白，博乐县阿拉山口气象站就已经在此成立。气象站建站时仅有两人，在茫茫戈壁上凭借满腔热血和对祖国气象事业的忠诚，在极其艰苦的环境下完成了气象站的建设工作。后经几次更名和建设，最终成为现在的阿拉山口市气象站。

1950 年 2 月，中苏两国签订了《中苏友好同盟互助条约》，一系列关于经济建设、科学技术、文化交流等方面的互助合作项目展开。1956 年 4 月，中苏两国领导人会谈公报公布阿拉山口是中苏两国铁路接轨点。同年 7 月，中苏两国代表团签订了关于修建兰州至阿克斗卡铁路和组织联运的协议书。彼时中苏两国关系友好，阿拉山口也未曾派驻边防官兵。直到 1962 年中苏关系紧张后，边境环境不容乐观，阿拉山口边防站设立，第一任边防站站长吴光胜带领 17 名官兵步行两天两夜从博乐来到阿拉山口执行边防工作。作为山口的第一批进驻者，气象站工作人员在保卫国家领土完整，维护边防安定方面同样作出了自己的贡献。据当时的气象站职工和相邻团场的民兵回忆，他们在共同执行巡逻任务时，就曾目睹苏方拖拉机借耕地名义，一步步进逼直至深入我方领土。为了守住中国与苏联陆路交通的重要隘口，气象站工作人员主动承担起边防职责，于 1963 年成立民兵班，并配备枪支弹药，协助边防站监视边境线周边情况。1978 年，时任中国气象局名誉局长邹竞蒙到山口调研时曾赞扬他们为祖国西部边疆做了两件大事："一件是为气象监测收集资料，测风雨、观云天；还有一件特别的贡献，就是看守住了祖国西大门。"

现在的阿拉山口口岸是集铁路、公路、航空、管道于一体的国家一类口岸，与哈萨克斯坦共和国阿拉木图州接壤，哈方口岸名称为德鲁日巴。口岸于 1990 年 6 月 27 日经国务院批准正式对外开放。1990 年 9 月 12 日，中国兰新铁路西端（北疆铁路）于苏联土西铁路在阿拉山口临时接轨点处接轨成功，这标志着新亚欧大陆桥全线贯通。1992 年 6 月正式开通国际联运，客运列车从乌鲁木齐出发，经由阿拉山口—德鲁日巴口岸直达阿拉木图。1993 年 10 月阿拉山口公路口岸开放。2006 年 7 月，中哈原油管道一期工程建成运营。这是中国第一条跨国原油管道，全线总长度约 2800 公里，是连接里海油田到中国内陆的重要能源通道。2010 年 7 月，博乐阿拉山口机场建成通航，目前开通疆内克拉玛依、喀什、库尔勒、塔城、乌鲁木齐等地和对口援建城市武汉的航线。2012 年 12 月，国务院批准设立阿拉山口市。

口岸国门距市区约 3 公里，市区内有公交车可直达。进出口岸管理区出入境的人们须持护照等证件通关，前往口岸游览的游客则由国门景区的工作人员组织进入参观。游客需在口岸管理区旁的景区售票处买票，然后等待景区的区间车来接。区间车按时按点接送游客，力图保证国门内其他出入境车辆和人员通关的正常运行。在等待接送车辆的时候，游客可以在售票点旁开设的中欧名品直销中心购物，里面的商品有来自俄罗斯的糖果巧克力、格鲁吉亚的红酒、韩国的化妆品、越南的咖啡等等。商家间售卖的种类基本相似，但他们抓住了游客购买外国货的猎奇心态，个个都笑脸相迎极力推销。

广播通知要出发了，我们纷纷上车，每个人发了一张通行证，车辆和乘客经过检查和登记后便进入了公路口岸限定区

图中分别是国门景区售票处和中欧名品直销中心，进入口岸管理区的区间车及游客通行证

域。向国门行进的路上我们依次看到了出入境联检大厅，供海关进行车辆集装箱查验的 H986 设备间。再向前走不远，就看到写有"中华人民共和国"七个大字的国门耸立在眼前，气派的国门和国门上庄严的国徽在蓝天下耀眼夺目。国门旁边的绿色铁网外便是供中欧班列、国际联运列车通行的铁轨。列车缓缓驶过，大家海淘的进口商品可能就在车上。区间车停在国门旁边后，我们被告知可以步行前往百米外的地方参观界碑。这大约 100 米的路真不好走。那天预报有 8 级大风，但国门附近没有任何可遮挡的建筑物，风力更劲。我弯腰前行，但还是被风吹得斜着向前进。看了看周围的游客，大家走的也并不轻松，前面身形强壮抱着孩子的大哥引起了我的注意，我想要是还稳不住就上前拉住他。

口岸国门，图中为等待入境查验的货车和客运大巴

从国门边驶过的哈萨克斯坦列车

　　终于到了国境的尽头。中方和哈方的瞭望塔就在眼前，哈方执勤换岗的哨兵也看得清楚。出入境的公路和铁路笔直地向西延伸出去，三块界碑平行立于中方与哈方的缓冲区内。阿拉山口是口岸界碑最密集的地方，三块界碑分别是铁路、公路界碑和中国的界碑，每一块界碑旁边都对应着哈方蓝色的界碑。为不影响国门内车辆的正常通行和武警的巡逻检查，游客参观有专门划定的区域。当人们开始驻足拍照的时候，我同不远处巡逻的武警小哥哥隔着栏杆简单交谈。在小哥哥眼里当天不过微风而已，这样的环境下，每天要全副武装执勤4—6个小时。因不好打扰他们的工作，我没有多问什么。但看看他们的工作环境，想到他们离开父母来到自然环境较为艰苦的山口为祖国戍守边疆，千言万语也只能向国门卫士们道声"辛苦了"以作告别。

中方和哈方的铁路界碑

四、口岸商贸情况

阿拉山口口岸进出口货物品种丰富，进口货物主要以石油、木材、金属矿石、钢材、化工产品、化肥、整车及其零配件、活畜、谷物、红酒饮料等为主，货物来源以中亚五国和俄罗斯为主；出口货物集中在轻工业产品、矿物性材料、工业和工程机械及过境集装箱等物品。阿拉山口口岸是新亚欧大陆桥进出中国的门户，从每年的进出口过货量看，口岸的进口量要远大于出口。特别是口岸拥有亚洲最大的全天候室内集装箱换装场，以集装箱为主要形式的铁路运输在口岸的过货量上地位突出。

但是阿拉山口没有特别开放的边贸互市点。一是因为山口的商贸形式以大宗商品交易为主，进港货物多要运往内地销售或直接进入阿拉山口综合保税区进行加工生产。二是阿拉山口以南 278 公里的霍尔果斯口岸，拥有国内外 5000 多家商户的中哈霍尔果斯国际边境合作中心，里面的各类进口商品数量丰富种类齐全。三是与口岸对应的多斯特克小镇是离山口路途最近的地方，有限的小镇人数也无法为口岸带来足够的客源。多种原因使山口尚未建成有规模的互市点。目前来口岸的哈萨克斯坦人都在市客运站附近的商店购买所需用品，一些人也会在就近的餐厅用餐后再乘客车出境离去。这些小店都是山口开业时间较早的一批，门面装修的也不如后期建设的好，售卖的是中国产的副食、手套、毛巾、饮料、洗衣粉、洗洁精、五金工具等物品，但是对于来口岸采购的哈萨克斯坦人来说已经足够了。长时间与外国人打交道，老板们也练就了与哈萨克斯坦人沟通的本事。我们在一家店里就见识了一位年轻的姐姐与一位哈萨克斯坦人用俄语讨价还价。后来知道姐姐是个汉族人，2010年来到山口，就是因为客源的特殊性才逐渐学会了基本的俄语。来

阿拉山口汽车站及对面的店面

店里购物的外国人主要是跑运输的司机和在铁路上班的职员，以前他们除了购买商品还在店里兑换人民币。现在山口的外币兑换逐渐走向正轨，来店里买外币的反倒是中国游客居多。

　　想要购买进口商品的中国游客则在市区内的一些进口商品店找到想要的产品，若嫌店面的种类不够丰富，还可去阿拉山口综合保税区购买一应物品。阿拉山口综合保税区于 2014 年 6 月正式封关运营，是新疆第 1 个、全国第 16 个综合保税区。保税区属于海关特殊监管区域，具有保税加工、物流仓储、国际贸易和商品展示等四大基本功能。保税区内实施特殊的税收、外汇管理等政策。大宗商品如木材、谷物等进入保税区后无须缴纳进口关税，直接在区域内进行加工生产。加工后的成品若再运往国外销售不用缴税，若要卖到国内则开始报关缴税。小型进口商品如食品、酒水、电器、首饰、服装、化妆品等则在

综保区产业园区大门

综保区内欧亚商品直销中心

保税区内的欧亚商品直销中心可以买到，游客在中国境内便可买到退税的进口货。但是综保区内很少能见到外国人，来此参观和消费的仍以中国游客为主。

五、山口市区状况

阿拉山口市隶属于博尔塔拉蒙古自治州，所占边境线长26.3公里，全市总面积1249平方公里。自2012年设市以来，阿拉山口市的管理架构为"一市一委一区"（阿拉山口市、阿拉山口口岸管理委员会、阿拉山口综合保税区及其产业配套区），管理体制为三块牌子一套人马，领导交叉任职。市区下辖艾比湖镇和阿拉套街道办事处。阿拉山口的规划是我们所行口岸中最好的。市区距口岸管理区不过3公里，从口岸到市区方向，

市区街景

依次有序分布着货场、木材厂、公租房小区、游泳馆、市中心等；市区东侧外围是火车站、铁路站场和综保区。功能区逐一过渡与合理安排，既没有噪音影响市民的正常生活，也能保证大型车辆的行驶不会对路上的行人造成危害。

值得一提的是，山口市统一划定了大型车辆的停车区域，区域内除停车外，还有供司机解决食宿问题的旅店和餐馆、供车辆维修的修理厂。这种规划不仅省去司机为修车找配件的麻烦，还能达到集中管理整洁市容的效果。出租车司机梁师傅是

个极热心的人，他见我们两个学生来到山口又住在一晚要 170
元的宾馆里，强烈建议我们搬到停车场新开的旅店居住，说那
里一晚的房价才 80 元，家具和床铺都是新的。可惜我们第二
天就要前往下一站没能换成房间。跟梁师傅的交谈中得知他来
山口多年，老家是甘肃天水的，如今两个孩子都在山口上学。
早年梁师傅在货场做装卸工，主要是将内地运来的鞋子、衣服
等货物搬到哈萨克斯坦的货车上，再由哈萨克斯坦的司机运到
国外。那时一起从事装卸的工人都成了好兄弟，闲了大家还会
相约去钓鱼喝酒；长时间的接触也使外国司机同他们成了好朋
友，我们途径货场门前时，梁师傅隔着车门用俄语跟他们打招
呼。"多的我也说不来，就是那时候干活跟他们学的，现在简单
的话会说。你看着他们高大但人很好的，我们也一起吃饭喝酒
呢。"见我们好奇梁师傅向我们解释道。

大型车辆停车场，远处的厂房为车辆修理厂

　　几天的山口之行给我们感触最深的就是这里的人。阿拉山口是一座没有第一产业的城市，现在的山口人都是因工作派遣或谋求生计聚集到一起的，主要来自疆内的博乐、哈密、石河子、精河以及甘肃、四川、湖北等地。这座由外来人口组成的新兴城市，人们对陌生人的友好，对自身工作的敬业、对美好生活的向往都令人感动与敬佩。夜晚街道上散步的行人、嬉戏打闹的孩童以及闲谈吃烤串的酒友，让人无法将此景与身处边疆口岸的地理位置联系起来。但是这些为口岸和城市运转忙碌的人们同国门卫士一样，都是阿拉山口最可爱的戍边者。希望阿拉山口在这些勤劳的建设者手中能够焕发出勃勃生机，成为新亚欧大陆桥上一颗闪亮的新星。

货场门前休息的外国司机

霍尔果斯口岸行

韩静茹

    结束了阿拉山口的调查后，我们乘坐大巴车前往 280 公里外的霍尔果斯口岸。

    霍尔果斯口岸是中国最早向西开放的口岸，有着 139 年的通关历史。口岸位于新疆伊犁哈萨克自治州霍城县境内，地处著名的伊犁河谷地，自然气候条件优越。贯通华东、华中、西北地区的国道 312 线和 G30 连霍高速连接内地与新疆边境门户，交通便利路网发达。

    走省道出了博州后大巴车便行驶在连霍高速上，这条道路的尽头便是我们此行的第三站。期间我们路遇了著名的赛里木湖，阳光下湛蓝的湖水被风吹过，波光粼粼犹如宝石一般。她美丽又沉静，22 公里的路程一直伴随我们前行，让人觉得此行甚是幸运。车子一路爬升，网红地标果子沟大桥展现在众人面前。果子沟大桥是全国第一座钢桁梁斜拉桥，也是新疆最高的公路大桥，全长 700 米，桥面高 200 多米，双向四车道。它是北上赛里木湖，南下伊犁河谷的重要峡谷孔道。因其通道作用显著却地势险要难攻，一直有"铁关"的称号。高路入云端，天堑变通途。虽说网上的宣传照片不断，但是亲眼看过后还是

果子沟大桥

被它的气势所震撼。进入伊犁河谷后，车子行驶在草原与雪岭云杉之间，转场的牧民赶着羊群在公路旁的便道穿行。随着地势逐渐开阔，我们的目的地就要到了。

一、口岸及国门

霍尔果斯，在网络上的普遍说法是"驼队经过的地方"，但在蒙古语中其实际意义仅指"粪"。推测看来，因草原上出粪的牲畜有骆驼、马、牛、羊等，而霍尔果斯自古作为通商驿站，往来的驼队、马队络绎不绝，这些牲畜走过的地方产生许多粪，便成了现在所说的驼队经过的地方。因此，"驼队经过的地方"是"霍尔果斯"一词的引申义，作为直译有所不妥。

自隋唐起，霍尔果斯就成为古丝绸之路北道上的重要驿站。清朝乾隆年间，索伦官兵调驻新疆伊犁，霍尔果斯成为伊犁索伦营驻防的 6 座卡伦之一。同治年间，中俄两国划界后，此地成为边境哨卡，旧称尼堪卡。1851 年，清政府与俄国签订了《伊犁塔尔巴哈台通商章程》后成为指定的贸易通商点。1881 年，经中国与俄国签订《中俄改订陆路通商章程》后，霍尔果斯正式成为中俄两国间的通商口岸。两国间贸易展开后，中国的砖茶、大黄、川椒、白蜡、皮毛、棉花、葡萄干等物资不断输入俄国，中国也从当地进口布匹、呢绒、铁器、钢器、火柴、钟表、玻璃等物品。经历了俄国十月革命时期口岸关闭以及 1920 年口岸复开后，中苏边贸才逐渐走向正轨。新中国成立后，霍尔果斯口岸同三道河子水陆口岸在伊犁地区都发挥了重要的物流通商作用。但随着三道河子口岸建设不完善以及中苏关系恶化，三道河子口岸关闭，霍尔果斯口岸的进出口贸易也进入停滞状态。直到 1983 年，国务院批准恢复口岸对哈萨克斯坦和第三国开放，霍尔果斯成为我国第一批对外开放的陆路口岸，霍尔果斯进入了全新的发展时期。如今，作为我国西部地区基础设施最完善、交通路网最便利、自然地理条件最优越的边境门户，霍尔果斯已发展成为集进出口贸易、中转货物、人员出入境、跨境旅游于一体的国家级一类口岸。目前口岸进口的货物主要集中在中亚及欧洲市场的食品、酒水、谷物、羊毛、石油液化气等，出口的物品有轻工业产品、重型机械、农产品等。

　　进入霍尔果斯市后，不同地区牌照的车辆来来往往，操着各地方言的行人与你擦肩而过，跑运输的外国司机在车上向你微笑，人们手中提的进口商品吸引着路人的眼球，一片热闹繁

第五代国门

华的景象与我们之前去过的口岸形成鲜明对比。霍尔果斯口岸国门位于霍尔果斯市区内，紧邻中哈霍尔果斯国际边境合作中心。这是口岸第五代国门，与哈萨克斯坦隔霍尔果斯河相望，目前也作为国门景区向游客开放。由于口岸国门、公路口岸货运通道、合作中心游客出入通道基本位于一条街道上，口岸附近每天都是车水马龙人头攒动，车辆和人员疏散工作成为交警每日面临的一大问题。

2013 年，为响应国家"一带一路"倡议，解决市区道路交通拥挤的现实状况，霍尔果斯南部联检大厦和旅检大厅在距市区 6 公里处的戈壁上拔地而起。2018 年 7 月，我们有幸参观了霍尔果斯即将投入使用的新国门。新国门高大气派，联检大厅内宽敞明亮检验设备齐全，待新国门开放后可大大提高通关效率。站在大厅背后便可远远望到哈萨克斯坦努尔绕尔口岸，"努

第六代口岸联检大厅，2018 年 9 月 27 日正式投入使用

尚未布置完全的口岸联检大厅内部

尔绕尔"在哈萨克语中意为"光明之路"，对通商往来频繁的边贸口岸同样具有美好的寓意。2018 年 9 月 27 日，第六代国门开通，连接西欧、俄罗斯、哈萨克斯坦和中国西部的双西公路全线贯通，这条国际公路运输走廊为中国的向西发展提供了更为便捷的通道。

二、口岸商贸

作为中国西部通商贸易的第一大口岸，霍尔果斯凭借便利的交通运输条件，实现了大宗商品的进口加工与销售，特别是欧亚及韩国地区小商品的批发零售成为口岸招揽众人到访的一大特色。游客游览及购物有以下几种方式：

中哈霍尔果斯国际边境合作中心。2014 年建成的中哈霍尔果斯国际边境合作中心是在中国与哈萨克斯坦两国之间建成的一座大型国际商贸区，是世界上第一个跨国合作贸易区，其占地 5.28 平方公里，中方占总面积的三分之二。整个合作中心有国际会展中心、国际物流中心、国际采购基地、跨境旅游参观及配套的酒店、餐饮和娱乐场所，目前有商贸大楼十余栋、商铺近 5000 户，中方所占的大楼和商铺居多。合作中心对外实行封关运营，7 天 14 小时通关工作制度。进入中心需进行海关查验，有三种证件可供通行：一是护照，持有护照的中国公民均可通行；二是针对没有护照的游客，可前往霍尔果斯中哈合作中心办证处办理有效期 30 天的临时通行证，一张通行证有效期内可使用一次；三是针对合作中心内的商户和雇员，可在办证中心办理一年有效期的通行证。

合作中心入口

　　前往合作中心当天，我们先乘坐区间车前往办证处办理通行证。时值夏季旅行的黄金期，到霍尔果斯旅游的游客纷纷涌向合作中心，前来排队办证的游客早已排在室外，烈日当头高温侵扰，人们的兴致却丝毫不减。我们排了一个小时的队后终于进入办证大厅，在有冷气和免费饮用水提供的大厅继续排队，待拿到通行证前后共花去两个小时的时间。因我带了护照，在陪师妹等待办证的时候同大厅的引导人员聊了会儿。这位引导人员是伊犁察布查尔县的锡伯族人，目前还是一名伊犁

办证处等候排队、照相的游客

师范大学的学生，假期来霍尔果斯做志愿服务。据他说夏季来办证的游客量是一年中最多的时候，每天办证的人流最多可达8000人。他们的工作就是做一些人流引导和常规问题的解答，比如办证只能使用银行卡支付、现金和支付宝微信均不支持、没有身份证的小孩可持户口本在现场照相办理通行证、合作中心售卖的商品有哪些等等。

　　拿着办好的通行证，我们前往合作中心的通关大厅出关。大厅里需经过几道人员和背包的安全检查，然后持护照或通行证、身份证进行海关人员的证件查验，随后便正式进入合作中心。合作区内有公交车带大家最快速地到达想去的商场，也有红色的双层旅游巴士直达国门景区供游客参观。园区虽为中哈两国共同开放，但只有两国的连接通道处为游客、商户、车辆

黄金口岸国际商贸场城下装货的外国人。哈萨克斯坦的白色中巴车负责运送来口岸购物的人们，待货物装满人到齐后离开，有时候座椅被货物堆满，乘客只能坐在货物上

提供通行出口，这里也是人们无须签证，实现一步穿行中哈两国跨境旅游必去的场所。经由哈萨克斯坦入境的中亚地区和俄罗斯人则乘坐当地的小巴车、出租车、货车进入合作中心，待购物完毕后乘车离开中国。

从中国返回哈萨克斯坦的货车

　　园区内的乾罗湾、中科、聚丰等商场销售的商品有中亚五国及欧洲地区的食品、酒水、香烟、工艺品、皮毛饰品以及欧美和韩国的化妆品，这些商品主要面向中国来霍尔果斯旅行的游客，但是每人每天消费额有限，香烟每人最多买两条。为满足霍尔果斯市的商场和内地客户对免税商品的大量需求，合作中心的中国雇员也会将商品靠人力带出关后销售。但受制于每人每天带出物品的价格和数量，合作中心内兴起了一批带货出关的人，当地人称这批带货的人为"驼队"。合作中心的商家接到订单后，联系熟知的驼队成员交付需要带出合作中心的物品，由他们打包后带出交接。每次带出的货物依据物品大小价值收取 20 元左右的费用。驼队的人来自霍尔果斯市和旁边 62、63 团，他们有的完全靠此为生，有的本就是在合作中心当雇员，下班时顺道带出。为不影响游客离开合作中心时的通关速度，节省安检时间，大批量带货的驼队每天只在中午一点半和晚上七点半允许出关。

乾罗湾商场内景

等待出关的驼队，他们有的是个人单干有的是一家几个人一起做事，通常在商场大楼的后面打包带出货物，然后等待出关。由于这行尚处在灰色地带，所以没有近拍他们

此外，合作中心的黄金口岸商场销售中国江浙等地生产的围巾、服饰、床上用品、书包、鞋子等轻工业产品，面向来霍尔果斯购物的中亚五国和俄罗斯的客人。对于购买量大的外国客户，中国商人会提供打包服务，他们将商品抽气打包成规格相近的正方体，便于客户乘车带回。长期与外国客户的贸易往来，使中国老板们练就了一口流利的俄语。来自湖北做围巾生意的田姐就是在口岸学会的俄语，"刚来肯定不会说啊，我就慢慢学嘛。我胆子大敢说，跟顾客说跟那些翻译也说，后来就会了。现在简单的交流足够的，有时候要是价格对方不满意，我们也可以用计算器还价。他把满意的价格打在计算器上我要能接受就卖"。

黄金口岸商场内中国商人开的店铺，一些懂俄语或哈萨克语的店主可以自行经营，语言交流有障碍的就会招聘翻译，通常聘用中国哈萨克族或哈萨克斯坦人，因他们懂哈语或俄语。但是一些翻译从买家与卖家的交易中赚取差额，店主有时也会被骗

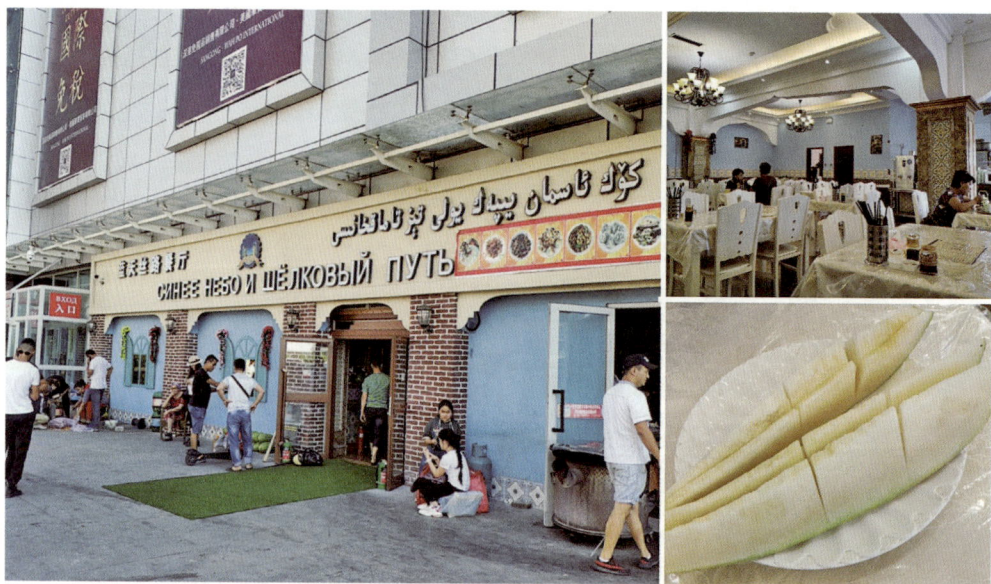

开在哈方客运候车点附近的蓝天丝路餐厅是园区内最好的哈萨克风味餐厅，里面装修讲究菜品丰富，深受中外游客和商人的青睐。右下的哈密瓜来自哈萨克斯坦，非常甜，沾哈萨克族朋友的光，被邀请去餐厅吃瓜

　　连接通道外的哈方区域有来自哈萨克斯坦、乌克兰、吉尔吉斯斯坦、俄罗斯的商人在此经商，但整个区域的开发仍不完全，除了正对连接通道的金雕广场有已开放的商贸大楼外，其他的区域尚处在开发和待建状态。利用合作区跨境旅游的便利，中国商人在连接通道处停放几台挂有哈萨克斯坦牌照的车辆，供游客环游合作中心的哈方区域。若游客愿意多花钱，还可将车辆开至哈萨克斯坦边境小镇霍尔果斯参观，但游客不能下车，仅在车上一览异国风情。

　　合作中心外的商贸场所一处是紧邻第五代口岸国门的欧亚小商品城，其前身是 2003 年开在国门前的"中哈一条街"，也叫"国门一条街"。当时的商业街由沿街的铺面和相对集中的摊

　　中哈连接通道，这座建筑高 18.81 米，代表着 1881 年霍尔果斯口岸正式成为通商口岸；下图马路上的红蓝区域就是中方与哈方的分界线，一步跨两国能够在这里实现

　　上图是返回哈萨克斯坦的车辆，前方蓝色大桥下流过的是中哈界河——霍尔果斯河，自北向南流入伊犁河，下图是哈萨克斯坦在霍尔果斯的老国门。其实过了连接通道后就是哈萨克斯坦的地界了，但我们的手机还是被中国移动信号所覆盖

位组成。由于出入境人员众多，国内的旅游热也开始兴起，在商业街购物的外国人和中国人都很多，商人们的生意也异常火爆。2006 年时，政府在距国门景区约 600 米处修建了规模更大功能更为完善的中哈旅购城，招商引资的同时也希望将国门前的摊位都规划到商场里来。但是考虑到商城的高额租金问题，一些商人并没有选择搬迁，而是以打游击的形式继续在国门前摆摊经营。2014 年政府为整顿市容，规范旅游业市场，统一规划建设了国门旁的欧亚小商品城。

小商品城是由简易板材搭建的平房，每家商户占地面积很小，站在门前便能一眼看完所售的商品。整个商品城占有很长的一条街道，但是里面卖的商品大同小异。除了

欧亚小商品城。（街上本就游客稀少，烈日下大家只愿在有阴凉的一侧逛逛。2019 年霍尔果斯市为打造国际旅游目的地及边境旅游城市，进行市容市貌升级，已对小商品城进行搬迁拆除）

进口商品外，还有售伊犁地区有名的薰衣草系列产品，如精油、面膜、枕头等。以小商品城的地段来讲，这里曾经肯定繁华过，但自从合作中心开放后，各家的生意都越发冷清。特别是各家售卖的商品大多无异，商家的拿货渠道也是依赖合作中心。听小商品城里的店家说，这几年的生意是越来越不好做了。我们也发现里面的游客很少，好奇多看两眼的顾客远多于实际消费的。一些尚且开张的店铺门上贴着"店铺转让"，还有少量的店铺已经关门大吉。商户的老板们也不仅仅依赖实体店铺挣钱，很多人都开了微店或者在朋友圈上挂图售卖进口货，广开门路多宣传成了商家的又一营销方法。

合作中心外的另一处商贸中心是距口岸不远处的中哈旅购城，2006 年取消"国门一条街"后，大部分的商人搬迁至此。这是一座三层楼的单体建筑，里面的规划也是集进口产品销售、餐饮、休闲一体，商铺有大有小，销售的物品除了进口商品外，还有新疆特产（干果、薰衣草精油、玉石）、皮草、工艺品等。整体看来这里的商品种类多且杂，但购物消费的人依旧不多。原来开在楼上的餐厅和铺面现在都已关闭，只有一楼的店面还集中开放着，但仍有关门歇业的情况。我们在一家店里买巧克力时遇到了一对夫妇，小店由他们二人共同经营。叔叔姓杜，是 1992 年来霍尔果斯的四川籍人，阿姨是当地 62 团人，两人在口岸结识相知相爱，现在儿子已在湖南读大学。阿姨说他们做生意就讲究诚信，店里的进口红酒都是叔叔亲自去格鲁吉亚挑选后带来的一手货源，价格低廉质量保证，很多认识多年的好友和老顾客都会来他家采购商品。诚实守信与人为善的品格也助他们夫妇二人在口岸上取得了不错的成绩，如今他们凭借自己的努力在口岸上买房安家，还在市区拥有一栋商住楼，一层为铺面，二三层为居住性用房，常年租赁出去供他人使用。但是谈起口岸过往，阿姨说这些年最对不起的就是自己的儿子，每年口岸生意最好的就是七八月，那时候"人家拿着钱往你口袋里塞"，但也因为生意的原因，孩子长这么大只在14岁的时候陪他出去玩过一次。

中哈旅购城

三、口岸人员

除了短期旅行的游客，在霍尔果斯从事长期职业的人集中居住在两个地方，一是霍尔果斯市，二是距口岸8公里的62团。

霍尔果斯市是2014年6月26日经国务院批复设立的，全市辖4个街道1乡2个牧场。城市居民有来自江浙、湖北、四川、河南、甘肃和疆内各地区长期在此做生意的人，有62团的居民和来口岸的工程建设者。市区依口岸而建，分以合作中心为主的中心商贸区和供市区居民生活的区域。生活区在口岸东南部，以卡拉苏河步行街为中心向外扩散，农贸市场、夜市、餐馆、菜店、超市、旅店、KTV等满足市民生活娱乐的场所均有开放。夜晚结束了工作的人们或是去夜市吃饭谈天或是去不远处的卡拉苏河散步赏景，一切都慢下来的夜生活叫人好不惬意。我们离开中哈旅购城后已是下午7点多，便打算去卡拉苏河步行街逛逛，却在卡拉苏桥过马路时遇到了开车回家的杜叔叔和阿姨，他们夫妇二人极力邀请我们上车，说要带我们一段路。到目的地后阿姨还热心地介绍附近实惠的餐厅和价格公道的超市给我们，田野路上又被好心的陌生人感动到。

62团全称新疆生产建设兵团农四师62团，前身为中国人民解放军新疆军区生产建设兵团运输处东风农场，现在地理区划上实际属于霍尔果斯市，霍尔果斯火车站就建在团场不远处。团场现有常住户6489户，共计20150人，由汉族、维吾尔

卡拉苏河大桥、河景与市民经常出入的农贸市场

族、回族、撒拉族等民族构成。因团场距口岸仅 8 公里的路程，加之口岸商贸、物流、餐饮服务行业需要大量的劳动力，目前62 团的很多人都在口岸谋求生计。每天 62 团的人搭乘通勤车或是拼车前往口岸开始一天的工作，清晨和傍晚团部附近的乘车点都会形成一股人流小高峰。在合作中心商场工作的雇员还需早早地在合作中心的通关大厅门前排队，保证开关后赶在游客到来前进入合作区上班。我们在合作中心门前等车时遇到一位刚下班的阿姨，交谈后得知阿姨就是 62 团人，如今退休后在合作中心的中科商贸楼里做保洁，工作之便偶尔也帮商家带一些进口商品出来。阿姨说来霍尔果斯上班的团场人很多，做生意的，打工的，男的还可以跑跑车接送住在团场的游客，挣钱的路子很多种。此外，62 团的宾馆和小区内，还租住着一些来

坐落在 62 团的霍尔果斯火车站，62 团街景和等待买馕的人

口岸谈生意的商人，他们不需要太好的住宿条件，有基本的住宿和饮食提供即可。

霍尔果斯口岸如今已发展成为集跨国商贸、跨境旅游、物流中转等多功能于一体的中国西部最大的公路交通口岸。其优越的自然地理位置带动了中亚五国乃至欧洲的金融贸易市场，跨民族跨地域跨文化的交流合作使这座丝路驿站迎来最好的黄金时代。霍尔果斯第六代国门的开放架起了连接中国与中亚、西欧往来互通的桥梁，愿祖国的西大门纳八方来客尽现无限商机。

都拉塔口岸行

于洁茹

都拉塔口岸也被称为"草原口岸",是我国与哈萨克斯坦的边境口岸之一。其位于新疆伊犁哈萨克自治州察布查尔锡伯自治县西端,爱新舍里镇南段中部,南倚乌孙山,北临伊犁河支流,西与哈萨克斯坦共和国春贾区接壤,与哈萨克斯坦的科里扎特口岸相互对应。都拉塔口岸距察布查尔县 53 公里,距伊犁哈萨克族自治州首府伊宁市 70 公里,距霍尔果斯口岸 90 余公里,距中亚五国经济、金融、文化中心阿拉木图市仅 247 公里。口岸地处伊犁河南岸,平均海拔 750 米,年平均气温为 8.5 摄氏度,无霜期 160 天,年降水量 270 毫米左右。都拉塔口岸历来就是西部民间贸易和文化交流的通道,对哈贸易优势十分明显。1992 年 8 月中哈两国政府签署协定,同意开放该都拉塔口岸。1994 年 3 月,都拉塔口岸经国务院(《关于同意开放新疆巴克图等五个边境口岸的批复》国函〔1994〕20 号)、国家经贸委(《关于口岸检查检验配套建设标准及经费来源问题的通知》国经贸

［1994］52 号）和新疆维吾尔自治区人民政府（《关于口岸总体规划的批复》新政函［1994］34 号）正式批准，开始实施建设。1998 年 7 月新疆维吾尔自治区人民政府（《关于同意都拉塔口岸边民互市贸易市场的批复》新政函［1998］99 号）批准都拉塔口岸建立边民互市，开始对外临时开放。1998 年，中国的煤炭首次通过都拉塔运向哈萨克斯坦，哈萨克斯坦的钢材、化肥也由都拉塔来到中国。到 1998 年底，外贸进出口总额为 52.3 万美元，其中出口额为 2.3 万美元。1999 年 9 月 26 日经国家海关总署和自治区人民政府批准，该口岸开展边民互市贸易。2000 年，口岸过货 9650 吨，进出口额超过 1 亿元人民币。2004 年 11 月，都拉塔口岸通过自治区的初验，2005 年 11 月 15 日，通过国家验收；2006 年 2 月 15 日，正式开放。2016 年 5 月 16 日国务院批准对第三国开放。2019 年 1 月，都拉塔口岸向第三国开放。自此，都拉塔口岸正式由双边口岸转为向第三国开放的口岸。

都拉塔口岸国门

　　都拉塔口岸距离伊宁市 70 公里，驱车前往需要耗时 2—3
小时左右。在新疆伊犁哈萨克族自治州客运站有专门前往的车
辆，一人单程 35 元，人满发车。由于前往都拉塔口岸的人非常
少，因此一天最多发一趟车。当然也可以自行包车前往，单趟
市价为 70—100 元。

伊犁州客运站伊宁市—都拉塔口岸班车

　　车辆经伊犁河大桥（新桥），先后沿 S237、S313 省道前往
都拉塔口岸。沿途风景非常优美，空气清新湿润，绿色的田地
连接成片，直至接近口岸处，道路两旁才显现出口岸边境一片
荒芜辽阔的景象。

　　都拉塔口岸，一座远在边陲的小镇，人员稀少但生活安逸、
闲适。都拉塔口岸区域不大，到了口岸区便到了通关国门处。
口岸通关时间为每周 6 天，北京时间 10—14 点、15—19 点（双

前往都拉塔口岸途中的路标

靠近口岸处的沿途风景

方法定节假日除外）。虽然都拉塔口岸的道路建设非常健全，但道路上几乎没有什么来往的车辆，仅仅在通关时间才可以看到排队过关的货车。都拉塔口岸进口的货物非常少，以前会进口一些铁矿石等，现在基本上是以出口为主，出口一些季节性水果和鞋子、帽子等轻工业产品。

排队过关的车辆

　　就调研期间的实际情况来看，都拉塔口岸最为繁华的地方就是紧邻国门的一排小商店。它们大多是饭馆和蔬菜店，主要为当地务工人员、货车司机提供餐饮。饭馆基本以民族餐饮为主，菜单也与新疆当地饮食并无二致。其中，家常拌面、烤肉、啤酒都是饭馆最为热销的单品。

　　此外，口岸附近还有两家比较大的宾馆，其中都拉塔大酒店可谓是整个都拉塔口岸档次最高的宾馆，入住价格也是当地最高的。出于治安管理需求，都拉塔大酒店会对入住的外国籍人员进行登记，以便对外国籍人员的管理。据酒店前台人员介绍，外国籍司机大多是住在哈萨克斯坦的维吾尔族人，因此他

正在吃晚饭的外国货车司机

都拉塔大酒店"外国人住宿登记表"

们除了使用俄语外，更多会用维吾尔语与当地维吾尔族商人进行交流，以拉近彼此的关系。

在都拉塔大酒店旁边有一个商品种类相对齐全的超市。这个超市与我们日常所见的超市不同，饮料、日用品仅仅是超市所售商品的一小部分，

都拉塔口岸附近的另一家宾馆

超市商品货架

修理货车的相关配件工具才是这个超市的主体产品。与其说超市，它更像是附带超市功能的货车修理配件店。这是因为在都拉塔地区的人员组成上，除了边检、政府职员外，主要还是货车司机和货场工人。整个地区除了人以外，最多的就是货车，来来往往的运输、出入都少不了货车，所以修车工具成为当地需求量较大、销量较为稳定的商品。

2011 年，都拉塔口岸启动新的边民互市建设项目，并交由都拉塔口岸发展有限公司具体实施。2013 年 7 月 26 日，通过国家验收，获准哈国公民"一日免签"进入边民互市。自口岸正式对外开放以来，都拉塔口岸积极应对哈方外贸政策的变化，协调驻口岸各单位帮助外贸企业及时顺应外贸政策的变化，外贸形势总体保持了平稳增长的态势。截止到 2013 年 12 月累计实现进出口货运量 182.45 万吨；实现进出口贸易额 112.35 亿美元；出入境车辆累计达 14.7 万辆（次）；出入境人员累计达到 29.7 万人（次）。截至"十二五"末，口岸累计实现进出口货运量 250 万吨，实现进出口贸易额 174 亿美元；出入境车辆累计达 22 万辆（次）；出入境人员累计达到 38 万人（次）。预计"十三五"末，口岸实现进出口货运总量 70 万吨，年均增长 28.4%；进出口贸易总额 72 亿美元，年均增长 29.2%；出入境人员 9 万人（次），年均增长 35.1%。但是从 2018 年实际调研情况来看，都拉塔口岸的边贸互市更多是依托货车进行的进出口贸易，而不是类似于巴克图边民互市贸易那样。昔日繁华时，都拉塔口岸也曾有过这种边民互市贸易点，然而随着经济的下滑、人员的流失，边民互市联合办公区趋于闲置。但从长远角度来看，这些已经建成的办公场所及设施仍能够为日后都

都拉塔口岸边贸互市联合办公区

拉塔口岸的商业发展提供必要的硬件基础。

　　在走访整个都拉塔口岸区期间，我们发现口岸没有一家专门出售进口烟酒、巧克力的外贸店，甚至在商店中也极少见到外贸商品。这种"零外贸"的现象令人感到奇怪。据当地货场工人介绍，前几年都拉塔的生意比较繁荣，许多在这里挣了钱的老板都在附近修建了楼盘，打算开宾馆或商铺。但随着这几年生意的不景气和来往人员的减少，几乎所有工程都停工了，商人们也纷纷离开，都拉塔口岸昔日繁华的边贸互市景象也逐渐逝去。

　　近年来，随着口岸的不断开发与建设，口岸边贸取得了新的进展。2019 年 9 月份实现进出口货运量 4.99 万吨，同比增长 24.8%；出入境车辆 3360 辆（次），同比增长 23%；出入境

都拉塔口岸空荡荡的国际商贸城

人员 3899 人（次），同比增长 29%。货物种类以百货为主，电器设备、汽车配件、鞋子等货物为辅。1—9 月份实现进出口货运量 27.86 万吨，同比增长 67.6%；出入境车辆 20516 辆（次），同比增长 65%；出入境人员 24446（次），同比增长 67%。此外，2019 年 10 月 8 日都拉塔口岸首次从哈萨克斯坦进口重达 15 吨、货值 2.14 万美元的饼干。2019 年 10 月 18 日，都拉塔口岸管委会与新疆非创飞技能科技有限公司、都拉塔口岸发展有限公司等企业举行集中签约仪式，涉及天然气、食品加工与出口、边民互市等 4 个项目，关乎民生、旅游、食品等领域，总投资达 2.1 亿元，口岸逐渐向好发展。

都拉塔口岸共计 5 个货场 4 家公司，由于往来车辆的减少，货场生意大不如前。为了摆脱生意发展困境以及恶性竞争可

都拉塔口岸发展有限公司

能导致两败俱伤的结果，四家公司共同商议将口岸所有货场合并，年底按股分红。这样一来，可以把货物集中管理于几个货场，通过关闭闲置货场来减少雇佣工人，以此降低货场运营成本，从而实现几家公司的利益最大化。这种从竞争到合作的运营模式，是各个货场企业对都拉塔口岸经济发展现状的灵动适应性体现。它既扭转了各个货场入不敷出的窘迫情况，同时又保证了口岸进出货物的正常进行。

　　都拉塔口岸上的人大部分是流动人员，常住人员基本上是政府职员。由于都拉塔口岸没有申请镇、村等行政建制，所以都拉塔口岸没有落户点，也就没有本地户口一说。据都拉塔口岸办的工作人员介绍，在口岸地区只有一个常年在口岸守边的护边员，但由于都拉塔口岸没有落户点，他的户口也只能在离

都拉塔口岸仍在运营的货场

口岸护边标语

口岸最近的 79 团四连落户。在流动人口中，货场卸货工人、口岸服务业人员占的比例最大。一旦货场撤离，口岸的人员将流失大半。都拉塔口岸除了这些谋生的、在职的"戍边人"外，还有一些专门的戍边人员。在口岸附近的团场中有一部分人主要负责在边境巡逻，一个月上 15 天的班，实行轮休，每月由国家发放 2000 多块钱。目前都拉塔口岸管委会已有 80 多个护边员，守护边境，保家卫国。

都拉塔口岸环境绿化建设突出，社会治安秩序良好，是一个潜力非常大的口岸。从区位优势上来讲，都拉塔口岸距哈萨克斯坦阿拉木图市约 250 公里，距哈方春贾区的科尔扎科口岸仅 3.8 公里，比霍尔果斯口岸到阿拉木图还少 100 多公里的路程。2016 年新疆对外开放一类口岸过货量排名中，除了霍尔果斯口岸、阿拉山口口岸外，都拉塔口岸的过货量在全疆口岸中增幅最大。此外，其良好的区域环境、广阔的待开发区域以及众多待使用的商业楼盘，都为日后口岸的繁荣发展奠定了硬件基础。

都拉塔口岸道路建设

　　口岸作为国家边界门户，是两国人民交往、交流的重要通道。口岸既是国门，更是家门。无论口岸兴旺与否，国家和口岸人民始终坚守着国门、家门，见证着它的起起落落。口岸人民用远离都市繁华生活的方式换取了口岸边境的太平与安定。边疆安全则国家安全，边疆动乱则国家难安。一代代口岸人以各自的方式实现着对口岸的守护，这种精神值得敬佩、值得学习。此次都拉塔口岸行，不仅让我们领略了祖国辽阔疆土的壮丽美景，更让我们体会到边疆口岸人民平凡而伟大的护边、守边生活。希望在不久的将来，都拉塔口岸能够再次迎来昔日的繁华。

木扎尔特口岸行

于洁茹

木扎尔特口岸，位于新疆伊犁哈萨克自治州昭苏县西南 109 公里处，地处天山北麓，特克斯河上游，坐标为东经

80°45′，北纬 44°35′，海拔 1806 米。距新疆生产建设兵团农四师 74 团机关西北 9 公里，距伊宁市 296 公里。对面为哈萨克斯坦共和国阿拉木图州纳林果勒区，对方口岸名称为纳林果勒口岸，两口岸相距 4 公里，距阿拉木图市 320 公里。1953 年曾作为中苏两国临时过货点，一度是边民易货贸易进出口货物集散地。1962 年以后中断贸易和人员往来，口岸关闭。1992 年 8 月，中哈两国政府签订协议，同意开放该口岸，允许中哈两国人员、交通工具和货物通行。1994 年 3 月国务院批准开放该口岸。截至 2016 年底，该口岸尚未对外开放。

新疆边境口岸共计 15 个，自东向西、自北向南分别是：老爷庙口岸、乌拉斯台口岸、塔克什肯口岸、红山嘴口岸、阿黑土别克口岸、吉木乃口岸、巴克图口岸、阿拉山口口岸、霍尔果斯口岸、都拉塔口岸、木札尔特口岸、伊尔克什坦口岸、吐尔尕特口岸、卡拉苏口岸、红其拉甫口岸。其中，木札尔特口岸和阿黑土别克口岸自建立以来至今尚未对外开放，因此当我们在打听木扎尔特口岸时，人们常常表示并没有听说过这个口岸，甚至认为可能是我们叫错了口岸的名字，但是网络资料里显示木扎尔特口岸是位于新疆伊犁地区昭苏县西南 109 公里处。面对该口岸无人知晓且位置不明确的情况下，我们决定先乘车前往昭苏县，再一探究竟。

从伊宁市伊犁州汽车站出发，我们就踏上了寻找木扎尔特口岸之旅。前往昭苏县共有两条公路，一条公路是班车指定行车道路，大约要耗费 3—4 个小时；另一条公路是自驾旅游达人常常选择的路线——伊昭公路，大约要耗费 2 个小时。伊昭公路是新疆自驾游非常出名的公路之一，它的道路蜿蜒惊险，但

伊昭公路沿途风景

风光旖旎、令人难以忘怀，是一条值得尝试体验的天险之路。但出于安全考虑，我们依然选择班车出行。

由于班车路线沿线道路正在修路，原本 3—4 小时的路程被无情地延长至 4—5 小时。炎热的天气令车内又闷又热，本想开车窗透透气，但修路的尘土使得开车窗也成为一种奢望。好在 4—5 个小时后，我们正式进入了昭苏县。昭苏县的气温明显低于沿途的气温，空气质量也出乎意料的干净、清新，这让饱受炎热、尘土的我们开心极了，心情也因此变得轻松、欢乐起来。

昭苏县隶属于新疆维吾尔自治区伊犁哈萨克自治州。历史上的昭苏县，也叫"特克斯"，曾是乌孙故里。它位于伊犁哈萨克自治州西南部，处于北纬 43°09′—43°15′、东经 80°08′—81°30′之间，为中亚内陆腹地的一个群山环抱的高位山间盆地。东与特克斯县接壤，南与阿克苏地区的拜城县、温宿县隔山相望，西与哈萨克斯坦交界，北与察布查尔县毗邻。边境线长约 220 公里，有国家一级口岸——木扎尔特口岸，2001 年被国务院列为对外开放县。县境东西长约 141 公里，南北宽约 132 公里，总面积 1.12 万平方公里。县城海拔 2018 米，是伊犁州唯一的五类艰苦地区县。虽然生活艰苦，但美丽的自然风景是昭苏人民得天独厚的宝贵财富，成片的油菜花地、紫苏花地，让昭苏的夏季沉浸于明亮的油画世界里。

昭苏油菜花盛开

昭苏县属于大陆性温带山区半干旱半湿润冷凉气候类型。其特点是冬长夏短，没有明显的四季之分，只有冷暖之别。春秋湿润、寒冷、多雾，盛夏多雷、多雨、多冰雹。年平均温

昭苏紫苏花盛开

度 2.9℃，年极端最高温度 33.5℃，最低温度-32℃。全年无霜期平均为 98 天。年均降雨量达 511.8 毫米，为全疆之冠。这种气候非常适合草类的生长，因此昭苏县草场广布，也是出名的天马之乡。昭苏县以盛产良马著称，马文化历史悠久。新疆昭苏县是古代乌孙国故地，自西汉神爵二年（公元前 60 年）起，就统属于汉朝在西域设置的西域都护府，迄今两千多年。汉武帝时曾将身形矫健、轻快灵活、奔跑神速的伊犁马赐名为"天马"。新疆昭苏县被农业部授予"中国天马之乡"称号，是国内重要的产马基地之一。昭苏自 2009 年起，连续举办天马国际旅游节，引起全国乃至世界马术运动爱好者和游客的关注。2013 年起，天马节被确定为自治区级旅游节庆活动。

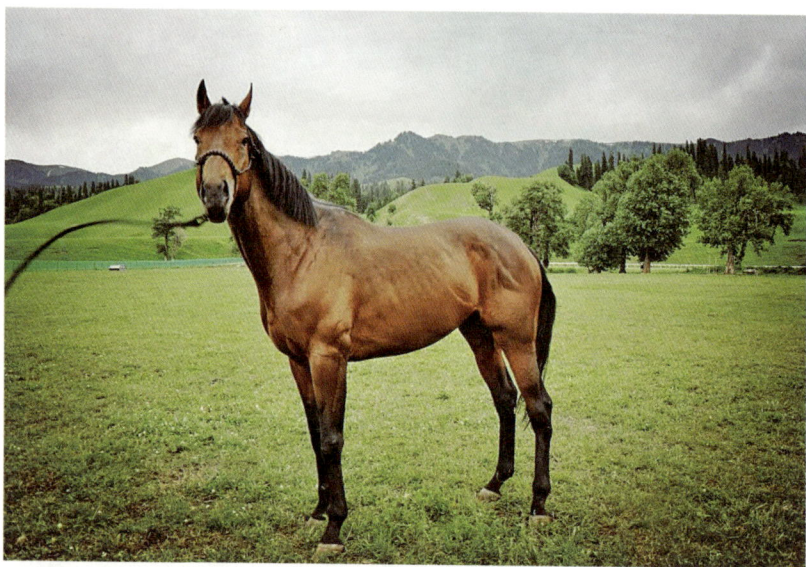

昭苏天马

　　经过昭苏汽车站人民的热情介绍，我们最终得知木扎尔特口岸位于新疆生产建设兵团农四师 74 团所在镇子，需要乘坐班车前往，于是我们换乘昭苏县班车前往 74 团。农四师 74 团西部与哈萨克斯坦相连，西南邻近吉尔吉斯斯坦，有 108 公里的边界线，辖区内有国家一级口岸——木扎尔特口岸。由于 74 团是昭苏县内离边境线最近的一个团场，所以我们一路西行，成为班车上最后的乘客。前往 74 团的主要道路只有一条，道路两旁是绵延不绝的美丽风景。从昭苏县到 74 团所在镇子来回都只有一条路，沿着路一直走就能到。沿途依次经过天马文化风情园、夏特古道风景区等著名景区。大约耗时 1 个小时左右后，我们来到了边境线边上的 74 团机关所在镇子。进入镇子前，我们首先要经过木扎尔特桥。当车辆上桥时，我们还依然沉浸在"怎么还没到"的思考中。直到突然进入视野的"木扎尔特桥"

镇子出入口处的木札尔特桥

主干道

指示牌，我们才意识到木扎尔特口岸已经不远了，一直悬着的心也终于放了下来。

74团所在镇子整体占地面积并不大，只有一条主干道。道路平整干净，极少有车辆通过。虽说是双向四车道的公路，但道路上的人比车辆还多。人们三三两两走在主干道上，格外悠然自得。

道路两旁是政府大楼、商店以及居住区。虽说74团是一路走来最为偏远的一个团场，但团部的基础设施还是比较完善。政府大楼旁有一个广场，能够满足当地人跳舞、散步等休闲需求。居住区规划有序，红顶、绿树、蓝天交相辉映，绝不亚于内地的新农村。此外，团场还有自己的医院、商店，完全能够满足当地人的生活所需。当我们问起附近的景点时，当地人能如数家珍地为我们一一介绍，但唯独没有木扎尔特口岸。

住宅区

　　"木扎尔特"为古突厥语，意为冰达坂。木扎尔特口岸原地名叫坡马，为清代所设卡伦处，历史上就有边民的民间贸易往来。口岸现坐落于新疆生产建设兵团农四师 74 团团部附近，占地 12.16 平方公里。从口岸交通区位来看，有国家公路经伊宁市与 312 国道相连。中哈双方口岸相隔仅 4 公里，经由木扎尔特口岸出境至哈方纳林果勒，可乘坐纳林果勒机场通航中亚各国。此外，中哈两国跨境公路状况良好，可行驶高速轿车；从木扎尔特口岸到第三国——吉尔吉斯斯坦的直线距离也仅 90 多公里，到比什凯克的距离仅 140 多公里。木扎尔特口岸地处三国交界处，具有很强的辐射前景和吸引力。在口岸规划中，区域道路设计为棋盘式，中心道路直对国门，并在国门前形成广场，配备商业服务及文化设施。除公共建筑和口岸管理机构外，还规划设有商贸交易、展销洽谈、科技交流、餐饮业、宾馆、边民互贸市场、活畜交易市场等配套设施。若货物转运场按规划建成后，年货物吞吐量可达 80 万吨至 100 万吨；边民互贸摊位可达 3500 个。但由于各方原因，木扎尔特口岸至今尚未开放。虽然口岸没有开放，但边境线沿线自然风光、历史古迹与戍边文化都成为 74 团边境旅游的特色旅游景点。如边境沿线的钟槐哨所、一号界碑、两河护岸工程、蛇山哨所、木扎尔特陆运口岸、坡马古城、万亩沙棘林等景观吸引大量游客前来观光。其中，钟槐哨所是 74 团的经典旅游项目，也是当地著名爱国主义教育基地。追溯起钟槐哨所的历史，不得不提到 1962 年发生的"伊塔事件"。为了巩固边防，农四师组建的民兵营 404 民兵值班连 118 名军垦战士奉命赴昭苏坡马驻守边境，民兵在南天山那林果勒界河山口处用木头搭建起了第一个民兵哨所。由于当时我国边境没有设置铁丝网，对方国家常常在白天将铁丝网移到我国领土之上。为保证祖国领土寸土不失，边防哨所民兵与铁丝网较起劲，对方白天移，民兵晚上挪，用生命筑起百里边防线。在那个"种地即站岗，放牧即巡逻"的特殊年代里，这种平凡中见伟大的戍边精神，激励着一代又一代戍边卫国的军垦人。

钟槐哨所

　　就在我们正在感叹跑了这么远却没能亲眼看看木扎尔特口岸时，司机师傅与我们闲谈起来："说起木扎尔特口岸，自打它建立以来始终就没有开放，也仅仅是在文字记载上有这么一个口岸而已。在我跑车的这些年，道路上一直都有木扎尔特口岸的路标，但木扎尔特口岸真正是什么样子我也没有见过。"关于木扎尔特口岸，司机师傅自己也想了很多。如果这个口岸真正开放了，无疑会带动昭苏县的经济发展。因为昭苏的旅游资源非常丰富，口岸的对外开放将会对本地旅游业有着更大的促进作用。但是作为一个土生土长的昭苏人，他见证了这些年由于昭苏旅游业迅速发展而带来的环境破坏，一些美丽的自然风景在他小时候还是随意可以观赏的，但是现在却因为污染严重不得不关闭。家乡的经济水平上来了，但是环境变差了。曾经小时候可以游山玩水的地方，大部分都已经因为环境污染严重而暂停开放了，连本地人都禁止入内。这种因发展带来的负面影响，让当地人越发对旅游资源的开发深思起来。

在司机师傅言语中，我们深深地感受到一位普通昭苏百姓对这片土地的热爱。也许昭苏县地处偏远，生活节奏缓慢，但就是这样的一个地方养育了一代又一代昭苏人。他们可能物质贫乏，但他们清楚地知道大自然的馈赠是最宝贵的礼物，人们不能只索取而不回馈。因此在他们的心中，保护家乡的一草一木就是对家乡故土最实际的回馈。在市场经济迅速发展的今

山间天然湖泊

天，城市化进程越发迅速，人们对现代化生活的渴望趋之若鹜，钢筋水泥架构起的城市在这个时代里成为先进、时尚的代表。越来越多的人忘记了雨后泥土散发的清新气息，忘记了山坡下花草成荫的自然美景。没有止境的物质追求让人们认为金山银山才是好山好水，殊不知青山绿水才是真正的金山银山。木扎尔特口岸的开放尚需等待，但我们衷心地希望开放口岸在为当地人民带来物质财富的同时，也能够保护好口岸地区瑰丽的自然风光，为边境人民守护的这片故土作出努力。最后祝愿木扎尔特口岸能早日对外开放，边境人民的生活能越来越好。

吐尔尕特口岸行

杨亚雄

　　提起吐尔尕特口岸，想必知道的人很多；如果说起托云口岸或者托帕口岸，可能很多人就不知晓了。那吐尔尕特口岸、托云口岸、托帕口岸三者之间有没有关联呢？是三个不同的口岸，还是同一个口岸的不同名字？可以告诉大家的是，所谓托云口岸、托帕口岸，其实都是指位于我国克孜勒苏柯尔克孜自治州乌恰县境内的吐尔尕特口岸在不同历史时期的称呼。事实上，笔者早在 2012 年到阿图什开展基层工作时，就曾路过吐尔尕特口岸，只是没有与其有过"亲密"接触。三年后即 2015 年的下半年，笔者带着自己的研究任务再次来到我国唯一以柯尔克孜族命名的新疆克孜勒苏柯尔克孜自治州乌恰县，了解该县柯尔克孜族的生计情况，期间 2015 年 8 月上旬，在当地朋友的帮助下，首次调查了解坐落在乌恰的两大口岸之一——吐尔尕特口岸。

　　南疆的 8 月，天气极其炎热，但乌恰县给人的感觉还是比较舒服，并未有太多的燥热感。从乌恰县客运站到吐尔尕特（Torghat）口岸，没有常规的班车，只能临时拼车，好在车费并不是太贵，每人 20 块钱，从县城到口岸的路况较好，大部分都是乌阿高速（乌恰县—阿图什市／喀什市），一个小时后就到达目的地。接待我们的是吐尔尕特口岸管理委员会的一位李姓工作人员，由于年纪稍长，我称其"李哥"。阅读了李哥从管委会办公室找来的档案资料后，大概知晓了吐尔尕特口岸的发展历程：

吐尔尕特，柯尔克孜语为"Torghat"，英语为"Turgat"，又可汉译为"吐尔尕特""图噜嘎尔特""吐尔戈特"等，吐尔尕特在柯尔克孜语中的意思是"枣红色的达坂""枣红色的骏马"等。吐尔尕特口岸是由位于乌恰县东南部的托云乡北部 44 公里处的吐尔尕特山口发展而来的一个重要的对外通道。吐尔尕特山口，地理位置东经 75°23′25″，北纬 40°30′35″，该山口海拔 3795 米，是通往吉尔吉斯斯坦纳伦州的一个最主要的山口。由于吐尔尕特山口位于乌恰县托云乡，在此基础上形成的口岸又被当地人称为"托云口岸"，所以，托云口岸是吐尔尕特口岸发展的早期阶段，这一时期的口岸也被称为老口岸。托云口岸是当地古代民间贸易的主要通道，早在汉唐时期，就是丝绸之路的一个重要驿站。1881 年，吐尔尕特山口作为国家主权象征和国际法意义的通关口岸正式成立，自此，该口岸成为中国连接中亚等地的一个重要通道。跟其他沿边公路口岸一样，托云口岸对应的是吉尔吉斯斯坦纳伦州所属的吐噜噶尔特口岸，两者相距 14 公里。托云口岸距离乌恰县城 140 公里，距离克孜勒苏柯尔克孜自治州首府阿图什市 179 公里，距离喀什市机场 160 公里，距离乌鲁木齐 1630 公里。作为我国古丝绸之路的重要孔道之一，吐尔尕特口岸通商于 1887 年，20 世纪 50 年代曾是"中苏之间过货量最大的口岸"。20 世纪 90 年代以后，随着中国同吉尔吉斯斯坦等中亚国家商贸往来的迅速发展，再加上吐尔尕特所在地属高山地带，海拔高、自然环境恶劣，地处峡谷地带的托云口岸显得十分拥挤，这些因素影响了海关、税务、公安等部门的工作效率，老口岸的通关服务设施越来越难以满足货物通关需求，给中吉两国的外贸往来带来了诸多障碍。因此，经新疆维吾尔自治区申请，国务院批准，1995 年 11 月 1 日，吐尔尕特口岸从托云乡向南下迁至一百多公里外的乌恰县巴音库鲁提乡东部的托帕村，故下迁后的口岸又被称为托帕口岸。托帕口岸是吐尔尕特口岸发展的新阶段，下迁的口岸又称新口岸。新口岸地理位置在东经 75° 33′ 34″，北纬 39° 45′ 40″，海拔 2000 米左右。新口岸距离老口岸向南 120 公里，正好处于乌恰县城和阿图什市的中部，距乌恰县城 38 公

吐尔尕特口岸正门

里，距阿图什市 62 公里，距喀什市 57 公里，距中吉两国边境
109 公里，距离吉尔吉斯斯坦一方的图噜嘎尔特口岸 115 公里，
距比什凯克 640 公里。吐尔尕特口岸是国家一类口岸，同时向
第三国开放。当时，新口岸投资多达 2 亿元，占地 5 平方公
里，有四大功能区：行政管理区、货物托管区、普通办公区以
及生活设施区。据管委会的统计数据显示，2014 年，口岸过货
量 32 万吨，货值 18.20 亿元，进出口车辆 23502 辆次，出入境
人员 30214 人次。2015 年，口岸过货量 31.5 万吨，出入境人员
33652 人次。

　　在李哥的向导下，我们来到了口岸的主功能区。首先，我
们来到口岸的正门，这是一个被防爆设施围起来的不允许相关
人员进入的区域，边防武警严加看守。经过李哥的解释，执勤
人员才允许我们入内。这里是出境和入境两块区域组成的主办
公区，旅客入关或出关都经此出入。绕过出入境检查区之后，
前方 50 米处便出现了排成长蛇阵的货车长龙，这些大都是吉尔

等待出关的货车长龙

吉斯斯坦的长途货车，等待检验出关。

　　货物进出口一般分淡旺季，古尔邦节前后属于旺季。口岸管委会的数据显示，经吐尔尕特口岸的中吉贸易一直处于顺差，从中国出口的货物大多数是日用品、布料、衣服等，从吉国进口的一般是畜牧产品以及手工艺品等。

　　从车队旁边经过，向西行进就到了检疫区，货物检验检疫部门正在检验，在这里有一种叫作 H986 查验的系统甚是先进，车上所载货物经其扫描便能知晓有没有问题。H986 是对集装箱货物进行扫描成像，通过分析机检图像判断实货与申报是否相符的一种新型查验手段，该设备的使用，在一定程度上改变了海关人工掏箱查验费时费力的局面，大大提高了海关查验的工作效率和准确性，被誉为海关查验手段的革命。等待检查的有些司机或货主看上去很着急，在路边抽烟踱步，有些在驾驶室里小憩。H986 查验现场的斜对面，便是一排排仓储场。据李哥介绍，共有大小不一的 5 个仓库。从仓储区向东看去，目

吐尔尕特口岸的仓库区

光所及之处，一片小绿洲映入眼帘，李哥介绍说小绿洲便是托帕村。据了解，托帕村有些村民利用口岸的地缘优势，在口岸附近开餐饮、门市部、宾馆或旅舍等，增加了收入，生活水平有了提高。另外，由于口岸有大量的货物囤积，装卸工的需求较大。附近村庄尤其是托帕村的青壮年被招从事装卸搬运等工作，在一定程度上也创了收，改善了生活。

再次来到出入境区域，这里聚集着很多人，从着装上看，大多为柯尔克孜人。人们三五成群地聚在一起大声说话，通过我蹩脚的柯尔克孜语听到旅客们的主要交谈内容，原来是在相互问在那边待多久，要去哪里玩等话题。走上前去一看，有几个年轻人人手一沓护照，拿着貌似名单的册子不停地叫喊，原来是有人在发护照。询问了几位老乡后方知，他们有去吉国旅游的，也有去做生意的，从大家所带行李看，这一百多人应是去吉国组团旅游。一般旅游签证时间较短，一个月之内须返回国内。

一大早在口岸等待出关的柯尔克孜老乡

　　货物通关区货车长队依然等候检验。H986 检验现场依然是人来人往，负责检验的武警在耐心地解释并要求焦急的司机们排好队。再次来到检查站，这里等候的人更多，只不过大家三五成群地在抽烟聊天。其中，有几个汉族司机叫嚷着赶快检查放行；相反，肤色貌似俄罗斯族的吉国货商显得比较坦然。出于好奇，同一位汉族货商攀谈。对方表示，近几年，从事跨国运输的汉族司机逐渐增多，可能是"一带一路"倡议带来的结果。这位商人主要从事鞋袜贸易，主要基地在阿图什，销货地是吉尔吉斯斯坦的纳伦州。

　　先前在等候出境检查的那一大群柯尔克孜人已然通过了安检，在出入境大厅后面有条不紊地上车。要到纳伦州口岸，他们还需乘坐中方的大巴从口岸出发，一路经过几道边防检查站，最后到达纳伦州。此间有 115 公里的行程。到纳伦州口岸办理入境手续，再乘该口岸的大巴车到达纳伦州。

排队上车的出境旅客

　　经过多天调查和走访发现，虽然有个别柯尔克孜人表示不想去吉尔吉斯斯坦，但看得出来绝大多数人内心深处有去吉国旅游、商务的愿望。在乌恰，年轻一代柯尔克孜人从事放牧的人较少，有一部分年轻人有出国尤其是去吉国打拼的想法，对他们来说，通过吐尔尕特口岸去吉国比什凯克最为方便。

吐尔尕特口岸生活着不同民族、不同地域的人，有汉族、柯尔克孜族、维吾尔族等；有乌恰县本地人，亦有阿图什市及周边县市的人。

吐某，维吾尔族，28 岁，阿图什市上阿图什镇人，在口岸管委会职工食堂工作，每月 4000 块钱工资，单位担负五险一金。2005 年至 2010 年，吐某在西藏拉萨开饭馆，主营新疆饮食。2011 年 6 月，吐某回到家乡。不久，在政府的帮助下，来到了吐尔尕特口岸管委会，成了一位食堂大师傅。对目前的工作，吐某表示很知足，他已经完全适应了口岸的生活，跟有正式编制的人相比，他虽然每月的收入少一些，但他很珍惜，因为工作之余，他可以花很多时间陪父母妻儿，共享天伦。

王某，汉族，自称老口岸人，是典型的"疆二代"，在阿图什出生。自 1992 年便在吐尔尕特口岸（当时称托云口岸）工作，与其他"疆二代"不同的是，王某希望自己在内地上大学的儿子毕业后回克州，最好能到口岸工作。之所以有这种愿望，除了口岸的工资较其他单位稍高外，最主要缘于一个老口岸人对口岸的深厚感情。

在口岸上有这样两个小孩引起了我的注意，他们是一对兄妹，家住乌鲁克恰提乡（老乌恰），男孩叫玉米提，在辽宁上内高班，读高二；女孩叫阿依努尔，在乌恰县读初中。玉米提的父母在口岸开了一家拌面馆，近几年生意并不太好。玉米提兄妹俩的最大理想是能够在内地读完大学，回到口岸工作，男孩想成为警察，女孩则想成为税务工作人员。

玉米提和阿依努尔兄妹

有部分依靠口岸为生的人表示，自口岸下迁后，由于出入关的客商们大都选择在喀什消费，口岸上寥寥无几的餐饮、住宿等服务设施也略显冷清。笔者思忖，不管是托云口岸还是托帕口岸，口岸在促进经济发展和人文交流方面都功不可没，只是希望口岸在今后的发展中，在解决当地人就业方面能作出更大的贡献，让口岸进一步造福当地民众。

伊尔克什坦口岸行

杨亚雄

　　我国西极边境乌恰县有一个乡，叫吉根乡，是我国最西边的乡镇，也是我国最晚迎来日出和最晚送走日落的乡镇。吉根乡有一个村，叫斯姆哈纳村，是我国西陲第一村。伊尔克什坦口岸就坐落在斯姆哈纳村，故该口岸又被称斯姆哈纳口岸，亦被视为中国的西极口岸。

　　笔者很早就曾听说过伊尔克什坦口岸，缘于口岸所在地的吉根乡有一位常年戍守边境的柯尔克孜族老大娘布茹玛汗·毛勒朵，她与边防官兵一道数十年如一日共同戍边的故事深深地吸引并感动着我。除了冬古拉玛山口这个布茹玛汗大娘最主要的活动区域之外，伊尔克什坦口岸也是布茹玛汗大娘足迹经常涉及的地方。

　　伊尔克什坦，为柯尔克孜语音译，英语为"Irkeshtam"，又可汉译为"伊尔克斯塘""伊尔斯塘""匿尔克斯塘""伊尔克斯坦"等。据笔者调查，该词在柯尔克孜语中的字面意思是"用

伊尔克什坦口岸

夹杂着公羊脂肪的材料砌成的墙"。(乌恰县当地部分柯尔克孜族群众表示，该词由两部分组成，前部"伊尔克什"，指公羊的油脂或脂肪；后部"坦"，指墙。柯尔克孜人在砌墙的时候，会把公羊被屠宰后的一些油脂和在泥土里，这样砌成的墙格外牢固。此种解释目前尚未得到专家学者的考证与公认)

　　2015年8月初，笔者前往伊尔克什坦口岸走访调研。当时的伊尔克什坦口岸已经从吉根乡下迁至黑孜韦乡，新口岸距离乌恰县城不足10公里。从县城中心到新口岸，乘出租车10分钟便可到达。陪笔者参访的是新近毕业的大学毕业生哈某，他是一位西部志愿者，在乌恰县经信委工作，哈某当前的目标是考入伊尔克什坦口岸管委会工作。口岸管委会的聂姓主任接待了我们。据聂主任介绍，我们脚下的伊尔克什坦口岸是 2011 年底从吉根乡迁移下来的。在聂主任的介绍下，我们大致获得了伊尔克什坦口岸发展与变迁的历史：

　　伊尔克什坦口岸是古丝绸之路上的一个重要通道和驿站。同吐尔尕特口岸一样，伊尔克什坦口岸原为我国内部的自然山口，属于伊尔克什坦地区，该地区原属我国帕米尔之腹地，从西汉归入我国版图，直到清代，一直是我国与中亚各国友好往来的交通要道。后来，伊尔克什坦通外山口逐渐发展成为正式的具有国际法意义的对外通道。伊尔克什坦老口岸地处东经 73°58′、北纬 39°42′，与吉尔吉斯斯坦南部的奥什州毗邻。伊尔克什坦口岸通商历史较长，历史上曾是南疆地区最大的贸易口岸。中华人民共和国成立后，中苏双方国际邮件班车曾在该口岸出入境。1993 年，经新疆维吾尔自治区人民政府批准，口岸设施开始建设。口岸对应吉尔吉斯斯坦一方的奥什州，工业比较发达，该州对两国口岸的开放有迫切的要求。1996 年，中国元首访问中亚国家期间，吉尔吉斯斯坦、乌兹别克斯坦等国多次要求开放伊尔克什坦口岸。1997 年 5 月，中吉两国政府签署相关协议。根据协议，伊尔克什坦口岸自 1997 年 7 月 20 日起临时开放。1999 年 1 月，口岸建设全面开工。2000 年底，口岸"一关两检"、货场、商业、客运、通信等基础建设已全部完成。2002 年 5 月 10 日，口岸正式对外开放，允许中吉两国及第三国的人员、货物、交通工具通行，成为常年开放口岸。据调查，当时口岸总投资约 4000 万元。老口岸距乌恰县城 153 公里，距阿图什市 250 公里，海拔 2854 米。与伊尔克什坦老口岸相对应的口岸是吉尔吉斯斯坦奥什口岸，位于吉尔吉斯斯坦奥什州境内，老口岸至吉国奥什州 220 公里，比从吐尔尕特口岸出境到奥什近 800 公里。

随着中吉两国贸易往来的进一步发展，口岸在斯姆哈纳村的地理空间显得越来越狭小，口岸除了通关过货功能之外的其他功能亦受到了限制。在此情况下，新疆维吾尔自治区政府于 2006 年向国务院提出了将口岸下迁申请并得到了批准。新口岸地址选在了县城以西 10 公里之外的黑孜韦乡。2011 年 12 月 9 日，新口岸正式运营。下迁后的口岸秉持"依托口岸优势，建设口岸园区，发展口岸经济，打造口岸城市"的战略目标，将口岸发展与城市发展融为一体，为当地的经济社会发展充当桥头堡。2013 年，喀什经济特区和经济开发区成立后，喀什经济开发区划拨了 10 平方公里的经开区，并将其归并至下迁后的伊尔克什坦口岸，最终建成了口岸工业园区。目前，口岸工业园区属喀什管辖，口岸基本功能区属克州管辖，为了避免管理权属方面的扯皮，两套机构均由口岸管理委员会行使管辖权，形成了两套机构一套人马的管理体制。10 平方公里的口岸园区可容纳上百家企业的进驻，伊尔克什坦口岸迎来了新的发展机遇。据聂主任介绍，乌恰县未来的发展将是外向型的，必然以口岸为依托，目标是建成如同霍尔果斯市一样的口岸城市。另外，根据远景规划，将在乌恰边境地带建设"边境互市贸易区"，交易的最高标准是每人每日 8000 元的免税商品。据海关部门的数据显示，2015 年上半年，口岸出入境人员 19421 人次，其中纯旅客 5474 人次，其他多为驾驶员通关。

伊尔克什坦口岸通关的货物主要是纺织服装、食品、日常消费品、畜牧产品等。经过我们实地走访发现，伊尔克什坦口岸周边几乎没有相应的生活设施区，这是与吐尔尕特口岸明显不同的地方。据随行的哈某分析，是因为口岸离城区较近，客人们都选择进城消费，有些甚至会选择去阿图什或喀什消费，故口岸周边的生活服务设施也属没有必要。

与吐尔尕特口岸另一个不同的地方是，伊尔克什坦新口岸的货物仓储区占地面积甚大，仓库中的货物积存也较少。据负责仓储事务的张姓工作人员介绍，出口吉国的货物大都从吐尔尕特口岸出境，伊尔克什坦口岸通关的货物大都前往吉国南部重镇奥什和乌兹别克斯坦部分地区，而这些地区经济相对来说不太发达，再加上吉、乌两国在吉国南部边境经常发生边界摩擦，政治经济动荡，影响了中国商品向上述地区的出口，这也是伊尔克什坦口岸近几年过货量低于吐尔尕特口岸的原因。笔者暗忖，国际环境的变化尤其是口岸对应外国一方的政治经济情况，对口岸的正常发展而言也是一个重要的影响因素。

在"一带一路"建设倡议与中吉商贸发展的大背景下，乌恰县依托境内的两大国家级一类口岸，尤其是凭借伊尔克什坦口岸得天独厚的地缘、族缘等优势，大力发展边境贸易，在县城以西3公里处打造了一个名为"中吉商业街"的国际贸易区。这个商业街距离伊尔克什坦新口岸不足6公里。在此商贸区入驻的商户中，有一半以上来自吉尔吉斯斯坦，其中吉国奥什州、贾拉拉巴德州的客商最多。吉国的客商们将他们视为无污染、无公害的绿色食品通过伊尔克什坦口岸带入中国，在中吉商业街销售。据在商业街已经入驻近两年的贾拉拉巴德州客商阿巴耶夫介绍，他每个月都要回国进货，每次都是从伊尔克什坦口岸通关。阿巴耶夫表示，在其家乡从事蜜蜂养殖的人非常多，其国内的市场已经饱和，所以他和几个朋友两年前选择了来中国寻觅商机。同阿巴耶夫一样，来自吉国的客商在商业街有近 60 家，他们除了经营蜂蜜外，还经营巧克力、红米、糖果等。据随行的哈某介绍，乌恰县经信委给来自外国的客商们免除了第一年的店面租金，并提供了免房租半年的住房。据笔者观察，商业街呈南北走向，东西两边是两排小二楼建筑，底层是店面，上层是生活宿舍，这大大方便了客商们的日常经营与生活。吉国的客商们对当地政府的优惠政策也是赞不绝口，大都表示愿意诚信经营，将吉国原生态的食品带到中国，为中吉两国的经济、旅游、人文等领域的交往贡献自己的力量。入驻商业街的中方客商大多是来自乌恰县、阿图什市、阿克陶县等口岸周边县市的柯尔克孜族群众，这些脱离了传统畜牧生计方式的柯尔克孜族牧民在商业街开拓了新的生计活动。他们纯手工制作精良的柯尔克孜族手工艺品得到了来口岸参观旅游的国内外游客的喜爱。在我们即将要结束商业街的调查时，乌恰县吾合沙鲁乡牧民对仙经营的手工艺品店里迎来了一群来自吉国的货车司机，他们对对仙手工制作的地毯产生了浓厚的兴趣。经过与司机们的交谈后得知，虽然吉国也有这种手工艺品，但价格比商业街的要高很多，所以他们才利用跨国运输的机会来商业街挑选中国手工制作的地毯。笔者以为，外国人青睐中国的商品，最重要的原因还是相对低廉的价格。随着国际贸易的纵深发展，光靠价格的优势定然不能持久，还要在价廉的基础上尽可能达到物美方更能赢得市场。据 2015 年的数据显示，自商业街运营以来，交易额的增长一直呈现出直线上升的趋势。实际上，中吉商业街和伊尔克什坦口岸两者之间存在一种相互

中吉商业街门口三个正在弹奏库姆孜的柯尔克孜族孩子，他们的父母正在商业街经营，他们以这种方式迎接客人

吉尔吉斯斯坦贾拉拉巴德州的阿巴耶夫在中吉商业街开的蜂蜜店，他家的蜂蜜味道纯正，香甜可口

影响：口岸的发展为边境贸易的发展提供了保障，而边贸的发展又反过来促进口岸的进一步建设与发展。

除了中吉商业街的建设，下迁后的口岸还直接给当地群众提供了较多的就业岗位。据了解，目前口岸已为柯尔克孜族青

乌恰县吾合沙鲁乡牧民对仙通过合作社的方式开办的民族手工艺品店

年解决了上百个公益岗位和数十个辅警职位，未来还将开辟几十个事业性质的岗位来促进柯尔克孜族青年的就业。正在发展中的伊尔克什坦口岸必将对乌恰县近 4.6 万柯尔克孜人的思想观念和生活方式产生深远的影响。

卡拉苏口岸行

徐黎丽

2012 年金秋 10 月，我在塔里木大学人文学院院长安晓平教授的大力帮助下，从喀什前往坐落于塔吉克自治县境内的卡拉苏口岸。这是中国唯一与塔吉克斯坦对应的一类陆路人货双

喀什西郊宽阔的公路与笔直的钻天杨

功能口岸。越野车行驶出喀什市区后，我们一行便向西南方向行进，长长的公路和公路两旁的"钻天杨"虽然延伸的方向不同，但同样都可以用"笔直"来形容。

行驶 15 公里后，便进入从喀什到塔吉克县城所在地塔什库尔干之间唯一的乡镇——吾普尔镇。小镇的植被明显比喀什绿洲稀疏一些，但街道仍然宽阔，民众生活井然有序。

吾普尔小镇街景

吾普尔小镇的日常生活

　　小镇上的维吾尔姐弟坐在屋外的床上，悠闲地享用着午饭。街边卖烤包子的维吾尔姐妹，虽然没有叫卖，但居民或游客仅凭烤包子的香味，就可以找到这里。

　　由于从这个小镇到塔什库尔干不再有加油站，因此司机不得不在这里加满油后再上路。驶出镇外，看见了维吾尔民众的墓地，墓地周边的树木有些已经变黄，路边的灌木丛也已枯萎，可谓秋色正浓。

吾普尔镇外的墓地、树林与灌木

　　渐渐地，树木的颜色更黄了，树木的个头也越来越矮了，因为海拔逐渐增长，气候变冷，降水减少。

　　开始进山了，有河流经过的山谷中仍然有金黄的树木，高大的山脉中显示出明显的红色，那就是含铁极为丰富的铁矿山，它是塔吉克族自治县最主要的矿产资源。

从高到矮、从密到疏的植被

进入山区

　　到了某边防检查站，我们与其他货车和客车一样，接受例
行检查。排队的人中，从衣着来看，既有着长袍的人，也有
穿短衣的人，也有缠头的人；从体质特征来看，既有黄皮肤黑
头发的人，也有棕色皮肤、嘴唇丰满的人，更有白皮肤、高鼻
梁的人。当他们与同伴低声交流时，语言也不同。多元的文化
在严肃的边防检查站一览无余。检查站的右侧，则有多家小卖
部，供行人或货车司机所需。

某边防检查站旁边的供给小店

　　通过边检后，就开始向连接四大文明的帕米尔高原攀升。路上除了车队，几乎没有行人。路边的山上，则有露天矿厂在开矿。虽然山上没有植被，却富含矿产资源。正如当地人说："不长草的山就有矿。"

露天铁矿

　　正当我们一行在干燥的山脉中穿行时，突然几个相连的小湖泊扑面而来。湖泊的背后是恬静的村庄，村庄的背后则是雪山。看到雪山，干燥和疲劳不翼而飞。

水天一色的喀拉库勒湖

　　随着越野车不断向湖区行驶，湖面越来越大，半个小时左右，到了湖的中心区。打开车门，一股清凉涌进车内；走下车，站在湖边，看着蓝色的湖水和蓝天在白云的衬托下相映生辉，心情也随之平静、安宁。这就是著名的喀拉库勒湖带给我们的精神享受。

　　虽然舍不得离开这里美丽的景色，但必须在天黑前赶到县城，因此还是得上车前行。好在司机又在有"葱岭圣湖"标志的地方停下车，让我能够再站在湖边欣赏一下湖泊、戈壁、雪山融为一体的自然景色，也让我将从中学时代就从地理课本上看

葱岭圣湖

到的"葱岭"二字变成真实存在的葱岭。回想起诸多史籍中记载的使者、圣僧沿着这条路去中亚、走南亚，他们仅有马匹和骆驼，而我们却坐在温暖舒适的越野车中奔跑，因此对古代圣贤的敬意油然而生。

　　走过喀拉库勒湖后，很快就进入了海拔更高的帕米尔高原（即葱岭）山谷间。帕米尔高原是兴都库什山、喜马拉雅山、喀喇昆仑山、昆仑山和天山五大山脉汇聚的地方，平均海拔在4000米以上。当我们行驶在最高峰慕士塔格峰间时，看到巨大的山峰上被终年不化的积雪覆盖。平坦宽阔的公路使我们很快就翻越了这座高峰。但那些为了让我们在更短的时间内不受海拔和风雪之苦的筑路人，却经历了多少困苦和磨难，有些人还将自己的生命留在了这里。他们与作家魏巍笔下的人物一样，

慕士塔格峰

是"可爱的人"。

翻过慕士塔格峰后，又遇到一个规模更大的矿厂，安全生产保证质量的字样写在厂房顶上，空旷的院里有三三两两的人

正在生产中的矿厂

　　或走动，或聊天，挖掘机正在大门后不远处操作。

　　除了矿厂，沿途从事畜牧业的塔吉克人村庄和牧场也给我们留下了深刻的印象。他们生在此，长在此，去世后也长眠于此，因此他们与广大矿工、边防战士一样守卫着祖国的西部边疆。

新旧居和墓地

雪山下的牧场和过马路的牦牛

虽然在这里生活没有喀什或其他城市方便，但雪山、草原、牲畜是他们生活的依赖，也是他们精神的支柱。

又翻越了不知其数的雪山，终于我们来到了塔什库尔干境内。塔什库尔干，塔吉克语，石头城堡之意。也就是说，我们离唐玄奘取经路过的石头城不远了。

塔什库尔干境

在阳光照射、雪山映衬下的卡拉苏口岸，马路宽阔，门庭干净，院落敞亮，秩序井然

卡拉苏口岸大门

卡拉苏口岸边检中心正面

　　再翻过连绵起伏的数座雪山，穿过戈壁草滩，我们就到了卡拉苏口岸。虽然路标上写着离卡拉苏口岸还有 14 公里，但这里却是新建的卡拉苏边检中心。

口岸边检中心由 3 层楼组成，楼顶上写着"卡拉苏口岸"五个鲜红的大字。院内中心的旗杆上，五星红旗迎风飘扬。边检中心四周的马路均已建成，周边的宾馆、商店正在建设当中。一切都可以用"崭新"来形容。

清晨，当太阳还未升起之时，我又来到口岸，凝视这个祖国最西部的口岸之一，留下这张永远的记忆。

清晨时分的卡拉苏口岸

卡拉苏口岸并不是一座孤立的楼房，周边有边防连队保驾护航。不知疲劳的边防战士常年守候在这里，用青春和汗水守卫着祖国边疆的安宁。

卡拉苏口岸附近，前往边防检查站的途中

　　无数塔吉克民众更是世代居住并守边的人们。他们住在传统的冬暖夏凉的民居——蓝盖力中，在深秋中变成黄色的树丛则保护着蓝盖力免受风雪雨水的侵蚀。

检查站附近的塔吉克民居和村庄

　　虽然大多数人家还住在祖辈留下的旧居中，但政府帮助修建的新居已经完工，不久的将来，他们就能够入住新居了。

旧居与新村

　　幸运的是，我们还遇到了塔吉克人村庄的赛马会。虽然尘土飞扬，但雪山下的赛马会却是龙腾虎跃、马嘶人吼，充分展现了塔吉克人英武、勇敢的性格。

赛马会

　　赛后，无论老少，都放松下来。老人与中年人悠闲地边聊边向家的方向走去，年轻人则牵着心爱的马匹沿公路回家。

赛后回家

　　他们的家，虽然坐落在边境区域，但不失家的温暖和塔吉克人独特的居住特色。质朴的馕坑烤出来的馕香味四溢，土炕上的毛毯既能防潮，又体现出塔吉克人的审美趋向。

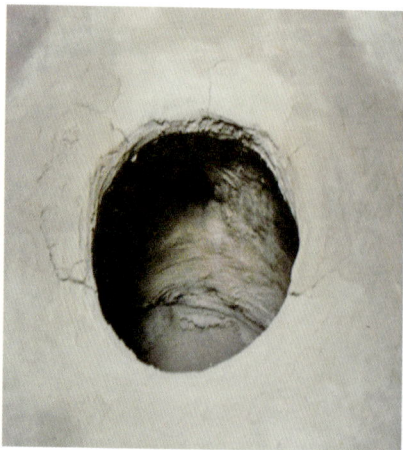

塔吉克人家中的馕坑和客厅陈设

虽然塔吉克人在日常生活中的穿着和内地人越来越像，但节日期间，他们便穿上美丽的民族服饰。

塔吉克人的女衣和男装

他们的家园在金黄色的树木映衬下显得格外安静。即使他们外出放牧，也从来不锁门。如有人路过需要喝水或歇息，可以自行进入，喝完水或稍息后，出来关上门即可。与内地城市中的楼房有楼门、房门还外加防盗门的情形相比，这里的民众则是"出门不上锁、回家不关门"。

作为中国唯一的欧罗巴人种的塔吉克人，男孩英俊女孩漂亮是众所周知的事情，尤其在婚礼上，精心打扮的新娘和新郎，格外引人注目。

塔吉克人世世代代守候着在祖国边疆的家园。用卡拉苏口岸所在乡的老乡长的话说：我一辈子做两件事，第一件事带领

金色的家园

塔吉克人婚礼图片

乡里人奔小康；第二件事为国守边。在乡里有困难的时候，政府、边防就为他们提供保障；边防连队生活上有事，乡里的塔吉克人就帮助边防战士。民兵相助，同戍边疆。

六年以后的夏天，即 2018 年 8 月，当我们申请到国家社科基金重大项目《中国边境口岸志资料收集与整理研究》后，又再次来到卡拉苏口岸，在塔吉克县党校副校长张燕芳的帮助下，走完红其拉普口岸后，从塔什库尔干方向进入卡拉苏口岸管辖的边境区域。正值夏季，山谷中的牧场鲜花朵朵，社会主义新牧区欣欣向荣。

从塔什库尔干到卡拉苏口岸途中的牧场与新民居

来到卡拉苏口岸所在地后，从口岸外观来看，比六年前有明显的改观，道路拓宽，口岸对面已经建起中铁十一局的大楼，这里也是兵团外贸所在地。周边除了货场，已经建起了具有塔吉克风格的边贸小街。有些店铺已经营业，货品与内地的小超市差不多。

在取得边防部队和卡拉苏乡有关部门同意后，我们一行跟

卡拉苏口岸外景及边贸商店

随张校长从卡拉苏边检大门进入卡拉苏口岸管辖区。本以为进来后就能看到界碑与国门，没想到进来后才发现，这里的山谷却是辽阔的草原。星星点点的牛羊、绿顶蓝边的新房，像高原上的世外桃源。

我们经过谷地上了山后，发现综合检查站就坐落在山口。当边防战士带我们观察界碑时，问及海拔，才知道这里已经是近4600米。战士们穿着军大衣，脸色泛青，嘴唇发紫，但他们仍然微笑着为我们介绍口岸情况，还把军大衣脱下来给我们团队中年龄最小的队员，感动得我们的小队员赞叹"小哥哥真帅"。还有一位在此守卫18年、即将退伍的山东老班长，也为

卡拉苏口岸边检中心到边境检查站之间的塔吉克牧民与牧场

我们讲述了在这里守边的点滴往事。

走过边检站，我们跟随边防战士来到了中塔界碑前。刻有中国两字并有中华人民共和国国徽的界碑是中国界碑，红、白、绿三色界碑则是塔吉克斯坦界碑。两个界碑在一条直线上，道路从两个界碑中间穿过，通向塔吉克斯坦。我们情不自禁展开中华人民共和国国旗，留下对祖国和对边防军人的敬意。

边检站

中塔界碑

塔吉克斯坦边检站

返回卡拉苏口岸边检中心的沿途风景

　　根据边防战士的介绍，对面的塔吉克斯坦边检站是由中国援建而成。在建筑的过程中，中方尊重塔方意见，吸收了塔吉克斯坦的建筑风格。每逢塔吉克斯坦和中国传统节日，双方边防军人互相看望，互相帮助，使得中塔边境在和谐中发展、在安全中交流。

　　观察完卡拉苏口岸的边检站，我们一行按原路返回，才发现牧民的牧场就坐落在著名的慕士塔格峰下。牧民民居、边贸互市点、边防营房和口岸边检中心自然地融合在卡拉苏口岸管辖范围内。

坐落在慕士塔格峰下的卡拉苏口岸

　　最终我们又回到卡拉苏口岸边检中心，这里以从喀什到塔什库尔干的道路为中心，左侧最高的建筑中铁十一局和右侧最高建筑卡拉苏口岸边检中心形成整个镇的中心，其余的建筑均分布在这两个建筑的左右两侧，镇上的边贸互市已经展开。这个早在 2004 年 5 月 25 日应塔吉克斯坦要求开放的国家一类陆路人货双功能口岸，作为中国对西开放的窗口，不仅承担着对塔吉克斯坦的人货通行功能，而且还为阿富汗、俄罗斯等国提供各种物质、文化、生活用品，是名副其实的连接欧亚的大陆桥。

红其拉甫口岸行

徐黎丽

  去红其拉甫口岸，与去新疆南疆的其他口岸一样，首先需要在红其拉甫所属的喀什市政务大厅办理边境通行证。与几年

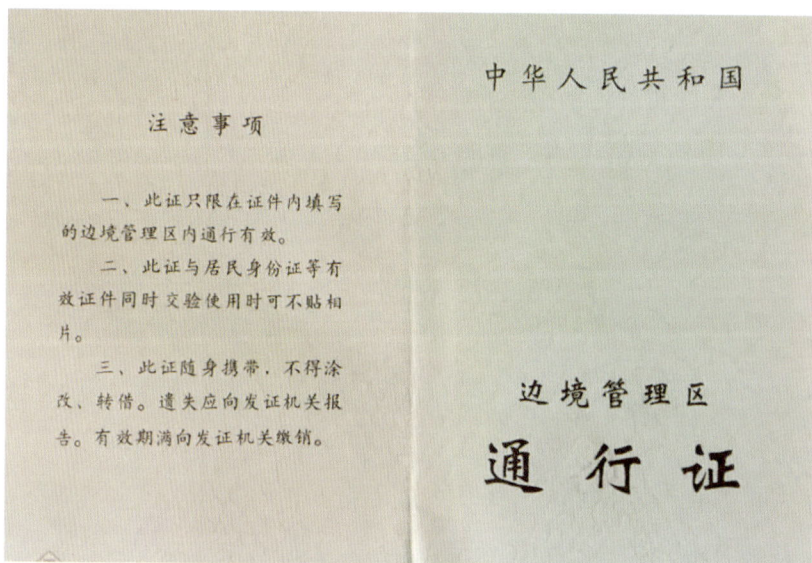

边境通行证

前不同的是，虽然进入政务大厅时需要进行人身和行李检查，但办理边境通行证的手续却非常简便，只需身份证和对去口岸目的的口头陈述，便在几分钟内就拿到了边境通行证。

新疆南疆重镇喀什市，不仅是喀什地区所辖 11 个县市的行政中心，也是前往中亚、南亚的交通要道，自然就成为新疆南疆的中心所在。这个地区级别的城市，以吐曼河为中心而建立，浓郁的维吾尔族文化在木卡姆餐厅、中西亚大巴扎、日益修复的老城区、色满宾馆的每个角落均能体现出来。

木卡姆餐厅、中西亚大巴扎、老城区、色满宾馆的室内装饰

从喀什出发途经塔吉克族自治县所在的塔什库尔干到红其拉甫有 300 多公里路，一路限速为 60 公里，加上中途休息和观察沿途地形、植被、动物等方面的情况，因此需要一天的时间才能赶到塔什库尔干，于是我们一行经多方对比和商议后租了一辆价格相对便宜且安全性能好的越野车便出发了。

进山前的沿途内地援建项目已经收工，从稀少的人流来看，这里的援建项目收益并不好。

广东援建的乐器村

乌帕尔镇的道路、途经的克孜勒苏柯尔克孜自治州阿克陶县的冰川公园

相比之下，道路宽敞，交通便捷，为各种各样旅行提供的交通配套服务比以前好了许多。

稀少的绿色植被与黑、红、绿、灰色的多彩山峦也形成了鲜明的对比。路牌上显示的数据表明：我们距离与巴基斯坦相邻的红其拉甫口岸，还有 156 公里。

沿途多彩山峦

布伦口水库的沙山与绿水、喀湖的蓝水与慕士塔格峰的白雪同样形成反差极大的美丽景观。

近几年来，政府为当地塔吉克民众修建的既保存了塔吉克传统建筑蓝盖力又适应新疆干燥气候的社会主义新农村民居格外引人注目。传统的墓地也是塔吉克民居世代守边的证据。

布伦口水库、喀湖、慕峰

途经的塔吉克新型民居和传统墓地

　　终于在行驶 5 个多小时后，我们来到了塔吉克族自治县城塔什库尔干，即汉语的石头城。这里的石头城遗址、金草滩风景区、非遗中心及塔吉克民俗一条街，吸引着不同国家与地区的游客流连忘返。

　　由于红其拉甫口岸距离县城还有 139 公里，且需要县城公安边防大队的同意，因此我们在相关部门的帮助下，于到达塔什库尔干的第二天清晨，与喀什地区的培训干部一起，乘坐塔县相关培训部门的车辆，持边境通行证沿塔什库尔干河谷前往红其拉甫口岸。

塔什库尔干的非遗中心、石头城、金草滩

沿塔什库尔干河所在河谷向南行驶

　　塔吉克民众的牧场和定居点就分布在河谷的两边。所有民居无论是红、蓝斜坡房屋或灰墙蓝边平顶房屋，还是伫立在河谷的夏季帐篷，均与政府的资助和帮助分不开。

红其拉甫口岸边境管理区内的塔吉克民居

　　接近与巴基斯坦相邻的国界区域时，天空暗了下来并降下了小雨，但云雾缭绕的山峰、河流蜿蜒流过的草场，却是这般

宁静的边境牧场

宁静。

　　当车开始离开河谷并向右侧的山峰盘旋而上时，有人提醒我们离国界不远了。但漫天的雪花随风盘旋在陡峭的山峰上，让人有几分怯意。回头向山谷望去，仍是平坦的草场。

陡峭的山峰与平坦的草场

边境管理区检查区域

　　最终我们在风雪交加的天气中来到了国界管理区域。这里边防军人检查我们的证件，他们的孩子们则围绕在车辆与通行人员之间玩耍。望着一年四季身穿棉衣的边防战士，敬意从心而生。

　　通过检查后，我们冒着雪来到了哨所和国门。年轻的边防战士指导我们沿着既定的路线前往国门，他们的军帽上、肩膀上、军衣上均落下了白白的雪，但他们仍然坚守在各自的岗位上。

风雪中的红其拉甫哨所和国门

　　悬挂着五星红旗和国徽并书写着"中华人民共和国"七个金色大字的国门终于展现在我们的眼前。走过国门，七号界碑映入眼帘。

　　由于是国界，不能长时间停留，我们一行参观完后就在边防战士指导下快速离开了这里。沿原路下山后，我们有幸来到

国门与界碑

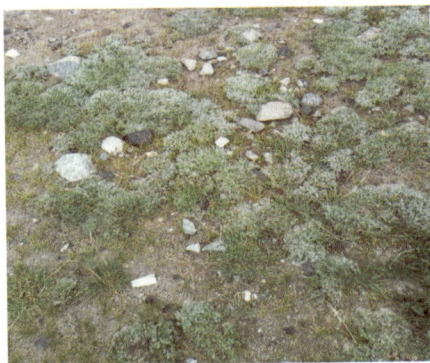

原红其拉甫口岸海关所在地水布浪沟支关

了以前的红其拉甫海关，即水布浪沟支关。经过整修，这里已经成为党性课堂教学基地。

根据记载：红其拉甫海关于 1975 年由外贸部批准在海拔 5100 米前哨班（帐篷海关）设关。1977 年下迁至海拔 4800 米的水布浪沟设立水布浪沟支关，隶属喀什分关一代代边防、边检人员几十年如一日驻守在这里，既维护了中巴边境安全稳定，又为建立牢固的中巴友谊作出了巨大贡献。

海关人员工作生活图

1982 年，经海关总署批准，水布浪沟支关下迁至海拔 4200 米的皮拉力，并更名为红其拉甫海关。1987 年升格为处级海关，隶属于乌鲁木齐海关。1993 年，经海关总署批准，红其拉甫海关下迁至塔什库尔干县县城。但边防战士们则在一年四季如冬季的各个哨所坚守岗位，为国家守边。

边防战士守边图

回来的路上，天气放晴。一路上，总能看到边防连队与塔吉克民居同处河谷、共居路边的情景，军民合力守边是红其拉甫口岸的真实写照。

军民合力守边

普兰口岸行

徐黎丽

上　篇

曾经三次进藏，但都是乘坐飞机或火车，想深入调研的地方或想看的风景不能随时停留，于是萌发了自己开车进藏的想法。虽然许多朋友或同事对我的旧车和进藏年龄有些担心，但想起前几次在西藏各地看到的五花八门的车，查阅了青藏高原的道路情况后，将开过 12 年的老车保养一番后，因所有博士生和硕士生都被派往不同边境口岸做调查，有些同学则因家中有事不便前行，便与需要实习田野调查方法且会开车的博士生乌日丽格一同踏上了进藏的道路。车驶出兰州后，天色渐亮，周边风景随海拔不断升高而不同。望着海拔不断增高的山脉，对"高"的体验也不断刷新。

来到甘青交界处，看到旁边车上运载的巨型风能翅膀，有

青藏高原东北部祁连山风景

些吃惊。因为平常在风大的山川或草原上远远看到的一排排白色风车是那么小，但从近处看的一个风车翅膀却是这么大。由三个这么大的翅膀组成的风车转动起来，对周边的小气候的影响仍然是一个值得研究的问题。我的一个在蒙古高原生活的博士生告诉我：她们那里有风车转动的草场，已经荒漠化了。因此生存与生态，永远有矛盾。

甘青交界

　　在多巴、甘河一带，我们看到了传统中的西王母被打造成旅游胜地。《史记》中曾记载黄帝之西有西陵国，黄帝曾娶西陵国女为妻。现在青海正在打造西王母圣地，以期吸引更多的游客。

多巴的西王母景点

　　虽然日月山区域是农业与牧业的分界线，但仍然可以看到种草入田的景象。越过日月山后是否还有人将牧场开垦为农田，日后的旅程会给出答案。

日月山

中午时分，我们来到了倒淌河镇，这里静静伫立的文成公主塑像提醒我们：1378 年前，她就是从这里被唐朝皇帝送进了藏区。根据兰州大学特日文巴雅尔博士的研究，这里的蒙古族牧民中有一些人从事将藏区牦牛贩卖到内地的买卖，由于牧民对牲畜的天然情感及藏传佛教的信仰，牧民普遍对从事倒卖牦牛的人比较排斥。但牲畜买卖自古有之，只是现代有些黑心商人将牲畜倒卖时用非正常手段加肥的方式让百姓受害，因此市场管理亟待加强。

横穿高速公路的羊与牛

走过倒淌河镇后，我们就与牛羊为伍，无论它们横穿高速公路，还是沿高速公路散步，我们都得耐心地等待它们离开后才能放心地前行。

草原上的天气，远处是晴天，近处却在下雨，雨后乌云散去，湛蓝的天空照耀着苍茫的大地，建在绿色草场上的白色风车和白塔格外显眼。但与拥挤的农区相比，人却是这样少，少得让人孤独。

干旱的海西州草原

无人的茶卡街道

　　好不容易到了茶卡，街道上也是空无一人，连个问路的人也找不到，于是又拐回高速公路，继续西行。

　　与往年碧绿的草原相比，今年草原的旱情仍在持续，雪山的积雪也只能存在于山谷阴面。

　　最终我们夜宿香日德镇，班禅大师的行辕所在。根据兰州大学额尔登博士的研究，这里是历届班禅回扎什伦布寺的停留之地，如1929年第9世班禅大师就曾在这里停留，现在则成为内地游客参观访问之地。当我们在这里夜宿时，虽然因为班禅

融化的雪山

香日德镇——班禅行辕

大师的行辕所在地正在扩建不能访问，但行辕所在地的落日西下景象，异常壮观。

回住宿的地方时，路过滔滔的柴达木河和岸边的清真寺，便走了进去。尽管已快到礼拜时辰，但好心的阿訇和信众仍然为我们细心讲解这里的清真寺和回族民众的历史。原来，早在马步芳统治时期，他就开始修建进入西藏之路，甘青的回族沿路来到柴达木河边，靠柴达木河水的灌溉，这里不仅成为日月山以西的粮仓，也成为回族将藏区的牲畜、虫草与汉区的百货交换的中转地。回族民众在这里居住久了，便建起了清真寺。如今班禅行辕与清真寺同处一镇，藏、回、汉等民族相互交融，好一个多元共存的小镇。

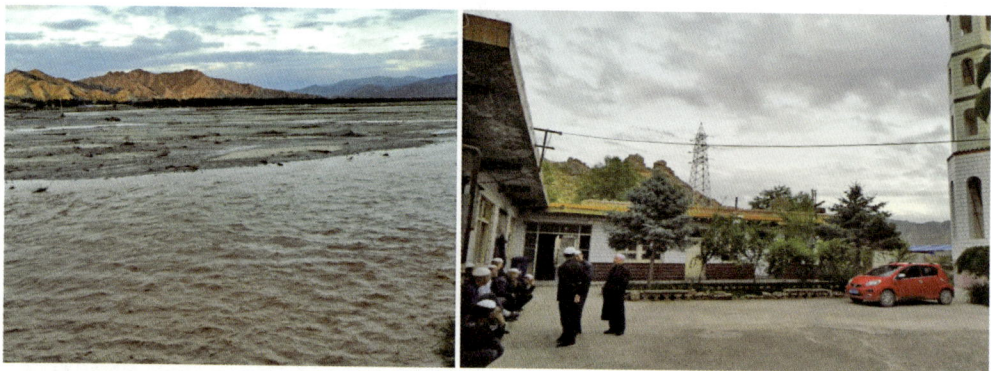

柴达木河和清真寺

　　早晨起来，便沿着宽敞的高速公路顺利地来到格尔木，但到了格尔木才发现，我们此次的青藏之旅似乎与高速就要就此说再见了。

　　我们和其他车队一样，从 109 国道跨过昆仑桥进入昆仑山，真正的旅途挑战开始了。路变窄了，货车却多了，经货车碾压和雨雪浸泡的路面多坑多水，加上海拔越来越高，心理上的压力也开始增加。但我们始终给自己打气，人必须适应自然才能生存。适应了，就能翻过这座山。

　　虽然我们顺利地翻越了平均海拔 5500—6000 米、宽 130—200 公里的昆仑山脉，但由于堵车、道路狭窄、海拔较高引起的头痛，直到半夜，我们才开到唐古拉山镇。满眼都是大货车和加油站的唐古拉山镇，显得非常凌乱。找到只剩下一间房的宾馆后就立即倒头睡下，一觉醒来，天已大亮。但我们仍没有忘记将沿唐古拉山镇的雪山、矿泉水厂、沱沱河及小镇街景放在我们记忆之中。

格尔木的高速公路

昆仑山与昆仑桥

穿行在昆仑山中的 109 国道

昆仑山脉、沱沱河、唐古拉山镇

　　虽然有人告诫尽量加"中国石油"的油，但找遍整个镇，没有找到中国石油加油站，就在所在宾馆前台工作人员的推荐下到对面的加油站加了半箱油，再次出发。

没有标号的加油站

　　一路上，云雾迷漫的唐古拉山谷慢慢地被太阳光揭开，牦牛在草地上吃草，雾气慢慢地升上山顶，火车沿山谷缓缓通过，有动有静，生机勃勃。车开过一个叫开心岭的地方，内心也如开心岭一样开心。

开心地向唐古拉山脉挺进

青海省与西藏自治区分界线

正开心时，就到了青海与西藏的分界线。不由地走下车，体验省界与国界的区别。

体验的结果是：牦牛还是牦牛，羊还是羊，109 国道照样堵。不一样的地方在于，公安检查的密度大一些，检查更仔细一些。

翻过平均海拔 6000 米的唐古拉山脉的垭口，正在庆幸之时，却没有看到路面上的大坑，车被震得前杠弯曲、气囊弹出、前窗玻璃震裂。幸亏在唐古拉山下的小镇有修车铺，在修车师傅判断可以开到拉萨换部件后，我们再次小心翼翼上了路。但因车多路面复杂，就只好夜宿那曲市。黄昏时分的那曲市，是沿着那曲（藏语河之意）修建的城市，也许是因为离天近的缘故，感觉与蓝天连在一起，街道在蓝天的衬托下，显得格外静谧。

那曲街景

　　因为想早日到西藏的边境口岸，所以清晨时分就离开了那曲前往拉萨，一路上四川人的饭馆、干旱牧场上的牦牛和羊群、公路上拥堵的大货车和独具前藏风格的民居司空见惯。

　　到了拉萨，将车送到 4S 店后，租好车，在西藏大学次旦扎西教授及其博士生拉巴的帮助下办理好边境通行证，就一路向西，向普兰边境口岸奔去。

　　因为有熟悉西藏历史与文化的拉巴博士同行，每到一处他就将这里的人文历史用汉语讲出来，以便我们对此有所了解。比如在到达雅鲁藏布江与拉萨河汇合的贡嘎县的雀窝山时，他说这里是西藏的四大神山之一，相传有 108 个泉眼、108 年修行洞、108 个寺院。这里的民居因与日喀则临近已有一些前藏与后藏混合的特点。

那曲到拉萨沿途

每个季节都不同的布达拉宫

雀窝山与一前藏民居

　　到了尼木县的吞巴乡，我们看到了用传统人工制作的藏香，并有机会目睹这种藏香制作的过程，顺便也买了多把尼木香，用来驱蚊安神。

　　进入日喀则市管辖范围后，沿公路的雅鲁藏布江江水变得

尼木香

小一些，沿途经过不少的寺院，其中最有特色的寺院便是日喀则最大的苯教寺院——热拉雍仲林。它背山而面江，静卧二层台地上，任凭岁月流逝。

　　路过一个名为冲达的村庄，看到四角插五色枝条、用黑色瓷

变窄的雅鲁藏布江和日喀则最大的苯教寺院——热拉雍仲林

砖围起的房檐和窗户的后藏房屋，也看到伫立在山坡上的最大的白塔。在拉巴的解释下，才明白每个村庄没有寺院，便有白塔。

　　由于日喀则管辖了 18 个县，多数经过之地没有高速，且区间限速太多，我们要经过日喀则前往阿里的普兰，只能再宿萨

村庄与白塔

嘎县城。但因此也对沿途的一些县有了初步的了解，比如昂仁县产的酥油、谢通门的稀有金属、仲巴县的牦牛、岗巴县的羊肉、拉孜县的藏刀在整个藏区都比较出名。

　　在扎东镇，我们有幸进入一家刚从牧场回来取东西的牧民家中，他家两个孩子都在县里上学，他和夫人则在牧场放牧，

仲巴的牛羊、萨嘎的街道

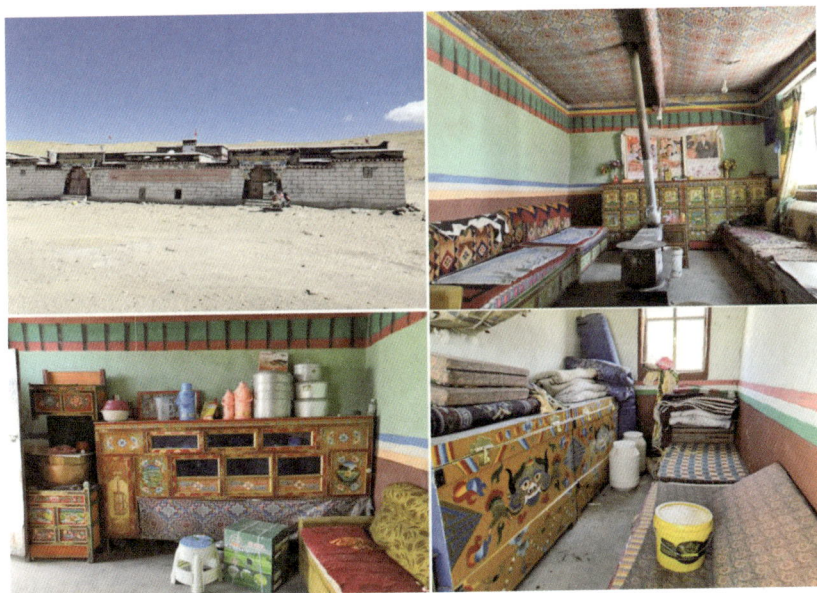

仲巴扎东镇的藏族人家

夏季的时候，这个房屋没有人住。

在扎东镇的西边，我们看到了扎东特委驻地的遗址。房顶已经用钢板修缮过，但大门紧闭，院落中只有风吹尘起的声音。

终于，我们来到了阿里的地界。这里是由喜马拉雅山、冈底斯山、喀喇昆仑山和昆仑山举起的世界屋脊之上的屋脊。被称为"千山之王，万水之源"。总面积多达 34.5 万平方公里，

扎东特委驻地遗址

人口只有 10 万左右，但其地理位置非常重要。东起唐古拉山以西的杂美山，与那曲地区相连；东南与冈底斯山中段的日喀则地区仲巴、萨嘎、昂仁县接壤；北倚昆仑山脉南麓，与新疆喀什、和田地区相邻；西南连接喜马拉雅山西段，与克什米尔及印度、尼泊尔毗邻。与多国相接的普兰口岸就坐落在阿里地区所属的普兰县。

尽管北面的冈仁波齐神山和山下的拉昂错湖与南面的卓玛拉山和山下的玛旁雍错湖让我们心向往之，但因重任在身，只

日喀则市与阿里地区的分界线

冈仁波齐神山、拉昂错湖、卓玛拉神山和玛旁雍错湖

是路过时驻足观看后，便向着普兰县城方向前进。

　　终于我们绕到卓玛拉山的背后，一路下坡。在坡底，我们与普兰相遇。掐指算来，从兰州出发，经过六天，我们来到了调查目的地。回想过去在内蒙古西部、东北边疆、新疆沙漠绿洲区域的调查，大概遥远的边疆、听不懂的语言、昂贵的旅途费用是我们中的许多人不愿意到这些区域做田野调查的最主要原因吧。

普兰县城城门标志

　　虽然我们一行在昆仑山顶因高反而呕吐，在唐古拉山下车发生故障；夜里经常因喘不上气而憋醒，早晨也因找不到热饭而叹息，但我们从来没有放弃到达边境口岸做调查的重要任务。因此当我们到达普兰时，用我们青紫的嘴唇告诉孔雀河，我们来了。

下　篇

从冈仁波齐神山上流下的如牛奶一般的白水流入玛旁雍错湖，湖水在丰水季节便溢出来，向四个方向流去。其中向东流去的是马泉河，向北流去的是狮泉河，向西流去的是象泉河，向南流去的便是孔雀河。孔雀河流到山底后向西南方面流去，普兰县城则坐落在这条向南流的河岸东南侧。从普兰县城北部的山坡上沿孔雀河向南望去，依稀可望见县城的一角。

从玛旁雍错湖流出经过普兰县城的孔雀河

下了山坡，一座架在孔雀河上的大桥已经修缮完毕，大桥连通的道路笔直地通向县城，我们也因此对县城更加充满期待。然而进了县城才发现，整个县城仿佛是一个大工地，原来普兰县城正在进行改造升级。

与西藏其他城镇一样，普兰县人口比较少。全县管辖一个镇——普兰镇，为农业镇，下辖吉让社区和多油村、仁贡村、细德村、科迦村、赤德村等五个村；两个乡——霍尔乡和巴嘎乡，均为牧业乡，每个乡均辖有两个村。霍尔乡辖贡珠村、帮

正在改造升级的普兰县城

普兰县城街景

仁村；巴嘎乡辖岗沙村、雄巴村。全县常住人口 1 万左右，直到 2019 年 2 月才宣布退出贫困县。从整个县城的人口构成来看，除了本地的藏族人之外，四川人、重庆人和河南人最多，甘肃人和陕西人次之，当然也有来自其他省区的人。

虽然普兰县人口很少，但全县总面积却多达 12539 平方公里，且与尼泊尔、印度、巴基斯坦接壤，地理位置十分重要。因此在普兰就有两个口岸，一个是已经开放多年的普兰，另一个则是 2019 年才允许印度香客进入的强扎。

由于与口岸相关的边检及边贸都集中在县城里，我们就先来到了位于县城最繁华的商业街，调查边贸市场的情况。在一大片五花八门的商店招牌中，我们找到了"中国西藏普兰边贸市场"。进入大门后，看见两边整齐地排列着各色商店。商店的尽头与山接壤的区域，是尼泊尔商人们的生活区域，里面搭建了各式各样的帐篷。由于商店并不多，我们很快统计出一共有 52 家商店，除了尼泊尔饭馆和其他没有开张的商店外，正在营业的商店一共有 34 家。所有商店老板都是尼泊尔人，其中大

普兰边贸市场

多数为尼泊尔的藏族人。他们既当老板，也当店员，且均熟悉尼泊尔语、藏语、汉语。出售的商品大多为衣饰、厨房用具、寺院用品及奢侈品。所有商店都是在一年中的 3、4 月至 10 月于此经营，10 月以后则由于大雪到来便带着中国商品在尼泊尔经营到次年 3 月，周而复始，从不中断。这里的所有商店都是从店主的爷爷或父亲那里继承而来。

我们从 34 家商店中按经营商品、经营者年龄及性别从中分别抽出 1 位老年男性老板、1 位中年男性老板、1 位中年女性老板和 1 位青年男性老板。老年男性老板在此经营 10 余年，他是尼泊尔人，但不是藏族，在此经营奢侈品和寺院用品，回去时则主要带上中国产的衣服、鞋子和啤酒。他说今年的生意很不好，问及原因时他说主要是中国人今年不来这里旅游了。中年男性老板则是一位尼泊尔藏族人，他的英语、藏语和尼泊尔语都很好，但汉语普通话不太流畅。他说他很小就跟随父亲来到这里，如今已经 37 年了。但由于当时这里的汉族人太少，因此就没有学好汉语普通话。但他的商店经营的商品质量都很好，来买的人也多一些。中年女性老板也是一位尼泊尔藏族人，她从自己父亲手里接过生意后已经经营了 10 余年，主要出售尼泊尔的奢侈品、衣饰等。虽然今年生意不好，但她并不担心。她说生意总有好有坏，她们祖祖辈辈就是这样冬春将中国货卖到尼泊尔，夏秋又把尼泊尔货卖到中国。青年男性老板则是一位尼泊尔非藏族人，他亦是从父亲手里接过生意，已经在此经营有 7 年了，他经营的商品更时尚一些，如年轻人喜欢的各式小包等等。由此可见，这个边贸市场由来已久。但是这些老板却告诉我们，今年将是这个边贸市场存在的最后一年，明年他们

普兰尼泊尔人经营的边贸市场

将搬迁到政府盖建的统一边贸大楼中，我们则为能够目睹这个历史悠久的中尼边贸市场而庆幸。

　　调查完毕后，我们才知道这个边贸市场是专门给尼泊尔人开设的，旁边还有一个主要对中国人开设的边贸市场。在进入下一个市场之前，我们看到了一个印度商店，但其却没有开张。之后我们几次经过这里，都没有看到它开张经营。

一直没有开张的印度商店

　　中国人经营的边贸市场的前半部分近 30 家商店均为中国藏族开设的各类商店，从宗教用品到奢侈品应有尽有；其后半部分则主要是来自甘肃省甘谷县的汉族商人，总共有 26 家，他们主要经营尼泊尔人在回去时会携带的各类商品，从儿童服饰、面粉到装修材料无所不有。但从店面外观来看，多为土坯房或帐篷，质量明显不如旁边为尼泊尔人开设的边贸市场。由于我们也是来自甘肃，因此与甘肃的商贩们可以直接对话。在对话的甘肃商贩中，有 1 个年轻商贩，他认为这里还没有普及电商模式因此还可以再多开几年实体店，等明年大家统一搬迁到政府新盖起的边贸大楼后他再伺机开拓生意。另一位在此开店长达 36 年的甘谷老商贩说，他在此经营 30 多年，但是今年生意特别不好，如果再干几年还不好转，就打算回老家。而前半部分近 30 家藏族商贩则多以经营尼泊尔商品为主，少数几家只经营 1—2 种商品，大多数

普兰中国人经营的边贸市场

则经营多种商品。比如一位来自日喀则的藏族中年商贩主要贩卖尼泊尔的木碗，虽然他的木碗比拉萨便宜很多，但在我们调查期间却很少有顾客光顾。

　　由于有不少的尼泊尔饭馆穿插在两个边贸市场内，因此在完成边贸市场的调查后，我们决定品尝一下尼泊尔美食，顺便了解一下这里的尼泊尔饭馆的经营情况。于是经拉巴博士与当地藏族交流与推荐后，选择了一家名叫白玛拉姆饭馆。虽然从外面看这个饭馆就是一个普遍的土坯房，可进去后干净整洁的桌椅和宽敞明亮的室内环境让人感到心情舒坦。我们坐下品尝可口的尼泊尔风味饼和菜品、喝过香甜的甜茶后，我们明显感到旅途奔波带来的劳累正缓缓消去。这家饭馆的主人说藏语

白玛拉姆饭馆

时虽然带有明显的日喀则地方口音，但她依旧对我们非常热情，她介绍说饭店的厨师和服务生是尼泊尔人。和其他尼泊尔饭馆一样，这里并不仅仅为尼泊尔商贩服务，而是面对所有商贩和顾客。只是这家饭菜质量好一些，无论尼泊尔人、当地人或外地游客都喜欢来。在我们吃饭期间，带着孙子的当地藏族女性、尼泊尔商贩不断进入，他们一边吃饭一边聊天。除此之外，在进入饭馆的小过道中，也经营有饮料和其他商品，可见这里是边贸市场中比较热闹的地方。

边境村庄也是我们非常重要的田野地点。最终我们从普兰镇管辖的 5 个村庄中选择对科迦村进行调查。之所以选择科迦村，一是因为它临近边境，实际距离边境线只有 10 公里左右。在这个村庄的边上，就设有公安边检站。二是因为印度、

科迦村一瞥

尼泊尔香客从普兰口岸过来后，有些人会选择前往坐落在这个村庄内的科迦寺，内地游客到边境小镇旅游时往往也会选择前往这个村庄游览。三是这个村庄是 5 个村庄中脱贫比较早的村庄。于是我们便沿着宽阔的边境公路来到了科迦村。完善的公共服务机构、整齐干净的村道、秩序井然的科迦寺、悠闲的村民茶馆，让我们对边境村庄的安全与发展有了更加清晰的认识。

在拉巴的建议下，我们走进了村庄的茶馆，一边参与观察村民的文化生活，一边着手选择对村庄特别了解的人进行访谈。喝了两杯甜茶之后，我们便在茶馆老板娘的帮助下找到了该村一位以前的队长和寺管会主任，我们一边喝茶，一边聊起了村庄的前世今生。科迦村有 100 多户 400 多人，因为科迦寺是萨迦派寺院，便吸引了中外游客、香客前来参观或朝圣，因此经过好几任支书和队长的努力，建起了宾馆、茶馆（包括餐厅在内）。政府政策也相当好，每个边民每年发 3700 元，60 岁以上的老人养老费每年 2440 元。再加上现在政府的各项补助，村民每人年收入已经超过 1 万元。当问及村里面临的困难时，老村长说主要还是孩子们不愿意留在村庄，有几户人家为了留住孩子，给孩子买了车，但大部分孩子都还是选择外出打工或求职，寺院的传承与发展也受到影响。现在科迦寺有 11 个僧人，老僧人只有 1 位，其余 10 个是青年人。如果青年人持续外出，那么寺院僧人的后续就成为问题。因为这个寺院的僧人从寺院建立以来就一直出自本村。当问及村民是否每天转寺时，老村长诚恳地说：按理来说，党员不应该转寺，但不转寺，身体受不了。听完他老人家的话，大家不禁为他的诚实之言开怀一笑。

科迦村茶室

　　随后我们请求老队长可否参观一下他的家，他愉快地答应了。我们便随他走进村委会大街后面的小巷。他的家是二层小楼，二楼顶檐用红色瓷砖装饰一圈，与日喀则的黑色瓷砖不同。一楼是贮藏室，二楼则是日常起居的地方，有个小天井，厨房、客厅、佛堂一应俱全。由于老伴、儿子均已去世，他和女儿、女婿住在一起，外孙女则在日喀则上高中。老人对政府

科迦村老队长家

的感激之情，从在客厅的墙上、桌子上悬挂摆放的各色物件中可见一斑。

　　从老人家里出来后，环望四周，均是二层小楼，家家户型大致相同。走在村子的公共活动区域，孩子们在运动器材上嬉戏，村民在村委会大街的宾馆、茶室、百货商店忙碌，一派富裕安定的景象。从村道向东南方向望去，便能看到尼泊尔境内的雪山。

中尼边境的村庄与雪山

　　但要到口岸所在的边境线，除了边境通行证，还必须得到当地边检部门的允许。完成必要的手续后，我们在西藏移民管理警察的帮助下向边境管控区出发。大约行驶 10 多分钟，就可

普兰口岸远景

以看见山谷中的国门与边检中心。

　　走到边检站，和蔼可亲的 Z 队长带领我们参观了口岸委员会收集的海关、边检站、会晤、通关方面取得的成绩。普兰口岸提出的与中尼樟木、吉隆口岸错位发展的思路非常符合普兰的实际，现在的普兰口岸正准备从中草药、香客及小商品等方面入手，打造普兰口岸的特色。2017 年普兰边民互市贸易额达 2111 万元、2018 年上半年的互市贸易额达 207 万元的事实表明，普兰口岸已经形成了与樟木、吉隆不同的边贸特色。回顾过往，Z 队长带领子弟兵经历过从帐篷、板房到边检大楼的发展历史。虽然帐篷和板房常被大雪压垮已成历史，但当 Z 队长用轻松的语言讲述时，我们却有种说不出的心酸感。现在他们从军队官兵转成移民管理警察，常年与爱人两地分居，老人孩子无法照顾，级别下调等，但这些并没有影响他们为国守边的忠诚。

普兰口岸边检中心从帐篷、板房到大楼的发展史

　　带着沉甸甸的心情，我们来到普兰口岸国门前，看到国徽
下方的"中华人民共和国普兰口岸"11个金色大字、中尼第9
号界碑、国道的终端及从对面过界通行的尼泊尔人时，一股对
祖国的敬意、对人民子弟兵的尊重之情油然而生。

普兰中尼边界国门、界碑、国道终端及过关的尼泊尔人

　　由于我国和尼泊尔是免签国家，我们带着护照，便过了溜
索桥，来到了尼泊尔的边境村庄，其移民局就坐落在这个村庄
里。在这个只有30多户的村庄里，村民们都住在用石头垒起来
的房屋里；几个夏尔巴女性站在房前，虽然语言不通，却大方
地向我们微笑着打招呼，还有些老妇人正在纺织传统的卡垫。
村里有小卖铺，但商品基本上来自中国。也有经轮，但没有人
转动。台球桌则被支在一片空地上，也没有人玩。走进移民
局，我们看到了新来的医生，他也曾在中国武汉留学，现在则
不仅为过往行人和货物检验，也给村民看病。村民们看到中国

移民管理警察很尊重，因为 2015 年泥石流爆发时是中国人民解放军和武警官兵将他们全部转移到中国边境一方及时安置，为此中国军队也得到联合国的嘉奖。灾难过后，中国边检移民警察也经常为这个村庄的人提供帮助，这也是中国边检移民管理警察为什么在尼泊尔村庄中受到普遍尊重的重要原因。

尼泊尔边境村庄

　　参观、走访尼泊尔村庄后，我们再次回到祖国一侧。对比我国边境村庄与尼泊尔边境村庄后，才能深刻体会祖国强大对边民的影响。生存与活得好永远是老百姓的追求，中国的边境就给了老百姓这样的保证。正因如此，中国的边境地区才能够在和平安定的环境中有序发展。

里孜口岸行

次旦扎西　才项多吉

2019 的夏天，也跟上年一样来的特别快，带着丝丝的雨季，潮湿而又温暖。在盛夏的时光里，我几乎跑遍了拉萨的各个街巷，络绎不绝的游客、姗姗来迟的朝拜者。除了随处可见的游客外，寺院里少了许些煨桑和朝拜的人群，也许这时的拉萨或西藏是旅游者的天地吧。夏天的拉萨除了见证着毕业季的雪域子女开始踏上另一个学习环境之外，同样欢迎着在他乡学成归来的学生回到故乡开始建设这片土地。有来自四面八方的游客、有即将踏上远方的学生、有慕名而来的朝拜者、有心怀梦想的青年……拉萨真的是一座神奇的城市啊。

有一次偶然的机会，我可以参加去往西藏阿里的调研队，也许是天意使然吧。那茫茫的草原、那广远的土林、几百里都没有人影的神秘之地、那简单又朴素的牧民……都是这个世界可以寻找的意义所在。我心之所念便是远方"最西藏的地方"，幻想几天之后我的身影即将出现在那里，心中就无比激动，迫

越过山岭的公路

不及待想要立即出发，我无法抗拒这样的诱惑。

于是拿起背包、没有带任何必需品、轻装简行，跟着这个团队开始远行。也许是顺应我内心的呼唤吧，也许是我的生命里本该有这样的远行吧，就这样我出发了，带着一颗炽热的心，反复追忆去年的踪迹，开始远行，仿佛开始了一次探险。

我离开拉萨时，拂过布达拉的脸庞，轻轻地回头，仿佛道别这个文化象征。也许是呼唤吧，也许是告诉它我会回来。走在机场高速公路，心里好奇即将发生的任何一件事，我不说话，也不沉默，我的心早已离开我的身体，飞去阿里了。那种失去灵魂又找回的感觉，仿佛是开车到190马力一样，只有前方的路，没有任何规则及恐惧。经日喀则到拉孜县时，仿佛我们快要接近天堂了，白白云朵、蓝蓝的天空，那种离天空越来越近的感觉，不知怎样去形容。这也许是世界最后的净地，没有大城市的喧闹与躁动、没有大城市的复杂与骚扰，一切因自然而起，一切因文化而息，没有任何的躁动和无奈，这就是大自然中找回的意义吧。

余晖下的藏房

　　我在车里这样想时，我们已到了仲巴县，坐落在草原中间，背靠小峰的小县，其人口不到2万，但它存在的意义，远远超过一个百万人口大县，因为它是草原的守护者、这片文化之地

小湖边的马匹

的守护者。它用寒风的毅力、大雪的温柔守护了这片风尘不染的大地，它就是这里的主人。

我们团队的主要任务是考察西藏日喀则和阿里的口岸，这次是先去阿里，再辗转到日喀则。但是到了仲巴县以后，我们团队老师决定先去仲巴县的里孜口岸。一听说我们被耽搁一天，团队里顿时有种沮丧感，但是想想仲巴的历史非常悠久，又是中尼边境县，去边境一线领略祖国的大好河山，也是一件美事。我们从仲巴县出发，目的地是里孜口岸。里孜口岸位于亚热乡境内。其乡位于县的南面，离县政府25公里，与尼泊尔接壤。全乡国土面积1703.49平方公里。平均海拔5300多米，边境线长41公里，通外山口6条。地广人稀，自然条件十分恶劣，风沙、干旱、霜冻雪灾等自然灾害频繁。根据第五次人口普查数据，亚热乡有1094人，总人口1581人（2017）。经济以牧业为主，牧养牦牛、绵羊、山羊、马等。这里的老百姓都是牧民，虽然生活在高海拔的环境中，恶劣的生活条件，但是脸上的微笑比我们都灿烂。

我们伴着草原，从草原走向草原深处，像是从尘世接近了天堂，那种豁然开朗的舒适感，是每座城市所无法给予的。在车窗里，看着白云拂过草原，偶尔能看见一大群野驴在奔腾逍遥，一会儿又看到随处安逸的黄羊，还有那可爱又顽皮的草原鼠，以及那些叫不上名的野生动物，在水草丰腴的地方，自由撒娇；还有那千里的雪峰上皑皑白雪，绕着草原给生活在这里的悠悠生灵于纯然、宁静与自在；还有那唱歌的牧人，头顶蓝天，脚踏草原，扮演着草原的主人和守护者。面带清澈无比的笑容，那纯粹的眼神，傻傻的动作，完完全全融入草原了。我们

与国界碑合影

看着牧人、看着他的马，觉得无比开心。

我们到里孜口岸时已是午后，我又一次仔细地观察了这座口岸，这里居然空无一人，除了边防驻军外我们几乎看不到牧民。口岸的国门是一个铁珊门，破破旧旧，用一把大锁锁着，围着铁珊门，都是铁围栏，不是很严实，可以看出边防压力不是很大。进入铁珊门，走 30 多步，就可以看到国境碑，碑上用中尼两国的文字标注国境标志，俨然有一种神圣领土不可侵犯的威严。但是这个国门跟我们的想象中的国门完全不一样，这里的贸易频繁度也跟想象差之千里。我们开始查找很多资料，也都没有发现。无奈下，我们问当地驻防武警相关人员，他说："这里离尼泊尔只有五公里，里孜边贸市场历史悠久，居住在边境线两侧的中尼居民每年 6 月和 9 月定期在此开市两次，每次 10 天左右。边贸的时候在帐篷里交易。但是帐篷边贸市

场规模逐年增大，参与人数逐年增多，交易品种也越来越多样
化。为规范边境贸易，投资近 7 亿元的国家二类口岸——里孜
口岸 2019 年内即将在亚热乡建成。联检楼、出入境检验检疫
楼、交易市场等场所将一应俱全。届时，帐篷边贸市场的历史
有望终结，里孜口岸也将成为西藏自治区对尼 6 个公路口岸之
一。"这些打消了我们所有人的疑问，国家已经投资近 7 亿元在
亚热乡建设边贸市场，国门也会重新建成。

里孜口岸的国门

　　按照行政规划，国门所在地是仲巴县亚热乡里孜村。这个
村是一个行政村，与改玛村、达吾村同乡，村级单位有里孜村
活动室、里孜村党支部、里孜村卫生院等。矿产资源也较为丰
富，有铜、沸石金红石、海兰宝石、铁钒土等。但是这里算是
牧区，口岸所在地村民居住的少，而且是游牧、轮牧的作业方
式，所以牧民很少来这里。而亚热乡的边境贸易相当厉害。当

地的一个工作人员也说："目前，仲巴县有包括里孜边贸市场在内的 5 个民间边贸互市点，去年开放 66 天，商品交易额超两亿元。"这个额度为边民带来了非常可观的收入。我们听着工作人员的讲解，漫步在口岸境内，口岸所在地是个高坡，从这里走 4 公里就到了尼泊尔的洛明塘，这是个藏人居住的城市，信仰藏传佛教，由于有共同的文化和经济交流，历史上的往来较为和谐。

我们了解到里孜口岸的交易产品，主要还是活畜（主要是羊），还有就是农畜产品。生活用品也日渐增多。近些年，尼方对如水泥、建材、百货等需求很高，这主要通过罗曼塘镇商业协会与仲巴县各合作社、民间互市贸易点商业协会沟通满足产品需要。目前双方交易呈现一幅和谐、繁荣、共赢的新阶段。其实外人很难想象西藏自治区日喀则市仲巴县亚热乡，海拔接近 5000 米，举目皆是草原，抬头即见雪山。在距离中国和尼泊尔边境仅四五公里的一片草场上，亚热乡里孜帐篷边境贸易市场交易的火热场景。的确如此，我们祖国的西南边陲，一个牧业县，居然在我国西藏的边贸中发挥着巨大的作用，这也是智慧的传承。

按照国家和西藏自治区的口岸建设规范，仲巴县作为西藏自治区建设条件较好，综合优势较为突出的口岸，加快里孜口岸的建设和开放进程，是完善西藏口岸布局、构建全方位对外开放格局的重要举措，是实现对外经贸合作持续发展的重要举措，也是建设面向南亚开放通道和喜马拉雅经济合作带的重要一环，具有重大现实意义和战略作用。这一点不容忽视，将来的某一天，里孜口岸也将像日喀则其他口岸一样发挥重要的作用。

调研完里孜国门，我们转到亚热乡，我们看到另一个别致的现象。这个人口不到几千的小乡镇，当地人在边贸市场附近，背着饮料、面包、零食到工地上一一推销或者提供商品交换，这完全是现代畜牧业和商品市场融合的典范。现代畜牧业发展到一定阶段时，把多余的劳动力解放出来，生活有了保障，把更多的时间和精力放到发展经济上，也就使更多的牧民具备了商业意识，更愿意来做生意了。这个景象在西藏牧区是很难见到的。在这里我们不停地看到牧民经商致富的鲜活例子，也可以看到当地的牧民父老乡亲投入到里孜口岸建设和发展当中，投入到守边护边的战略中，他们用满腔热血为祖国边境的发展献出自己的一份力。

晚上回到仲巴县，我们团队开始讨论今天的所见所闻，让我印象深刻的还是牧民的转型，我们在讲城市里的较为烦躁等各种不好，向往着外面安静、空旷的环境。但是在安静的、空旷的地方，世代生活在这里的人们，在努力赚钱，向往着城市里的生活。每个人都有自己追求和向往的东西，我们想要达到的终点也各不相同，但是不管选择去做什么，我们都应该是不忘初心。在追梦的过程中我们可以休息，但是请不要停下前进的脚步。

我期待等我再次踏上这片土地的时候能够看到更加繁荣的贸易往来；我坚信等我再次踏上这片土地的时候他们会依旧这么善良单纯；我祝愿祖国的边贸往来能够通过一个一个口岸有更加完美的交易额。

吉隆口岸行

徐黎丽

　　由于整个西藏没有边境公路，所以我们从一个口岸到另一个口岸，必须先返回国道，走到口岸所在的县域时，再拐到省道或乡道。从普兰到吉隆就是这样，我们先从隶属阿里地区的

从普兰到吉隆沿途的游牧景象及喜马拉雅自然保护区

普兰沿318国道返回隶属日喀则地区的仲巴县，在这个海拔将近5000米的县城住宿一夜后，再经过214国道到达吉隆县城和吉隆口岸所在的吉隆镇，可谓路途遥远。但从阿里到日喀则一路上不同区域的景色，用"天上的西藏"来形容毫不为过。

虽然总是翻越超过海拔5000米以上的雪山，但因为夏季氧气含量相对充足，穿越的时间也比较短，我们也不再为海拔的事情而担心。再看看西藏民众，他们放牧时天天穿越超过海拔5000米以上的高原区域，但他们的房子一般都建在背风、向阳、海拔相对低的谷地，因此习惯"屋脊上的屋脊"生活，是我们调查研究的前提。

离天最近的西藏村庄

经过两个半天的行驶，我们终于来到了吉隆县城。县城入口处，"治国必治边、治边先稳藏"的标语就写在县城具有藏族风格的门楼上；街道路灯杆上的中华人民共和国国旗在蓝天的衬托下迎风飘扬；路过的吉隆公安机关肃穆地伫立在山脚下；新建的具有日喀则黑白两色风格的居民楼特色鲜明。我们有幸与拉巴同学——当地法院工作人员共进午餐，期间我们了解到县城的人口除了藏族之外，就是四川人最多，宾馆饭馆主要由他们经营；还有十几户回族，主要从事物流行业。当问及吉隆口岸的货运情况时，法院的同志说仅仅从货车的苹果味上可以判定，苹果是主要通关货物。

吉隆县城

由于吉隆口岸所在的吉隆镇离吉隆县城还有 70 公里左右，因此我们又匆匆忙忙地踏上了旅程。随着海拔降低，山体上出现了绿色植被，坐落在山坳中的噶举派寺院查嘎寺则是山谷中最吸引人的风景。植被和水流越来越多，已经看惯牛羊的我们，有点醉了。

更让人陶醉的是，这里有从山脚下的河流一直延伸到山顶上的雪域全景图。在这个全景图中，从阔叶到针叶的植被、从鸡到牛的动物栩栩如生、俱在其中。但陶醉归陶醉，吉隆镇还是以真实的"湿暖"感欢迎我们到来。

从吉隆县城到吉隆镇的沿线风景

到达吉隆镇

　　走进吉隆镇，平整宽阔的马路与普兰县正在升级的道路形成鲜明的对比，具有日喀则风格的建筑和具有亚热带的"人字形"屋顶的建筑交相辉映，周边的雪山和不断升腾的雾气则护佑着这个宁静而充满活力的小镇。但由于距离口岸还有30公里左右的路程，且有住宿限制，我们便预订了一个快捷酒店后就再次沿吉隆河谷向中尼边境方向驶去。

吉隆镇街景

　　仍然是绿意盎然的景色一路陪伴我们前行。大约半个小时后，我们来到了"千呼万唤始出来"的吉隆口岸。在吉隆移民警官的帮助下，我们进入了边检区域。

　　货车通道、人行通道及边民通道条条通达，醒目的蓝色提示牌及时提醒出入通关人群的注意。敏锐而有担当的移民管理警察仔细认真地查验每一辆货车和每一位行人，让人心生敬畏。在边检大楼后面，通向尼泊尔的河岸边，矗立着军民融合的雕塑和鲜艳的五星红旗，雕塑的背后则是以前的口岸通道——溜索桥。

从吉隆镇到吉隆口岸沿途景象

吉隆口岸边检

　　走出边检大厅，迎面遇到一个神情严肃的尼泊尔警察带领一群人向中国边检大楼走去。我们愣了一下，但想到尼泊尔是我国的免签国家，我们也随身携带着护照，就大胆地向中尼两

国界河上的溜索桥走去。走到桥中间，回头望去，中华人民共
和国吉隆口岸的国门映入眼帘。

　　站在中尼界河大桥的中间红线区域，向河流上游望去，是
中国边境，往日的溜索桥仍然挂在河上，桥上的路基也挂在半
空中，仿佛在孤寂地诉说着吉隆口岸的历史，岸边新建的边
检大楼和边贸一条街，则象征着未来的兴旺。向河流下游望
去，则是尼泊尔边境，河岸边蓝色屋顶的建筑正是尼方的边检
中心。

中尼界河与通关大桥

通过大桥，来到对面的尼泊尔境内，立刻就被正在砍价去

加德满都的中国人与还价的尼泊尔车主包围过来，因为他们需要会说英语的人帮助他们互相翻译，会说藏语的拉巴也试图与来自尼泊尔的藏族人交流，一时间大家在尼泊尔边检区域内忙得找不到踪影。最终乌日丽格帮助中尼车主和乘客谈好了价钱，拉巴也搞清楚这里的尼泊尔警察和军人都不是藏族，因为他们听不懂藏语。我则坐在尼泊尔边检中心的长椅上，观察往来的中国人、尼泊尔人以及边检地区的周边环境。

尼泊尔边检区域

从行头上来看，去中国的尼泊尔人以年轻人居多，且所带行李较少，但回来的人却均带着中国货，比如中国的酱油、醋、饮料等日常用品。边检设施的周边正在扩建，所用材料也均来自中国；路边停靠着各种各样的车辆，则是从尼泊尔边境向腹地前行必不可少的交通工具。一般来说，包一辆 5 座吉普车到加德满都，大约需要 800 元人民币。

我们一直在尼泊尔边检区待到闭关时间才离开，因为想多了解一些尼泊尔边民的情况。而尼泊尔军人和警察轻松的服务、礼貌的对话，以及和中国边检移民管理警察良好的合

吉隆口岸尼泊尔边检一瞥

尼泊尔口岸闭关场景

作，给我们留下了深刻的印象。

回到中国边境区域，我们注意到历史通道溜索桥的细节及桥对面道路遗迹，了解了21勇士在地震期间对边境民众的营救事迹，拍摄了界碑，观看中方一侧闭关仪式后，沿着布满尼泊尔货车的道路前往距离边境口岸最近的冲色村进行走访。

由于冲色村在山坡

中国吉隆口岸闭关景象

上，我们想找个停车的地方并不容易。当看见有户没有大门却有大大院落的人家时，我们就开了进去，然后再在院落里找主人。找了半天，最后在柴火房里找到了女主人。她正在绣藏式卡垫，懂藏语的拉巴说明我们的来意后，她很善意地将她知道的村庄情况全部告诉我们。这个村庄只有 40 多户人家，150 多人，大多数青年人都外出打工了，适龄上学的孩子们也都不在村里，因此村里的老人或中年人要多一些。

她家有 5 口人，夫妻 2 人育有 3 个孩子，其中大女儿在日

冲色人家

喀则上高中，儿子在吉隆县城上初三，小女儿则在吉隆镇上小学6年级。由于孩子们直到高中毕业都由国家出资学费，因此她们一家的日子很好过。除了种玉米、青稞、大棚菜外，平时挖点中草药，闲时织卡垫（藏式毛毯）。当问及她的丈夫时，她说，由于她丈夫是队长，家里的活根本靠不住。我们才知道我们因找不到停车的地方而闯进的人家竟然是队长家，即无意间遇到了代表性的人家。走进她的家里，厨房干净整洁，客厅（也是卧室）充满藏式传统风格。

厨房与客厅

走出她家，看到邻居的房屋比较豪华，再对比她家那比较朴素的房子，对队长一家的敬意油然而生。冲色村有这样的队长，村民有福气。后面的事实也证实了这点。

不久拉巴在吉隆镇工作的两位大学同学邀请我们一起叙叙，我们便找了一个农家乐，这个农家乐就坐落在冲色村。当坐在幽静的树下，品尝农家自己种的西瓜、玉米及农家菜时，身心可以完全放松下来，因此来吉隆镇旅游的人都喜欢来这里坐一

队长邻居的房屋

冲色村的农家乐

坐。农家乐的服务生则是来自尼泊尔的青年，在这里每月挣1000元人民币再回尼泊尔用，则是很划算的事情。我想这个农家乐也一定与这位未曾谋面的队长相关，他为村里谋发展，自己却住在比较简易的房屋内，不能不说他是一个好队长，这就是中国的边境村庄的干部。

除冲色村外，我们又去了坐落在吉隆镇边上的吉甫村。吉甫，藏语"分开"之意，传说这里是嫁给吐蕃松赞干布的尼泊尔公主与送亲队伍离别的地方。刚出镇子，柏油马路就变成土路，迎面走来的藏族妇女则踩着泥泞的路面，向镇上走去。当我们来到吉甫村边上时，才知道还有一个溜索桥在等着我们。桥下是深不见底的河谷，蝙蝠在其中盘旋。走在晃晃悠悠的桥上，没有几分胆量真是走不过去。

过了桥，吉甫村的真实面目慢慢地展现在我们面前。经营

进吉甫村之路

农家乐的中年妇女热情地招待我们吃农家煮鸡蛋；鲜花装饰的二层小楼让我想起了英国牛津郡的民居；坐在自家门前吃荞麦饼子卷菜的小妹硬是塞给我一片荞麦饼让我尝尝；老人则安静地坐在豪华的客厅听外面的声音。这一切不正像一座世外桃源吗？

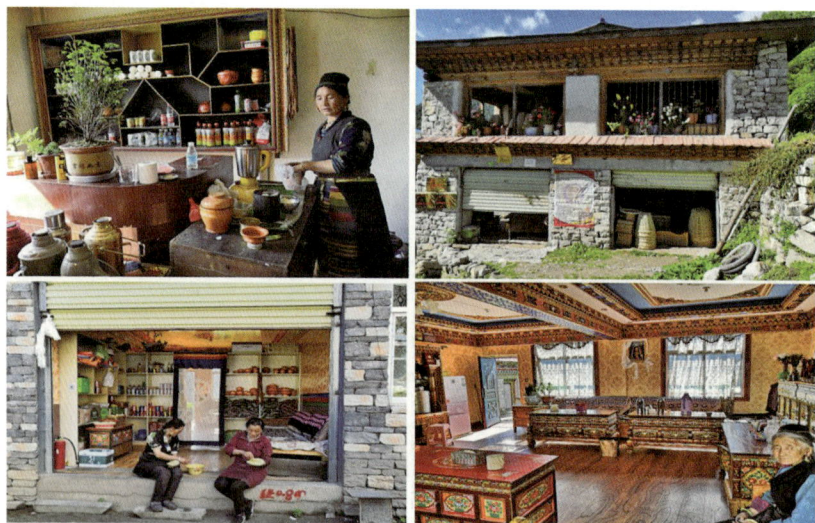

吉甫村民居内景

随后我们便沿着村道到处观看。垒得整整齐齐的柴火堆、自然生长的农家菜、村民自制的垃圾箱及烧出来的小土豆让人眼馋、手馋、嘴馋。

正当我们讨论这么好的村庄村民的收入应该不错时，一个背着口袋的中年藏族男士从我们身边走过，他顺口说这里人均收入均超过 1 万元，等我们回过神追上他后才得知他就是队长。于是我们一起走进村里的小茶馆，队长开始讲述村庄的情况。吉甫村只有 34 户，167 人，年平均收入 12000 元。国家给予的

吉甫村外景

补贴有：18 岁以上在村的边民费每人每年 3700 元，60 岁以上的老人每年每人 1800 元，固定的 4 个护林员每人每年 7000 元，还有 12 人轮流做护林员。除此之外还有低保、孩子上学到高中均免费等优惠政策。队长笑着说以前孩子上学靠家里，现在家里还经常收到孩子从学校带回来的米面等，孩子反而养活家里。谈及未来，队长说把路修好，发展农家乐和文化产业是他以后努力的方向。

听村庄故事

　　走出村庄，为吉隆口岸的发展暗自高兴。这里的百姓，民风淳朴；这里的干部，为民着想。有这样的民众和干部，边疆的乡村振兴指日可待。

与白云相接的吉甫村

　　返回吉隆镇后，我们在接下来的时间内又马不停蹄地找边贸市场或商店，想了解一下这里的边贸情况。出乎意料的是，这里的边贸市场还没有建设完工。正在施工的四川老板说明年这时候就营业了，于是我们就在全镇范围内展开寻找边贸店铺的行动。

没有完工的边贸市场

　　功夫不负有心人。因镇子不太大，我们找一家访谈一家，终于摸清了这里的边贸情况。镇上的边贸之所以分散与早年尼泊尔和当地藏族商人的店铺分散有关。尽管分散，但因镇子不大，镇中心更集中，所以边贸店铺很好找。总体来说，镇上总共有20家左右的边贸商店，大部分店都是最近10年内开的。有些店主既开商店，也开尼泊尔餐厅。货物大多从吉隆口岸进口，一年四季都开张经营，因为这里属于亚热带气候，不受季节影响。货物大多为老百姓生活所需的调料、粮食、日用百货、衣饰、奢侈品。店主有些是尼泊尔藏族，有些则是尼泊尔其他族群。其中有一个年轻女店主，虽然国籍是尼泊尔，但因为母亲是中国的藏族，所以在此开店做生意。还有一个年轻的男店主，曾在马来西亚做生意，但因那里的生意不好做，又来到中国吉隆镇，他也经常将西藏各地的牦牛尾巴卖到欧洲。因此，小吉隆，大世界，是吉隆镇的真实写照。

吉隆镇边贸商店

　　终于，我们完成了吉隆口岸的普查工作。这里优越的地理位置和气候条件，使得吉隆口岸成为现在中尼口岸中运行最好的口岸；这里的民众纯朴自然，诚心待人；这里的干部，一心为民服务；这里的移民管理警察，忠诚地戍边与稳边，相信不久的将来这里会有更好的发展。

樟木口岸行

徐黎丽

上　篇

在西藏自治区漫长的边境线上，稀疏地分布着 5 个口岸，樟木口岸就是其中之一。它坐落于喜马拉雅山中段南坡，归西藏自治区日喀则地区聂拉木县樟木镇管理，是中国与尼泊尔之间的一类公路口岸。2012 年暑假我有幸来到这里一睹樟木口岸的风采。但要来到这里，却是一件很不容易的事情。

我们一行从拉萨出发，途径日喀则，再到樟木口岸所在的聂拉木县。吉普车一路在高山大川中穿行，以至于时刻让人感到人在大自然面前的渺小与无助。

车子因时而遇上牛羊横穿马路和区间测速而不时停车，但也使我有机会下车或停车时拍到它们。多彩的经幡在山顶呼啦啦地飘动着，仿佛在欢迎远方的来客。

日喀则境内的连绵山脉与川道

羊倌赶羊群过马路   经幡在头顶飘过

　　为了能让我看到这里的传统文化，好心的司机专门带我去了萨迦县的萨加寺，这里可是元朝忽必烈大汗的帝师八思巴的故乡。走进萨迦寺，厚重的寺墙和9米多高的经书墙让我感受到悠长而静静流淌的历史。坐在寺门前学习吹喇叭的僧童质朴的表情也让我感受到高原的纯粹。

萨迦寺的僧人

离开萨迦县，继续前行。虽然山顶因海拔越来越高而植被稀疏，而有河流经过的川道必有村庄和城镇。

途经的村庄和城镇

终于在不断战胜疲劳的司机同志的带领下，我来到了樟木口岸所属的聂拉木县。这里海拔4100米，远处终年不化的雪山与云雾融合，山与天如此接近。聂拉木县城坐落于喜马拉雅山逐渐南下的半山腰，有一条河从中流过。

聂拉木境标志和聂拉木县城

又向南行驶了半个多小时，最终到达了向往已久的樟木口岸。这里海拔只有 2300 米，比聂拉木县城更适宜人居。虽然特别想看看樟木的夜景，但因为天色已晚，又极度疲劳，就直接入住休息。

站在货车停车场拍摄的樟木镇远景

　　清晨，我被一阵阵说话声吵醒，推开窗户一看，才发现自己所住的宾馆坐落在半山腰中。不仅如此，整个樟木都坐落在半山腰中。管不住好奇的心思，就先出门探寻一下樟木口岸。

　　站在樟木镇从县城方向来的入口处，能够看到整个樟木镇全景。它坐落于喜马拉雅山南坡，因雨水充沛，这里属于亚热带气候。满眼葱绿与山北高海拔地区的高山草场稀疏的植被形成了鲜明的对比。要在这样一个陡峭的山坡上找一块货车停车地也是很不容易的事情，但樟木人还是做到了。

樟木唯一的街道

　　寸土寸金的樟木，街道虽然狭窄，但五脏俱全。五金、百货、饭馆、旅店、海关、边检、公安，应有尽有。

　　早饭过后，我便踏上了去口岸的路。首先是通过海关，然后向山下的中尼边境驶去，返身回看樟木镇，已在高高的山腰间。

　　在中方边检门口，聚集着来中方边贸市场打工的尼泊尔人。

　　通过边检后，站在界碑处，留下纪念。然后继续向前走，

樟木镇海关和身后的樟木镇远景

在中方边检一方等待打工的尼泊尔人

走到了中华人民共和国和尼泊尔的交界线。因交界线在桥中间，站在这里，听着桥下哗哗流淌的河水，感受祖国边疆的存在。

中尼交界处

　　站在桥边，看到河的左侧是尼泊尔领土，河的右侧则是中国领土，一座大桥将两国边民紧密地联系在一起。

中尼界河

　　跨过国界，到达尼泊尔国土；再通过尼泊尔边检，走入尼泊尔小镇。虽然小镇街道狭窄，但南亚风扑面而来。

尼泊尔边检与小镇

　　虽然小镇建筑没有中方樟木镇那样高大和时尚，但镇上的居民明显比中方樟木镇多。他们或开小店，或去中国樟木打工，或做边贸生意，悠然地生活在这里。尤其是尼泊尔女性，无论老少，穿戴整洁，步态优雅地穿行于街道中。

尼泊尔小镇中的女性

　　按原路回到樟木后，我们一行又沿盘山路行驶两个小时后进入边民夏尔巴人的村庄。在村庄边上，就遇到了一位夏尔巴妇女，她站在路边，为我们让行，她和屋顶上的中华人民共和国国旗，共同构成了中国边境最美丽的图画。

去夏尔巴村庄的路上和村边遇见的夏尔巴女性

远看村庄，在高山当中，站在村边，向对面望去，便是尼泊尔的山川。夏尔巴人就在山上祖祖辈辈为国守边。

村庄远景和对面的尼泊尔山川

走进村庄，既能看到一边玩耍一边帮助家人做筐的孩子，也能看见转经的妇女。

村里的孩子和转经的妇女

　　在寺庙中，我们也看见了村民供奉的莲花生大师和难以数计的酥油灯。

莲花生大师和酥油灯

　　听村民们说，尽管孩子们多数在樟木镇上学，只有周末才能回来，村民们中的青壮年也多在樟木做生意或上山采药，但村子作为边境要地，仍然是政府重点扶持发展的对象。多处新房底座的落成，即预示着不久的将来又有多个家乔迁新居。他

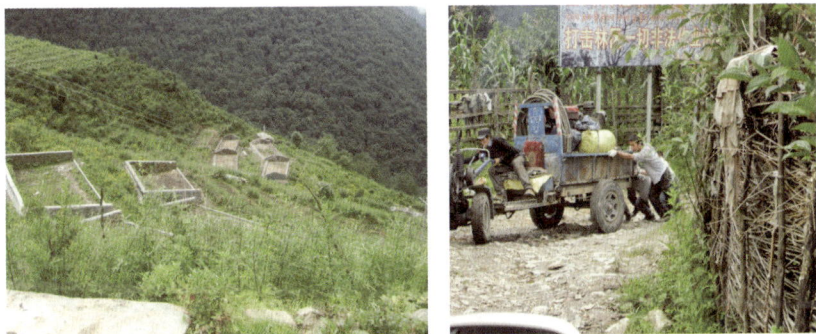

新房底座和努力拉车的村民

们和边防连队一起，共同守卫祖国的边疆。

　　樟木口岸与其他口岸相比，它不仅有樟木镇的依托，也有周边夏尔巴人村落的护佑。对面尼泊尔口岸也是以镇为依托，镇的不远处就是村庄。众多的人口、繁荣的边贸、忠于职守的边防与边检是樟木口岸蒸蒸日上的动力。

下　篇

　　之所以写樟木口岸行（下篇），是因为 7 年前在山东援藏博士杜善永先生的帮助下去过樟木口岸，也根据那次经历写了樟木口岸行，虽然当时去的时候并没有打算做口岸研究。现在真正要做口岸研究了，樟目不得不重行。

　　与 7 年前相比，樟木口岸发生了哪些变化，是此次口岸行的重点。完成对吉隆口岸的调查，休整一番后，我们一行人在吉隆镇吃过早饭后踏上去樟木口岸的旅程。在一家四川老板经营的早餐店里，我们又遇到一位尼泊尔籍女服务生。她很害羞，但服务很周道。和其他尼泊尔籍的打工者一样，她每月的收入也是1000元左右，虽然与中国打工妹的收入相比少了一倍多，但返回尼泊尔消费的话，还是可以达到补贴家用的目标。

离开云蒸霞蔚的吉隆镇，就意味着要再次从海拔较低的喜

离开吉隆镇的最后一顿早餐和尼泊尔服务生

从吉隆县到聂拉木县的沿途风景

马拉雅山南坡上到海拔较高的高原地带，然后再向东南下到海拔较低的喜马拉雅山南坡另一段。由于我们的肺活量在高原与藏南谷地中来回穿梭中已经得到足够的磨炼，因此即使在海拔5000米以上的区域也能如履平地，所以人类只有在适应自然中才能生存的道理即使在科技如此发达的今天也不过时。

路过中国境内唯一一座整个山峰都在8000米以上的希夏帮马峰，其最高雪山海拔8012米，在它的山下则有美丽的湖泊——佩枯措。蓝天的颜色仿佛倒进了清澈的湖水里，宁静得让人不想说话、不想走。

希夏帮马峰雪山下的佩枯措湖

但是还得走，因为有责在身，不得不走。可是刚动身，就在佩枯措湖的环湖公路上遇到了一个侧翻的大货车，司机和同伴被困在驾驶室，贴了防晒膜的挡风玻璃即使用路边的大石头也砸不开，最后还是副驾驶员用铁棒撕开了被防晒膜粘住的窗户，两人才走出货车。货车的柴油洒了一地，路过的藏族姐妹立即用自己的围巾将驾驶员受伤的膝盖包住，我们则联系到大货车的公司，告知发生事故的地方并确认公司已派人处理、现场也有人护理后便继续赶路。

佩枯措湖边侧翻的大货车

需要赶的路都在珠峰保护区内，因此一如既往的人与自然和谐相处的天上西藏风景再次重现。这让我想起了教过的好几届藏族本科学生。在课堂或课后，他（她）们总是很安静，安静得有些落寞。有时课间我主动与他们交谈，他们自然而然的模样和想法对我触动很大。现在当我不断地在西藏的大自然怀抱里行走时，才能深刻体会在这片土地上生存的藏族民众那质朴、诚实、大方、自然的品性。有这样品性的人，相处自然，生活知足。

终于，海拔又开始下降，山谷中出现了农田。路过亚来乡，这里具有后藏风格的民居在蓝天的衬托下格外显眼。

珠峰保护区风景

珠峰南坡风景

　　终于，我们到达了满怀向往与期待的樟木口岸所在县的县城——聂拉木县城。但与进入普兰县城一样，也是一个大工地。虽然县城道路已经拓展修建完毕，但所有建筑不是在加固就是在维修，有些建筑仍保持着地震后的模样。由于樟木口岸在 2015 年地震后一直处于关闭状态，直到 2019 年 5 月 29 日才恢复通关，因此我们需要办理更多的手续后方能进入，于是又在杜善永博士的帮助下办好了特别通行证。但由于办理完手续已是 19 点，离樟木口岸还有 30 公里，即使去了，也因震后维修加固，没有地方食宿，我们只好选择先在县城住下。

震后重建的聂拉木县城

登记住宿、吃过饭后，我们的力气又恢复了一些，于是就在县城里步行寻找边贸商店。但走完整个县城，仅仅看到了 5 家边贸商店，而开门的只有 2 家。走进店里，一边在拉巴的协调与翻译下买一些尼泊尔特产，一边与女老板聊聂拉木的边贸生意。根据两位女老板的讲述才得知，地震后的四年中，由于樟木口岸关闭，边贸生意受到非常大的影响，她们店的商品只能从吉隆口岸过境。现在樟木口岸虽然开关已有 1 个多月，但由于樟木镇维修、加固工程仍没有完工，因此口岸人货通行仍有限制。另外，2019 年游客比往年少得多的事实也严重影响着边贸生意。

聂拉木县城的边贸商店

聂拉木县城新貌

　　由于调查边贸商店，我们在步行整个聂拉木县城的过程中对县城大体情况也有了一定的了解。地震后，聂拉木县城的建设方案是沿波曲河上游和山坡扩建，于是政府办公大楼建在波曲河上游方向，新建的边检中心坐落在进入聂拉木县城的交通要道边，四川饭馆毫无例外地分布在大街小巷，小寺院的大门关闭且公厕就建在旁边，山坡上则正在修建边贸一条街。根据城边村的藏族村民介绍，这条街将被打造成聂拉木的"丽江"。也就是说，将来樟木口岸的边贸生意迁入聂拉木县城的山坡"边贸一条街"。由于天色已黑，我们便结束了聂拉木县城的采访，回到住处休息。

　　第二天清晨，我们一行带着边境通行证、特殊通行证，一路向喜马拉雅山南坡驶去。虽然道路与悬崖为伍，山脉与天空

从聂拉木县城到樟木镇沿途

相接，但慢慢地随着雾气散去，美丽的藏南峡谷展现在我们面前。因落差巨大，溪流不是"涓涓"而是"湍湍"而下。

　　进入7年前曾来过的樟木镇，虽然知道地震影响很大，但当真正站在它的街道上，还是不由得大吃一惊。往日热闹非凡、人来人往的街道空无一人；原来人上人下的楼梯现在荒草萋萋；一只猴子在废弃的房顶上飞快地移动；曾经入住的宾馆大门紧锁；好又多超市的"多"字已经脱成"夕"字。好一派繁华落尽的萧条景象，好生凄凉。

繁华落尽的樟木镇

从樟木镇到国门沿途场景

　　由于实地走访口岸是写口岸志的前提，因此我们只能将叹息留在心里，继续向山脚驶去。沿路除了筑路、加固山体的公司职员及仍然使用的帐篷外，往昔人货沸腾的景象一去不复返。

　　到了国门，移民警官带领我们参观了界碑和新的国门。由于中尼新桥向左侧移动一个桥面宽的距离，所以原来在桥左侧的界碑变成了在桥右侧。过了桥，则看见尼泊尔的界碑。有几位尼泊尔人坐在桥边等待通行。

中尼樟木口岸

　　对面的尼泊尔村庄从中国一侧的山坡上看去非常安静。但通过中尼大桥进入原来的尼泊尔小镇时却和进入樟木镇一样心痛不已。地震已使这个 7 年前优雅与生机并存的尼泊尔边境小镇变成废墟。但随着 2019 年 5 月 29 日再次复关，统一的外贸货车每天从樟木口岸进出，相信不久的将来会逐渐恢复。

尼泊尔口岸所在小镇

　　在边检移民管理警察的解说下，我们才得知樟木镇 1 乡 4 村的村民已经全部搬到日喀则市的樟木小区，包括我们 7 年前曾经访问过的立新村。他们每年四次去看望搬迁到日喀则市的樟木镇各村村民，受边检移民管理警察帮扶的孩子则亲切地称他们为"警察爸爸"。虽然政府的安居条件非常好，但由于他们习惯樟木亚热带的气候和生活，80% 以上的村民都表示愿意回来。虽然我们来时途径日喀则，但由于不了解樟木镇的村民已搬到那里，就没有前往回访他们。细心的拉巴则委托日喀则的朋友发来了日喀则市樟木小区的照片。从照片上来看，党和政府对藏族民众的关怀和支持早已落到实处。

　　告别边检同志时，心里有说不出的感激。他们用青春和生命维护国家边境安全和边疆发展，自己的父母、妻儿却难以关

日喀则市樟木小区

照。我们生活在内地的人天天过着家人团聚的生活，但我们中有多少人能够体会我们的幸福生活是边防战士和移民管理警察

樟木镇内部景象

共同努力维护的结果。因此内地的服务窗口应该持之以恒地将
"军人优先"的政策贯彻到底。

离开樟木国门和界碑后，我们再返回樟木镇，步行穿过Z
字形的街道和社区，寻找"人"的踪迹。以前的酒店、饭馆外
无一人，内部尘封，只有维修和加固樟木镇山体和建筑的项目
部职员在街上活动。

我们采访了一家四川灾害治理项目部的施工人员，他们均
来自四川，在此施工已有2年，年底项目结束后就撤回。另一
家河南山体加固项目部的管理人员告诉我们，他们在这里已经
3年。这3年中，整个镇子除了维修和加固工程项目的人员、
边防人员外，基本上没有居民。他们需要的日常生活用品等也
都是从聂拉木县城拉来。等到山体加固、房屋维修工作结束
后，口岸通行逐渐正常化，也许这个镇子会再次兴盛。

灾害防治项目部及正在吃饭的职员

随后我们又发现了电力、银行、宾馆及樟木村的超市和四
川资阳人的菜铺也已开张。通过与樟木村开超市的藏族青年聊
天后得知，樟木村和立新村的村民已经有几户返回了。尽管镇
子和村庄不能和以前的熙熙攘攘相提并论，但却已经打破了这

里四年来的沉寂。

正在逐渐恢复的樟木镇

　　正与樟木村超市老板聊天之时，在尼泊尔境内排成队的货车已经通过口岸边检入关，向着樟木镇统一的外贸公司阿卓商贸前进。在阿卓商贸公司的大门口，货车也正准备出发，向尼泊尔方面前进。由于聂拉木县政府已经重新规划了边贸，由统一的大公司经营边贸，这样边贸就能够有序规范地经营。看到这些新气象，我们对樟木的恢复也充满期待。

已经运行的阿卓商贸

　　由于樟木断崖式的地形不能为中尼两国各个方面的交流与合作提供足够的空间，因此聂拉木县城的边贸一条街就会成为以后中尼边贸的集中地。因此我们又前往聂拉木县城附近的村庄，采访边民的生活。

　　县城的西面就是波曲河上游，那里已经没有村庄，南边就是樟木镇管辖的村庄，因此我们就向北行驶 10 公里后进入江岗村。这个村庄分两部分，一部分在山坡上，一部分在河谷。我们有幸在一户人家门口碰见正在处理公务的村委会主任扎西，他为我们全面地介绍了村庄情况。全村共有 109 户，437 人。村里人均土地 2 亩，人均牦牛 5 头。地震后政府出资为村民修建了房屋，其中一层的房屋全部由政府出资，二层房屋中的第二层则由自己出资。无论一层或二层房屋，门檐、门廊、客厅、佛堂均按照藏式风格修建，房屋外部的落地玻璃在冬季起到了很好

江岗村外景

的聚热作用。从民居上来看，"为人民服务"的思想已经深入当地基层干部心中。

　　走进一户只有妈妈在家的人家，腼腆的女主人为我们展示了她家。干净整洁的客厅悬挂着国家领导人的画像，垒到屋顶的被褥显示了主人家的富裕。她有一双儿女，其中女儿刚考完大学入学考试，正在等待录取通知书；儿子在县城上初中。丈夫目前在山南市打工，她则在家种田和养牛。

江岗村民家

　　随后我们又跟着队长来到了他的家。他家仅有一层房屋，家里窗明几净，母亲热情好客。他们唯一的孩子是个男孩，正在上初三。虽然现在村民们除了自己种田和养牛外，政府补贴边民费、养老费、低保费等等，但队长仍然没有足够的资金建设农业合作社和非遗项目。

　　走出江岗村，向河谷地带望去，黄绿相间的农田和河滩上

队长之家

　　的牦牛尽收眼底。我想，外表美丽恬静、内部蕴藏深厚传统藏族文化的边境村庄，一定会在樟木口岸未来的发展中，起到点睛作用。

美丽如画的江岗村

　　相比普兰口岸和吉隆口岸，樟木口岸仍处于比较萧条的时期。但随着樟木口岸再次通关，以聂拉木县城为中心，以樟木镇的口岸为枢纽，以乡村振兴发展为基础，樟木口岸将生机重现。

日屋、陈塘口岸行

徐黎丽

　　完成樟木口岸的普查任务后，我们在聂拉木县城稍作休整后便向坐落在定结县日屋乡的日屋口岸挺进。一路上除了两边的喜马拉雅山脉外，就是牦牛。拉巴告诉我们，背上有彩色布片的牦牛是放生的牦牛，不能宰杀，不能出卖。自然老死后，主人还要举行一定的仪式将其埋葬。

喜马拉雅山脉的放生牦牛

　　由聂拉木县往定日县的途中，总在路边看到古代城堡或如烽火台一样的遗址，想必这里的文明一定具有悠久的历史。果然，早在吐蕃王朝时期，定日县就属"如拉"辖区范围。元朝时，这里则是十三万户之一"拉堆洛"万户的辖区。清代时则有定日宗，"宗"是西藏传统地方行政管理单位。除此之外，这里就是万山之山——珠峰所在区域。

聂拉木县乃龙乡的古迹

　　当然，具有现代后藏特征的民居永远都是包括定日在内的日喀则传统文化的代表。对于这种黑白分明的建筑，有专家认为：日喀则地区民居中外墙面均采用大量的白色涂料粉刷墙身，有吉祥的寓意，因为白色在藏族人民心中是吉祥的象征。此外，当地居民还会使用黑色刷窗框、门框。对于为什么使用黑色，有两种说法：一种说法是黑色在藏民心中具有驱邪守护的功能；另一种说法是黑色在现实建筑中具有吸收阳光聚热的功能，所以把门窗边框和大面积的檐口涂成黑色。

　　到了岗嘎乡，拉巴告诉我们，一般来说，宗都建在山脊梁上，定日宗也是这样。民众口中的定日宗，就是指岗嘎乡。这里古迹与民居同在。进入乡镇后，乡政府大楼与前面写着"拆"

黑白分明的民居

　　字的传统民居形成鲜明的对比；清军抗击廓尔喀入侵、藏族民
众保卫自己家乡的雕塑也正在修建；镇的边缘区域，传统民居
仍然伫立在风中。新旧同在、古今共存是此镇的风格。

岗嘎镇街景

　　不久，在路边看到一处释迦牟尼观象台。仔细看，的确有

一处山脉非常像佛面，实际上这是孜布日神山的组成部分。孜布日神山，约有 55 公里长，海拔 5500 米。相传此地本是一片海域，为了消除此地众生的苦难，印度 80 位大成就者迎请这座神山并加持留住。据说神山上有 108 座寺庙，108 处天葬台，108 处泉眼以及胜乐坛成等自然生成的圣物。

孜布日神山

　　一路上，令我们一行人感动的是无数不知姓名的放牧人。他们虽然不认识我们，但看见我们，远远地就用微笑迎接我们。如果我们问路，则仔细地告诉我们走大路或走小路，有什么样的标志辨认，就如下面这位牧羊人。这与内地的城市里近邻都不相互走动的现实形成了鲜明的对比。

　　相比而言，地处喜马拉雅北麓的定日、定结等县因为深居

定日县曲洛乡境内的牧场和牧羊人

高原，印度洋暖湿气流难以到达，因此生态环境比较脆弱，这里的藏族同胞也在努力地改善日趋恶化的生态环境。但用石块围沙来治沙还是第一次看见。

用石治沙

在一处河流干涸而形成的沙窝里，我们看见修桥筑路汉藏同胞一起用餐的情景，乐融融、暖洋洋。

修桥筑路的汉藏同胞围坐而餐

　　经过大半天的行程，我们终于来到了被誉为湿地王国的定结县。县城就坐落在湿地的旁边。夏尔巴姑娘的雕塑伫立在县城出口处，宽敞的主街上国旗飘扬但行人很少。因为全县只有1.6万人却分布在面积5461平方公里的土地上，县城人少就一点也不奇怪了。

定结县城街景

　　但我们并没有停止前进的脚步，因为日屋口岸所在的日屋镇距离定结县城还有 70 公里。我们想如果能在天黑前到达日屋镇，第二天就可以着手调研，于是沿湿地和河流继续向中尼边境的日屋镇驶去。当湿地变成河流，河流再变为小溪后，我们又开始翻越尼拉雪山。翻过雪山后，印度洋的暖湿气流从山口进入日屋所在区域。我们下山、通过边检后，就进入了日屋镇。

从定结县城到日屋镇沿途风光

日屋镇所在地有两个村庄，一个是德吉村，坐落在雪山融化后流经的小河左侧；一个是日屋村，坐落在小河的右侧。日屋镇的名称则来源于日屋村。日屋镇作为定结县三镇之一，除日屋村、德吉村外，还管辖了鲁热村、古玛村、吉米村等 3 个村。全镇人口只有 1000 左右。最近几年随着口岸建设和道路建设，内地汉族人开始进入，主要以四川人、重庆人为主。

小河右侧的日屋村和小河左侧的德吉村景观

我们一行在德吉村和日屋村转了一圈后，找到了一家坐落在河右侧的农家乐。向农家乐的主人说明来意后，他热情地招呼我们进入他的农家乐聊天，我们也因此了解了日屋镇的基本情况。由于这里海拔都在 4000 米以上，村民们基本上以放牧为主。除此之外，政府给村民补助很多。由于补助项目很多，只能查银行卡的每笔进账才能知道。大概每人每月能拿到 6000 元以上，加上各家的牧业收入，每人每月的收入过万。现在每家每户的年轻人外出打工，中老年人在家放牧。就他家来说，他 17 年前从昌都迁入此地，娶了当地藏族姑娘为妻后，就落户此地。现在他不仅收虫草、中草药，还开了农家乐，可以算镇里最富有的人。唯一的担心是正在上大学的女儿的就业问题，这也是其他村民最担心的问题。随后，他带领我们参观了他的家。他的家加上农家乐，共有 5000 平方米。其中一层是农家乐、药铺、储藏室，二楼则是客厅、家庭旅馆和佛堂等。

农家乐主人家一楼的茶馆和药铺

　　农家乐主人还告诉我们，他们作为边民可以到尼泊尔去，只是需要向村委会主任请假，村委会主任再向镇里汇报，批准后就可以到尼泊尔去，时间不能超过 7 天。根据他在尼泊尔的经历，他认为尼泊尔边民生活不如中国边民好，但他们的生态环境比中国边境好得多。由于占用了他太多的经营时间，又喝了他为我们准备的甜茶，于是我们想付点钱给他，但他坚决不要，并且对拉巴说，如果收了钱，才不吉祥呢。这就是我们的边民，乐于助人却不计较回报。

农家乐主人家二楼的佛堂和家庭旅馆

走出农家乐主人家，我们又在日屋镇寻找口岸必须有的边检、边贸等机构或人员，但找来找去，在日屋镇与公路交汇之处，也就是从日屋镇小河与从尼拉山向南流的河水交汇的地方，写有"定结县日屋镇边贸物流中心"的建筑，但它与定结阿瓦孜农民加工专业合作社、定结县日屋镇南晨养殖加工农牧民专业合作社同处一排房屋。旁边正在修建大门，询问正在施工的人员，才知道这里以后就是日屋边贸物流中心。至于边检，他们说还在 4 公里之外的地方，沿着公路向前走就可以看到。公路对面也正在施工。

日屋镇正在修建的边贸物流中心及服务设施

于是我们又继续前进，遇到一位用驴驮土修路的藏族同胞，他告诉我们再向前走一段就到了。

很快就到了一个有人间烟火的地方，但却是一个从主路上分出去的岔道土路上。从地形上来看，是从尼拉山向南流的主

用驴驮土修路的藏族同胞

河道与东北方向的支流汇合形成的三角洲。沿土路东南方向山口行驶到有关卡的地方，我们被告知这里就是边境通行证通行的尽头。

开始建设的日屋边检

　　停好车后，我们便与工地上的施工人员攀谈，又结合日屋镇上藏族同胞告诉的情况，才得知：由于日屋镇与尼泊尔边境的界碑在海拔比较高的山顶上，所以才将口岸的边检中心建在距离日屋镇4公里的两河汇合的三角洲区域，这样能与公路相接，公路又将坐落在日屋西南边境方向的陈塘口岸连接起来，从而将日屋与陈塘两个口岸与整个定结县内交通连成一片。不久的将来，这里将与其他中尼口岸一样，国门、边检样样俱全，与尼泊尔等南亚国家的交流与合作，则有更多的通道。

已经开工建设的日屋口岸

按理来说，我们的日屋口岸普查就到此结束了。但从进入定结县城起，陈塘这个名字就不断出现在我们耳边和路边的标牌上，去日屋镇也是沿陈塘的指示牌行驶。但从我们前期的文献记载和地图查阅中看，它只是一个边境小镇。究竟它是口岸还是边境小镇，已经来到此地的我们想了解清楚。根据日屋镇居民和筑路工人的介绍，陈塘和日屋一样，是正在建设中的口岸。问了路况，从日屋到陈塘，行驶 1 个小时柏油马路、2 个小时土路才能到。司机小刘看了一下油表，担心汽油不够往返，而日屋镇又没有加油站，加上天色已晚，我们就只好返回定结县城加油住宿，打算第二天一早去陈塘。

　　清晨的定结，也许因为坐落在湿地旁边，清凉中带点寒意，我们就穿上厚衣服上路了。考虑到去日屋镇时因着急调查日屋口岸就没有访问路过的萨尔镇上的德庆林寺，而寺院在当地民众生活中至关重要，于是到了萨尔镇便停下来拜访这个"三过才入"的寺院。从外表来看，寺院所在的山脊，应当就是以前"宗"建立的地方，因为现在寺院的背后仍有残存的建筑。山下则分布着村庄，村庄的路上是成群的黄牛。

萨尔德庆林寺全景

　　人口只有 2000 左右、面积却有 300 平方公里的萨尔镇坐落在雪村里。沿着汩汩流过的人工河渠走进德庆林寺，首先映入眼帘的是巨大的白塔，转过白塔就进入寺院的大殿。大殿正中供奉的佛祖为释迦牟尼，左侧是宗喀巴大师，右侧则是莲花生大师。其他殿堂中比较熟悉的有巴思巴和萨迦班智达。有位小僧侣一路帮助我们开各个殿堂的门，仔细讲解寺院的历史。原来这个寺院最先由蒙古族人建立，现在则由当地的藏族高僧管理，萨尔镇也因此寺成为旅游景点。从小僧侣站的地方向山下望去，小河流过黄绿相间的田野，云彩在远方的山脉上盘旋，美不胜收。

萨尔德庆林寺内景

　　离开萨尔德庆林寺的小僧侣时，他一再嘱咐我们去陈塘的路很危险，一定多加小心。我们心存感激地辞别他后，又翻过尼拉山，进入日屋边检站，在即将建立日屋边检的两河汇合的三角洲区域沿柏油大路向西南方向的陈塘驶去。随着海拔不断降低，山坡山顶的绿色植被越来越多。

从萨尔到日屋段的景色

从日屋到陈塘正在兴建的大门

实际上，我们从日屋行驶了半个小时后柏油公路就消逝了，于是跟着修路的水泥车、沙子车或货车，颠簸在咆哮而下的河流边的泥泞路上。

进入正在修建的陈塘大门后，迎面而来的便是一排正在修建的小楼，因为坐落在瀑布、山林、河流共存的峡谷地带，我们还以为是度假村。但问过以后才知道，这里是陈塘以后的边贸中心。看到这样的边贸中心，想必日后也会成为旅游胜地。

正在建设中的陈塘边贸中心

没路了

　　继续前行，风景更美，路更险。正应验了那句老话，"无限风光在险峰"。在离陈塘只有 10 公里的地方，我们被修路机挡住了，因为前面没有路了。

　　望着山下的村庄，我们想走过去，但经过 1 个小时的行走，才走出 1 公里。于是我们接受一个在陈塘开店四年的天祝藏族先生的建议，等明年路修好了再去。因为现在的陈塘既没有口岸边检，也没有国门，只是一个边境小镇。

可望而不可即的陈塘

　　返回的路上，大家都不说话，因为放弃快到的陈塘有些遗憾。在我们多年的田野调查中，总是遇到快到目的地却因道路

祝愿陈塘公路早日畅通

的缘故被迫放弃的案例。但我们必须学会顺其自然。比如我们在甘肃省玛曲县调查一个古城，离村庄也是 10 公里的地方，村道因洪水而断裂，我们无功而返，回到玛曲县城时，已是半夜时分。明年路通后，陈塘的口岸建设会加快，我们再来调查也不迟。祝愿绑在推土机上的五色哈达保佑筑路工人平安健康！祝愿萨陈（萨尔到陈塘）公路早日畅通！

再次返回到萨尔镇时，已是下午。我们四次经过萨尔镇，前两次没有停留，第三次停下来转了德庆林寺，这一次则停留下来找午饭。终于我们在藏族同胞的指引下找到了一个藏族茶馆，这里也是吃饭的地方，于是便走了进去。

热情的女老板为我们倒上了甜茶后，就为我们准备了藏面和饺子。牦牛汤熬制的汤面清淡可口，猪肉馅饺子皮薄馅多。我们一边吃一边聊，对女老板一家的经营情况有所了解。女老

萨尔镇藏式茶馆和餐厅

板是萨迦县人，小学毕业后就再没有上学，嫁到萨尔后，自己经营茶馆和餐厅，丈夫则开推土机，有一个两岁的儿子白天寄放在姨妈家。来这里吃饭的人有三种：一是游客；一是转寺的人；还有就是乡镇上的工作人员。平时茶馆早晨人多，多为村里百姓，他们对餐厅的肉饼和藏面非常喜欢。中午人少，女老板和丈夫的妹妹一起打扫卫生，为晚饭的客人做准备。她每月的毛收入 4 万多元，除掉房租 800 元及材料、电费、煤气等等，收入也有 3 万元左右，应该说日子过得很富裕、充实。

离开四次进入的萨尔镇后，我们的日屋、陈塘普查就告一段落。虽然两个口岸正处于起步阶段，但我们对周边环境、基本建设的展开情况已经有一定的了解，期待道路畅通后再来蹲点调查。

乃堆拉口岸行

徐黎丽

　　离开定结县的萨尔镇，我们前行 90 公里后，来到了岗巴县城。"岗巴"，藏语"雪山附近"之意，即在卓木雪山和康钦甲午雪山附近，这两个雪山与锡金雪山接壤。全县面积 4100 平方公里，人口只有 1 万左右，行政区划 1 个镇 4 个乡。县城所在地岗巴镇则是早在 14 世纪中期建立的岗巴宗所在地。清末英军侵略西藏时经过这里，岗巴宗被掠。如今这里的山脊上，仍然可以看到"宗"的遗址。

岗巴县城远景与近景

　　进入县城后，我们发现旅馆稀少，围着县城大街小巷转了好几圈，才在城北找了一家价格相当贵且只有公共卫生间的旅馆，饭馆也仍以川菜馆居多。夜里多次被憋醒才感觉这里的海拔的确不低，早晨起来一看，果然全县平均海拔都在 4700 米以上。

新建的具有混搭风格的民居与宾馆

清晨的喜马拉雅山区

　　由于离我们需要调查的最后一个口岸——亚东的乃堆拉口岸还有半天的行程，因此清晨就出发了。一路上，喜马拉雅山区的牛羊陪伴着我们向东行驶。特别值得一提的是，一群野驴从路边的草场跑过，被我们快速拍摄下来。

　　随着藏南县乡完全脱贫，乡道修建得非常平整。这样我们就沿新修的乡道前往亚东，节省了宝贵的时间。

新修的乡道

　　有着抗击外国侵略史的边境村和小康村——吉汝村，就坐落在吉汝寺的山谷中。这里的老百姓有特别强的戍边意识，家即国是边民普遍具有的认识。即使自家有婚丧嫁娶的大事，都不会耽误巡边。到了指示牌向东的真桑寺，我们便向南的主路翻过喜马拉雅山，进入亚东县。看到被云雾迷漫、绿色环绕的山峰和河谷，就意味着海拔开始降低，美丽的藏南谷地再次来到我们身边。虽然我们已经适应了高海拔调查工作，但随着高强度的体力和脑力劳动带来的疲劳，高反再次袭击我们，因此下到海拔较低的亚东口岸，有利于体力的恢复和调查工作的继续进行。

从岗巴进入亚东的沿途人文与自然景观

一路下坡的途中，看到弯曲的河流在山谷中流动；蓝顶白墙的社会主义新农村整齐地排列在河边。只是由于藏南谷地降雨量明显增多，房顶变成了"人字形"，以便防雨。藏族姐妹们的后背上也多了一个背篓。这样有二层台地的房顶，与我们在中朝边境看到的朝鲜民居有点相似；背背篓的藏族姐妹，也让我想起生活在甘肃甘南藏族自治州白龙江流域的迭部、舟曲生活的藏族同胞。

继续向下行驶，河谷越来越宽阔，农田与民居点缀着山坡；到了谷地，雨季的河水丰沛，植被中的阔叶增多。路过康布村，村边的塔变成了红色，转经筒安静地立在路边。

亚东境内的河谷

亚东河谷地带

　　中午时分，我们来到了在西藏近代史中经常被提及的亚东。宽阔整齐的街道、藏式与现代混合的建筑、当年的英国驿站、鳞次栉比的商铺、滔滔南流的亚东河让人感到了藏南的温柔与湿暖。但亚东也是一个经历苦难沧桑的历史名城。她曾受吐蕃"五茹"之一"茹拉"下属的千户之一"措额东布琼"管理，之后则是吐蕃"桂"氏豪族长期统治的对象。明代西藏地方政权时期，在帕里正式设立有帕里宗，在亚东设立日纳宗（今锡金境内）；清光绪年间，英军入侵西藏，亚东被英帝国强行辟为商埠。直到西藏民主改革后，亚东县正式建立，今天她已经发展成为藏南名县。

亚东县城

　　但是我们目的地是距离亚东县城 30 公里的乃堆拉口岸，且没有住宿之地，因此我们安排好住宿后立即沿亚东河方向前进。本以为沿亚东河方向一直向南走就可以到这个口岸，但事实是新建的仁青岗边贸市场向南就到，乃堆拉则需要向西南方面的山上行驶。虽然路面很平整，但沿着悬崖修建的亚东公路仍然很险，尤其云雾缭绕、大雨滂沱的时候，感觉车在空中行驶。到了半山腰，河谷的村庄若隐若现；爬到山顶，河谷中的亚东全貌展现在眼前。但由于雨大、雾浓，路显得特别长。到了则里拉，才知道乃堆拉还得继续沿山头前行。

从亚东县城到乃堆拉口岸沿途

　　过了边检，雨下得累了，稍微小了一些。这时从对面来了一个车队，仔细一看，都不是中国的车。才知道今天通关的时间到了，印度那边的人与货放行，他们沿着我们刚才走过的路去亚东县城南部的仁青岗边贸市场交易。我们则继续沿着烟雨朦胧的界山前行。

　　终于，我们沿着军魂铺就的道路来到了乃堆拉口岸。看着这个伫立在垭口、没有文字的国门，眼泪差点流出来，不是为

中印边界

我们，而是为这里用青春和汗水守卫中印边界的移民管理警察和边防战士。他们站在雨中，浑身湿透，稚气的脸上透着严肃；走进他们宿舍和餐厅，一尘不染；跟随他们来到会晤所，听中印两国的边界故事；看到他们与印度军人、警察相互寒暄的样子，没有隔阂。但这背后，却隐藏着他们在高寒而潮湿的中印边界长期戍边时留下的风湿病、心脏病、肺病等等。但我们仍被告诫，不能写他们，不能说他们，不能拍摄他们。我好想写他们，宣传他们，因为边境口岸志没有他们的事迹，就不叫口岸志；没有他们在口岸的奉献，就没有中国的边境口岸。但是在铁的纪律面前，作为中华人民共和国公民，必须以国家利益为重。我们只有把对战士和警察的尊重和爱戴，化作培养和教育学生的动力，只有这样，我们才能对得起这些为国家抛头颅、洒热血的人民子弟兵。

乃堆拉口岸

乃堆拉口岸的国门上悬挂着中国国徽。走进国门，中间有一条宽约 4 米的通道，通道的两侧墙体上，一半白色墙体为中国墙，一半黑色墙体为印度墙。印度的国门紧闭，国门的外面则是他们的边检中心。乃堆拉，藏语之意"风雪最大的地方"，海拔 4730 米，因此只有在 4—10 月通行。即使如此，由于它重要的交通枢纽位置便成为茶马古道的组成部分，20 世纪初中印

乃堆拉口岸的中国和印度国门

边境贸易总额的 80% 都是通过这个通道进行。1962 年中印发生边境冲突，乃堆拉山口关闭；2006 年，中印两国重启乃堆拉山口边境贸易，边民可在当天返回的前提下往来于边境贸易通道之间；2015 年 6 月，为了满足印度香客去冈仁波齐神山朝圣的需要，中国决定对印度香客开放乃堆拉口岸。目前，它成为老年香客和中印边贸的通道。

我们随后又冒雨参观了中国国旗、会晤所，也与站在对面的印度警察握手致意。他们可以用英语通话，寒暄时非常友好。对面的红顶房屋是印度的边检中心，远处的山上有他们的哨卡。

中印边界

参观完中印边界，为了不打扰移民管理警察和边防军人的日常工作，我们不得不与他们话别。望着在雨中送行的他们，我们心里久久不能平静。我也有孩子，比他们小不了几岁；我也有学生，年龄也与他们相当。可我的孩子和学生都在城市舒适的环境中生活与工作，他们呢？在自然条件和生活条件极为艰苦的边疆为国戍边。他们的妈妈，又是何等伟大的妈妈。中国有这样的人民子弟兵，边疆何以不在安全中发展？

下山的路

下山的路上，才感受到被雨水浸泡的鞋子是多么冰凉，而人民子弟兵的鞋子天天都是这样。继续前行，来到了半山腰，被雾气笼罩的仁青岗边贸市场的路牌和货场依然存在。县城的新边贸市场开放前，这里就是中国一方的边贸市场。相应地，印度方的半山腰也有一个边贸市场，至今这个市场仍在运行。

位于乃堆拉口岸半山腰的仁青岗边贸市场

　　路过以前的仁青岗边贸市场时，雨彻底停了，云雾也散去了。上山时在雨中隐约看见的噶举派寺院——噶举寺完全呈现在眼前。红色的寺院点缀在绿色的群山中，格外耀眼。相传寺里存有一块在第一次英国侵藏战争期间驻藏大臣升泰所题赠的

噶举寺

"大放光明"木匾。

下山后，我们便去了搬迁到县城南部河谷地带的仁青岗边贸市场。这里设置了专门的印方停车区，印度的商店全部安排在二楼店铺中，中国商品则全部安排在一楼店铺中。来这里购物的中国人，基本上都是来买印度商品，纷纷上二楼；而进关的印度人，则在中国一楼店铺中进货，在闭关之前将货物拉出关。

亚东县城的中印边贸市场入口

我们将二楼所有的印度店铺数了一遍，除去没有经营的之外，共有38家。但大多数都处于刚开门阶段，商品正在摆放和整理。经营的商品从糖果到哈达都有，尤其是寺院用品和百姓佛堂用品居多，价格则比拉萨便宜三分之二。这就是许多藏族民众喜欢来这里买东西的原因之一。每个商店都配制市场部门统一的货架和标识——中国亚东仁青岗边贸市场。经营比较好的有6家左右，其中5家均是印度方面的藏族人商店，1家为内地重庆人开的印度商店。一楼的中国商店中买卖比较好的是卡垫、毛毯及其小百货。从买东西的人来看，藏族民众比较多，内地游客比较少。从停在边贸市场外面的印度车辆来看，从印度过来的商家有 20 家左右。

亚东仁青岗边贸市场印度商店

边贸市场内部有一个巨大的院落，院落中有草坪、亭子、松树、长椅等，供来人休息。这是我们在西藏所有边境口岸中看到的修建最好的边贸市场。但边贸市场的开放时间比较短，

仁青岗边贸市场内部的院落

工作日每天的 15 点到 18 点。

　　可喜的是，我们在边贸市场中不仅了解到边贸市场的运行情况，还认识了一位藏族老人。他家就住在仁青岗边贸市场旁边的切玛村。由于边贸市场关门，我们便跟随他来到他的家里了解边境村庄的情况。红色的铁门宽度足够家用车出入；长长的过道里排放着整齐的木柴；鲜花铺满院墙和过道，新老房屋各有用处。

切玛村某老人家外景

　　我们一行先参观了老人家的老屋。老屋是一座二层小楼，坐北朝南，南面有一个小院子，院子里拴着一头牛。这是他自己一块石头一根木头亲手慢慢修建起来的传统藏屋。一楼是储藏室，阁楼则是凉干草的地方；二楼是他家以前的佛堂、客厅、卧房、厨房所在地。客厅里仍旧摆放着藏式花柜，儿子的卧室仍然保留着原样。原来老人有两个儿子，大儿子大学毕业后在康巴县当老师，小儿子则在定结县做边防战士。老人拿出许多小儿子获得的奖章，让我们真心为这一家军民融合、同戍边疆的家庭点赞。

切玛村某老人家老屋

　　2015 年地震后，政府给每家每户划拨 10 万元修建新屋，他家也一样。新屋只有一层，但厨房、客厅、卧室、佛堂一应俱全。虽然两个儿子都组建了家庭，但只有 1 个孙子和他们老两口住在一起。在切玛村，绝大多数家庭与他们相同。这个村

切玛村某老人新居

属于亚东县下亚东乡管辖，共有 100 户左右，400 多人。

谈及亚东的边贸，老人说，他就是随父亲从云南沿茶马古道做生意来到亚东定居的。早在清代，印度人把货物运到亚东后，再由亚东人把货物运到拉萨。那时从亚东到拉萨，需要 12 天，现在 1 天就到了。由于亚东与印度和不丹都交界，因此这里的边民与印度、不丹的藏族一直有来往。改革开放前，总有中国边民去那边，但改革开放后，随着中国经济发展，这里的边民生活条件好，一些人就回来了。总体来看，亚东因为优越的地理条件和战略地位，自古以来便是中国与南亚各国交流合作的重要通道。

后　记

　　习近平总书记在十九大报告中明确提出"加快边疆发展，确保边疆巩固、边境安全"等建设目标，也在西藏工作会议和新疆工作会议中强调依法治疆、团结稳疆、文化润疆、富民兴疆、长期建疆的重要性，因此边疆作为国家的重要组成部分对国家总体安全影响深远，学界研究热潮高涨。与学术界的火热景象相比，普通边民和内地民众则对边疆的关注只有默默地落实到用实际行为戍边通边或去边疆旅游或从业方面。为了让更多人关注边疆发展，了解边境口岸，本书基于对边境口岸的实地调研，以图文并茂的写作方式为读者近距离呈现边境口岸沿途风光与发展实况，以期吸引更多人参与到边疆发展建设中来。

　　本书采取集体写作方式，由前往边境口岸调研的诸位作者共同完成，他（她）们是徐黎丽、于洁茹、韩静茹、杨亚雄、次旦扎西、才项多吉。其中，徐黎丽教授完成卡拉苏、红其拉甫、普兰、吉隆、樟木、日屋、陈塘、乃堆拉等8个口岸行；

于洁茹同学完成巴克图、都拉塔、木扎尔特等 3 个口岸行；韩静茹同学完成阿拉山口、霍尔果斯 2 个口岸行；杨亚雄副教授完成吐尔尕特、伊尔克什坦 2 个口岸行；次旦扎西教授、才项多吉同学完成里孜口岸行。经过近三年的分组实地调研走访，作者们将中国边境口岸的迤逦风光、边境人民平安祥和的美好生活尽收书中。感谢在调研过程中为上述作者提供帮助的边境各族民众、边防战士、移民警察。

　　本书调研地点涉及中国与哈萨克斯坦、吉尔吉斯斯坦、塔吉克斯坦、巴基斯坦、印度开设的 18 个边境口岸，跨越中国新疆维吾尔自治区、西藏自治区长达 9900 公里的边境线。由于沿途自然环境、人文社会复杂多样，口岸建设正在推进，口岸行中不免存在些许疏漏之处，诚望广大读者给予批评指正。

中国陆地边境口岸行

（五）中缅、中老边境口岸行

徐黎丽 主编

李智环 邵媛媛 丁莉霞 等 著

人民出版社

责任编辑：宫　共

封面设计：源　源

责任校对：徐林香

图书在版编目（CIP）数据

中国陆地边境口岸行. 五，中缅、中老边境口岸行 / 徐黎丽主编；李智环等著
．— 北京：人民出版社，2020.12

ISBN 978 - 7 - 01 - 022915 - 7

I. ①中… II. ①徐…②李… III. ①边境贸易 - 通商口岸 - 研究 - 中国、缅甸
②边境贸易 - 通商口岸 - 研究 - 中国、老挝 IV. ① F752.8

中国版本图书馆 CIP 数据核字（2020）第 269846 号

中国陆地边境口岸行
ZHONGGUO LUDI BIANJING KOUAN XING
（五）中缅、中老边境口岸行

徐黎丽　主编

李智环　邵媛媛　丁莉霞　等 著

人民出版社 出版发行
（100706　北京市东城区隆福寺街 99 号）

北京盛通印刷股份有限公司　新华书店经销

2020 年 12 月第 1 版　2020 年 12 月北京第 1 次印刷
开本：710 毫米 × 1000 毫米 1/16　印张：82.5
字数：922 千字

ISBN 978 - 7 - 01 - 022915 - 7　定价：420.00 元（全 6 册）

邮购地址 100706　北京市东城区隆福寺街 99 号
人民东方图书销售中心　电话（010）65250042　65289539

目 录

CONTENTS

片马口岸行

徐黎丽

片马口岸坐落于云南省怒江傈僳族自治州泸水县片马镇，是该自治州唯一对外开放的二类公路口岸，它南、西、北三面与缅甸联邦共和国接壤，属于典型的边境口岸。

高大雄奇的怒江大峡谷

片马风雪丫口

片马丫口碑

在云南大学民族学与社会学学院边疆所高志英教授的带领下，我们一行从怒江傈僳族自治州首府六库出发，向怒江行驶而去。经过了漫长的盘山公路后，看到了山大沟深的怒江峡谷。与西北的山大沟深类型山脉相比，怒江峡谷因为植被密布而少了一些苍凉、多了一些秀美，但同样高大雄奇。

又经过一段路程，我们就到了片马风雪丫口。这个丫口是由于绵延千里的高黎贡山山脉在片马东面突然如刀削斧砍后形成一个巨大的"V"形剪刀口，这个"V"形剪刀口，海拔3150米，常年浓雾紧锁，风急雪大之时，丫口的竹、草和树木一律顺风歪斜，因此被冠之以"风雪丫口"之名。

尽管丫口气候多变，但它却是连通怒江与片马的必由之路，因此历来为兵家争夺之地。仅在近代史中，片马风雪丫口先为英国控制，后遭日本烧掠。新中国成立后，几经谈判与协商，

高高飘扬的五星红旗

中华人民共和国片马口岸

片马口岸通往缅甸一方的通道

终于在 1960 年，中缅签订边界条约，片马、古浪、岗房等地回归祖国，片马风雪丫口就成为片马回归祖国的标志。

但片马风雪丫口并不是现在口岸所在地，而是在翻过丫口后的半山腰上。还未到口岸边检处，首先看到的是中国边防连队驻所和高高飘扬的五星红旗。

再往前走，就到了片马口岸中国边检通道。通道的门楣上清晰地写着"中华人民共和国片马口岸"11 个红色大字，国徽则悬挂在红字的上方。口岸通道建筑呈"风"字形。

我们看到不断有中国货车从缅甸方向驶入中国。为我们当专门向导的当地妇女主任说：由于中国红木家具畅销，因此这个口岸主要进口缅甸的红木原木，用来做红木家具或相关产

缅甸口岸

缅甸边境小镇

缅甸边境村庄

去纪念馆的路上

片马人民抗英胜利纪念碑

品。货车多的时候排队入关。有些中国商人专门到缅甸"买山"后，再雇中国片马人砍伐，将原木运回中国内地加工。

穿过中国片马口岸边检通道，就来到了缅甸一方口岸边检通道。边检通道建筑上面用英文写着"UNION OF MYANMAR"的褐色字样，字样的上面则是他们的国徽，国徽的两边和通道两边的墙体上均有粉色的稻米图案。通道门呈圆形，圆门与门框之间的墙体则以油漆粉刷，上面的图案则是蓝色衬托金色光芒。通道左侧则竖立着一排钢柱，中间的一个钢柱中悬挂着缅甸国旗。

出缅甸口岸后，就进入了下坡路面。旁边就是缅甸的边境小镇。镇子不大，主要满足边检人员、边防人员和来往商人居住或办事所需。这里除了车辆通过时的轰鸣声外，也很安静。

在缅甸口岸的东南方向，则分布着住户比较分散的村庄。层层梯田的交汇处或边上分布着人字形的房屋。山腰的土地已经被开垦，只有山顶上还是郁郁葱葱的森林。

观看完中缅双方口岸，我们一行就进入驼峰。这里古树参天，道路陡峭。也许因为去缅怀那些为中国抗英、抗日牺牲的先烈们，心情不免有些沉重。

首先映入我们眼帘的是高耸入云的纪念碑，碑上写着"片马人民抗英胜利纪念碑"。从碑文得知，从19世纪末到20世纪初，英国军队先后多次入侵我国片马等地，片马等地民众先在登埂土司组织下奋起抵抗，后又建立由傈僳、怒、茶山人、独龙等民族组成的蓑衣队，取得抗英胜利。为了纪念片马民众的抗英壮举，1988年建成片马人民抗英胜利纪念碑。

除了纪念碑，纪念馆中还保存了抗日飞机残骸，也供奉着中美牺牲飞行员及随行人员的牌位。众所周知，从1942年至

驼峰航线"中"字号飞机残骸

中美机组人员牌位

1945 年，中美两国人民开辟了一条从昆明到印度汀江的国际战略空运通道，被称为"驼峰航线"。先后投入飞机 2000 多架次，为中国西南抗日战场运送 80 余万吨军用物资。

遗憾的是，抗战时期共有 609 架飞机坠毁、近 2000 名飞行员牺牲，至今仍有一些坠机残骸散落在高黎贡山区，因此"驼峰航线"又被称为"死亡战线"。

参观完抗英抗日纪念馆后，我们来到了片马镇。与缅甸口岸所在的小镇相比，这里的街道稍长一些，铺面也多一些，但同样来往的顾客和游人并不多。

片马镇虽不大，但党支部、居民委员会等基层管理机构健全。

片马镇一瞥

街道上有传统的木屋，也有必不可少的铁匠铺，还有不多的中外游客慕名来买各种木质商品。

片马镇不远处的山坳里，则分布着居住比较分散的村庄。村庄、小镇和口岸一起，共同组成了边疆的地理与人文景观。

其中的岗房村是怒江州首个中缅友谊诊所——岗房中缅友谊诊所所在村庄。这个友谊诊所，也称华侨诊所，于 2017 年 8 月 29 日竣工。之所以选择在此村建设中缅友谊诊所，是因为这个村庄虽然只有 104 户 384 人，但却位于中缅边境 N21 - N26 号界线段，南、西、北三面均与缅甸接壤，边境线长 19 公里，距离怒江州府六库 130 公里，是泸水市所有村庄中离六库最远的村庄，也是怒江归侨侨眷比例最高的村庄。因距离州府远看病难就成为当地侨民的难题。同时以小河为界的缅甸边民也存在同样的问题。于是岗房村挂联单位——怒江州外事侨务办在

片马镇党支部和居民委员会牌匾

木屋与铁匠铺

多方争取资金后，经过 10 个多月的努力，终于在岗房村建立了一个设有药房、诊断室、观察室、预防接种室、计划生育室、治疗室等两层岗房中缅友谊诊所。

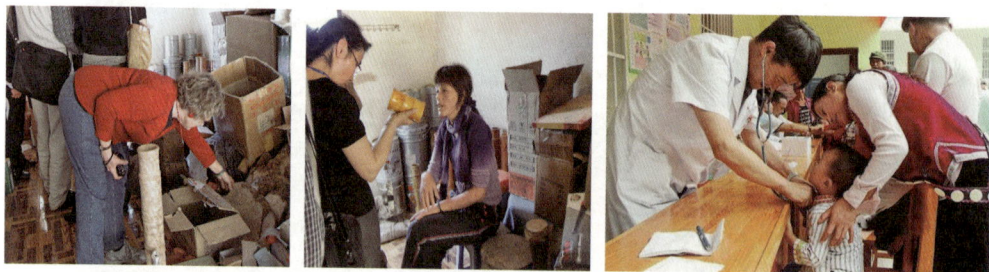

中外游客挑选木制商品

缅甸克钦邦天摩和平与发展委员会秘书长腊绍英在诊所落成仪式上发表讲话："有了中缅友谊诊所，我们可以就近到这

片马镇附近的小山村

里看病了，非常感谢中国。"岗房村2组村民胡三妹高兴地说："以前小病小痛要到镇里看，大病需跑到六库，4个多小时的路程很不方便。现在村里有了诊所，看一般的病就不用跑那么远了。"

　　由此可见，一个小小的诊所，架起了中缅边境各族人民互联互通的桥梁。

腾冲（猴桥）口岸行

丁莉霞　陈超

近年来，云南省与东盟的进出口贸易增长显著，其中和滇西、滇南接壤的缅甸、越南为云南最主要的两大贸易国家，而腾冲猴桥口岸扼守滇缅陆路交通之要冲，是滇西对缅贸易的重要门户之一。笔者二人的猴桥之行正值 2018 年年末，从昆明出发，1 小时后东航飞机就已经降落在 606 公里之外的腾冲驼峰机场。得益于改革开放以来腾冲市对外开放、国际贸易及旅游业的快速发展，该机场也以年旅客近 100 万人次的吞吐量而成为国内最繁忙的支线机场之一。

一、极边第一城的前世今生

腾冲机场有关"驼峰"的命名旨在纪念二战期间中国和盟军建立的著名空中运输通道——驼峰航线，这段航线西起印度阿萨姆邦，向东飞越喜马拉雅山脉到达中国云南，而昆明—腾冲的航程即为这条航线之重要一段。彼时随着太平洋战争的爆发，日军攻陷缅甸，切断了滇缅公路，包括腾冲在内的滇西大片土地沦陷，驼峰航线成为国际援华战略物资进入中国的主要通道。1944 年 9 月，中国远征军经过 127 天的浴血奋战，在腾冲围城战中取得大捷，全歼日军 6000 多人，腾冲成为全国沦陷区中光复第一县。此后中国修通自印度阿萨姆邦的小镇雷多—缅甸密支那—昆明的史迪威公路，腾冲猴桥亦为这条抗战后期陆路生命线上的重要战略节点。

与近现代滇西抗战的厚重和悲壮不同的是，初见于历史文献中的腾冲既久远又浪漫。2000 多年前的腾冲叫作"滇越"，《史记》记载："昆明之西可千余里，有乘象国，名曰'滇越'。"随着中西商业的不断繁荣，滇越的文化象征符号——浪漫的"乘象国度"逐渐被一条称作"蜀身（yuān）毒（dú）道"的古商路所取代。商人们带着货物从四川成都出发，经云南昭通、大理、德宏、保山、腾冲前往东南亚、南亚以及西亚诸国，辗转万里，再运回中国稀缺的金、贝、玉石、琥珀、琉璃制品。汉武帝时，凿通西域的张骞出使大夏时，就曾目睹经身毒（古印度）转运来的中国蜀地所产之布匹和邛竹杖。毫无疑问，这条西南丝绸之路对于历史上中外商贸文化的交流发挥了重要作用，而被徐霞客誉为"极边第一城"的腾冲作为西南边陲的重要通商口岸，可谓是散落在这条古商路上的一颗耀眼明珠。依托这条古商路，边城腾冲得以较早开放和开发，长期以来这里商贾云集、贸易兴盛、经济繁荣，不仅是云南近代工商业的发祥地之一，腾药、藤编、腾宣等"腾冲三宝"热销海内外，还是中国和东南亚重要的翡翠加工贸易集散地，翡翠加工的传统在这里已经延续了数百年之久。

今天的腾冲市国土面积5845平方公里，汉、回、傣、佤、傈僳、阿昌等25个民族近70万人居住于此。国境线长148公里，与缅甸克钦邦第一特区接壤，西距克钦邦首府、缅北重镇——密支那仅200公里，距驼峰航线和史迪威公路的起点印度雷多小镇602公里。随着中国与东盟、南亚大陆的联系日益密切，孟中印缅国际经济走廊正在成为中国通往印度洋路程最短、交通条件最优越的陆路通道：一方面由腾冲猴桥经密支那—雷多可进入印度大陆和孟加拉国，另一方面也可自腾冲猴桥—密支那南下进入八莫、腊戌、曼德勒、仰光等缅甸腹地。而腾冲因地缘优势成为这条西向通道的要冲和集现代人流、资金流、物流、信息流为一体的区域性国际合作的重要前沿，以及中国面向东南亚、南亚的战略"桥头堡"，在融入国家"一带一路"和孟中缅印经济走廊建设中的优势不断凸显。21世纪的今天，史籍中的腾越故地再一次书写着属于她的传奇。

二、边陲小镇上的缅甸工人

腾冲地处横断山脉西部高黎贡山所在的亚热带高原，兼有大陆性气候和海洋性气候的特征，受西南季风的影响，降水集中在每年5—10月的雨季，生态环境优越，森林覆盖率高达73%，素有"世界物种基因库""最适宜人类居住的地方"之美誉，近年来更成为游客热衷打卡的知名旅游目的地。我们到达的 12 月末在全国大部分地区正值隆冬时节，腾冲却是艳阳高照、树木葱茏，温润宜人。该市辖 11 镇 7 乡，西北部的猴桥、滇滩、明光三镇与缅甸毗邻，除了猴桥口岸外，腾冲还有自治、滇滩、胆扎三条省级通道，以及十数条民间便道、两条国际公路（腾冲—密支那、腾冲—板瓦）通往缅甸克钦邦。

从腾冲城区前往此行的目的地——猴桥口岸还需 70 公里，我们在客运站换乘大巴车沿着腾密国际公路继续向西北边境方向行驶，沿途林木茂盛、青翠挺拔，景色甚是怡人。1 个小时后，我们先行抵达了猴桥镇，而这里距离猴桥口岸国门所在的猴桥社区黑泥塘还有 20 公里。猴桥镇原名古永傈僳族乡，2000 年撤乡改设猴桥镇（当地人仍习惯沿用旧称"古永"），总面积 1086 平方公里，共有 9 个社区、28000 余人，其中傈僳族 5084 人，是集林业、边境贸易、物资集散等多元产业为一体的边关重隘。该镇辖区 90% 以上属高、中山区，最高海拔琅琊山 3741.4 米。镇政府所在的古永坝子地势北高南低、东西两侧高中部低，形成于第四纪时期的欢喜坡—打苴隆起带在古永南部阻挡了来自印度洋湿热的西南季风，造就了古永一带多雨多雾多霜、气候湿冷的特点。这里全年长达 8 个月的时间被雨、雾笼罩，特别是冬季的古永每天上午雾浓霜重、冷峻异常，直至中午雾气散尽，方日出回暖。

随着近年来我国城市化的触角不断向乡镇、农村延伸，加之地处边境商贸要冲，相比而言，古永要比一般的小乡镇繁华，超市、酒店、餐馆、电器商店、家具城、货场随处可见，镇中心的十字路口也停满了蓝色的农村客运小面包车，不时有

猴桥镇（古永）街景一角

司机上前询问我们："去不去缅甸，去不去甘拜地（缅方口岸）？"
跟其他地方不同的是，古永大街小巷遍布写有"香蕉代办"标
牌的店面，就在我们开玩笑返程时要不要从这些店里买香蕉回
昆明时，定睛再看才发现"香蕉代办"并非售卖香蕉的水果店，
而是摆有电脑、打印机的办公室和写字间。了解之下方知这是
由香蕉进口伴生的，负责代理香蕉入境的报关商检清关手续，
以及提供与香蕉有关的购销信息、技术支持等的新兴行业。时
值缅北香蕉的收获季节，然而从古永街道直至 20 公里外的国
门，预想中的车水马龙却踪迹全无。打听之下，方知原来缅北
连日暴雨，位于腾密公路干线上的缅甸境内歪莫镇萨栋桥于 12
月 14 号断裂塌毁，致使密支那—甘拜地之间的交通中断，缅北
香蕉无法运到中国。出租车小哥告诉我们，桥塌之前每天几乎
都有二三百辆大货车经猴桥口岸出入境，有时候车多的时候甚
至能从古永排到国门。

　　经济的繁荣也吸引了大量缅甸边民入境在古永工作、生活。古永的店铺招牌上很多都标注着中缅双文，有专卖缅甸货的商店甚至还形成了缅甸人聚居的社区。不过短短三两日，我的学生陈超已经能精准地辨识出擦肩而过的，或是建筑工地上的缅甸工人，当试图想跟他们打个招呼聊几句的时候，缅甸工人往往摇头然后用汉语说"听不懂"三个字，计划中的攀谈都以失败告终，我们只好通过访谈当地人来侧面了解缅人入境务工的具体情况。街边售卖咸菜的大姐说自己在国门做生意多年，会说一点缅甸话，也了解缅甸的情况，因为缅北经常打仗，很多老百姓过不下去就跑来猴桥打工。开傣味饭馆的傣族老板娘则对自家店里雇佣的缅甸姑娘颇为满意，"小姑娘是缅甸景颇族，在我店里干了好几年，舂鸡脚、撒

笔者与建筑工地上的缅甸工人攀谈

撇、柠檬水样样做得好，很操心店里的活，所以从刚开始的月工资 1000 多块钱又给她涨到了 2000 元。我会说景颇话，还跟着小姑娘去过她缅甸的家，她们那比较落后，人们住在山里，经济条件很差。"

　　猴桥镇边防派出所的赵警官也向我们介绍了相关情况，得知目前该镇居留的缅甸边民大约有 1000 余人，从民族构成来看以克钦族（景颇族）、傈僳族、佤族、缅族居多，主要在木材厂、家具厂、建筑工地、商店、餐馆务工，"缅甸边民来猴桥务工的要求不高，只需要能够温饱就行，他们在工地上干一天活，只能挣 80 元左右；而中国边民当小工的工价无论怎样都有 200—300 块左右。因为近年来缅北局势很不稳定，我们寨子就有两个缅甸人说他们随时都在搬家，也许今年在这里，明年就搬到其他地方去了。很多人随身携带金项链、金戒指，因为缅北社会不稳定，他们只能用黄金来保存财产，黄金在世界各地都是硬通货。"猴桥口岸的海关工作人员也佐证了这一说法，"我们在过机检查的时候发现很多缅甸人的行李包扫描出来有枕头、棉被，几乎随身带着全部家当"。

　　经历了数十年的军事统治以及西方制裁后，缅甸社会经济发展落后，缅北民族地方武装多年来与缅甸政府军冲突不断，导致缅北人民生活贫困不堪。而中国政治稳定、经济发展迅速，加之边境一线的景颇族、傈僳族都属跨境民族，语言文化相通、彼此交往密切，因此来中国工作对于缅甸劳工而言具有较大的吸引力；同时中国乡镇劳动力紧缺、低廉的用工成本，使得缅甸工人也很受当地人的欢迎。

三、口岸建设与边民互市

1991 年，猴桥被国务院批准为二类口岸（省级）。1997 年 9 月，中缅双方《关于中缅边境管理与合作的协定》正式生效，明确将中方猴桥与缅方甘拜地设置为对等（对接）口岸，鼓励双方边民进行地方货物的交换并发展两国边境地区的经济、文化和体育合作。2000 年 4 月，经国务院批准，猴桥被提升为国家级一类口岸。基于大通关、大口岸发展的现实需要，2013 年猴桥口岸查验货场迁至距中缅边境 25 公里的猴桥镇下街村，同时口岸联检楼（国门）则转场到距中缅友谊碑（南 4 号界桩）6 公里的猴桥镇黑泥塘（国门以外、国境线以内的这 6 公里地区被称为"关外境内"），迄今出入境人员流量、货运量、货值等各项指标稳居云南省陆路口岸前列。

猴桥口岸联检大楼

　　猴桥口岸海关的李关员非常热情地接待了我们，当得知我们是来自云南民族大学的师生后，特意提及自己女儿几年前就是从我校毕业的，现在也就职于云南省某海关，听闻之下我们也颇觉亲切。至于猴桥口岸，李关员说："我们口岸是一个综合性口岸，既有正常进出口的部分，也有边民互市的部分。"目前进口大宗货物主要为铁矿石、硅石、玉石毛料，以及香蕉、西瓜、木薯淀粉、竹等农副产品；出口主要为工程机械、摩托车、水泥、建材、纺织品、日用百货等，特别是来自中国的日用百货、食品、小家电等在缅北地区占有较大的市场份额。

　　随着猴桥口岸通关条件的改善以及规范化管理，猴桥口岸的边民互市贸易发展迅速。我们从猴桥口岸边民互市管理办公室了解到：仅 2018 年前三个季度，猴桥口岸边民互市就实现货运量 65.9 万吨，货运值 11.9 亿，边民互市车辆 4.3 万辆次，参与边民互市 16.5 万人次。该办公室的工作人员强调只有生活用品、水果蔬菜才可以通过猴桥口岸的边民互市通道入境。比如水泥就可以走边民互市，因为水泥是边民日常生活必需品，而钢材之类不属于生活必需品，所以不能走边民互市，必须正常报关。根据相关规定，边民通过互市贸易申报的车辆和货物，每人每天价值在人民币 8000 元以下的，给予免征进口关税和进口环节增值税。假如说一车香蕉 32 吨，单价是 2 元 / 公斤，每个边民可以申报 4000 公斤（4 吨），那么 8 个当地边民一起申报即可获得 32 吨香蕉关税的免征额。这部分利益都直接给了当地的百姓，对增加边民的收入也有很大的帮助，进而推动边境贸易兴边富民，所以说边民互市属于为地方服务的扶贫项目。

随着中缅农业合作及云南省替代种植项目的兴起，腾冲市也有多家外贸企业与缅方合作，在缅北山区投资建设水果基地进行农业开发以替代境外罂粟的种植，特别是近几年替代种植的大量缅北香蕉、西瓜以边民互市的形式返销国内，取得了良好的经济、社会效益。腾冲市替代种植的龙头企业为金鑫公司，在两位副总的介绍下，我们获知该公司目前在缅北歪莫开发了 14 余万亩项目用地用于种植香蕉、玉米、大米、橡胶、西瓜、火龙果、葡萄等经济作物，2017 年度经猴桥口岸返销国内农产品 12 万吨，占据了猴桥口岸进口农产品货物总量的将近一半。提到金鑫公司，整个猴桥镇几乎无人不知，载我们的出租车小哥说："金鑫公司带头到缅甸种香蕉，种得也最多。我有个

腾冲龙江大桥

朋友也在密支那种了 100 亩香蕉，每年利润就有四五十万，去年香蕉市场价格每公斤 6 块，种植成本不到 3 块钱，种香蕉的人都发财了。"小哥指着古永街头停放的豪车说："你看这些车都是到缅甸种香蕉老板的车。"

为了满足日益增长的农副产品的进出口需要，2015—2016 年，猴桥被国家质检总局批准为进境粮食指定口岸，同时猴桥作为进境水果指定口岸的建设也通过国家验收，这些举措为拓展和提升猴桥口岸功能，进一步提升与周边国家的经贸合作和边疆民族地区的对外开放起到了积极作用。

四、国门剪影——傈僳古寨焕新颜

由于地理位置的限制，猴桥口岸采用"一地两检"的通关模式，查验货场建在靠近古永的下街村，加之又是猴桥镇政府驻地，因此古永成为口岸商业活动的中心，每五日一街（集），逢街日的古永街道上更是人头攒动，热闹非常。与这里相比，20 公里外国门所在地的黑泥塘则冷清得多，总共也不过三五家餐馆和小超市，除了清晨匆匆过关去密支那参加圣诞活动的景颇族信徒，以及零星入境在国门前拍照的缅甸团队游客之外，在我们停留的那几日由于萨栋桥的塌毁，正对国门的马路上鲜见行人车辆。毗邻口岸联检大楼的黑泥塘自然村（国门新村）辖蔡家寨、余家寨两个村民小组，是中缅边境上独具特色的傈僳族古村落，被誉为腾冲市"国门第一村"，截至 2017 年末共有农户 113 户 487 人。从黑泥塘的村道上俯瞰，国门全景可尽收眼底。这里的傈僳族日常所用为傈僳语，也通晓汉语，除了傈僳族传统的阔时节、刀杆节、火把节和尝新米节外，农历春节、清明节、端午节也是当地傈僳村民的重要节日。除了五六户信仰基督新教外，该村傈僳族的宗教信仰基本上以自然崇拜和祖先崇拜为主。近几年猴桥镇政府投资主导了对边境村镇的亮化、绿化、美化工程，使得村容村貌、人居环境大大改善，2017 年黑泥塘还被国家民委命名为"中国少数民族特色村寨"。

黑泥塘村（国门新村）

　　黑泥塘村所属的猴桥社区（原猴桥行政村）地处槟榔江畔的狭窄河谷，耕地面积较少，但是林地资源非常丰富，人均近百亩。历史上这里的傈僳人民一直在有限的耕地上种植水稻、苞谷、苦荞等粮食作物，属于靠天吃饭、粗放生产的传统农业，经济效益十分低下。2009 年猴桥口岸联检大楼新址规划建设在黑泥塘，蔡家寨和余家寨的耕地多被征用。为了缓解土地资源紧缺的困境和满足少数民族边民增收的现实需求，猴桥村利用林地资源，发展林下经济这种新型的绿色、低碳的可持续发展模式，大力推进草果种植及加工产业，既盘活和循环利用了林地资源，又有效地增加了傈僳边民的经济收益。为了解相关情况，我们有幸约请到猴桥社区的蔡文辉主任进行了近两个小时的深度访谈。蔡主任是蔡家寨当地人，在猴桥村委会任职 30 多年，先后带动贫困户脱贫增收 90 余户，获得保山市"奔小康实干家"称号，以及"全国民族团结进步模范个人"荣誉称号。谈起猴桥社区的发展情况蔡主任可谓是如数家珍：

"我们猴桥社区有 16 万亩林地，其中黑泥塘这两个寨子就有 5 万亩林地，支柱性产业是草果种植。草果是用于烹饪的一种香料，也可以药用，主清热消食。草果种植对于海拔、湿度、温度等条件要求比较高，必须种在阔叶林下面，4 年就可以挂果，能持续采收几十年。腾冲的草果种植是从马关、河口引进的，曾经在腾冲的 10 多个乡镇中都推广过，最后很多地方都失败了，现在新华、北海、五合、中和、荷花、滇滩这些地方也种草果，但就属我们猴桥种的最多、最成功，现在整个猴桥镇的草果种植面积达 3.52 万亩，其中猴桥社区有 2 万亩，蔡家寨和余家寨两个寨子就有 1.2 万亩。我们村委会领导班子和各小组的小组长还成立了草果协会，负责帮助农户外出考察，引进先进技术、新的品种，指导农户种植，就算市场不好的时候，协会也会制定最低保障价来保障农户的利益，让农户以高于市场价的价格卖给我们，不至于将一年的辛苦劳动贱卖掉，也可以让那些等钱用的农户销路得到保障。2017 年我们社区草果产量达到了 800 吨左右，草果鲜果的价格卖到了每市斤 9.6 元。当年社区人均收入为每人 9994 元，其中草果收入就达到了每人 8000 元。部分种植大户仅草果收入近 50 万元，20 万元以上的约 20 户，10 万—20 万元的约 30 户，10 万元以下的种植户还有 50 多户。今年（2018 年）的话收入还没算，但总体来看产量也不会降，就是市场价格降得太凶了。相比前两年来说，今年草果的市场价每斤只有 3.7 元，跌了 2/3，很多农户有点接受不了就自己加工干果，将草果鲜果通过窑火慢烤脱水，保存 5 年没有问题，可以在市场价格回升的时候再卖出。鲜果主要在腾冲本地销售，干果则卖到全国各地。现在我们村一共有 23 家在烤干果，我自己家也和另外几家合作收了几十万斤鲜果，找了 3 个缅甸人，给他们一天 100 元，就负责在国门外（关外境内）帮我们烤干果。"

蔡主任也向我们介绍了缅甸新娘的问题，"黑泥塘现在大概有 10 多个嫁进来的缅甸媳妇，主要是傈僳族，也有几个景颇族。我们傈僳族是

在草果堆上玩耍的傈僳小朋友（本图系国门新村傈僳人家客栈吴玲利女士提供，特此致谢）

跨境民族，以前因为经济原因有一些人家搬迁到缅甸生活，现在回不来了，没有中国国籍，但是都是傈僳族，语言是相通的。这些缅甸媳妇没有户口和身份证，国家的各种补贴都没有，医疗保险也入不了。缅甸兵种多，总是在打仗，太穷了，我也去过那边，甘拜地还不如我们猴桥镇繁华，密支那也不如腾冲……"

我们住在余家寨的傈僳人家客栈，黑泥塘不大，一天可以绕两个寨子好多遍。傈僳老乡都很友善，对我们的好奇也总是亲切作答，并且捧出自家产的核桃一定要我们吃。每当回忆起在这里的短暂田野时光，仍觉得既有趣又温暖。蔡家寨的另一位老蔡兄在国门当保安，这两天请假回来收草果，趁他略有闲暇的时候，我们边晒太阳边聊天，他的大女儿在湖北上大学，小女儿在腾冲市重点中学——腾冲一中上高中，在整体受教育程度不算高的国门新村，老蔡的孩子可谓难得。老蔡家的家堂（客厅）神龛上摆着 12 个小碗，旁边插着一小把蒿草，看到我们对此颇感兴趣，老蔡乐呵呵地说："我们傈僳族信祖先，以前还信鬼。逢年过节摆上香烛，小碗里放上净水和酒，再杀只鸡献给祖先，就像汉族七月半的时候一样，意思就是把老祖宗接来家里住几天，然后再送走。我们一般拿蒿子草来通神，村里的香通（仪式专家）也用蒿子来看……"说话间，骡队驮着草果进了大门，眨眼的工夫院子地上就卸满了草果袋子。由于草果地分布在山林的低洼处，车辆崎岖难行，和寨子里的其他人一样，草果的采摘、装袋都是老蔡夫妻俩自己徒手完成，然后雇骡队运回家。回想过往，老蔡也颇为感慨，"以前地少，我家一个人口只分得 3 分旱地，种点玉米、荞，后来村子土地都被征收了。现在国家搞新农村开发，我们没有地，也不种地了，林地里面种点草果，吃的穿的用的都从古永买。"

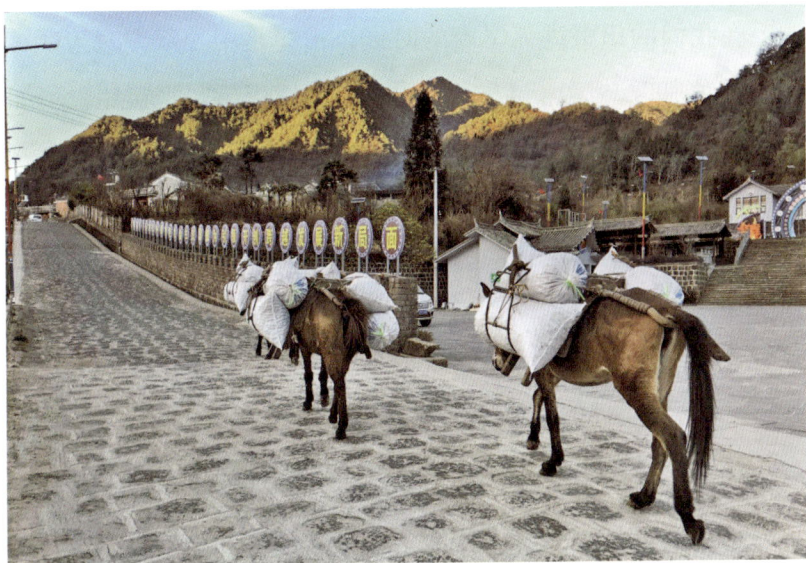

驮着草果的骡队

　　我们在黑泥塘随机入户访谈的时候，还恰巧进到了说话爽利的国大姐家，当聊到她家有没有缅甸媳妇时，48岁的国大姐开心地说："我就是缅甸的景颇族啊，我老公年轻时在甘拜地、歪莫打工的时候认识了我，那时我才17岁，就跟着他来中国生活。刚开始我不会说傈僳话，也不会说汉话，我老公也不会说老缅话，我们俩交流就只能打手势比画，后来我在家照顾老人小孩，慢慢地就学会说傈僳话和汉话了。"国大姐的父母已经去世，6兄妹中有5个都在缅甸，因为没有合法证件，她甚少回缅甸探亲，"关口查得严，回去很不方便，我也没有缅甸电话卡，平时和缅甸亲戚主要用微信联系。因为缅甸打仗多，老百姓经常把房子和地撂下就跑了。还是中国好，不用跑，小孩读书的钱国家供得多，盖房子还有补助，村子里各家各户关系都好，总的来说生活还是好呢。"

在我们的田野进入尾声的时候，大概是中缅双方对于萨栋桥的抢修初见成效，早中晚都可在国门前看到载着包装纸箱、挂着各地车牌的大货车排成一列静候通关，百无聊赖的货车司机们也很乐意跟我们说上几句来打发无聊的时光。6天后，他们长途跋涉、辛勤运输的缅北香蕉将出现在中国很多城市的超市和水果市场。夕阳西下，最后一抹霞光也逐渐隐去，夜幕开始低垂，晚归的骡队驮着草果踩着石子路"咔嗒、咔嗒"走进了寨门。调查任务完成的我们在路边小饭馆点了便餐，正吃的时候，抬眼却看到一群穿着笼基裙的缅甸男女青年通过国门，拖着行李快步走向古永的方向，行色匆匆。

从事民族学田野调查多年，但每次出发之前总是不自觉地患上田野前综合征，即担忧准备不足，或自我质疑选点的典型性和科学性，交通问题、语言问题等等，对于即将进入陌生环境的畏难情绪挥之不去。所幸的是，一旦进入田野，接触到不同的自然风貌和那些鲜活的面容、生动的仪式及生活场景之后，之前的各种担忧即很快一扫而光，对于田野点的好奇以及参与观察和沟通交流的热情仿佛条件反射般地被调动了起来。近年来的田野经历总体而言有一个强烈的、令人欣喜的直观感受，那就是随着经济收入的增加，乡村居民的生活水平有了显著提高，物质上的富足、人口的频繁流动、网络信息获取的便捷等等。从某种程度来说，这些因素使得中国社会二元结构导致的城乡差异显著缩小：与以往被赋予的木讷、不善言辞、封闭保守的刻板印象不同的是，我们接触到的大部分边民依然质朴率真，但无疑精神面貌更为自信，他（她）们头脑机敏、人情练达，对于自己擅长的领域如农事生产、生意经，或地方性文化谈起来头头是道，而且对外部世界的变化也所知甚多。作为一名社会科学工作者，田野调查于我而言是知识储备和更新的重要途径，每每在与田野对象的双向互动中获益良多，充分弥补了自身在知识上和经验上的不足。结识不同的人，理解多样性的生活方式和文化习俗，我想这也许就是民族学、人类学田野调查方法的迷人之处吧。

盈江（那邦）口岸行

张家琪　金佳宇

2018 年 10 月 4 日至 7 日，笔者在陇川县参加完一年一度的"目瑙纵歌"节后，从陇川县城乘坐大巴车赶往盈江县的盈江（那邦）口岸。如云南其他口岸一样，这儿的白天格外长，傍晚六七点钟落日还低悬于山头，晚霞在群峰之间，时隐时现。山路迂回蜿蜒，山上植被茂密，偶有零星人家晚饭的炊烟氤氲出了团团雾霭，一路景色欣赏过去，倒也十分有趣。真正入夜后，抵不住困乏，沉沉睡去，再醒来就已是"灯红酒绿，高楼大厦，车马如龙"的繁华之景。

一、初识盈江县城

盈江县位于云南省西部，德宏傣族景颇族自治州西北部，其东北面与腾冲县接壤，东南面与梁河县接壤，南面与陇川

盈江县城

县接壤，西面、西北、西南面与缅甸接壤，国境线长214.6公里，可以说是具有得天独厚的边境贸易地理优势。盈江县以大盈江贯流县境而得名，平原镇是其县城所在地。据了解，盈江县有傣族、景颇族、傈僳族、阿昌族以及德昂族五个世居少数民族。

与笔者以往去过的边境县城有所不同的是，盈江县格外地热闹繁华。街道两旁宾馆林立，KTV、会所、餐馆也是五花八门。夜晚，街灯将背影拉得很长，行李箱摩擦在马路上骨碌碌的声音附和着车喇叭声和沿街叫卖声。而此时，烧烤店生意正红火，一桌桌食客尤其是年轻人在餐桌前指点西东、谈论过往。

清晨，边境小城在热闹的叫卖声中苏醒，从事不同行业的

穿梭在城镇里的电瓶单车

人们聚集在早餐小摊前，吃的是受云南人喜爱的米线。我早早起程，目的地是县档案馆。有了陇川之行的经验，我清楚地知道，档案馆里有很多可供参考的资料。辗转几次终于才识到了"盈江县档案馆"的真面目——隔着一道铁门，一幢颇具傣族风格的建筑。县政府离档案馆距离十分近，是一幢近年新建的高大宏伟的现代化建筑。院墙外街道宽阔整洁，一侧商铺林立，另一侧是新开发建设的傣式居民小楼，远处是烟云缭绕的群山，再远处是万里晴空。路两旁有很多卖电单车的店铺，观察到路上往来的车辆，可以清楚地知道"电瓶单车"差不多是县城里最重要的交通工具。

政府大楼里"不忘初心、牢记使命"的牌匾，大院内的"共享""发展""法治"等的石刻——可以看得出，习近平总书记的发展理念不远万里传达到了祖国的边疆。

二、允燕山景区寻访佛寺

　　我们在政府大楼里的县民宗局停留了一会儿，民宗局文化股的胡股长耐心地向我们介绍了盈江县的宗教状况并推荐我们参观勐町奘房和玉佛寺。通往寺庙的路，修得十分平整，高海拔加上烈日当头，走起来也有几分吃力。人还没到，两棵高大的榕树就矗立在眼前。枝干十分苍劲，根须倒不是很多，树根下有水泥砌成的圆形护栏。一棵直立路中，将一条笔直的道路一分为二；另一棵仿佛更加谦和，庄严地立于道路一旁。两棵树仿佛是寨子的守护神，世代守护着居住在这里的人们；又仿佛是寺庙与世俗生活之间永恒的使者，向人们传达着神的旨意。大青树在傣族人的心目中是"神圣"的存在，此处的大青树就是榕树，不同民族，甚至同一民族不同地区，大青树的树种都是不一样的。德宏州傣族还会把村头寨尾大青树奉为神

奘房前两棵高大的榕树

树，逢年过节，都要到树下祭祀，祈求人畜平安，五谷丰登。盈江县城到盈江（那邦）口岸的路上就有"亚洲榕树王"之称的大青树，如今已成为盈江（那邦）口岸的一大旅游景点。当地有传说：一个"勐"的王死了以后就会变成大青树。现在傣族祭拜的"勐神"（傣语叫"社勐"）就是指这种树。

刻有"勐町奘房"的石碑

　　胡股长告诉我："盈江县内，当地百姓称寺庙为'奘房'，更加正式一些称之为'奘寺'。平时村子里一些红白事，只要是信奉南传上座部佛教的人，都会到奘房里进行祈祷，举行仪式。"还未进奘房，两条红底白字的横幅就映入眼帘。奘房造型精美，不仅有着东南亚建筑艺术特色，还具有傣族建筑风格，是傣族建筑艺术和民间艺术的缩影。不巧的是，我当时去的时候，奘房没有人在，只能自行游逛并揣摩其中佛家的深意了。

　　从奘房侧门向上走约一公里路，穿过迂回小道，丛生杂草，

奘房全景

茂榕修竹，三两坟茔，就到了几块大石碑前，这是通往允燕塔
的入口处。再向上约一百米，有百层翠绿的台阶，台阶的尽头
就是盈江美景之一——允燕佛塔。允燕佛塔又称为"曼勐町塔"，
始建于 1947 年，是云南小乘佛教最重要的佛塔之一。"允燕"
是傣语，意为吉祥、欢悦、令人向往的地方。允燕佛塔也是盈

允燕佛塔正面

江县的景点之一。

　　我们计划顺着允燕塔的道路一路上山游览过去。再向更深处走去，入眼的是傈僳族文化园以及民族英雄碑，文化园仅由一座破落的木制房屋和房侧两尊雕像组成，房前屋后长满了小花，看得出是许久无人打理，落日的余晖倾洒其上，更添一些厚重的历史韵味。

傈僳族文化馆

傈僳文化馆中展示的"弓弩"

傈僳文化馆一侧的民族英雄石雕

广场中傈僳族的民族英雄纪念雕像

逛罢傈僳族文化园，根据路标的指引我们又见玉佛寺现于东方。供奉着道教主神的玉佛寺，是典型的东南亚风格的寺庙，傣式的建筑艺术与中原地区的宗教文化碰撞出文化交流、融合的火花；广场的中央坐落着景颇族"目瑙纵歌"祭坛的重要标志——

"目瑙示栋"，它是景颇族心中最神圣、最崇敬的图腾。每一婉转曲折的图案都记载了景颇族迁徙和繁衍的历史由来，很多青年男女会在目瑙示栋的见证下结为夫妇，希望求得祖先的祝福与庇佑。新人们不仅会穿着民族服装，还会穿西式的婚纱，可见少数

玉佛寺全景

景颇族目瑙示栋

穿着传统服饰在目瑙示栋前拍婚纱照的新人

民族文化受到西方文化的影响之盛。相比起来，年轻人更加容易接受外来文化，在途中见到的老年人即使是日常生活中，都会穿着本民族的衣服，而在年轻人当中，恐怕也只有重要的民族节日活动或仪式才会穿着本民族的特色服饰了。

玉佛寺前挂着开了瞠的木头鱼

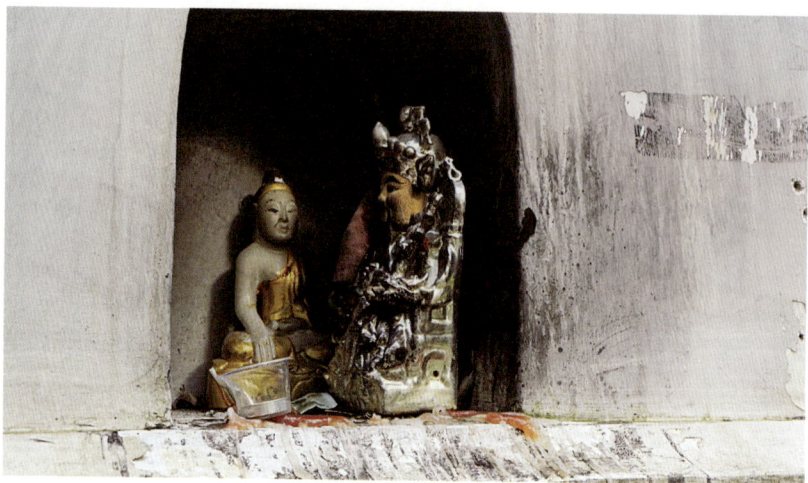

寺庙里与佛共处一龛的财神爷

　　微末之处有一些意味深长却又还未来得及细究的故事，比如挂在玉佛寺前一条剖了膛的木鱼，又如与佛共居一龛的财神爷。可见，在现实生活中，多元宗教融合现象确实是存在的，至于原因是什么这就需要更加深入的田野工作了。

三、文化交流——与傣族同胞的促膝畅谈

　　日落西山之际，下山途中，行至广场处，路遇两个傣族小伙和一个姑娘。他们都是附近村子的，经常会骑着摩托车约上三两好友一起到这边来吃吃火烧猪、喝喝小酒。应邀坐下，两个傣族小伙十分健谈，伴着酒香向我热情介绍了关于傣族的酒桌文化，"我们傣族的喝酒不像你们汉族，我们非常随意，想喝酒了就叫上朋友一起找个地方喝，想喝到什么时候就喝到什么

时候，这就像我们傣族的性格一样，非常随意自由，没有什么时间观念。"

谈笑风生的三人

笔者一行在聊天

　　此外，他们还向我介绍了傣族一些非常有趣的习俗。例如，称呼陌生人时，应该把人的年龄、辈分往高叫，以示尊重。就比如说，两个小哥本来是虚长我两岁，但是执意叫我"姐姐"，我甚是惶恐。这与我之前接触到的习俗都不一样，我很是稀奇，不禁感慨中国是一个如此包容的国家，她的文化内容包涵那样的丰富和璀璨！话别他们，伴着零零星光，悠悠灯火，穿梭在低调悠闲的"城中村"，一时间有些恍惚不知身处何处了。

四、始见初颜——萧条的盈江（那邦）口岸

　　第二天起了个大早，眯着惺忪睡眼，就赶去车站等早班车去那邦镇——这次行程最后的目的地，也是最重要的目的地。1991 年 8 月 1 日，盈江县被列为国家二级口岸，口岸地为县城平原，国门设在那邦镇。那邦镇内有 29—31 号界桩，区位优势突出，与缅甸第三大城市密支那和缅北贸易城市八莫距离均为 90 余公里，出境 9 公里接通横跨缅甸全境的史迪威公路。自 1996 年，经人民政府批准设镇后，那邦镇在盈江县边贸中扮演的角色愈加重要。

　　一开始还兴奋地欣赏车窗外一闪而过的不知名的树和远处晨光熹微的山色，在不知远眺了几个山头，又穿过几个山头之后，终于忍不住胃里的翻江倒海，眼里的七荤八素，不知是昏过去还是睡过去了。山路迂回、坎坷，一路上看见了多处落石挡道，塌方。从司机师傅处了解到，这是那邦镇人们出行的唯

一通道，也是商人在口岸与县城之间边贸的唯一商道。随后我从在那邦访谈的一位大哥处了解到，以往边贸的货物都是从国门出入，从缅甸进货。由于 2009 年缅甸内战，出于安全考虑，政府限制中缅边民贸易往来，现今镇子上货物的来源主要有两个方向，一个是盈江，另一个是瑞丽，都要经过这条道路。也就是说，万一道路不通，镇子上的人就不能跟外界往来了。

　　将醒未醒之时，听见司机师傅轻呵了一声"到站了"，一看时间已经 11 点多钟。一条十字街横穿镇子，站在十字路口，整个镇子的景色尽收眼底，两字足以概括——冷清。除去车上下来的乘客，街道上能见到的不足 20 人。

站在十字路口看到的空旷街道

　　这不同于我印象中的口岸，繁华、行人各异、边贸发达。这里看到的只有冷清、萧瑟。街道的尽头就是国门，不经提醒，乍一看跟收费站无异——十分简陋，萧索。在来之前我心里已有预期，因为县城里一位卖玉石的大叔以为我是来此地旅游的大学生就忠告过，没必要去口岸——那里已经没有什么较大的贸易往来了。本来我还是有些不信的，亲眼所见，才知所言不虚。

无一行人的街道

带着疑问我走进国门左侧的一家小餐厅，刚坐下隔壁桌的一位大哥就问我是不是外地人。我还没来得及说"是"，大哥就非常认真地说："这里没什么好逛的，缅甸在打仗，这里很危险，没什么事，就赶紧回去吧！"我随即询问原因，大哥边吃饭边跟我介绍，"自从2009年缅甸政府军跟克钦邦再次开战，这边就很危险了。你看现在这个镇子上没什么人，大概也就三千多人吧，以前这里还是很繁华的。仗打了十年，差不多也闭关了十年。以前这里只有五十个军人，现在有一百五十个！这里太危险了，你不要想着到缅甸去，去了没人能够保障你的安全!"我再三表示自己没有去缅甸的想法,大哥还是执着地让我今天就回去,说是这边的瘴气和疟疾,我们外地人受不了,他们外出谋生的人,当年都是丢了半条命才在这里生存下来,说完就结账走了。餐馆的门斜对着国门,几位边防军人,自从我们下车后就一直警惕地观察着我们,由于乘客不多,估计也多是熟人,所以我们几个就成为重点观察对象。估计是一路来听到关于盈江(那邦)口岸动荡的信息太多,从下车后就莫名有一种紧张感一直围绕着我,可能是对战争的恐惧,也可能是来到陌生地方的不安。

中国盈江(那邦)口岸

国门十分简陋,与缅甸只有一河之隔,可以清楚地从这边看到缅甸的房子、街道和行人。他们的房子与中国境内的没有什么特别差异,只是有些房子比那邦镇子上的房子破败许多。可以从断垣残壁中去想象,战争的残酷,战火的无情。

与餐馆老板闲聊之时,老板娘的儿媳妇告诉我,虽然在打仗，但是中国这边相对来说比缅甸还是要安全得多：没有战火殃及边界时，大家都是照常生活，只有打到国界这里来，才会去县城里躲避。在问到战争是否会影响餐馆的生意时，她回答说，影响肯定是有的，以前这里的人很多，沿海地区和中部地区有很多商人来这边做木材、玉石生意，带动了当地很多宾馆和餐馆的生意。打仗后，大家觉得这里不安全就都离开了，以至于街道上很多餐馆和宾馆关门。

此外，那邦镇上还有一个市场，虽然规模不大，但卖鱼肉生鲜的都有。市场边上的一家小卖部的店主大哥是十多年前从昔马（盈江县的一个镇子）下来谋生的，通过与之交谈，我也得到了与前几位访谈对象类似的信息：大概七八年以前这边的生意很好做，之后海关不通，

大门紧闭的食馆

那邦镇盈和农贸市场

坐在自家铺子对面的店主大哥

货物不能流动，人也越来越少。以前可以从缅甸进货，现在只能从盈江县城和瑞丽进货，已经没什么生意了，他因为子女在这边读小学迫不得已留在这边。

我看着萧条的街景，守卫国门的将士，家家户户房顶上飘扬的五星红旗，一时之间，内心酸涩不已，感慨生活不易，和平不易。仅从县城的繁华之景，难以去想象在国界的边缘，还有一群人生活在动荡和不安之中。我想我现在能做的就是给那些保卫边境安全，保护人民安康的军人们一个饱含歉意和感激之情的鞠躬。

在乘车回县城的途中，天空下起了淅淅沥沥的小雨，我的思绪像车窗上拍打的雨滴一样纷乱。以前曾听说，边境的人们

每家每户在房顶上插着五星红旗

之所以在房顶上插上五星红旗，不仅是对祖国的崇敬，也是为了警示境外战争人员，这里是中国国土，这里住着的是中国人民，战火不能殃及此处。但邻国的内战却令往日万人空巷的场景已经不复存在，街道中屋顶上飘扬的五星红旗或许是这个边境口岸小镇最后的安慰和希望。如今看着那邦镇家家户户插上的五星红旗，不知道这其中又寄托了他们多少的希冀……

章凤口岸行

孙海梦

　　章凤是南方古丝绸之路的重要通道，地处云南省德宏州西南部，东临潞西，南连瑞丽，北接梁河、盈江，距州府芒市129公里，距省府昆明856公里，边境线长50.899公里，无天

章凤口岸联检楼（作者与同学）

然屏障。1991 年 8 月 10 日，章凤被确定为国家二类口岸。

2018 年 10 月 1 日 11 点半，我们从昆明西部客运汽车站出发，次日 8 点左右抵达陇川汽车站。一出车站，就能看到一棵直径超过一米的大榕树矗立马路中央，将马路一分为二，蔚为壮观。沿路而行，可观察到这一景象并非特例，榕树不仅随处可见，而且有多处榕树长在马路中，公路只能绕树而过。后来我了解到，榕树在当地傣族人心目中是"神树"，对当地傣族人生活具有重要的意义，因此当地人对榕树态度敬重，很少砍伐，以至于公路也只能为榕树"让行"。

初至陇川，眼耳口鼻舌所能接收到的信息均属新鲜，这种异域文化的陌生感让人觉得哪里都很有意思，哪里都可能藏着不为人知的故事。我精神抖擞，兴奋异常，但肚子早已咕咕乱叫，只经过短暂休整，便迫不及待地开始"觅食"。基于经验，我们一致认为农贸市场是最能体现当地美食文化特色的地方，于是转了半个章凤的街道，终于被我们发现了目的地，并"挖出"了一家过手米线店。我出于好奇（之前从未听闻过手米线），便询问老板娘过手米线的由来。据老板娘说，以前过手米线是直接用手抓取米线，再浇上"帽子"（各种调料与食材）食用，过手米线的名称也由此得来。后来，当地人的卫生观念发生了变化，认为直接用手抓

陇川车站的大榕树

是一种"不干净"的行为，这才用碗筷代替了手抓，一双筷子也隔开了"洁净"与"不净"。

饭后，我们游览了周边农贸商铺。整个农贸市场以餐饮、水果、蔬菜、肉类等各类棚内露天摊位组成。缅甸人在

农贸市场一角

此经商甚多，这里有缅甸原产水果，缅甸人经营的日用品零售摊，甚至连泡鲁达（缅甸一种著名饮品）里面添加的饼干也为缅甸产销。小中见大，中缅商品货物交流已广泛深入到当地百姓的日常生活中了。

在农贸市场发生了一段小插曲，让我感受到一种"文化震撼"：一辆小型货车在穿过市场狭窄的过道时压碎了堆在地上售卖的几个土豆，土豆摊老板是一位约 40 岁的妇女，货车司机也是一位年纪相仿的妇女。货车司机不知是否注意到这个小事故，径自离开，而土豆摊老板也没有阻拦司机，只是微笑着将轧烂的土豆扔到了一边，仿佛受损失的不是自己。一场潜在的"冲突"，在有意地不经意间便行迹消弭，也让人倍感温暖。

章凤街上，零星有售卖光盘的小店，当中有大量缅甸的傣族、克钦族（景颇族）歌曲光盘出售，大众较为喜爱，市场也比较广阔。当地人倾向于购买缅甸光盘，因为他们觉得缅甸的景颇族歌曲和傣族歌曲较国内同类歌曲更好听。以景颇歌曲为例，缅甸的景颇族歌星相对较多，而且歌曲形式也较能满足不

街头贩卖的缅甸光盘

同年龄段民众的需求；中国产出的景颇族歌曲则相对较少，且形式相对单一。所以，在景颇歌曲的范围内，当地人审美更倾向于来自缅甸的歌曲。

　　下午，行至上章凤村，我们被一个放置在寨门口的水坛吸引。此时，恰巧一位老人经过，我们即向他表明身份询问此物的名称和来由。老人耐心地告诉我们，上章凤村是一个傣族寨，傣族信奉南传上座部佛教，我们所看的是傣族老百姓自发组织置于此地用来做功德的水坛，寨内村民每户轮流更换坛内清水，供来往路人饮用，以积福报，当地人称此为"做好事"。

上章凤村寨门和"做功德的"水坛

　　同时，老人还告诉我们，陇川有五个世居少数民族，分别是傣族、景颇族、傈僳族、德昂族和阿昌族。汉族约占当地总人口的一半，世居少数民族中傣族和景颇族占多数。在信奉南传上座部佛教的傣族村寨内，都有一座"奘寺"。上章凤村寨"奘寺"内有三座建筑，一座傣式现代化建筑，其余两座均为传统干栏式木制建筑，且屋顶为中国内地传统的"飞檐"式造型。中间正对大门的"奘房"是佛像所在地，沿着木质楼梯上去就可以看见大大小小的佛像，殿内除了佛像，墙壁上还挂着许多照片，其中有很大一部分是配着傣文的照片。如若进入佛殿，无论男女，都需脱下鞋子，以表示对佛的尊重。当地人进入佛殿会向佛祖行一次跪拜礼，出来亦会再次行跪拜礼——这一宗教信仰的敬畏做法，也成为当地傣族的一项风俗。如果当地人不照此风俗，会被别人说"不懂规矩"。"奘寺"内的教职人员当地人称为"细米枣"（即佛爷）。现如今，小孩子去学校接受教育，当地已经很少有人愿意将男孩送去"奘寺"当小和尚，现在上章凤村"奘寺"里的两个佛爷都是从缅甸请过来的。而在过去，傣族男孩子受教育的场所是在"奘寺"，进入"奘寺"当小和尚则被视作一种荣耀。

　　"奘寺"的附近有一座观音庙。在我进入寺庙的时候，恰有一位年纪较长的尼姑正在给五个年纪较小的尼姑讲话。这座寺庙杂糅着道教元素，刚进门的右侧有一座"财神殿"，左边是通往正殿的台阶，登上台

"奘寺"

观音寺

阶后有两座佛像背对而立，靠正门的是弥勒佛，背面为关公。进去以后正门相对的是祭拜佛祖的"大雄宝殿"，右侧为"报国楼"，左侧为"藏经阁"，是尼姑们做功课的场所。

　　行至章凤老街，傍晚的街道行人较少，车辆较多。寻了一家生意最为火爆的过手米线店，三间屋子的店面坐满了顾客，大概有 11 位工作人员，全为女性。站在外面的三位服务员能够熟练使用普通话，也是

生意火爆的过手米线店

这三位服务员将顾客的需求用一种我听不懂的语言传达给其他工作人员。在此之前，我曾读过关于中缅边境地区缅籍劳工问题的文献，了解到：近年来，中缅边境有大量缅籍劳工进入到中国劳动力市场。由此推测，那些与国人长相有些许不同的年轻姑娘应该是缅甸人。借着一位姑娘给我送茶水的契机，我有意地说了一句"Thank you"，姑娘以微笑作答。当地店家在为顾客端上过手米线的同时，附赠一碗萝卜排骨汤，味道十分鲜美。

次日，我们早起"赶摆"，参加一年一度的景颇族目瑙纵歌节。在经过老街时，我注意到一个比较有意思的现象，所有的猪肉摊前都放了一个猪头，且卖猪肉的大多数为女性。我不解，便询问猪头为何置于地

猪肉铺

上。据当地人解释，猪头放在地上是一种正常现象，他们认为猪头很"脏"，有邪气，需要清洗之后才会重新置于案板上售卖。

在与一些门店老板交流时，他们表示吃完早餐就会将门店暂时关闭去参加目瑙纵歌。可见，此次的盛大活动不仅仅是景颇族的"盛宴"，也是属于全镇的"盛宴"。在路上，我看到很多穿着佩戴景颇服装、饰品的男女老少，但从相貌来看，可以肯定这些男女老少并不全是景颇族（以我几天来的经验，景颇族的肤色要

当地景颇服饰的露背装设计

略黑些）。据我了解，也有一些其他民族的人会着景颇服饰，例如汉族。我们发现，在狂欢活动中，民族身份不再以民族服饰来进行表征，不同的民族互相联结为了一个有机整体，共享"狂欢"的"盛宴"。

目瑙纵歌是国家非物质文化遗产，并且成功申报了吉尼斯世界纪录，是世界上跳舞人数最多且规模最大的舞蹈，由此得名"万人舞"。此次的目瑙纵歌活动是首次在国庆期间举行，并且由政府主办。据当地人介绍，目瑙纵歌节以前在每年的正月十五举办，以村寨为单位，起初是以民间祭祀的形态展示。后来，由于国家对少数民族民俗的重视，目瑙纵歌节每两年在云南省内由有景颇族聚居的不同县级市轮流承办。此次活动由陇川县在国庆期间举办，这种将民间节日与国庆置于同一时间的做法，积极呼应了习近平总书记倡导的民族团结，彰显了 56 个兄弟民族同呼吸、共命运，共同享有中华民族传统文化遗产。目瑙纵歌节强化了对传统文化的继承与传扬，同时亦表现了国家认同与民族认同的一致性。

目瑙纵歌宣传牌

因为中国国内的景颇族与缅甸的克钦族为同一民族，目瑙
纵歌不仅是景颇族的活动，缅甸的克钦人亦有此传统，所以在
此类大型活动中，缅甸人也会前来参加。现如今，目瑙纵歌的
举办方和参与群体以及祭祀意义、举行程序都发生了巨变，目
瑙纵歌由传统小范围的举行方式演变成国际大范围的狂欢模式。

目瑙纵歌狂欢环节是整个活动的高潮，整个民族文化广场
挤满了前来"赶摆"的群众，不断地参与到狂欢舞蹈中来。目
瑙纵歌狂欢节场域中的主要参与者有：董萨、瑙双、瑙巴、主
持人、指挥、乐器伴奏人员、歌手、后勤等人。董萨负责仪式
活动中的祭祀和占卜；瑙双的职能类似于"先锋"，承担象征性
舞蹈与安排活动流程的工作；瑙巴一般是由四位男性组成，由
他们带领群众跳舞，可以维持现场的有序；主持人负责主持整
场活动，活跃气氛；指挥人员负责维护现场秩序；乐器伴奏人员
主要负责伴奏；歌手主要负责演唱；后勤人员则承担做饭之类的
杂事。而目瑙纵歌的主要人物和各方队入场之后，想要参与的
群众均可通过关卡排队入场。我随人群入场，参与其中，亲身
体验后发现，虽然该场域中舞者众多，身份各异，舞蹈水平也
良莠不齐（男女老少都会参加狂欢活动，舞场不仅有舞者，还
有游客、外籍媒体等），但行进过程井然有序，有着严格的轨迹
路线，并非完全自由发挥。

陇川被打造成目瑙纵歌之乡，是政府有意将仪式的展演与
旅游产业相结合之举，以此拉动经济发展。市场化的运作方式
必定会赋予传统节庆以新的要素，最为明显的是举办时间和
地点的改变，游客的时空属性与文化遗产的时空属性存在差异
性，为更好地将非物质文化遗产市场化，就需调整非物质文化

着景颇服饰的外籍舞者

遗产的时空属性来满足游客需求。根据我的观察，这种调整至少带来了两个方面的改变：一方面，原本的禁忌已不被人们所重视，部分玩累的游客无视目瑙纵歌祭台上的标语，随意在此地休息歇脚，无敬畏之心；另一方面，人们将此次活动看成一种休闲娱乐的机会，由此吃喝玩买一条龙服务围绕着中心广场铺散开来。

人流集中的另一场所是"一带一路"中缅民族特色商品展，整条展街有 124 家临时门面，有一些是地方政府从缅甸密支那邀请过来参加展演的商家，有一些是主动参展的缅甸商家，也有一些是本地的中国商家。这些被邀请的商家门面租费和吃住费用全免，他们售卖的商品是从缅甸密支那带进来的布料和服

目瑙纵歌祭台上的游客及禁忌标语

饰，单价从 300—1000 元不等。部分商家普通话十分流利，让我深感自豪的是她们告诉我她们都十分喜欢中国。另外一些沟通则有点障碍，但是他们会邀请中国国内的景颇族朋友来充当临时翻译。据一位国内景颇族女商贩告诉我，她们是来这里参加商品展后才相互认识的，但已成为好朋友，所以会相互帮助。我在闲逛的过程中，无意进入到商品展的一家日用百货店，店主是位缅甸人，十分热情好客，店主用并不熟练的普通话与我交谈，他告诉我，他是自己主动寻找出租摊位在此做生意的。货物主要是缅甸货和泰国货，商品条码以 4 开头的为缅甸货，以 8 开头的为泰国货，以 6 开头的是我们中国货。由此可见，"一带一路"的国家政策，不仅极大地促进了双方国家的经济交流和发展，更极大地促进了双方国家民众在情感上的交融，促进了双方国家的和平与发展。而目瑙纵歌举行场域发生变化，功能也从祭神到娱人，时代的发展赋予目瑙纵歌不同的

"一带一路"中缅民族特色商品展

象征意义。其学术研究价值并未随时间而褪色，反而从中孕育出更加多元的文化色彩。

从节日会场出来，走在章凤镇的大街上，因地处中缅边境不少缅甸人在此做生意。我们随意进入到一家缅甸日用商品店，店铺由一对缅甸夫妇经营管理。丈夫的普通话较为流利，与我沟通基本无碍。妻子的普通话虽能够满足日常交流，但说出完整的句子尚有困难。据夫妻二人介绍，他们在中国经商，经营此店已有六七年，孩子在缅甸生活。店内货物一般由瑞丽运来此地，一周也会有两至三次返回缅甸置办所需。而店内的顾客大多为缅甸人，多是通过章凤口岸来中国的缅籍劳工。在同缅甸老板交谈时，天下起了雨，老板随即拿出板凳供我们休息。夫妻二人十分耐心，在我们聒噪的问东问西时，无任何不快之色。期间，有一位缅甸青年过来买用槟榔叶自制的卷烟，两元人民币可以买到六支。店内还有烟草交易，虽然是私下进行，但老板娘也丝毫不忌讳我们这些外人在场，缅甸的烟草较国内烟草要便宜得多。夫妻二人在我们不发问的情况之下，顾自做自己的事情。雨停之后，我们便随车前往了章凤口岸。待我们从章凤口岸回到镇上，汽车再次路过小店时，窗外闪现的情景是店内有一群人坐在一起高兴地在聊天。显然，这个小店已成为附近群众聊天、交流的一个"公共安全空间"了。

从章凤镇中心到章凤口岸坐出租车，大概有十几分钟的车程。沿途大片大片的甘蔗稻田和村寨里华丽气派的寨门，田园风光交相映衬，不时偷溜进我的眼帘。到达口岸后，我才发现这里与缅甸只有一栏之隔，透过围栏，甚至可以看见对面骑着摩托的缅甸青年，第一次觉得自己距离异国如此之近。

　　而当地人称章凤口岸为拉影口岸，拉影口岸也是当地人口中的"小国门"——实际上就是属于口岸的一个通道。很多缅甸人从这个通道将缅甸自产的蔬菜水果运到拉影村售卖，"小国门"允许这些农副产品的来往，但是禁止车辆和大宗货物往来。车辆若要出入境，只能绕道"大国门"。这些缅甸来的小贩部分就地居住，在拉影村租有住所。其子女有的"回国"接受教育，有的在中国"留学"。

货物贸易处和缅甸妇女的摊位

　　在出租车司机的指引下，我们踏上"大国门"之路。进入章凤口岸联检中心（"大国门"），通过包裹检查，就可进入免税店。在免税店购物需要有过境证。免税店占地面积不大，只有一层，里面的优惠商品主要是烟酒和化妆品。据在海关工作的一名协警介绍，免税店的大部分顾客是对烟酒有需求的群体，根据规定每人限购两条烟草和一瓶酒水，若过度购买则会制止。

　　"大国门"的人流量不及"小国门"，主要原因是"大国门"的通行检查较为严格。小宗货物大多经由"小国门"，但车辆则必须来往于"大国门"。边境地区的缅甸人大多能说傣语和景颇语，较少使用缅语，海关公务员需学会基础的日常缅语、景颇语或者傣语，方便与来往的缅甸人或不会汉语的景颇人和傣族人沟通。我观察到一位不会汉语的傣族老妇人，欲从此出境进入缅甸去"奘寺"拜佛。当海关工作人员让老妇人将随身携带的包放入安检带时，由于老妇人不懂汉语，误以为是让她进入安检带，工作人员不得不用简单的傣语加手势帮助老妇人安检过关。

　　傍晚时分，我们有了吃饭的欲望，遂向周围人询问附近吃饭的地方。他们告诉我，他们平时会叫缅甸外卖。出于好奇，我们想要尝试一下"国际外卖"。于是，向海关工作人员要到了缅甸外卖的号码，但却担心打电话是否会产生巨额的国际漫游费。海关工作人员答复，只要是在国内打过去的电话，是不会产生漫游费的——因为缅甸靠近中国国境线的区域使用的也是中国的通信网络。定好外卖后，大概过了半个小时，外卖电话过来，我们激动不已。在取外卖时还发生了一个有意思的小插曲，可能是我异于当地人的气质，被边境拍摄的旅行社摄影师邀请做游客群演中的一名。随后，我们兴奋地取回了斥资55元人民币的异国撒撇（一种傣族特色的凉拌菜）、煎饺和冒菜准备享用。遗憾的是我们难以接受折耳根（鱼腥草）强烈的腥味，而无福享用那份撒撇。但据当地人告诉我们，缅甸撒撇的味道才是最正宗的！虽说

缅甸外卖

物价不算低廉，但分量十足，我对享受这样的一次国际送餐服务，感到十分满意。

从拉影回到章凤镇后，我们一行便收拾行李乘车前往了盈江。坐在客车中，窗外的美景在我的眼帘中倒退、模糊，纷乱的思绪随天际线上悠悠荡荡的落日，逐渐清晰起来。若没有此次经历，我恐怕不会对边民的生活有如此真实的理解。为什么那些人年复一年、日复一日地为了生活而在两国间来回奔波，为什么那些人年复一年、日复一日地伫立坚守在祖国的边关锁钥，为什么那些人在来回奔波中，在边关锁钥的艰苦生活中仍旧欢声笑语……

瑞丽口岸行

邵媛媛

云南几座著名的边境小城，各有其美，如镶嵌在华袍锦带上的一颗颗珠宝，光华殊异，难分高下。朋友问：你最爱哪一个？答曰都爱。再追问，犹疑不定。私心深处，大概……是瑞丽，德宏州中缅边境上那方祥瑞美丽的坝子。我偏爱瑞丽，因她缤纷斑斓的色彩，混杂而融通，似一块精美繁复的波斯挂毯，看很久都不会厌倦。我想知道是何能工巧匠织造出如此的浑然天成。我偏爱瑞丽，因她令人着迷的特质。她的模样里有清晰的本土轮廓又充满异域风情；她的血脉中流淌着农耕文明的阡陌田畴也跃动着都市文化的活色生香；她的霓裳间闪烁着波诡云谲的千载光影也飞扬着欢快浪漫的时代彩绸；她身躯柔美地横卧于国家疆界，不移不摇，却始终敞开温暖包容的怀抱。我想知道是何沧海桑田冲磨出如此的对反相成。

2019 年 7 月中旬，我和 10 名学生在瑞丽进行暑期实践，距上一次长时间停留已隔三载。瑞丽的盛夏并不像许多人想象的那般酷热难耐，因值雨季反倒有难得的清凉。每日伴雨出行多少有些不便，可每每天空放晴，炽烈的艳阳又让人立即怀念起赖着不走的雨水。瑞丽城区尺寸刚好，如果愿意，多数行程可用双脚实现，予人都市调查并不那么难以把控的暗示。日程不紧，半月里正襟危坐的访谈很少，更多是在闲逛、观看、搭讪、游玩中领悟这座小城的与众不同。

一、姐告

初到瑞丽者迫不及待想去的地方一定是国门，瑞丽口岸的国门在姐告。姐告为傣语音译，意为旧城，衍式土司迁居勐卯城之前，曾在此居住，故而得名。瑞丽江将姐告与城区分隔开来，20世纪60年代中缅勘界后，姐告成为中国在瑞丽江东岸唯一的村寨。虽然瑞丽口岸在1978年被确定为国家一级口岸，但基础设施建设一直很落后。未架设桥梁之前，两岸人员、车马需靠竹筏木舟摆渡，那时的姐告只有一个几十户人家的傣寨和一支国营农场生产队。如今，姐告大桥将姐告与主城联通起来，曾满布滩涂与草甸的"飞地"成为集商贸、加工、仓储、旅游功能为一体的边境贸易区。

1. 口岸国门

走过姐告大桥，马路正前方是宽阔笔直的国门大道，瑞丽的国门就矗立在这条道路的尽头。瑞丽口岸主通道姐告为"一国门、两通道"，因两个辅助通道也建有国门，地方人也常说瑞丽有三座国门。国门综合检验通道俗称大国门，主要为边民、游客、公务商务人员出入境通道，现基本没有车辆通行。大国门已是口岸第三代国门，造型庄严典雅，其设计灵感源自麓川思南王王宫建筑风格。透过大国门的车道口可以望见与之相对而立的缅甸国门。大国门前有一方广场，两边店铺林立，有珠宝城、翡翠行、免税店、东盟国际城。上午9点以后，国门广场逐渐热闹起来，过境人员来往不断，游客熙熙攘攘，小商贩不遗余力地兜售缅甸纪念币，两名南亚相貌的妇女头顶香蕉盘镆而不舍地寻找与人合影的机会。大国门两侧即是边境线，左侧一边立有一块两只金麒麟护卫的石碑，上书"天涯地角"，这里是320国道的终点。沿国境而行，勾勒两国疆界的钢丝网很粗实，没有破洞，像是刚刚修葺过。"给我一块钱，一块钱！"三年前，我曾在这条路上被一个缅甸小男孩紧紧抱住大腿，他皮肤黝黑，大大的眼睛，看起来天真无辜。那时，住在附近的缅甸小孩儿看见面善的游客便会敏捷地从丝网的破洞钻出来，要到钱或食物后再迅速钻回去，如果一无所获就会像跟屁虫似的讨要一阵，最后使出"抱大腿"的绝招。我并没有因那突如其来的一抱而受惊，不过那次遭遇的确成为我首次瑞丽之行的记忆点。

大国门向北不远处是中缅街通道。该通道为边民、小型机动车专用通道，因位于著名的"中缅友谊街"而得名，整日车流如织。中缅街由中缅双方共同建成，街内商铺多经营日用百货、翡翠、树化玉。这条边民互市性质的商贸大街曾享有多项优惠政策，一度非常繁华。近年来，随着经济下行和姐告玉石

姐告大桥

瑞丽口岸大国门

市场的兴盛，中缅街变得越来越冷清，街上行人寥寥。大国门
以南还有一条货物专用通道，大小货车必须在此接受出入境检
查。通道正对面是一座大型货场，这条通道因此被称为货场通
道，缅甸长卡货车接受检查消毒后需开入货场。在货场逡巡一
圈，会发现这里不单是停车、装货、卸货的地方，也是一方很
有意思的小天地。货场进门左侧有一排缅甸人经营的小店，打
头的几家是小餐馆，主要为货车司机提供份饭，菜样多、品相
佳，10—15 元就可以吃上丰盛的一餐。还有几家小百货店和小
卖店，其中一家有张台球桌，玩者和看客络绎不绝。货场右边
一间上方写着"瑞丽口岸驾驶员之家"的小房子格外引人注目。
走近细看，屋内有电视、风扇和数排座椅，墙上挂着防艾宣传
栏，电视旁的落地架上整齐地摆放着防艾宣传手册。这间小屋
是瑞丽出入境检验检疫局"艾滋病防治项目"的实施基地。该
项目已持续 13 年之久，针对外籍长卡司机每年定期展开培训
十余期，同时进行传染病监测工作。这里平日也作为司机们的
娱乐休闲之地。"驾驶员之家"后面有几家进出口货运公司，主
要承揽姐告至曼德勒和仰光线路的货运业务。这些物流公司的
老板和管理人员均是缅甸华侨，司机和搬运工则几乎都是缅族
人。货场后面很有生活气息，一些司机和搬运工就住在这里的
简易房。一道从未见过的景观让人驻足，缅族男子将身上的笼
基变作浴帘在其中冲凉，见人围观也没有躲避之意。

2. 市井生活

　　尽管姐告已有三条出入境通道，负担每日巨大的人车流量
仍显吃力。2017 年中缅双方协商决定在姐告开设第四条通道。

货场通道

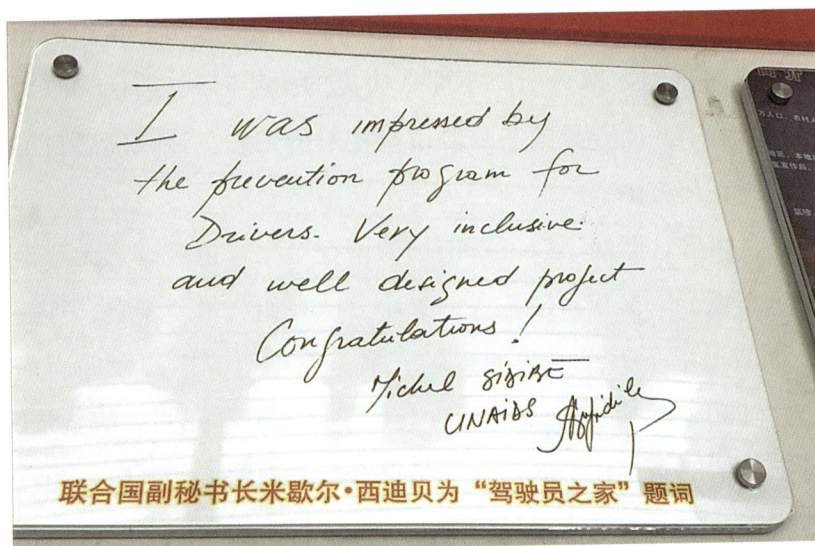

> I was impressed by the prevention program for Drivers. Very inclusive and well designed project Congratulations!
>
> Michel Sidibe
> UNAIDS

联合国副秘书长米歇尔·西迪贝为"驾驶员之家"题词

联合国副秘书长米歇尔西迪贝为"驾驶员之家"题词

我曾专门去寻找这条通道的位置。走下姐告大桥左转进入滨江路，行至尽头，围栏后就是建设中的滨江通道。当日，我来通道口沿边境路依次走过中缅街、大国门、货场，最后晃到玉市。我喜欢在姐告"压马路"，无论有无明确的目的，特别是中缅街和货场一带。因大量缅族工人在姐告工作生活，边境线附近形成了缅甸风格浓郁的缅族聚居区。马路上常有卖饮料和水果的小三轮出现，街道两边布满缅式餐馆、按摩店、理发店、五金店、杂货店、零食店、玉石店，多数只有缅文招牌。白日时光悠长，店员百无聊赖，偶尔有年轻小伙子开大音响，在街边跳舞解闷儿。当傍晚来临，街道慢慢变得人流涌动，人们三五成群填满夜市、餐馆、烧烤摊，世俗热闹、生气勃勃。原来，收工后的生活才是一天真正的开始。我们时常在姐告开启或结束一天的调查，在聚居区做按摩、吃缅餐、逛夜市、买零食、围观藤球游戏，好似短暂地充当了其中的一员。这里的味道怀旧而奇幻，像一切尚不那么快捷的少年时代，日子简单、总有欢喜；又恍若异国巷陌海市蜃楼般的幻影，让人迷惑自己究竟身在何方。

在姐告，即便不以玉石市场为调查对象，也会有意无意走向玉石城。一次夜幕降临，四人小分队在姐告散步消食，打算去玉城见识下人声鼎沸的夜场直播。途中听到歌声，循声而去，却无意间撞进了别人家的生日宴。本想看会儿表演就走，却被热情的主人让至席间。那是桌全新的酒席，虽表明已经吃过晚饭，主人还是掀掉了佳肴上的保鲜膜，劝我们尝尝自家傣菜，还让人送来了生日蛋糕。交谈中我们得知此处是国门社区恒茂小组，即原来的姐告寨。在充盈着外来人口的姐告，我们

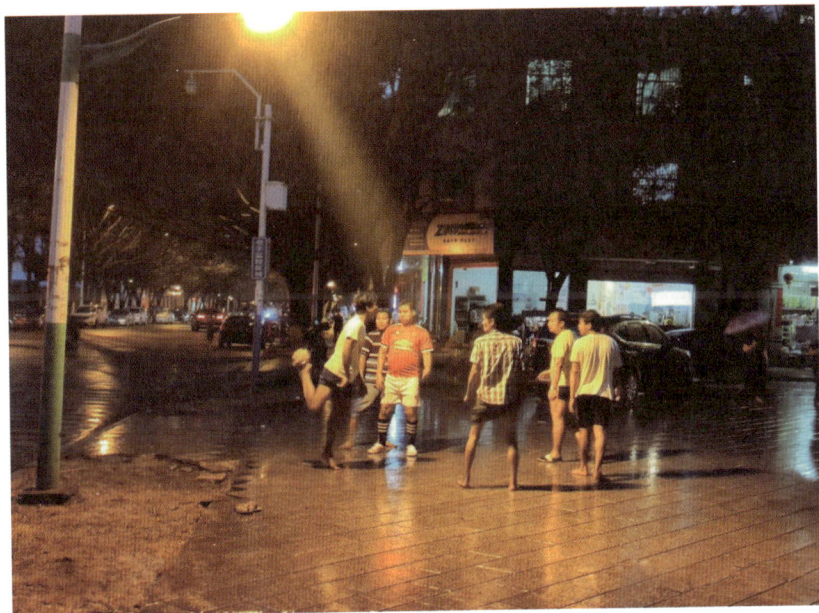

缅族男子在细雨中踢藤球

第一次遇见了本地土著。在组长的授意下，一位青年带我们参观了寨子的佛寺。小和尚们还在上晚课，伴随清亮的念经声，年轻人向我们介绍了寨子和寺庙的简况。回到席间，我们不再拘谨，自在地吃起蛋糕，为表演拍手叫好，已然从派对的旁观者变身为参与者。"礼貌而疏离"终敌不过亲切以待，傣家人就这样轻易地还原了人与人相处本来的样子。

3. 玉石城

瑞丽是东南亚重要的珠宝集散地，尤以翡翠闻名，因而又被称为"东方玉城"。在瑞丽，玉石店遍布大街小巷，从业人员达6万之多。姐告的玉石城是瑞丽最火爆的玉石市场之一，一个所有游客都要"到此一游"的地方。玉石城由吉茂、玉城、顺珏、金象、伯乐等数个商场组成。当地人习惯将姐告的玉石市场统称为"吉茂早市"。在该市场开发初期，多数商人清晨五六点便出摊，10 点后陆续收摊，流动商贩第二天再来，老城有店铺的商家则回店经营。游客和淘家若想捡到好货便睡不得懒觉，如晨起买菜一样，去晚了或无漏可捡或已经散场。得益于免租、减租等优惠政策，玉石早市逐渐吸引了大大小小的商人长期入驻，逛早市的游客也越来越多，经营时间也延长至一整天，瑞丽玉石市场的中心也因此由老市区的珠宝步行街转移到姐告玉石城。

我钟爱姐告玉市。在人头攒动中游走各个摊位，浏览琳琅满目的翡翠饰品，与有缘之人闲侃增长识玉本领，不觉疲劳，不觉无聊，不觉时间流逝，只觉过足了爱逛街的瘾。到瑞丽的第二天，全体师生来到姐告玉市，吉茂上千个摊位的阵仗带给学生们极大的震撼。下午人不多，欣赏美玉时，学生们敏锐地发现有人拿着手机游走不同摊位直播卖玉。这类群体被业内人称作"走播"，与代购相像。还在新奇"走播"，摊位的老板却说这不算什么，指点我们去玉城看看。穿过吉茂侧门进入与之相连的玉城，在一个外表类似农贸市场的大棚里，我们遭遇了第二个冲击波。密密麻麻的摊位，每个都是一处小型直播间，货主们挤在摊位前递货，主播对着支起的摄像头销售，助手不停地填写信息卡。棚顶大红色的横幅格外醒目：姐告玉城淘宝直播基地欢迎您。这是我第一次见识巨型直播后台，人潮拥挤、热火朝天。而此刻的热闹远未及顶峰，晚上 8 时以后才是最燃的时段。2016 年我两到瑞丽，那时还不见直播的身影。一别仅几年，当惊世界殊。2017 年，瑞丽玉石贸易站上直播浪潮的风口，淘宝、微拍堂等电商平台渐次进入市场。2018 年，数千团队涌入玉石直播市场，创下销售神话。2019 年是顶流主播出圈、直播电商业态走红之年，瑞丽玉石直播业在迎来高潮的同时也正在经历洗牌，有人初出茅庐，有人如鱼得水，有人黯然离场。在直播大潮席卷下，仍有不少业内商人守持传统销售形式，他们认为直播充满欺诈、扰乱秩序。尽管直播行业规范有待进一步加强，不得不承认的是，在红木业凋敝、经济下行压力不断增强的形势下，别开生面的销售模式为瑞丽的玉石贸易注入了一针强心剂。

翡翠界有句行话："多看少买"，于新手而言尤为如此。不似宝石，翡翠没有统一的分级与评价标准。翡翠讲求种、水、色、净度、大小、薄厚、形状、工艺，每个要素增减一分，都会影响成品的价值。缺乏知识与经验的游客花大价钱买来的翡翠常常"物非所值"。翡翠原石具有赌性，厚厚的皮壳之下，道行深者也无法断言里面的玉肉究竟"价值连城"还是"一文不值"，即便借助专业电筒的强光可大致判断颜色种水，亦难料其内有无裂纹或深浅几何。变幻莫测令人恐惧也勾人入迷。赌石若无致命诱惑，又怎会有德隆夜市的人气爆棚呢？在玉市久逛，易被气氛熏染，箴言难御冲动。"小试牛刀"购入挂件后，总会挨行家"当头一棒"，全当试练，也算作我解锁瑞丽的一种方式吧。

有时站在桥头，眼望仅有 1.92 平方公里的姐告，不禁感慨：40 年春华秋实，曾经的芦苇渔村已蝶变为中国面向东南亚、南亚开放，通往缅、泰、印、孟等国的陆上要冲。若你踏上这片区位得天独厚的地方，见识过川流不息的国门通道，知晓口岸贸易总值的增长速率，你会同我一样为这块弹丸之地蕴藏的力量而惊叹；若你用心徜徉过这里的大街小巷，感受到其中不一样的人间烟火，你也会同我一样为这方寸之间承载的生计与梦想而动容。

玉城淘宝直播基地夜晚的火爆场面

二、边寨

瑞丽国境线长 169.8 公里，沿线分布着无以数计的小寨子，有些看似普通，实则隐藏着国家间的正式通道、民间便道和水运渡口。瑞丽有几个非常知名的寨子，喊沙、大等喊、银井……银井寨距瑞丽城区 11 公里，以典型的"一寨两国"人文地理景观吸引无数游客慕名而来。银井寨与对面的缅甸芒秀寨原为一个寨子，1960 年，中缅重新勘界划界，国境线从寨中蜿蜒而过将其一分为二。尽管从此分属不同国家，两寨百姓依旧往来如常，他们谈婚论嫁、一起过节、共同劳作。出于为边民往来提供便利的考虑，中缅两国开设银井通道为国家间正式通道。

1."一寨两国"

2016 年前的暑期，我大部分时间都浸在银井，走村串户，找人尬聊。此次故地重游，我显得轻车熟路，自然成了学生们的向导。银井行从"一寨两国"景区开始。该景区由瑞丽旅游集团沿两寨边境线打造而成，以边境文化、民族文化体验游为设计主旨。景区好似一座公园，花香满径，绿树掩映，数十个景点散布其间。布岛族、"顶罐族"引来无数游客猎奇围观。布岛族是缅甸特有少小民族，仅有 300 人左右，居住在南坎一带。布岛女子从小在颈间佩戴铜圈，随年龄增长和承受力增强，铜圈数量不断增加，脖颈也被越拉越长。景区布岛山庄共有 6 位女子，她们之间沾亲带故，其中的标志性人物已过中年，颈间项圈多达 23 个，令人叹为观止。存在本身即是一种展示，这些布岛族妇女工作与生活合一，主要任务便是坐在门廊凭借奇异的形象吸引游客。为展现缅甸信仰文化和特色景观，开发者将仰光大金塔和螺蛳塔的微缩版植入景区，还新近打造了仿蒲甘风格的塔群。新建塔群不但与周围环境格格不入，也因缺少文化底蕴显得徒有其表，却在有限的空间里营造出浓烈的异国情调，成功地赢得了游客的倾心。初见塔群的我们十分兴奋，穿梭往复于拱门回廊，登临俯望田畴村庄，忙不迭地拍照留念。

我沉浸在虚假的拟仿中畅快地玩耍，猛然明白了对多数大众游客而言，旅游不问真实，只为开心。为凸显"一寨两国"地理特色，景区里密集地排布着"一树两国""一井两国""一桥跨两国""一塔佑两国""一舞舞两国""一球踢两国"等景点和活动场地。景区西部外缘与芒秀寨一网之隔，走在石板铺成的边境小路，芒秀的乡村景象尽现眼前。路面上写有中缅文对照的日常用语，有心的游客会认真地学上一两句。立在这条路尾的一架大秋千格外受游人青睐，随秋千摆荡于国境两则，可感受飞翔和破界带来的双重刺激。"一秋荡两国"离景区后门很近，出后门便可看见 71 号界碑和银井通道出入口。

"一寨两国"景区内的塔群

2. 银井通道

银井通道在朋友圈的出镜率与姐告国门不分伯仲。在这里，即便没有出境计划，外来客也能够获得极致的边境体验。一道黄线，一根挡杆，一座界碑，此外再无任何物理屏障，与通道相连的"一院两国"甚至不见惯常的国界标志物，一条日用排水沟即是疆界。另一个国度近在眼前，你无限接近，却不可抵达。这种奇特的空间感受让人瞬间领悟何谓"边界""领土"与"国家"。对于没有通行证的游人而言，缅甸近在咫尺又遥不可及；而对于边民来说过境则犹如过马路一样普通，他们晌午穿过国界探亲、访友、赶集、务工，事毕便返回自己的国家。景区沿路小吃店的帮工几乎都是来自对面临近寨子的傣族青年，他们白天在店里做活，晚上回到家中休息。正在通道口执勤的边检人员向我们介绍，几年前银井通道日均人流量仅有 400 人次，现在这个数字已经增长为 1000 人次左右。除边民外，在附近工业园区务工的缅甸工人也会经银井通道到缅甸移民局设立的办事处盖章，人流峰值可达 1500 人次。居住在边境各邦和曼

银井通道

德勒、马圭等省的上缅甸人偏好到瑞丽一带谋生计，瑞丽边民又何尝不凭借与缅甸山水相连的地缘优势开创美好生活呢！

3.边寨人

边寨人"跑缅甸"是寻常事，不寻常的是他们各自演绎的精彩人生。一位银井人曾得意扬扬地对我说："我有5个老婆！"闻之惊骇不已。这位大叔的婚姻故事串起了他30年的跨境奋斗史。再到银井，虽时过三载，我仍可以清晰地回忆起与他相遇的情景和他滔滔不绝的讲述。那日上午，我晃进一间其貌不扬的老旧竹房，堂屋内没人，我招呼了一声，一位50多岁的大叔从侧屋走进来，看了看我。他穿着花衬衫，神采奕奕，与寨里的同龄人不大相同。他与我相对而坐，并没问我所来何故，而是自顾自开心地说了起来。他的普通话非常流利，没几句就语出惊人地告诉我他有5个老婆。我追问，他便讲。20世纪80年代，边境贸易日益活跃，他20岁出头，为人开车在两国间贩运物资。那时他已成家，妻子承担了家中的大部分活计。因为精明强干，他很快熟悉了这条生意链，几年后独立单干。他开着货车跑遍了上缅甸的大部分地方，结识了形形色色的人，这其中也包括他未来的二岳父和三岳父。他的二岳父也是生意人并且非常富有，当他还是个穷小子的时候便慧眼识珠般地预见了他光明的前途，执意要将女儿许配给他。缅甸人接受一夫多妻，因此未来岳父并不介意他已娶妻生子。与此类似，不多久，他又娶了第三位妻子。姻亲关系助他开拓了缅甸的社会关系网，他的生意越做越大。再后来，中缅街开发，他在木姐投资商铺，又娶了当地的一位女子。随着年岁增长，他不愿再疲于奔命，将生意交给儿子们打理，自己带着 90 后的小娇妻衣锦还乡。他将二妻、三妻安顿在曼德勒和仰光，为她们买房购车，每月提供生活费。四妻在木姐经营商铺，身边的大妻和小妻也能够和谐相处。他打算建座新房，眼下只是暂居老屋。我问他具体都在哪行发财，他含糊其辞，有些秘密不可言说。（2015 年 9 月，缅甸政府签署法令，禁止一夫多妻——编者注）

这个不期而遇的故事犹如天赐，助我感应到边地世界的妙趣横生。勐卯坝资源条件得天独厚，正常年景，傣家人不必太辛劳就可享生活之无忧，因此他们多数都是家乡宝。即使 2000 年后打工热风行边疆，傣家人也并不热衷去内地务工。然而，这并不表明傣家人缺乏进取精神。实际上，他们从未停止利用地缘、族缘优势在世代生活的坝子上开拓更好的生活。不同时期，他们根据边境两侧的不同情势调整生计策略，自觉或不自觉地追随着那只"看不见的手"。当下，银井人的生计方式日益多元，见识过世界的年轻一辈开始尝试有别于前代人的新颖生计，如开快递站、养斗鸡。社会变迁、代际更迭，边寨人以"计"为生，随时代律动不断变换跨境互动的策略选择，却始终不离对"边境"的依赖与信念。生计似万花筒，永不乏味、永远生动，看进去，是五光十色的边境社会与多姿多彩的边民生活。

4. 边防小学与"边境法庭"

这次进银井，停留不足半日，一行人并未与村民深入交谈，只游览了美丽寨子。银井的特色不仅在"一寨两国"的奇观，寨中还建有"中国第一所边防小学"和瑞丽"第一个涉外矛盾调解中心"。银井国门小学占地面积超过 4 亩，教学楼红瓦黄墙，屋顶为傣式建筑样式，三年前才建设完工。教学楼靠近大门一方的侧面上印着两行以中缅双文书写的文字，分别为办学目标：立德树人、启智明理；办学理念：教育无国界、大爱无亲疏。银井小学设有学前班和一、二、三年级，招收银井及周边村寨包括缅甸一侧距国境线 3 公里以内的学龄儿童。据带我们参观小学的边检站梅同志介绍，学校现有学生 150 人左右，几乎均为傣族，缅籍学生数量接近总数的一半，他们和中国学生享同等义务教育政策。缅籍学生多来自对面的芒秀寨，为便利这些"小留学生"来中国上学，边检站为他们办理了"出入境优先候检卡"，每日早上提前一小时，即 7 点为他们开放通道。学校已经正式放假，大门紧闭，无法入内参观，也找不到师生交谈。我们站在学校大门的屋檐下避雨，借机向梅同志进一步

银井边防小学

了解学校情况。银井小学为学校与银井边检站共建，于 2009 年被正式命名为"中国第一所边防小学"。边检站与学校互动频繁，不但参与学校军训、运动会、普法教育等活动，还设有专项基金资助缅甸贫困学生。个人出资助学也已成传统，边检站站长资助一名缅甸学生已有三年之久。"同一个世界，同一个学堂，承载着两国胞波情谊，世代友好的延续。……"多好的歌词！这首校歌里唱颂的胞波情谊早已深植于银井教师、学生、家长和边防人的心间。

位于银井公共活动中心的涉外矛盾纠纷联合调解中心成立于 2011 年，是瑞丽司法局不断探索调处边境边民纠纷的新形式。我们随同梅同志参观了调处中心，里面的布局好似一个小法庭，难怪这里被边民称作"边境线上的国际小法庭"。座位上的标牌显示了参与调解的人员：主调人、缅方调解人、中方调解人、翻译及记录员。梅同志介绍说，主调人会根据纠纷性质在乡司法所、边防派出所和边检站之间调整，情况严重时会多方到场。中缅两方调解人则由村主任、寨老组成。虽然纠纷多为婚姻家庭、老人赡养、子女就学、财产分割、农田水利等日常生活矛盾，但因牵涉两个国家就显得十分重要。联合调解、多方协商能够从实际情况出发，以灵活有效、令人信服的方式化干戈为玉帛。网络信息显示，自成立以来，银井小法庭共调解各类纠纷 190 余件，调解成功率接近 100％。在创新边境地区社会治理、团结两国边民、促进睦邻友好方面银井小法庭发挥了先进示范作用，目前已有 20 多个涉外矛盾调处中心如雨后春笋般在瑞丽沿边乡镇涌现出来。

勐卯坝一马平川，素有"阡陌膏腴"之誉。瑞丽乡村风景

关门节期间喊沙寨老人持戒修行

田野留念

如画、土沃人繁，一如史志中对勐卯坝的描绘。此次到瑞丽，下乡走访次数不多，却留下许多闪亮的记忆。姐相旺寨绿油油的稻田、停在小径的拖拉机，唤起了我们对知青岁月的遐想，爬上拖拉机、找好位置，定格田野里的青春芳华。暴雨后的姐相街天，摩肩接踵、热气腾腾，那一小摊红果子、一箩筐黑玉米，透露着边民互市最原初的景象。关门节持戒日，一行人散坐在喊沙奘房的台阶上，风和日丽，无所事事，老人撑伞鱼贯而过，静默有序，岁月冲刷的宁静，映现眼底。坐在娘娘们中间吃凉虾，散场后手里多出个装着缅甸药的小袋子，"拿着，好用"，眼里眉间尽是心底的善良。瑞丽边寨质朴动人，带人梦回原乡。

三、木姐

虽然在姐告国门两侧的小路便可窥见木姐街景，多数游客还是不想错失出境一游的机会。三年前，我曾参加过"木姐—南坎一日游"，过程有些糟糕。从木姐去南坎的路上，"80版公共汽车"陷在泥坑里一小时之久，车上人闷在里面抓心挠肝。回程时堵车，导游根据经验判断短时间内疏通无望，动员大家走回中国。我拎着两只缅甸菠萝随大队人马在似火的骄阳下暴走两个小时，心里飘过一万个"再也不来了"。事后回想，那次旅程其实蛮有意思，沿途田园风光美得无与伦比，山间巨大的卧佛震撼人心，徒步回国的经历更是难得。此次来瑞丽，我早将当初的"誓言"抛诸脑后，再度渴望去国境对面看看。每人

　　花费 300 多元团费后，旅行社派人陪同我们办理了临时通行证，非常方便快捷。返昆前一天，天气晴朗，早 9 点，师生由姐告国门验证出关，开启了境外游的旅程。负责对接的缅方导游已站在边检门外，她需集齐承接团队所有游客的通行证后代办入境手续。利用这个空挡，我们在中缅 81 号界碑处合影留念。进入木姐，怀旧气息扑面而来，穿过马路，一众人到"金黄宫"等待旅游大巴的到来。此次一日游仅限木姐，因南坎一带局势不稳，中国政府已禁止游客前往。

　　木姐游的第一站是集贸市场，大巴开动，车上的地陪导游开启了她的讲解。她首先从车说起。缅甸的机动车以日系旧车居多，左右舵均有，遵从右行规则。以前缅甸不接受中国旧车，近来已放松了这项管制。因"一牌难求"，很多车辆没有正式牌照。我们乘坐的大巴是缅甸最豪华的旅游巴士，这辆全封闭的空调车虽然有些年头，但内饰干净整洁，比三年前那辆"公交车"强上百倍。导游接着介绍，车子行驶的这条路是木姐最繁华的街巷，因紧邻瑞丽店租昂贵，地价已被炒到每亩 200 万人民币。车窗外，车流如织、商铺林立，其中不乏华为、oppo、vivo 等熟悉的手机品牌店。沿路的建筑多只有两三层高，外表老旧，一路上我只看见一座十多层的玻璃"大厦"。柏油路宽度尚可，但坑坑洼洼，行车道上除了货车、私家车，最多的就是个人出行必备的摩托车。在一个路口，一辆载着十几个人的黄色带篷三轮停了下来，有人挤到车尾跳下，这便是木姐的士了。这条街道与三年前相比没有太多变化，景象似时光倒转，让人"穿越"回中国的 80 年代，我的这些 95 后学生只在电视里见过这般光景。车子突然停滞不前，导游解释，大巴体

木姐 CBD 街景

积超标不能开入市场街道，被警察拦下了。她会下车与警察说明情况，看他能否为尊贵的中国客人网开一面。警察大叔铁面无私、秉公执事，协商无果，导游只好更改行程，车子掉头转向金鹿寺。

"现在经过的这条路就是史迪威公路。"闻听此言，我立即望向窗外，内心隐隐激动。抗战后期，这条起始于印度阿萨姆多雷的小路穿越高山深谷、湍急河流，蜿蜒上千公里，将缅北和滇缅公路中国段重新连接起来，成为远东战场物资运输的"生命线"。大巴缓缓行进，书本上读到的铅字幻化成帧帧画面跃动眼前，将我与那战火纷飞的年代超时空地连接在一起。未久，车子停在了金鹿寺门前。导游介绍，金鹿寺是木姐最大、香火最旺的寺庙，收留了许多鳏寡老人和孤儿。庙里小和尚很多，切忌摸他们的头顶。寺院不收门票，游客随心捐些香火钱。主寺金碧辉煌，为防火患，游客被限于殿外拈香敬佛。主寺旁有座古铜钟，撞击三次可获吉祥。乘凉间歇，导游拿出纪念邮票、老版缅币等物什推销起来，我买了一份邮票，望如她所言，将这份额外收入的一部分捐献给寺庙。

　　缅甸寺院众多，在缺少其他旅游吸引物的情况下，缅甸游几乎等同于寺庙游。参观过金鹿寺后，旅游团又分别前往高山寺和禅林寺。高山寺位于金鹿山顶端，寺庙为开放式，白柱金顶，没有围墙，中间一座汉白玉观音像。此处可求姻缘，入寺必须脱鞋。寺庙前方，一座金色巨佛立于远处山间。傣先王宫是高山寺的特色景点，里面的两座傣族先王衣冠像十分逼真，当地百姓无不虔诚跪拜。山顶的大金塔还在修缮中，登塔瞭望，可览瑞丽全景。面朝祖国山河，一时静默无声，心绪澎湃飞舞，如何言说？于我，那份对祖国的爱与眷恋此刻无限浓烈，一如三年前长途跋涉、精疲力尽时望见国门的刹那。禅林寺更像座露天公园，鸟鸣山幽、清泉细流，一路仍以观赏佛教造像为主，却也不觉厌烦。游览过三座寺庙，时间已过中午，大巴载我们回金黄宫用餐。车子在木姐主要街道穿行，度假区、居民区、市政府、警察局、开发区、学校、医院一一掠过车窗。午餐后，大巴开往"皇城乐园"，怎料大门紧闭，最后一场表演已经结束。该景点以人妖歌舞表演为卖点，观看需自费，本无兴致，错过无妨。目前缅甸的边境旅游主要依靠信仰景观，"皇城乐园"的出现昭示了木姐旅游开发商业化运作的趋向。大巴折返，临近边贸街，一行人下车，步行至集贸市场。这座木姐最大的"百货商店"类似于我国的小商品批发市场，密密麻麻的摊位摆满护肤品、拖鞋、服装、布料，通道处偶能

木姐集贸市场

在高山寺金塔俯瞰瑞丽

看见本地妇女售卖土特产。走马观花中，巧遇曾为我们按摩的一名女工，她正和朋友们挑选裙装。

走出集贸市场，一日游全部行程结束。下午 3 时许，我们回到姐告国门广场，游子归家的感觉袭过心头。学生们说，经此一游，更爱祖国了。瑞丽与木姐，一墙之隔，世界迥异，难免令国人心生优越与自豪。可木姐人也自有木姐人的自尊和骄傲。地陪导游一路上有意无意地闲话耐人寻味。她说自己不愿像中国人一样快节奏运转，比起为钱奔命，更在意享受生活。她喜欢中国客人，但反感高高在上的大城市人。她承认自己的国家欠发展，但无法忍受别人当面指指点点。她的先祖是清末移民缅甸的第一代华侨，因此整个家族都具有缅甸正式公民身份。她对祖国的拳拳之心，同我们一样，而她生长的这片土地也确有令其骄傲的资本。木姐是缅甸最大的边境城市，也是缅甸最具经济活力的地方，因享有诸多特殊开放政策，经济增长飞速而被誉为"缅甸深圳"。木姐的发展虽得益于瑞丽的拉动，但其之于瑞丽、德宏片自由贸易区以及"一带一路"的意义亦非同一般。木姐地理位置优越、交通条件便利，是连接杭瑞公路与腊戌、曼德勒、仰光、皎漂这条黄金通道的枢纽，未来的泛亚铁路缅甸段也将从这里起始。两座城市，一个坝子，山水相连、唇齿相依。世居的瑞丽人、谋生的外来者和停留多日的我们都深知，协同发展才会有更好的未来。在祝福祖国国运昌盛的同时，也真挚盼望邻国缅甸稳定繁荣。

古瑞丽悠远深厚，四千年前就有人类生息繁衍，称雄于世的勐卯果占壁王国、麓川王国铸就南卯江河谷永不褪色的传奇，商旅不绝的"蜀身毒道"踏过文明交流互鉴的嗒嗒马蹄；

近代瑞丽经历不凡，滇缅公路、雷允飞机制造厂和十万远征军见证了烽烟战火中的残酷与热血。当代瑞丽，承千载历史，于大变革中续写新时代的风云篇章。本土而异域、传统而现代、古老而年轻、柔美而坚毅，这座宝藏小城，值得一去再去，一读再读。

畹町口岸行

李智环

2018年2月6日至12日，我们在德宏傣族景颇族自治州瑞丽市的国家一类口岸——畹町口岸调查。

我们从昆明出发时，昆明已经持续了近一周的零度以下的低温天气，而当飞机降落芒市(德宏州的机场设在州府—芒市）时，阳光明媚，地面温度已超过20度，不禁令人心中涌起暖流。由于到芒市机场已是午后时分，我们决定在芒市吃过午饭再坐车去瑞丽。于是，我们请求出租车司机带我们去有当地特色的餐馆。这个在芒市生活了近20年的四川人不假思索地说："那就是'珠宝小镇'旁边的好几个农家乐了，都是傣味。每天去吃的人多着呢!"而当我们到达目的地已经是下午两点多钟了，就随意地选在靠近路边的一家农家乐饭店坐了下来。而我的好奇心很快被这家农家乐特别的点菜方式所吸引：没有菜单，让顾客直接在摆好的一排排的大塑料盆前指着菜品点，服务员则把点好的菜撕下小段放到一个空盘子上，作为实物点菜单。(见下图)

结账时，我习惯性地与老板攀谈起来，他的山东口音令我一下子切入聊天的话题。这个看上去有四十五六岁的山东人告诉我，他参军离开家乡后在新疆度过了五六年的部队生活，复员后与老乡一起到昆

实物点菜单

明谋生，在昆明认识了当时也在打工的妻子——一位傣族姑娘。婚后不久，他就与妻子一起回到了芒市，开起了这个农家乐餐馆，生意一直不错，现在他已经在芒市生活了 18 年。我顺便把自己关于点菜的疑问向他提了出来，他的回答简单而直接："这里的很多少数民族识字不多，所以就用这个传统的也是原始的方法啦！"看着点菜时与我几乎无法交流的女服务员，以及戴着格子帽子看上去有点怪异的两位炒菜师傅，我总感觉答案好像还缺少内容。因为这些二十几岁的年轻人，在国家强制实施多年的九年制义务教育政策下，不太可能是"漏网之鱼"，毕竟我在经济发展更为落后的怒江地区长期的田野工作中，都已经很难遇到识字不

餐厅的厨师

多的年轻人了。

　　然而经过了在畹町口岸的几天生活后，我便可以断定这家农家乐老板的解释事实上是有所隐瞒的：实物点菜的方式虽然与当地傣族、景颇族传统的生活有着一定联系，但更为直接的原因应该是——这位老板所雇的厨师和服务员是缅甸人！在当地同等条件下，没有正式长期居住手续的缅籍务工人员的劳务报酬大概在中国人的三分之一左右。而在畹町镇的农田里，我也见到了既可以说是缅甸边民又是来中国务工的缅甸妇女，我将她们判断为缅甸人的简单依据就是语言交流的困难程度和她们很少会单独出现（至少都是三至五人一起做工），因为中国当地的少数民族尽管汉语可能并不流畅，但基本都表现得乐意与外人交谈，且成群结队的情况不多。这令我不禁联想起在本次瑞丽之行前查阅过的相关文献：近年来，在瑞丽市就业的外籍人员数量平均每年以10%的速度增长。2015年初因务工、经商或临时居住等原因滞留在瑞丽市的外籍人员就多达4万余人。①由此可见，芒市、瑞丽等地与缅甸距离之近、往来交通之便利程度！

　　畹町——这个地方，对于当下熟悉抗战历史的国人而言是具有一定情结的地方：一百多年前，畹町的一条小路是通往境外的"驿道"。二战期间，日军封锁了中国所有的出海口，滇缅公路成为国际反法西斯阵营援助中国战略物资的唯一陆上通道，作为中方一侧的终点——畹町自然而然地成为中美英三国

---

　　①　黄彩文、和光翰，《中缅边境地区外籍劳务人员与边疆安全》，《学术探索》2016年第8期。

盟军的大本营和物资集散地，那段时期每天都会有上千辆的军车经过此地将物资运往昆明再辗转到中国各地，而几十万的中国远征军亦是从这里出入国境；1985年，经国务院批准，作为国家级一类口岸的畹町成为中国最小的城市，事实上在中国改革开放的初期，畹町因为对外贸易的兴盛，也可以说是当时中国最为富庶的地方之一；1999年，畹

畹町镇农田里集体劳作的缅甸妇女

町市被撤销，在瑞丽市的行政管辖内设立了副县级的畹町经济开发区。而随着瑞丽市另一个国家级一类口岸姐告的设立、发展，目前来说，畹町无论在经济方面还是社会影响力上都已被姐告超越。但是畹町、姐告以及同在德宏州的章凤口岸（在陇川县内），在发展过程中互为补充、各有重点，已组成中国对缅甸贸易最大的口岸系统。

到瑞丽后的第二天，我们即前往畹町口岸。瑞丽市区勐卯镇派出所门前是由瑞丽到畹町的县域内短途小客车聚集拉客的地方，我们在此地搭乘一辆面包车，经过半小时的车程，目的地就是畹町口岸的"国门"。而这一国门与我所到过的其他口岸

豌町口岸的国门

的国门有着"低调的不同"——没有"门"，只是大小两座界桥，而"中国豌町口岸"的标志性字迹则悬挂在界桥左侧口岸办公楼门前上方的国徽下侧。

大的水泥柱拱形桥是目前正在行使"国门"功能的界桥，而右侧较小的一座铁架桥则是抗战时期发挥了巨大作用、现已作为历史遗迹保留下来的"老界桥"。我在"老界桥"附近驻足观察近半小时，其间有一位导游带领一队游客（五六人）讲解抗战时期豌町的"传奇故事"，三三两两的还有三波人也到此留影、参观。可见，游客人数并不多。

此外，在"国门"区域我还注意到了一个小细节：由豌町界桥出入的中缅两国人虽然没有间断，却也没有达到我所去过的河口、天保甚至于片马口岸的人流程度，从缅甸一侧进入中国境内的多是步行或骑着摩托车的缅甸人，而由中国进入缅甸境内的中国人则多是开着轿车或越野车。

由"国门"区域走进豌町的商业街道，我发现临街的店面有四分之一左右是处于闲置状态的，而营业中的商铺主要的经

畹町界桥、"老畹町桥"及作者留影

口岸办公楼前要通过界桥的缅甸边民

营范围就是翡翠玉石和缅甸木制产品。但由于游客数量有限，商铺门前都略显冷清。即使在商业街道的中间地段建有占地面积较大的"畹町边关文化园"，园内的"远征军抗战纪念馆"及翡翠珠宝商城前也是门可罗雀。

在距口岸区域约两公里的地方，中国的地方政府为中缅两

畹町边关文化园

国的边民新建了畹町农副产品交易市场，而我在畹町的短暂田野工作中发现，边境农贸市场以及季节性的西瓜市场，可以说是这里最具人类学研究价值的场所。这一农贸市场建成时间在一年左右，四周围绕着有三层楼的室内市场，中间是露天部分，尽管还有少量摊位处于招商中，但各色商品却已经琳琅满目了。

这个市场与内地市场最大的不同之处就是，在这里随时随地可以见到缅甸人。我在市场里转了三四圈有一个多小时，发现缅甸边民多购买食用油、衣物等较为长期的日用品。而作为卖方的缅甸人则多在固定摊床对面的市场过道边上，支起临时摊位，所卖货品多是山里采摘的野果、野菜。我在一个摆满被当地人称为"水子果"（白色，据说剥掉外壳直接食用，有助于缓解嗓子炎症等）的临时摊位前停下来购买，摊主基本不会汉语，卖货也不用秤称，而是拿着一个白色陶瓷碗装，装满一碗是 3 元人民币。旁边摆售另一种绿色野果"克地佬"（据说要晒干后腌渍，具有止咳清热和降血脂的功效）的 50 多岁的妇女用比较流畅的汉语向我介绍，她们都是缅甸"那边"过来的，她本人是汉族，卖"水子果"的那位是克钦族（景颇族），不太会说汉语。

畹町农副产品交易市场

在距离农贸市场大约 3 公里的地方即在畹町通往瑞丽的出入口地带，就是著名的畹町西瓜市场。很幸运，我在 2 月初的时候来到这里，正是西瓜市场一年中最为忙碌的季节——因为水果商人们要抓住缅甸西瓜成熟在中国农历春节的这一时段，因此全国各地的水果商似乎都聚到这里来批发西瓜。于是，我们在西瓜市场里看到，挂有缅甸和中国各省市车牌的大货车在此地繁忙地运输着，交错之间是热风和汽车尾气共同卷起的尘土。西瓜市场里的缅甸人数量要远远多于中国人。

缅甸人主要从事两类工种：大货车司机和来市场做装卸和包

摆摊的缅甸妇女

装的临时帮工。而中国人则是市场中的买卖双方：卖方一般是通过由市场里专门做代办批发的中间商代理，买方则通常是各省来到此地的水果批发商。我在市场里随机访谈了几位中国人得知：西瓜市场中的实际卖方绝大多数是在缅甸南部（气候炎热，适于种植西瓜）承包土地规模化种植西瓜的中国人，种植园中的技术人员

临近春节购买年货的缅甸阿婆及逛市场的缅甸夫妻

也多从中国聘请；出现在市场里的西瓜代办或者是种植园直接的销售员工或者是与多家种植园有常年生意往来的中间商；而买方也多属各省市的大型水果批发商，因为他们一次的购货量至少在

缅甸货车（上），中国货车（下）

一辆大货车的数量（即二三十吨），而部分买方更是租住了市场前排的门市房以便在此地的长期交易。我在市场的一个大门外，偶遇了一位近年来每年都会来畹町的辽宁老乡（沈阳人），他告诉我：畹町西瓜市场的西瓜分为三种——黑美人、甜王和缅甸大西瓜。"甜王"口感最好，价格也最高；缅甸大西瓜数量最多，价格也相对便宜。仅以缅甸大西瓜为例，虽然在西瓜市场交易的价格仅在每市斤七八角的水平，但路途遥远，加之保鲜防冻以及损坏等成本，西瓜运到辽宁的成本就会升到 3.5 元左右，而东北春节期间一般的零售价格会在每市斤 5 元以上。

　　在畹町的西瓜市场里，虽然所见的到处是西瓜，却没有为

西瓜市场里各种代办广告

西瓜市场里的缅甸帮工

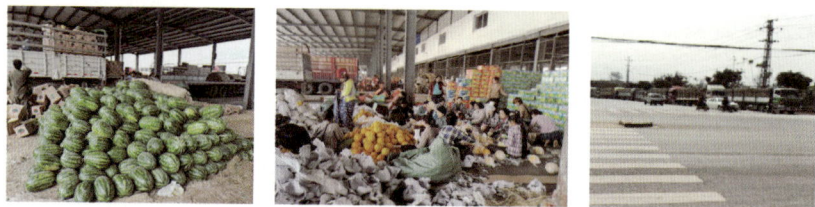

"甜王"瓜　　　　　重新包装的缅甸白兰瓜　　　　等候发运的大货车

个别游客或行人而设的零售项目，因为几乎每一笔生意都是大
宗批发的。只有市场外街道对面的农田边上，有几个支起帐篷
的零售摊位。我在一个摊位前停下购买西瓜（尽管是零售却也
是只卖整个西瓜），10元钱就可以买到一个"甜王瓜"！坐下吃
起又脆又甜的产自缅甸的西瓜，我初次的畹町口岸之行也在这
样惬意甘甜的状态中结束了。

　　畹町口岸——我在国门界桥前感受着"驿道"和抗战历史的文化积淀，又在农贸市场和农田观察到了中缅边民充满日常生活氛围的互动细节，还在全球化市场气息的西瓜市场里亲见了国际分工的场面——我知道，对于畹町的深入调查还会继续……

南伞口岸行

李智环

  2018 年 7 月中旬，我作为云南民族大学民族学暑期班的带队教师之一，与同事丁莉霞博士一同带领 9 名研究生来到了我们的暑期田野点——中缅边境的南伞口岸。这也是我作为《中国边境口岸志资料收集与整理研究》的课题组成员，在云南所走过的第 9 个口岸。

  与调查过的其他口岸在前期所做的工作不同的是，因为一行 11 人要在这个田野点待上半个月的时间，我第一次尝试着"违反调查规律"来展开田野工作：在之前，几乎不做文献工作，直接通过观察和访谈来获取第一手资料，再查阅相关文献。所以，在来南伞前，我只知道这是个二类口岸，与缅甸的果敢地区相对，并且对面至今还会偶发小规模的武装冲突。在掌握的有限信息里，我对于南伞口岸的模糊印象就是几个词语的组合：欠发展、不稳定、缺人气等。但是，当我们在长途大巴上经历了 19 个小时的旅途，已深深"折服"于临沧地区的崎

岖山路后（大巴司机还
调侃临沧车牌"云S"即
高度概括了这一地区山
路的特点），眼前的场景
却是大悦人心的，可以
说颠覆了我之前的预期
和想象！

口岸即处在镇康县城
所在地南伞镇，属于新县
城的一部分，而我们一行

笔者一行在南伞口岸的合影

人就"安营扎寨"于距离口岸一公里左右的一家小旅店，因而
在暑期调查期间可以时常走到口岸去看看人员及物流情况。

一、干净又不失现代气息的口岸小镇

由于县城里交通便利，不能不说为我们田野工作的顺利展
开提供了良好的客观条件。镇康县城虽不大，却是街道干净、
绿化率很高，交通便利。最有特点的要属贯穿南伞镇几大主要
街道、招人即停的电瓶公交小巴（不分乘坐远近，均为两元票
价）。由于小巴车是开放而没有封闭车窗的（镇康纬度较低，常
年温度在20度以上，不用封闭车窗抵御寒冷），坐上去穿梭在
环境优美的街道中，颇有观光的心情。而我们每次坐在车上，
由于口音的缘故都会被当地司机或乘客听出是外地人，而几乎
每次都会有人带着自豪的口气表达出类似的"地方认同"。"我

南伞街头几处景致

们镇康环境好，也干净，内地好多地方都不能跟我们比呢!"值得一提的是，由于田野工作的随机性，我们时常会在每天晚上九点半以后才返回住处，有几个小巴司机还给我们留下了手机号，方便我们在每天结束工作后乘坐小巴，同学们都说很是"暖心"。

二、功能发挥受限的口岸

尽管南伞口岸的硬件设施和环境值得称赞，且区位优势明显（是中国通向印度洋陆路距离最近的前沿商埠），但通过观察我们发现，无论从口岸日常边民的人口流动数量，还是货物的进出口情况来看，都可以说是差强人意的：虽然在每天12小时的通关时间里（早8点至晚8点），出入境的人员、货物往来少有中断情形出现，但至少我们在不同时段中均没有见到像瑞丽、河口等大口岸那样拥挤不堪的人流，也没有遇到过清水河口岸时常"超级大货"排队等候的盛况。众所周知的原因，对面缅甸果敢地区的不稳定时局，是导致南伞口岸发展遭遇瓶颈的根本原因，也因此这一口岸的级别会长期停留在二类（省级）口岸的层次上。

南伞口岸的部分照片

三、边民间的"胞波情谊"与无处不在的国家认同

2016 年末,南伞镇总人口 42227 人,其中少数民族人口 16358 人,占总人口 38.7%,有傣、德昂、苗、彝、佤等 22 个少数民族。其中,傣、德昂(镇康县是全国第二大德昂族聚居地)、苗等 3 个少数民族在南伞口岸区域内都有着本民族聚居的自然村寨,可以说是镇康边境线上主要生活的跨境民族。我们此次的暑假调查也主要集中在勐英(傣族)、硝厂沟(德昂族)和田坝(苗族)等 3 个少数民族村寨展开。

调查期间笔者感受最深的是,这些作为边民的跨境民族间的"胞波情谊"①。由于国界两边往来道路众多,加之近代以来中缅边境地区边民间的频繁流动以及大量跨境(事实)婚姻的存在,不夸张地说,在我们所调查的边境村里,八成以上的村民家庭都有缅甸亲戚,而有关系较好的缅甸朋友的村民人数则可

---

① 由缅语音译而来,原义为同胞,后延深解释为缅甸人对中国人的亲切称呼。

勐英村的一户傣族村民家的乔迁宴，庆贺的人群中不乏村里的"缅甸媳妇"以及从缅甸过来的亲友

背着孩子的苗族"缅甸媳妇"来到另一家与其中国"姑妈"聊天，"姑妈"是 30 多年前嫁到中国的，现已加入中国籍，有中国户口

以说是全部。正所谓"患难见真情"，2009 年缅甸果敢地区局势紧张以来，时而激烈的武装冲突令大量的果敢难民涌入南伞，而其中大部分的难民是属于有目标的"亲戚朋友投靠型"。这里笔者借用镇康县扶贫办的一位干部谈到的该县精准扶贫的一个"特色问题"："'那边'战乱一起，我们'这边'的每家每户几乎都会接待逃难过来的亲友，一般的情况都是十几二十个人左右，多一点的还有三四十人的，我知道的最多的一家曾经一下子接待过二百人！虽然政府会安排缅甸难民住进路边的帐篷，并提供必要的米和食用油。但是我们的少数民族群众觉得，都是亲戚朋友的，政府的这些帮助是

不够的，所以基本都安排到自家吃住……我们'精准扶贫'过程中发现，果敢战乱时的接待花费很大，其实也是老百姓致贫的一个原因。"

尽管边民间交织着千丝万缕、错综复杂的社会关系网络，但国境线存在的客观事实，不免会令边境地方社会的"国家在场"随时随地地表现在人们的日常生活里——细节中总会夹杂着某种仪式感，比如：调查期间，笔者无论是在县城的街头还是乡村田间，时常会看到有人身着中国国旗标志的T恤。

一位苗族大叔和南伞街头服装小店售卖的"流行款"

四、和谐的民族关系与南传上座部佛教

镇康是个多民族杂居的边境县，而县城南伞镇的人口中

近四成为少数民族，且主要为傣、彝、苗、佤和德昂等。虽然各民族都有小聚居的传统，但总体而言，长期以来是"插花式"的杂居格局。以我们暑期调查的三个行政村为例：南伞村居住有傣、佤、汉、德昂等 8 个民族，少数民族人口占74.2%，傣族人口最多，占全村总人口的 51.9%；白岩村有德昂、彝、苗等 9 个少数民族，其中德昂族人口占总人口的48.7%；田坝村位于山区，主要民族有苗、彝、傣、白、汉等，苗族占全村人口 80%。笔者通过田野工作掌握到的信息：在镇康，"阿数瑟（即打歌）"是当地人都会的娱乐活动，在不同民族的节日或婚嫁仪式中，参与"阿数瑟"的人也不分民族——大家共庆。调查期间，笔者在白岩村的皮匠自然村（以苗族为主）参加了一场婚礼。据在场的苗族村民介绍，除了新娘家在本村的亲戚和邻居外，前来庆贺的人群中还有汉、彝、傣和白族等民族的亲朋。大家在一起高兴地通宵"打歌"，唱出的歌词当然是有"苗族特色"的；而由于长期相处，不同民族之间的语言沟通也十分随意，当地汉族会说傣语的不在少数，而不同民族之间在市场、商店以及饭店等公共交流场所，甚至是不时变换民族语言的。由于当地傣族和德昂族都是信仰南传上座部佛教，长期杂居生活的影响与交融，令当地的部分汉族和其他民族群众也成为南传佛教的信众。笔者在硝厂沟村的缅寺亲见：一位汉族的出租车司机带领家人来找德昂族的佛爷为其出租车"保平安"。

值得一提的是，笔者与在场的丁老师以及两位同学还受司机的妻子邀请，一同拿起了他们买来用于"滴水"的矿泉水瓶跟着他们"滴水"。用这位女信徒的话说："你们今天很幸运啊，

大家一起来'滴水',也
会保佑你们一路平安、
顺顺利利的!"仪式结束
后,我们几人分别对同
来的五个信徒做了简单
的交谈,原来,司机夫
妇和他的老母亲是汉族,
同来的司机的二嫂是哈
尼族,而另一位是表姐
则为彝族。

此外,我们的这次暑
期调查恰逢有两天是南
传上座部佛教的"关门
节"。虽然勐英村的傣族

部分仪式场景

佛爷告诉我们,镇康的"关门节"都跟他们村过得一样,但硝
厂沟村的德昂族佛爷也强调他们过的"关门节"是严格按照南
传上座部教规定的。但我们却发现二者还是存在一定区别的:
德昂族的"关门节"从7月26日(公历)傍晚5、6点钟开始,
持续到晚上的11、12点结束。而傣族的"关门节"则是在7月
27日早上5点开始,直到晚6点结束。期间,德昂族不供老人,
不举行滴水仪式,全村男女老幼都可以进入缅寺听经。而傣族
"关门节"入寺参加诵经仪式的则都是老人,年轻人只有在家里
没有老人的情况下才允许入寺。诵经仪式之后,人们都会在缅
寺大殿旁的空地上跳起"摆"来。

勐英村傣族"关门节"佛爷为信众带来的供品念经、傣族信众"关门节"时祭祀祖先、勐英村傣族老人"关门节"诵经后，跳起了"摆"、硝厂沟村德昂族"关门节"的诵经仪式、学生们穿起村民提供的德昂族服装参加"关门节"，并在缅寺外与一对德昂族小姐妹合影

五、特色鲜明的"国门教育"

我们在镇康县教育局了解到，在南伞镇的各级学校，均有缅籍学生入学就读。根据《临沧市三个边境县十四年免费教育实施方案（试行）》的规定，自 2016 年 9 月 1 日起，临沧辖内的镇康、耿马、沧源等 3 个边境县正式启动实施包括学前 2 年、义务教育 9 年、高中 3 年的 14 年免费教育，而缅籍学生在各学段都可以享受到和中国学生同样的 14 年免费教育待遇。近年

来，申请来华上学的缅籍学生数量越来越多。但是，由于硬件环境与师资规模等因素，中方只能在先保证中国适龄儿童入学的基础上，再按接纳能力接收缅籍学生。目前，大多数班级容量已经饱和，无法满足更多缅籍学生来华就读的需求。

虽然我们的调查是在暑期的 7 月中下旬，但"国门中学"——镇康一中却要在 8 月份才开始暑假，所以我们的访谈工作能够高效率地集中在教室里进行。镇康一中将缅籍学生分在两个班，少数民族分配在中国的"民族班"里，而"国际班"则全部为"果敢族"（汉族）学生。当我们走进高一"国际班"的教室，事实上除了教室后墙上方的"国际视野、文化认同、中国情怀、卓越公民"标语外，与其他班级并无不同，并且学生们都能够用流利的普通话与我们交谈。给笔者留下深刻印象的是两件"同一主题"的事情：

笔者一行与镇康一中高一"国际班"部分同学的合影（笔者旁边黑 T 恤男生，以及第二排右侧两位男生为云南民大的研究生）

镇康一中防毒教育栏

其一，我们看到，在高中地理课的作品展示栏中，中国学生的作品除了围绕中国外，还有"一带一路"等全球视野的展现；而"国际班"的学生作品，则多为介绍缅甸国家地理的内容；其二，当我们询问他们毕业之后，是否有留在中国发展的打算时，他们则普遍强调家乡在对面的缅甸，还是要回去的。然而，这些人生观、价值观和世界观已初步形成的大孩子们，对于缅政府也并不认可。我们由此可窥，作为移民二代、三代的缅籍"果敢族"青年，地方社会与政局长期的混乱状态令他们形成了模糊的国家认同和明确的对果敢的地方认同。

而南伞口岸"国门教育"的另一特点，事实上也是长期存在的问题——就是我们在南伞镇各级中小学的调查中，总会有老师或家长发出类似的呼吁："我们这个地方处在'金三角'地带，孩子们总有机会接触到毒品，所以希望政府或有识之士多来关心我们这里的教育，给孩子们更多在学校学习的机会！"

六　"阿数瑟"之乡

"阿数瑟"也称"打歌"，被称为"飘荡在茶马古道上的天籁之音。""演唱者往往是现编现唱，不用做什么准备，从天文地理、生产节气、男女之爱、古今风物等都可以唱进调子里，每唱完两句，后面都要以'阿数瑟呢瞧着，罗细瑟呢甩着'结束。"[①] 由于"阿

---

① 《镇康"阿数瑟"打歌　体验边城文化魅力》，见 2017 年 9 月 15 日 sina"云南微生活"。

白岩村苗族婚礼上的"阿数瑟"、南伞镇作为广场舞的"阿数瑟"、在迎接云南省运动会的仪式上人们也跳起了"阿数瑟"

数瑟"在镇康县可以说是最受欢迎和最为普遍的娱乐、健身文化活动,目前已成为这一边境县着力打造的文化品牌。

此次田野调查期间,我们亲见了"阿数瑟"在南伞民间的热爱和普及程度:无论是在百姓的婚礼上,还是在县政府对面广场每天晚上多民族参加的广场舞活动中,甚至有缅甸亲友参与的搬家、孩子出生等家庭或家族范围的小仪式中,男女老少都会情不自禁地"打起歌来"。

七、南伞口岸区域的城镇化变迁与产业调整

南伞镇传统生计模式是以粮食作物生产为主,其中水稻种

植最为重要。但由于县政府 2005 年从凤尾镇搬迁到南伞镇，县城不断地处于扩建当中，城镇化的发展令周边土地多被征用，如南伞村（勐英村所属的行政村）与白岩村（硝厂沟村所属的行政村），其中被征用的水田尤其多，导致水稻的种植面积大幅度下降。目前每户人家最多只有三四亩水田种稻谷，而部分农户家庭已经没有水田，只能转向山地种植经济作物，现主要为菠萝、坚果、生姜和茶叶。

　　与此同时，镇康县根据其区域自然环境的特点制定了大致的产业规划布局，即"东果西糖北茶南胶中咖"，大多数村庄交叉多种类种植。现今产业基地已经全部建好，产业调整和发展已基本成形。相关企业也逐渐进入到镇康，如云南云澳达坚果开发有限公司、临沧后谷咖啡南伞分公司、忙丙茶厂、南汀河糖厂等。镇康县政府产业办的一位工作人员向我们介绍："90 年代我们引进了糖厂，农民开始大面积种植甘蔗；2004 年云南云澳达坚果开发有限公司搬迁至南伞镇，政府专门聘请澳洲专家进行坚果品种的挑选和指导种植，2010 年后镇康农民开始大面积种植坚果；而咖啡、核桃、烤烟则都是在 2010 年前后开始大

南伞镇一个边境自然村——皮匠村澳洲坚果种植园

面积种植的。"简言之,在南伞口岸区域基础上形成的镇康县产业的发展,是"市场指导+政府推动+百姓参与+企业进入"的发展模式。

此次暑期调查,受到了镇康县李文娟副县长、县志办吴志强主任、扶贫办杨树清主任、文化局杨应梅副局长等领导的帮助,在此特向他们表示由衷的感谢!"口岸行"是田野工作结束一个月后的"忆文",但笔者却还是历历在目,田野中各种温馨场面和朴实的面孔总是在脑海浮现:皮匠村为我们做晚饭的苗族老伯,勐英村与我们畅谈缅甸生活的傣族大哥与他的佤族媳妇,德昂寨里自家生活很困难却热情地招待我们矿泉水的缅甸媳妇,旅店里总是招呼我们吃自家种的各种水果的彝族老板娘,镇康一中带领我们走进"国际班"的年轻的佤族老师等等。还有,缅甸小和尚爬到高高的菠萝蜜树上给学生们摘菠萝蜜吃……

清水河口岸行

邵媛媛　黄晓赢

　　自田野的脚步踏入临沧边境便对耿马孟定镇心向往之。田野点沧源县勐角乡下金弄寨的傣族乡亲和僧侣朋友经常向我们提起其心中地位尊贵无比的孟定洞景总佛寺和藏有释迦牟尼锁骨舍利的古老白塔。2018年3月31日，下金弄金龙寺大长老提卡达希晋升裕巴的升座法会就在洞景佛寺举行。我们在当地村民微信朋友圈的直播中一睹法会的庄严盛大，据说当天有万名信众齐聚。据史料记载，孟定的土司制度概始于元初（1287年），至明洪武十五年（1382年）进入罕氏土司统治时代，置孟定御夷府。而耿马罕氏土司则始于明万历十三年（1585年），置耿马安抚司。明清时期，现耿马县全境一直分属孟定和耿马两个土司统治，清康熙二十二年（1683年），耿马安抚司升为宣抚司，势力逐渐超过孟定土司。从土司制度发源与受封于中央王朝的时间来看，孟定坝均早于耿马坝，这也从侧面反映出孟定傣族文化传统的绵长深厚。

　　孟定吸引人的另一原因便是清水河口岸。早在一百年前，孙中山先生便将孟定视为中国通往印度洋的最佳出口，并对滇缅铁路的修筑作出规划。令人心痛的是，1942年滇西失守，抗日战争陷入危局，为防止日军借铁路之便长驱直入，国民党当局无奈下令炸毁由耿马至祥云铁路西段，30万军民历时5年以血泪铸就的路基、涵洞灰飞烟灭。时光轮转，依托"一带一路"倡议和"面向南亚东南亚辐射中心"的定位，云南省正积极推进"七出省、五出境"通道建设，昆明经大理至临沧清水河铁路、清水河至缅甸皎漂港公路通道已进入实施阶段。临沧各族民众的百年铁路梦想即将照进现实，清水河口岸也日益焕发出"黄金口岸"的光彩。回眸历史抑或畅想未来，皆有不可不去孟定清水河的理由。

　　由于一直以来对土司文化的向往，去往孟定之前，我们特地先去了目前仍留有土司遗存的耿马县城。耿马土司衙署位于县城中心的白马广场旁，从白马广场穿过一座纪念碑，便可觅到一处树荫下的园林景观，将初夏刺眼的阳光与燥热的空气统统隔绝于外，三三两两的老人坐在石墩上，悠然唠着家常，一切显得那样宁静和谐。与其他土司衙署不同的是，耿马土司衙署的围墙已无迹可寻。顺着树荫往前走，穿过一座小拱桥，抬头便可看到"耿马宣抚司"五个烫金大字，这是三座三开间的二层木构式建筑，由回廊将其连在一起，中间较高的一座便是当年的议事厅了。这处宅子始建于明代，几经战乱后于1901年重建，现改造成耿马县民族博物馆的一部分。走进厅内，中央一间复原了当年议事厅的概貌，陈设简单得有些像寻常人家的堂屋，若不是两侧展示着土司印章的复制品和孟定、耿马土司世系以及组织体系的简表，我们大概会忘了这是一处象征着权力的肃静之地。有意思的是，印章皆为圆柱形钮，印面皆为汉文，印身则刻有汉文、满文、傣文等多种文字，可见土司政治的复杂性。穿过议事厅外的回廊，是一座时髦的二层小洋楼，典型的欧式围栏让人联想起上演西方古典戏剧的舞台。这座小楼建于 1948 年，当是彼时边陲小城里的标志性建筑了。与其他傣族土司衙署一样，衙署周围同样有缅寺，即耿马总佛寺。佛寺为多重檐建筑，基座四围的石刻古老沧桑。置身耿马土司的遗迹之中，不禁想到，孟定土司府若能留下些许轮廓，规模必定不输耿马，遗憾的是，它只留在了文献当中。

一、其貌不扬的重要门户

怀揣在这片土地上体认民族根脉与时代律动的期待，我们于 2018 年 5 月 1 日中午到达孟定镇。简单吃过午饭后，决定先去口岸而未在镇里停留。清水河口岸距孟定镇中心 29 公里，可搭乘孟定—清水河专线车前往，车程约半小时。我们和另外两名妇女拼车。车一开动，司机师傅便主动与我们攀谈，操着一口四川口音的云南话。被识破后，他旋即承认自己是四川人，索性改回川音高谈阔论起来。他说自己来孟定讨生活已近 20 年，亲眼见证了这里由破落不堪到初具城镇模样，作为跑车人，对近年来道路通达的变化感受尤甚。我们打趣问道："可是也讨了个本地漂亮的少数民族媳妇？"师傅"悔恨地"表示：自己结婚太早，年轻时徒惹当地姑娘眼红！语毕，满车哄笑。闲聊中我们得知同车的两名妇女是缅甸果敢人，汉话非常流利。她们经常往来于孟定和滚弄之间，与中国人的接触似乎比跟缅甸人更多些。提到果敢，司机师傅赶忙嘱咐我们千万不可在无人带领的情况下"跑去耍"。他说"老缅"待人处事全凭心情，语言不通很容易被逮起来关上十天半月，但同车妇女觉得实际情况并没有那么糟糕。说话间已来到口岸，下车环顾四周，好一会儿才搜寻到其貌不扬的国门。马路不宽，仅有双车道，两边排列着旅馆和饭店。此时雾霭沉沉，下起一阵急雨，我们拖着行李急匆匆地找旅店，内心满是失落。

雨停，我们走出旅馆，开启了对清水河口岸的正式了解。不似瑞丽姐告口岸气派、开阔，也不似永和口岸高居云端宁静、悠然，清水河口岸太过朴素。国门方方正正，不高大，没有任何造型，唯一的特点是与南帕河界河桥相连。国门街道狭窄拥挤，货车驶过尘土飞扬，周遭的一切充满怀旧的味道。人类学从业者乐于探求新奇，尤为喜爱"他者"的与众不同，但更多时候则需要在田野中保持耐心和韧性，于庸常与沉闷中发现趣味与不凡。我们首先沿国门左侧行走，在河界桥头驻足向对岸张望，缅甸清水河市更像一座乡村小镇，海关楼前竖立着一杆缅甸国旗。

顺河道向前不远便是常被当地人提起的145号界碑。行至河道尽头，方知此界河乃一支流，注入主河道后，水面逐渐宽阔，对岸一派田园风光。连接市镇与田园的桥梁上有座门型建筑，门楣上刻有一行汉字，细看之下为"缅甸瓦邦南邓欢

清水河口岸国门

清水河口岸联检中心大楼

河对岸的界碑

迎您"。经过揣摩，我们初步判断该建筑就是瓦邦与果敢之间的"邦门"。这一发现激起了我们的兴奋感。拍照留念时天空展颜，夕阳中，眼前的景色显得有些美好。回程中，我们面对不足三米的河面慨叹不止："又窄又浅，岂不跨步就蹚到了缅甸！"

　　界河桥上一名皮肤黝黑的男子主动向我们打招呼，他可能是缅族，很有交流意愿，可惜既不懂汉语也不懂英语，一番鸡同鸭讲之后，只好挥手道别。绕回国门右侧，我们在边检和海关稍作停留。按照边防管人、海关管货的规则，出入境人员和货物分别由两个通道进出。无论私家车还是货车，入关时都要经过消毒处理，然后出示边境通行证或驾照进行登记。我们向一位年轻的海关工作人员了解口岸情况，他表示自己资历尚浅，对一些事情并不熟识，建议我们工作日找老员工咨询。

　　建立了对清水河口岸的初步印象后，未来几天里借助地

佤邦"邦门"

图、资料和他人讲解，我们对该口岸的重要地位有了真正认识。孟定清水河口岸与缅甸掸邦果敢特区清水河口岸对接，与掸邦第二特区即佤邦南邓特区隔河相望，是中缅两国双边国家级口岸。也就是说，不同于永和、孟连、打落等口岸的对接口岸由缅甸特区中的少数民族地方武装控制，缅甸清水河口岸属缅政府直接管理，具有国家地位。从交通层面而言，清水河口岸是中国境内进入缅甸腹地通往皎漂港连接印度洋最近的陆上通道。口岸至缅北商品集散重镇腊戌149公里、至缅甸第二大城市曼德勒431公里、至缅甸首都内比都748公里、至皎漂港983公里、至仰光1138公里。单从公路距离而言，清水河的优势并不输于姐告。例如，清水河到达通往仰光、皎漂的重要交通枢纽登尼比姐告少用近3小时车程。由于地理位置优越，清水河将成为中国陆路连接太平洋与印度洋的关键节点。正在建设中的云南东西国际大通道从广西防城港经南宁、百色，云南文山、红河、玉溪、普洱、临沧清水河到缅甸皎漂港，全长2277公里，建成后将实现"珠三角经济圈"与"印度洋经济圈"的对接。中国东南沿海货运贸易经此路线比取道马六甲海峡进入印度洋平均减少3000多公里路程，这意味着每年将节省几千万元的运输成本。现阶段，作为云南省"五出境"通道之一，大理至临沧清水河的铁路建设正在紧张施工，清水河至缅甸登尼的二级公路已建成通车、至皎漂贸易通道援建工程滚弄大桥即将开工。为适应未来形势发展，新国门及口岸贸易配套设施的迁建紧锣密鼓。易址扩建后的清水河口岸将不再其貌不扬，而是成为真正意义上的大型通道性综合体，道路更为宽阔、通关更趋便捷、设施更加联通、货场更具规模。

建设中的新国门

口岸查验区及货场规划蓝图

二、蓬勃发展的口岸贸易

5月2日一大早，我们爬起来去往国门观看由边防、海关、边合区工作人员联合举行的升旗仪式。清晨，等待出入关的大货车已排列成行，两边的边民也等候多时。我们夹杂在一群司机师傅中间享用了街边小店里美味的鸡肉米线。早先耳闻清水河口岸是云南边境所有口岸中边民互市贸易额最大的一座口岸，餐后，我们便沿街行至边民互市区一探究竟。

边民互市点是一片占地面积近30亩的区域，分为入境交易区、入境检查区、申报服务大厅、一关两检办公区、出境交易区、出境检查区。互市区左侧不远还有一座中缅边境贸易互市城。我们好奇地走进申报大厅，凑在一台自助机旁观察边民办理互市贸易的手续。边民们首先要将身份证放在机器上的识别

边防、海关与边合区工作人员的升旗仪式

早上等待出关的边民

区，然后在互市申报系统中点击进口商品申报或出口商品申报图标，按照提示进行指纹识别，登录后申报电子数据、结算并向海关申报。在一台无人的自助机上，我们点击图标，尝试申报。因为不在边民身份信息采集系统中，指纹识别环节惨遭拒绝。一番感同身受过后，我们才真正理解了宣传栏中写的"边民互市场所化管理、电子化结算、无纸化通关"。

边民互市场

经人介绍，我们得知边民互市由孟定清水河口岸服务管理公司管理，于是决定去公司办公地找知情人士进一步了解口岸贸易情况。幸运的是，我们遇到了一位健谈的工作人员。在获知我们的教师身份和来意后，这位李姓大哥侃侃而谈起来。口岸服务管理公司是临沧边合区管委会成立的下属公司，管理者均为边合区管委会工作人员。李大哥作为负责人已经

边境贸易互市城

在清水河工作两年，对口岸情况再熟悉不过。他向我们介绍，清水河口岸边民互市为云南省最大，淡季每天平均 500—600 票，旺季每天最高 2400 票，按每票 8000 元货值计算，互市总额惊人。在一般贸易中，中国进口商品主要为缅甸及东南亚国家的农产品，如芝麻、花生、南瓜、红豆以及属于替代种植类的甘蔗、香蕉。此外，还从佤邦进口少量矿石。出口商品主要为日用品和建材。应我们要求，李大哥还将清水河口岸与瑞丽的姐告和畹町口岸进行了对比分析。瑞丽口岸边民互市平均每天仅有十几票，远远不比清水河，但在一般贸易方面清水河又无法望瑞丽之项背。一般贸易惨淡的原因在于交通和产业发展等环节上的薄弱。在交通方面，清水河比姐告有距离优势，但因尚未通高速，路况不如瑞丽。就航空条件而言，畹町、姐告到芒市机场仅用时 45 分钟，而清水河到临沧或沧源机场最快也要耗时两个半小时。即便国外一段的距离优势尚可抵消国内距离劣势，但到达机场后，稀少的航班数量将再次增加运输时长。在等待航班的时间里，印度洋海鲜如螃蟹、海虾会大量死亡。因此，绝大多数贸易公司和个体经营者都会选择取道瑞丽。在产业集聚方面，瑞丽起步较早且争取到国家的大力扶持，如今产业规模已发展壮大，有些已非常成熟，如瑞丽生产的摩托车、拖拉机在缅甸十分畅销。针对两块短板，临沧边合区管委会正在加速推进基础设施建设、出台优惠政策、积极招商引资。

虽然存在诸多不如意，清水河口岸贸易发展前景可期。边合区管委会协同孟定海关、边防检查站与缅甸大船口商务局、移民局、海关建立了每月互访机制，就当前工作和未来规划进行交流磋商。目前，中方正在筹划建立跨境边境合作区，缅方也在积极推动成立清水河—滚弄经济特区并进行口岸升级。若缅甸清水河口岸升级为国家级国际口岸，两国公民及第三国公民便可持护照自由通行。若这些愿景能够尽快实现，必将进一步释放清水河口岸的发展潜力。根据统计数据：2017 年，口岸边民互市总货运量为 64288.9 吨，互市总值 31781.4 万元，其中出口货运量 6091.4 吨，出口价值 782.1 万元，比同期增长 10%，进口货运量为 58208.5 吨，进口价值 30999.3 万元。车辆出入境总量 38887 辆次，比同期增长 34.2%，其中出境车辆 18832 辆次，入境车辆 20055 辆次。一位在海关工作十年的老员工曾对我们慨叹口岸近年变化之飞速："这些年进出口货物的种类明显变多了，海关各项工作的管理也更加规范了！"一名在清水河跑车的汉族女司机也曾滔滔不绝地向我们谈论她眼中的口岸，那句"别看这是个小国门，待长了就会发现可做的生意很多的啦!"令人印象深刻。在此工作、谋生的普通人的直白表达道出了这座口岸生生不息的活力。

三、往来密切的边民生活

孟定三日，行程虽短，但稍加留意，便能感受到中缅边民之间紧密相连的日常生活。乘车往来间，同车乘客几乎都是缅甸人，他们或探亲，或归家，或谋生。他们并不惧怕陌生人，很友善，也愿意交谈。国门前方的客运停车场，清晨日落时总会聚集一众缅族，手提被褥行囊和锅碗瓢盆，等待雇主将他们带往工地。有些人懂简单的英语，问他来工作吗?他会点点头。问他能挣多少钱，有说50元一天，有说70元一天。边检入口处，常有三五个男子来回游荡，见到游客模样的人便上前搭讪，试探着询问要不要从便道去对面玩玩。我们曾被这些人游说，往返100元，保证安全。他们都是附近村子里的百姓，靠这种生意赚些小钱儿。除了这些偶然得见的边民生活片段，我们还特意走进三个不同民族的村寨进一步了解两侧边民的互动往来。

邦信德昂族寨子的李大姐为了供孩子上学，20世纪90年代末曾去缅甸帮傣族挖地，一天10块工钱，三个月挣了1000元。那时孟定的工钱才8块。后来，她还曾在缅甸滚弄一个寨子里开过小卖店，2009年因战乱回到国内。种植的橡胶树开始割胶

准备回国的缅籍来华务工人员

后，生计渐渐稳定，她便不再外出干活了。双龙井彝族寨的李大叔常去口岸对面的缅甸集市买大米。他觉得缅甸大米的口感好些，也便宜些。中国大米三块多一市斤，缅甸的两块七八。去一次买一袋，有90多斤。他还笑着说缅甸的边检爱要小费，看着面熟的就会少要点。在洞景佛寺旁的上洞景傣族寨，一位村民听说我们来了解中缅边民交往，立刻告诉我们隔壁建新房的邻居就雇了位缅甸工人，在村里租地的外来老板也带了一批缅甸人来"挖地"，若是想找他们聊天，白天到地里最方便。

　　在交谈过的20多位当地村民中，几乎所有人都去过缅甸，很多人曾经到缅甸打工、做小生意，又在战乱时纷纷回国。现在，村里的年轻人很少去缅甸做事，而是到中国内地和沿海打工。相反，缅甸人来中国打工的越来越多，或在货场当装卸工或替人种地。在边民们的认知分类系统中，口岸对面的缅籍人群分为傣族、崩龙族（即中国境内的德昂族）、果敢人和"老缅"（即缅族）。每当我们提到缅甸人，村民们的第一反应是"老缅"，而不包括其他族群。当地的傣汉彝德昂族之间相互通婚，也和缅甸的傣族、崩龙族、果敢人通婚，但却极少和缅族联姻。问及原因，村民们的答案五花八门："语言不懂，缅甸媳妇汉话说不了几句""生活习惯不同啊，她们吃饭用盘子，用手抓""脸上涂得黄黄的，不太习惯""缅甸女人其实更漂亮，也吃苦耐劳，只是娶过来不能落户"……由于血亲、姻亲和业缘关系，每逢年节、红白喜事、建房上梁，边境两侧的亲朋经常相互走动。当我们问到会不会向缅甸的亲朋介绍中国的发展和政策时，多数人都回答不会，"只聊些家常，告诉他们这边哪些地方好玩"，随后又补充道："这边的发展还用说嘛，他们自己就看得到喽！"

"相约小筑"餐厅

孟定洞景佛塔

离开孟定的前一天，我们从口岸返回镇上，不似口岸的狭促，镇子很繁华，像座县城。农贸市场里卖着各类热带水果，有些我们是想念多时的，有些却是第一次见。与农贸市场垂直的一条商业街上售卖着各式东南亚风格的物品，沿商业街往前走，远远地就能看见一座古朴的泰式建筑立在路口。这里是"相约小筑"，一家别具特色的傣味餐厅，入口处有服务员研磨木香粉，会给好奇的客人涂上几道，清凉防晒，让人感觉粘上了一抹极易识别的异域符号。餐厅里还出售一些当地特产，最有名的当属孟定手工红糖。

没有乍见之喜，却在停留多日后慢慢体悟到这座口岸的独特韵味。"黄金口岸"蕴藏的希望与前行的困境，国境两侧辛勤劳作精打细算的边民，无畏跋涉寻求机遇的外来客们引人深思、令人感动。在这个充满变数的大时代，对于祖祖辈辈生活于此、背井离乡谋生于此的寻常百姓而言，或许边境和平才是他们心底最首要的祈望。稳定孕育生长，愿古老的洞景白塔护佑这方土地！

永和口岸行

司文一　金佳宇

　　永和口岸位于沧源县城南部，距县城 14 公里，与缅甸佤邦勐冒县绍帕区隔桥相望。它坐落于沧源县勐董镇永和社区，属于国家二类开发口岸。

　　2017 年 7 月底我们在沧源勐角乡的暑期调查接近尾声时，来到了永和口岸所在的沧源县城。在县城中心街上寻到了著名的广允缅寺，比起我们在勐角乡看到的金龙寺来说，广允缅寺历史感更厚重。它建于道光年间，建筑风格受到汉族的影响，保留了南传佛教建筑的基本形式，1988 年被国

广允缅寺外观图

务院公布为第三批全国重点保护文物。寺里现有一位看守的僧人——李长老，逢节日也会请其他寺院的僧人前来帮忙。虽然沧源县是佤族自治县，但是也有一部分傣族居民，他们信奉南传佛教，同时还有一部分和傣族混杂居住的彝族、佤族居民也信奉南传佛教。

走出广允缅寺，我们一行来到了永和口岸进行边民互市的农贸市场。市场内有很多来自周围国家的小商品，多数是中国人经营此类店铺，同时还有一部分缅籍穆斯林在此做生意。除了一些售卖生活用品的店铺外，农贸市场的周围还会有一些销售缅甸玉石的店铺。

沧源农贸市场外观图

我们师生一行对两位缅籍穆斯林商人进行了访谈。一位是来自仰光 60 多岁的女商人，在沧源经商多年的她在市场内售卖东南亚各国的生活用品，一口流利的云南方言让我们惊叹不已，谈话间她还流露出对当地中国百姓的羡慕，称赞了中国政府的扶贫政策。另一位缅籍小伙子则是以做鸡蛋粑粑（一种缅甸小吃）为生，他的中文相比之下差强人意，但仍热情地与我们分享了他的故事，还表示自己更愿意在机会平等的中国谋生。通过走访我们还了解到，沧源口岸区域的缅籍穆斯林商人正在不断增加，政府已经开始组织他们在固定的场所进行礼拜，这些商人的迁入行为多属于经济驱动型输入，为当地的商业发展注入了不同的因子，这对于沧源口岸的发展来说无

笔者一行与缅籍穆斯林女商人交流

笔者一行与缅籍穆斯林鸡蛋粑粑商贩交流

疑是一种机遇，而对于当地政府而言，市场的合理统筹也是一种不可小觑的挑战。

　　第二天我们早早起床，开始了真正意义上的永和口岸之行。绕着山路一直前行，早晨的日出和山间的云海使我们不断发出惊叹，最后车子停在了距离口岸不足 300 米的山头上，这里是俯瞰美景的最佳位置，群山间云雾缭绕，宛若仙境，不远处还

早晨云雾间安静的佤邦

能看到早晨安静的佤邦。

欣赏完美景，永和口岸映入眼帘。某种程度上来说，永和口岸的开放是中国政府对缅北地区发展的一种支持，缅北农民此前以种植罂粟为生，而现在多半的替代性经济作物——乌龙茶经永和口岸出口，销往我国东南沿海城市，可见中国为缅甸的产业结构调整转型提供了有力的支持。

接着我们看到在口岸进出口处一侧台阶上坐着三个缅甸小学生，他们正计划赶在暑假之前到沧源县报名上初中。我国边境地区对缅籍学生的优惠政策中仍保留着免费九年义务教育这一条，如此就出现了很多在中国上学的缅籍学生，这对于中国传统文化的传播以及边境地区的和谐稳定是非常关键的一步。

令我们惊讶的是，在与口岸工作人员的简单沟通后，他们便允许我们直接去缅方口岸观看，这在其他口岸地区是难有的现象。值得一提的是，与我们随行的两位当地傣族司机非常

中国永和口岸

轻松自然地爬到了缅方口岸的建筑上，还和我们一起拍照、点评建筑风格，此时缅方军人也并没有阻止，一副其乐融融的景象，这更为永和口岸增添了一丝祥和的气息。

更为引人注目的是缅方鲜艳的"国门"，穿过中国永和口岸边检通道，就来到了缅甸一侧的口岸边检通道。缅方的口岸不论是从外形还是色彩来讲，都相对华丽、更有标识，正中间更是以中文、英文及缅文共同标注口岸名称。口岸为拱形通道，上方以佤文化装饰的塔形结构呈现，两侧挂有

缅甸佤帮的口岸国门

佤族的牛头标志，拱形通道的前方两侧是"盛装"的大象载着他们的宗教人物。在整个口岸的最前方则是佤邦的旗帜在迎风飘扬。

观看完中缅双方的口岸后，我们一行来到了距离口岸最近的上永和寨子。寨子内居民绝大多数为佤族，且多数为基督教徒。他们和距离口岸最近的缅甸寨子是同源民族、拥有共同信仰。简单的访谈使我们了解到，上永和寨子的村民们以种茶、打工、出租土地为生，与缅甸的村民们在街市上互通往来，还会一起在缅甸庆祝节日。虽然适婚女性的外流也困扰着上永和寨子的村民们，但经济上的相对优势也为寨子吸引了一批"缅甸新娘"。

永和上寨教堂

永和口岸之行的访谈过程中印象最让人深刻的还是生活在当地真诚质朴的人们。不论是农贸市场的异国商贩还是居住在口岸附近的村民，他们都没有刻意隐瞒自己的故事。更让人感动的是上永和寨子的佤族村民，他们在非礼拜时间特意为我们打开了教堂的门，供我们观看、拍照，并"忍受"了我们十几个陌生人很长时间的围观和追问，尽管他们的普通话不甚流畅，但仍然努力向我们解释每一个对于他们而言司空见惯的问题。在谈及信仰问题时，他们更是流露出虔诚和包容的心态。直到今天他们仍记得基督教是于1922年5月由英国的传教士传入本地，在生活条件并不宽裕的当下，仍希望能再重新建一座教堂，而这些也并未妨碍他们与信仰佛教的佤族同胞的相处，他们坚持认为每种信仰都值得被尊重。信奉基督教的佤族村民也并没有完全舍弃本民族的原生信仰，佤族的节日和风俗也有所保留。因此在这样一个相对包容、和谐的生活环境下，两国居民通过这个"云端上的口岸"实现友好相处、共享资源、贸易互通是必然的结果。

孟连口岸行

邵媛媛

　　孟连口岸之行安排在 2018 年暑期实践的尾声。由于二级公路在建、连日阴雨导致道路泥泞不堪，从孟连县城到口岸所在地勐阿原本一小时的车程延长至四小时。班车因此减至一日两三班，且发车时间不定。尽管田野后期身体疲乏、兴致不及来时，但从未到过边境的学生们仍然非常渴望去看看国门和对面的缅甸。在县城停留的一日里，师生游览了中国唯一一座少数民族历史文化名镇——孟连宣抚司所在地娜允古镇，还领略了西盟佤族自治县童话般的迷人风情。因为事先拜托客运站的售票员预留 10 个座位，8 月 30 日一早，我们坐上了开往口岸的小客车。虽然对糟糕的路况有心理准备，但行路之难还是有些超出预期。车子在崎岖不平的泥路上上下颠簸、左右摇晃，我们如坐弹簧、跳动不停，后排的同学更有胃肠要颠出嘴巴的感觉。好在沿途风光大美，手机计步器因颠簸而不断上涨的步数也增添了些许趣味，苦中作乐，不时有欢声笑语。泥泞的道路似乎没有影响司机师傅的发挥，他勇猛地开着过山小客车，一路狂飙突进，超越无数前车，仅用两个半钟头便载我们颠到了口岸。

一、界河桥上望邦康

提起行李下车，拥在车门口的等客者脱口而出的不是"住不住店"，而是"过不过河"，这与众不同的迎面一问激醒了尚觉眩晕的我。十人成团，引人注目。一位边防便衣走过来检查我们的证件，而后正色道："千万不能偷渡！"我立即以人民教师的名义向他作出保证。走出客运站，环顾四周，未见国门，师生一行开始在高照的艳阳里寻找住处。初来乍到，不辨方位，我们随意走进了一方淡黄色现代建筑林立的区域。此处街道整洁、绿荫掩映，政府、酒店、商品房、银行、电影院、k歌厅一应俱全，所有建筑物及树木上都插着大大小小的国旗。绿树、黄墙加之红旗点缀，很是好看。路过的椿林酒店看起来太过高档，并非朴素的调查者所能消受，于是经当地人指引，我们搭上小三轮前往街子尽头的旅店聚集区。街边第一家宾馆看起来有些规模。老板娘介绍说只有她家宾馆有大型停车场，来来往往都是司机回头客，条件放心，还诚恳地让了价。我们便选择在此安营扎寨了。口岸五天一集，到达时正逢街天，未及休息，一行人便赶往集市。农贸市场规模不小，因为迟到，街子已散去大半，未能看到来赶街的佤邦人。用过午饭，同学们便急切地想去他们心心念念的国门了。

孟连口岸小镇街景

与其他口岸不同，孟连口岸的国门位于边检大楼后方，无法一眼得见。领取"参观证"后，我们从"外宾礼仪通道"出关，看到了矗立在界河桥头的国门。国门是座现代建筑，造型方正，国徽下方一行金色大字："中华人民共和国孟连口岸"。当我还在左右逡巡，熟悉通道布局时，学生们早已迫不及待地穿过国门走上界桥眺望缅甸了。界河桥很宽阔，行人、三轮车往来不断，不时有巨型货车经过。桥下的南垒河河面平静，雨季中的河水泛着黄色泥浆。行至桥正中便看见红白油漆划出的边界线，旁边立着一块"参观者止步"的提示牌。桥上没有界碑。据当地人说，界碑设在很远的山上，并不太容易找到。对岸桥头是充满异域特色的缅甸国门，门拱造型颇有些阿

孟连口岸中国国门

拉伯色彩，墨绿底色金粉溜边，上用缅汉两种文字写着"缅甸·邦康"。国门两侧还立有两座样貌别致的小金塔。缅国门背后便是缅甸掸邦第二特区即佤邦首府邦康市。遥望中感觉邦康算

不上一个繁华都市，房屋大多在三四层，零星有几座高楼。虽然浓云密布，不时飘雨，大家却兴趣盎然，不停地与国门、边界线、止步牌合影，拍河岸风光、行人与车辆。

孟连口岸缅甸国门

　　我到过云南边境的不少口岸，对国门国界的新鲜感本应有所减弱。然而，每到一处新口岸，我还是不亦乐乎、隐隐激动。这次也是一样。寥寥几眼便可看尽的风景，师生却在桥上"玩耍"了一小时之久。与乘

南垒河对岸的邦康市

飞机穿越国界、落地即是异国迥然不同，陆路通关常会引发特别的感触。当我从中国河口迈进越南老街、从缅甸木姐踏入瑞丽姐告，总有刹那穿过隐秘的空间之门进入另一个世界的神奇体验。这种由身体本身移动实现的时空转换瞬间唤醒了平日里模糊不清的国别与界限感。或许，边境游对于内陆人的别样魅力正在于国门、界碑、界线、士兵等标志物所塑造的临界性，置身其间仿若能激发某种暧昧不明，而合法抑或非法地以身体为媒介突破临界都将获得莫可名状的快感。

二、一席畅谈话口岸

短期调查，得遇一位好报道人实为大幸，他会带你直捣黄龙，节省许多摸索时间。国门游结束后，我们在边合区管委会遇到了能讲、会讲、敢讲的胡书记，一番畅聊引领我们快速掌握了口岸的总体情况。孟连口岸在 1991 年被云南省政府批准为国家级二类开放口岸，拥有勐阿、芒信两个指定通道。口岸对面是缅甸佤邦自治区首府邦康，主体民族为佤族，是缅北重要的华人聚居地。2011 年国务院批准建设孟连（勐阿）边境经济合作区，同时明确将孟连（勐阿）边境经济合作区纳入云南省五个边境经济合作区之一。2015 年之前，口岸一般贸易中的进口商品以酸枝木为主，出口商品以柴油、建材、机械为主。缅甸木材禁伐禁运令之后，进口商品变为以锡矿、橡胶为大宗，边民互市贸易则一直以果蔬、家禽家畜和生活日用品为主。在云南省所有口岸中，孟连口岸的综合排名第四五左右。2017 年，口岸进出口货值 11.62 亿美元，上缴征税关税 10.9 亿元人民币，仅次于瑞丽姐告口岸。说到口岸贸易、关税实现"双十亿"，胡书记颇为得意，又如数家珍般地告诉我们，2017 年口岸人流量为 159.6 万人次，车流量 32.6 万辆次。

"三道阳光"政策是孟连口岸创新服务方式、化解通关难题的亮点，自然成为访谈中绕不开的话题。所谓"三道阳光"，是指"阳光早市""阳光求学通道"和"阳光急救热线"。这一政策是由边合区管委会制定，海关、边防协同执行，目的在于实现边民、商人、游客快捷安全通关。孟连口岸通关时间为早 7

点至晚 10 点，为全省通关时间最长的口岸。持有"阳光早市证"的菜农和"阳光求学通行卡"的缅籍学生可于 7 点通关，而其他出入境人员则要等到 8 点才能办理手续。"阳光救急热线"则主要针对有紧急通关需求的人员，如急症患者。通过电话预约，边防检查站可启动"救急绿色通道"，不再受通关时间所限。"三道阳光"政策为孟连首创，延时通关、弹性通关需要边防、海关、检验检疫投入更多人力，但本着服务边民和地方经济发展的宗旨，相关部门全力配合。"可不要小看这延长的几小时，菜农可以早早出去卖个好价钱，而游客晚上 9 点在邦康吃烧烤，10 点还能回到勐阿呢！"胡书记生动的举例一下子让我们对"加出的几小时"有了感同身受般的理解。

我们请胡书记谈谈口岸的发展情况，他便娓娓道来："这个口岸主要就是对佤邦。佤邦有 3.5 万平方公里，60 万人口，是个零工业的地方。大到柴油、拖拉机，小到一根针都从中国进口。佤邦在缅甸的这些自治邦中实力最强，而且相当稳定。要知道一动乱就要影响贸易。但是佤邦从成立到现在 30 年没发生过战争，而且治安还好。那里没有偷盗，因为法律非常严格。那边基本跟中国一样，电话都是 0879 开头，跟普洱区号一样；用人民币；电视里播着新闻联播。佤邦资源很丰富，以前是酸枝木，现在是矿。2015 年禁运令发出，口岸发展一度很困难，但是上天又赐予了我们矿产，口岸迎来了最繁荣的时期！"当被问及矿产资源不可再生，一旦枯竭口岸发展将何去何从时，胡书记并不杞人忧天："谁知道还有什么资源等着我们。当然，我们也在积极谋划产业发展。边贸产品中橡胶占有很大一部分，由我们招商引资建立了一个乳胶加工厂，准备明年投产。未来也将着力发展边境旅游。如果说澜沧、孟连、西盟构成了旅游'绿三角'，那么口岸将是这条线路上的一颗珍珠。现在边合区也在推进'两国一城'建设。我们这边还是个村，规模远远不如邦康，两边不是一个级别。"说着，胡书记找来激光笔，指着墙面上的规划图向我们介绍勐阿小镇的布局。未来口岸城镇占地面积 1700 亩，将建设双线 6 车道公路、80 亩民族广场、江边商务区、双创中心、特色餐饮中心、三甲医院和十二年一贯制学校。我们来时路过的那片现代区正是小镇已建成的部分。

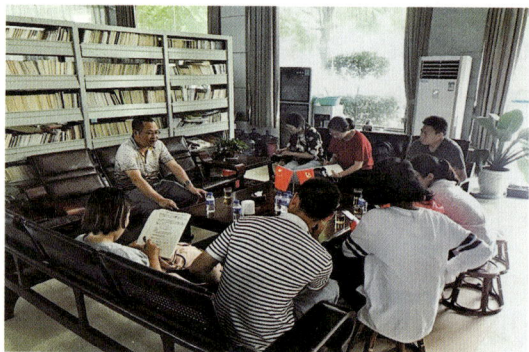

在边合区管委会与胡书记座谈

当问及口岸面临的困境，胡书记并未仅仅限于官方辞令，而是爽直地说出了自己的想法。孟连口岸得益于比邻佤邦的地理区位，却也受限于此。因缅政府与佤邦的特殊政治关系，即便口岸资质好，也只能定为二类口岸。"二类口岸政策上受限。一类口岸有的跨境金融政策，二类口岸没有。佤邦银行现在还是手工记账，所以要用最原始的方式——现金交易。但是这里现金携带数额也受限，磨憨口岸每日现金携带上限是 500 万，这边才 2 万。这几年矿产发达，常常发生货到了钱过不去的事，于是就有了灰色地带，大家各显神通，很多人扛着麻袋过去买矿。你们没事儿到河边走走，没准能捡到一麻袋钱！"大家闻言不禁哈哈大笑，此后"捡麻袋"便成了队里的一个玩笑梗。"还有就是出入境的证件办理问题。边民证、边境通行证只针对孟连、普洱本地人，外地人要在本地居住半年后才能办理。好不容易来一回，人家总要过去看看，这样一来就有人偷渡，民间也形成了利益链条。我刚才说的 160 万人流

河岸边防偷渡的围栏与邦康市的商品房

量是桥上过去的，'桥底下'过去的就没法统计了。"对于如何突破制约口岸发展的因素，胡书记认为可通过边合区升级获得解决。"给项目不如给政策，我们已经打报告申请将边合区升级为国家级，这样很多问题就可以得到解决。"至于偷渡，胡书记觉得宜疏不宜堵，物理隔离不如推动异地办证尽快实现。最后，胡书记感叹道：现实让我们很尴尬，但即使缩手缩脚也要有所作为。

三、小地方的超级公司

　　本次调查，"椿林公司"绝对是出现在当地人口中最高频的名词。攀谈时，我们常被问："是来椿林公司工作的吧?"不少当地人告诉我们自家小孩在椿林公司上班；缅寺里仰望佛像良久的外来青年说自己是来椿林公司找工作的；胡书记也特别提到过椿林幼儿园……我对椿林公司的最初印象是那座名为"椿林"的高

档宾馆，后来渐渐发现这个地方名企旗下拥有很多产业，如矿厂、货场、家具厂、幼儿园、酒店、商贸公司，可以说是这个小地方里的"超级公司"了。我们对椿林公司的进一步了解是从椿林幼儿园开始的。园内全塑胶铺路，有两栋三层楼房和一些儿童娱乐设施。因为放假，有些部分尚在施工，门卫大叔开放了一楼教室供我们参观。幼儿园不仅外表气派，内部装修和设施配备也十分讲究。教室内全木质桌椅，排列有序却不刻板，墙边的矮架摆放着各类益智卡片和玩具。教室与宿舍相连，宿舍内有独立洗漱间。除普通教室外，还有舞蹈室、声乐室等专用教室，走廊尽头还配有送餐电梯，每一处都让人啧啧赞叹。比之都市里的幼儿园，真是有过之而无不及。更让人惊讶的是，幼儿园有一半外籍教师，来自美国、澳大利亚、荷兰等地。幼儿园今年计划招生300人，入园费双语班每年近7.5万元，国际班每月费用就已高达2.9万元。教师薪资每月7800元，无教师证者稍低一点。这一系列惊掉下巴的数字既让我们感受到自身的贫穷，又让我们看到了一旦失业的出路。幼儿园的一位管理人员向我们介绍，该园园长从海外留学归来，办园理念都是国际化的。幼儿园虽属私立，费用很高，但也兼具公益性质，每年招生名额中有一半为免费生，平均分配给本地和佤邦的贫困家庭儿童。椿林公司还计

椿林幼儿园内景

划创办小学到高中十二年一贯制学校。

孟连口岸有两个货场，均由椿林公司经营海关监管，其中一个为保税仓库。保税仓库位于国门不远的街边，位置十分优越。货场入门不远是过磅房和配有先进的 H986 大型集装箱检查系统的查验通道，其余部分为货仓。仓库里堆放的都是锡矿，每堆锡矿均插有标牌，我们还凑到跟前仔细观察了一番。出货场，大门边便是椿林贸易有限责任公司，向前百米还有家

椿林幼儿园教室

由椿林公司经营海关监管的保税仓库

"椿林红木家具"。听人讲，椿林公司的老总是四川人，苦孩子出身，十几岁时揣着 20 块钱到佤邦闯荡江湖，逐渐积累起巨额财富，现在回来投资口岸建设。椿林公司初创时只有 30 人，现在发展为 300 多人。想必，未来的口岸城镇也会有不少他的产业吧！这位不曾谋面的老板，必定经历不凡，若有机会，定要见见。

四、边地人的苦辣酸甜

到达口岸时，关门节刚过，又未到第一个持戒日，我们错失了在街边缅寺集中接触村民的机会。因为行程紧张，来不及入村调查，我们只能抓住所有短暂相遇的缘分去咂摸边地人的百味人生。

口岸沿街是一排商铺，有若干快递公司、几个餐馆、一家劳务输出中心、一家手机店和一家电动车行。到达当日的晚饭过后，大家自由组合，散入店铺找人攀谈。我和学生吕壮选择了申通快递，看店的阿姨一个劲儿说自己不会讲，我们边说着随便聊边拉过椅子坐在了她身边。这位雷阿姨今年58岁，墨江汉族，28岁时勐阿橡胶厂招工时来到这里，成为公司18队的一名员工，从事橡胶育苗工作。后来嫁给当地人，在此生活已有30年。虽然有正式工作，雷阿姨年轻时还是利用业余时间去佤邦卖菜。那时还没有什么口岸国门，想过河就去坐船。在雷阿姨的记忆中，这里百姓的日子一直不容易，2008年后橡胶公司改制，胶树归个人承包后，大家的日子才好过起来。十年来，口岸变化很大。"以前街子前的这片都是胶林，后来慢慢征地，建成了现在这个样子。陇海组已经没有地了，还有些橡胶林。村民做生意的多，边民互市去'打单'。原来一单20块，现在30。还有我也不知道该不该说……"雷阿姨没憋住还是把话说出了口："还有就是拉人、搞偷渡的。"雷阿姨的大女儿开了口岸第一家快递公司。刚开业时，包裹稀少，两三个月后包裹就越来越多。因为生意红火，其他人纷纷效仿，现在口岸一

条街上已有八九家快递
公司了。口岸快递的特
别之处在于快递员每天
都会过桥去邦康投送包
裹。"淘宝购物的多，能
占 80%。大部分人会过
来取，送过去就加 5 元，
如果货物大人家就会给
10 元 20 元。"雷阿姨一

街子上的劳务公司和快递公司

直强调自己有些事讲不清楚，我们却觉得雷阿姨讲得很好，质
朴又丰富。

　　也许只是因为在人群中多问了那一句，便成就了一段好访
谈。那日，参观完椿林幼儿园，我们坐在门口的长椅上休息，
随口向门卫张大叔问了问幼儿园的情况，没想到越聊越多。张
大叔是保山人，以前在保山中缅边境卖菜谋生，因躲避战乱，
举家迁到勐阿。"那边总打仗，老缅占领寨子后，治安相当乱，
放个篮子在外边都有人偷，还乱收钱。向我买菜的一个老板告
诉我们这边菜好卖，佤邦也平稳。我就一家子，一次性带着工
具搬来了。"那一年是 2002 年。15 年前的勐阿还是大片农地，
傣族百姓的生活相当艰苦，住在干栏式的竹楼里，米饭配两只
田鸡就是一顿饭。张大叔向傣族人租地，干起了种菜的老本
行。"我租了 2 亩地，一亩一年 600 元，种草莓、番茄，春节开
始收，挑过去卖到佤邦。那边的价钱好，能卖 8—12 块钱 1 市
斤。"卖了两年果蔬，张大叔开始另谋生计。他将父母留在勐
阿种地，自己去邦康帮人做建筑。勐阿 15 年，张大叔离婚又

再婚，经历了口岸村落转型的整个时代。"当时老百姓又种田、又种橡胶，太苦了。4年前，矿开了以后，这里变化越来越快。现在老百姓90%以上都盖起新房了，政府照顾。我家也得了4万元盖房补贴，3年零息。我自己贷了5万，去年一年就还完了。"张大叔的两个小孩都在勐阿读书长大，现在一个在椿林幼儿园当幼师，一个在货场当管理员。说起如今的生活，张大叔的神情闪烁着"此心安处是吾乡"的满足。

边民互市区也是管窥边民生活、谈天说地的好场所。一位特别豪爽的傣族大姐听说我们没有证件过不了桥，从包里翻出了自己的边民证让我们看。她就着边民往来的话题说开去："我丈夫是华侨，74年回来中国，还分得了土地。我家外婆1960年跑去佤邦，一直没回来，现在90多了，健康得很呢！"说着指了指对岸河边的一座高楼。她是陪表姐来"打单"的，表姐办完手续，她便匆匆和我们告别了，未能长谈。然而，这种大线条、写意式的寥寥数言却也勾勒出边地世界的精彩纷呈。另一位傣族阿姨安嫩的生活似乎就没那么好过了。她也曾是橡胶厂18队职工，家里没有土地，丈夫在佤邦寻生路时落下了残疾。大儿子打工供一家人生活，因为家里穷，40多岁还未娶媳妇。她说话温吞，声音不大，却不回避不算体面的生活。因为孟连口岸边民互市不甚繁盛，除建档立卡户每天有"打单"的机会，多数村民七八天才能轮到一次。和我们聊过后，阿姨进去互市厅看了看带有自家独特标签的边民证，觉得今日排单无望，便准备回家。为30元钱消耗一整天的光阴，生活于她而言是真的不易。一定是觉得远道而来的我们也不易，阿姨再三叫我们跟她回家吃饭。贫穷而仁慈，生性淳厚的边地百姓总是这样一次次触动我的心弦。

除以上令人印象深刻的场景，我也曾坐在一群货车司机中间听他们调侃自己的生活；听三轮车师傅在突突声中扯着嗓子表达对矿产枯竭后口岸前途的忧心；装作找工作的样子到劳务输出公司打探情况。生活世界里的人们才是一个地方最生动的表情，那一张张向我们讲述地方生活的面孔都是孟连口岸之行的珍贵记忆。

临行前的上午，我们紧凑地赶去边防派出所和边防站。在行走山路寻找边防哨所的途中，竟发现一个村小组中有一条相当繁华的街市。真是别有洞天、深藏不露，这应该是村民口中"老通道"留下的"遗产"吧。我问学生香怡："若

边民互市区等待"打单"的边民

带有特色标签的边民证

师生在界河桥上留影

再有一日，你会做些什么?""我可能要想办法过去看看。"闻后不禁莞尔，真是心有戚戚!搭档吴鹏老师亦与我同感：此地有个可感知、却尚未看清的世界让人蠢蠢欲动、想要探看。孟连口岸自有魔力，此行不虚，期待再见。

打洛口岸行

王　楠

　　此次前往的是打洛口岸，位于西双版纳勐海县打洛镇。提到西双版纳，印象中就是"热带雨林""物产丰富""野象谷"……对于从小生活在北方内陆省份的我来说，西双版纳充满了好奇与想象，它一直是我所向往的地方。2018年12月底，怀着憧憬与期待，我踏上了去往西双版纳的路。在经历了长达9个小时的车程后，终于到达景洪市，从偏滇东北的昆明来到云南的南端，最明显的感觉是温度的变化，这里的温度比春城昆明还要舒适几分，景色也变得不一样了，映入眼帘的是道路两旁郁郁葱葱的棕榈树，微风拂面，落日余晖洒满整座城市，"惬意"是我对这座城市的第一印象。在感受这里舒适的氛围之余，我也与联络人取得联系，是来自打洛镇的两位小哥（"岩"当地读 ai）温胆（傣族）、李琪（汉族），小哥也是当地人对小伙子的称呼。虽然是初次见面，两位小哥却也十分热情。当得知我是第一次来景洪市，便带我去了告庄西双景星光夜市欣赏景洪的夜景，景区内闪烁的霓虹灯五彩斑斓，

景洪大金塔和告庄西双景星光夜市的傣味

最令我难以忘怀的是景洪大金塔（又称缅甸大金塔），在夜色中显得格外耀眼，熙熙攘攘的人群围绕着大金塔向四周蔓延，热闹非凡。当行走在夜市的街巷中，我看到了极具民族特色的美食、色彩鲜艳的民族服饰、充满南传上座部佛教文化气息的佛珠以及琳琅满目的手工艺品，这欢闹的夜景也一扫我当日舟车劳顿的疲惫。在品尝了正宗傣味后，便心满意足地离开这里，连夜驱车前往打洛镇。

一、打洛镇初印象

第二天一早，为了尽快了解打洛镇，我拜托小哥带我前往打洛镇政府。清晨的打洛镇笼罩在浓浓的雾霭中，走在路上，乳白色的雾气扑面而来，飘飘洒洒仿佛绵绵细雨，空气清新沁人心脾。昨晚没能看到途中风景，今日得以一饱眼福。冬季的打洛镇丝毫没有萧瑟之景，依然绿草如茵，道路两旁更是一望无际的田野，成片的火龙果地，香蕉树上还挂着绿色的香蕉，于我而言眼前的一切都是那么新奇。

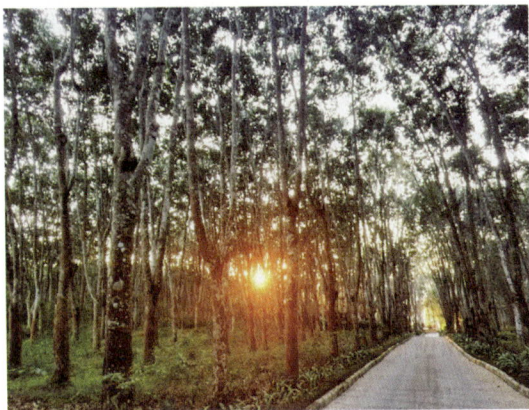

道路两旁的香蕉地和橡胶林

在来到打洛镇政府后，见到基层公务员杨大哥，他热情地向我介绍了当地的基本情况。打洛镇位于勐海县城西南部，东与勐混镇和布朗山乡相邻，南与布朗山乡相连，西与缅甸接壤，北与西定乡毗邻，东西相距 27.5 公里，南北相距 18.7 公里。辖区总面积 400.16 平方公里，其中山区面积 37.2 万亩，坝区面积 22.8 万亩，分别占国土面积的 62%、38%。气候属于南亚热带高原气候，夏秋季多阴雨天气，冬春季天气晴朗，总的气候特点是冬无严寒，夏无酷暑，全年热量充足，雨量充沛，适宜种植热带和亚热带农作物，比如水稻、橡胶、香蕉和茶叶等，是全县的橡胶主产区之一。森林覆盖率为 98%。地质构造复杂，主要岩石为黑云母、花岗岩，分布有铜、钢、煤、石灰石和铅锌矿等矿产资源。近几年打洛镇大力发展旅游业，现有"中缅第一寨"勐景来和独树成林两个景区。访谈期间，可以看出，杨大哥对于打洛镇未来的发展充满了期待："现在国家政策好啊，我们很羡慕，像勐景来的村民，自己不用租店铺，在家就能做生意。"除此之外，在谈到打洛镇的过往时，他回忆道："打洛镇对面是缅甸小勐拉，那里赌场盛行，曾经从口岸出境赌博的人摩肩接踵，因此打洛镇一度被称为是版纳'小香港'。"说到兴起时，他主动提出可以带我到口岸附近参观游览，我表示感谢后约定下午时分一起前往口岸。

二、中国打洛口岸

打洛口岸，与缅甸掸邦东部第四特区勐拉接壤，距离缅甸景栋 80 公里、泰国米塞 246 公里，国境线长 36.5 公里。1991年 8 月 10 日，打洛口岸经云南省人民政府批准为二类口岸。2007 年 11 月 13 日，经国务院批准为国际公路客货运输一类口岸。口岸边贸历史悠久，早在民国年间就是滇南"茶叶商道"

和云南通东南亚各国"边贸之路"的驿站和出口。远近闻名的"普洱茶"就是通过打洛口岸销往缅甸、泰国等东南亚国家的，并转销中国香港等地。一直以来，打洛口岸是中国通向东南亚国家的重要关闸，如今更是成为云南建设面向南亚东南亚辐射中心的重要窗口。口岸出入境流量自 2015 年开始，连续 3 年突破百万大关，车流量 50 余万辆次，货物流量达 20 余万吨，成为云南省第四个出入境人员 100 万人次以上的一类陆路口岸。

打洛口岸国门

打洛口岸是我在云南走过的第三个口岸，每到一个新口岸时，都有全新的体验和感受，因为在我看来云南的每个口岸都是独具特色的。与之前去过的口岸有所不同，打洛口岸既是贸易口岸同时也是陆路出境旅游口岸。下午时分，当我到达国门时首先看到的是有许多私家车排队出境到缅甸，政府工作人员杨大哥告

口岸出境自驾游办证点、排队出境的车辆与翡翠商贸城、路边小摊

诉我，这些私家车中有的是运输货物进行贩卖，有的则为出境自驾旅游，而我也在附近发现了出境自驾游办证点，这是在其他口岸没有见到过的。其次，在国门两旁建有大型的翡翠商城，据了解，附近寨子里很多人到这里打工，收入十分可观，少则几千多则上万。除此之外路边还有村民摆的小摊，主要售卖当地特色的手工艺品和玉镯翡翠等饰品。其中令我印象深刻的是，当杨大哥带我来到口岸时，他指着国门说道："你看国门写的是中国打洛，而不是打洛镇，现在县政府正在打造口岸形象，建设特色口岸。一会儿天黑路灯亮了很漂亮，路灯上的中国红旗也会亮，这个也是政府投资建设的。我们这边有句话：'打洛的春天在口岸，口岸兴则打洛兴。'"说罢，杨大哥望向远处，眼里充满希望。

口岸关闭后（通关时间早上6点到晚上6点）我们来到海关所在地中缅街，由于当日太晚，没能见到海关工作人员。虽然这里距离国门不远，但完全是两种景象，灰尘落满的商店大门紧锁、无人问津，只有零星的商铺亮着微弱的灯光，充满萧条破败之感，与杨大哥先前描述的"小香港"相差甚远。我了解到这里之所以如此冷清，是因为与打洛镇接

中缅街街景

壤的是缅甸掸邦东部第四特区，属地方民族武装，政局并不稳定，对双边贸易发展有一定影响；另一方面主要是由于过去小勐拉（缅甸）赌场盛行，2004年12月，随着国家打击公民出境赌博的"利剑行动"，打洛口岸暂停办理异地出境旅游，直接导致了前往打洛出境旅游的游客数量急剧下降。

三、游在打洛

打洛，是傣语音译的地名，意为不同民族共居的渡口。打洛镇辖5个村委会，56个村民小组，5354户，22606人，有傣

族村寨 17 个，哈尼族村寨 21 个，布朗族村寨 17 个，汉族村寨 1 个；根据 2017 年的统计数据，有傣族 9126 人、哈尼族 5225 人、布朗族 5353 人，其他 2902 人。各民族保持自身民族特色，孕育出了丰富多彩的民族文化，同时各民族之间交流密切，民族关系和谐融洽。

1.“中缅第一寨”——勐景来

“勐景来”是傣语，“景来”是龙的影子。传说当年召树屯王子为追赶一只金鹿来到此地，后来人们发现这里隐隐可以看到一条龙的影子。人们就来到这里守候天子的到来，可是等了很久都没有踪迹，他们索性就在这建立了村寨，故称其为“景来”。

我在田野调查期间一直住在联络人小哥家——勐景来，因此也得以体验到了真正的傣族风情。小哥家是传统的小竹楼，即分为上下两层的高脚楼房，竹楼底层一般不住人，由于小哥家经营住宿和餐馆，因此楼下摆有饭桌，空地处堆放杂物。上层则是居住的地方，布局相对比较简单，分为堂屋和卧室两部分，堂屋中设有厨房，傣家人通常会在二楼做饭。在木梯入口处通常摆有茶台，用于招待客人。屋内除了主人卧室，其他房间已改造为单间客房。除此之外，竹楼的上下两层都配有卫生间、自来水等设备，相比传统竹楼设施更加完备。在居住期间，我还了解到在傣家居住时需要注意两点，一是在上木梯时，无论男女地位高低，上楼必须脱鞋，这是表示对主人家的尊重；二是不能看主人卧室，因为傣家人认为他们的灵魂和家神都在卧室，如果让外人看了卧室就会惊扰家神和灵魂。

勐景来傣族民风淳朴、热情好客，招待客人时，他们会把家里最好吃的东西拿出来与客人共享。在田野调查期间，店东叔叔阿姨为我做了许多当地特色美食：有香茅草烤鱼、酸笋鸡、水蜈蚣、海船、野菜汤等等，套用一句当地的俗语来说，"移动的就能做荤菜，绿色的都可以做蔬菜"。每天早晨都可以吃到米线，中午主食有米饭和糯米饭两种，而糯米饭一般放在大龙竹的竹根做的饭盒中，具有很好的保温作

傣家小竹楼

用，通常早上蒸的糯米饭中午还是热乎的，这也不得不感叹傣族人的智慧。

在田野调查期间，闲暇之余小哥还带我游览了寨子，漫步在寨子里，观赏莲花池塘，微风拂过泛起阵阵涟漪，田园风光真实自然。而在此过程中，我还看到许多村民在自家楼下摆起小摊，有的售卖各种热带水果；有的售卖现炸香蕉片、芒果干等特色小吃；还有的人家开起了服装店售卖民族服装。与

大龙竹竹根做的盛糯米饭器皿

中缅边界线上的 229 号界碑

此同时也欣赏到古老的傣族手工造纸、打铁、制陶、榨糖和酿酒等手工工艺，期间我还亲自参与傣家的传统织锦，感受了傣族传统工艺的魅力。

勐景来是一个以傣族为主的寨子，几乎全寨信仰南传上座部佛教，因此在寨子北面建有佛寺，而这座佛寺也是打洛镇的中心佛寺。距离佛寺不远处还有 101 座白塔，小哥告诉了我关于修缮塔林的故事。在旅游公司进入村寨合作管理之初，由于村寨经济状况不佳，村民们生活窘迫，这些塔缺乏修整因而都变成了白塔。当时旅游公司为村寨申请了一笔扶持资金分发给村民。几日后，当人们再来到此地时惊奇地

发现所有的塔都变成了
金色。这是由于村民在
拿到这一笔钱时，首先
想到的不是改善自己的
生活，而是用它去修复
佛塔，由此可见村民们
信仰之虔诚。除此之外，
小哥还带我去了寨子里
的另一特色景点——229
号界碑。界碑附近的墙

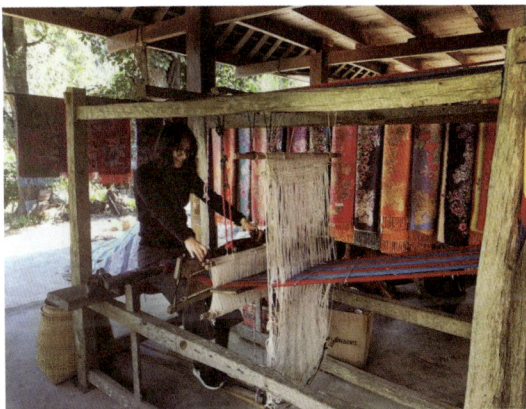

笔者调查期间体验傣家传统织锦

上有壁画，小哥饶有兴致地向我讲述了壁画上关于释迦牟尼修
炼佛法的故事，我也再次感叹寨子的每一处角落都充满了浓厚
的佛教文化氛围。

2."嘎汤帕节"——曼等村

"嘎汤帕"是哈尼语，意指万象更新或万物复苏，是新一
年的开始。1987 年 7 月西双版纳州人大常委会根据全州哈尼
族人民的共同心愿，将嘎汤帕节正式定为哈尼族的年节。在
调查期间，我去了距离口岸最近的一个哈尼族寨子——曼等
村。而此时，恰逢村民们过嘎汤帕节，有幸见到哈尼族过新
年的景象。到达寨子时是上午 10 点半左右，我走进一户人家，
看到院子里许多人在忙碌着洗菜做饭，有的烤小番茄做蘸水，
有的在烤肉，我看到一位大哥正在拿斧子和大刀剁生肉，出
于好奇就上前询问，原来这道菜叫"剁生"，是由新鲜牛肉剁
制而成。先用斧子将肉捣烂，加上辣椒、盐等调料用大刀剁

村民正在制作"剁生"

碎，这道菜最为费时费力但却是过节时必不可少的一道佳肴，意为新的一年红红火火。

　　访谈时热心的巴女士告诉我，"以前我们哈尼族过新年是在属牛日，因为牛和老虎是最大的，1978年改革开放后我们才和你们汉族一样，在元旦过节。"据了解，嘎汤帕节要持续一周左右，寨子里每天都有七八户人家轮流杀猪宴请宾客。除了本寨人的亲朋好友前来帮忙外，还会邀请其他民族的人来参加，这些距离比较远的朋友通常会携带礼品来过年。在问及他们是否会参加其他民族的节日时，村民说，"当然了，比如他们傣族过泼水节我们也去，玩得好嘛就一起了！"在这朴实的语言中我深切地感受到了各民族之间交往和谐融洽。吃饭期间我们相谈甚欢，哈尼族人民的热情好客也令我这个异乡人倍感暖心。

3. "布朗弹唱"——曼芽村

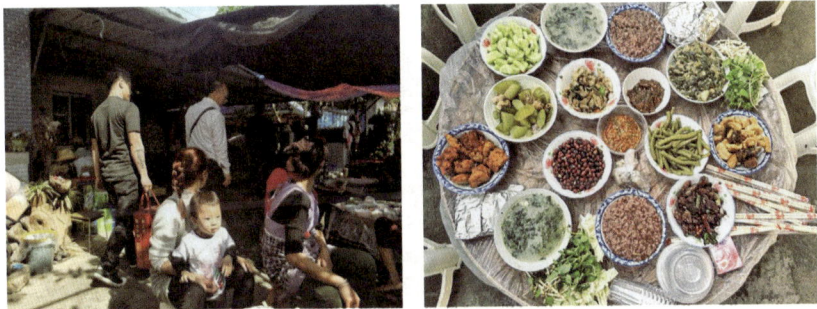

附近寨子的村民携带礼品前来与曼等村村民一起过"嘎汤帕"节

　　我在田野调查期间走访了几个布朗寨子，其中印象最深的就是曼芽村，在这里我有幸见到国家非物质文化遗产"布朗弹唱"传承人岩（ai）瓦洛老师。说起布朗族弹唱，它是西双版纳州勐海县布朗族喜闻乐见的一种民族文化的表现形式，最早起源于布朗族先民的歌唱，歌唱内容涉及布朗族的迁徙历史、田间劳动、人生礼仪和爱情故事等——可以说布朗族弹唱承载着布朗族的历史，蕴含着深厚的布朗族文化底蕴。

　　在访谈时岩老师告诉我，布朗族由于没有自己的民族文字，千百年来布朗族的文化除了老一辈言传身教外，歌唱成为传承自己民族文化的主要方式。在之后交流中得知，岩老师出身于农民家庭，出于对本民族文化的热爱，他一直都在认真地学习、钻研布朗弹唱，并取得了许多成就。2009 年 6 月，他被授予国家级非物质文化遗产项目——布朗族民歌弹唱代表性传承人称号。2010 年 5 月，由县文化馆组建成的国家级非物质文化遗产保护名录布朗弹唱传习所在岩老师家挂牌；2010 年 12 月、

布朗弹唱传习所和特色乐器布朗三弦

2012 年 2 月和 2014 年 6 月的三届全县布朗弹唱培训班上，岩瓦洛都作为教员应邀参加。他不为名，不为利，只是想把本民族文化传承下去，让更多的人通过布朗弹唱来认识和了解布朗族文化，他的这种精神深深地触动了我。

在访谈结束后，我参观了传习所，在传习所中看到布朗族传统的生产用具，展示了布朗族以前的生活方式，岩老师还向我一一介绍了象脚鼓、布朗族特色乐器布朗三弦，并即兴表演一段布朗弹唱祝酒歌，我在歌声中感受到了布朗族弹唱神奇的魅力。现如今，布朗族弹唱的氛围愈加浓郁，当地越来越多的布朗族年轻人开始重视自己的文化，加入到学习布朗族弹唱的队伍中，有的甚至还组建了自己的布朗族特色乐队，比如"朗芽乐队"——他们将传统的布朗族民间音乐与现代的电子音乐相结合，创造出独具特色的民族音乐形式。朗芽乐队还经常受邀到各地演唱，同时宣传了本民族文化。可以说，布朗族弹唱

笔者与岩瓦洛老师（中）

这一民间艺术对于布朗族文化的传承与发展具有重要的意义。

　　在离开打洛镇时，外面的天空飘洒着绵绵细雨，走在乡间的小路上，回忆起这些天在打洛经历过的点点滴滴，感动与不舍萦绕在心头，期待下次相遇。

景洪港口岸行

梁　钰

　　热烈明媚的阳光、温柔似水的姑娘、枝繁叶茂的草木、甜如香蜜的瓜果、金碧辉煌的佛寺……几年前身为游客的我曾到版纳游玩，满眼的风情记忆犹新，那里是我想象中的天竺。2018 年底，来昆读书第一个学期的尾声，因肩负边境口岸调查任务，我有机会再次前往这片令人神往之地。从昆明南部客运站出发，经过近 9 小时的车程，我和师姐来到了版纳州府景洪市。到达时已近傍晚，天空阴沉，飘着小雨。虽值冬季，车门开启的瞬间，亚热带特有的温润即刻席遍全身。从车站到住处，一路浮光掠影：高大的树木藤须飘飘隐天蔽日，白象雕刻披金带银数人之高，傣式立面的建筑布满沿街。因傣族几乎全民信仰南传上座部佛教之故，这座繁华的小城虽闪烁着霓虹斑斓的现代感，却也无处不在地弥散着传统信仰的气息，摩登而不失优雅。

　　此行调查的目的地之一是水陆口岸景洪港。早前从资料了解

到：景洪港位于景洪市区澜沧江北岸，1993 年经国务院批准为国
家一类口岸，2001 年正式对外开放。景洪港是云南仅有的两座
水陆口岸之一，也是澜沧江—湄公河在我国境内的第一大港口口
岸，由于地理位置优越，目前已与老挝、缅甸、泰国的多个港
口开通了散杂货、集装箱及客运旅游航线。景洪港口岸并非只有
一个码头，而是由景洪市中心码头、勐罕橄榄坝码头和勐腊县关
累码头共同组成。其中，关累码头早在 2012 年即被国家口岸办
列为"十二五"规划拟开放口岸，多年来一直致力于升级为国家
一类口岸的建设。我们决定在结束景洪两个码头的调研后奔赴关
累，鉴于该码头的特殊地位，关累之行也将单独成文。

一、中心码头：备受青睐的游轮景区

　　我们留宿在告庄，旅店背后便是景洪市新开发的夜间旅
游消闲区——星光夜市。夜市集百货、餐饮、歌舞表演于一
体，日落之后灯火通明、热闹非凡。因为下雨，夜市的人流量
受到了影响。我们穿过路口备受旅店老板推崇的傣族三姐妹烧
烤，走进卖小商品的小巷。在一个爽快的吉林大姐摊位买过东
西后，我问她是否想去景洪港玩。大姐一脸迷茫，说夜市只开
了四个月，自己才来一个月，对港口还一无所知。随后，我们
随机问了几名游客，知道的人多听说那里有民族特色的游轮可
以体验，几乎不晓得景洪港是国家一类口岸。我们特意找了一
位本地的烧烤摊主，小哥指了指前往港口的路，告诉我们游轮
上可以吃到傣味，还能观看艺人表演，至于作为口岸的景洪

港，他这位本地人也知之甚少。夜市以仿古大金塔为地标，拾级而上可观夜市全貌。塔顶的寺庙在灯光的映衬下显得格外金碧辉煌，僧侣念经的声音从高高的佛寺四散开来，弥漫在夜市的上空。眼下的点点星光汇聚成的星海，信仰的庄严与世俗的热闹如此离奇地融为一体，散发出魔幻现实主义的味道。夜市的后半段建在澜沧江上，全傣式建筑。这段水上夜市虽然尚且冷清，却是整个消费区最具特色的所在。我喜爱这座夜市，在景洪的几天里，每晚都会来逛逛。无论是经过万水千山后选择于此暂时歇脚的广西关大哥，还是用女儿亲手设计的版纳大象帽开店的吉林大姐，或是对游客吐槽自己因"艳遇"被家法制裁的本地小哥，还有低价处理男友前任留下的扎染准备开启全

夜市地标大金塔

灯火璀璨的星光夜市

听广西来的关大哥讲夜市的由来

新生活的小姐姐，所遇之人无不畅快地分享着自己来此之前或之后的故事。正如当地人敞开胸怀接纳了这些新成员一样，他们也温暖着如我一般初来乍到的旅人。

中心码头离所住旅馆仅 1000 米左右，第二天我们起了个大早，步行前往。前夜的小雨未停，厚厚的云层不肯散开。一小段路之后，宽阔的澜沧江展现眼前，泥黄色的江水浩浩汤汤，看上去有几分雄浑。江上最显眼的是三艘小山一样的游轮，风雨中岿然停靠岸边，仿佛等待着它们的游客。江岸上有一座白色的船型建筑，正门上标有"客运综合楼"几个字，旅客由此进出港口。绕到楼背面，三块牌匾赫然入目：西双版纳傣族自治州港务局、西双版纳傣族自治州地方海事局和云南澜沧江航道养护中心西双版纳分中心。想来这里便是中心码头的管理单位，自然是我们必须拜访的地方了。上了楼，我们才知道其实这里是"三块牌子、一套人马"。在工作人员的引荐下，我们来到了负责具体港务管理工作的港埠商务有限公司办公室，与负责人徐姐进行了交流。

交谈中我们了解到，景洪港中心码头距离版纳嘎洒机场 5 公里，距离中老缅三国交界地带 101 公里，距离老缅泰三国交界金三角 334 公里，距离泰国清盛港 345 公里。中心码头设计规模为两个泊位，一个客运泊位，一个货运泊位，是一个以客运为主、货运为辅的综合性码头。建成之初，中心码头主要承揽国际客运。从这里出发最远可以到达泰国的清盛港，期间旅客要在船上度过 12 个小时。2006—2007 年，中心码头国际客运人数达到顶峰。之后，昆曼大道开通，陆路交通更加便捷，由磨憨口岸出入境的人员逐年增多。2009 年景洪迎来旅游业的大发展，随着游客人数的增加和旅游公司游轮在港口的停靠，"澜沧江江上游"逐渐成为中心码头的主要经营项目。如今，中心码头游客量每年将近 100 万。澜沧江游览项目主要为江上航行，时间在一个半到两个小时。期间，游客可在客轮上欣赏江岸风光，观看民族歌舞，享用特色傣味。旅游费用在每人 200—280 元之间，以团队游客居多。

尽管建成之初是以国际客运为目的，但现在的中心码头看上去并不像一座国际口岸，而更像是一个热门旅游点。虽偶有出入境旅客，但大部分为观光游客。2018 年，景洪港旅客吞吐量 171.3 万人次，国际旅客吞吐量 0.1722 万人次（进港 324 人，出港 1398 人）。造成此变化的原因有二：第一是交通发展的推力，昆曼大道的开通替代了这里以往的便捷；第二是"湄公河事件"发生后，旅客骤减，旅游公司取消了"景洪—老挝—泰国"客轮游项目，内航游轮观光成为主业。

景洪港口岸联检楼

景洪港客运综合楼

在中心码头停靠的游轮

二、橄榄坝码头：澜沧江两岸的轮渡中心

探访过中心码头后，我们于第三天乘车前往勐罕橄榄坝码头。位于橄榄坝的傣族园是版纳热门旅游景区，也是那个因"天天泼水"而在学界出名的地方。因为想看贝叶经制作，我们先去往傣族园参观游览。走入傣族园，傣家人极具特色的竹楼便吸引了我们的目光。傣式竹楼是典型的干栏式建筑，为防潮防震，建成两层，上层居住休息，下层储物停车。有些村民将一层整理出来，用作铺面，售卖具有当地特色的纪念品。一座竹楼的一层摆放了一张小小的桌案，上面放着一支支大小各异的笔。近前细看，笔尖并非油墨或是铅芯，而是明晃晃的铁尖。如此风格独特的铁笔正是贝叶经国家级非物质文化遗产传承人波空轮先生的看家法宝。顾名思义，贝叶经就是写在贝叶上的经书，制作方法是用铁笔将佛教经文刻写在加工过的树叶上，可以保存相当长的一段时间。见到老先生，坐下交谈，方得知先生于幼年在寺庙当小和尚时接触到贝叶经制作，由于悟性好，他很快就将这门技艺熟记于心，之后几十年如一日钻研学习，终成一代大师。告别老先生，我们走向寨子深处，未久，一座规模不小的广场映入眼帘，中间一方水池，这里就是著名的"天天泼水"广场了。村民说，每当中午人多的时候，他们就会带动游客相互泼水。由于阴雨，当天未能一睹盛况。广场边上有一头被关在笼子里的大象不停地点着头，听闻它会昼夜不停地持续着这个动作，不由心生怜悯。大象低垂着眼睛、恭敬谦卑，谁知这背后又有多少空洞和悲哀。

傣族园内的傣家竹楼

　　来到橄榄坝码头已近下午，黯淡了许久的天空终于露出了热情的阳光，流淌着的澜沧江闪耀着金色的光芒。橄榄坝码头尚未全部建成，目前即将完工的是跨江大桥和连接孟罕—景哈两岸的轮渡中心。据海事局资料介绍：橄榄坝码头上距中心码头 25 公里，下距关累码头 53 公里，建成后将包括货运作业区和客运作业区两个部分。客运码头位于澜沧江流向左岸，设计规模为：客运泊位两个，占用岸线长度 110 米，客运吞吐量 40 万人次／年；货运作业区位于澜沧江流向右岸，设计规模为 300 吨级货运泊位 4 个，占用岸线长度 320 米，设计货物吞吐量 100 万吨，配备检查机构。目前已实施完成第一期工程项目建设。水流湍急的澜沧江作为运输通道的价值不可限量，但也为两岸人民的往来带来了不便，在大桥尚未投入使用之前，小规模轮渡应运而生。与中心码头水面起高楼的豪华游轮不同，橄榄坝码头的客船显得简易许多，除驾驶室，便是一块露天大甲板。船费十分合理，每人只要两元。如有汽车过江则需要开上货运船只。小客船载着两岸百姓在湍急的江面上来来往往，有时也相当凶险，我称这条航线为"澜沧江大漂移"。

橄榄坝码头

与轮渡相伴而生的另一种生计是三轮车夫，他们在码头附近等待乘客，载他们开过一段路况很差的小道。一名三轮车师傅给我们讲述了他与码头的故事。这位师傅高颧骨、圆脸、中长头发，从小生活在这里，却是名上海人。他是随着父母一辈上山下乡来到孟罕的。之后，父母回到上海，他却把这里当作故乡，哪怕生活条件差一点也只愿于此终老一生。他告诉我们，码头原本属于公家，后被私人承包，效益很好。对于当初没入

伸入江中的客船踏板

股码头承包，他有些许后悔，但仍对现在的营生感到满意。他说自己缺少财运，做生意赚的钱被老婆赔个精光。看着这位师傅憨笑的脸庞，我暗自思忖：他曾经有机会离开这里，回到繁华的大上海，却选择在西南边陲过最普通的生活，有懊恼但不绝望，有抱怨但不责备，这一切的一切大概只因单纯地爱着脚下的这片土地！在大江对岸的景哈，同样有着一群将这里视作家乡的异乡人，他们也是三轮车司机，大部分来自四川。我们乘客船来到孟罕对岸的景哈，下船便听见他们的招呼声："你们是来这边玩的嘛？这里不好玩的，傣族园在对岸。"得知来意后，热情的师傅们便与我们攀谈起来。他们都是四川人，几十年前来这边打工，做一些修路之类的工程，遇到一生所爱后，索性把自己变成了本地人。谈及生计，他们有几分担忧。载客生意原本特别红火，近年来百姓的生活水平提高，几乎家家都买了摩托车，生意日趋下滑。眼望即将完工的大桥，他们没有行人

脸上露出的那种喜悦。大
桥通车后码头的生意会更
惨淡，他们将不得不寻找
新的地方和客源。虽然身
为移民，他们却充满生活
热情，依靠娴熟的车技和
家中的香蕉、橡胶打拼，
用他们的话来说"家都定
在这里了还能去哪儿！"

热爱着这片土地的异乡人

他们的笑声是那么的爽朗，红铜色的皮肤是那样的健康。夕阳
下，他们和车的影子拉得很长，仿佛一座座屹立不倒的山丘，
刚毅坚定。

　　景洪港的两个码头分工明确、平稳运行，中心码头演变为
受欢迎的观光码头，游轮载满游客欣赏澜沧江两岸风光；橄榄
坝码头便利着孟罕和景哈的村民们，也在机遇中等待新生。尽
管不被大众所了解，景洪港的两个码头依旧润物细无声地服务
于当地人的生活，以各自的方式和特长默默支持着版纳州的发
展。那些生活在码头周围的温暖的人们，也如码头一般坚持着
自己的生计和梦想，历经着岁月的平静与波澜。

关累口岸行

梁钰　彭虹

　　到达关累镇时值正午,亚热带的阳光热情过了头,晒得万物都没精打采。我们躲进一块阴凉地儿,阳光透过树叶的缝隙,尘埃在"丁达尔效应"下分外显眼。窄窄的马路上没有一个行人,街道边的店铺只开着为数不多的几家,马路尽头的高大建筑便是关累口岸的国门。我们走进一家小饭馆,店里没有菜单,陈旧冰柜发出的嗡嗡声,提醒人们它在这样的大热天里工作不辍。冰柜里摆着新鲜的肉和蔬菜,想吃什么食材就告诉老板,老板会介绍做法。午餐过后我们在镇上街子边考察边寻找住处,发现街边的店铺概有三种:住宿、餐饮和汽车维修。毒辣的日光、空荡的街道和陈旧的建筑,让人有一种身处西部片的错觉。住处找在街角的一座老旧三层小楼,没有房卡,老板递来两把钥匙。房间的整洁掩饰不住岁月留痕,掉了漆的木床头和老款椅子诉说着久远的年代。尽管这座小镇没有想象中繁华,食宿也不尽如人意,但我们还是倒头就睡,因为一上午的颠簸令人终生难忘。沿途采砂场运砂的大货车将本就陡峭的山路压得坑坑洼洼，让身在面包车里的我们坐出了扬鞭策马的感觉。

关累港的国门

查阅材料可知，关累口岸南接老挝，西临缅甸，是中国与老、缅、泰三国交流的重要水上通道。关累口岸位于勐腊县关累镇关累边境贸易区中缅界河中方的一侧，陆路距离景洪174公里，水路距离景洪港中心码头81公里。口岸项目规划占地98亩，已建和扩建泊位三个，建设规模为年货物吞吐量15万吨，客运吞吐量10万人次。关累口岸是中国澜沧江航运船舶出境的最后一个码头和国外船舶入境的第一个码头，区位优势得天独厚，偶有到中心码头的货物也需要在这里过检。目前，为加速升级为国家一类口岸的进程，关累口岸正在续建集装箱泊位，设计吞吐量为 1.5 万吨 / 年，300 吨级集装箱泊位 1 个，泊位长度 140 米。中国从关累出口的货物主要有玩具、日用百货、机电产品等，面向老挝、缅甸和泰国几个国家。关累进口货物有橡胶、木材和水果等。

关累口岸出入境大厅

第二天，我们起了个大早。行走在这座有些冷清的小镇，不免为本次调查可能收获寥寥而担忧。然而，当走到出入境大厅背后的时候，眼前的景象完全出乎预料，码头上的繁忙热闹颠覆了我们前一天对关累口岸的认知。在经过保安的允许后我们进入了码头区域。大大小小的船停留在澜沧江金色的江面上，各式各样的机械搬运着船上和陆地上的货物，一排排的卡车停在路边等候装车、卸货。货车司机坐在车里或草地上等待下一次出发，装卸工人或是操控着机器或是指挥小工们搬运货物，船员们则坐在船帮上聊着航行中的趣闻和下一次计划，人群里时不时爆发出阵阵笑声。关累镇上所有的人好像都集中在码头，为这座口岸忙碌着。看着这些热火朝天的人们，我们不禁有些吃惊，原来码头内外天壤之别，"黄金港口"并非浪得虚名。

码头上有两个人群最为引人注目，一是常年在路上的货车司机；一是几乎不下船的船员。一个在陆地一个在江上，他们的生活本是两条平行线，却因为关累口岸都停留在了这里。

"这边效率有点低，已经等了好几天啦！这边气候比新疆那边好一点，等这几天就当休息了。"一位山东潍坊的货车司机看着长长的车队，眼神里写满了无奈。我们看到他的时候他正坐在道旁树下乘凉，打趣说自己正在度假，这难得的几天"假期"正是等待口岸过货检查而空出来的。他和妻子常年跑货车运货，往返于全国各地。"平时你们不会给自己放假吗？"他答说家里两个孩子要上高中了，经济压力大，只好没日没夜地奔波在高速公路上。谈到这里，大哥深深吸了一口手里的烟，趴在栏杆上对着澜沧江缓缓将烟雾吐出，仿佛吐出了些许生活的重压。他接着向我们解释，这次的订单是他在"运满满"之类的货运网站上找到的，现今货车司机基本都在网上接单。订单接好后他们会自己设计货运路线，争取不跑空车。比如这次，他们从山东拉建筑材料到关累口岸，再从关累口岸运送从缅甸进口的木材给江浙沪的老板们。谈到跟货运有关的事情时，魁梧憨厚的大哥眼里闪过一丝精明。从货运路线到沿途食宿再到车上生活，他们都要尽量压缩成本，从而实现收益最大化，那一丝精明就是与生活抗衡练就的本领吧。在关累口岸停留的几天让他们增加了不少成本，却也为负重前行的生活赢来了难得的喘息。

也许，生活也会心疼待之以诚的人，才故意安排了这个小假期。

与山东籍司机大哥交谈

"小时候喜欢听郑智化的《水手》，现在听了……唉……"一位船长聊起自己的职业生涯时，发出了这样的感叹。这位船长身穿红色半袖体恤和蓝色短裤，脚踩一双拖鞋，配上他船长的职务，很难让人不联想到"海贼王"里的路飞。他带领他的船员顺流而下将我国的化肥、建材、百货送往国外，又溯江而上将缅甸泰国老挝的木材、干果、生鲜运回祖国。澜沧江的风雨让他显得有些沧桑，或许他眼角的每一道皱纹都藏有一段与风浪搏斗的故事。这位船长大哥是普洱人，他说家乡也有口岸，但是水位太低，大点的船上不去，所以大部分船只都会在关累停靠。初谈时，大哥还有些羞涩，渐渐熟络之后他开玩笑问我们："再往下走就是金三角啦，你们怕不怕?"说完自顾自地哈哈大笑。他从 2000 年开始做水手，如今已成长为船长，从初出茅庐到饱经风霜，脚下的澜沧江是唯一的见证者。"十几年的青春，就这样在澜沧江上啦。"他的语气里满是一位老船员的洒脱。一年四季，水手们几乎不会上岸久留，船到口岸停靠后，等货物装卸完毕就再度出发。我们笑着说他就像电影中那位从不下船的"海上钢琴师"。他说，哪里像什么钢琴师，都是为了生活罢了，说着转头看了看波光粼粼的澜沧江。阳光把江水映成了金色，也把他脸上的皱纹雕刻得更加立体。一声叹息过后，"路飞"大哥又自我解嘲似地再度哈哈大笑起来。船上的生活必然不会像动漫般惊险刺激，多半时间要用乐观的心态抵御苦闷无聊。也许正是因为漂泊于船上，每日望着无边无际的江河山林，才有了如此爽朗自由的笑声。繁忙的关累码头日复一日地运送来来往往的货物，在码头周围谋生的人们也如此重复着简单平凡的生活。他们如阳光一般，温暖而有力，在分秒里化作七彩，绚烂缤纷。

关累码头繁忙的景象

一天的调查结束后我们打算抄近路回宾馆，索性走进关累口岸出入境大厅。作为以货运为主的码头，出入境大厅就没那么热闹了。大厅里并无来往过境的人，只有几名出入境管理人员在大门附近执勤。我们被拦了下来，表明身份后，管理人员还是让我们原路返回，并表示这里是国门，没有相关手续任何人不得随意穿行。闻言，不禁对他们肃然起敬，纵然守在鲜有人过境的国门，也要坚守岗位，捍卫祖国尊严。

从冷清小镇的第一印象到黄金港口的再认知，关累口岸带给我们无限惊喜。在这里，我们不仅见识到国家的口岸建设和沿边开发，而且了解到一群努力奋斗的人们。一路奔波于此暂时歇脚的货车司机，澜沧江上度过半生的船长，坚守国门的出入境管理人员，都在用自己的方式为口岸发展贡献力量。调研结束时，我们突然领悟了为何关累街道上只有三种店铺，因为这里的人们大多埋头于生计和职业，少有闲暇娱乐。有人奋斗的地方，就充满烟火气，口岸人即是口岸的背书。祝福关累，愿乘风破浪，奔向美好未来。

勐满口岸（通道）行

李 叶

　　2020年8月，我在勐腊转车前往磨憨调研时看到客运站停着标示牌为"勐腊—勐满（岔河）口岸"的班车，这与文献资料中将勐满列为"通道"有些出入，因此不禁产生疑问：勐满究竟是口岸还是通道？到达磨憨后，在"磨憨—磨丁经济合作区管理委员会"了解经合区建设规划时我咨询了关于勐满的情况；相关负责人介绍勐满目前属于通道性质，划归勐腊县商务局下属口岸办管理，正在申报国家一类口岸并且获批可能性极大。结束在磨憨的调研后，我乘车返回勐腊县城并于次日前往勐满。

一、初到勐满

　　早晨，我从勐腊县客运站出发，上车之前询问司机师傅勐满镇距口岸所在地岔河还有多远的距离。师傅答说还有 10 公里左右，以为我是外来旅客，还不停地强调口岸正在施工建设，路烂难走，没有什么好玩的。解释来意后，他告诉我到达勐满后要自己找车去岔河。小客车在山间公路上穿行，沿途是连绵不绝的橡胶林，淳朴自然的村寨点缀其间，一闪而过的勐满口岸医院、勐捧糖厂、勐满小学尤为让人印象深刻。车驶过 171 县道上的边防检查站后，路况逐渐变差，乘客们仿佛坐在加速版的摇摇车上来回晃动。勐满镇正在修建腊满高速公路，运送石材的大车将路面压得坑坑洼洼。

当车子颠簸着驶入镇子街道，目之所及满是泥泞。昨夜的雨水在凸凹不平的路面上积起了一个个水凼，映出两侧店铺的倒影和空中厚厚的云朵。走在街上的人们小心翼翼地，生怕过

泥泞的勐满镇街道

路车子溅起的泥水弄脏了衣裤。沿着一眼望不到头的主路走了一段后，我转入一侧的小路寻找宾馆，路两旁店铺林立，人行道上摆着各式各样的摊位，水果、蔬菜、盆栽、日用百货应有尽有。勐满镇上大概有四五家宾馆，我们选择了主路背面的嬉皮士公寓。办理入住手续时老板娘特意说："我这里天天爆满，人特别多，主要是修路的施工人员。"当我说起主路路况太差时，老板娘见惯不怪地道："这边在修勐腊到勐满的高速路，还得要一年呢，你们过路的还好，我们还得再忍受一年多。"她的语气里没有抱怨，大概是习以为常，也愿意忍受一时的不便换更加便捷的未来。

勐满镇位于勐腊县城西南部，东与国家级口岸磨憨相连，西南与老挝南塔省勐新县交界，北与勐捧镇接壤，国境线长42公里，曼邦公路由北向南穿镇而过直通老挝南塔省。"勐满"为傣语地名，意为充满希望的地方。相传佛祖释迦牟尼巡游至此时，百姓将斋饭献给佛祖。佛祖伸手接饭时，米饭沾满手掌，因寻水无果，便随手在旁边的大石头上用力搓去手上的饭粒，脱口说了声"帕满"，希望此地风调雨顺，五谷丰登。勐满地形四周为丘陵群山，中间为宽谷盆地。境内平均海拔1100米，最高点为大包包山，海拔1678米，最低点是勐冈村，年平均气温21℃，年均降雨量在1800—1900毫米之间。勐满镇是一个以傣族和哈尼族为主体民族，瑶、汉、布朗等13个民族杂居的边境小镇。全镇土地403平方公里，镇辖曼赛囡、大广、勐满三个村委会，共26个自然村、30个村民小组，辖区内有林场、咖啡场及农垦勐满农场作业区。

二、探访岔河

勐满镇上没有到岔河的班车，与路边等客的司机师傅谈好价钱后，我们包了一辆车前往岔河，期待一睹正在修建中的国门真容。行车途中，人烟越来越稀少，视野越来越宽阔。在磨憨调研时听闻勐满地形平坦开阔，亲眼所见确实如此。

越过平坦开阔的坝子，车开上笔直宽阔的腊满高速公路建成段，两侧有正在建设中的入境牛肉查验场、货场等一系列设施。继续前行几百米后，未来的国门展现眼前。因尚未完工，我仅能看到国门的基本框架结构。国门右侧有一条稍窄的老路通往原边民通道入口，沿路而上，可见国门前身——一座钢架棚。通道右侧的一块石碑上刻写着"和谐边疆魅力岔河"八个大字。因为封关，我无法穿过通道参观界碑，修路的工人们知晓我们的来意后，热情地分享了他们拍摄过的照片，让我得以在手机屏幕上参观到中老 35 号界碑。

正在修建中的国门

勐满通道是我国通往老挝的重要陆路通道和自然口岸。1989 年中老两国签订《中华人民共和国和老挝人民民主共和国政府关于处理两国边境事务的临时协定》，中国勐满与老挝班海成为两国协议通道。

2003 年中老双方签署《中老边境制度条约》，将勐满通道与老挝班海检查站列为对等开放的协议通道。2006 年以来，勐满通道建成"一关两检"办公生活用房；海关、检验检疫、边防也在勐满通道设立了监管或查验点。2008 年 6 月，"勐满边民互市点"建设启动，勐腊海关入驻。勐满口岸进口量远远大于出口量，是典型的进口口岸，主要进口药用植物、天然橡胶烟胶片、玉米、香料植物及矿产品等资源性产品，出口工程机械设备、建筑材料、电器、发动机、电缆、移动通讯基地站等高附加值产品。口岸办提供的资料显示，2019 年，通过勐满口岸出口货物 979 万美元，进口 3988 万美元，合计 4967 万美元。出入境人员 291500 人次，出入境车辆 140195 辆，进出口货物 451385.63 吨。近年来，随着中国—东盟自贸区建设和"一带一路"倡议的实施，中国与老挝的经贸往来迅速发展，物流需求旺盛，勐满口岸

通向原通道入口的老路

中老 35 号界碑

贸易通道和贸易方式不断丰富和完善，出入境人员、车辆、货物方面均已达到陆路一类口岸开放标准。

　　司机师傅对周围情况比较熟悉，听闻我想要了解勐满口岸周围的风土人情，参观过国门后，他建议我到不远处的咖啡厂和国有农场九分场看看。他介绍说勐满镇的咖啡场和橡胶场不同于国有农场，是集体所有制企业，工人大多来自于墨江、镇沅和普洱等地，他就曾是勐满橡胶厂的一名工人，墨江人。车子首先在咖啡场停下，我看到昔日的厂房已经挂牌为"勐腊县国营林场野生动物种源地及豪猪繁育中心"。一位住在附近的原农场职工告诉我，咖啡场早已不再种植和加工咖啡，而是改种橡胶，且经过改制胶树已承包给个人。

　　继续向前，师傅带着我来到了农场九分场九队所在地。九队像村庄一样集中在一起，大约 20 户左右。我遇到一位刚割胶回来的大叔，他拖着有些疲惫的身体正在磨胶刀，从他那里我了解到农场的一些情况。大哥是墨江哈尼族，经熟人介绍于 1992 年成为九分场九队的一名职工，工资从一开始的几十块涨至 2000 元左右。后来农场改制，九队按岗位分配，每户大人有两个岗位，小孩有一个岗位，每个岗位大概可分得 10 亩橡胶林。若因退休或自谋生路离开农场，所属岗位不可由子女继承，需退还公家。说到他的住处，大叔告诉我，两排连体平房是 1997 年由政府统一规划，工人自行出资建造的。我观察到，每户房屋占两扇门，一扇门里有厨房和客厅，另一扇门里有两间卧室。

　　告别了疲倦的大叔后，司机师傅带我去找他的老熟人——九队的老队长。沿路的看不尽的橡胶林仿佛在诉说着农场的兴衰变迁和农场人的悲欢离合。勐满农场于 20 世纪 50 年代末 60 年

咖啡场原厂房

勐满农场九分场九队房屋一角

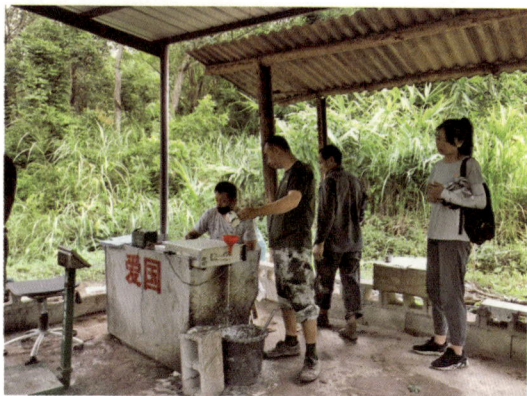

勐满农场九分场七队和九队收胶点

代初创建，退伍军人及家属、湖南支边青年和当地百姓组成了第一批拓荒队伍。随后，上海知青上山下乡，充实了农场建设的力量。知青返城后，农场曾几次招工，红河、普洱等地的乡民大批进入农场谋生。2003 年，勐满农场改制，撤场并队。2017 年，农场重新揭牌成立，恢复并重建了原农场建制，全面实行农场企业化、垦区集团化管理。老队长正在收胶点卖胶，我们找到他的同时也见识了卖胶的过程。该收胶点位于九场七队和九队的中间位置，收胶工作由一名九场的管理人员和两队队长负责。队员们骑着摩托载着装胶水的塑料桶来收胶点过秤，队长先将一小搪瓷杯的胶水倒入橡胶干含量微波测量仪，设定指数测算出胶水中的橡胶干含量，然后按照橡胶干含量 × 胶水重量 × 干胶单价的算式计算出卖胶人所得。我与管理人员攀谈时，留意到大多数队员当日割胶的收入在 100—200 元左右。管理人员侃侃而谈，说农场改制是一件十分复杂的事情，可以讲上三天三夜，还戏谑我是走马观花。

三、边寨掠影

在勐满镇的几天里，我们还走访了几个村寨。勐满村民委

员会辖上下景龙、景龙代、曼飞拢、曼洪、曼暖远等 11 个自然
村，上景龙寨就在镇主街背后。我们第一次踏入已被评为"美
丽乡村"的上景龙寨正值傍晚，水泥路面干净平整，傣族干栏
式建筑鳞次栉比。寨子公共设施齐全，建有篮球场、门球场、
陀螺场以及各类健身器材。游览时，正逢上景龙和曼洪两寨的
年轻人进行篮球比赛。村民们说，年轻人通过体育活动结交了
不同村寨和不同民族的好友，从而减少了打架斗殴事件的发
生。当天边最后一抹余晖若隐若现时，我们漫步到上景龙寨的
庙房。寺庙造型别致、金碧辉煌，顶部瓦片斑驳的痕迹沉淀着
村寨岁月的年轮。寺庙门前的石台上写着"爱国爱教"，上面立
有三杆旗帜，中间一面为五星红旗。关门节刚过，庙门紧闭，
老人们要几天后才会到庙里诵经。

上景龙和曼洪寨青年的篮球比赛

上景龙寨寺庙

　　我们到访的第二个村寨是曼暖远克木人村寨。克木人是布朗族的一个支系，主要分布在西双版纳和老挝北部的边境地区。中国境内的克木人人数极少，整个西双版纳自治州只有 19 个克木人村寨。曼暖远曾被评为国家级"文明村"，街道干净宽阔、房屋整齐划一。村里老人说他们原住在勐捧镇回勒寨，因那里地形陡峭、常发洪水，遂于 1971 年搬迁至此。克木人的老房子是用茅草做屋顶的竹篾房，2008 年政府实行危房改造，每家每户补贴 2 万元，才建起了现在的房屋。

　　大广村委会下辖的河图一组是哈尼族村寨，这里的哈尼族自称爱伲人。步入村寨，单从房屋形态来看已和傣寨并无不

曼暖远克木寨寨门

同，但停下脚步仔细端详姑娘小伙，他们黝黑的皮肤、浓重的眉眼依然彰显着独特的族群特征。河图村民的庭院里多挂有盆栽植物作装饰，与高高悬挂的国旗，排排晾晒着的玉米交相辉映，构成一幅和谐生动的村舍画卷。

边寨村民目前主要以割橡胶和打零工为生。每年 3—11 月为割胶期，胶民凌晨割胶，上午休息。近年来胶价较低，收入大不如前。因割胶十分消耗精力，胶民无暇种田，家中农田多出租给外地老板种植香蕉，根据土地肥沃程度，每亩地租在 1000—1800 元之间，每次合约时长为 3—5 年不等。胶农们特别是妇女会利用闲暇时间打零工或做一些小生意。在赶摆场生态园打工的哈尼族大姐，在街边卖快餐的傣族姐妹、在镇上等客的摩的师傅都是如此，而年长的老人们就在家中照看孙辈、喂养家畜家禽。

四、边民交往

在 20 世纪 60 年代前，中老对边境管理还未体系化，也没有明确的管理制度。70 年代后，中方加强了边境管理，在岔河设立了边境检查站，老方也随之在班海设立了边检站。1987 年云南省公安厅下发了《中老边境边民、华侨出入国境管理暂行规定》，规定指出：中老双方边民出入国境，必须办理出入国境的有关手续，从指定的边境通道和口岸通行，并接受边防检察机关的检查和海关的监管。1989 年，中老双方签订《临时协定》开辟勐满岔河为临时协议通道。历史上，中老边民就形成了探亲访友、求医治病、商品交易和佳节共庆的交往传统，勐满地区边境管理的制度化和规范化并未影响边民间频繁密切的互动。

此行最为遗憾的就是未能看到中老边民往来的热闹景象，但是在与村民们的交谈中，我们切实感受到了中老边民之间的亲密关系。曼暖远的一位老爷爷自豪地告诉我们，他的媳妇是漂亮的老挝克木人。上景龙的老奶奶回忆，她的表哥于 50 年代迁往老挝，后在老挝娶妻生子。年轻时她经常往返于中老之间，或是农忙互助，或是赶赴红白喜事……奶奶与表哥家的来往是众多边民走亲访友的缩影，同样的故事发生在各个年代的边民生活中。民族节日庆典时，前来参加节日活动的除了周围其他民族村民外，还有许多老挝的亲朋好友。傣族的泼水节、哈尼族的嘎汤帕节、克木人的玛格乐节莫不如此。

互市和就医也是勐满边民互动的主要方式。大广村委会妇女主任向我们介绍，疫情之前每日都有一趟从老挝至勐腊县城

的班车，许多老挝百姓会乘坐班车到勐满、勐腊买卖东西或求
医治病。老挝村民除了卖本地土特产外，还会带来泰国的日用
品。相比较国产商品，中国边民似乎更喜欢老挝人卖的东西。
比如，老挝人卖的泰国塑料袋和洗衣粉，价格便宜质量过硬，
颇受边民欢迎。勐满口岸医院常年接收老挝病患，她本人就经
常为自家亲朋办理就诊手续、充当翻译。我在勐满镇街上的农
贸市场里感受到了边民互市的余味。一日早间，我闻着肉香味
来到傣味摊前，火盆烤制各式各样的肉制品正发出滋滋的声
响。敌不过诱惑，刚吃过早饭的我还是买了一块烤肉。看着周
围三三两两的空摊位，我问老板娘为何，她告诉我空位是老挝
人的，没有疫情时她们会到农贸市场卖东西，每个季度交 100
元左右的摊位费。

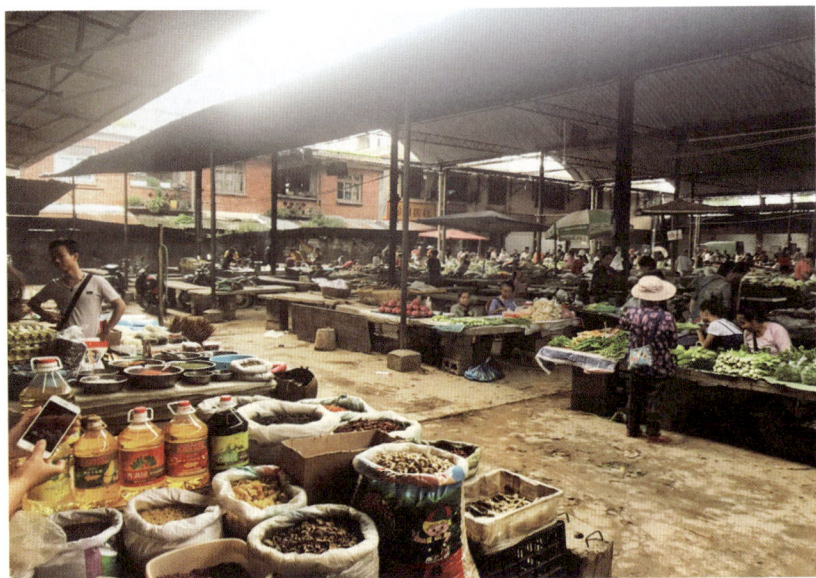

勐满镇农贸市场图景

　　2020 年是特殊的一年，每家每户的边民至今仍然在卡点轮班值守，防控疫情，感谢他们的辛勤付出。虽然勐满口岸的规模还远不及磨憨，但随着国家"一带一路"政策的不断推进和口岸建设的日益成熟，勐满口岸将会以崭新的姿态迎接机遇的来临。在勐满之行告一段落，坐在返程客车上时，我已经没有那么在意泥泞颠簸的道路，因为这是口岸成长的必经之路。

磨憨口岸行

梁　钰

　　结束关累口岸的调查后，我们乘车前往勐腊县城，然后转车去磨憨。在景洪时就听到许多游客聊起磨憨，让我们对其充满想象。作为中老第一大口岸、昆曼高速公路和泛亚铁路中线的重要节点，这座边陲小镇究竟散发着怎样的魅力呢？

一、结缘勐腊：我和我的老挝朋友

　　勐腊县商务局口岸办主要负责勐满通道升级为口岸的建设工作，磨憨口岸的具体情况需到磨憨镇勐腊（磨憨）重点开发开放试验区管委会了解，因此我们在这里所获不多。但在跟工作人员闲谈时却发现了另一个值得关注的方面：有很多老挝学生在勐腊县高级职业中学就读。我们随即打车前往学校。

　　此时正值期末，老师们部署放假事宜忙得不可开交，学生们也在热火朝天地收拾行李。因为找不到人交流，我们只好无所事事地在校园里闲逛。阳光炙热，明媚得让人不知忧愁。在食堂门口，一个男孩坐在一条凳子上晒太阳，拖鞋半袖，嘴角带着酒足饭饱后的满足，同我们一样与周围的氛围格格不入。上前搭讪，知道了他叫别贺，因为下午有考试，所以还不能收拾行李。别贺今年已经 24 岁了，却笑着坚持称自己是初中一年级学生。他在这里已学习五个月，虽然汉语不甚熟练，但足够用来进行日常交流了。我们尽量用简单的词语表达，时不时还讲几句西南官话，这种地方汉话似乎更能让他会意。当我们说快了的时候，别贺会笑着摇摇头，露出两颗虎牙，略带羞涩地说一声"不会"。他从琅勃拉邦经磨憨口岸入境，再乘坐大巴车来到学校。"便捷"是别贺对磨憨口岸最突出的评价。他说老挝留学生每个学期回家时，学校会统一租车将他们送到磨憨口岸，凭相关证件便可直接出境。相较于之前的小路，安全便捷的口岸通道已然成为通向幸福的康庄大道了。"家里那边好多中国人，学会汉语回去更好找工作。"这是别贺来到中国学习汉语的初衷。交谈中，他多次提到想要将中文学得很好。

由于时间不巧，我们未能采集到学校学生的整体信息。尽管随后托别贺帮忙，也没有得到理想的结果，有些遗憾。但我和别贺的友谊至今仍在继续，他到家时还给我发微信报平安。与别贺的缘分让我心生感慨，他不正是千千万万个来到中国学习的老挝人的缩影吗！磨憨口岸是他们提升自我、实现梦想的一扇大门。他们通过这扇门了解中国，学习语言与技术，我们则借助这扇门认识老挝，结下友谊。

作者同勐腊县职业高级中学学生合影

二、磨憨口岸：旭日初升的边陲小镇

第二天清晨，我们从勐腊县乘车前往磨憨口岸。初下车便呼吸到边陲小镇清爽的空气。小小的车站并没有太多车辆和行人，倒是有几个小贩围上前来询问需不需要兑换老挝币。我们并不打算过境消费，便摆手示意"不需要"。贴心的他们立即拿出用透明袋包装好的旅游纪念币，张张崭新。走在镇中的大道上，乌楣树紫粉色的花瓣散落成丝，树下整片草地像铺了昂贵的毯子。磨憨给我的最初印象好似一个青春期的少年，朝气蓬勃，富有活力。整座镇子随处可见拔地而起的崭新楼宇，商家们忙碌着支起摊位开始一天的生意，大卡车拉着进出口货物来往奔波。镇子规模不大，镇中位置有一个十字路口，于此沿"东盟大道"上行便能看到磨憨口岸的国门，沿紫薇路上行便是边民互市场。沿途有许多餐馆、商店。餐馆以湘、川渝、东北口味居多。商店多卖老挝、缅甸和泰国进口来的食品和日用品，啤酒饮料洗面奶，咖啡奶茶护手霜，种类齐全，花样繁多。几家服装店的招牌上用老挝文打着广告，大意为"统统 20元"。经询问得知，这些店铺的主要顾客是从磨丁来的老挝人。以前生意比较好，很多老挝人逢年过节便来采购。最近几年，口岸管理更加严格规范，来购物的老挝人数量有所下降。我们还发现几乎所有商铺的老板都不是本地人，来这里做生意的湖南人很多，我的湖南师姐总是能碰到老乡。

　　磨憨在 1992 年 3 月经国务院批准成为国家一类陆路开放口岸，是首批被列为国家沿边开放的地区之一。1993 年 12 月，中老两国共同宣布正式开通磨憨—磨丁国际口岸。2000 年 6月，云南省人民政府批准磨憨口岸为边境贸易区，并赋予优惠政策。2004 年 9 月，国务院批准磨憨口岸开展口岸签证工作，并对第三国人员实行开放。2016 年 3 月，国务院批准设立中国老挝磨憨—磨丁经济合作区。磨憨口岸是集一般贸易、边境小额贸易、边民互市贸易、过境贸易、境外罂粟替代种植和对外经济技术合作等多种经济形式的综合性贸易口岸。进口货物主要集中在农副产品，如果蔬、薏仁、坚果、麻袋等；出口货物主要集中在加工制品，如纸箱、饼干、有机肥、玩具、方便面、水泥等。在"十二五"期间，磨憨口岸进出口货运量累计为 593.47 万吨，年均增长 20.7%；口岸进出口货值累计 81.38亿美元，年均增长 25.1%；口岸出入境交通工具累计为 128.99

万辆次，年均增长 17.3%；口岸出入境人员累计为 410.18 万人次，年均增长 11.7%。2017 年，进出口货运量 407.59 万吨，进出口货值 20.76 亿美元；出入境人员 140.42 万人次，出入境车辆 42.89 万辆次。如今，磨憨口岸依然在不断充实、壮大着自己。泛亚铁路中国磨憨站、老挝磨丁站建设正酣；磨憨—磨丁口岸货运专用通道老挝段、磨憨国际商贸物流园、磨憨口岸国际快件监管中心等基础设施正在加快推进；货运通道联检查验区、口岸危化品查验场所、磨憨铁路口岸、合作区互联高速公路、磨憨—会晒高速公路等前期工作全面启动，磨憨口岸正在以惊人的速度成长蜕变。

磨憨口岸国门

修建中的中老友谊隧道，中老国际铁路将穿此而过

三、边民互市：一利双收的口岸政策

　　磨憨中老国际赶摆场位于紫薇路，主要进行小商品交易，我们到达时前来采购的人不多，只有几家商铺开门营业。经过打听方知道每月 7 号开市，那时才会有大量老挝人和附近村民来此互通有无。沿路继续上行到达边民互市货场，同工作人员进行交流得知，当地居民需要用身份证办理边民证，外来人口办理暂住证后可办理边民证。拥有边民身份后，每人每日可以享受 8000 元额度指定商品免税政策。免税政策极大地降低了商品成本，当地边民借助这一政策从事商业贸易优势巨大。然而，偌大的货场没有多少当地人，装满货物的汽车停在泊车位

上等着卸货。车辆停靠整齐，装卸货井然有序，与我想象中边民个人贸易的大市场截然不同。正在迷茫之时，货场便利店的爷爷奶奶告诉我们，边民们不在这里，要去申报大厅才能见到，最近的货物只有香蕉和西瓜。说着，奶奶还请我们尝尝从老挝进口来的大香蕉。

在申报大厅的院子里，很多人围坐成一个个小圈，嗑着瓜子高谈阔论，气氛十分热闹。当有人招呼的时候，就有一小撮人起身去往申报大厅的自助机按手印。在申报大厅，我们碰到了一位和善的小姐姐，她是这里的工作人员，为我们介绍了边民互市的整体操作流程。实际上，边民互市真正的交易人并不是当地边民，而是一些商人借助政策优势，在当地寻找报关公司后借用边民们的身份避税，并给予边民一

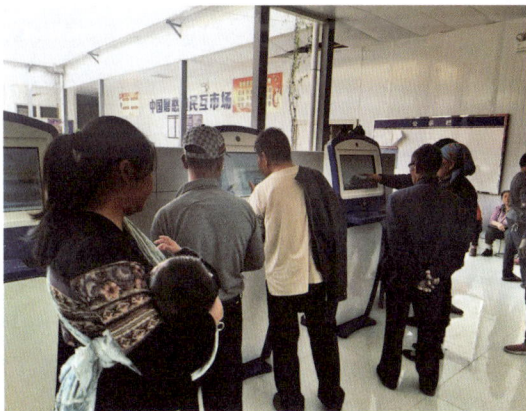

边民"打卡"的热闹景象

边民互市市场指示牌

定报酬。边民的任务就是将指纹按上去，像工作打卡一般，因此当地人称来这里为"打卡"。随后，我们同一群大姐攀谈起

来。"我们有什么好问的嘛，每天过来打卡就是啦。"这些大姐都是附近寨子里的村民，在磨憨镇的饭店、食堂打工。每天午饭过后的休息期，她们便来申报大厅打卡赚外快。打一次卡她们会获得20—30元的报酬，一个月下来收入在600—900元之间。当我问及是否想过利用政策自己做一些事情的时候，其中一位笑了笑说道："哎哟，那是老板的事情嘛，我们都是最底层的最小小的那一个，那些做不来啦。"有一瞬间我惊讶于她们的安贫乐道，却又被眼前聊着天嗑着瓜子互相开玩笑的情景所说服。如果她们成为老板，就不再有心情像这样坐等太阳下山了吧。正如当地一名工作人员所言，谁都不能保证让边民做生意会赚到钱，倒不如每月打卡来得稳当。

　　见过安贫乐道的边民们，我们想知道在他们看来每天顶着巨大压力的商人们又是怎样看待边民互市政策呢？从申报大厅出来我们就遇到了一位真正的老板。大叔的穿着打扮同印象中的老板形象相差无几，一顶鸭舌帽，一身休闲装，手腕上戴着大金表和手串。大叔邀请我们进他的办公室喝茶。他自称是在货场帮忙卸货的，将从国外回来的货物分配到去往各个省份的卡车上。虽然这位福建大叔侃得云里雾里，我们却不难听出他是家物流公司的老板，负责将货物进口再送达

同打卡的边民大姐们聊天

各地。大叔见多识广，同我们讲了很多趣事。他告诉我们在老
挝将香蕉、西瓜发到中国来的大部分都是中国人，很多中国人
在那边做生意、打工。边民互市政策正是能够降低商人成本的
一个好政策。对边民而言，跨国贸易难以涉足，对于商人来说
报关的具体流程很难操作。因此，报关公司就承担起桥梁的作
用。他们利用对政策的熟悉，活用边民互市政策，为从事国际
贸易的商人降低了成本，也为当地边民增加了一份收入，可谓
一利双收。

四、口岸边民：艰难的生计转型

来到磨憨的第三天我们进村访谈，先到了口岸主道一侧的
回金立寨。寨子中的瑶族同宗同源，是一个大家庭。随着磨憨
口岸的建设，村子经历了集体搬迁，被征收了很多田地和林
地。组长家的奶奶告诉我们，征地后她家还剩一小块林地种植
橡胶，这些年胶价下跌的厉害，收入不多。此外，家里用征地
款在镇子主干道马路旁的发展用地上盖了几处房子，等口岸再
热闹些开宾馆。一位本地商人来组长家做客，他是组长的同
学，我们称他为孙总。孙总是个有想法的中年人，他说之前本
打算和人一起组织跨境合作社，由于村民积极性难以调动加之
与合伙人理念不合而终止。他即将开始全新的创业之路，饶有
兴趣地同我们谈起养殖土蜂的一些想法。在山里的新民寨，我
们认识了小曼琴。小曼琴是我们借宿爷爷家的孙女，只有 6
岁，大大的眼睛、长长的睫毛，生得很漂亮，性格也活泼。虽

然还没上学，她却通过手机学会了数数，还让我在本子上教她认字。因为爸爸长期酗酒家暴，她的妈妈忍无可忍回了老挝娘家。虽然缺少父母的疼爱，小姑娘依旧同别的孩子一样天真可爱，这要归功于爱她的爷爷奶奶和姑爹姑妈。她同我说想要好好学习，想要去北方上学，这样就可以看到会落叶子的树和漫山遍野的白雪。

曼琴的遭遇和两天以来的所见所闻不由得让我感慨良多。磨憨口岸所在的磨憨镇是勐腊县扶贫攻坚的重点，因此得到很多政策倾斜，可是这里却多年难以摘掉贫困的帽子。回想这几天所见，无论是街上的生意人还是利用边民互市政策做贸易的老板，来自湖南、浙江、福建的外地人居多。本地人为什么没有在口岸开发中占得一席之地呢？在访谈中，我们不止一次得知，口岸开发过程中磨憨村多个寨子的土地被征收，除一些目光长远者将补偿金作为资本外，许多村民并没有善加利用这笔钱。像新民这样的山上寨子，仅有几名能人去老挝包地搞跨境种植，多数农户还从事着传统的小农经济。面对口岸的发展，磨憨人怎样才能抓住机遇呢？

带着疑问我们拜访了磨憨村委会。村委会的干部们正在为即将迎来验收的脱贫工作争论不休。初见面，我就感到村委会的张书记是一个认真严格的基层干部。得知我们是来调查的，张书记考起我们的基本功来。他问我们磨憨国境线有多长，磨憨的重大历史时刻有哪些？短暂交谈后，他又转头为脱贫工作继续奋战了。张书记告诉我们，有些村民失去了土地，也失去了祖祖辈辈流传下来的生活方式。征地带来了财富也带来了对未来的恐慌。面对变化莫测的商海，诸多失地农民宁愿再买一小块地来耕种也不愿选择投资。还有一些人懒于自力更生，坐等政府帮扶。至于解决办法，也许正如另一位村干部所言，扶贫要先扶"zhi"，其一是志气的志，让他们相信可以凭自己的本事创造美好生活；其二是智力的智，让大家知道怎样才能富裕起来。唯有如此，才能解决现在的困境。

新民寨的清晨

五、边境旅游：蒸蒸日上的朝阳产业

调研最后一天，我们来到勐腊磨憨重点开发开放试验区工作委员会了解情况。工作人员的介绍中让我印象最深刻的便是这里正在飞速发展的旅游行业。数据显示，2013 年磨憨口岸旅游总收入为3.3亿元，之后逐年增加，至2017年已经增加到6.74亿元。国内外出境游客由2013年的43.4万人次增加到2017年的67万人次，其中国内游客在40万人次左右。口岸入境一日游人数也在逐年增加，2017年达到16.5万人次。中老国际铁路也即将通车，通车后将进一步推动磨憨跨境旅游的发展。

从出入境接待大厅办完手续出来的游客们

　　旅行社看到磨憨口岸的发展潜力，大力推出多条旅游线路，行程各具特色，最远可到老挝琅勃拉邦。为了配合旅游业的发展，相关部门在管委会一楼设置了磨憨口岸公安出入境接待大厅。外来游客可以在短时间内迅速办理签证等诸多出国手续。当地人也为磨憨口岸的旅游业贡献着自己的力量，一些失地村民用积蓄在东盟大道两侧建起了宾馆，装修风格各具特色。在村委会的时候，我们还看到关于建设旅游景区计划和提高农村公共服务水平的规划。磨憨口岸正伸出友好的双手，迎接着海内外游客的到来。相信在不久的将来，旅游业将会成为口岸的支柱产业。

调研结束时，我对磨憨口岸的感觉一如初见。恰如一名怀抱理想的少年，磨憨口岸以坚实的脚步实践着自己的人生规划。当然，这位少年也有迷茫和困惑，需要面对成长路途中各种艰难和挑战。磨憨的阳光如此明媚，让人确信这里未来可期。

思茅港口岸行

李香怡

　　我在普洱市孟连县度过了欢乐的拉祜族新年以后，于2019年2月15日返回普洱市，准备前往思茅港口岸。由于孟连到普洱多是山路，且车流量较大，到达市区的时候已经是下午两点多。几经询问后，我得知思茅港现主要由普洱市地方海事局负责管理。抓住工作日最后一点时间，我见到了地方海事局的张科长，他向我介绍了关于思茅港的一些基本情况。思茅港位于云南省普洱市思茅区思茅港镇，距离普洱市大概88公里。思茅港于1990年12月动工建设，1993年7月经国务院批准为国家一类对外开放口岸。思茅港由橄榄坝、虎跳石、腊撒渡、南得坝4个码头组成。经过多年建设，2001年2月，经国家口岸部门验收，正式对外公布开放。港口距泰国清莱、"金三角"420公里，距老挝琅勃拉邦787公里，距万象1260公里，地理位置十分优越，是澜沧江中上游地区通过水路与湄公河流域国家开展国际贸易的主要港口。由于景洪水电站的修建，作为国际中转运输码头的思茅港于 2004 年底开始断航。因为无法抵达思茅港，从事国际运输的船舶全部离开普洱，直接进入景洪开展营运，思茅港从此无国际航运。2018 年 6 月，两艘满载江砂的货船从思茅港出发，驶入景洪水电站升船机乘船箱，穿过大坝后通过引航道进入下游主航道。自此，思茅港截断了 13 年之久的澜沧江对外开放航道才重新全线贯通。

早先，寨子里的人告诉我："思茅港以前很繁华的，现在什么都没有了，是一片'空港'了。"市区开出租车的大姐也曾跟我说："思茅港什么都没有，没什么好玩的。如果没去过，去一次也不会想去第二次的。天气比思茅还要热得多，没什么意思。"短短十余载间，思茅港从开放繁华到闭港衰落再到复通冷清的起伏过程增添了我的好奇，想要亲眼见见思茅港的心情也催促着我加快了前行的脚步。

一、思茅港初体验

第二天一大早，我便起身寻找地方客运站。前往思茅港的鸿丰客运站隐蔽在一个杂乱批发市场的角落里，该客运站主要运营普洱到周边县城和宁洱专线的班车，当地人习惯称之为电工厂车站。车站每天只有一趟到思茅港的班车，早上九点半出发。17 座的小巴车有些破旧，我上车时，车上只有 4 个人。行车中，司机会顺路帮商贩运些水果蔬菜，挣一点外快。师傅以平均 20 迈的速度晃晃悠悠、走走停停，耗费了近一个小时才开出市区。原本以为出了市区不久就会到达思茅港，哪知车子沿

鸿丰客运站

着迂回的山路盘山而行，耗费了大概两个多小时才到达目的地。

虽然来之前已经有了对落寞港口的心理预期，但车窗外的景象还是令我有些讶异。空旷的街道、零星的行人、十之八九处于关闭状态的门面……在连车站标志都没有的马路上，司机告诉我"到站了"。拖着笨重的行李箱，我左转转、右走走，不知在哪里才能见到一丝生活的气象，一瞬间感觉自己好似被抛弃在荒野山村的孤儿一样无助。深感茫然的我竟然忘了首先要找住处安顿下来。小卖铺的老板指给我镇上的主要街道，那里才有吃饭住宿的地方。我走过第一个路口，来到镇中心街道——缅商街。整条街贯穿东西方向，西边就是思茅港曾经的港务大楼，港务大楼后边便是思茅港码头；东边有大大小小的超市，一排排的宾馆，还有两家门可罗雀的饭店，路尽头是思茅港镇政府和思茅港小学。由于正值假期，政府和小学都紧闭着大门。想来有趣，镇上人不多，超市和酒店倒真是不少，大概是思茅港"黄金时代"的遗存吧。粗略看了几家酒店，差别不大，房间都很干净，就是都没有客人。我选择了其中一家落脚，这家店的老板同时还开着一个规模较大的批发超市。老板是个看起来和我年纪相仿的姑娘，由于家里老人去世，亲戚们都赶回老家吊唁，只留下她一人看守着这偌大的酒店和超市。

从这位姑娘的口中我得知，以前这里人流如织，思茅港经济开发区和其他地方的商人都会来此批发商品，然后回去倒卖。现在商人和游客越来越少，她们的生意也大不如前。几日里，我成了镇上唯一的游客，也是这个酒店唯一的住户。

思茅港码头

到达的当天下午天气愈发炎热，镇上人大概都回到家中避暑，这让本就空旷的街道又多了一丝荒凉。我在街上转悠，想听人讲讲港口的故事，却发现镇上为数不多的常驻客——店铺老板、理发师、老中医都在各司其职，一副生人勿近的样子。初来乍到的我与冷清的街道交相呼应，真不知该如何开启调查。思茅港就犹如曹雪芹笔下的贾府，盛极一时又豪华落尽，其中定有原因。

傍晚的缅商街

空旷的思茅港镇一角

二、港口记忆

第二天，我望着江边一筹莫展时却意外发现早上的农贸市场是这个镇上最热闹的地方。市场里新鲜的蔬菜水果、鸡鸭鱼肉样样俱全，早起买菜的人们拎着大大小小的塑料袋，开启一天的生活。在这里我才感受到了一丝城镇生活的气息。我找到一位大姐攀谈，她篮子里的虾还是活蹦乱跳的，但光顾的人却不多。李大姐的老家在镇子附近的那澜村，她早年嫁到景洪后在那里做了几年生意。后来听人说这边经济发展好，像个"小香港"，更容易挣到钱，就在 2003 年和丈夫一起来到这里开了一间店铺。李大姐的店铺就在农贸市场里，卖一些果蔬和鱼、虾一类的水产。没多久，在政府的严打下，镇上大小赌场被勒令关闭。虽然人流量受到了一定的影响，但是由于这里路况好、交通方便，各行各业的生意人还是愿意汇集于此。李大姐的营生也没有受到特别严重的影响。如今的光景已大不相同，因为人流少，买卖越来越难做了。

逛完热闹的农贸市场以后，我在码头遇到了刚从江对岸勐矿村回来的高船长。高船长热情好客，在得知我是来进行口岸调查的学生后，便拿出自己做的包烧江

清晨的农贸市场

鱼招待我。一边吃鱼，高船长一边给我讲述思茅港码头繁荣时期的故事。1998 年左右，橡胶价格比较好，主要由政府统一收购，不允许私人买卖。但是政府的收购价格比较低，有时甚至比市场价低一半左右，当地村民就利用港口上下行船多、水路便利的优势私下收购橡胶，然后运到景洪去赚一笔。因为背靠港口，镇上的小老百姓也会挣到一笔不小的外快。当时镇内有一条酒吧街，加上进出口货船需要在港口停留一天，来来往往的人特别多。"哎呀，那时你想要到思茅港来，需要提前一个星期定酒店，否则根本订不到房间。"当地村民每天从山上采摘野果子到港口售卖，一天可以有几百块的收入。吹着江风、吃着烤鱼，我和船长畅聊了一下午，"空港"寂静的午后终于不再那样漫长。

大门紧闭的思茅港港务大楼

第三天清晨，我再次来到码头，安静的四周只有一个人在打扫卫生。上前询问得知，他是留守在码头的海事局工作人员。

废弃的保税仓

这名工作人员带我参观了港务大楼和保税仓。两个大型保税仓就在港务大楼旁边，一个 300 吨，一个 150 吨。工作人员说没断航之前，两个保税仓装满了苹果、桂圆干等水果，也会出口一些黄牛，进出口货物量非常大。我获得的港口资料显示：2004 年断航前，思茅港国际运输船舶共有 35 艘，全年可完成货运量 72055 吨，其中进口 47909 吨，出口 24146 吨。如今港务大楼紧闭、保税仓荒废、查验大厅变成了民用的休闲场所，曾经的"小香港"一夜之间变成了"空港"，十几年的车水马龙恍若黄粱一梦。这名工作人员告诉我，不久他也要离开了。

口岸检查厅

三、江边的私人挖砂企业

由于景洪小白塔电站的修建，思茅港于 2004 年开始断航，港口从此没有了国际贸易往来。之后，"村村通"工程加快了周边乡村到主要城镇及思茅港经济开发区的道路建设，思茅港不再是附近村民购物休闲的唯一选择了。2010 年后，橡胶价格一落再落，村民的主要生计来源岌岌可危，人们纷纷外出务工，往昔门庭若市的景象一去不返。现在，"思茅港"三个大字仍然悬挂在入港最醒目的地方，然而港口似乎已不再发挥国家一类口岸应有的功能。思茅港原有四个码头，思茅港码头又称橄榄坝码头，是现在唯一还在使用的码头。其他三个码头分布在澜沧县范围内，由于断航早已荒废。从事国际运输的 35 艘船舶也全部离去，海事局只留下了一艘巡检船以备安全检查使用。

码头附近仍然有一些挖砂的船只在作业。从海事局的维护人员那里得知，目前在河内区段工作的挖砂企业有 13 家。我随后走访了几家私人挖砂企业，大部分是外来老板开的公司。在林林总总的挖砂公司中，SY 公司经过和有关部门的不断沟通和申请，获得了每天可以有一艘船只通过电站运江砂到景洪的许可，但货船必须严格按照规定的长宽高建造且载重在 300 吨以下。于是，公司分别建造了 SY 05 号和 08 号两艘严格符合规定的货船。这也是目前唯一的可以每天通过景洪电站至景洪的船只。SY 公司共有五艘货运船和两艘工作船。其他公司要先将挖好的砂堆积在江岸，然后装上货车运走，若想使用水运，除货船的长宽高和载重规格符合标准外，还需要提前一个星期向景洪电站提出申请。

江上工作的挖砂船只

正在进行检修的私人挖砂船只

四、仅存的游船码头

断航后，高船长和另外两名船长合伙开了宏沧水上旅游有限公司。公司现主要经营四条游船线路，分别是：思茅港—勐矿、思茅港—小橄榄坝、思茅港—景洪地界、思茅港—景洪电站。勐矿村就在思茅港码头的对面，以前该村到其所属糯扎渡镇的道路十分不便。利用处于江边地理位置的便利，村民们经常会乘船到思茅港镇购物，江两岸的轮渡就成为勐矿村民必不可少的"公交车"。勐矿到糯扎渡镇的路修好后，平日里来思茅港镇的村民变得寥寥无几，但偶尔也有从对面过来闲逛的人。调研的几天里，我也遇到了一些勐矿村民。有一对夫妻带着两个小孩子在农贸市场逛了一圈，又在周边买了一些日用品后便乘船返回。

思茅港到小橄榄坝的水上游项目则是当地村民日常生活中

的一种娱乐消遣。这条线路每凑够 10 个人发船一次。由于乘船游览的人不多，有的时候一天才有一次出船的机会，大多数时候都因人数不够而不得已取消行程。幸运的是，我在码头没等很长时间就遇到了当地的一家人，他们准备带着亲朋好友在江上游览一番，加上我恰好 10 个人。客船从码头出发向景洪方向缓缓航行大概十多分钟至橄榄坝村区域，随后调头回到码头，航线全程大约 20 公里。

思茅港到景洪地界和景洪小白塔电站这两条线路则鲜有人问津。据说沿江两岸都是原始森林，景色迷人。这两条线路同样要 10 人以上才发船。如果游船要通过景洪电站，还需提前一个星期进行申请。此外在景洪电站，游客还要通过"读卡"过关，即工作人员将查看游客的身份证件，并询问其为何要到景洪，颇有些出国"面签"的意思。由于到了景洪电站后距离景洪市区还有很长一段距离，想要前往景洪的游客还需要事先联系景洪的客船到电站接人。因为手续烦琐、限制重重，纵然一路热带雨林好风景，也很少有人选择这两条路线。在港口期间，有群人想要包高船长的船到景洪游玩，这样的生意一般极少。高船长很是开心地等待着他们确认包船的消息，并准备着手联系景洪的客船，我也想着趁此机会进一步

乘船游览小橄榄坝

了解通过景洪电站的程序。最终，这次计划还是由于种种原因未能实现，我也失去了体验由普洱经水路进入景洪的全过程和领略两岸自然美景的机会。

江上旅游发展不畅，当地的老船员为自己今后的事业和思茅港未来的发展前景感到忧愁。

五、前途茫然的港口

我是一个在丹东口岸地区长大的孩子，2018年跟随导师去过孟连口岸，初步见识到了祖国南北口岸正在利用不同的地理位置和自身优势不断发展壮大。然而，在思茅港，我却感受不到鲜活的生命力。不同于丹东一下火车就会听到"今天是朝鲜开放日，去不去?"也不同于勐阿一下大巴车就会有人问你"过不过河?"思茅港就像是一个家道中落的公子，失去了优越感，又不知何去何从。在讲求效率的当今世界，节约时间和金钱最为关键。当更高效方便的景洪港发展成熟后，思茅港的没落可能是作为中转码头难以逃脱的宿命。当地政府正计划利用景洪小白塔电站和糯扎渡电站形成的"人工湖泊"在思茅港镇江边开发水上观光、沙滩足球等娱乐项目。这些规划计划在2019年的春天开始实施。临行之前，面对萧条的港口景象，我为它曾经的过往和茫然的前途发出了一阵长长的叹息。思茅港必须要经历一场艰难的转型。

勐康口岸行

章　浚

四月泼水如花，经历了一段美好的湿身时光后，我告别版纳人民乘坐大巴前往云南普洱江城县。经过近 10 个小时的颠簸，我终于看到几座大概有七八层高的建筑，长途久坐的煎熬马上就要结束，心中一阵窃喜。刚下车，一块指示牌随即引起了我的注意——勐康口岸——这是我要去的地方。一番询问，我被告知去往口岸的班车是明早 8 点。走出江城客运站，已是傍晚时分，太阳从西边落下渐渐失去光泽，天色温柔，小风微舞，别有一番边塞风情。

一、口岸初印象

勐康口岸位于国家西南边境，距离江城县 34 公里，车程近 1 小时。早上 7 点，我起身收拾好背包，前往江城汽车站。坐上前往

中老越三国边境商品交易会的标牌

勐康口岸的海关楼

勐康口岸的班车，竟发现只我一人，车费是14元一人——"包车"的感觉真不错！空气似乎更加清爽了，我不禁哼起小曲儿抖起脚。好景不长，山上的道又陡又峭，五菱汽车像是一个雪克壶被调酒师握在手里摇来摇去，早上吃的米线在我的胃里翻江倒海……一个多小时后，界碑村招呼站，终于下了车，整个人已经晕晕乎乎。缓了一会儿，我便步行前进。首先迎接我的是一块寂寞的商业广告牌，上面写着"2018年中老越三国（普洱）边境商品交易会"——来晚了一年，没赶上热闹。环顾四周，这不大像是我记忆中的口岸，荒凉一片，只有几辆铲土机和采石车正在黄土上作业。询问工人得知，他们是在修路，这条路连接口岸附近的乡镇坝卡村。

　　穿过广告牌往前走了几百米，终于看到了建筑。此时前方是一个三岔路口，我决定先去右边看看。往右边走到了海关大楼，金色的"中国海关"字样和鲜红的五星红旗庄重凛然。继续前行，又看到第二座海关大楼，原来这才是海

关办公地。正当我准备进去打探时，门前紧扣的一把环形锁打消了我的念头，门卫室也未见着一人。现在已上午 9 点多了，莫非是我来得太早？打听过后，原来上班的人都在边民互市交易区和口岸安检处，而这里基本上无人值班。无奈，"海关行"无功而返。

　　左边岔道是 2018 年边境商品交易会的美食街，昔日的美食街已沦落为停车场，几辆大货车在棚子底下歇息乘凉……两边均无所获后，回到原地，沿着主干道继续往前走，道路两旁是已经盖好的却未营业的门面，走过它们是排列成队的进出口有限公司和物流公司。太阳越来越大，正当我开始为午饭而发愁时，一块招牌让我放松了几分——中老边境贸易市场。

二、中老边境贸易市场与边民互市

　　原本以为市场内会很热闹，各式摆摊小贩云集叫唤买卖，

中国、老挝甚至还有其他国家的人往来其间，结果现实景象令我大失所望：市场内一片空荡，几个有色塑料袋被人随意丢弃在桌台上，只剩下"老挝特色牛撒……"等几个大字儿安静地躺在招牌里；除此之外，也未见到任何小摊小贩，只有一位妇女带着孩子，小孩的哭声让这个本来就冷清的贸易市场显得更加冷清，不过令我感到欣慰的是，仍有几家商店正在营业。

走进一家商店，货架上一件又一件的商品令人应接不暇：青草药膏、蜈蚣丸、手工香皂、薄荷棒，还有勐康口岸地区人民喜爱的老挝啤酒等。店老板见有游客过来好似十分高兴，便上前主动与他交谈。一阵寒暄后，我从与店老板的交谈中得知：口岸商店主要卖的是从老挝进口过来的泰国商品，而老挝本土商品只有老挝啤酒。口岸最热闹的时候是每周的星期五，那一天口岸两边的边民会聚此赶集，许多老挝人会带着从自家带来的美味供中国人购买享用，场面十分热闹。点开手机，今天是星期二，这让我一阵遗憾。商店老板还透露，勐康口岸因为整改而关闭过半年，那段时间无法从口岸进货与出货。除他们以外，同样受到影响的还有在老挝种植香蕉的蕉农，超 8000 亩的香蕉无法运送回国，因为口岸关闭，他们只能选择绕道 400 多公里，通过勐腊的磨憨口岸进入中国境内，

中老边境贸易市场

如此一来，利益便大大受损。当我问及他们在口岸开店是否盈利或赚钱时，店老板摇摇头，表示除了周五，平常基本上没有顾客。因为自己文化水平较低，只能在这边照顾小孩，开店纯粹是为了找份事做。

各式各样的小商品

从边境贸易市场的另一端出来，便是勐康口岸边民互市交易区，这可能是整个口岸最热闹的地方。大厅里，一位大姐正站在智能自助申报终端前操作，后面站着一群人排队，大厅外也蹲着几个等候的人。笔者调查后了解到，边民通过边民互市贸易进口的商品，每人每日在价值 8000 元以下的或未超出列明的重量，免征进口关税和进口环节税，这也算是一种边民补助。而超过 8000 元的或超出列明的重量，只对超出的部分按照有关规定征收进口关税和进口环节税。边民互市商品流程主要有边民交易、商品入境、预报入场、边民结算、申报通过和载运出场这六大流程。而入境车辆则必须接受消毒处理，车上的入境植物、动植物产品和其他检疫物需熏蒸检疫处理……种种规定，表现出国家对口岸进出口贸易的严肃性。边民互市交易区的前方是口岸货检楼，经过货检楼，步行大概两百米，终于见到了今天的主角——中国勐康口岸的国门。

正在操作智能申报终端的边民　　　勐康口岸边民互市交易区

三、中国勐康口岸

　　勐康口岸位于云南省普洱市江城哈尼族彝族自治县康平镇中老边境线7号界碑处，距江城县城34公里，距普洱市128公里，距昆明市448公里，距老挝北部丰沙里省约乌县城50公里，省城丰沙里180公里，距首都万象870公里。2006年7月，勐康口岸被列为国家"十一五"规划一类口岸；2008年7月，口岸正式开工建设；2011年7月24日，国务院正式批复同意云南勐康口岸对外开放，这是中老之间继磨憨口岸之后第二个国家一类口岸，口岸性质为双边公路客货运输口岸，同意设立正处级海关、出入境检验检疫和团队建制的边防检查站；2013年12月通过国家级功能验收，正式宣布对外开放。勐康口岸正式开放以来，双边贸易日趋繁荣，双方在教育、文化、卫生及反

恐、禁毒等多个领域交
流合作不断深化。

中国勐康口岸

关于勐康口岸的规划
建设，笔者收集资料后了
解到：勐康口岸一期规划
建设用地 1000 亩，主要
用于行政办公、商业用
地，已开发建设 450 亩，投入资金 3.8 亿元，完成联检查验收设
施设备、一关两检办公区、道路绿化、河道治理、边民互市集
贸市场工程建设。二期规划面积 3000 亩，主要用于物流、贸易
加工开发，目前正开展征地、报规等工作。结合现状特点和未
来发展的需求，规划区形成"两心、双轴、五组团"的功能结
构。其中，"两心"指通过集中设置园区商业、金融、商贸服务、
行政办公、服务法律咨询等现代服务业用地而形成的公共服务
和商贸中心；"双轴"是指沿园区东西向主要干道形成物流产业
发展主轴，串联整个物流产业园区；沿南北水体形成园区发展
次轴，引领整个园区景观；"五组团"是指通过主要道路将规划
区划分为综合服务组团、居住组团、保税仓储组团、商贸物流
组团、贸易加工组团。勐康口岸还计划打造一个"勐康口岸风
情小镇"。在保持和发展少数民族区域原有的文化特色和建筑格
局的基础上，充分利用康平乡得天独厚的自然资源和人文资源，
通过对其进行改造、发掘与完善，激发其文化附加值，并融合
当代民族、艺术等多元化的文化活动，使勐康成为特色旅游小
镇，打造一个滇西南边境上，集边境、绿色、民俗为一体的，
具有多元文化色彩的边境休闲度假口岸风情小镇，使勐康成为

出境载货车通道

以县城基础资源和基础设施为依托，发展成为中、老、越三国跨国游览的旅游次基地。

关于口岸近几年的出入境和进出口情况，工作人员表示目前暂不能透露。不过笔者在网上查阅到，2017年1—11月，勐康口岸出入境人员达97280人次。其中，出境48353人次，入境49827人次；出入境交通工具31552辆次，其中出境15891辆次，入境15661辆次；进出口货物100331吨，其中，出口64752吨，进口35579吨；进出口货值2456万美元，其中，出口1570万美元，进口886万美元。出口货物主要以建材、日用百货为主，勐康口岸焕发出勃勃生机。

调查完毕后，我在海关办公室与一位值班的女性工作人员端茶闲聊了一番。表明身份与来意后，她惊讶地望着我："你怎么会到这里来？你是怎么来到这里的？"言外之意口岸地处偏僻，竟有外地人能够来到此

颇有地方建筑风格的中国勐康口岸质检楼

地，实属不易。交谈中我得知，勐康口岸偶尔也会有游客专门从此通过去老挝旅游，因为门里门外都是森林山区，交通极其不便，如果没有交通工具，从勐康口岸过境会十分麻烦。运输通道每天早上8点半开启，到了下午5点半关闭，期间入境的车辆必须要消毒。当我表达想去界碑处看看的意愿时，她告诉我界碑必须得走出口岸几公里才能看到，没有出入证或办理好签证的护照是不行的。

四、口岸人杂谈

口岸大门外，几位背包的黝黑小伙围拢在一起刷着抖音，外放的网红音乐清晰可闻。我上前与其交谈，竟发现他们是一群操着汉语的老挝人，此次入境的目的是去江城打工。而后又遇到一位从口岸入境的中国大妈，她告诉我自己在老挝当挖煤工人，因为签证期限已满，此次归国是去昆明的老挝驻昆明总领事馆延长签证。关于老挝签证，一般情况下可以获得一份为期30天的单式签证，该签证可以再延长15天时间。话别大妈，抬表一看下午一点半，已到午饭时间。在附近兜兜转转半天，终于找到了一家看得过去的老挝饭店，我试探性地用汉语询问：一份辣椒炒蛋多少钱？店主用蹩脚的汉语回答：20块。看着周围食客桌上饭菜的卖相，我觉得和价格不大匹配，遂离开了餐馆……我继续在道上走着，寻找着其他能吃饭的地方。正当我一筹莫展时，路旁几位围桌喝茶的大叔向我招呼："是不是还没吃饭？"他们看我在这转悠半天，邀请我过来喝茶，一会

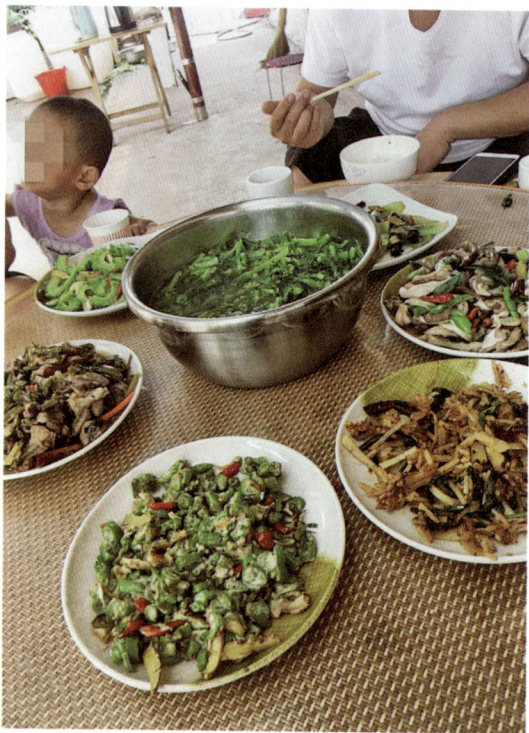

当地特色小炒

儿一起吃饭。因为顺利蹭上午饭，我心中窃喜，与几位大叔喝酒畅谈。

一位大叔告诉我，他们都是在勐康口岸附近做物流生意的。关于口岸情况，他介绍说，勐康口岸是一个尚未成熟的口岸，许多方面还没有完善，目前没有形成市场，总体水平赶不上周边的其他口岸。另一位大叔听后接道："唉，是呀！这边的交通太落后了，决定一个地方的发达程度首先就是交通，这个地方的交通太闭塞了。你有没有发现你上来时汽车走的全是山路？绕来绕去的，可没把人绕晕！为什么磨憨口岸那么发达，因为人家都通高速了！"此时第三位大叔不乐意了："也不能这么说，我们这是一个新口岸，还处在发展中，交通的确是一个问题，但你有没有看见，现在已经在修路了。我是这里的本地人，亲眼看着口岸一步一步地发展起来，国家曾经关闭口岸超半年专门整顿口岸，整顿之后情况变得好多了。国家现在又打算在附近建冰库用来储存物资，口岸近几年的发展情况还是不错的。"除此之外，大叔们还反映在对面老挝做生意的中国人特别多，而且多为湖南人，湖南人在老挝揽包了绝大部分的五金生意与日用品生意，本地人因竞争不过只好在口岸附近跑跑物流、做做小买卖。酒足饭饱后，已是下午三点多，大叔特意嘱咐，"下午回江城县的班车只有一趟，大概再过一会儿就来了，错过可就回不去咯。"我连连感谢，与这些善良的大叔道别。

回到班车招呼站，几位哈尼族妇女与一位大伯在屋檐下乘荫纳凉，他们手捧汽水瓶儿，坐在塑料凳子上促膝长谈。旁边是停着的拖拉机，看样子刚忙完活，享受这一时的清净。屋檐外，炎热的阳光将大地烤得通黄，热燥的风将地上的碎石子与黄沙卷起一层又一层的浪，仿佛在驱赶着我离开。大约半小时后，我看到了孤独的江城班车缓缓驶入口岸，便起身与它告别。上车后，有一个熟悉的身影，定睛一看——这不是那位在边民互市交易区操作申报终端的大姐吗？大姐好像也认出了我，招呼我过来坐下，从塑料袋里掏出几个李子让我品尝，说是自己家里种的，刚摘下来。这李子长得好看，火红通透，入口之后又特别甜，感叹实属佳品，是我目前吃过的李子中最棒的。大姐告诉我，她是住在口岸附近的边民，哈尼族人。我询问了一些附近边民的情况，大

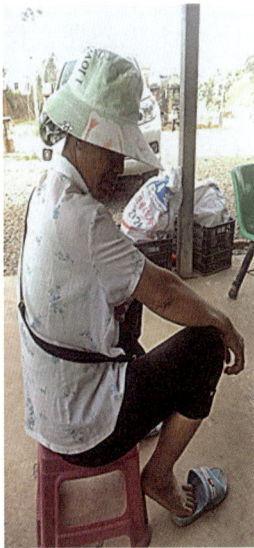

界碑村招呼站与正在屋檐下乘凉的哈尼族妇女

姐连连称赞国家政策好，边民们每年会得到一些免税的进口贸易额和现金等方面的边疆地区的特殊补助。在他们进行房屋改造时，政府还给他们每户两万五的现金补贴，村民们现在都能饭饱衣足，生活质量大大改善，基本上也没再去种田耕地，而是把自家地外租给商户种植香蕉等作物。田地租金贵，山地租金便宜。关于通婚情况，一般都是本族内通婚，但每个村子都有老挝嫁过来的媳妇，多则五六户，少则一两户。

五、江城县城区

愉快的交谈结束后，大姐靠在座位上渐渐睡着。我打开车窗，倚在窗前，沐浴着山上的清风，望着连绵不断的绿树。下山总比上山快，不到一小时，小巴车已驶进县城。下车后趁着天色还亮，我决定到江城县城区四处转转。

江城哈尼族彝族自治县为云南省普洱市下辖县，地处中、老、越三国交界，国境线长 183 公里（其中中老段 116 公里，中越段 67 公里），又处在思茅、红河、西双版纳三地州的结合部，具有独特的"一城连三国""一城接三地州"的地缘优势，有着对内对外开放的良好区位优势。因李仙江、曼老江、勐野江三江环绕，故名江城。全县总面积 3544 平方公里，县城勐烈镇海拔 1119 米，距省会昆明公路里程 520 公里，距市政府驻地翠云区 145 公里。江城又是云南少数民族众多的县份，主要有哈尼族、彝族、傣族、瑶族、拉祜族等，主要节日有哈尼年、火把节、泼水节、新米节、盘王节等。江城县特产江城香软米、火烧牛干巴、江城大黄鱼、牛肉酸菜、三丫红果等这些我都没吃到……

江城县的城区规划总体来说还算不错，城区道路长而窄，走过几条街，依次有序分布着学校、民族文化馆、公园、农贸市场、建材市场、汽车站等，其中还夹杂几栋散发着异域风情的古老建筑。一路走来，车辆礼行，老人聊天，妇女溜娃，整个城市呈现一幅安静祥和的

江城街景

景象。未见到任何吆喝的小摊小贩，路上的垃圾被拾掇得干干净净，看起来也较为整洁，只不过因为地理缘故，晚上的风沙会比较大。打开手机地图，一个地标让我产生了值得一去的欲望，跟随导航行走几百米，来到目的地——中国—老挝建交50周年青年友好交流活动纪念碑。纪念碑是一个阿拉伯数字"50"的形状。仔细一看，"5"是中国长城的造型，而"0"里竖立着一个老挝佛塔模型。茂密的草木围绕在碑的四周，金色的阳光洒下，焕发出中老友谊的勃勃生机。观察过后，已黄昏之时，夕阳西下，风卷黄尘，北归大雁正翱翔云天，无尽青山上落日

作者在中老友谊纪念碑前留影

浑圆，此时我顿生留影之念，即请求路过的哈尼族姐姐给我拍了一张在纪念碑下的纪念照。

总的来说，江城如一座被大山包围起来的"黄昏之城"，有少时家乡一样的平静与祥和，宛若一位慈祥的老父亲，默默注视着西南边疆的口岸。而勐康口岸给我的感觉正如一名刚入伍的新兵，身姿清瘦，尚未强壮，但在它身上能够看见无限开发的潜能，国家的规划已让其初显光芒。不想当将军的士兵不是好士兵，勐康口岸在发展的过程中必将要去面对种种困难与挑战，其背后凝聚着西南边境人民的期望与现代民族国家的重托。

后　记

　　边疆，从地理位置上说是一国领土的边缘地带，而站在民族国家的立场来看则是展现国家意志与地缘政治关系的空间场所，更是直观国家安全的"晴雨表"。进入 21 世纪以来，随着经济全球化的迅速、深入发展，世界各国都不可避免地卷入到这一历史大潮中，边疆地区的内涵已由过去包含较多的防御功能转向更多地发挥着国家之间经济互通、文化交流的纽带和桥梁作用。其中，作为国家间各项往来合法通道的边境口岸，自然而然地成为了聚焦边疆的"窗口"和舞台。在这样的历史背景下，口岸研究必然承载着丰富的学术价值和重大的现实意义。

　　口岸研究无疑是个动态发展的过程。一方面口岸本身的存无受一国内政、双边或多边关系，边民生活状态以及国家利益拓展等多重因素影响，所以在一定时期内会存在开设、升级、暂时停用，甚至关闭的不确定状态。比如，中缅边境的多个口岸，就曾因缅甸国内不稳定的政治局势而多次闭关后恢复使用；盈江（那邦）口岸更是在长达十多年的时间里难以恢复正常；随着国家"一带一路"倡议的深入推进，以及中缅、中老经贸、文化往来的进一步加深，原来作为通道使用的关累已于2020年7月升级为口岸，勐满则正在申报升级中。另一方面，生活在边境口岸区域的主体——边民群体，长期以来形成的包括生计、认同以及信仰等多种因素的文化体系，构成了这一区域文化生态格局的基础——事实上也是口岸地区最为普通却又有着核心意义的生活场景。与内地相比，这里的社会关系更为错综复杂：地方与国家之间、跨境族群之间、族群内部、各阶层之间、边民婚姻家族内部等种种关系盘根错节……这些生生不息又充满变化内容的微观生活画面，似乎与强调文化与社会关系的民族学人类学有着天然的联系，也彰显出作为研究手段的后者的学科优势来。

　　然而，即使是长期生活在边疆地区的社科学者，也并不一定都会将视角集中到边境的口岸地区，这里除了专业、研究兴趣之外，还有所谓的"机遇"。因为众多口岸都地处"边缘"，于政治、经济、文化中心的都市而言，似乎遥不可及，但又内容庞杂，展开相应的研究需要大量的人力、物力以及经费的支持——而我们却有幸得到了这样的支持，也抓住了难得的研究口岸的机遇。于是，围绕由徐黎丽教授作为首席专家的《中国边境口岸志资料收集及整理研究》国家社科基金重大项目，我们在云南的边境口岸展开了调研工作。首先是由我、邵媛媛和丁莉霞三个同在云南民族大学云南省民族研究所工作的、学科背景不尽相同的科研人员组成了基础的研究团队，之后黄晓赢博士也参与了我们的共同讨论、切磋研究方案以及分工合作，点点滴滴中既有惺惺相惜，也有姐妹情谊；而连续四届的民研所的多位研究生的加入，更是令我们的科研团队充满了朝气蓬勃的青春气息，在这些多数来自于内地的九零后的硕士生群体身上，我也看到了新一代科研人员攻克难关的勇气和文化自信。他们的文字共同构成了我们的《中缅、中老口岸行》作品，他们是：2016级硕士生司文一（永和口岸）、彭虹（关累口岸）；2017级硕士生王楠（打洛口岸）、李香怡（思茅港口岸）、陈超（猴桥口岸）；2018级硕士生梁钰（景洪港口岸、关累口岸、磨憨口岸）、孙海梦（章凤口岸）、张家琪（盈江（那邦）口岸）；2019级硕士生李叶（勐满口岸（通道））、章浚（勐康口岸）、金佳宇（永和口岸、盈江（那邦）口岸）。虽然口岸行作品是师生们初次到达口岸的"印象之作"，但却均是在民族学人类学的学科视角下进行，描述也多在本专业的背景中完成，也正符合"口岸志"项目阶段性成果的特色。

此外，由于口岸地理位置和战略意义的特殊性，我们田野工作中还"遭遇"到来自口岸公职人员的各种"不配合"：其中，有口岸办、地方志办公室的管理人员对陌生的我们提出查阅部分敏感资料要求的婉拒，有边检武警对初次到口岸调查的我们的严格盘查，有海关关员对于职责之外的我们的好奇提问的"不理睬"……经过沟通之后，口岸区域的各类公职人员事实上都给予了我们热情的接待和必要的帮助，更让我们通过亲身经历而深深地钦佩他们忠于职守、忠于国家的职业操守和坚韧品质。而最令人感动的还是长期生活在口岸区域的"芸芸众生"——我们在这些升斗小民的以生为计的日常奔波中，看到他们将自己的人生轨迹与口岸的发展紧密联系在一起，每个人都对作为家园的口岸的未来充满希望，并积极投入到国家在口岸地区的各项建设中来。简言之，口岸故事日新月异，而我们的研究也正在进行……

李智环

2020 年 8 月 31 日于昆明呈贡雨花毓秀

中国陆地边境口岸行

（六）中越边境口岸行

徐黎丽 主编

钟媛婷 莫日根 艾依梦 等 著

人民出版社

责任编辑：宫　共
封面设计：源　源
责任校对：徐林香

图书在版编目（CIP）数据

中国陆地边境口岸行. 六，中越边境口岸行/徐黎丽主编；钟媛婷等著 . — 北京：
　人民出版社，2020.12
ISBN 978 - 7 - 01 - 022915 - 7

I. ①中…　II. ①徐…②钟…　III. ①边境贸易 - 通商口岸 - 研究 - 中国、越南
　IV. ① F752.8

中国版本图书馆 CIP 数据核字（2020）第 269841 号

中国陆地边境口岸行
ZHONGGUO LUDI BIANJING KOUAN XING

（六）中越边境口岸行

徐黎丽　主编

钟媛婷　莫日根　艾依梦　等 著

人 民 出 版 社 出版发行
（100706　北京市东城区隆福寺街 99 号）

北京盛通印刷股份有限公司　新华书店经销

2020 年 12 月第 1 版　2020 年 12 月北京第 1 次印刷
开本：710 毫米 ×1000 毫米 1/16　印张：82.5
字数：922 千字

ISBN 978 - 7 - 01 - 022915 - 7　定价：420.00 元（全 6 册）

邮购地址 100706　北京市东城区隆福寺街 99 号
人民东方图书销售中心　电话（010）65250042　65289539

CONTENTS

目　录

金水河口岸行

丁莉霞

近年来，随着"一带一路"倡议的全面推进，中国与沿线国家的互联互通、经贸合作和文化交流水平不断提升，作为中国面向南亚、东南亚的重要沿边省份，云南省由于地缘因素在中国——东盟自由贸易区和孟中印缅经济合作走廊的合作开发中具有举足轻重的地位。特别是随着中国—东盟自由贸易区建设进程的不断加快，以及桥头堡战略的建设，越南正在成为云南省最主要的贸易伙伴之一，多年来双边贸易稳步增长，边境经贸日趋活跃，其中尤以河口、天保、金水河等口岸发展最快。

一、初见金水河

2019 年 6 月，我的金水河之旅终于成行。上午 10 点大巴自昆明东部客运站驶出，沿汕昆——广昆高速一路南下，4 个

金水河口岸联检大楼

多小时后经红河州府蒙自到达蛮耗镇（属个旧市）。1910 年滇越铁路开通之前，"蒙蛮古道"长期是云南马帮往来滇南与越南莱州之间最主要的商贸通道，蛮耗亦为红河流域最重要的水陆交通枢纽之一。不过短短百年时光，这条历史上宽不足一二米的古驿道已成为时速百公里以上的现代化通途和云南省对越贸易的运输干线。从蛮耗镇换乘客运小巴继续向南，在太阳落山之前终于抵达了金平苗族瑶族傣族自治县的金水河口岸。

金平县位于红河州南部，与越南莱州省山水相连，国境线长达 502 公里。而金水河口岸所在地——金水河镇政府地处哀牢山脉南端，境内海拔 290—2320 米，由于高低悬殊，山高谷深，气候类型复杂多样，最高气温 40℃，最低气温 5℃，年均气温 21℃—25℃，年均降水量 1500—1800 毫米，雨量充沛，属热带季风气候。金水河口岸就坐落在金水河镇政府驻地那发街道，依山而建的楼宇、学校、商店、民居等建筑物鳞次栉比、层层叠叠，隔藤条江与越方莱州省马鹿塘口岸遥遥相望，中越友谊桥（界桥）横跨江面连通两岸。我到那发的时候正值该镇在翻修街道，街头杂乱，下过雨的道路稍显泥泞。那发并不大，晚饭后闲逛，不过半个小时的工夫，便将街巷大致熟悉了一遍。街市上最显眼的莫过于五六家越南百货小店，大大

中越边境66号界碑

的灯箱和标牌上写着"越南食品""越南拖鞋""换钱"的字样，坐了一天长途车仍有些头晕的我此刻才真切地感知已身处中越边境小镇。漫步江边，时至傍晚口岸联检大楼已关闭，等待次日通关的厢式货车、冷藏货柜车们排成一列，停靠在狭窄的滨江公路边，蜿蜒的车龙一眼望不到头，湿热的空气中弥漫着阵阵海产品的腥味。

二、口岸建设

自20世纪90年代中越关系正常化以来，两国经贸关系愈加紧密。据越南海关总局统计，2018年中越双边贸易额达到1067.06亿美元，其中越南对华出口412.68亿美元，自华进口

654.38 亿美元，中国已经连续多年成为越南最大的贸易伙伴。

　　在此背景之下，两国边境贸易也得到了迅速恢复和发展。金水河口岸是 212 省道的终点，也是援越抗美的主要陆上通道和著名的"胡志明小道"的最北起点。口岸距越南莱州市 51 公里，距越南首都河内 450 公里，距世界著名文化遗产地、老挝佛教重镇琅勃拉邦 570 公里，距老挝首都万象 910 公里。金水河口岸作为我国西南边疆安全战略的重要节点，云南省对越开放的口岸桥头堡之一，以其不可替代的区位优势，成为中越两国人民世代往来的重要通道。

　　据金水河口岸办公室的钟副主任介绍，历史上金水河就是云南省对越主要陆上通道之一。清光绪年间，那发属河口副督办一等讯辖地，民国初年设那发对讯。新中国成立后，根据中越两国政府签订的《关于两国边境小额贸易议定书》，1954 年

中越友谊桥

金平县开放勐拉街作为边境口岸和边民互市，不久勐拉口岸集市迁往那发。1970年那发口岸改称金水河口岸，70年代末因中越关系恶化而关闭。然而由于两国边民生产、生活方面的现实需求，开始在边境地区自发形成不定期的"草皮街""露水街"交易日用品和土特产。改革开放后金水河口岸复通，并于1993年由国务院批准提升为国家级一类口岸，"一关两检"机构正式成立并入驻，与越方马鹿塘口岸相对接，中越边境贸易逐步恢复正常化。

为了主动适应云南开放型经济发展需求，金水河口岸不断加大基础设施投入，2005年至今累计投资5000余万元建设了联检大楼及其附属设施，安装了海关和检查站电子监控系统、防辐射监测系统和车辆过境消毒系统等设施设备，新建了边民互市贸易业务综合楼、配备了边民互市贸易系统等配套设施设备，口岸基础设施不断完善，通关便利化水平不断提高。在"属地申报、口岸验放""属地申报、属地放行"的基础上，金水河口岸全面推进关检合作"一次申报、一次查验、一次放行"，实行无纸化办公，区域一体化通关管理格局构建凸显成效。建立协商机制，从2009年开始，每年定期与越方马鹿塘口岸共同召开双边会谈，及时就双边贸易情况及通关事宜进行互相通报及协作。

随着20多年中越双边贸易的不断发展，经由金水河口岸的边贸活动愈加活跃，进出口商品结构随之发生了很大变化，由传统的农副产品、生活日用品、中西药等，发展到五金矿产、建筑建材、化工产品、机电产品、成套设备和工业原料。截至2018年，边境小额贸易和一般贸易进出口商品以木薯、铜矿、

口岸查验货场

稀土、机电设备、生石膏为主；边民互市贸易进出口商品有建材、海产品、干果和水果等 12 类 340 个品种。与此同时，金水河口岸边境贸易进出口总额稳步增长，2018 年实现边境贸易总额 22 亿元，是 1991 年总额的 469 倍。其中：进口额 954 万元，出口额 2752 万元；边民互市贸易额 21.67 亿元，相比 1991 年增长了 5557 倍，参与边民互市逾 27 万人次，实现边民总收入 812 万元；完成出入境查验人员 547360 人次，同比增长 27%；完成出入境车辆查验 46048 辆次，同比增长 36%。

总的来说，金水河口岸自复通以来贸易总额逐年增加，进出口额增速较快，边民互市贸易占比极高。但贸易规模相对较小，进出口货品结构单一，附加值低，口岸贸易以传统陆路商贸流通为主，大部分是日常生活用品和玉米、木薯、水稻和芭蕉等农副产品，口岸能级在云南省内居末，对本地就业、投资、税收以及整体经济的辐射带动作用有限。尽管如此，随着中越两国进一步开放，经济水平不断提升，金水河口岸的发展潜力巨大，有望将口岸片区建成容纳 10 万人的国际性口岸城市。

未来中越双方将继续本着"互利合作"的基础，进一步加强沟通和联系，针对边境贸易过程存在的问题进一步提出解决的方法和措施，促进产业升级，逐步改善进出口商品结构，保持边贸政策的稳定性，降低企业经营风险，实现共同发展、互利双赢。同时加强口岸合作与建设，继续推进跨境加工贸易区的建设，降低物流成本，积极鼓励对外贸易企业到对方进行贸易投资活动和经营活动。进一步建立双方金融信息交流和共享机制，构建金平县与越南之间便捷、高效、互惠互利的资金流动和银行结算新体系等举措，继续扩大双方商业银行间的代理关系，促进贸易投资便利化，以解决或缓解存在的问题，促进中越双方贸易的长期合作和有序发展，带动边境贸易经济持续健康发展。

三、兴边富民

金平县经济结构较为单一，是红河州贫困人口最多、贫困面最大、贫困程度最深的县之一。2001 年被列为国家扶贫开发重点县，2011 年被纳入《中国 2011—2020 年扶贫开发纲要》连片特困滇西边境片区区域发展与扶贫攻坚县，贫困人口 77153人，产业转型压力巨大。而金水河镇山高谷深、交通不便，相邻的莱州亦为越南西北诸省中经济最不发达的省份。笔者通过走访金水河镇政府了解到：该镇共下辖 6 个村委会 68 个自然村 77 个村民小组，有 5477 户 23960 人，世居着苗、瑶、傣、哈尼、彝、拉祜、汉、壮、布朗（莽人）等 9 个民族，少数民族人口占总人口的 99.1%；有各类耕地 37399 亩，以甘蔗、香蕉、橡胶、木薯种植为主要经济来源。尚有建档立卡贫困行政村 4 个、贫困户 1984 户，贫困发生率 35%，是集边境、山区、原战区、多民族为一体的贫困镇。为了打好扶贫攻坚战，该镇主要做了以下几方面工作：

（一）开展边境旅游

金水河旅游资源富集，拥有 63 亩热带中山山地苔藓常绿阔叶林物种基因库，"抗日必胜"摩崖石刻、中越友谊桥以及众多民族风情浓郁的傣、苗、瑶族、莽人村寨，2011 年该镇还被云南省政府批准为省边境口岸型特色小镇；由金水河口岸出境，可达胡志明小道、越南西北旅游重镇奠边府和老街省沙巴风景区。近年来在州县地方政府的带动引领下，打造"红河—老街—下龙湾—奠边—莱州—红河"国际旅游环线，而金水河作为精品跨境旅游小镇，通过挖掘爱国主义、多元民族、跨国文化内涵正在成为这条跨境旅游环线上的重要节点。

（二）实施产业扶贫

金水河镇充分利用优势资源，按照"人无我有、人有我优、人优我特"的思路，因地制宜，推进甘蔗、橡胶、香蕉、油茶、中草药材种植、生猪家禽养殖等优势产业群建设，同时依托金珂糖业有限公司、金平瑶药生物有限公司、广西寨经济林协会等企业，走"公司（协会）＋基地＋农户"的路子，不断壮大富民产业。据统计，仅2016年金水河镇建档立卡贫困户发展甘蔗种植1024.9亩、板蓝根1399亩、生物瑶药1490亩。其中曼棚新寨以苗族为主，有农户32户143人，近年来在村党支部的带领下，积极打造"一村一品"特色产业，2017年全村种植香蕉300亩，橡胶1000余亩，出栏生猪120余头，鸡3800多只。

（三）参与边贸增收

金平县产业结构薄弱，边境贸易是发展区域经济的重要突破口。金水河口岸边民互市贸易辐射金水河、勐拉、金河三镇，受益覆盖48个村民小组25484人，其中建档立卡贫困户共2084户、8967人。依托边民互市全力推进"政府＋企业＋金融＋边民"扶贫新模式，实现边民互市"真交易、真互市、真实惠"，促进边贸不断发展壮大，2016—2018年金水河口岸共完成边民互市贸易额50多亿元，直接带动就业768人；边民参与互市62.62万人次，收益近2000万元，其中建档立卡贫困户受益614户2684人，脱贫593户2606人。2018年全镇实现农村居民人均收入9967元。

距离口岸两公里的金水河自然村现有农户326户1520人，98%以上属于傣族，近年陆续有不少苗、瑶、哈尼、汉及越南新娘嫁入。30年前曾在祖国各地享有盛誉的"英雄十姊妹"的故事就发生在这里。1978年中越自卫反击战打响，由金水河村十位傣家姑娘组成的女子民兵班运送弹药、抢救伤员，由于前线物资紧缺，十姊妹毫不犹豫地脱下筒裙做成担架运送伤员，"筒裙担架救亲人解放军"的动人事迹传遍了大江南北。为此，金水河女子民兵班被中央军委授予"英雄十姊妹"的称号，并获党和国家领导人阿沛·阿旺晋美的接见和慰问。今天的金水河傣寨蕉田飘香、户户洋楼，一派安定祥和富裕的新景象。坐在村委会高主任家的厅堂，一边喝茶，一边听他介绍村寨情况。"十多年前这里的傣族村民就弃种水稻改种香蕉，全村现有橡胶林地上万亩，香蕉2000余亩，加上边民互市、边民补助等等，农户每年少则收入5、6万，多则10多万。超过1/3的家庭都买了私家车，还有几户村民资产上千万。村里的年轻人绝大部分外出上海、广东、浙江打工，一般都是父母亲在家照看胶树和蕉田。这两年胶价不好，大部分村民不愿辛苦割胶，基本上都在放荒。川地的香蕉6个月即可挂果，期间锄草、打药、收割一个电话就能雇到人，干完活直接微信结账方便快捷，特别是越南人的工价更便宜，所以现在农活很轻松，平时就喝喝

那发街景

茶、打打牌，隔几天去地里转转，留意不要发生倒伏就可以。"

那发街道为镇属村小组，300多户原籍湖南、四川的暂住户占据了绝大部分，这些外省人紧邻口岸从事着餐饮、酒店、药店、百货、五金等各个行业。年轻干练的村主任是那发本地汉族，很早就开始做边贸生意，走遍越南北部，6年前被村民推举出任村干部，在他的带领下，那发的集体经济逐渐有了起色。在金水河的那些天，我也习惯了和当地的边民一样，每天早晨先习惯性行至口岸，远远地观察江边的货场，来了多少车，都有什么货。在杂乱喧嚣的外表下，这个口岸、这片土地、这里的边民生活实则隐藏着无限生机，吸引着外来的人不断探寻。

河口口岸行

李智环

　　2017年2月初，我们来到了云南省红河哈尼族彝族自治州的河口瑶族自治县。由于时值中国最为重要的节日——春节期间，许多来河口谋生的外地人都回乡过年去了，这个边境小城整体上说不如平日里热闹繁华。因为地处北回归线附近，加之位于较低海拔的河谷地带，河口县及与之邻近的区域都属于热带季风雨林温热型气候，这里的气温常年要高于云南省的省会昆明市。所以，即使是在昆明昼夜还略有些许寒意的2月初，河口已经吹起了温暖湿润的风，气温在二十三四度左右。此时应该是河口一年中较为舒适的季节。据当地人介绍，3月以后就时常会有30度以上的高温了。众所周知，河口隔红河与越南的老街市相望，是云南中越边境线上最大的口岸，也是云南省唯一的一个瑶族自治县（据2010年全国第六次人口普查数据显示，河口拥有瑶族人口24013人，占河口常住总人口的近四分之一）。

红河对岸的越南城镇风光

　　春节期间，河口县城河口镇只有一条街还如往日一样繁华、人头攒动——它的尽头就是河口口岸的国门，这就是远近闻名的"越南街"，这条街的喧嚣反衬出其他街道的静谧。我们在"越南街"的一家小旅馆安置下来。事实上我们在"旺季"寻找旅馆颇费周折，因为当地的客房接待量在春节时期供不应求——原因是经营酒店的多为外省人，他们在过年期间回老家了。根据我们的调查，在河口镇开办酒店住宿的老板以及服务员多为湖南、四川、江西人，尤其是服务员在春节时候基本都已返乡过年，酒店只能雇佣越南人做临时工，所以在接待方面存在诸多不足。

　　在春节期间来河口边境游，寻找"吃"也成为一个大问题：虽然"越南街"不乏地摊小吃，但有门面、略有几张餐桌、有营业执照的开业饭馆并不多。我们一行曾在一家湖南夫妇开的

不算大的饭店消费，因为顾客爆满，点了几个家常菜却也等了
一个半小时。在等待的时候，我们观察从"越南那边"过来的
几个女服务员，尽管都是小跑状态，还是无法安抚等待中的
顾客，加之语言沟通方面时有不畅，整个饭店显得格外嘈杂、
混乱。

　　沿着红河而建的"越南街"漫步，随处可见手持所谓越南
产的手串、项珠等木制小商品兜售的越南男女商人，以及河口
镇以外来这里游玩拍照的其他当地人——因为当地人与外来游
客在语言和装束上是很容易区分出来的。（见下图）

来口岸国门游玩的当地人以及兜售商品的越南人

　　"越南街"的尽头就是著名的河口口岸国门——云南中越
边境线上最大的口岸。事实上，围绕国门百米的范围都是被特
殊限定作为出入境专门的通道区域的，其他人只能在玻璃围墙
外参观。国门，准确地说应该是界桥的桥头，因为其后方即为

建在界河——红河上的大桥，而另一端桥头则是越南方的口岸国门。每天上午都有大量的人流经过这座界桥走向对面的国家：站在中国领土上看，入境的多为越南商贩，出境的则多是到对岸做边境游的中国游客；而下午时分（尤其是四五点钟），大批的中国游客就会结束越南边境的一天旅程而纷纷回到中国，许多越南商贩此时则赶回国以备下一次进入中国销售的商品。

在面向口岸出入境专用通道的限定区域外的左后方，"天然"地形成了一个越南水果的批发零售市场。每天清晨三四点钟的时候，大量的越南水果就通过国门进入到中国一侧。中国的水果商人以及游客也要赶早前来，因为此时的越南水果多是前一天连夜采摘，不仅新鲜，价格也不高。来河口旅游的外地游客多是自驾游，基本都会在河口游玩的

笔者国门前的留影

最后一天早起购买越南水果，装满放到汽车后备厢里离开这个口岸小城。

水果市场的早市情况

在口岸国门的附近还有一处著名的历史遗迹——滇越铁路。滇越铁路是目前中国仅存的为数不多的"米轨"铁路之一。自21世纪初在中国段就只承担货运功能，至今越南段还是客货兼用。这条拥有百年历史的弯弯曲曲的铁路，经历了清末法国殖民者的盘剥、20世纪三四十年代的抗战运输、新中国时期的再修建，已成为一道流动的历史文化长廊。

　　设在河口海关旧址内的同盟会河口起义纪念馆（即在国门限制区域外的背后部分——鲜明的黄色房子），目前已成为爱国主义教育基地和对外旅游的窗口。

　　此外，近年来政府在河口镇的另一边还建起了"越南城"，主要针对越南商人招商。而我们所见到的越南城可能由于开办时间不长，五六

笔者在滇越铁路前的留影

层楼高的购物中心，事实上只有一层楼在用，且主要商品可分为两类：越南特色的小食品和木制家具及装饰品。总体感觉，"越南城"的人气聚集尚需时日。

河口起义纪念馆内一角

越南城部分情况

　　口岸城镇的繁华、热闹，口岸周边的村落此时也沉浸在中国农历的春节喜庆中（当地的少数民族与汉族一样也过春节）。据当地人介绍，这时外出务工的村民大多从广东、浙江等地回来了，年轻人的气息多了，但过了正月十五后，就又如往日一样平静，而整个河口镇最为喧嚣的还是那条边境线上中越两国商贩和中国游客聚集的"越南街"……

都龙口岸行

张家琪

我与导师李智环乘坐长途大巴到达马关县时，是 7 月 13 号的深夜两点钟，住宿在汽车站旁边的一家小宾馆。在马关休整

茅坪国门处拍摄

时，我们查阅资料确定本次马关之行的计划：先走访一下距离
都龙口岸不远的两个传统村落：一是位于马白镇的马洒村，二
是八寨镇的街脚村，稍后再赶往国门所在的茅坪村。

一、中越边境的传统村落

（一）马白镇马洒村

从马关县城到马洒村，没有专门的公交车，我们只能"打
的"，费用是 40 元。访谈得知，原本这一路线是设有公交车的，
后因村民们家家户户配备了摩托车、轿车等交通工具，政府便
将公交线路取消掉，这种情况对于我们这些外地人来说，的确

马洒村全貌

不是很方便。

马洒村是我们此行的第一个目的地，坐落于马关县中部偏东，是马关县内最大的壮族聚居村寨，建于明末清初，至今已有 400 多年历史。"马洒"在壮语中意为"纸马"，由于村里的壮族男女青年喜欢跳纸马舞而得名。

马洒壮族传统文化形式和内涵保存完整，比较具有代表性的有祭龙、花饭节、祭雷神、尝新节等传统节日。省级非物质文化遗产名录项目马洒壮族传统文化生态保护区，州级项目侬人古乐和银器制作两个。可惜的是我们到的前两天花饭节刚结束。

马洒村是一个非常"新"的传统村落，近几年政府对这里传统的吊脚楼式建筑进行了修缮。除了几户人家外，其余家家户户统一漆上了褐色。除了对建筑做了统一要求，还进行了文

马洒村

马洒村 2020 年花饭节

化整合，除了有遗迹可循的老人厅、龙宫、双龙潭等景点，其他文化区几乎都是后来建造的。此外，还有真人 CS、马洒人家、山顶游乐园等新型旅游项目。

途中偶遇从中寨村过

村中八景

来采风的当地摄影家龙旭老师，作为马洒熟客，他带我们参观村中美景。期间向我们讲述了他大伯父与老人厅之间的故事：当时，他的大伯父与马洒村一位姑娘订婚不久就反悔不想娶，长老召集众人到老人厅中就此事商讨，让其大伯父写休书一封，阐明缘由，当众宣读，经此程序两人才能解除婚约，今后嫁娶各不干涉。龙老师还带我们参观了中寨村的老人厅，据说昆明"云南民族村"中的老人厅就是以此为原型复制的。

长老制是壮族村民自我管理的一种传统社会制度，在历史的发展中，它的社会职能几经流变，已然失去了原有效力。作为长老议事场所的老人厅，其作用也

中寨村老人厅

马洒村老人厅

老人厅中的三元图

马关县城全貌（拍摄于石丫口碉楼处）

已黯然失色，仅在每年举行祭祀时，起到活动场所的作用。

　　夜幕降临时，我们又趁着朦胧夜色和小雨参观了作为中法战争标识之一的石丫口碉楼。碉楼建于 1885 年，李鸿章与法国

公使签订《中法新约》之后。碉楼的建立加强了边境守护，防范外敌入侵，它记录着边关岁月的交替，展现了边关民众戍边守关的历史。再回到县城已是华灯初上、车水马龙，这个边境小城还是很繁华的。

（二）八寨镇街脚村

马关县因其养马众多，原称白马寨，后经多变，最终以"马关"为县名。坡脚镇亦是马关县辖镇，街脚村是我们马关之行的第二站。我们到时，正逢坡脚镇赶集日，十分热闹——赶街人之多可用人声鼎沸、摩肩接踵来形容。村民介绍说，坡脚的集市是马关县最大的"街（gāi）"，我深信不疑。街道纵横，似个"井"字形的交错街道。街脚村是个自然村，但如其名，是位于坡脚街的一个长条形开放社区。街脚村从地理位置上很难跟镇中心有明显区分，它不像马洒村是一个完整封闭的独立村寨、有自己明确的边界。街道两边的房子有明显区别，新建的水泥砖瓦楼房，间或夹杂着些残破不堪，堪当危房的传统建

街脚的不同视角

筑。很多房子年久失修，倒塌的倒塌，封锁的封锁，残垣颓壁是多了些历史的厚重，却少了些人气。

　　我们在街边一户蔡姓阿姨家歇脚，顺便打听一些关于街脚村至今保留的四合院信息。蔡阿姨家是两层小楼房，房间干净，家具齐全，中堂挂着"天地国亲师"的牌匾和祖辈的灵牌，蔡阿姨说，这里的（指坡脚镇）汉族家庭都会挂这种中堂。而我们在马洒村，看到壮族人家里也有同样的摆设。

　　经询问才知道我们口中的"街脚村"，就是当地人口中的"街脚"。蔡阿姨告知这里就是老街——也即街脚，并热心领我们去看四合院。通向四合院的巷子十分逼仄，被两旁贴着瓷砖的小

断壁残垣下的老人

蔡阿姨家的两层小楼

修缮后的现代四合院

传统破落的四合院

楼衬得毫无颜色。院子里面倒是别有洞天，有的经翻新烟火气息浓厚；有的已废弃为杂物间；有的维持原貌却打满补丁。街脚村即是因为保留有这一处处较为完整的四合院居民建筑群，被评为传统村落。但我们随机询问了几个村民，他们对此并不关心，均表示不知情。

我们访谈到一位正在煮饭的爷爷，他放下汤勺为我们讲述关于四合院的故事。他所居住的这幢房子已有百年历史，新中

内部装修后的四合院

两户人家共用的四合院

国成立后，土地改革的实行，要求将四合院从地主手中收回，并分给几户人家居住。一间房子住一家，一个四合院最多能住20口人。现今，人人愿意住楼房，不愿意住在四合院里了。修葺后的这间厨房，里面吊了顶，装了自来水，电磁炉和灶台并存，传统与现代并存，仿佛是这个街脚社区的缩影。

红砖平顶的现代楼房

比起四合院被评为传统村落，成为文化遗产，村民们更关心的是现今由于保护政策四合院不允许拆除重建，新房没地建，危房不能住，自己的权益当如何保障。毕竟，坡脚镇的人很多，房屋也很拥挤。人人都想住在街道边上，每间房子盖的又高又窄，进深是普通房子的两倍。这些现实的问题亟待解决。

二、都龙口岸

（一）茅坪国门

茅坪国门位于马关县都龙镇茅坪村委会南面 1000 米处，建于 1942 年。国门为城墙式建筑，东西走向，占地面积 83.5 平方米。整体建筑用青石、白灰和石沙垒筑，残长 18 米，两端墙厚 0.8 米，残高 5.2 米。墙体上设 12 个瞭望射击孔，中部设有由北向南通道，顶部成弧形，长 6.5 米，宽 2.8 米，高 2.9 米。南面门头上从左至右横书阴刻"大中华民国"，左右两边均直书阴刻，左为"大中华民国三十一年国庆纪念日立"，右为"黄远塘题"。当地百姓俗称"国门"。

1940 年秋日本侵略军在越南南方登陆后，滇军六十军 1941 年回师云南布防于滇越铁路以防御，国门是 1942 年国军第九集团所属团在马关都龙驻守时，为防日军入侵我国边境而修筑的防御性工事。

下图是都龙口岸作为历史遗迹的老国门——茅坪国门。

我们能找到这个老国门，得益于同车的一位大爹指引，一

茅坪国门

个低矮的布满青苔的拱形小石门，色泽黯淡，砖石掉落，墙缝里枝草错生，看起来格外低调沧桑，它的前生今世镌刻在门前的石碑上和墙身每一道斑驳的裂纹里。旧国门被高大鲜亮的新国门遮挡住了，不是偶然相遇，恐难以得见。

（二）都龙口岸

中国都龙口岸与越南菁门口岸相对，距离马关县城 47 公里、文山州府所在地 97 公里、省会昆明 443 公里。距离越南菁门县城 40 公里，河江市 200 多公里，越南首都河内 500 多公里。中国都龙口岸是云南省经过文山州通往越南的重要陆路通道，也是我国通向南亚、东南亚的重要门户。

7 月 15 日中午，我与导师终于得见口岸真容。这之前，我们经历了从马关到都龙 40 分钟的大巴，都龙到茅坪 40 分钟的面包车，茅坪到国门一段 2 公里的气派主干道——期间都是伴随着 S 型的山路和氤氲的雾岚，脑袋里"这里的山路十八弯，

中国都龙口岸国门

这里的水路九连环……"几乎是 24 小时立体环绕从不间歇。手也是分秒不敢离开车上的把手，似乎被甩出窗外也不是件奇怪的事。不得不说，这里司机师傅的车技着实了得。

　　面包车是这边重要的交通工具，往返于各乡、镇、县之间。一个小面包车有 6 个座位，但一般为了多拉客人，会多加一二个小硬板凳，一车最多能坐上 9 个乘客。虽然很不安全，但为我们的出行带来了很多便捷，除了这个，只能是摩的了。

　　即使是将近 11 点钟的太阳，国门依旧被雾气笼罩着，一侧是连绵的山，一侧是被开采后的小

载客的面包车

常年被雾气笼罩的国门

新建的边民互市货场

土丘。雾气从越南那面打着旋地飘过来，以肉眼可见的速度，浸没山头、国门和路灯。最浓时，仿佛是北方冬季的雾霾天，区别是雾霾天气让人捂住口鼻，而这里却令人不禁畅怀娄食，顿生坚卧烟霞之感。

都龙口岸并非近年才设立，它是在茅坪国门的基础上发展的。据资料显示，1954 年 3 月，中越两国政府开通了"中国都龙——越南菁门"口岸，1960 年 12 月关闭，1963 年底复通，1974 年再次关闭。两国政府最终于 1991 年签订了《临时协定》，决定在条件具备时逐步开放 21 对陆地出入境口岸，几经"开关——闭关"的辗转，都龙口岸才算是拿到了正式对外开放的门票，虽然"入场"得有点晚。

终于在 2012 年，经过 10 年的"韬光养晦"，都龙口岸作为新开口岸被国务院明确纳入国家"十二五"口岸发展规划。2015 年 1 月 12 日，国务院正式批复都龙口岸为国际性常年开

中国 197 号界碑及越南箐门国门

放公路客运货运口岸。口岸总体规划面积为 4 平方公里，包括建设口岸联检服务区、自由贸易区、综合服务区、进出口加工区和保税物流区，计划总投资 3.4 亿元。自基础设施启动建设以来，都龙口岸目前已完成投资两亿多元，建设完成了口岸联检楼、查验货场、联检楼至查验货场道路、联检区道路、口岸 40 米主干道和"一关两检"永久性业务生活用房等项目；并分别于 2017 年 2 月通过省级验收、4 月通过国家质量监督检验检疫总局检查预审，2017 年 8 月正式通过国家验收。2018 年 1 月 23 日，越方复函同意口岸通关开放。2018 年 3 月 26 日，中国都龙——越南箐门口岸正式开放，成为继天保口岸之后，文山州开放的第二个国际性常年开放公路客运货运口岸。至此，都龙口岸真正地步入稳步发展的轨道。

　　现在的国门虽然修得高大威严，但却十分冷清，没到赶街时间，街道上行人无几。道路两侧是新建的商业店铺，只有空

国门前在建的商贸街

壳，但应该已经卖出去了，门窗上打满了广告。我们在售楼处看到了商业街的整体规划图和楼盘模型，商贸街命名为恒富国门商贸街，项目规划设计方案中显示该商业街总用地面积18530 平方米，总建筑面积63059.97 平方米（包括地下建筑面

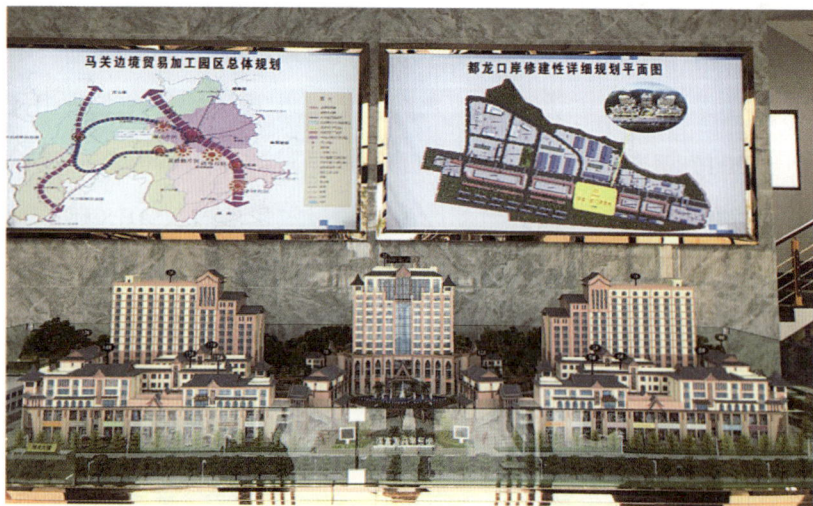

恒富·国门商贸街规划图

积 7471.2 平方米），从规划模型上看计划有 15 栋楼房。临近国门的主干道两旁，陈设了一些木制、石制的桌椅板凳。我们从正在乘凉的一位姑娘口中得知，她就是国门的工作人员，刚从昆明某大专毕业成功应聘边检信息记录员工作，同期仅信息录入职位的就招了 6 个人，由于现在街市还在建设当中，大家都没什么事情做。

"国门街"的摊位

　　离国门稍远一些被开采了那一侧，正在兴建住房，有三四辆吊车一起工作，看起来工程很是浩大。石料就近取材，在附近开采，卡车所过之处，一阵尘土飞扬。在此，我们访谈了一位移民局的警察，他告诉我们：这边将要建设四期住宅区，一期将从附近迁过来两千人左右，每期建六幢楼房。国门商贸街的建设，是一劳多益的好事，不仅能够加强中越之间的交流、交往、交融，加强中越经济走廊的建设；还能够促进当地经济社会发展，加强民族团结，巩固国防建设，以及对加强我国同东南亚、南亚各国的经济合作、文化交流具有重大意义，会是云南推进"一带一路"倡议的重要支撑。

在建的住宅区

　　下午 5 点钟，落日在山头缓缓下沉，雾气又从山林枝叶间升起，余晖被雾气吸食，浅浅淡淡地只剩下个囫囵的光晕。浮岚暖翠，残影斜阳。

　　我们准备回茅坪村子时，刚好看到之前在中寨村招待过我们的龙大叔。他像往常一样在国门前接待蔬菜基地工作的越南劳工。龙大叔说，越南劳工勤快能干，有些人三四点钟就跑去地里干活。而且越南工人的报酬比中国劳工便宜，一人一天大概 70 块钱人民币，包吃包住，中国工人报酬高个 10 块钱。我看到车上还有两个十四五岁的女生，就想着跟她们聊聊天，但是两人都不会汉语，她的妈妈用生涩的普通话告诉我两个人分别是 15 岁和 16 岁，还

越南劳工出行证件

在读初中，但是家里没钱读不起，就带她们到中国这边打工。两人都非常友好热情，对着镜头笑得腼腆羞涩，仿佛辍学到另一个国家打工，对于她们来说并没有什么遗憾，是件稀松平常的事情。

越南妇女与她的女儿

三、口岸赶街

（一）金厂街

金厂街是距离茅坪最近的一个街市，民族色彩浓厚，每周一开街。金厂镇是距离国门大概十分钟车程的一个苗族乡镇，我们经村民推荐而来。与以往所见边民互市的街子不同，金厂包括茅坪的街都十分具有民族特色，一眼望去都是穿着民族服饰的苗族人，间或夹杂一些穿着蓝衫、围兜的壮族人。可见这里的苗族同胞对本民族的服饰还是十分具有"文化自信"的，无论老幼皆衣裙衫。

金厂和茅坪的街子都不是很大，货品也相似。金厂街一条主干道到底，约三四百米长，路外侧商铺林立，内侧是棚式摊位，多卖些农具、日用品和苗族服饰。有趣的是此处的街边小吃摊非常热闹，几乎每家都是坐得满满当当。三五妇人围坐一

穿着壮族服饰的老人

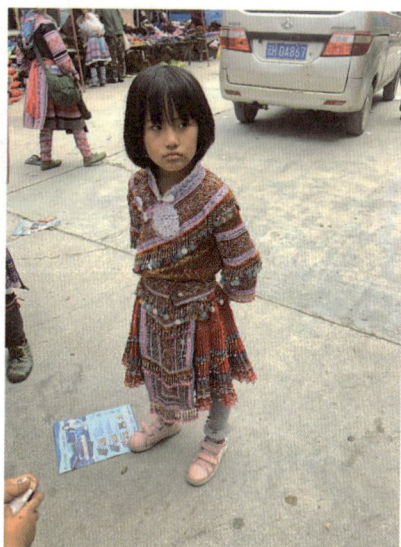

穿着苗族服饰的小孩

热闹的小吃摊（右图穿蓝青裙子的是越南人）

桌，面前一碗热腾腾的米线，就着小米辣的蘸水，时不时招呼下乱窜的孩子，或是再到飘着油星的大锅里添点汤，也不着急逛街，就几人你说我笑，话话家常，是一幅寻常、生动、惬意之景。街上有很多买卖山货的村民，卖的都是一些自己采的草药、蜂蜜一类。

随处可见的苗族服饰棚

蔬菜摊

各式药材

（二）茅坪街

国门街顾名思义是建在国门处的边民互市街，范围在国门前 40 米长大道的两侧，布置有固定摊位和桌椅板凳，听说十分热闹。可惜我们此次错过了国门街的时间。后经了解，国门街原称为草坝街或者"五号界"，形成于 20 世纪 90 年代初，依托边境的地理优势，渐成规模。2005 年都龙口岸兴建后，才改称为"国门街"，随着口岸的发展建设，街市日渐繁华。越南人常通过国门来此买卖，边民互市十分兴盛。

　　茅坪街是继国门街后离口岸最近的街市，距国门约 1 公里，每周二开街，与国门街相比，人气不算旺。从边民口中得知，茅坪街上会有很多越南人来买卖货物，但如何辨别是越南人还是中国人实非易事。在我看来街上只有三类人，穿苗族服饰的人，穿壮族服饰的人和不穿民族服装的人。边民们分辨虽易，依据却说不出个所以然，只可意会。我们虽已在都龙口岸附近赶过三次街了，但辨别越南人的"火眼金睛"还是未能练成。经一位卖苗族服装的老板指点，他区分中国人和越南人的方法就是看衣服（这里特指苗族传统服装）。中国苗族服饰是绣花材质，比较繁杂，做工好，技艺精，布料硬实，仅一条百褶裙的价格就在两百多元，而普通一套苗族裙装要四五百，稍微精细则可上千。越南苗族服饰是印花材质，只有一层，布料轻薄，软且无形，一般卖价七八十元。

越南苗族服饰（左）和中国苗族服饰（右）

　　从茅坪街头走到街尾走马观花五六分钟时间。临行前，我与导师又去附近的幼儿园和小学参观。由于放假，大门紧闭，只能从外窥探，可见校园干净整洁，建筑崭新。小学门口站着两位身姿挺拔的军人，经询问得知，赶街人多且杂，易出事故，在此执勤。我们又随口一问，如何区分中国人和越南人？两位特警说，看眼神就知道了！这次是真的只能意会了……我再看到越南人时，竟真觉得他们眼神游离闪躲，不敢看我，顿觉自己悟性颇高，已得真传。

都龙镇茅坪幼儿园

　　虽已不是第一次在口岸进行田野调查，但每一次的口岸行都给我新鲜的感受和崭新的认识。都龙口岸是新进的在积极建设中的口岸，就目前状况而言，似乎它的发展前途大好。不仅建设国门商贸街，还通过建设居民区——"移民"的方式带来消费者，从而可以形成一个稳定的消费圈。但不可否认的是，它存在的问题也很明显。据边民介绍，都龙口岸所对越方，是

中国茅坪小学

大山环绕屏障之地，条件恶劣，人们生活条件比较差（由其穿着可见一二），消费水平低下——是否能带动大额边境贸易，很成问题。再者移民容易，养民难，这群从他地搬迁至此的移民的生计方式转变、文化适应等问题会逐渐呈现出来。此外，如果是希望靠发展旅游带动消费，那周边设施的配备及旅游资源就目前来说，实难堪此大任，等等。

虽然都龙口岸的发展建设还有很长的一段路要走，但通过它可见我国对与沿线国家之间建设良好的经济、文化交流的态度和决心。同时，口岸本就是我国对外的门面，是我们国家向外展示自己发展壮大的窗口，口岸的建设为两国边贸的发展提供平台，让相邻国家加入进来，共享发展的成果，共同发展、繁荣、进步。最后，都龙口岸的建设也是对我国"一带一路"倡议的响应，是与越南文化交流，经济互动的新窗口。

天保口岸行

李智环

2016年2月中下旬，我们来到20世纪70年代对越自卫反击战的著名战场——位于老山脚下的天保口岸考察。天保口岸不像河口口岸那样坐落于县城，而是在距离县城有40公里的天保镇。所以，虽同为国家一类口岸，但天保口岸却远没有河口口岸繁华喧嚣。但我们在相对平静的口岸区域中，更能感受到一种和平生活中的祥和氛围。

因为我们的行程还处在农历的正月期间（即将迎来正月十五），所以在口岸地区工作或做生意的人中还有部分没有结束春节假期。据当

笔者在天保口岸国门前的留影

天保口岸的祖母绿宝石交易市场

地人介绍，近几年来天保口岸边境游的国内游客数量是呈上升趋势的，主要原因是 2013 年 11 月中国首个祖母绿宝石奇石交易市场在天保口岸建成并开业——这源于麻栗坡县猛硐瑶族乡拥有目前我国境内唯一一个具有开发前景的祖母绿矿床。事实上我们漫步在口岸附近的商业街时看到，此时天保口岸区域仍有近七成商铺处于营业状态。但来往的行人三三两两——数量不多，以游客为主——这种不太热闹的状况归因于祖母绿宝石市场正处于升级改造，没有对外开放。由此可见，这一具有麻栗坡特色的宝石市场是天保口岸"集聚人气"的重要因素。

天保口岸吸引人流的另一个重要场所即口岸的海产品市场在农历正月期间也处于半歇业的状态。这一市场主要是中越两国渔商将越南和广西北海的海产品向作为内陆省份的云南其他各州市销售。笔者认为，市场之所以设在天保口岸是因为这里距离广西北海及越南的部分海域较其他的中越口岸要近一些。据说，平时为了保证海产品的新鲜程度，市场都是每天清晨就开业，到下午两点基本结束交易。尤其是在春节前的半个月，这里人流熙熙攘攘的程度堪称火爆。显然，我们来此地的时间错过了市场最为繁华的时段。

另外，通过仔细观察我们注意到，在天保口岸附近做生意的中国和越南商人之间的相处以默契的分工和朋友间的交谈为主要形式：中国商人的经营范围多为越南特色产品（砧板筷子等木制橱具、小食品）和中国的家用电器，而越南人则多贩卖水果。所以，中国商人基本都有较为固定的店面，并且店面有一定规模，而越南商贩则多是每天推着载满小商品的手推车通过口岸国门前来的小本经营者。下图是笔者在天宝口岸拍下的部分场景：

每天推车到口岸来卖水果的越南女商贩以及口岸上的美的专卖店

　　虽然我们一行是第一次到天保口岸，但因主要目的是围绕口岸展开相应的学术研究，所以行程必然是以口岸为首要之地。但如果是休闲旅游，那么游走的顺序通常是这样的：麻栗坡县城—老山—天保口岸。我们从天保口岸返回，在麻栗坡县城停留一晚，我们也因此有机会在傍晚时分能够在这个边境小县城里随意地漫步参观。下图是作者在麻栗坡大王岩山上拍摄的县城俯视图：

麻栗坡县城俯视图

　　麻栗坡县城虽然已颇有现代气息，也反衬出邻国越南的寂静，但因发生于 20 世纪 70 年代的那场著名而惨烈的对越自卫反击战，这个地方以及地方文化都不可避免地打上了烙印：县城街道上仍然不乏"安装假肢器具"的店铺和广告——而这一状况在我们第二天去老山的过程中，在老山山腰处的小坪寨（以瑶族人口为主）即得到了印证。下组图是笔者参观老山战场时拍下的部分场景：

老山战场部分场景图

　　虽然历经多次的全面扫雷，目前在老山的中国一侧已基本扫清战争时期埋下的地雷，但多年来因触雷炸残（包括被炸身亡者）的人数还是不少，小坪寨几乎每户村民家庭中都有这样的受害者。而另一方面，战争的残酷无情却自然蒙生了浓厚的军民鱼水情——麻栗坡的人们会在各种场合的纪念或节庆中共同缅怀战争中牺牲的英烈，而在人们诸多的生活细节中也会自然而然地流露出对解放军战士的深厚情感——我们在小坪寨访谈过的村民，都会在讲述时谈到自己的相关经历。值得一提的是，虽然笔者在小坪寨的访谈以随机为主，但还是很快就发现了一个比较严峻的社会问题：我们在寨中的确见到了一些年轻人，但他们都表示正月十五过后就会再出去打工。如，一位中年的瑶族男性村民悲哀地说："现在年轻人都到外边打工去了，村里老人过世了，有时连抬棺材的人都找不到！"事实上，笔者在文山州的另一个边境县——富宁县做调研时，也遇到了类似的问题。

在返回昆明的路上，笔者由天保口岸、麻栗坡县城以及老山的初次调研发现，虽然中越两国间在海上还存在分歧，但并未对陆路口岸的人员流动和民间贸易造成过多影响，国界两侧边民的日常交往一如往昔——和平是人民的愿望，也是两国实现双赢的唯一正确途径。

田蓬口岸行

艾依梦

　　中国田蓬，位于云南省文山壮族苗族自治州富宁县境内，地处中越两国三省（云南省、广西壮族自治区和越南河江省）六县（富宁县、麻栗坡县、广南县、那坡县和越南的苗旺县、同文县）的相交地带，边境线长 60 余公里，有 4 个边境村委会 29 个边境村，居住有汉、壮、苗、彝、瑶五个民族。

　　这里曾是对越自卫反击战的重要战略补给地，为前线输送了许多兵力、物资，谱写了边疆各族儿女齐心协力共同捍卫国家主权的壮美篇章；这里也曾饱受战争和环境的影响，经济发展滞缓、生存条件恶劣，留下了沙仁寨"87 个人 78 条腿"这样壮烈而厚重的事迹。而现在，这里发生了天翻地覆的变化，升格为国际一类口岸的田蓬口岸正在大刀阔斧进行改建，镇上各类基础设施不断完善，国门文化广场为居民提供休闲娱乐锻炼的场所，富田线建成通车，田蓬镇 20 个行政村均已实现道路硬化……一个新兴的边境集镇拔地而起。

田蓬镇俯瞰图

　　田蓬所在的富宁县于 2016 年年底开通了动车，极大地便利了当地交通，不仅避免了以前坐班车时可能需要换乘的麻烦，缩短了乘车时间，还充分发挥了富宁地处滇桂交界的区位优势，突出其门户作用，成为富宁港及田蓬口岸的建设及发展的重要交通依托。富宁是云南到广西、广东的必经之路，每天途径的动车很多，以昆明到富宁为例，每天从早上 7 点开始到晚上 8 点 40 分，直达的动车多达 17 趟。这其中，还包含了囊括大理、昆明、石林、弥勒、普者黑、广南、富宁、南宁、桂林、北海、广州等旅游区及省会城市的旅游专线。笔者从离家最近的普者黑站出发，乘坐的正是这样的旅游专线，动车上除了有介绍途经的旅游区的广告牌外，还有身着民族服饰的动车

动车上宣传北海的广告牌

工作人员推着推车售卖物品。

列车一路驶向东南方向，大约一个小时，富宁便到了。一下动车，一股热浪袭来，让人清晰地感知到已经来到北回归线以南的区域。富宁站离县城还有八九公里，而到田蓬，需要到县城里的汽车客运站乘班车。因为对富宁不太熟悉，加之赶时间，笔者选择了更为方便快捷的出租车前往客运站。出租车就停靠在候车点，到县城每人10块钱，会与其他乘客一起拼车，大概十来分钟到达客运站。富宁汽车客运站看上去有些老旧，也比较小，出租车司机说这是老客运站。在客运站门口，我很巧地遇到了去田蓬的班车司机正在揽客，在司机师傅的指引下很快买票上车。富宁到田蓬有64公里，坐班车需要花费两个多小时，大概每40分钟一趟，中间会在富宁另一边境乡镇木央镇停留几分钟。

坐班车前往田蓬的路上

　　出了木央不久，路边民居一面面高高竖起的国旗和党旗吸引了我的目光，我想起去年去天保调查时，口岸附近的村寨也几乎家家挂着国旗、党旗。原以为是当地边民为了庆祝国庆、建党节这些节日所置的，后来在田蓬跟人聊天时才知道，这是云南省政府发起的"红旗飘飘"工程，即在边境地区各机关单位、公共场所、居民家和党员户中开展升挂国旗、党旗的爱国主义教育活动，通过这样的方式进一步增强边民的国家、国门、国民和国防意识，以维护边境安宁、加强边境管控，提高边疆民众国家认同感和爱国意识。这一面面迎风飘扬的鲜艳旗帜，已然成为田蓬边境线上一道绚丽独特的风景线。

　　到田蓬时已是下午4点多，光线尚好，在离下车的地方不远处找了一家宾馆，安顿好后和老板娘随意闲聊几句，了解了集镇大体布局，我便出门转去了。田蓬镇不算太大，集镇面积

边境上迎风飘扬的国旗

约5.44平方公里，由两条并行的主干道和若干支路组成。主干道长达30米，当地人将较窄的那条称为"老街"，是原来田蓬的主街，已经有不少年历史了。而"新街"近几年才建成，道路平坦开阔，政府、学校、广场等都在此处，是新兴的镇中心。两条街中间由支路连接，长十多米，开满了商铺，农贸市场也建在其中一条支路。田蓬每六天赶一次街，我去时刚巧错过，听当地人说，田蓬是老街新街一起赶，疫情未爆发前，常有越南人挑着东西过来买卖，热闹非凡。

　　田蓬镇政府就坐落在新街中段。从镇政府处笔者了解到，在国家和上级党委政府的高度重视和支持下，田蓬于2015年启动实施了两轮沿边三年行动计划，到如今，第一轮沿边三年行动计划顺利完成，在医疗、教育、交通、水电、网络等方面都取得了长足发展，极大地改善了边疆地区群众生产生活条件。

田蓬街景

在口岸集镇建设方面，当地始终坚持"守土爱国、边关贸易、天然多彩、民族特色、文化凝重、人民和谐"的理念，积极打造"一山一镇一商一口岸"的中越边境贸易特色集镇。草果、茶叶、小米辣、食用菌、香椿、油茶、杉木等是田蓬的特色产业，在政府主导下，通过云南老厨娘食品有限公司、龙修边关茶叶厂等龙头企业和农民专业合作社的带动，这些产业发展迅速，成为田蓬稳定脱贫的坚实基础。

作为边疆多民族地区，田蓬镇充分发挥自己的文化优势，

田蓬镇政府及市场贩卖的新鲜草果、老厨娘食品田蓬经销店

以苗族花山节、彝族跳宫节、壮族山歌会等民族节日习俗为载体，建设文化集镇、强化各民族文化自信的同时，也为跨国、跨省的文化交流提供契机。如：每年正月的苗族花山节，通过举办文艺表演、斗牛等活动，能吸引周边及越南境内数万余人前来游玩，大大促进了边境文化繁荣及边民交往互动。而在对外交流方面，田蓬镇始终坚持友好、开放的理念，在 2016 年时与越南的同文镇、新街社、上蓬社、山尾社缔结为国际友好镇社，每年双边互访十多次；而与相邻的麻栗坡县董干镇、广西

壮族自治区那坡县百都乡和百省乡，田蓬也积极交流，在管边控边、开放发展等方面相互促进，共同进步。

　　新街的尽头就是田蓬最具代表性的场所——国门文化广场。广场夹在田蓬中心小学和幼儿园中间，占地面积不大，但人流很多，爷爷奶奶们三三两两聚在一起聊天，小朋友追逐着嬉笑打闹，不少人还穿着彝族、苗族等民族的服饰。广场靠山的一边修建了很高的石梯，"扎根边疆、心向中央"八个大字亘在中间引人注目。石梯连接的是一条蜿蜒曲折的盘山公路，这是田蓬至 21 号界碑的路线，顺着这条路一直走，就可以抵达田蓬口岸。我爬上石梯后顺着公路走了一段时间，期间遇到很多散步归来的当地居民，由于时间已经比较晚了，最终我决定第二天再前往口岸。折返回来后，我发现广场比之前更热闹了，天

热闹的国门文化广场

渐渐暗了，小孩子们都放学了，在广场上疯玩，广场舞的音乐响起，一群阿姨们极富节奏感地跳了起来，周围还围着许多参观者。而小商贩们也抓住机会，将气球、兔子耳朵等各式各样的玩具一一摆出，闪烁的灯光成功吸引住孩子的目光……这一切和别的乡镇并无太大不同，甚至因为人流都聚在此处，还显得颇为繁华。

标有越南文字的照片和防疫宣传语

来自广西的螺蛳粉和河南奶奶做的酸汤卷粉

这是一个和我想象中的边境集镇有比较大出入的地方，不似之前去的天保口岸，没有一到镇上就能注意到的显眼的国门来彰显身份，没有各式各样售卖越南特产或是特色食品的商店，也没有贴着"越南一日游""更换越南盾"这些标签的商铺。只有偶尔看到带有越南文字的标语或是招牌在提醒着离这不远便是另一个国家。

田蓬外地人很多，这从街上来自各地的车牌可见一斑：云、桂、赣、粤、湘、鄂，等等。他们有的因为通婚来到这里，有人看中了这里优越的交通区位，也有人因为工作短暂地在此停留……我住的宾馆老板是江西人，跟老婆结婚后便到老婆家这边来做生意。晚饭寻了一家店吃螺蛳粉，老板来自广西梧州。就连一家卖酸汤米线如此"本地"的食物的奶奶，都不是本地人，她来田蓬已经二三十年了，是伴随田蓬一同发展起来的一代，与这里产生了紧密的联系，但到了今天，奶奶仍操着一口河南方言与笔者交谈。无论这些来自全国各地的人最初因何与田蓬产生交集，总归，是一直在不断发展的田蓬给了他们这里有优秀发展前景的信心，促使他们扎根此处，为建设更好的田蓬添砖加瓦。

除了盘山公路外，田蓬政府还另修了一条从街道至口岸的路，两条路一高一低，将田蓬集镇环绕起来。沿着环集镇公路一直走到山脚，经过田蓬边境派出所新址和刚建成的商业步行街，便能看到写着"中国田蓬"和"山脚村"的路牌。顺着路

盘山公路、环街道公路

派出所、商业街及口岸指路牌

　　爬上山，一座座白色的两层小楼映入眼帘。原来，这里是山脚村，是离口岸最近的村子。

　　山脚村规模不大，大约 30 来户，基本都是苗族人。临近中午，天气炎热，村子里很是安静冷清。好不容易找到一位大叔，听说我是来做调研的学生，他很热情地同我聊了起来。

　　听大叔说，山脚村是沿边境线居住的抵边村，有守土护边、稳固边防的责任和义务，村子里还建有临时边防检查室。这里的房子之所以外观一样，是政府沿边三年行动计划的成果，通

山脚村风貌

过合理规划、提供补助和优惠政策等措施，切实改善边民居住条件，加强了群众扎根边疆发展的决心和信心。

在问及中越两国边民交流情况时，大叔笑道："越南那边嘛，苗族人多，我们也是苗族人，两个国家的人在语言、服饰、习俗这些方面上都很相似，交往基本没障碍。两边通婚情况也很多，前些年边境管理不严的时候，还经常有人翻个山头去'越南兄弟'家喝酒呢。现在管的严了，大家也知道非法出入境是犯法的，这种情况少了，不过来往还是很频繁。像之前街天的时候，越南那边的人就骑着摩托车到口岸那里，出示通行证警察就给你过来了，不过车不可以过来，你得自己走去镇上。越南人爱来中国买日用品、水泥什么的，中国的东西质量好。我们也会去越南那边赶街，他们东西便宜。但现在不行了，疫情爆发以后，两边就都禁止出入境了，人和货都不行，你现在上山，如果不小心走到越南境内，碰到越南警察，是要交罚款、拘留十五天的。"大叔还说，自己的老婆就是越南人，不过从年前就没回去过越南。

提到中越跨国婚姻，他说现在最大的难题就是户口问题，这一问题，在和镇上其他人聊天时他们也提到过。中越通婚的

山脚村临时边防检查室

情况在田蓬很普遍，很多村子都有，但不管嫁过来多久，越南女子都不能落户，不能享受中国低保、医保等政策。但近些年来政策有所放宽，这些跨国婚姻的子女可以成为中国国籍。此外，由于跨国婚姻程序麻烦、需要交手续费等因素，非法跨国婚姻的现象屡见不鲜。而因户籍、非法婚姻等问题引起的跨国婚姻家庭离散等问题也较多。

除了通婚问题，田蓬非法出入境现象也较为严重。田蓬境内的中越边境线大多是自然边境线，依山划分，这些山脉并不险峻，很多边境线只是用水泥墩子或是彩钢瓦隔开，当地人守边固边意识也较为薄弱，所以当地非法出入境的情况很多，管控难度也很大。如何更好地解决中越通婚、交往所带来的一系列社会问题、完善相关的制度政策，是政府仍需关注和解决的难题。

疫情期间防控境外输入的卡点

　　山脚村旁，就是笔者一直心心念念的田蓬口岸所在地。尽管从山脚村就可以看到口岸，但在护栏网的阻拦下，不能直接从这里去到口岸。于是，笔者返回山腰，从山腰的岔路处前往口岸。

　　中国田蓬口岸与越南上蓬口岸相对，早在 20 世纪 50 年代，这里就开始发展中越边境贸易。1996 年，这里被批准成为国家二类口岸，后于 1998 年正式开通。为了加快口岸发展开放进程，富宁县在 2007 年决定全面启动口岸基础设施建设，经过几年的建设与发展，于 2015 年启动了"田蓬口岸二类转新"申报工作。与此同时，田蓬政府也在各级政府支持下，加大资金投入，不断扩大建设口岸设施，完善口岸查验场地及配套设备等。终于，2018 年 2 月 13 日，田蓬口岸正式获国务院批准升格为国家一类口岸，这也是文山壮族苗族自治州第二个一类口

田蓬口岸综合办公楼

岸，极大地带动了周边经济发展，为当地开放发展注入了新的活力。

口岸的建设与完善是一个很长的过程。目前，田蓬口岸累计投入了近亿元，已建成综合办公楼、联检楼、"一关两检"生活区等通关硬件设施。但由于口岸依山而建，山地众多，很多时候需要挖山造地，这给口岸的改扩建增加了很大难度，资金成本也有所提高。加之2020年受疫情的影响，口岸全部封闭，工程也都往后延期，原计划2019年底建成开通的田蓬口岸目前仍是在建状态。我到时，放眼望去偌大的口岸不见人影，悬挂着庄严的国徽及"中国田蓬"四字的综合办公楼安静地矗立着，一旁的道路上摆着"非施工车辆禁止通行"的警告牌，再往上，就只见山上好几辆挖机兢兢业业工作着。据当地人说，顺着这条路走到一个很大的垭口，将是新国门所在地，出入关也在那里。由于正在施工，且疫情期间管控十分严格，口岸并不对外开放，笔者只好在口岸入口处，伴着挖机的阵阵轰鸣声，观览这个与漫山青葱树木和芬芳白山茶作伴的还在整改扩建的新兴口岸。

尽管目前口岸建设和发展还面临着诸多难题，如：与田蓬口岸相对的越南苗旺县上蓬口岸经济条件较为落后，口岸建设仍不完善，双边经济环境的不对等极大影响了双方的边贸发展和口岸繁荣；要成为一个一类口岸更好的依托，田蓬镇目前的

建设中的田蓬口岸

发展力度仍是不够的，如何吸引更多人来田发展、促进特色产业长足发展、提升经济实力，这些问题仍需思考；作为中越口岸，田蓬与邻近的麻栗坡县天保口岸、马关县都龙口岸、那坡县平孟口岸相比，有较多的相似之处，如何从同类口岸中脱颖而出，发挥自己的特色与优势，将是未来田蓬口岸发展主要关注的方向。但面对挑战的同时，田蓬也迎来很多机遇，田蓬口岸升一类口岸顺利获批、"一带一路"倡议的提出、富宁港的建设、蒙自—富宁—防城港沿边铁路和国道219线的修建……这些都为田蓬口岸蓬勃发展注入了强有力的新兴活力。

几百年前，一户赖姓人家来到这里搭棚寄宿、开山造田，故时人称此地为田棚，民国时又改称田蓬，这是田蓬这个名字最初的由来。如今，这片曾经的荒地已是一派人烟辐辏、鸡犬相闻的繁荣景象。现在提起田蓬，更多人想到的是田蓬口岸。田蓬口岸在发展中越边境贸易、辐射和带动周边经济、促进边疆和谐发展和边民交往交流交融等方面发挥的作用是毋庸置疑的，口岸的改扩建工程十分有必要。目前，田蓬口岸计划在2020年底建成开通，等口岸开通后，这里必定会发生更大的改变，笔者不禁期待和想象着下一次再到田蓬时将会见到一幅多么热闹兴盛的画面。

平孟口岸行

钟媛婷

临近七月十四，避开节日出行，打算在鬼节之前赶往广西最西边的口岸——平孟口岸，平孟口岸位于北纬22°56′55″，东经105°59′28″，从靖西市到平孟口岸全程82公里，大概需要3个多小时，从靖西靖宇客运站至平孟镇每天有三趟车，分别是7点30分，14点32分以及14点40分。一大早，我们匆匆起床,6点45分到达车站，等待班车出发。搭上车出发，一路上是看不完的山，一座比一座陡险，

连绵不断的石山

仿佛每座山都呈垂直状态，山脚下有池塘或小溪。鸭子戏水，老牛耕田，马儿悠闲吃草，驴儿驮木材，一派祥和的景象。

一路上，看到很多石山已经石漠化，触目惊心，如下图所示，石漠化被誉为"土地癌症"，看到石漠化的山区，总以为是一堆堆白骨累积于此。除石漠化外，山脚下还有不少坟墓。广西土葬一般是葬于山腰或山顶上，但是由于这些山陡峭且都是石头堆砌而成，在山腰上建墓地不现实，故墓地一般聚集于山脚下有土的空间。

密集的墓地

由于路建在半山腰上，一旁紧挨着山，另一旁则是山脚下，车在摇晃中行驶，我们不免担心师傅的开车技术。在一段路陡直的下坡路，路的一旁是乱石，车上不少乘客提出下车步行，师傅空车行驶过此段，师傅默不作声，我们默默为自己祈福，

行路难

这里果真是这么多天路况最糟的口岸。

在北斗和平孟镇之间这段路，不断遇到滑坡，使得原本就窄的路变得更窄。但是路旁成片绿油油的桑叶以及天空大片的棉花云转移了我们的视线。遇到碧绿的溪水更令我们欣喜若狂，不禁惊叹，见过峒中口岸清澈的溪流，看过硕龙口岸翡翠般的河水，但是从来没见过碧绿的溪水。

行至下坡路段，出现一个村庄，这就是我们此行的目的地——平孟镇。镇子不大，房子沿着街道两旁建设，西边有一条平孟河穿过小镇，东侧则有商铺、海关楼和边检楼等。

碧绿的溪流

　　由于当天是街天，原本就不宽的街道格外的堵，水泄不通，三轮、私家车和班车各不相让。每逢农历初三和初八为平孟的街日，每到街日，街道必定拥堵。

　　街上的商品也是自产自销的居多，从村民拿到集市出售的

俯视的平孟镇

拥挤的街道

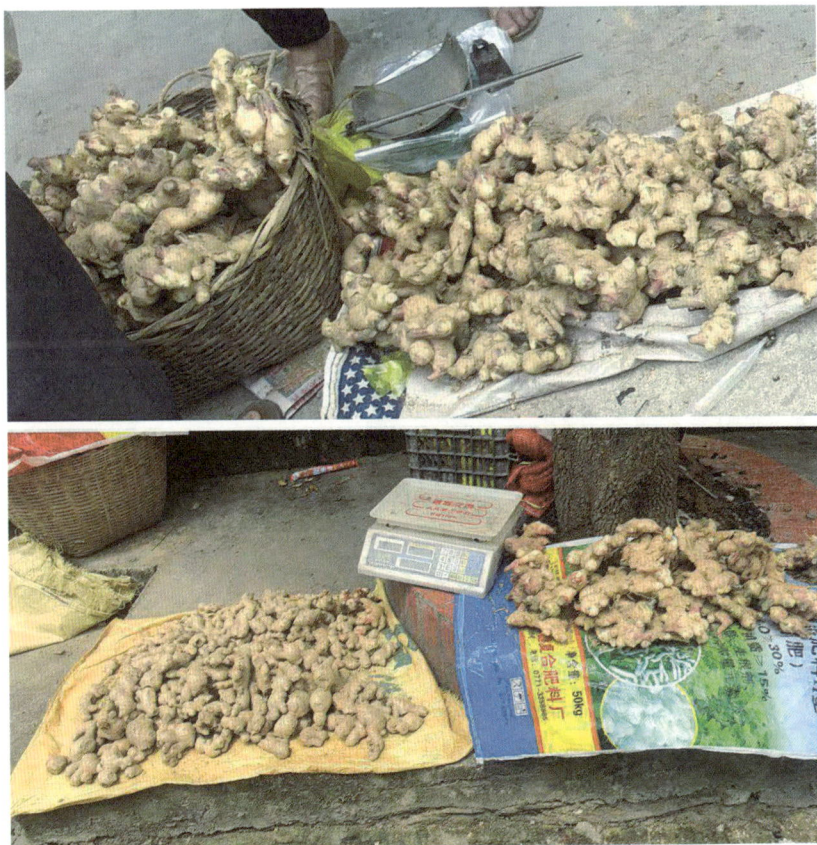

生姜——当地主要的经济作物以及对越出口的主要商品之一

商品，大概推测出当地盛产的经济作物以及对越出口的主要商品，这一点在提前收集到的文献资料以及当地镇政府和村委提供的材料中可以得到证实。

街上很多壮族的阿姐穿着蓝色、绿色和土色的开襟上衣加黑色的裤子，这部分人群以 50 岁以上的为主，其他人的穿着与其他民族并没过多的差异。

沿着街道一直往下走，就到了平孟口岸。平孟口岸与越南社会主义共和国高平省河广县朔江口岸相对应，是广西最西端的陆

壮族阿姐的穿着

路口岸；有一个边民互市点和一个边境集贸市场，有 23 条互通中越的便道。2011 年 10 月国务院批复将平孟口岸升格为国家一类口岸。主要以从越南进口中草药材、木材、矿类、干鲜水果和桐仁等农副土特产品，对越南出口玩具、生姜、八角、纺织品、农用物资、建材和生

平孟口岸

申报大厅的边民

拉货的三轮车

平孟边贸商品交易市场

活食品等商品为主。

从口岸向西望去，走过小桥就到了边民互市申报大厅，申报大厅熙熙攘攘，坐满了当地的边民。访问了其中的几位大姐，得知他们是帮老板拉货的三轮车司机，每拉一车货 25 元，摁手印 15 元，一天的收入从 100—200 元不等。口岸的存在为村民谋生拓宽了道路，在平孟镇上的边民既可以安心在家养家糊口，又可以为口岸的发展注入活力，同时还可以起到守边固边的作用。

再往前即是平孟边贸商品交易市场和货场所在地，平孟河静静流淌，而河边上的人、三轮车来回穿梭拉货，三轮车是平孟镇每家每户的必备品，也是他们谋生之道的载体。

生活在平孟和塑江两地的边民，出国是家常便饭，货场里有正在卖力搬运坚果的工人，大多数是越南的边民，每扛一袋，工头会给一块木块，下班之后，每个人拿着自己的木块领工钱，每个人每天约 120—200 元之间，多劳多得。

在傍晚时分，我们就遇到在货场搬运卸货完之后下班的越南妇女，她们从小道从容不迫地离开中国的国土，下班回到越南的家。据了解，平孟口岸通往越南的便道有 23 条之多。

这条便道不大，约莫3个人并肩同行的宽度，在路上，偶遇驮着混凝土的马，马似乎是熟悉路线，每次把水泥运到前方修阶梯的地方，待工人卸下，又返回。工人们则一边铺混凝土一边聊天，对于从小道回家的越南人习以为常，见惯不怪，亦然是见多不足为奇。从这些便道归家的妇女，多为在口岸附近工作的搬运工，她们因下班时间太晚，

通往越南的便道之一

口岸工作人员已经下班，无奈之下，只能走便道。

驮运混凝土的马

　　在修阶梯的地方，顺着工人所指的方向，我们找到 645 号和 646 号界碑，646 号界碑为越方修建，上方呈三角帽状态，中方立的 645 号界碑上方是平面，没有弧度。

　　因为傍晚的原因，夜晚不宜出行，我们便匆匆回去，计划接下来的路程。从宾馆的老板口中得知，该镇在节日时回到土地庙祭拜，距离宾馆不远处有烈士陵园。

　　早上，我们在平孟街上找到土地庙，土地庙旁边有聚心亭和古老的榕树，树龄约 130 年，想必神树见证过平孟硝烟战乱

界碑

的时期，也见证着平孟和平安定和边民和谐稳定的生活。2017年7月31日，平孟重新修建平孟街古榕神庙。碑文记载着平孟乃中越边陲要塞，300多年前乃为蛮荒之地。清初，朗氏先祖为避兵祸，辗转跋涉而至，见此地山清水秀，林茂地沃，便结庐而居，拓土开荒，自此始有炊烟。而后流民商贾纷至，渐成集市。中法战争结束后，中法签订条约，中越陆路交界开放贸易。1885年（清光绪十一年），两广提督苏元春在平孟设立土官管辖边境贸易，此为平孟街之始。200多年前，以郎氏为首的平孟先祖们在街中河畔大榕树下建庙宇座，供奉观音、土地诸神，以祈求子孙世代安居乐业，香火绵延百余年。神庙后因数度惨遭"文革""破四旧"和越南炮火之劫难，损毁殆尽。现正逢盛世，边境安宁，贸易日兴，平孟居民生活安康。为感念先人恩德和神灵荫庇，在2016年，平孟商会发起重建神庙的倡议，广大街坊乡邻欣闻此举，纷纷慷慨解囊，历时年在原址建成新庙。

平孟烈士陵园离土地庙不远，由于下雨过多，阶梯特别滑，

土地庙

我们每走一步都小心翼翼，然而师妹在下阶梯时还是险些摔倒。约莫走楼梯8分钟，就到了烈士陵园，伟岸的塑像，威武雄壮，上面写着"革命烈士永垂不朽"。雕像的背面雕刻着烈士的名字和他们的光辉事迹。抗日战争时期，涌现鲍日朱、梁文运和李亚温三位革命烈士，解放战争时期涌现包括邓心洋在内的

聚心亭和古榕树

39 名革命烈士。据了解，邓心洋 1918 年生于广西博白，1941 年加入中国共产党，任博白县第一支抗日武装工作队队长兼党支部书记，1944 年夏季受中共广西工委的委派到桂滇边特支委任中共桂越边境临时工作委员会委员、中共靖镇区特支书记。1947 年秋，邓心洋遵照省工委的指示和左江工委的部署成功地组织领导了平孟武装起义，参与组织和领导靖镇区的武装解放战争直到配合南下解放大军取得最后胜利。邓心洋同志从桂东南撤退转移到左江以后，在桂滇边境的七村九弄和靖镇地区长期奋斗和当地广大干部群众结下了深厚的战斗情谊，终因辛劳成疾，于 1949 年 12 月 31 日在平孟与世长辞，年仅 32 岁。

革命烈士永垂不朽

与以往所进行的口岸调研不同，最后这个口岸我们决定不再选取口岸所在地的村落作为调研的重点，对于该口岸所在的平孟村落只是到村委收集基本的资料，选取最突出那坡县最典型的黑衣壮族吞力屯作为了解那坡县风土人情的突破口。那坡以黑为美，这里的"黑"指的是黑衣壮，它是壮族的一个支系，主要聚居在那坡县境内。因长期居住在大石山区，在婚姻、宗教和生产、生活等方面沿袭着原汁原味的族群习俗。他们崇拜黑色，把黑色作为服装颜色和民族标记，被人类学家誉为壮族的"活化石"。

　　我们到了那坡县之后，问了一下附近的居民，得知前往吞力屯必须包车才能到，没有直达车。我们商量好价格，那坡县县城距离该村庄16公里，但由于是山路而且行路难路费偏高，120元往返。

沿路的风景

村门

　　经过一个小时的奔波，我们到达目的地吞力屯。一进村门，我们便被门口吸引，该门口是用岩石块堆砌而成，成拱形状，此时蔚蓝的天空，飘着几朵白云，门口与蓝天白云遥相呼应。据村民所说，该门口有悠久的历史，先祖很久之前就建成，一直保留至今。

　　据了解，吞力屯有57户人家约300人，该屯以种植玉米为主，到处可以看到用背篓背玉米的村民。他们聚集在村口不远的地方，乘凉聊天，做衣和搓玉米，悠然自得地生活。他们热情好客，我们一进屯，便有妇女拉我们一起唠家常。

　　黑衣壮族以黑为美，相传，远古时期，布嗷、布敏族人居住的地区山林茂密，土地肥沃，突然遭到外来人入侵，首领侬老带兵抵抗不幸受伤，退兵隐蔽山林时，发现一片青绿色的野

村民的生活日常

蓝靛，随手捣烂当药敷在伤口上，伤口很快愈合，侬老后因此击退入侵者，而野蓝靛亦被视为"神草"。侬老号令本部族人一律穿上用蓝靛染制的黑色衣服，世代沿袭。"黑衣壮"因此而得名。

据奶奶介绍，衣服的制作流程非常烦琐，最快也要 3 个月才能完成一套衣服的制作，但他们依然坚持自己做衣服。通常需经过纺纱、脱棉籽、做棉条、染布、织布、锤布等工序。其中，染布就需要反复进行 24 遍，每遍需要 3 个小时左右的时间方可完成。

黑衣壮的服饰（与传统的衣服和装饰有略微变化）

服饰制作的流程之染布

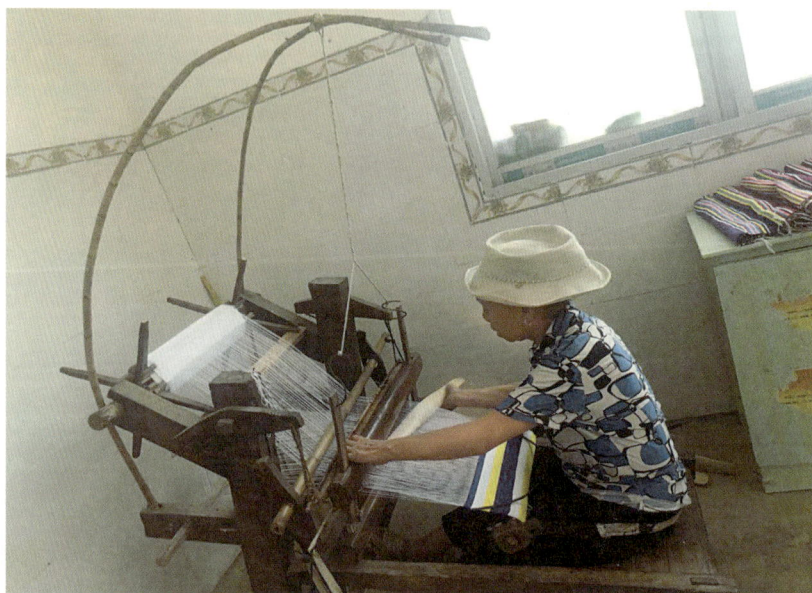

织围巾的阿姨

曾经辉煌过的景区

　　阿姨 50 多岁，有两个女儿和一个儿子，儿子在广东打工，一个女儿已经嫁人，另外一个在家待业。以务农为生，但是因为土地极少，只是种植一些玉米，种不了水稻，村庄附近都为山坡。农闲时，织围巾和纳鞋垫来增加些许收入，最起码要 8 天才织成一条围巾，鞋垫晚上有空就做。阿姨的商品物美价廉，围巾价格从 50 元到 120 元不等，鞋垫 12 元一双。2017 年，景区还运营的时候，游客过来游玩，会带上一些作为纪念品，但是现在吞力黑衣壮族风景区已经关闭将近半年。景区的基础设施还遗留在屯内，景区的餐厅、客栈、咖啡酒吧和购物店象征着曾经的繁华。

　　我们踏上返程的路程，经过那坡县城的市场，路边摆满鸭子，这些鸭子意味着节日气息渐浓。在那坡县，七月十四日是

返程的风景

仅次于春节的第二大节日，届时家家户户杀鸭，包"母缝"大粽子。

　　我们的广西口岸调研将告一段落，平孟口岸在我看来是一个"紧凑型"口岸，体现在口岸占地面积不大，口岸附近的路不够宽，总觉得到处都是拥挤的状态，也许这也是为什么平孟口岸在百色口岸排名落后的缘由。空间位置的狭小限制了其发展，但是口岸拉动了平孟边境经济发展的作用这是毋庸置疑的。

龙邦口岸行

莫日根

龙邦口岸位于广西壮族自治区靖西市龙邦镇护龙村排干屯，中越边境 741—742 号界碑处，地理位置为东经 106°19′ 24″、北纬 22°52′ 27″，与越南茶岭口岸相对应。

和师姐坐客车从靖西市出发，大概一个小时就到达了龙邦镇。在路上可以看到每一个路灯上都挂着一个绣球，对于壮族来说"绣球"代表着他们深厚的民族文化和独特的活动魅力。听当地人说，以前在每年春节前后都会举行抛绣球活动。

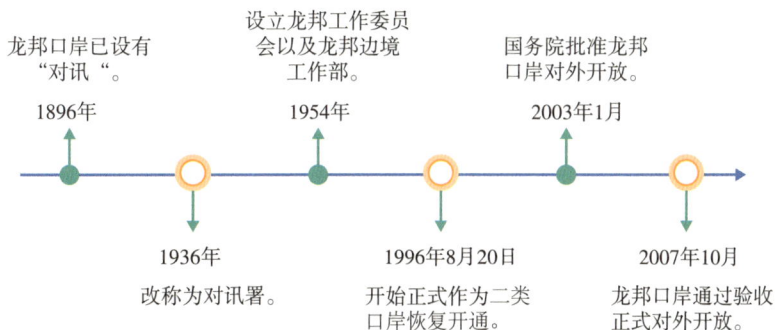

龙邦口岸已设有"对讯"。		设立龙邦工作委员会以及龙邦边境工作部。		国务院批准龙邦口岸对外开放。	
1896年		1954年		2003年1月	
	1936年改称为对讯署。		1996年8月20日开始正式作为二类口岸恢复开通。		2007年10月龙邦口岸通过验收正式对外开放。

口岸年份图

挂有绣球的路灯以及到龙邦的路景

　　龙邦镇是龙邦口岸所在地，与越南高平省接壤，边境线为43.85公里。全镇12个行政村，76个自然屯，149个村民小组，4924户，21253人，主要以壮、苗、汉三个民族为主，其中壮族人口占99.6%。因为口岸离镇子只有3公里的距离，所以和师姐放完行李就直奔口岸了。

　　虽然口岸离镇上不远，但是有一段路是拐很多弯的，所以有点偏僻，可谓山路十八弯。和师姐走在路上突然听到类似婴儿的哭声，可真是把我们吓了一跳，定睛一看原来是山羊。这里的山不像西北的山那么荒凉，相反是丛林茂密的，再加

龙邦镇街道

和大自然融为一体的黑山羊

上山上的黑色石头和黑山羊融为一体，你不仔细看根本看不出来。在北方是很难看到黑山羊的，有也是一两只，不像这边成群结队。

　　走了20分钟就到了口岸上。由于是周末口岸过境的游客很少，通过熟人的介绍，我和师姐拿到临时通行证轻松进入口岸。口岸内的基础设施完善，现建有出入境人员通道、国门大楼、出入境车辆通道、中国海关以及中国边检。

中国龙邦口岸

　　从龙邦口岸的建设以及交通情况可以看出，它具备了国际性口岸应有的规模。据工作人员的介绍，口岸这两年对走私以及进出口货物的管控较严，单是2018年对进出口冷冻水产品就进行了11批次284.6吨的核销。

走出口岸可以看到车辆进出口通道，但是和预想的不一样，并没有什么车辆出入，反而像是荒废好久。和工作人员询问才知道，原来以前这边是人和货物都进出口的，但是从 2018 年开始这个通道只供人员

位于龙邦口岸的 742 号界碑

出入境通道，而货物通道已经新建且开始进行了小规模的运行，

中国国门

越南国门

临时通行证

中国海关

出入境车辆通道

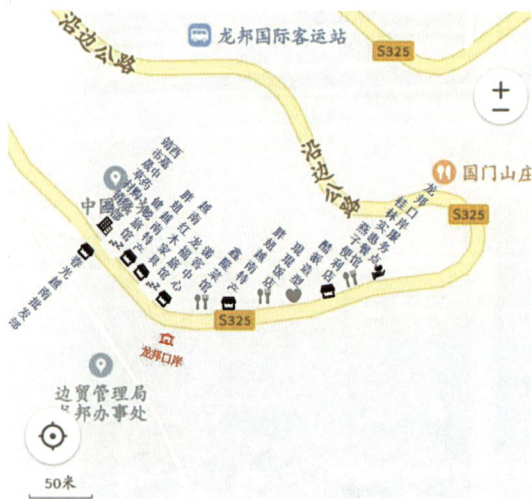

口岸大道分布图

因为还没有建完，所以很多官方的资料都没有公布出去。而且新建的互市区不是龙邦口岸建设的，而是隶属于广西万生隆投资有限公司名下的。最近也有人反映要重新开放龙邦口岸的货车通道。

从口岸出来以后顺着口岸大道，参观了一下附近的店铺。口岸附近总共有 13 家店铺，其中有 5 家卖越南商品的商店、两家旅店、一家便利店、一家中草药经销商、一家红木家具店、一家理发店以及两家饭馆。让我很惊讶的是在这里你可以看到几乎每家每户都在明面上摆着越南菜刀卖，菜刀的价格从 20 元到 50 元不等。据商店的老板所说，现在口岸不像以前那样繁华了，很多老板因为货物不

龙邦口岸、中国国门、龙邦边贸互市贸易入口处和边民互市贸易市场内部图

互市区内部图

正在建设中的园区

合格都不在这儿干了，所以客流量以及收入明显不如以前了。现在只有过年的时候人口聚集的最多。

第二天，在边检人员的带领下我们来到了新建的边民互市贸易区，虽然外面的建筑还在建设当中，但是里面的设施基本建成了。到了这里你可以知道什么才是真正的国际性口岸互市点，它的规模简直不是一个"大"字可以形容的，"豪华"才配得上它的身份。

据工作人员的介绍，广西万生隆投资有限公司成立于2012年，是一家混合所有制企业。公司于2013年在中越边境龙邦口岸投资建设万盛国际商贸物流中心。项目规划面积为2平方公里，也就是3000亩地。2013年7月正式开工建设，总投资约30亿人民币。按照规划，到2020年万盛国际商贸物流中心全面建成，同时带动中越边境地区的各个产业迅速发展。

在互市区内部展示厅我们可以看到整个园区的规划图，规划图上表示在这里会建设国门区、口岸核心区、边民互市区等12个服务区。目前已经建好了龙邦口岸国门区、货车出入通道、边民互市贸易区、互市联建服务大厅、边民互市市场、互

互市区展示区以及整个园区的沙盘模型

龙邦进境粮食指定口岸待检库、水果指定待检库、联合检验中心和龙邦茶岭跨境合作区综合服务大楼

市商贸市场等，此外还建有商业大楼。贸易区现在也过货，但是数量很少。现在只是过一些冻货和布匹，冻货包括牛肉、鸡鸭爪、海鲜等。

到了吃饭时间，在工作人员的邀请下，在园区内的食堂就餐。他们说他们的餐饮条件还是挺好的，而且饭卡也是园区提供的，所以是免费的午餐。餐厅内就餐的人很多，大多数是在海关以及边检工作的工作人员，还有一部分是万生隆公司的员工。

到了打饭时间看到他们的标配是四菜一汤，心中不禁羡慕了起来，每天都想赖在这里吃饭了。因为这些天都在奔波赶路，都没有吃到可口的饭菜，无奈身兼重责只得勇往直前。

在餐厅内部就餐的工作人员　　　　　　　　　　　园区内部的饭菜

　　第三天，我们决定走访护龙村排干屯。排干屯是龙邦口岸所在地，被人们称为"南疆国门第一村"，在"十三五"期间被广西壮族自治区民宗委列入全区重点培育少数民族特色村寨名单。由于口岸建设，村民的土地都已经被征用了，所以当地很多的村民都做起了买卖。进入到屯里可以看到屯中间的小道已

排干屯

从山上拍摄的越南风景图

农家书屋

经布满了各种各样的商店，且当地的建筑都体现出了旅游村的面孔。

因为排干屯的地势较高，所以这里可以很好地看到对面越南的风景。

因为需要在村里走访一下，所以先去村委那儿打了个招呼。在村委建有一家农家书屋，是专门提供给当地村民阅览的。书屋每周开放的时间是三天左右，书的类型基本齐全，从文化类到政经类再到科技类应有尽有。

从村委口中了解到，当地的村民每个月会有边民补贴167元，还可以通过按手印每人每天获得30元的代理费，其货物免税额度是人民币8000元以下。除此之外，有一些贫困户可以享受农村最低生活保障待遇，其中B类贫困户每月可以得到216元的补助，C类贫困户可以得到176元的补助。虽然说这些补

村民正在进行货物申报

正在领我们回家的奶奶

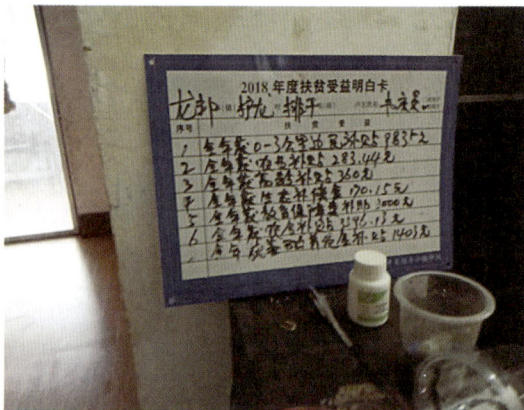

扶贫受益明白卡

助的数额不是很大，但对一些家境贫困的人来说已经是雪中送炭了。

从村委那里出来，碰见一位捡瓶子的老奶奶。看她的身影大概有80岁了，看到她在石头边上休息，我们便跟了过去把手上的瓶子交给了她，她连忙说了一声"谢谢"。让我们惊讶的是这位奶奶竟然听得懂普通话而且还会说。因为一路走来当地很多上了年纪的人是听不懂普通话的，所以在交流上费了很大的力气。

这位奶奶已经80岁了，是一名壮族，会说白话、壮话、普通话以及很简单的越南语。她有4个女儿，两个儿子。4个女儿都已经嫁人了；两个儿子住家里，另外家里还有两个孙子。大孙子读大学，是在广西民族大学；小孙子在读初中。奶奶以前在口岸开饭店，同时还会卖点越南商品，后来因为年纪大了所以就不做了。聊了一会儿，奶奶邀请我们到她家里玩。奶奶虽然年纪很大了，而且背也驼了，但是手脚还是很灵活。

　　她家总共三层楼，从布局装修上来看很简单，也没有什么
多余的家具，而且家里还摆着 2018 年度扶贫受益明白卡。

　　奶奶表示如果是在以前的话还可以带我们去到越南那边，
但是现在不行了，边检管得很严。奶奶在年轻的时候经常挑着
青菜走到越南那边卖。现在还有孙子在越南那边，但是由于语
言不通经常会出现交流困难的状况。虽然说两边都是说壮话
的，但是他们说的壮话是不一样的。奶奶在年轻的时候能歌善
舞，从她的脸庞上可以看出年轻时候是个美人。问及爷爷的时
候，她笑着说："爷爷回家了。"到了临走之际，表示想要和奶
奶合个影，奶奶还说老了不好看。她还挽留我们在她家住一
宿，陪她说说话，从她的话语中可以感觉到对我们的不舍以及
孤独感。就这样，我们一天差不多都"混迹"在排干屯中。

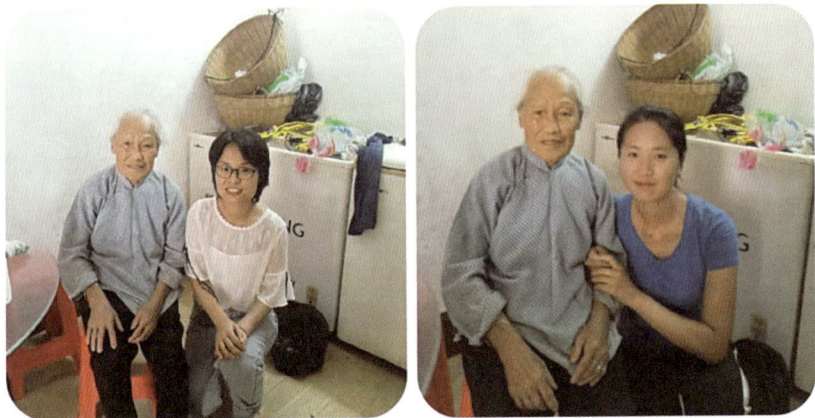

与奶奶的合影

　　从龙邦口岸出来后，在靖西市我们有幸拜访了壮族非物质
文化遗产的代表性传承人蔡文献先生。先生今年 71 岁，家住
靖西市武平镇。家里没有什么过多的装饰，看得出来生活很清

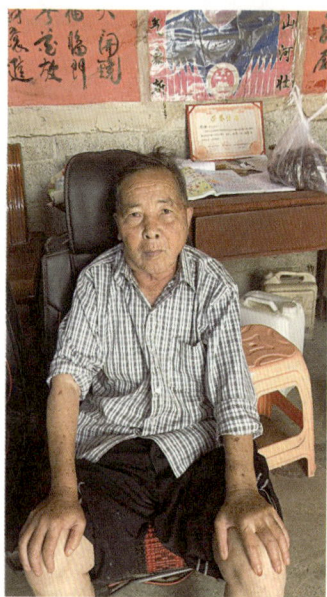

蔡文献先生

贫。先生因为年事已高再加上脖子上长了一颗肿瘤，所以说起话来很费力。壮族末伦分上甲和下甲，先生是下甲末伦调。先生表示现在的年轻人不愿意学，不爱好这个，所以到现在为止还没有找到合适的继承人。与先生交谈了一会儿，看得出先生身体很吃力，所以便告别出来了。一个民族的文化对于一个民族来说是精神、是代表。在靖西市大大小小的舞台、排练厅可以看到末伦曲艺的表演，末伦现在已经变

蔡文献先生家

锦绣古镇

成了大众娱乐的一种文
化，但对于先生来说找
一位传统的继承人却是
他最大的心愿。望先生
能够身体健康、摆脱病
症，找到一位合适的传
承人，将民族的传统文
化发扬光大。

绣球是靖西的标志，
在市里大大小小的角落
都可以看到与绣球有关
的文物。在靖西市的一
角有一座"壮乡水寨＋

锦绣古镇规划图

古镇街景

古镇非遗展示馆

边关小镇"组成的锦绣古镇。在 365.78 亩地的土地上不仅建立起了具有历史文化底蕴的岑府、壮剧戏台、绣球楼等 11 个观景点，而且还将民俗特色和非遗文化结合起来，将壮族末伦、抛绣球文化、山歌文化等展现在人们的眼前。除此之外，小镇里的店铺更是应有尽有。听商铺的老板说，这里晚上 10 点的时候最为热闹。听工作人员的介绍，截至 2018 年 7 月 1 日接待旅客 282.99 万人次。

　　通过五天的走访观察，我们不仅对龙邦口岸有了一个全新的认识，更是被壮族特色文化深深地吸引，无奈时间的仓促没有对它们所隐藏的内涵有更深层次的了解。相信在不久的将来，口岸互市贸易园区的正常运行会给龙邦口岸以及当地的边民带来惊喜。最后，也愿靖西浓郁的艺术氛围常伴此地。

岳圩口岸行

莫日根

    岳圩口岸坐落于广西壮族自治区靖西市岳圩镇，中越边境791号界碑处。与越南高平省重庆县接壤，坡标口岸相对应。距离靖西市只有28公里。

    因为从硕龙口岸到岳圩口岸没有直达车，所以和师姐搭了一辆滴车直奔岳圩镇。从硕龙镇到岳圩镇有65公里，开车大概需要一个小时十分钟。但是由于最近几天广西雨多，再加上路

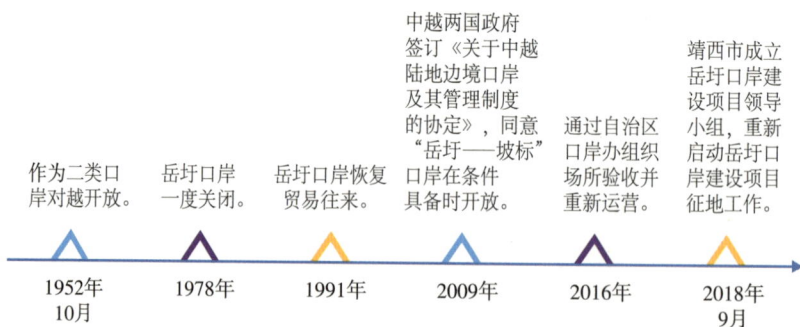

			中越两国政府签订《关于中越陆地边境口岸及其管理制度的协定》，同意"岳圩——坡标"口岸在条件具备时开放。		靖西市成立岳圩口岸建设项目领导小组，重新启动岳圩口岸建设项目征地工作。
作为二类口岸对越开放。	岳圩口岸一度关闭。	岳圩口岸恢复贸易往来。		通过自治区口岸办组织场所验收并重新运营。	
1952年10月	1978年	1991年	2009年	2016年	2018年9月

口岸年份图

岳圩镇入口处的大树

口岸路标以及零公里标志

况不是很好,我们足足走了一个小时四十分钟才到达岳圩镇。

到了岳圩镇以后,首先看见的是一棵参天大榕树,虽然说树下面石头上的字已经很模糊了,但是隐隐约约还是能看出"岳圩"二字。由于口岸就坐落在离镇不到3公里的地方,所以我和师姐找到住的地方以后就顺着大道直奔口岸了。

因为从镇上到口岸有一定的距离,所以这中间还隔着一个屯,叫下勇屯。在路上,可以看到每家每户的门前都有一个小池塘,里面少说也有30只鸭子,还有各种各样的小鱼,仿佛生活在原生态大自然当中。偶尔还会见到阿婆拿着赶鸭木杆在赶鸭,还有一位阿公牵着两头牛赶路。

走到口岸时已是倾盆大雨,所以和师姐在口岸存放车辆处躲了一会儿雨。雨大概下了30分钟左右就停了,来之前听朋友

路边的鸭子以及牵牛赶路的阿公

说过百色这边雨水比较多，但是没想到是一天下两场。此时，我在想如果这雨下在我大西北的沙漠上该有多好啊！口岸上很少有人或拉货的车辆，询问当地海关得知这个口岸现在还是正常运行，只不过由于一些特殊情况，过货仅限于边民互市贸易，其他边境小额贸易、一般贸易等无法开展。据拉货司机的说法可以知道，虽然说是仅限于边民互市，但是很多边民拉的货物都是不合格的，所以他们只能给当地的公司拉货，一车20元。目前互市商品主要有冻虾仁、冻鱿鱼等冻海产品及夏威夷果、腰果等坚果类产品。

除此之外，还遇见了四位退役军人，年龄大概在45岁左右。他们是从南宁过来的，曾经在岳圩口岸工作过，所以这次带着家人来这边故地重游，怀念一下年轻的时光。在他们的眼

岳圩口岸

车辆存放处以及正在等待过关的拉货车和过货通道

里，我看到了对故土的留恋和对曾经的自豪感。他们还表示如果今天回靖西可以载我们去。

与四位大哥告别后，我们去询问了一下当地施工人员。据他们介绍，岳圩口岸要按照国家二类口岸的规模建设，一期建设项目总投资 10238.20 万元，项目总用地面积 2.1886 公顷（合32.83 亩）。主要建设联检大楼、口岸管理区、边防武警用房、查验监管仓库、报关大楼以及其他基础设施。但是由于项目招商工作相对滞后导致工作进程缓慢。确实，我们在现场只看到了一座正在开始建设的查验处理区，其他建筑还未开工。

正在建设的查验处理区

了解完口岸的基本情况我们又沿着公路走回到了镇上。岳圩镇位于靖西市东南部，全镇面积 99 平方公里，辖内有 7 个村，60 个屯，114 个村民小组，1.3 万多人口。岳圩口岸所在的岳圩街共有 8 个屯，16 个村民小组，3202 人。

　　镇上的基础设施较完善，共有103家店铺、两家宾馆、一所小学、一家银行、农贸市场等。镇政府位于农贸市场正后面。岳圩街内有两条河，一条是河段较短的岳圩溪，总长1.98公里，从岳圩街岳屯小龙潭起到上勇屯终止。另外一条是达关河，河段长度为2.18公里，从岳圩街海屯百骨洞起最终流入越南街。这两条小河虽然很短，但是当地的村民对它的感情可不是一两天就能表述完的。

镇政府；小学；农贸市场

　　早上，宾馆的老板娘看我们又要出去，便询问我们的去处。老板娘大概40岁左右，有两个儿子，店里一楼开小吃店，三楼住客，这样可以多挣一些钱。据她自己讲，她以前是在口岸做钢材生意的，但是由于她的货物不合格没办法进出口，所以就没再做了。她还说去年也来了一个老师、两个学生，来观察水

宾馆

质情况，还请老板娘给他们当司机来着。

我们又沿着口岸大道到了下勇屯。全屯大概 100 多户人家，村民们都很朴实，虽然一开始对我们也是有忌惮之心，但是听说我们是学生以后便放下了戒心。路上看到一位阿婆在耕地、除草，因为是在下雨，所以我们便过去询问是否需要帮助，阿婆表示不用，还告诫我们下雨天游玩要小心。进到屯里，我们看到一间用铁皮加苦布建成的房子，便忍不住好奇前去询问，发现里面正在建设。房子的主人说这里是养蚕基地，还表示现在正是养蚕的好时机。

继续往里走，看见一伙人聚在一起聊天。我们也凑了过去，看见两个陌生的女生，几位大叔明显用戒备的眼神看了我们一眼。因为我们在来之前就知道岳圩这边是种植烟草的，所以便

下勇屯街道以及正在建设的养蚕基地

种烟人家的房子

问了一下这边有没有人家是种烟草的。他们说这个屯只有两家种烟，别人都不种的，还给我们指了一下他们的房子。可是走近一看门外只坐着一位年近 90 岁的大爷，因为语言不通所以大爷只对我们笑，无奈我们又返回到了刚刚的地方。他们说不在家应该是去拣烟了。

按照他们指的方向，我们一路走到了烤烟房，一股浓浓的烟味扑鼻而来。于是我们便认定他们在这里拣烟，但是发现两个烤烟房均无人，所以我们决定在这里等半个小时。等来等去也不见有人来，加上又下雨了所以和师姐又返回到了刚刚的地方，给他们看了一下烤烟房的图片，他们表示不是这间还要再往里走。

走了一会儿，有个人和我们擦肩而过，然后听见有人在喊

烤烟房以及正在陪笔者等待的师姐

专门来给我们带路的村民

我们，他就是我们苦苦寻找的种烟者。原来他听别人说有两个学生正在找他，但却找不到，所以专门过来找我们。他表示让我们先去前面的房子等他，他随后就到。原来拣烟的房子就在离烤烟房不到一百米的地方。

　　走到拣烟房看见里面有四个人在拣烟，拣烟顾名思义就是给烟叶分等次，可以分上等、中等、下级二等、下级三等等。四个人是两对夫妻，大约50岁，他们是这个屯专门种烟的两户人家。一家姓何，另外一家姓梁，两家是老乡加合作关系，已经合作种烟十几年了。因为种烟太辛苦，所以村里其他人就算懂得如何种烟也不种了。两家的孩子都已经成家立业抱孙子了，家里现在还有两个90岁高龄的老人，但是他们还是不辞辛苦地种烟叶、种田。

　　他们两家共种40亩地烟叶，有30亩是从别人家租过来的，每亩地租金 300 元。在农历十一月份的时候开始种烟，来年五月份的时候就可以收烟叶了。收烟叶大概需要 40 天的时间，都是人工收的，然后再经过拣烟分等次、烤烟等各个环节，到 8 月份的时候烟草公司就会来收烟的。烟叶按照厚度、完整度来分等次，最好的可以卖到 18 块钱一斤，再下来就是 15、10、6 块钱一斤了。最后留下的残叶有时候会卖给越南人，一斤 2 块钱左右。听到这个价格再想想平时买烟的价格，真是天壤之别。一亩地可以产 2000 块钱左右的烟叶。烤烟需要一星期的时间，烤烟的时候还要注意烟叶整齐度、夹烟量等等。

　　除此之外，田地因为种完烟叶别人就不会再种稻谷了，所以他们自己再种上一点稻谷，供自己食用。收稻谷的时候会请工人来收，一袋 10 块钱的工钱。聊着聊着一看又到下午了，所

拣烟房以及正在拣烟叶的村民

以打算再到别处走走就跟他们告别出来了，他们还很热情地邀请我们吃完饭再走。可能是拣了一上午的烟叶的缘故手上都是淡淡的烟味，极其好闻。

因为有一些资料需要到靖西市的图书馆找一下，所以我们在岳圩口岸待的时间较少，前前后后待了三天，第四天早上就出发去靖西市了。从岳圩到靖西有公交车，每人 10 元车费，大概走 50 分钟。

靖西市作为百色市代管的县级市，以山清水秀的自然风景

靖西市文化馆

靖西市图书馆

靖西市壮族博物馆

靖西市街景

闻名遐迩，更是大多数人们度假的首选之地。当地的旅游景区更是数不胜数，通灵大峡谷、渠洋湖、鹅泉、龙潭国家湿地公园等国家级旅游景区汇集此地，可谓是真正的风水宝地。

到市里以后直接去了当地的图书馆，可是很遗憾，图书馆于 2018 年 11 月 5 日闭馆至今，还未重新开放，所以我们转身进入了靖西市文化馆。馆长莫先生是一位很热情的学者，在他的介绍下，我们了解到了靖西壮族人口占总人口的 99.4%，是壮族人口比例最大的一个县级市，所以也使得壮族的各种习俗得以完好保存。目前为止，壮族"织锦技艺""端午药市""南路壮剧""提线木偶戏""壮族末伦"等都已经先后被列入非物质文化遗产保护名录。

在我们来的路上，也看到公园里的每个角落都坐满了人，有唱山歌、跳舞、练武术的，还有打门球的。来到文化馆也可以看到三楼有专门的排练室，我们到的时候正有一支队伍在排练"末伦曲艺"，排练者中有一位男艺人，其他的都是女艺人，年龄大概都在 50 岁左右。在靖西的每一处都可以感受到浓郁的艺术氛围，仿佛你身边经过的每一个普通人都是民族艺术家，就像我们在图书馆门外看到

在排练厅排练"末伦"；打门球；在公园里唱歌

城中村的建筑

的一位阿姨，竟然是末伦艺人。

靖西市有很多城中村。因为我们来的时候正是农历七月份，所以有很多人在路边卖鸭子，听别人介绍才知道，原来是快要到农历七月十四日了，这一天是"鸭节"，每一家都要吃鸭肉的。当天一早，男的忙杀鸭，女的忙蒸糯米饭、剪裁冥衣，将煮好的整只鸭和冥衣一起摆在神台上，供祭祖宗。全家人等到中午 12 点时便焚烧冥衣，之后进餐。

    在几个地方来回转已经是下午了，所以我和师姐便打消了当天去龙邦口岸的念头，找了一家宾馆住下来，之后打车去了离这里最近的龙潭国家湿地公园。因为当地有很多小三轮车拉客，且旅游业发达，所以出租车的费用较贵，从车站到龙潭有 3 公里左右，收费 20 元，以为是第一个司机乱收费便换了一辆车，没想到第二辆也是。据出租车司机讲，现在出租车都不喜

龙潭公园

欢在市里跑车了，都喜欢跑长途，在市里跑也是不打表的。

不到 10 分钟便来到了龙潭。龙潭国家湿地公园是国家林业局 2013 年 12 月批准的国家湿地公园试点建设单位，主要以水库为主题。公园总面积 186.40 公顷，其中湿地总面积 60.94 公顷。因为受台风的影响每天都在下雨，所以来公园玩的人很少。我和师姐也在公园待了 40 分钟左右便回去了。令人奇怪的是回去的出租车费用竟然是 10 元钱。

通过四天的考察，对岳圩口岸的运营、周边的人文环境以及旅游资源等各个方面我们有了一个大体的认识。虽然说现在岳圩口岸的过货量较少、口岸基础建设还未完善，但是相信在不久的将来，岳圩口岸的建设会越来越完善，达到国家级口岸的规模。在口岸发展过程中可能会遇到各种各样的困难，但相信只要民心相通就一定会克服一切困难的。

硕龙口岸行

莫日根

　　硕龙口岸位于广西壮族自治区崇左市大新县硕龙镇，中越边境第 847 号界碑处，距离大新县城 49 公里。具体的地理位置为北纬 22°49′6″，东经 106°49′18″，海拔 265.3 米，与越南里板口岸相对应。口岸距离亚洲第一、世界第四大跨国瀑布——德天瀑布 12 公里。

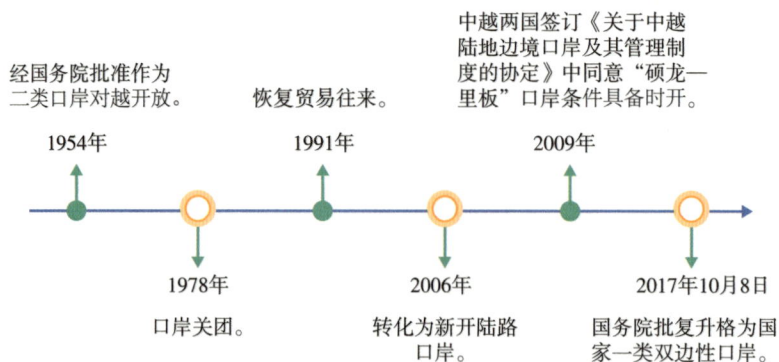

经国务院批准作为
二类口岸对越开放。

恢复贸易往来。

中越两国签订《关于中越
陆地边境口岸及其管理制
度的协定》中同意"硕龙—
里板"口岸条件具备时开。

1954年　　　　　1991年　　　　　2009年

1978年　　　　　2006年　　　　　2017年10月8日

口岸关团。　　　转化为新开陆路　　国务院批复升格为国
　　　　　　　口岸。　　　家一类双边性口岸。

硕龙口岸年份图

　　因为上一站是科甲口岸，所以我们是从龙州县城出发的。从龙州县有直接到大新县的客车，车票为 32 元，大概要走两个小时左右。到达大新县以后，已经是中午两点了，直接到硕龙口岸的客车已经出发了。询问当地人得知，可以坐红色小三轮（每个人 5 元）到达鸳鸯桥，那里有专门去德天瀑布的小客车，会经过硕龙口岸。当我们到达鸳鸯桥的时候客车正要出发，幸好赶上了。小客车可以容纳 19 人，中间途径各个村庄以及硕龙镇，最后到达德天瀑布。根据售票员的售票行为可以看出，从大新县到硕龙镇每个人 15 元，到德天瀑布 20 元。这对于景区车辆来说已经很便宜了。走了一个小时二十分钟终于到达了硕龙镇。

大新县到达德天瀑布的小型客车

　　来到硕龙镇的第一个感受就是"哇！天好蓝！"让我这个来自北方的人都有一种想要留居此地的想法，哎，想想还是算了，因为怕被烤熟了。当然这是一句玩笑话，但是这边的天真

硕龙镇入口处

的很蓝，风景是真的好看，像是生活在一幅画里一样。

硕龙镇位于大新县西北部，距离县城49公里，地处中越边境线，与越南高平省下琅、重庆县隔河相望。全镇土地总面积169平方公里，共有9个行政村71个自然屯83个村民小组，3182户，11893人，其中7个行政村42个自然屯与越南接壤，边境线长37公里，境内有91块界碑831—868号，主要由壮族、苗族、汉族等组成。镇区管辖内有

硕龙镇的风景

国家 5A 级景区——德天瀑布、4A 级景区老木棉景区，一个一类双边性口岸以及三个边贸互市点。

　　硕龙口岸具体位于硕龙镇硕龙社区。硕龙社区是硕龙镇政府所在地，交通便利，旅游业发展情况良好。硕龙社区管辖 9 个自然屯和一个街区分为 8 个小队，共 676 户 2641 人。当地人主要以乡村旅游、种植业为主，主要种植甘蔗、葡萄。社区有甘蔗 600 亩地，葡萄种植 120 亩地。乡村旅游带农家乐 78 家，为当地的村民带来了很多的利益。据当地政府介绍，也有一些人外出务工，全社区大概有 175 个人左右，不过这还是 2018 年统计的数据，近一年的还没统计出来。

　　清光绪年间，广西都督兼边防督办苏元春在筹办边境划界制线任务时，为方便戍边兵卒和路人过往，将名为"弄匪"的荒野辟为集市，命名为"弄匪街"，并将农历三月十五日定为建

硕龙镇对面越南的房屋

街日。集市形成后，苏元春对弄匡街的变化发展特别关注，并将"弄匡街"改为现在的"硕龙街"，取"硕果累累民意丰，龙腾虎跃喜笑容"之意。听当地人讲，在建街日这一天当地的少数民族会穿上好看的民族服饰、还会请专门的舞

笔者与位于硕龙镇的界碑合影

硕龙镇的建筑以及超市内部图

狮团队舞狮、烤金猪、有各种各样的才艺节目以及做一些当地特色的绿色食品，这一天会格外的热闹。

因为旅游业发达，硕龙镇的基本设施较为完善的。镇上的餐饮业有 28 家，大大小小的住宿有 16 家，店铺有 52 家，其中包括小卖铺、理发店、服装店、药店、书店、美容店、五金店等店面。除此之外，镇里还建有一所中学、一所小学、两家银行、两家快递、工商局、卫生所、动物卫生监督所等等。

据当地宾馆的老板（男，50 岁左右）介绍，这边假期的时候会有很多人来，基本每个宾馆都是满客，大多数去德天瀑布的游客都会来这里住宿，因为德天瀑布离这里也不远，再加上这边的房价比较便宜一点，所以假期村民们的收入会比较高一点。除此之外，他还向我们抱怨："你们看这条公路，都是烂泥也不给修，弄得到处是灰尘，也不知道什么时候给修，你们走的时候小心点啊，别掉进去了……"原来这条公路原本是好的，但是因为镇后面的桥被封了，说是危桥还没修完，所以很多拉货的大车就不得不走这条小路，久而

被店家吐槽埋怨的公路

硕龙镇的夜晚

久之这条路就被压坏了。这些大车有从云南到防城港的，也有大新县当地拉货的。

夜晚来临之际，我和师姐打算出去走走，在这之前我们是不敢晚上出去的。因为再怎么说边境地区还是有很多隐秘之处的。但是看到这里人多，再加上晚上的空气又好所以我们也没什么怕的了。到了晚上，街上的人明显比白天的多了，他们都坐在自己家门前唠唠嗑，还有的在广场上打球，让我感觉极其悠闲，可能这也是他们缓解白天疲劳的一种方式。

2019 年 7 月 30 日，农历六月二十五日，今天一上街就感觉到了车辆异常多，人也挺多的，都出现了堵车的情况。跟当地人询问才得知，原来我们正好赶上了当地赶街日，当地的赶街日为农历二、五、八日。这一天会有很多村民把家里的农作物拿出来卖，其中有自己种植的葡萄、自己榨的花生油、自己采的蜂蜜，还有各种水果等等。这一天街上会变得异常热闹起来，据当地人讲大概 11 点多的时候街市就会结束的。

当我们在街上逛的时候，一家卖衣服的摊子引起了我的注意，因为老板是男士却在卖女装。过去询问才得知，原来老板不是当地人是河池人，他一般都会赶这种街日出来摆摊，附近的镇子只要有街日都会过去。因为开个店面比较贵，而且又不能随时走动，这样赶街虽然比较累，但是收入还不错足以维持一家人的生活。据他自己讲，他的衣服都是从南宁进货的，因为从广东那边进货虽然便宜，但是路费太高了。与我们交谈当中来了两批顾客，于是我们怕打扰人家生意又转身逛其他摊子了。

　　到中午时分，我和师姐进了一家名叫"老街土菜馆"的饭店，老板说他们家的招牌菜是野生蚂蚁蛋，还让我们尝一下。这可

热闹的赶街日

让我这个来自北方的人犯难了，左思右想还是算了，所以我们点了一盆野菜汤和一盘红烧肉，价格还算是公道。据老板介绍说，蚂蚁蛋都是生长在树上的大蚂蚁所生的，有丰富的蛋白质和氨基酸，可以提高免疫力，但是蛋白质过敏的人是慎食的。除此之外，还向我们介绍了来

店内挂着的奖状以及野菜汤、蚂蚁蛋图片

到当地必吃的招牌菜：香煎河鱼子、鱼骨、虫宴、黄姜土鸡汤、假蒌包肉、越南春卷、竹筒香肉、野生青竹鱼等等。店内挂着很多奖状："2014年大新美食大赛荤菜类铜奖""2014年大新美食大赛小吃类银奖""2014年大新美食大赛汤品类银奖"、大新县硕龙镇"爱心援助，助力脱贫"公益助学活动爱心企业等各类奖品。看到爱心企业的奖状问老板是关于什么类型的时候，他说："就是给贫困户、贫困学生资助的一个项目"，也没有做过多的解释。这让我感觉到这家店可能不单单是为了盈利而经营，或许还有很多其他的想法。

逛完集市、吃完饭，我们进入了此行的主题，打算去拜访一下主角——硕龙口岸。口岸现位于硕龙镇最东边，当前正在建设时期。由于硕龙口岸现址受自然地理条件制约，所处地域四面环山极为狭窄，可用于口岸建设的土地面积仅为30亩，与越南里

板口岸连接的通道宽度仅有 38 米，在很大程度上影响了口岸的正常发展。所以口岸按照"一口岸、三通道"的发展规划布局，在现有的口岸区域基础上，扩大开放到岩应通道和德天通道，划分为硕龙旅检通道、岩应货物通道、德天跨国旅游通道等三个功能区，口岸总体规划为以国际出入境旅游业和一般贸易为主。口岸基础建设按照国际性口岸的配套规模进行规划建设，设计通关能力为客运量 100 万人次 / 年，货运量 100 万吨 / 年。

大新硕龙口岸工程，现由华蓝设计（集团）有限公司和青建国际集团有限公司共同建设。第一期工程规划用地面积 15131 平方米，建筑面积为 13654 平方米。主要建设内容包括

正在建设当中的硕龙口岸

旅检大楼、变配电房、消防泵房、消毒水池、配药间、监护岗等基础建筑，除此之外还配备水、电、弱电、电信、环卫工程等公共配套设施。

了解完正在建设的硕龙口岸，我和师姐打算去看一下岩应通道，但是无奈已是傍晚，所以决定第三天一大早出发去岩应通道。

第三天早上，我和师姐吃完早饭已经是 8 点半了。在路上差不多等了 1 个小时，但是始终不见有客车来。看了一下地图，发现从硕龙口岸到岩应村有 10 公里，所以我和师姐咬咬牙决定走过去。但是走了一小会儿，才发现原来这段路走起来还是挺美的。路边每隔一段就会见到一大段的瀑布倾泻而下，还有各种各样的农家乐会向你招手，更有一大片一大片的葡萄种植园

从硕龙镇到岩应村路上的风景

展现在你的面前。路上也偶尔会见到卖葡萄的阿姨在摆摊，她们的价格很公道，一斤葡萄6—7块钱，这跟市里一斤18元、县里一斤10元的葡萄来说已经很便宜了。我们也忍不住一人买了1斤左右的葡萄，边吃边观赏路边的风景。葡萄是真的甜、风景是真的好看。尤其是对于像我这样从小生长在沙漠里的人来说，简直是享受。

路上摆卖的葡萄

葡萄种植园

就这样，我和师姐本来打算一直走下去，但是我们发现，我们还是太高估自己了，虽然说10公里听起来不是很远，但是走起来还是挺累的，再加上广西7月份的天气是真的热。大概走了3公里左右，终于有一辆银灰色客车向我们慢慢驶来，我们很没骨气地连价格都没问就直接上了车，奔向我们的目的地。

车还没走10分钟，就到了岩应村，就这样10公里的路我们前前后后走了两个多小时才到达。相比硕龙镇，岩应村就显得荒凉多了。岩应村位于硕龙镇东南面，毗邻越南下琅县，辖

岩应村街景以及拥有准载证的三轮车

5 个自然屯，共有 269 户，1030 人，耕地面积为 1408 亩。

因为走得有点累了，所以我和师姐决定找家店休息一下，顺便跟当地的人混个脸熟。

我们走到了一家奶茶店，但是关门了，所以我们在外面的凳子上休息了一会儿。正好碰上邻居家坐在外面吃午饭，所以我们过去跟她唠了一会儿嗑。这位阿姨大概 50 岁左右，据她讲这边的互市点从年后就没出过货物。以前有货的时候家家户户都会开着小三轮去拉货。如果货物多的话一天能拉到 4 车左右，如果货物少的话一天只能拉到一车，每车能挣 15 块钱。除此之外，我们还从她的言语中了解到，这个村子大概有 30 户，共 6 个姓氏。每到初一、十五每家每户都会烧香祭祖，这里的人家都会把祖先的姓氏写在祭祖牌上，以求保佑。休息了一会

路边辛苦劳作的村民和师姐捡到的六旺子以及长在树上的木瓜

儿，询问了去往互市点的方向，我和师姐又继续赶路了。看到路上的树都长满了果子，便询问师姐是什么果子的时候，师姐说："师妹，你怎么了？这是木瓜啊，又叫夏威夷果，师妹你都不认识木瓜吗？"额，好吧，此刻我的内心独白是"我是北方人，我不知道木瓜是长在树上的。"

互市点在岩应村底屯，距离岩应村大概有3公里。在路上，我们看见很多大叔坐在河边钓鱼，起初他们看见我们以为是越南的，所以没有说话。当我们过去跟他们用本地方言搭话的时候，他们表示互市点那边很荒野，让我们别去了。但是我们还是没有听劝一股脑地往前冲了。

确实，当我们到达岩应互市点时，看到的是建筑工程的几件彩钢房以及两个货车通道，还有几位施工人员。当我们再往

笔者在岩应通道建筑口的合影以及现有的货车通道

里走的时候遇见了一位守门人，听他的口音不像广西人，询问得知是河南人。他表示不能再往里面走了，所以我们又凄惨惨地走回了岩应村。来来回回大概用了1个多小时，到达村庄之后打算原路返回硕龙，但是无奈天气不给力加上又没车足足等了4个小时，才等来上午那辆银灰色的小客车，当看到车的那瞬间感觉像是走在沙漠中又渴又累的时候突然眼前出现一户人家一般，让我对这辆银灰色客车的热爱又多了一份。

就这样，在硕龙口岸前前后后待了4天的时间，也记录下了口岸目前建设的实景。距离口岸行结束还有一天，我们计划前往德天瀑布。

从硕龙镇到德天瀑布的车很多，车票为5—10元，大概走20分钟就到了。到达大门以后，首先要买票，成人票80元、学生票40元、1.2米以下儿童及凭借军官证残疾证可以免票。从买票处到观光处有8公里左右，所以还要再坐车到达检票处。沿途当中可以看到很多的竹排、商店，听同行的游客说这里夜晚相当热闹。

德天瀑布售票处

　　大概走了 20 分钟以后终于到达了德天瀑布所在地。德天瀑布因地处于广西崇左市大新县硕龙镇中越边境的德天村而得此名。整个瀑布宽 120 米，分三级瀑布，垂直高度达 60 余米，是亚洲第一、世界第四大跨国瀑布，年均水流量约为贵州黄果树瀑布的 3 倍。

　　2018 年国庆黄金周期间，德天瀑布景区单日接待客数量最高达 2.6 万人，比历年单日最高接待量多出 4000 人。同年成功晋级为国家 5A 级景区，是崇左市第一个国家 5A 级景区。

德天瀑布景区外的建筑

隔着围栏卖东西的越南妇女

从检票处进去以后，一路沿着瀑布上行。因为与越南只有围栏之隔，所以很多越南妇女隔着围栏在卖东西。

再往里走，可以看到德天跨国水上贸易集市。它坐落于德天瀑布核心景区 2 号游船码头归春界河之上，占水域面积约 150 平方米。当地人称该集市最大限度地展现了边民生活景象，为游客提供了中越边民水上贸易集市的场景体验，是目前全球唯一一个水上跨境的贸易集市，是德天瀑布景区内一道亮丽的风景线。这里可以品味最原生态的边关风情，与越南边民零距离接触。如果想要近距离近感受瀑布的壮阔，可以在此乘坐竹排近前游览。

第一个映入眼帘的是三级瀑布，瀑布宽约 140 米，落差 16 米，是最雄伟壮阔的一级。从远处看上去只见水流从上咆哮而

德天跨国水上贸易集市

近距离感受瀑布的游客们

三级瀑布壮观的场面

下，跌入归春河，水声轰鸣，蔚为壮观。离瀑布越近，耳边只有河水冲坚石的声音，让我不禁感叹人类在大自然面前如此渺小，一股敬畏之心油然而生。

扶着楼梯再往上走就是二级瀑布，瀑布宽约 100 米，落差27 米，负氧离子浓度每平方米高达 20000 个。在这里可以与瀑布近身接触，观银珠落滚，听山呼海啸。这种身临其境的体验是极其难得的。

迎面而来的二级瀑布

走到最上面，在这里可以看见落差最大的一级瀑布，瀑布宽约 75 米，落差约 36 米。从远处看上去犹如天际泄下，随风飘逸，走近一看流水蜿蜒曲折，不同于之前的波澜壮阔，呈现出一种清秀空灵之美。

观赏完瀑布，到顶端的时候看见中越小商品边贸集市，也

一级瀑布

被称为跨国集市，是中越两国边民自发形成的边贸互市点，面积约2000平方米。在集市上琳琅满目的小商品，从干果、零食到香烟、香水、红木手镯、金银首饰应有尽有。无意间还看到一个中国游客买了5双越南拖鞋，还与越南商人用中文讨价还价，场面极其热闹。

边贸集市以及售卖的商品

在下山路上拍的瀑布全景图

到达瀑布顶端，逛完集市很多人会选择坐观光车回到检票处。但是这时候不管有多累建议都不要坐观光车，因为下山的路才是真正的瀑布观景台，可以更清楚地看见瀑布，也是最佳的拍照地点。

在下山途中经过友谊石，看到友谊石的简介才得知原来是为了纪念中越青年大联欢才特此

友谊石

立下"友谊石"的。中越青年大联欢是从 2010 年开始举办的，每 3 年举办一次，旨在推动中越两国青年增进了解、互相交流。2015 年 12 月 23 日至 24 日，中越 131 名青年相聚在德天跨国瀑布，开展了一场以"相约未来·助力旅游合作"为主题的"中越边境青年友好交流活动"。

就这样，我和师姐又在不知不觉中走回到了最开始的检票处，观赏完德天瀑布感觉连日以来的疲惫在观赏途中被丢之脑后。

终于，通过这几天的观察我们对整个硕龙口岸的现状有了一个大概的认识，相信在不久的将来，硕龙口岸会依靠得天独厚的旅游资源以及边贸经济迅速地发展开来，给当地的边民带来意想不到的效益；也相信，在不久的将来硕龙口岸的基础设施会越来越完善，口岸大道的这条公路也会随之被修建，口岸道路泥泞的问题也将得到解决。硕龙镇是一个值得让人回忆的小镇，尤其是它那蓝得透彻的天空。

科甲口岸行

钟媛婷

结束对平而关口岸的调研之后，便踏上前往科甲口岸的旅途。平而关口岸与科甲口岸相距78公里，自驾车约2个小时。我们从平而关出发，搭车到凭祥再到龙州县，在龙州汽车站等到15点终于有车到科甲口岸。我们对新的口岸满怀期待，路程虽颠簸，但有美景相伴。路上经过大片的甘蔗、香蕉、火龙果种植基地，按捺不住心中的喜悦。傍晚时分，我们到达科甲口岸。然而，我们遇到麻烦，科甲街附近方圆十里都没有住宿，无奈之下，只能回去龙州县城，这时已是傍晚，无班车出城，龙州至科甲路段班车运行的时间是7点15分开始至19点15分都有车，沿途经过上龙乡和武德村，从科甲至龙州县16点左右已经是最后一个班次。在朋友的帮助下，我们安全回到龙州县。

这是第二次到龙州县，第一次是2019年2月份，时隔半年，像似老朋友再次见面，感触格外多。龙州，古为百越之地，人

甘蔗、火龙果、香蕉种植基地

杰地灵，文化氛围浓重，历史悠久，天琴文化即源于此。天琴文化是古骆越文化的瑰宝。天琴是壮族最具特色的一种古老弹拨乐器，长 75—120 厘米不等，由琴杆、琴筒、弦轴、琴马、琴弦组成，因其发音特点而被当地称为"叮"或"鼎"，至今已有上千年的历史。天琴主要的表演形式是，天琴弹唱人一袭黑长袍，多为坐姿，手捧天琴，脚趾悬挂铃铛，在拨弦出旋律的同时，和着悠扬动听的歌声。天琴文化集乐器、乐曲、唱歌、舞蹈、展演等物质文化和精神文化于一体，具有深厚的历史文化内涵，龙州起义即发生于此。

第二天一大早，与师妹出发至科甲街，询问几个路人科甲口岸怎么走，没人愿意告诉我们，人们出奇冷漠，以至于我们怀疑我们到底犯了当地什么禁忌，终于在一家杂货店老板的指路下，我们沿着科甲街向北出发，往右边走，再沿着不知名的小路，到了科甲口岸。在朋友的带领下，我们进入了口岸参观，口岸各个部门齐全，所占地面积大。因为禁止拍照，我们遵从规定，没有拍照。行至界碑处，便拍了几张。

科甲互市点位于中越 912 界碑处，武德乡境内，与越南高平省下琅县下琅口岸相对应。科甲口岸位于武德乡科甲村，是

界碑背面是越南边防部队的房子

武德乡人民政府所在地。其地处龙州北部、东接金龙镇，南通
上龙多、西临水口镇，北有陆路直通越南高平省下琅县，距龙
州县城 35 公里、距中越边境线仅 1.5 公里，距下琅县城仅 17
公里，四面交通便利，一条龙州到科甲的二级公路已建成投入
使用，区位优势明显。科甲口岸在新中国成立后曾开辟为通商
口岸，于 1992 年经国务院批准为国家二类通商口岸。2014 年
之前，科甲口岸作为季节性开放口岸，为跨境种植甘蔗入境互
市贸易提供便利。2015 年起，科甲口岸为适应新要求进行基
础设施升级改造，于 2017 年初暂停运营，2018 年 10 月 23 日，
互市验货场通过自治区级验收，并在 2019 年春节前完成验收并
提出问题的对标整改，具备正式恢复运行的条件。投资 1.5 亿
元的科甲边贸城已经建设完工。新的边贸城包括验货场、交易
场、仓库、商铺等功能区已经建成。2019 年 2 月 11 日，在春
节假期后的首个工作日，龙州县联检部门及口岸管理部门正式
恢复对科甲互市点驻点监管，当天完成参与互市边民身份信息

备案登记 700 余人，标志着科甲互市点正式恢复开通运行。进出口商品主要有玉米、黄豆、恍椰树、水果、饲料、日用杂货等，是中越双边贸易的一个重要枢纽。

科甲口岸恢复运行的当天，首批 10 车跨境种植的甘蔗约120 吨从科甲互市点通关进入龙州县，标志着科甲互市点正式恢复货物通关。科甲互市点恢复运行，将为武德乡、金龙镇 4.9 万边民参与互市贸易实现增收提供载体，将为推进武德乡口岸经

科甲街道

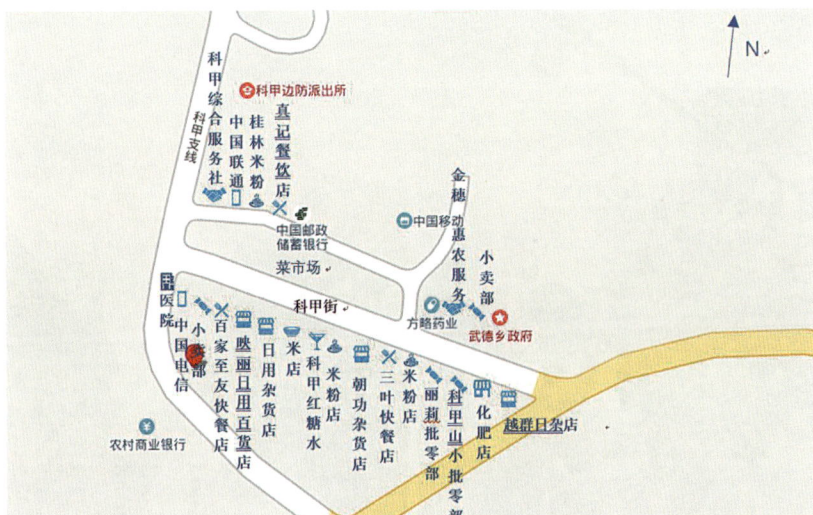

科甲街商铺简略图

济快速发展、实现"富民兴边，贸工旅强乡"的战略目标起到不可估量的推动作用。

　　结束对口岸的调研，我们前往科甲村委以及武德乡政府了解当地边民的一些基本情况。从村委介绍中得知：科甲村有16个自然屯974户4009人，耕地面积9120亩。全村设有9个党支部，现有党员91名，其中女党员25名，60岁以上老党员30名，长期外出党员3名，正在培养发展对象2名。

　　科甲街道上有27个商铺，有日用百货、餐饮服务以及卫生所药店等，并没有住宿酒店，商铺的经营都是本地人，一楼商铺，2楼以上为住宅区。这与口岸发展的程度有关，口岸发展的程度越高，越多外地经商者来此经商，反之亦然。

　　第三天过来科甲口岸，正好是周六，每逢二五八为科甲街街日，街上来来往往，赶集人的很多，以中老年和小朋友居多。当地人说恰逢街日，越南人会过来赶街，购入一些生活所

街上赶集的人

需品。

　　街上出售的商品包括生活用品、日用百货、服装、零食和水果蔬菜等，基本都是满足生活所需的必需品。而水果和蔬菜是当地居民种植的，以应季水果蔬菜为主，比如香蕉、火龙果、葡萄、龙眼、番石榴、空心菜、番薯叶等，自产自销，卖相不太好，但是纯天然，无公害，而摆摊多是女性，40—50岁中年妇女和70—80岁的老年人为主。

　　在街上与妇女、店家访谈至下午，我们打算去村里了解情况，我们开始沿着二级路往保卫村方向走。路上，我们遇到一名淳朴的阿姐，她从科甲街嫁到上布屯，经过一片甘蔗地，阿姐和我们炫耀：这是她种的甘蔗。她说她身体好，经常干农活。

街上出售的商品

当地边民自产自销的应季蔬菜水果

从她口中得知：她妈妈是越南人，年近 90 岁，她已经 60 岁，身体硬朗，种有 5 亩甘蔗，1 亩水田，糖季糖厂收甘蔗 500 元一吨。问及其越南亲戚是否会过来帮忙砍甘蔗，她说她的舅舅怕被抓，不敢来帮忙，但是过年会相互走访，今天街日，她的亲戚也会到科甲街赶街。

阿姐热情邀请我们到她家做客，她家楼房三层，家里有家具和一些基本的现代电器，与村子其他人家相比，并不算富裕，但是生活还可以。儿子和媳妇外出至广东打工，一年才回一次，留孙子孙女给她和她爱人照顾。她家里面供奉着祖先，每个月会上香两次，以纪念先祖，保佑平安。

时至下午，我们该启程回龙州，与阿姐寒暄几句，阿姐送我们刚刚摘的香蕉，香蕉是自然熟的，比较甜。

我们计划第四天到附近的景点欢来谷了解当地旅游业的发展情况。一大早我们便出发了，下车之后，我们从科甲街步行到欢来谷，全程 2.3 公里约需 40 分钟，行至保卫村，准备到目

阿姐种植的甘蔗

覃家媳妇，即通行的阿姐

覃家先祖牌位

的地，我们遇到些人为的不安全因素，就和师妹一路狂奔到路口，被吓得不敢再来了。这个景点建设情况，我们并没有实地调查了解，据资料显示：欢来谷乡村旅游区是由枯贡村民自发成立集观光旅游、生态农业为一体的农民专业合作社组织建设运营的。合作社共吸纳全屯123户515人分两次集资128万元投入，其中45户吸纳贫困户180人，合作社致力打造成一个休闲养生的旅游胜地，带动宜居乡村建设，助力脱贫攻坚。欢来谷乡村旅游区位于龙州县武德乡保卫村枯贡屯，紧邻两个国家口岸（水口一级口岸和科甲二级口岸），与越南下琅镇接壤，距离龙州县40公里，周边有弄岗国家级自然保护区千年蚬木王、金龙美女村、大新明仕田园、德天瀑布等，交通便利，有沿边

中间的房子为阿姐家

公路穿村而过。因为天气原因，而这一天就只能早早回去龙州县，打算第五天去县里图书馆和文化宣传中心以及档案馆查询一些口岸志写作所需的资料。

科甲口岸的调研比较粗糙，因为当地人的警惕心理以及该口岸恢复通关时间不久加之周末不通关的原因，我们对于该口岸的了解并不

阿姐送的香蕉

够翔实。由于发展程度不够高，口岸上基本都是本地人，对比其他一类口岸，口岸的商业化程度较低以及目前口岸还未出现分工明确的各职业群体，例如卸货工、司机、卖证人等。相信口岸在未来的发展会越来越好。

水口口岸行

钟媛婷

从兰州搭乘 K886 次火车，一路晃悠到南宁，再去琅东客运站搭车到龙州县。此行的口岸位于龙州县西北部的水口镇。初到龙州县，一切都觉得新鲜。龙州县有中国"天琴艺术之乡"的称号，师姐解释道："龙州县是天琴的起源地，天琴为单弦乐器。"到龙州县，已是深夜，安顿之后，便去觅食。

一、天琴艺术、美食遍布的龙州

龙州当地特色的美食街，汇聚了各地的美食，北海的生蚝，特别美味，肉多且嫩，蒜香弥漫其中。炒粉、炒螺、各种烧烤值得一尝。田螺鸭脚煲也是广西特有的美食，其起源于广西柳州，是人们追捧的美食，带油皮炸的鸭脚和肉质紧实的田螺在浓郁的汤汁下煲得入味，就着上头的紫苏与香菜一同入口，一

龙州县的特色小吃一条街

股新鲜的香辣味袭来，味道鲜美，尝而不忘。在兰州，时常想念广西的田螺鸭脚煲。

　　到龙州旅游必带的特产就是龙州沙糕。龙州沙糕历史悠久，源于民间，由糯米和白糖制作而成，用粉红纸包装，寓意来年生活甜甜蜜蜜、日子红红火火，具有浓厚的地方特色和民族特色。沙糕选用下冻香糯米为主料，白糖花生油为辅料精制而成。品种多样，有莲蓉、冬蓉、豆蓉、豆沙、芝麻蓉、什锦蓉、花生等多种口味。质地细嫩柔软，口感滋润，绵绵的感

龙州沙糕

觉，食而不腻，香甜可口，是馈赠亲友、居家旅行的上佳食品。传统的龙州沙糕不仅仅是一种食品，还是本地饮食文化的代表性符号。

此外，桄榔粉、山黄皮果也是龙州的特产。桄榔粉采用桂西南深山丛林中特有的桄榔树加工制作而成，是森林营养食品中之珍品。

二、广西最早的对外通商口岸

第二天一大早，随同 LPG 一起前往水口口岸。水口口岸因两条河（水口河与岣桂河）交汇而命名。水口口岸于 2016 年获国务院批复为国际性常年开放公路客货运输口岸。它距离龙州县 34 公里，元宝路与 319 省道交叉口西北 100 米，位于龙州县西端，水口镇境内，与越南高平省复和县驮隆口岸仅一河之隔。

水口口岸，偶尔有些人过境

它同时是广西最早的通商口岸、广西对外开放四大公路口岸之一，也是中国进入越南及东南亚国家最便捷的陆路大通道。

也许是离其他口岸不远的原因，大概是进出口货物限制因素多，这里略显冷清，没有人来人往的繁华景象，和东兴、友谊关这些国际性大口岸不能相提并论。水口口岸是广西最早的对外通商口岸，于乾隆五十七年（1792）即对外开放，在中国与越南外交史上占有重要的地位。1978 年曾一度关闭，1993 年 12 月 1 日，水口口岸正式恢复开通。水口口岸自恢复开通以来，进出口贸易额和贸易量逐年增长。2014 年该口岸进出口贸易总额为 39.2 亿美元，贸易总量为 37.9 万吨，出入境车辆 69040 辆次。2015 年，水口口岸进出口货物量 14.44 万吨，进出境人数 50.77 万人次，出入境车辆 12895 辆次。近年来，龙州县委、县政府实施"富民兴边，贸工强县"的发展战略，积极筹措资金，加大

了对口岸基础设施的投入，先后建成了水口口岸验货场、水口
互市区、水口口岸物流园、龙州至水口二级路等，完成了水口
口岸大道扩建及亮化工程、水口口岸联检楼改扩建工程，大力
推进水口口岸项目建设"1234"工程，水口东西南北主轴大道路
基基本完成，其他项目正加快推进。通边路网建设取得重大进
展，崇左—水口高速公路列入全区"县县通高速公路"建设方
案，明确2015年开工建设；湘桂铁路南宁至凭祥扩能改造项目
列入自治区"市市通高铁"计划。加快水口污水处理厂、自来水
厂等市政基础设施建设。同时加大招商引资力度，引进建设了昆
仑验货场、水口鸿基商贸城、水口顺天边贸城等一批项目，口
岸服务功能进一步提高。口岸贸易货物主要有腰果、坚果、水
产品、铁矿、日用品类。在水口边民互市点，经常看到满载坚

水口边民互市点

果类、水产品的小三轮车进入中国，主要是鱿鱼、核桃等商品。

水口边民互市点有些许的冷清，里面的商铺抑或装修，抑或旺铺转让。2015 年水口互市点升级为水口互市区，管理更规范、服务更便捷、互市贸易更繁荣，更多边民走上靠"边"吃"边"的致富之路。

水口所在的水口镇，全镇面积 211.34 平方公里，辖 10 个村委会，1 个居委会，120 个自然屯，全镇人口 2.1737 万人，镇区常住人口 0.996 万人，主要居住着壮族、黎族。镇上的经济作物主要有甘蔗、木薯、香蕉、果蔗等。随处可见大面积的甘蔗，又叫竹蔗，因为外表的颜色似竹子，顾名之。这里的甘蔗主要用于榨糖，糖厂每天需要多少甘蔗榨糖，会向蔗农发糖票，按片区收割，既便利村民，也便于糖厂采购生产。另外，临近过年，村民正在准备着包粽子的材料。壮族包的年粽别具一格，类似圆锥形，首先用三张叶子卷出圆锥体的形状，接着放入糯米，用新长的竹子捆紧，然后两个米粽用竹绳连在一起。笔者尝试做粽子，没想到看起来容易，做起来难。

正在包年粽的村民

三、为"边境哨兵"建新家

按照异地搬迁脱贫的要求，水口镇统一规划建设扶贫移民安置点，建设水口镇共宜新村，引导全镇危旧住房、增收困难、有劳动力的建档立卡贫困户搬到边贸新城。贫困户除享受 0—3 公里范围内边民每月 130 元的补助外，还可通过参与边贸增加收入，拓宽增收渠道。同时，依据贫困程度，由政府财政给予贫困户购房或建房人均 2.6—3.4 万元的差异化补取，并配套出台金融、土地、用电等优惠政策，以及后续管理、社会保障、公共服务等制度机制，降低搬迁初期贫困户生活成本，确保搬迁不丢农业户口、不丢原有农地、不丢农民福利，让边民自愿安心搬到边贸新城、住上新楼，成为留

广西龙州边境经济合作区规划模型

笔者在龙州边境经济合作区展示厅留影

住搬不走的边境哨兵。目前，共宜新村一期 100 套安置房已建成入住，该镇上灶村 45 户全部住进小洋松，整村实现脱贫致富；同时也起到借边发展，靠边吃边，稳边固边，兴边富民的积极作用。

与内地的村庄房子有所不同，边民建筑的房子别具一格，风格独特，一栋栋小别墅、小洋楼拔地而起。

镇上村民的房子

四、边贸扶贫，边民逐渐走向富裕之路

　　水口镇通过"党员＋民＋贫困户"模式，实施"边民参股、集体经营、贸工结合、规范管理"，将边民编成互助组，每个边民互助组规模为 20—30 人，每个小组吸收 5—8 个困难边民入组，通过组织组员参与边贸、物流，发展口岸互市贸易，带动边民享受边贸扶贫实惠，提高了边民的实际收入，加快了边民脱贫致富。水口镇共组建互助组 150 个，组员共 6400 人，组员通过互助组分红方式平均收入 15—20 元／天，通过参与运输收入 100 元／人／天，装卸收入平均 80 元／人／天；互市贸易劳务收入约 90 元／人／天，组员年人均增收超过 2100 元。2016

到处都是扶贫的标语

年 1—9 月水口互市区参与互市贸易的边民累计有 426987 人次，参与互市贸易红利收入 524 万元，运输收入 1050 万元，装卸工收入 225 万元，劳务服务收入 188 万元。通过有序参与边贸，既鼓了边民"钱袋子"，更增强了他们驻边、守边的决心和信心。

此外，水口镇充分发挥水口口岸列为进口坚果、粮食、水果、冰鲜水产品指定口岸的优势，大力发展进口产品边贸落地加工业，引导扶贫移民搬迁群众参与边贸加工增加收入。目前，落户水口镇的外贸企业、加工企业、物流企业，已为边民提供管理员、业务员和办公文员等 200 多个工作岗位，月工资为 2000—8000 元不等；为妇女老人提供从事坚果分拣、夹果、清洁等 2000 多个工作岗位，每人每天工资从 50 元到 100 元不等。

广西民之天食品有限公司

2016 年，国务院同意批复水口口岸从双边性口岸升为向第三国开放的国际性口岸。但是在人流量、进出口贸易额、基础设施建设等方面，通过与友谊关、东兴口岸对比，明显发现水口口岸离真正的国际性口岸还有一定的距离。但不可否认的是，口岸提高了边民的收入，增加了边民的"钱袋子"。随着口岸各项基础设施的不断完善和口岸经济的不断发展，服务水平的不断提高，管控能力的不断增强，边民安居乐业，边境安全稳定，邻邦友好交往，水口口岸已成为中国与越南以及东南亚国家进行政治、经济、文化、旅游交流的一个重要窗口。

平而关口岸行

钟媛婷

在结束爱店口岸的调研之后，我们从爱店镇启程，前往平而关口岸。在凭祥提起友谊关人尽皆知，而平而关鲜为人知。地处广西凭祥市的平而关是南疆边防要塞，与友谊关、水口关合称为"桂三关"。坐上从爱店前往宁明县的出租车，之后从宁明县换乘大巴车至凭祥，再搭乘黑车到达目的地——平而关口岸，三段换乘历经三个多小时，舟车劳顿，找到住宿已是下午时分，稍作休息，待雨停，便到平而关货场参观。

一、平而关口岸

2014 年，凭祥市引进金海岸投资有限公司，建设凭祥市平而关口岸管理和货物监管中心项目。时为淡季，货场空旷，货物稀少，雨后更是空无一车。

平而关口岸的货场

货场全景

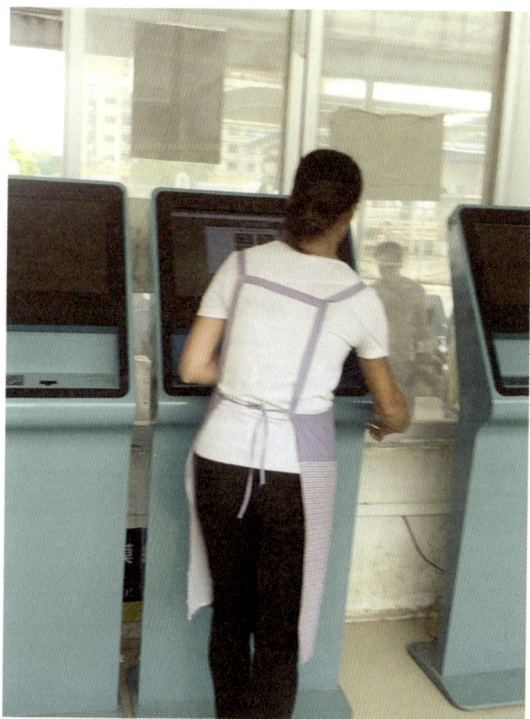

正在用身份证进行货物申报的村民

货场的旁边是无纸化申报厅，村民在自助进行申报进口货物，操作简便。互市系统边民申报流程分为7步：在"边民申报系统"选择指纹申报，选择进口商品申报，指纹验证，进入申报界面选择"新增商品库商品"，搜索所要填写的商品名称，选择商品，填写申报要素和车辆号码，即申报成功退出系统，用身份证申报同理。在申报厅观察边民申报货物，每一单申报迅速，不超过5分钟，大多数边民选择用身份证申报。

申报厅外面坐满了等待摁手印的边民，他们年龄大约60岁左右，每天9点等待摁手印，用当地人的话来说就是"卖证"，他们每天运气好，等待时间稍短，然而很多时候，需要等上大半天，相当于闲时聚在一起聊聊天，顺便挣点生活费。

我们沿着箭头通向码头，一路泥泞，坑坑洼洼，时不时遇到呼啸而过的面包车。

码头附近整齐停有约30辆等待装货的面包车，司机们下车成群闲聊，他们今天主要是过来拉香菇和坚果类。从司机口中得

等待摁手印的边民

知，他们拉一车货工钱为50块，按顺序排队，谁先来谁先拉货，货物较多的时候，一天可以拉十来车。这些司机有着多重身份，既是边民，又是戍边人。

码头上的越南妇女在船上正在忙着卸货，船尾对车尾紧密对接，场面嘈杂。

通向码头的泥路与面包车

平而关口岸是凭祥市唯一一个既可以陆运又可以河运的口岸，东经106°42′11″，北纬22°12′59″，海拔高度149米。位于凭祥市西北端，中越

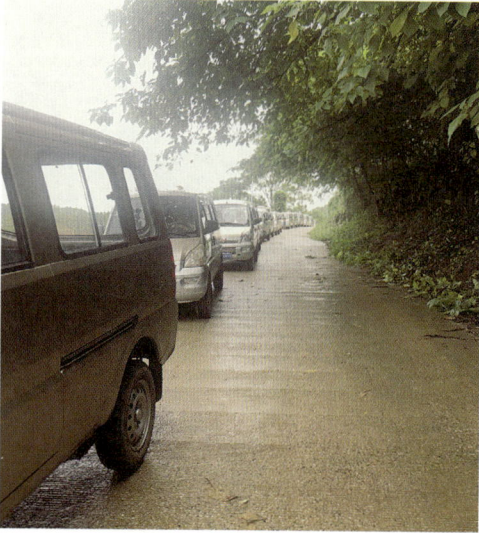

排起长队的面包车

码头上货物交接的场面

码头的对面为越南的口岸管理机构

边境 1036（1）号界碑处，距凭祥市区 23 公里，西南面与越南隔河相望，与越南平宜口岸对应。1979 年一度闭关，1991 年恢复贸易往来。2009 年中越两国政府在签订的《关于中越陆地边境口岸及其管理制度的协定》中同意"平而关——平宜"口岸在条件具备时开放。该口岸目前只有边民间的小船通航，口岸规模很小，以边民互市为主。2013 年开工建设了平而大桥，该项目投资 2000 多万元，目前已完成主体工程，平

平而桥已经建成，尚未通车

而关口岸将改变船运车拉的窘境，通过大桥实现两国货车零接驳。然而桥虽建好，至今仍未通车。2013 年，该口岸进出口货物 0.24 万吨，出入境人员 3.16 万人次。

　　沿着平而桥往前走，爬山便到 1035 号界碑处。一大早，黄先生带我们到 1035 号界碑处，清晨空气清新，站在山上，平而村和平而河的景色尽收眼底。

平而村全景

笔者在 1035 号界碑处留影

二、平而界河

在阳光照耀下，波光粼粼，微风徐来，水波不兴，平而河平祥安和，滋润着这片土地，孕育着这里的人民。

平而河，古称松吉河，属珠江水系，源于越南北部山区寿替，上游为越南奇穷河，南北走向，流经平而村 7 个自然屯，平而河是凭祥市与龙州县对外贸易的重要航道。

平而河风光秀丽，四季如春，宁静而安详，沿岸 3000 亩竹林常年葱翠，孕育着黄花梨、沉香、柚木等大批珍贵苗木的繁殖，全村森林覆盖率达 83%，是珍贵苗木种植基地。

"平而"在历史上很有渊源，"平"是平祥和谐的意思，"而"是代表水草非常茂盛的地方，"平而"寓意是一个枝繁叶茂、物产丰富的地方。

平而河的对面是越南

三、平而村

第二天，我们打算到村子里进行实地调查，在村委冯主任的帮助下，我们对村子有了一定的了解。

友谊镇平而村位于凭祥市西北面，与越南长定县桃园乡北览村隔河相望，因平而界河而得名。全村下辖 7 个自然屯，333 户，1335 人，其中壮族占 97.8%，是典型的少数民族聚集村。村党总支下辖 7 个党支部，党员 50 名。平而村水资源、旅游资源丰富，但耕地面积较少，其中水田 320 亩，畲地 388 亩，林地 9600 亩，人均水田面积不足 0.3 亩，主导产业为边境互市贸易、特色种养等，2018 年边民人均纯收入已突破 7500 元。

平而河

平而村的房子别具特色，小别墅鳞次栉比，错落有致地耸立于山水之间……走进平而村，浓郁的民族风情扑面而来：统一规划设计的房屋立面融入了壮锦、铜鼓等元素。村里整齐有序，干净整洁，村中的垃圾每天都有人负责打扫，在村里没有看到随地扔垃圾、倒垃圾的现

平而村的小别墅

象，这在其他村甚是罕见。房子由政府统一规划，每一户补贴5万元左右，大多数村民建三层楼高，经济条件欠佳的，选择建两层或者借钱建房，从规划到建好，历时一年之久。

　　我们以平而村为据点，打算从中抽取 10% 户数即 30 户作为实地调查的样本，具体访谈村民的经济收入、边民的生活以及口岸的建设对其辐射作用。然而，在第一次进入村子的时候，我们就遇到困难，边民极其抗拒我们，认为我们是记者调查或者是骗子之类的，解释是徒劳的。直至下午时，遇到李爷爷愿意和我们聊聊天。

　　退休之前，李爷爷是在供销社工作，工作有 40 年之久，他的父亲是老公安，现在退休开一个小卖部，小卖部主要卖一些零食和百货香烟，闲时看电视剧打发时间，喜欢看抗日剧。老一辈是从陆川迁过来的，由于陆川没那么多地，又辗转到龙州县，从龙州又来到平而村，60 年代之前，平而村还是属于龙州管辖，陆川只是其父亲在世时回去过两三次，与龙州的亲戚常有联系，有黑白喜事、拜祖墓会回去龙州。

　　李爷爷有一个儿子和一个女儿，儿子娶了越南老婆，生了两个孙子，儿子跟着老婆去了越南做服装生意，孙女 5 岁聪明伶俐会说汉语、越南语、少量英语。李大爷认为越南那边的教育比这个村子的好，小孩子很小就教英语，中国这边要到三年级才学。有些时候会想念儿子和孙子，但是由于路途遥远，儿子只是逢年过节才回来看望老人。

　　村子并不大，留在村里大多是中老年和儿童居多，与其他村子不同的

笔者与李大爷交谈

是，因为口岸的缘故，外出务工的人群少了很多，我们访谈中，有一位阿姨的儿子和儿媳妇都外出到广东打工，留孙女给其照顾。阿姨的主要经济来源是依靠儿子寄回来的生活费以及边民补贴，孙女年纪小，需要细心照料。

平而村和平而新村的本土信仰有所不同，平而村崇拜土地公，每年

李大爷经营的小卖部

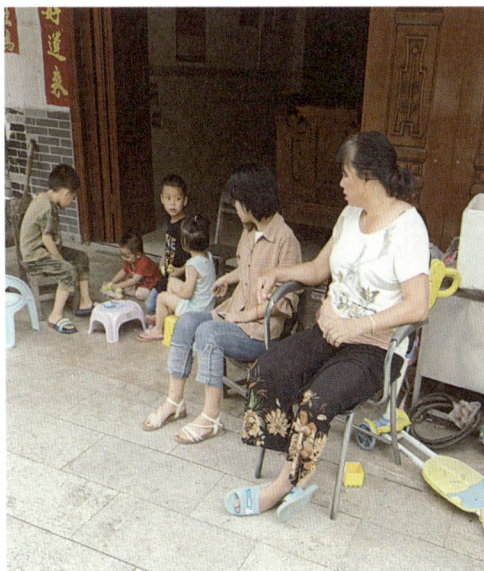

阿姨与小朋友

的二月二，村民会自发祭拜土地公公，而平而新村则是信仰关公。

沿着平而村走，不久就到平而新村。平而新村位于平而口岸，距离市区 20 公里，地处中越边境，与越南隔河相望。于 2017 年动工建设，总投资 10959 万元。建设 4 栋 1+5 层多层住宅楼，一层均为商铺，总建筑面积约 6779 平方米，户型为 100 平方米的有 45 套，75 平方米的有 16 套，安置 61 户，253 人，其中有劳动能力的为 145 人，无劳动能力（含在校就读等）的 85 人。可驾驶从事运输业的 68 人，可参与边贸交易的 195 人。

平而新村目前营业的有一家米粉和饺子店，两家零售店，一家旅店。虽然口岸距离新村近，但因很少外地人过来，带动不了当地的餐饮业和住宿。据平而驿舍的老板所言：每天住宿的人很少，属于亏本状态。租亲戚的房子每年 3 万元，最起码一天赚 100 元才能回本，偶尔会有一两个司机来住。在我们住宿的日子，没有见到其他人入住其店。

村子虽小，但是交通便利，从平而村到凭祥市全程 22 公里，自驾车约 35 分钟，沿着 325 省道行驶 9.1 公里，至 458 县道行驶 10.3 公里，便到凭祥。或者可以搭乘

关公庙与土地庙

平而新村的房子

20 路公交车，公交车每天 3 趟，7 点 30 分有一趟，12 点和 16 点左右有一趟。公交车在村子随叫随停，途经物流园、润通国际、南山红木街、火车南站、银兴街，票价为 4 元，全程约 1

平而村移民安置点的牌子

开往市区的公交车

个小时。

平而关调研时间较短，一共4天。在结束对平而口岸的调研后，笔者和师妹一直在探讨平而关口岸发展的优势和特点，认为平而关口岸的边民充分利用8000元边民免税额度的优惠政策来做边贸生意，成为边贸的直接受益者。2018年，平而关边民互市点进出口贸易额突破3亿元人民币，这是因为口岸并没有外地大老板抢夺资源，没有外来的竞争压力，边民可以充分投入到边贸中。口岸既是陆运口岸也是水运口岸，这是口岸的特别之处所在，也可以说既是口岸的优势也是劣势之一。口岸的码头并不宽敞，平而河航运能力有限，承载量不大，然而，正是这样的劣势，使得口岸参与的外地人很少，这样口岸能更好地服务当地的边民。

凭祥口岸行

艾依梦

凭祥市，位于广西壮族自治区的西南方，与越南谅山省接壤，边境线长达97公里，是一座依边境线发展起来的城市。"南疆国门第一城""中国红木之都""中国优秀旅游城市"……初识这些凭祥的标签，便对这颗镶嵌在祖国南疆的明珠产生了向往，不禁想象，这座边疆小城将是多么富有魅力和风情。

一、前往凭祥

2020年8月，怀着这份憧憬，笔者开启凭祥之旅。从南宁到凭祥主要有两种方式——火车和大巴，笔者需先乘动车前往南宁，出于换乘的方便，加之这次调研的重点是凭祥（铁路）口岸，我选择乘火车去凭祥，体验一番绿皮火车的慢悠悠。

南宁到凭祥的火车每天有两班——5517次和5511次，开

凭祥街景

车时间分别为 7 点 53 分和 15 点 26 分，需花费大约 5 个小时。
尽管花费的时间比大巴长很多，但因为火车票价仅需 29.5 元，
是大巴 80 元票价的一半不到，所以选择火车出行的人还是很多。
登上 5511 次列车时，火车上已经满满当当一车人了，不过这些
人的目的地并不都是凭祥，有扶绥、渠旧、濑湍、崇左、亭亮、
宁明等。火车缓缓驶出南宁，窗外时不时闪过碧绿的江水、峻
秀的山、郁郁葱葱的树木、长势喜人的甘蔗以及隐在一片绿色
中的民居。车外是令人心旷神怡的风景，车内是铁路工作人员

此起彼伏的叫卖声，泰国百草霜、奶片、枣、牙刷、玩具、眼贴……各种商品琳琅满目，好不热闹。

列车一路晃悠，终于在夜色降临时到达凭祥站。到达凭祥时列车上乘客已不算太多，早在崇左站时就乌泱泱下去一大半人。凭祥站既是凭祥口岸所在地，也是笔者此次凭祥之行的主要目的。一下车，便可看到口岸的出入境检查大厅，不过因为天色已晚，笔者只是草草浏览了凭祥口岸站内景象便裹挟着人流出站了。

夜晚的凭祥

二、凭祥印象

雨，是凭祥给我的第一个深刻印象。出火车站时，站前商铺的灯光影影绰绰，天上飘着丝丝细雨，空气中弥漫的是和南宁的闷热截然不同的湿润凉爽。凭祥位于北回归线以南，海拔低气温高，虽地处内陆，但离海很近，受海洋季风影响很大，这样的地理条件导致凭祥亚热带季风气候特征明显，夏季高温

雨后凭祥

多雨，冬季温和湿润。

　　8月的凭祥气温已经没有那么灼热，但雨仍是这里的常客。在凭祥的每一天，几乎都在下雨，有时在夜半，突然来一阵淅淅沥沥的雨助人酣眠；有时是早起，绵绵细雨中人声由寂静逐渐变得喧沸，小城就在雨幕中被唤醒；更多的时候是走在街头，突然就落下几滴豆大的雨点，行人慢悠悠的步伐转而变得匆匆……若问我心中凭祥最美的样子，那一定是临近傍晚突来一阵雨的时候：窗外的雨扑扑簌簌，却并不急切，而是带了一丝慵懒闲适，就如同这座城市一般，"叮铃叮铃"的声音透过雨穿进耳朵里，那是来自收废品的三轮车温柔的呼唤，是属于凭祥独特的魅力。没多久，雨就停了，傍晚的霞光仍未消散，天空刚被雨洗刷过，远处的青山和高楼云雾缭绕，美食街和广场上人影渐多，凭祥的夜即将到来。烟雨朦胧的凭祥，是脑海里对

舌尖上的凭祥

凭祥最初也最鲜活的认识。

　　如果说要给凭祥赋予一种味道，"甜"当之无愧。

　　凭祥对外开放由来已久，异国文化、少数民族文化等多种文化在这里交汇交融，迸发了属于凭祥美食的精彩。鸡肉粉、越南烤肉粉、老友粉、芋头糕、越南菜、屈头蛋、粤式烧卤、粽子、糯米鸡、猪灌肠、各式糖水……吃货们来到这里一定会很开心。在种种滋味中，甜可谓是"独领风骚"。凭祥人十分嗜甜，越式咖啡、越南冰花、红豆沙、绿豆糖水、木薯糖水、芋圆、奶茶等典型甜品自不必多说，凭祥人对它们的喜爱从大街上到处可见的奶茶店、糖水店就足以证明。凭祥人对甜的喜爱还体现在他们的许多菜品都带有甜味：越南凉拌烤肉粉是酸酸甜甜的，糯米鸡里放的是甜甜的叉烧，配灌肠的蘸水也有丝丝甜味。

凭祥不止食物是甜的，人也是甜的。凭祥的人长得甜，脸上常挂着盈盈的笑意。待人接物更是甜，大概凭祥人见多了来此旅游、做生意或是做调查的外地人，又或是性格如此，大家对待外地人时态度十分随和且友好。初至凭祥时，因为是独自一人来到这片陌生的土地，笔者内心是有着些许不安和孤独的。不过，凭祥人的友善热心很快打消了我的这些情绪。在凭祥的日子里，我感受到很多的善意：火车上遇到的姐姐知道我是第一次来这后给了很多"凭祥攻略"，去图书馆查资料时工作人员耐心给我翻找资料，公交车上阿姨见我没有位置下车时特意强调"快坐我那里"，去火车站调查时工作人员放下手头的工作给我讲解……凭祥人总让你有种自己和他们是朋友的感觉。

凭祥，是一座来了就很难不喜欢的城市。

三、凭祥口岸

凭祥号称"打开门就是越南，走两步就到东盟"，这并非夸张。凭祥距南宁和河内均不到 200 公里，是 322 国道和越南 1 号公路交接处、南友高速的终点、湘桂铁路和越南北部铁路线的零公里接轨点。境内有两个国家一类口岸：凭祥（铁路）口

凭祥边境贸易货物监管中心

岸和友谊关（公路）口岸，一个国家二类口岸：平而关（水路）口岸，目前已开通多条国际铁路路线，跨国旅游日益成熟，是中国到越南及东南亚最大最便捷种类最全的通道。自 1992 年被批准为沿边对外开放城市后，不断抓住机遇，发挥自己的区位优势，大力发展特色产业和边境贸易，拥有综合保税区、国际物流园、自由贸易区等多个国际平台。

　　现如今，提起凭祥，总会想到友谊关、边民互市点、红木产业等名片。作为广西境内唯一的铁路口岸，凭祥口岸的独特性和重要性是不可替代的，却长期处于"被人忽视"的状态。大家到凭祥，只知友谊关、浦寨、弄尧等，在很多人包括凭祥本地人眼里，凭祥口岸仅是一个普通的火车站，是出行时交通方式的选择之一，凭祥作为铁路口岸对边疆经济发展、文化交

浦寨

流等的价值常被忽略。

　　笔者之前去的口岸都是公路口岸，对于铁路口岸十分陌生，新奇之余如何开展调研让我颇感为难，思来想去，决定先从口岸周边的商铺开始了解。

　　凭祥口岸即凭祥火车站，位于凭祥市区南大路，从市区坐3路、5路、6路、7路、8路公交车都能到，是市区到友谊关、浦寨、弄尧、红木城、物流园的必经之路。火车站附近有很多商铺，包括小吃店、物流公司、进出口贸易公司和红木家具店，友谊关出入境边防检查站也在火车站斜对面。

　　我首先去的是一家进出口贸易公司。说是公司，实际上规模不算太大，就在火车站对面的一栋两层小楼内。一进去，满地的货物堆积，有个姐姐在一旁的办公区工作。她告诉我：她

凭祥口岸国门

们公司主要运输一些快递、普货、机械设备等等，一般都走陆运，一些加急件则发航空。货物基本不会从对面的火车站进出口，一是她们的货量较小，用货车运输就能满足；二是铁路运输货物有限制，一些易碎品、化工品就不可以运输，加上铁路查验严格且不熟悉相关手续，一般的物流公司都不会走铁路运货。火车站主要承担的还是客运功能。

　　从火车站往下走，一家名字带有"赣"的红木家具城吸引了我的注意力，进去一问，老板果然是江西的。老板娘说，来凭祥做红木生意的人还是很多的，比如他们江西人，包括做工、开店以及其他行业大概有4000多人。但今年红木生意受疫情波及很严重，很多红木店都支撑不下去关店或者转让了，有些老板因为没人都先回老家了，打算等10月份看看市场有没有好转再回凭祥继续开店。虽然店就开在火车站不远处，但老板娘对火车站却知之甚少，只在我问到有没有坐过火车去越南玩

火车站周边景象

时才笑说："没有，本地人应该没谁坐，我们去越南玩都是直接从友谊关坐大巴去的，三四个小时就到。外面来的人才会坐火车去吧，他们不了解情况，可能又想体验下火车。火车要一个晚上才到呢，手续什么也麻烦，还没有大巴方便。"

　　和老板娘告别后，我便前往凭祥火车站。火车站很冷清，没有几个人，大抵是跟每天经停凭祥站旅客列车太少有关。出入境大厅位于火车站的最右侧，往左走依次是售票厅、进站口及候车厅、出站口、中铁快运。进站口处有医生和警察在值

精美的红木家具及关闭的红木店

班，偶尔有旅客进站要先经过他们测体温、刷身份证。出入境大厅是直接开放的，进去以后只看到打扫卫生的阿姨和保安，墙上贴着有关出入境的注意事项。一旁是海关检查区，海关的岗位都是空着的，因为疫情期间中越之间的客运列车全都暂停运营，海关工作人员上班时间有所推迟。

火车站内铁轨纵横，靠站台的铁轨上有工作人员正在调试火车，为旅客乘车做准备。听说我是来调查的学生，一位铁警叔叔说他们也不是很了解口岸的情况，可以到对面的物流中心去询问。于是，在铁警的带领下，我穿过一条条铁轨，走到了火车站客运区的对面。铁轨旁，就是铁路物流的集装箱作业区及集装箱堆场，有一列标有"中欧班列"四字的集装箱停靠在这里。再往里走，是一排排彩钢瓦搭建的仓库，是货场和查验平台所在。顺着路向左拐一百多米，就到达联检大楼，大楼里是海关大厅，楼的右侧是货运营业厅，负责办理整车、集装箱、快运货物等业务。大厅和营业厅的工作人员都在忙着处理工作，就在我犹豫是否要上前打扰时，一位工作人

站内景象

员主动问我是否需要帮助，我和他说明来意，他很痛快地带我进海关大厅参观，还耐心给我讲解。

凭祥火车站始建于 1937 年，1950 年开始开办国际旅客、货物联运业务，1953 年正式开通，开始与越南衔接。目前已开通南宁——河内（嘉林）国际旅客班列，实际上是从南宁到凭祥，再从凭祥前往河内，每日对开两趟（T8701、T8702）。2018 年 3 月 15 日正式开通了中欧班列跨境集装箱直通车运输班列，每周一、周四固定开行两趟。这些中欧班列目前主要运

停靠的中欧班列及货场

输电子、汽车零件等货物。凭祥口岸于 2016 年 9 月 1 日开始国铁凭祥口岸物流中心一期工程项目，于 2018 年 11 月竣工，物流中心总占地达 430 亩，货物堆场 2500 多平方米。2019 年 2 月中旬，凭祥海关正式入驻国铁凭祥口岸物流中心，随后不久，在物流中心举办了中越集装箱冷链班列（凭祥——上海）首发仪式。2019 年 8 月 6 日，海关总署正式批复了同意南宁海关在凭祥铁路口岸建设进境水果指定监管场地，项目于 2020 年 2 月考核验收通过，自此，凭祥口岸成为全国首个进境水果铁

凭祥（铁路）口岸国际货运申报中心

路口岸。2020年7月，国铁凭祥口岸物流中心还正式开启"无纸化"通关，进出境货物可"提前申报、运抵验放"，极大地提升了货物通关速度。

中国的铁轨宽为标准轨，即1435毫米，越南则是米轨，仅有1000毫米，曾经为了解决两边铁轨不一样这一问题，凭祥这边还专门又修了一条轨，三轨并行，使中越两国的列车都能正常通行。而现在，三轨并行已成为历史，出于加快通关量、使货物进出口更方便的考虑，两边统一了轨宽，标准轨直到河内附近的安源站，过境货物不需要再换车、换装，当天就能到达。目前因为疫情原因，中方的列车只开到与凭祥口岸相对的越南同登口岸，再换由越南司机继续行驶。

凭祥站已建成现代化的口岸设施，现有年运能达350万吨，是中越老泰缅国际陆路物流通道中重要的一站，是连接亚欧大陆桥与东盟铁路大陆桥的桥头堡。可以说，凭祥口岸迎来了巨大的发展机遇，其发展的潜力亦是无限的。但事实上，凭祥铁路口岸在凭祥边贸中所承担的货运量远不如友谊关公路口岸。究其原因，主要受经济发展和市场开放程度以及对外贸易结构影响。较之铁路运输，公路运输的运量小、价格便宜，也更为灵活，公路运输多是点对点运输，可直达目的地，而铁路则是线对线的运输，多了在火车站装卸货物这一步。目前凭祥进出境货物主要以水果、日用品、红木等小量散型货物为主，铁路运输通常是整列运输，每次运量约 60、70 吨，相较而言，公路运输更符合现有对外贸易结构及市场需求，这就导致选择铁路运输的人比较少，运力不佳。然而，随着市场的扩大及货物进出口量的增加，公路运输逐渐不能满足货物通关量，极大地制约了市场的进一步发展及经济水平的提高。

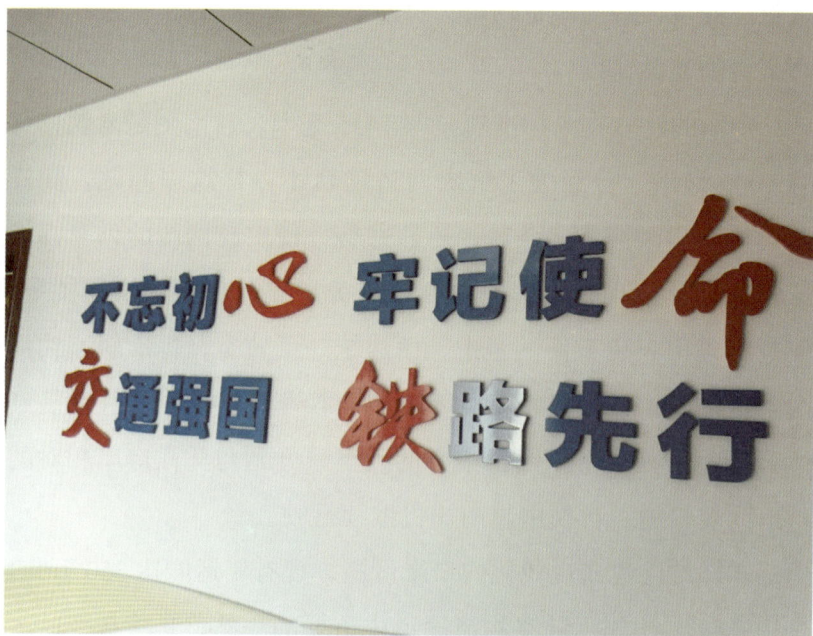

联检大楼内标语

　　所以，如何充分发挥铁路运输优势、建设更符合发展需求的铁路口岸以推动"一带一路"、中越"两廊一圈""泛北部湾经济区"等倡议和战略，是目前亟待思考和解决的问题。

友谊关口岸行

钟媛婷

2015 年本科的时候，学校组织边贸考察就去了凭祥的友谊关口岸。时隔三年，凭祥发展变化很大，唯一不变的是炎热的

2015 年 12 月冬天去凭祥考察边贸发展在友谊关城楼的合影（第一排右 4 笔者）

天气，高温多雨的气候。

从南宁到凭祥相距 200 多公里，如果驾车沿南友高速 3 个小时即可到达，笔者选择搭乘火车，南宁到凭祥一共有三趟火车，分别是 5517 次、5511 次、T8701 次，全程大概需要 4—5 个小时。我搭上了 5511 次列车，是那种古老的绿皮车，晃悠了 5 个小时才到凭祥。下火车已经是傍晚，安顿之后，计划明天的行程。

一、边贸浦寨，异域风情

第二天一大早搭乘 6 路公交车去浦寨边民互市点，公交车上大多数是卡凤村、礼茶村村民以及边贸互市点的工人，一路上与他们闲聊。公交车大概颠簸了一个小时就到浦寨。凭祥与越南的通商历史由来已久，是古代南方"丝绸之路"的必经之地，浦寨曾经只有十几户人家居住的中国小山村，如今摇身一变，成为南疆国门的不夜城，当地人戏称为"小东莞"。在浦寨，到处可以

卖毛荔枝的越南阿姨

看到在街上卖毛荔枝的越南阿姨，她们穿着雨衣，戴着帽子，就地而坐，叫卖荔枝。越南毛荔枝色泽鲜红，外壳有点毛茸茸的感觉，故名毛荔枝。毛荔枝又名红毛丹（拉丁学名 Nephlium lappceum L.），为东南亚原产之无患子科大型热带果树，马来文称之"rambutan"，意为"毛茸茸之物"。红毛丹的味道近似中国荔枝，在中国种植面积较少。

在浦寨务工和做生意的越南人比较多，他们不开口与本地人并没有什么区别，也有很多越南妇女在这里当清洁工，问及她们来中国工作的原因，她们认为中国工资比较高。而当笔者与本地人谈起越南工人，他们说用越南的清洁工，一般每个月1000—2000元就可以了，国内工资水平普遍高于此。

浦寨边民互市点有 4 家大型商贸城，2400 间商业铺面，是

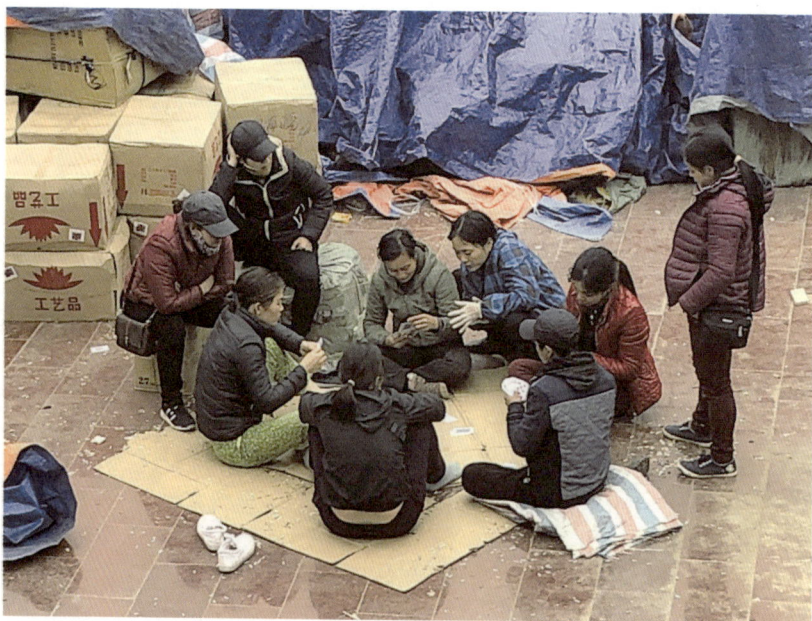

越南工人休闲时打牌娱乐

全国有名的国际边贸城。浦寨房子的建筑风格独特，别具异国风情，边民每人每天可免税进口 8000 元毗邻国家货物。凭祥市主要以边境小额贸易方式为主，在国门大厦里面二楼有玉器类、红木类艺术品等出售。凭祥市是全国有名的红木家具、红木文化旅游城，目前，市委正在积极建设红木文化产业园。而边民互市街主要售卖水果，各类越南货。等 8 月份正好是水果的季节，街边很多卖荔枝、龙眼、火龙果、榴莲等热带水果的摊贩。

　　浦寨的街道，插满了五星红旗。由于阴雨绵绵街边的人并不多，除了拉货的工人以及店铺老板，基本上没有什么人。在这里遇到一个桂林刘大哥，在凭祥做水果批发的，人很热情，以为我是做边贸考察的，要载我到处去转转。也许是每年来凭祥做边贸考察的学生一批又一批，一般在路人看到戴眼镜学生模样就认为是国际经济与贸易专业的学生来做边贸考察。出于警惕，我拒绝

浦寨监管点也称浦寨口岸

越南的货运车

了刘大哥的好意，以一个人走比较方便，怕麻烦他为由，沿着路标指示，快速走到浦寨监管点人较多的地方。

浦寨监管点一大早就有很多双方边民、货车等待通行，场面异常热闹。浦寨监管点进出口的货物主要是热带水果。越南的卡车比较拉风卡通，有点像"托马斯"的感觉。

在浦寨，中国与越南以友好湖为界，这湖的名字代表中越两国的友谊。在 2015 年边贸考察时，发现对面的越南人背上驮着用蛇皮袋装的货物从湖中游过，而中国这边有人丢绳子接应，把货物拉上来，顺便把钱也用袋子装着系在绳子上，类似文化人类学里所说"无言贸易"。曾一边感慨他们生活的不易，一边对于货物走私也感到不满。然而这次并没有看到这种情况了，也许是海关的严厉打击，或许是因为由于下雨湖水的高涨，村民畏而止步。

二、国门第一村，守边固边的村民

在浦寨停留了一天，到了晚上回到学妹家（学妹是在火车上偶然认识的，青海师范大学的学生，钦州人，随同家人来凭

礼茶村的小路

礼茶村，爱民固边模范村

祥生活，因为聊得投机，去投靠她家了）。我和她兴致勃勃地规划明天去礼茶村，计划去村里拉上几个小朋友窑番薯。由于学妹要帮家里打点小生意，我便只身前往。

友谊镇礼茶村被誉为"国门第一村"，位于凭祥市东南部，南距友谊关7公里，北距凭祥市8公里，全村所辖7个自然屯中有6个与越南接壤，共有637户，2914人，耕地面积1456亩，山林面积14350亩。设1个党总支部，6个自然屯党支部，党员58名，其中女党员10名。该村以开展"党组织建设年"为契机，以"创先争优"为抓手，加强党员队伍建设，筑牢国门堡垒，维护边疆稳定，不断推进新农村建设，全力打造南疆党建示范村。

该村村民85%盖有2层以上小洋楼，住着壮族、苗族、瑶族等多个少数民族。村里以边贸生意、外出打工，种八角为主

礼茶村涉毒被判刑人员名单以及有关禁毒的标语

要经济来源。因为政府征地，有一部分村民买上了小车，也有买面包车的，用于拉货、载人。从市区到友谊关礼茶村的票价为 20 元每个乘客，有些人赶时间会选择黑车，大多数喜欢坐 2 块钱的公交车到市区，方便省钱。

村里与越南山水相连，三面环边，条条道路通越南。这里地理位置特殊，不但打通了村民边贸往来的"小康之路"，也为"败家之毒"敞开了大门，外界称礼茶村为"吸毒村"，村内曾最高有 90 人吸毒，有 19 人因涉毒而被判刑。近年来，广西边

礼茶小学、村里红木加工厂以及别致的小洋楼

防总队凭祥市隘口边防派出所蹲点驻防，强力禁毒，并帮助村民创业致富，远离毒品，如今涉毒现象有所扭转。问及村长是如何改变村里吸毒情况，他表示："对毒品严抓严打，给青年人做思想工作，派出所在村委处驻点。政府帮村里引进红木加工厂，村民生活有所改善，对毒品了解越来越多了。一些人主动要求戒毒，人们都知道毒品是害人的。"

　　整个村落依山而建，山上种着八角树。由于下着雨，雾很大，整个村庄看起来就像仙境一般，特别梦幻的感觉。

2019 年 1 月 26 日笔者与村民合影

三、"一带一路"重要的关节点

　　丝绸之路经济带涵盖东南亚经济整合、涵盖东北亚经济整合，并最终融合在一起通向欧洲，形成欧亚大陆经济整合的大趋势。21 世纪海上丝绸之路经济带从海上联通欧亚非三个大陆

"一带一路"的标语

和丝绸之路经济带形成一个海上、陆地的闭环。"丝绸之路经济带"和"海上丝绸之路经济带"涉及 65 个国家和地区，与友谊关口岸紧密相关的有东盟 10 国，东盟 10 国分别是越南、老挝、柬埔寨、泰国、缅甸、新加坡、马来西亚、文莱、菲律宾和印度尼西亚。随着中国—东盟自由贸易区建设的不断深入，泛北部湾经济区的开放开发以及广西凭祥综合保税区的封关运行，友谊关口岸必将成为中国与东盟人流、物流、资金流、技术流好、信息流的陆路黄金大通道。

口岸雄关依旧在，而今口岸赋新篇。友谊关口岸位于广西凭祥市西南端的友谊镇上，口岸因友谊关而得名，因友谊关风景区而闻名，是中国九大名关（紫荆关、居庸关、山海关、平型关、娘子关、雁门关、嘉峪关、剑门关、友谊关）之一，处于北纬 21°58′ 35，东经 106°42′ 44，海拔高度 308 米。友谊关口岸最早可以追溯到汉朝。在汉代，友谊关只是个驿站，初名雍鸡关、后改名界首关、大南关（简称南关）、明初置镇南关，（历史著名的 1885 年镇南关大捷就发生于此）。友谊关距凭祥市 18 公里，距广西首府南宁 180 公里，友谊关与谅山省为邻，距越南谅山省 40 公里，距越南首都河内 160 公里，是中国通往越南及东南亚最大、最便捷的边境口岸。

　　2018 年友谊关口岸范围扩大至浦寨和弄怀监管点，口岸引进 H986 查验平台，只需 2 分钟就可以查验一票货物，之前人工查验，40 吨的货物大概需要 2 个小时，效率比之前提升了。单一窗口的执行，使企业少走了很多路，当天申报、当天查验放行。

友谊关城楼

友谊关口岸联检大楼

络绎不绝的游客

　　排队买了友谊关风景区的门票，这是一个建在 4A 级风景区的口岸，同时也是历史悠久的口岸。很多游客慕名而来，也有家长带着小朋友来体验爱国教育。路上找了安徽大哥同行爬金鸡山。原本是我领先安徽大哥的，但是由于阶梯越走越陡，由于典型的南方小个子，台阶已经有小腿这么高，爬行异常艰难，就落后于安徽大哥。

前往金鸡山炮台的阶梯以及同行的安徽大哥

　　好不容易爬到山顶，测量一下海拔高度，山上有挺多风景。金鸡山又名右辅山，位于友谊关西侧，海拔 511 米，西南两面为悬崖峭壁，山势险峻，形成一幅天然屏障。其山顶有三个山头，呈鼎立之势，为守关之兵家要地。登此山，可览中越边境方圆十里之景。

　　1885 年，中法战争镇南关大捷后，苏元春为了加强中越边境防务，特选此山营造了 3 座炮台，名为镇北、镇中、镇南台。炮台倚山势而建，均以青石砌就，严丝合缝。各炮台均配置有德国克虏伯兵工厂制造的大炮，可旋转 180 度，镇中炮台上的

金鸡山上的风景

大炮已于 1958 年运往北京军事博物馆收藏。3 座炮台还分别筑有地下营垒，用于士兵居住和积粮草弹药。这 3 座炮台与凭祥境内的 80 多座大中小型炮台遥相呼应，构筑成保卫祖国南疆的铜墙铁壁。

　　1907 年 12 月，伟大的民主革命先驱孙中山先生在金鸡山举行了震惊中外的镇南关起义，这是孙中山先生一生反清革命生涯中唯一一次亲临前线，唯一一次亲自指挥、亲自拉响大炮轰击清军阵营并参加战斗的起义。金鸡山古炮台群和友谊关、大清国万人坟等景点于 1995 年被广西壮族自治区人民政府列为爱国主义教育基地，2006 年 5 月国务院公布为全国重点文物保护单位。

　　从金鸡山往下看国门，宏伟壮观。国门的对面就是越南，对方的口岸称为友谊口岸。货车一辆接着一辆，由此可见货物量之多。

从金鸡山上俯瞰国门

密密麻麻的货车

　　参观完友谊关口岸的风景，便前往广西凭祥保税区。广西凭祥综合保税区位于凭祥边境经济合作区南山工业园至友谊关、浦寨、弄怀一带的狭长地带，行政隶属主要在友谊镇。其四至范围为：东至板召屯，南至弄怀，西至浦寨，北至浦扣克山，规划总用地面积约为 8.5 平方公里。由于去的时候正好是周末，前来保税区申报的人很少。

广西凭祥综合保税区

四、戍守南疆，致敬最可爱的人

　　"年年戎马又西风，变化沧桑指顾中。明月当头思远举，豪英满座饮长虹。"这是陈毅在《中秋》里的诗句，抒发了民主革命时期我军将士在中秋佳节时的情怀。在和平时期，驻守在

广西凭祥综合保税区办公大楼

凭祥友谊关的南部战区边防某旅九连的官兵们在中秋节来临之际，一如既往巡逻在边境一线，维护边疆安宁和稳定。南部战区边防某旅九连的副指导员徐炳南表示："这是我第 13 次在外面过中秋，虽然说不能回家跟父母妻子团聚，心里面感觉比较愧疚，但是我感觉这样做还是比较有意义的，因为越是过节越不能忘记战备，在巡逻路上应该更加小心谨慎，这样才能确保一方安宁，才能守好祖国的南大门。"

　　此文于田野结束一个月之后写成。所有的一切历历在目，凭祥人民的淳朴与勤奋刻在我的脑海里。目前，中国正在积极推进"一带一路"的建设，友谊关口岸作为重要的面向越南，连接东盟的节点，是"一带一路"的关键节点，加强中越双方的沟通，达成共识，有利于双方的合作，实现互利共赢，共同发展。愿友谊关口岸越来越好，中越友谊长存。

爱店口岸行

莫日根

爱店口岸位于广西壮族自治区崇左市宁明县爱店镇，中越边境口岸 1223 号界碑处，地理位置为北纬 21°49′ 19″、东经 107°1′ 45″，与越南峙马口岸相对。爱店镇与越南谅山省禄平县接壤，全镇人口 9354，爱店社区人口 4207 人。

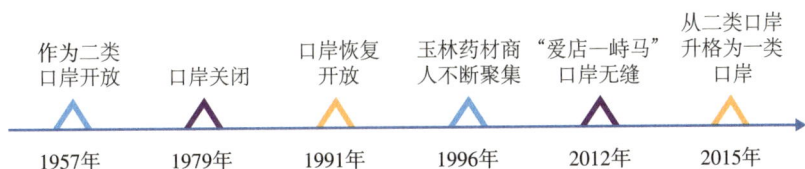

爱店口岸重要事件年份图

上一站是峒中口岸，从峒中到达爱店需要一天的路程。我们首先从峒中出发，顺着沿边公路途径里火通道需要走 1 个小时 50 分钟的路程便可到东兴市。从东兴市到达崇左市坐客车需要走 3 个多小时的路程，车票 100 元。到达崇左市以后坐班车到宁明县需要走 50 分钟，车票为 25 元。

在崇左搭车的时候，好多人都问："靓女，去宁明啊，有没有去看过花山岩画啊？"除此之外一路上大大小小的地方都有花山岩画的宣传册，所以我们决定到达宁明之后去往花山岩画一探究竟。到了宁明汽车站和师姐一起搭出租车去往花山岩画，在出租车上问："师傅有没有去过花山岩画？"他说："我是贵州的，来这边才一个月，没机会去啊。"原来师傅是因为这边有老乡才介绍过来跑出租车的，他说像他们这样的一年只有过年的时候才能回家，别的时候都在这边工作。在与师傅的交谈当

前往宁明县路途中的风景

中很快来到了花山岩画所在地。门口写着"中旅宁明花山岩画欢迎您"，来到大厅以后看到明码标价写着交通费每个人90元，景区门票现免。买好了两张门票以后，坐等开船。因为是假期所以游客还是较多的，一个船差不多坐满了。在导游小农的介绍下了解到：花山岩画是广西唯一一个世界文化遗产，是国家重点保护单位和4A级景区。以崖壁上的"小红人"得名，画像分为3个部分，19组，共计1951个画像，最大的人形高达3.58米。沿着明江河往西游经过骆驼峰—生命树—睡美人山—黑白

蛙蛙山

花山岩画风景

石—高山岩画—花山岩画。虽然在船上岩画看的不是很清楚，但是与小农的介绍相结合，我们仿佛真的清楚地看到了 3.58 米的男性石像骆越王、部族首领两个手往上托的模样、生殖器图像，甚至能够清晰地看到男性腰上环绕的环首刀。在船的二楼甲板上看到明江河的风景以及这些"小红人"图像，真的有种说不出的感觉，感叹大自然的美好以及鬼斧神工般的杰作，也感恩我们能够安然自得地欣赏这些美丽的风景。虽然说广西 7月份的天气真的很热，但是感觉看到了这些风景，闷热、疲劳之感瞬间全无。

观赏完岩画以后，原路返程在赖江屯停留了 15 分钟。根据小农的介绍，赖江屯是花山岩画的中心区，全屯大概有 400 多号人，都是壮族。来到屯边的时候映入我们眼帘的是一幅画，江边一棵历史悠久的扁桃树、停靠着的一两艘小船、往上是古朴而木制的楼梯、走到上面有热情的村民在售卖一些当地的产品，如粽子、糯米以及用甘蔗制作的红糖等，小农说这样的红糖要用祖传的锅经过长时间熬制才能做出来。

崖画

再往里面走，有一座观音庙，说是可以保佑风调雨顺、健健康康

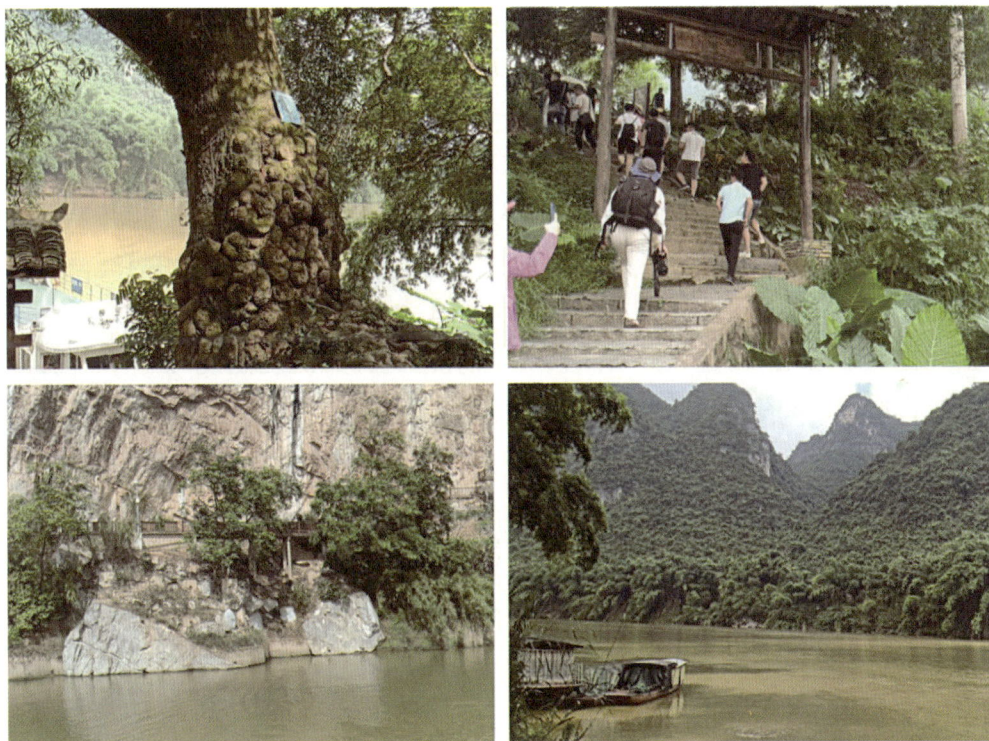

赖江屯景色

的，是当地人民共同捐资修建的。还有新建的文史馆，但是还
没有正式开门，逛了一会儿时间很快就到了，所以一行人意欲
未尽地回到了船上。

　　来回两个半小时的旅程，让我觉得这90块钱是值得花的。
不仅可以感受到大自然的魅力，还可以见识不一样的文化、听
到小农优美的壮族歌曲和品尝到当地的食物。在观赏当中突然
想到自己也是和小农一样是少数民族，也居住在岩画山下。曼
德拉山岩画，反映的同样也是北方游牧民族的文化。为什么曼
德拉山岩画没有被开发出自己独有特色的旅游景区呢？这是一
个值得思考的问题，或许是因为它独特的环境或因为⋯⋯

赖江屯的建筑

　　观赏完花山岩画，同师姐从宁明坐了一个小时的客车，终于来到了爱店口岸。因为时间比较晚，所以街上没什么人，我们拉着行李去找住的地方，终于在恒和宾馆落脚了。放完行李，在街上转了一圈熟悉了一下当地环境，可能是因为时间有点晚了，在街上人并不多，所以整个镇给人一种很悠闲、安静的感觉，其中似乎还弥漫着一些药材或者什么的香味，让我对这个口岸、镇子更坚定有想要一探究竟的欲望。

　　第二天早上，大约8点的时候街上的人们纷纷出动，开始做生意或者拉货物。交易市场摊位也基本都上货了，有很多当

地的村民把自己家里种
的蔬菜、水果等拿到市
场上来卖，有几个越南
的女士在街边卖着龙眼、
什锦冰等，还用越南语
问："要不要龙眼？"

　　在直线往下走到达
口岸以后，才得知正门
这里还没有开始运营，
工作人员告知我们："进
到口岸需要走货物通道，这里星期一（2019 年 7 月 22 号）才
开始运行。"然后给我们指了前往货物通道的路线。因为还没

船上的食物，是赖江屯的村民做的

爱店口岸

傍晚放置在路边的货车

爱店交易市场

有到 8 点 50 分，所以大门还没有开，便跟路边的货车司机随便聊了两句。了解到他们都是开车到口岸里面然后把货物拉出来的，一车可以挣 50 块钱，一天不堵车的话可以拉几车，主要拉中草药、纺织品、冻鱼（带鱼、鱿鱼……）、茶叶等等。

早上等着拉货的货车司机们

8 点 50 分以后边检人员准时打开了口岸区大门，以便货车、人员进出，我们也跟随众人一起进入到了货车通道。里面基本设施以及建筑都很齐全，有 4 个货车通道，每一个货车通道都配有称重仪器，另外还建有海关查验平台。场地很广可以容纳较多的车辆，给人一种很清洁的感觉。通过货车通道就可以走到越南那边边检站了。

走出口岸，顺着口岸大道观察了一下当地做生意的商人们。虽然说不是每个店面都是有牌子的，但是差不多每个店面都是

爱店口岸海关查验平台

爱店口岸通往越南的货车通道

储存货物的仓库。我们从这些商铺当中选了一个店铺进去访问，老板是河南人，大约50岁。他说："这边很多都是从玉林过来做药材的人，你看对面那个商铺就是他的，他们很多人在玉林中药港那边都有药铺的。我很早就出来打工了，大概在15

从远处拍摄的越南峙马口岸的联检楼

爱店口岸内景

岁的时候吧。一开始在广州打工，后来到凭祥口岸做生意。但是凭祥那边离越南有点远，还要坐船过去不赚钱，所以就来到这边了。"我们问："这边的生意好做吗？您的家庭什么的都在这边吗？"答："前几年挺好的，这两年不怎么好做了。以前年轻的时候都是扛着好几十斤的柳絮条过去广州那边做生意的，现在扛不动了。我这些都是从老家那边拿货过来的，这边没有这种产品的。"我们问："那这两年是有什么特殊情况吗？生意不好做……"答："这个具体原因我也不太好说，反正现在各方面都比较严格，比如说包装、产地什么的……不过依托口岸，我们的货物进出口还是比较好的。"

为了能够多了解一些当地商人的情况，我们多走访了几家店。这家店的老板姓林，广东肇庆人，有两个孩子，大儿子在广东工作年薪20万，小儿子26岁，工作两年后在读研究生。当我们到店里的时候他们正在同越南商人做买卖，于是我们跟他们聊了一会儿，看他们比较忙就帮他们把剩下的药材装到袋子里，然后当我们把遗留下来的药渣扫掉的时候老板说："不要扔，还有用的，1公斤可以卖100多块钱呢。"看到我们在干活，越南的商人说："中国女孩子干活好。（是老板翻译的，在这边做生意的都大体懂一些越南语）"干完活同老板坐下来聊了一会儿，他说："做生意很苦的，叫我儿子来这边，他都不来，说太脏了。虽然说打工的工资是固定的但是挣不了什么大钱的，你看旁边那家的老板也是从玉林那边过来的，一开始没什么资源在这边打工，现在自己也成老板了，听说家里中药港那边也有药铺。所以说流汗水越多钱赚的就多，你看爱店它就是个死角，如果没有外贸这块儿，很难挣钱的……"，老板听我们是从兰州来的就说："旁边有个甘肃过来的，老人家 70 多岁了，年纪那么大了，还过来做生意挺佩服。"当我们问到这些药材来源的时候，他说："我们的药都是从云南那边拉到南宁然后再拉过来的。主要做田七这块儿，一公斤批发价 200 块钱左右，田七有散瘀止血、消肿止痛的作用。很多越南人过来这边进货的。"从老板的言语之中我们感觉到口岸这块儿带给这些商人或者当地人很多的方便之处以及生计机会，让人们更加富裕起来了，这可能也是口岸能够持续开放的一个重要原因吧。

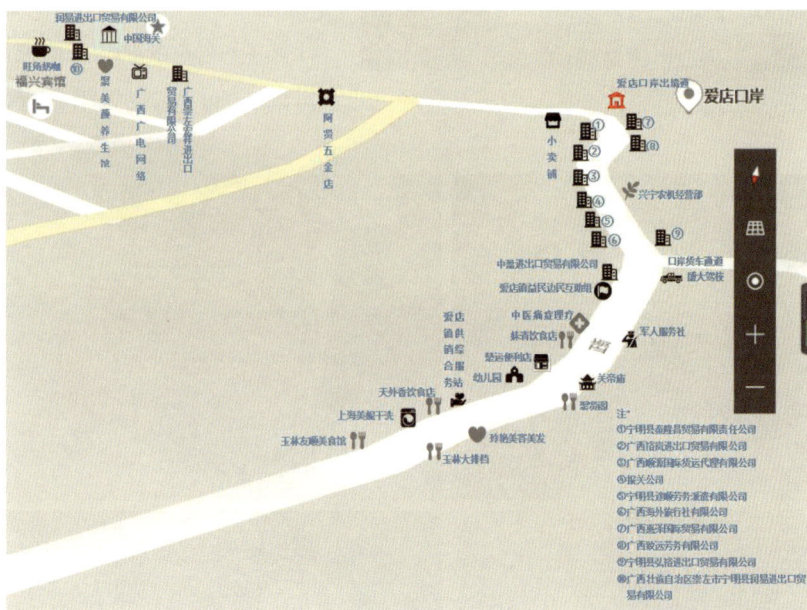

口岸大道功能分布图

与老板交谈以后，看到指示牌上写着云天国际商贸城，所以决定去那儿看看。但是走到半路看见当地政府大楼，于是我们决定进去询问一下这边的情况。工作人员知道我们的来意以后，很

仓库里储存的货物

热情地告知我们相关的情况以及让我们了解到了当地的一个名叫"互助组"的项目。

互助组是一个由当地的贫困户和边民组成的类似抱团取暖的扶贫方案。边民自己组织建设，然后共同出钱买货再卖出去，赚取中间的利润。而且这个组织有

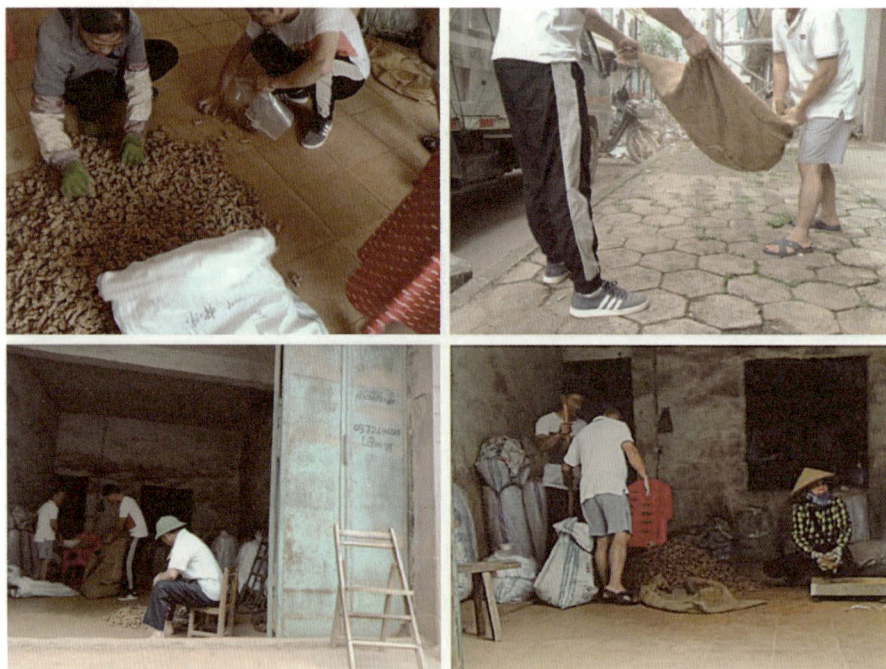

越南商人过来进货

专门的组织结构和管理
制度，可以真正地做到
村民自己拿钱，花钱。
在正常情况下可以给每
个人的年收入增加 8000
元以上，所以说对当地
村民还是很有益的。听
到这些介绍，我们决定
和某一个互助组的成员
见一面详细了解情况。

　　互助组有专门的办公
地点，在云天集团的一
层。互助组办公大厅分
4 个隔间，每个隔间都有

笔者正在铲田七

上班的工作人员。类似于财务总监的一个工作人员告诉我们：
"我们在这边都是做入账结账工作的。组长们一般都在口岸货
场那边，你们可以到大厅里面了解一些基本情况。"在大厅我们
看到每个互助组都有详细介绍，整个爱店镇现在共有 16 个边民
互助组，组员 1682 人，其中贫困户 485 人，境外交易金额达 7.9
亿元，境内交易金额 8.1 亿元，直接利润 2000 万元。听完他们
的介绍后，正当我们想要进一步询问时，说是有货要过来，所
以我们也没有进行下一阶段的访问。听他们说互助组的每个成
员都很忙的，就算平时不拉货也要去签合同找商家之类的，所
以没有空闲的时间。

　　除此之外，我们还有幸爬了一会儿中越跨境公母山。公母

云天集团

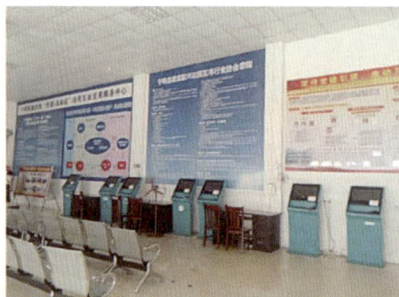

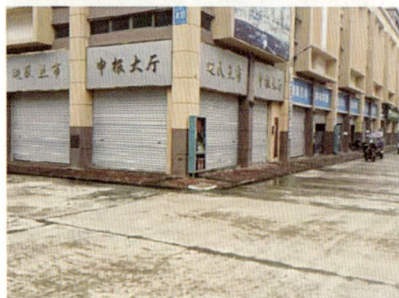

互助组办公大厅

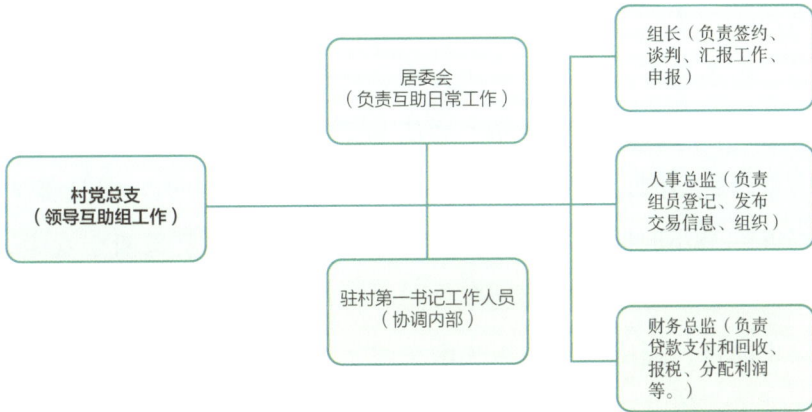

互助组组员结构图

公母山风景和爱店起义纪念碑

山位于离爱店镇不远的金牛潭度假村，海拔 1358 米。从远处看，山顶云雾弥漫，山南边分布着茂密的森林，北面则是高山草甸。山下有峡谷和瀑布、爱店起义纪念碑等等。听说山上有中草药种植园，所以我们一门心思地想要爬上山顶，但是爬了将近一个小时除了茂密的树林还是树林，再加上是两个女生，昨天又是下暴雨导致路面很多地方被雨水冲毁了，于是我们便停止前行，爬山最终也以失败告终了。但是路上的风景实在是太美了，所以我们又在山上多逗留了 10 分钟。

2019 年 7 月 22 日星期一早上 9 点，爱店口岸出入境人货通道正式分开运行，我们也有幸见证了这一历史性的时刻。就这样我们结束了为期 6 天的爱店口岸之行，了解到了当地的一些基本情况。最后也祝愿生活在这片自然生态宝库中的边民们能够生活顺利，口岸运行越来越好。

峒中口岸行

徐黎丽

曾在广西民族大学民族学专业的教授论著或博硕论文中看到有关中越边境口岸的记载，也曾随广西民族大学举办的跨国民族会议专家去中越边境的东兴口岸匆匆看过熙熙攘攘的边贸场景。但却从来没有机会深入到中越边境口岸的村庄，看看中越边境民众的生活，并与西北或北方边境口岸进行对比。但2017年暑假终于获得了这样一个机会。这个机会就是原本计划在讲完广西民族大学民族学与社会学学院研习营的课程后就离开南宁，却从研习营的日程安排中看到了去峒中口岸进行为期4天田野调查的消息，禁不住萌发了想去中越边境口岸看看的想法。于是在得到广西民族大学民族学社会学学院领导许可后，便跟随带队老师和同学一起直奔峒中口岸。

与西北边境口岸沿途植被稀疏、黄沙遍地的情况相比，从南宁经东兴到峒中口岸的沿途可以用青山绿水、果实累累来形容，仅仅3个多小时的大巴行程，竟然落下两场雨。生长在广

前往峒中口岸途中因堵车而拍摄的沿途风光和菠萝蜜树

西的师生谈及这个季节雨水太多时，我总在想要是把这些多余的雨下到西北的沙漠中该多好啊！

　　虽然从东兴下高速后，大巴速度因道路修建或雨水冲刷而慢下来了，但也让我们有充足的时间看中越边境的风景，虽然当时并不知道一河之隔的那边就是越南，但掩映在万绿丛中的河流、湖泊、村庄、集镇格外吸引我这个"北方佬"。

　　到了峒中口岸所在的小镇——峒中街（当地人称为旧街），村支书早已安排好饭菜等待我们这些来自全国各地的师生。在北方很少有"峒"这样的名称。所谓"峒"，就是山中间的平地，南方叫"坝子"，北方则称为"坪"，即适合种植的大片平地。这里商铺、农贸市场以丁字口为中心向三方延伸，每逢农历三、六、九的日子就有集市，周边村民就到这里或买卖所需，或走亲访友，或随意走走看看聊聊。但平时也不冷清，蔬菜、鱼、大肉及日常用品总是摆在街两边，等待顾客光临。这

峒中街及沿街的商铺和摊位

里作为峒中老街，是前往峒中口岸的必经之地。

　　吃过晚饭，大巴仅用了不到 5 分钟的时间就将我们送达这次田野调查的目的地——那丽村。在后面几天的行程中，经常

传统与现代共存的那丽村

看到以"那"开头的村名或镇名，如那崖、那心、那良等等，就忍不住问同行的广西师生，才知道"那"在壮语中是稻田的意思，可见田地在当地村民中的重要地位。

那丽村，依山傍水，是防城区面积最大的边境村，共 21 平方公里，338 户人家，分为 5 个村民小组。让我没有想到的是，这个坐落在中越边境的最大村庄，虽用脱贫的指标体系来衡量仍有几项没脱贫，但当我们采访完这个有 120 户人家的小组后发现，仅有 3 户没有盖新楼，其余全部都是 2—3 层的楼房。大多数人家都是三世同堂，父母一般随最小的儿子居住。全小组有 6 个从越南嫁过来的媳妇，年龄最长者 80 岁以上，最小的只有 20 出头。大部分年轻人外出打工，留在村里的老人和孩子则种玉米和花生，山上种有芭蕉、桂树等经济作物。组里人用四种语言交流，白话、壮语、瑶语、普通话。每到傍晚，广场就成为全组人娱乐的地点，男子打陀螺，妇女跳广场舞。打累了、跳乏了，就回家休息。对我们这些田野调查的人来说，广

玩陀螺的男人和跳广场舞的女人

场则是我们熟悉村庄、了解村民的好地方。因此每天晚上，我们就和村民们在广场上聊天，直到他们散去。

　　除了以上最大的小组外，村里还有 4 个人家较少的小组，其中一个是只有 6 户人家的瑶寨，另一个则是只有 12 户人家的瑶寨。大多数瑶寨人家只有放暑假的孩子和年迈的爷爷奶奶在家，青壮年都上山"割油"。所谓割油，就是割山上松树的油脂。虽然割油的收入不错，但由于割油只能在晴天，如果连续下雨，就只能等待。我们一行在饭馆遇上一位因卖油收入 500 元的瑶族青年，但他说这种情况不是天天都有，而是视天气而定。而我们也是有幸在晴天的时候前往这两个小组采访，并在那个有 12 户人家的瑶寨中遇到一户妈妈在家的瑶族人家，这位好心的妈妈给她的大女儿穿上她上嫁时的瑶衣，为我们留下了这张珍贵的母女照。也许因为常年上山劳动，这里的女性身材都很苗条、匀称，皮肤细腻，她们在大山深处过着宁静的生活。

只有 6 户人家的瑶寨和只有 12 户人家的美丽好客的瑶族母女

　　走访完 3 个小组后，我们便跟随村民去向往已久的边境及口岸。由于那丽村的 21 平方公里的土地隔界河与越南广宁省辽县接壤，因此整个村庄以峒中口岸所在的旧街和口岸所在的新街为中心沿界河与越南村民在互相交流中各取所需。那丽村属于边境 3 公里之内，所以每个村民每月政府发放 130 元的补助，每个人也都有出入境通行证。他们可以凭通行证沿界河通行点过河到对面村庄的农贸市场买卖所需，对方村庄的村民也可以过河到峒中口岸及其他逢集的乡镇边民互市点买卖商品，边境一片和谐交流与合作场面。

村民的出入境通行证和因下雨桥被冲走的界河通行点

　　在中越界河中方一边，从那丽村经峒中旧街前往每一处界河通行点就很方便，道路平坦且均硬化，每隔一段就伫立一块界碑，在风景极佳处也建有度假小区，方便慕名来中越边境旅游者。

道路及界碑

　　峒中口岸位于防城港市防城区峒中镇旧街，距离防城区政府所在地 124 公里，位于防城区最西端。它北依十万大山，西南与越南广宁省辽县接壤，与峒中口岸相对应的是越方的横模关

峒中口岸边检口及沿界河排放的互市手推车

口岸，双方口岸仅一河之隔。峒中口岸占地 156 亩，驻口岸单位有海关、检验检疫局办事处、边贸所、边防工作站以及财税部门，目前正申请一类公路口岸。越南出口中国方面的商品主要是农副产品、海产品，其中猪肉最畅销，因为中国边境村庄养猪成本高而基本没人养猪。中国方面出口越南方面的商品主要有日用五金百货产品、轻工机械产品，其中瓷砖、家电最为畅销。

隔河相望的越南横模口岸，现已建成一批现代化的边检机构、商店、宾馆和互市点，横模连接越南北方腹地的柏油公路，成为越南首都河内和其他地区人员与货物通向我国最短的交通线。与中方仅一河之隔的越南互市点，也是一片欣欣向荣的景象。

虽然只有短短 4 天的田野调查，走访也比较匆忙，但还是对中越边境有了一定的了解，也与那丽村的民众结下了无法忘记的缘分。当我们离开那丽村，刚擦干离别的眼泪、平静下

越南一方的互市点内景与外景

心绪后，却又看见另一个口岸——里火。趁大巴司机加油的间隙，我们拍下了这个路过的口岸。

中越边境二类公路口岸——里火及所在地里火村街道

与西北边境公路口岸相比，中越边境的口岸比较稠密，口岸所在地村镇密布，经济发展速度较快，各族民众的生活也相对富裕。口岸与界河两边的中越乡镇村庄的联系比较紧密，边民之间的交流也比较畅通。这就是本文作者对 4 天中越边境口岸的初步调查结论。

东兴口岸行

钟媛婷

结束了凭祥口岸的调研，便踏上前往东兴口岸的旅程。因夜已深出行不便，故决定在防城港稍作休息，顺带欣赏海边风光。防城港给人感觉是座路面宽广、地面整洁、人特别的少、甚至房子比人还多的城市，同行者感慨生活在防城港压力一定很小，路边满满的房地产广告，"首付 10 万起，轻松拥有海景房。""4000 元一平方米，即享海景房，×××是您的最佳选择。"应接不暇的广告，可知防城港的房地产发展迅速。

一、壮美广西，滨海之城——防城港

夜幕降临，华灯初现，街边的烧烤摊开始忙碌，我们随意找了一家烧烤摊。防城港濒临海洋，烧烤以海鲜类居多。一心想着要努力挖掘当地的美食、风土人情，便点了一些鱿鱼、花蛤、生蚝之类的美食。花蛤鲜美可口，辣味在舌尖蔓延。

当地的美食

防城港是广西壮族自治区下辖的地级市，是一座滨海城市、边关城市、港口城市，位于中国大陆海岸线的最西南端，广西南部边陲，背靠大西南，面向东南亚，南临北部湾，北连南宁市，东接钦州，西南与越南接壤。防城港市依港而建，因港得名，先建港，后建市。防城港始建于1968年3月，当时作为援越抗美海上隐蔽运输航线的主要起运港来建设，被称为"海上胡志明小道"的起点。防城港是中国的深水良港，是中国25个沿海主要港口之一，中国西部地区第一大港，西南地区走向世界的海上主门户，是链接中国—东盟、服务西部的物流大平台。在防城港同学的介绍下，我们搭13路公交车前往市中心——桃花湾广场。

桃花湾广场是防城港市比较著名的市民休闲广场，位于港口区，靠近跨海大桥，遥望海湾；广场面积大，政府和企业也常在这里举行相关活动，广场周边的商业配套设施比较齐备，餐饮、娱乐、银行，也服务于周边居住的小区。然而所谓的市中心并没有什么人，路上车辆极少。静谧的海边平添几分神秘，如有闲情雅致，静静欣赏海景是不错的选择。桃花湾广场

空荡荡的广场以及海边风光

里没有嘈杂的声音，没有喧闹的歌声，没有热情盛舞的老大妈、老大爷，灯光黯然，广场只有几个小朋友在滑冰。广场人不多，无心闲逛，我们便搭出租车回去酒店，师傅与我们热情地闲聊，顺带给我们推荐一个导游，出于警惕心理，我们反反复复核对导游的身份，所在的旅行社，从业情况。因价格比较合理，我们决定第二天跟着许导游从东兴口岸出境至越南。

二、魅力边境，东兴口岸之旅

第二天旅行社师傅过来接我们到东兴边境游办证大厅办理出境通行证。此次办理通行证所需的费用是 150 元，导游费是 30 元左右，入境越方口岸所需 50 元，此次到越南芒街的费用约 250 元。

办理好手续，我们随着许导游出境，40 岁的许女士是土生土长的东兴人，她利用边民身份的便利，带旅客出境谋生，一个月大概赚 3000 多元。她表示现在是旅游的淡季，游客较少，有些导游好几天都没有一单。春节期间人多就热闹，赚钱也多些。东兴口岸分为左右两边验证出境，右边是出境通道，左边是入境通道，中间是车辆出入境通道，我们随着导游从右边出境。

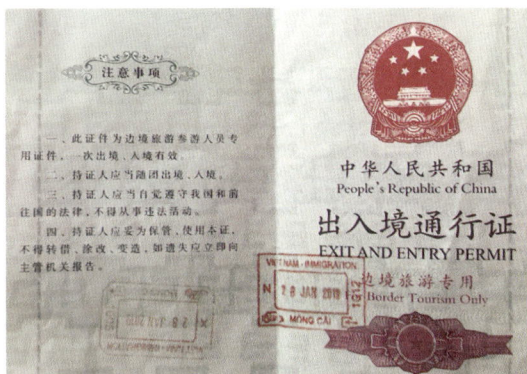

东兴口岸位于广西的防城港东兴市区，与之相对应的是越南的芒街口岸，1958 年经国务院批准为国家一类口岸，东兴口

游客往来不绝的东兴口岸

岸与越南芒街仅一河之隔。2018 年，东兴口岸出入境客流量达
1200 余万人次，出入境车辆近 50000 辆次，创历史新高，远远
超出一桥口岸的容纳能力，暴增的旅客量和车辆极大程度上制
约了货物通关效率。从 2019 年 3 月 19 日起，东兴口岸进出口
货物及货运车辆均从北仑河二桥进出。中国东兴—越南芒街口
岸北仑河二桥于 2014 年 4 月 1 日开工建设，2017 年 9 月 13 日
正式建成，桥梁全长 549 米。2017 年 6 月，国务院批复同意东
兴公路口岸扩大开放至北仑河二桥通道。作为直通西南中南和
东盟的陆路通道的重要组成部分，北仑河二桥的建设开通，对
防城港市建设成为"一带一路"西部陆海新通道枢纽城市，构
建大开放、大通道、大物流发展新格局起着重要的积极作用，
也有利于进一步促进东兴试验区和中越跨境合作区建设，拓展
我国与东盟等国家的合作，更有利于东兴市作为边境地区完

北仑河以及越南的芒街口岸

成"兴边富民","睦邻
安邻富邻",维护民族团
结,构建和谐边境的特
殊使命。

　　我们从一桥过关,北
仑河的河水并不多,一
些小船停泊在河面。北
仑河是中国与越南边境
东段上的一条界河。该
河发源于中国广西防城
港境内的十万大山中,
向东南在中国东兴市和
越南芒街之间流入北部
湾,全长109公里,其中

中越友谊桥上的分界线,脚踏两国

下游60公里构成中国和越南之间的边界线。

　　当我们迈出国门的时候,抑制不住的兴奋。我们站在
中越友谊桥的分界线合影留念,一脚踏在国土,一脚踏在
越南。

　　中越友谊桥将芒街口岸与东兴口岸紧密相连,这桥是中越
边民沟通的桥梁,同时也是两国经济交流、文化交流的纽带,
连接着中越两国的情谊,记载着两国历史的沧桑。1885年,越
南沦为法国的殖民地,法殖民者在北仑河上修建桥。1958年,
我国在北仑河修建起水泥桥,1979年大桥被炸断。中越关系正
常化后,北仑河大桥再次修建,并于1994年4月17日恢复通
车,这也是我们现在看到的大桥。大桥全长111米,桥中间有

中越界碑留影

一条斑马线，是中越大桥的管理线，"跨一步而出国"在这里成为现实。

　　中方 1369（1）号界碑于 2001 年 12 月 27 日设立，位于东兴中越友谊大桥中方一侧桥头西面。此处界碑为界河双立界碑，以北仑河主航道中心线为国界，双方各退相同的距离在本国河岸上立界碑。越方一侧相应在距离北仑河大桥上国境线相同距离的越方一侧桥头东岸设立了 1369（2）号越方界碑。

三、别具特色的越南芒街，忙碌的外贸商人

　　越南芒街的建筑与中国有所不同，越南房屋建筑更偏向于法式建筑，这与法国殖民历史有关。芒街市是越南北方与东兴市接壤的一个小城，属于越南广宁省。面积 520 平方公里，人

口 10.08 万，主要民族为京族，京族为跨国民族，主要分布于我国的东兴市京族三岛。芒街的景区有东南亚风情村、茶古海滩等。

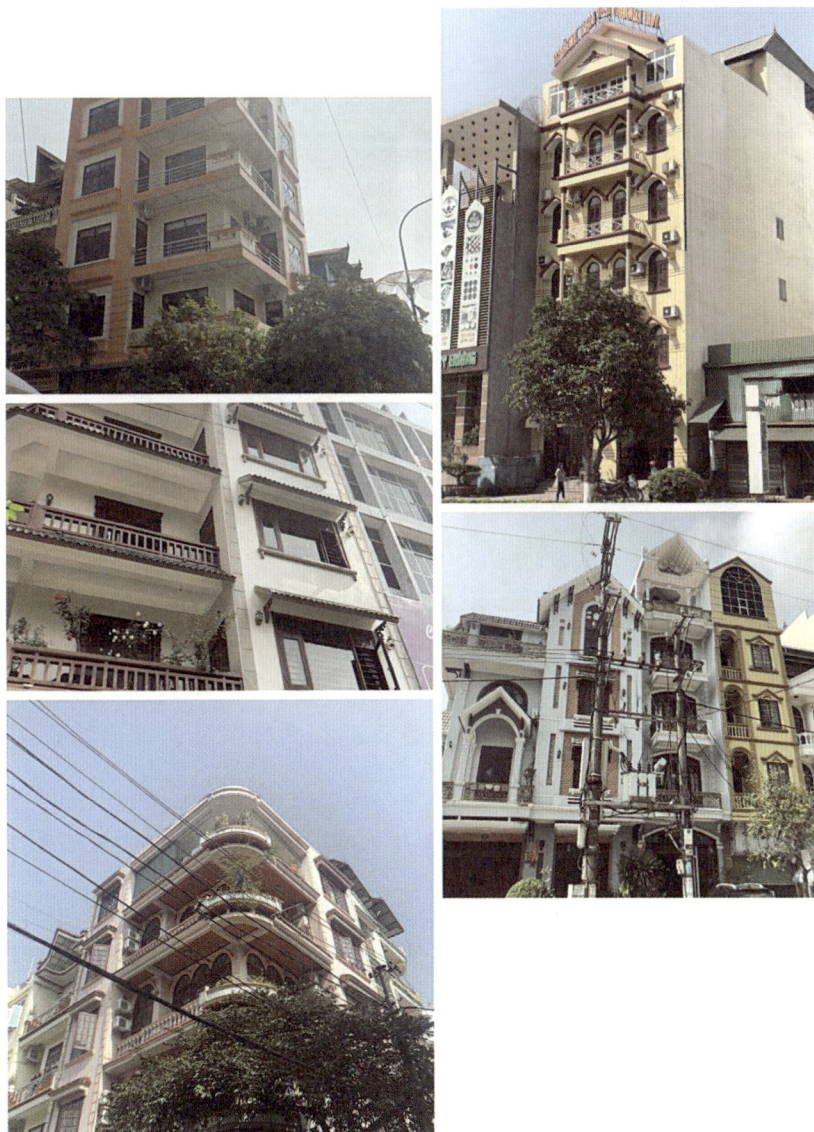

越南的建筑，以红木作为装饰的颇多

　　到了越南必不可少的是购物和品尝当地的美食。越南的美食颇多，在导游的带领下，我们走进一家小店，店内天花板用雕刻花纹的红木装饰，供奉着祖先。导游说越南信仰佛教。店里的饮品有些贵，一杯百香果汁 30 元（在越南芒街果汁类均为 30 元，在广西果汁均价 12 元左右），咖啡 50 元。

越南的簸箕鸡以及越南的滴滤咖啡

　　我们三个人简单点了一个簸箕鸡和两杯饮品。店内特别方便，可支付宝可微信。所谓的簸箕鸡是采用竹篾编制而成的簸箕为盛具而著称。鸡肉吃起来像似窑鸡的味道，不同的是鸡里面以及外面并没有涂抹配料，而这个鸡肉的配料是酸的柠檬酱。越南人喜食酸的柠檬，当他们食用粉时，会挤一些青桔柠檬汁到粉里。喝咖啡是越南人的日常习惯，越南咖啡的喝法不是用咖啡壶煮，而是一种特殊的滴滤的咖啡杯，下面用样式古老的印花玻璃杯接着，一滴一滴都用来消磨曼妙时光。制作咖啡时，下面的玻璃杯杯口架上滴漏杯，在滴漏杯里面放咖啡粉，压上一片有孔洞的金属片，再用热水冲泡。

购物：从芒街购物回国，免税额度是8000元，禁止带水果、动植物、毒品类等违禁物品。在越南，游客可以选择带一些糖果、越南咖啡回国，其他东西不建议带。2月13日在返校途中，遇到从东兴旅游回来的一家重庆人，他们表示除了买一顶越南的尖头帽并没有带什么其他特产。一是现在网络发达，在网上都可以买到，并且包邮。二是去越南玩的时候，导游一直带去商场，特别反感，商场以假货居多。三是很多商品都是中国产

在越南芒街留影

的，带回来没有什么意义。当笔者检票搭上 D1794 趟列车，发现车上大多是从东兴旅游回来的重庆人，车厢里弥漫着鱿鱼丝的味道。问及他们对此次旅游的感受，他们很多人表示不想再来一次。确实，东兴旅游业在迅猛发展，但是在发展过程中存在许多问题，期待在未来中得到改善。

四、东兴之旅，风景独美

从越南回来，我们计划着第二天出海一趟，感受一下海边风光。第二天一大早，我们来到金滩。金滩位于东兴市万尾岛上，有 10 公里长的海滩，集沙细、浪平、坡缓、水暖于一身，无污染，海水清澈，是继广西北海银滩之后的又一滨海旅游热点。

金滩之窗

漫步在海边，看着一望无际的大海，心情十分舒畅。由于下起蒙蒙小雨加之淡季，海边的游客并不多。据说春节之时旅客多，海滩上全是人挤人，像下饺子一样。走在海边，吹吹海风，捡捡贝壳，画画画，别有一番风趣。

　　因为是淡季，海上摩托项目较为优惠，但是海上摩托游玩项目比较刺激，建议心脏承受能力较差的游客，不要尝试。

　　以上是全部关于东兴口岸行，因为考虑到东兴旅游业发达，所以结合口岸特点重点描写旅游，但不容忽视的是东兴口岸是国家指定的红木进口口岸。东兴旅游资源虽然丰富，但是旅游业涌现的问题也刺痛了游客的心。比如红木旅游纪念品粗制滥造，假冒伪劣产品多，导游坑骗消费者等等。笔者认真如果东兴想真正建成国

与京族石像合影

在海滩上活捉海绵宝宝一枚

骑海上摩托

际旅游名城，就必须完善东兴旅游业的规章制度，应结合当地特色，吸取经验，打造东兴旅游名牌，着力打造精品旅游，而不是单纯观光旅游。

后 记

    中越口岸行最先始于徐黎丽教授参与广西民族大学署期学校的讲学。讲学时得知广西民族大学的署期学校课程结束后去中越口岸所在村庄调研，于是徐黎丽教授请求和其他老师一起带队前往中越口岸。由于广西民族大学民族学社会学学院在中越边境口岸已有许多成果，也在边境区域设立了一些田野调查点，因此署期班同学很顺利地跟着带队老师来到了峒中口岸所在的那丽村。虽然调查只有一周，但因是广西民族大学的田野调查点，顺利地完成了村庄小组和口岸的普查工作，并写成了峒中口岸行。2017 年 11 月以徐黎丽教授为首席专家的国家社科重大项目"中国边境口岸志资料收集与整理研究"成功申报后，中越边境口岸课题组成员陆续赶赴中越陆地边境口岸调研，并陆续完成口岸行的编写。其中李智环教授完成河口、天保口岸行的调查与写作；钟媛婷同学三次前往广西中越边境口岸调查，完成友谊关、东兴、平而关、水口、科甲、平孟等 6 个口岸行写作；莫日根同学跟随钟媛婷师姐与广西 7 月炎热的气候博弈，完成爱店、硕龙、兵圩、龙邦等 4 个口岸的调查与写作；丁莉霞博士完成金水河口岸行调查与写作；张家琪同学完成都龙口岸行；艾依梦同学则在 2020 年署期前往凭祥铁路口岸和田蓬口岸调研并完成口岸行的编写。至此，17 个中越陆地边境口岸行已全部完成并收录于《中越边境口岸行》一书，同时也在"边疆研究"公众号上发布。

本书作者的排名根据作者写作数量而定，钟媛婷同学虽然年纪小，但她不仅带头调查了 6 个广西中越边境口岸，而且带着师妹一起调查，当之无愧地成为本书的第一作者；莫日根同学作为在蒙古高原上长大的耐寒同学，却在桑拿天气中完成了 4 个口岸的调查与写作而成为本书的第二作者；第三作者则是完成 2 篇口岸行的艾依梦同学；其余作者丁莉霞、张家琪、徐黎丽则各完成 1 篇口岸行而并列第四作者。可以说每一篇口岸行都渗透着课题组成员以脚丈量边疆净土、以眼观察边境生活、以心交流边疆民众的真诚与心血。

衷心感谢在进行调研中给予帮助的各地边检边防武警战士以及边疆民众，特别是一路给予我们支持的边检民警庞广富、苏尚明先生，正是有了以上各位的帮助调研才得以顺利进行，才使本书得以顺利编写。

受编写者知识水平、学术视野所限，该书中的缺点和不足在所难免，请敬读者批评指正。我们衷心地希望对边疆研究有兴趣的朋友给我们提出宝贵的意见。